논형 학술 3

근세 동아시아의 개혁사상

김정호 지음

김정호(金正昊)

1967년 서울 출생
인하대학교 정치외교학과 졸업
인하대학교 정치외교학과 대학원 졸업(정치학박사)
인하대학교 정치외교학과 강사
일본 게이오대학교 방문연구원
현재 인하대학교 국제관계연구소 특별연구원

논문 : 「후기실학사상 국가발전론의 이론적 토대」
「18세기 후반 동아시아 3국 기사상(氣思想)의 정치사상적 의의와 특성 비교」
「근세 한·일 사회변혁론의 정치사상적 특성」 외 다수
저서 : 『민주정치와 사회발전』(공저)

근세 동아시아의 개혁사상

지은이 | 김정호
초판 1쇄 인쇄 | 2003년 11월 20일
초판 1쇄 발행 | 2003년 11월 30일

펴낸곳 | 논형
펴낸이 | 소재두
편집 | 김경아 · 박서연
표지디자인 | 디자인공 이명림

등록번호 | 제2003-000019호
등록일자 | 2003년 3월 5일
주소 | 서울시 관악구 봉천2동 7-78 한립토이프라자 6층
전화 | 02-887-3561
팩스 | 02-886-4600

ISBN 89-90618-32-0 94910
값 24,000원

책머리에

정치사상이란 특정 시대의 정치현실과 사상가 자신의 가치관을 반영하는 특징이 있다. 따라서 과거의 사상을 다루는 것 자체가 시대적 배경이 전혀 다른 오늘을 이해하는 데에는 유용성이 크지 않다는 주장이 있을 수 있다.

그러나 정치사상은 결코 단절이 없다는 점 또한 간과할 수 없다. 우리가 속한 동아시아의 경우만 하더라도 특정시대에 형성된 사상이 수백, 수천 년 후에 활동한 사상가의 사상내용에 언급되기도 한다. 또한 어떤 경우에는 시기적 차이에도 불구하고 사상내용에서 거의 동일한 논리구조가 보이기도 한다. 이 점은 곧 정치사상이 특정시대에만 한정되지 않고 지속적으로 인간의 삶과 의식에 영향을 미치는 보편성과 연속성의 특징을 내포하고 있음을 보여주는 것이다. 정치사상이 사상 형성 당시는 물론 오늘을 이해하고 미래의 방향을 제시하는 역할을 할 수 있는 것은 바로 이러한 보편성과 연속성의 특성 때문이다.

이와 같은 정치사상에 대한 시각을 바탕으로 이 책은 근세 동아시아 한국 · 중국 · 일본 3국의 개혁사상을 다루었다. 필자는 주제설정에서 다음과 같은 네 가지를 고려했다.

첫째, 동아시아 3국은 공통적으로 유학, 특히 주자학적 정치이념을 기초로 한 봉건적 정치 · 사회체제를 장기간 지속했다. 이와 함께 유학 이외의 묵학 · 노장 · 불교사상 등 동아시아 전통사상의 영향을 보편적인 정치사상적 배경으로 공유했다.

둘째, 개체간 차별과 위계를 특징으로 하는 봉건적 정치·사회체제 내부의 모순이 동아시아 3국의 사상가들로 하여금 공통적으로 개체의 자유성과 개체간 관계의 평등성을 이론적 바탕으로 한 현실극복의 실천적 개혁론을 전개하게 했다.

셋째, 이와 같은 공통점과 더불어 한국·중국·일본 3국은 각기 자국이 갖는 특수성으로 말미암아 개혁론의 내용과 성격에서 차이를 보였다. 한국의 경우에는 단일민족하의 강력한 중앙집권적 정치체제와 학문적 배타성이 개혁론의 특성을 형성하는 토대가 되었다. 중국의 경우에는 중앙집권적 정치체제를 지향하면서도 한족(漢族)과 이민족 간의 갈등과 투쟁이라는 중국대륙의 역사적 특성이 개혁론의 성격을 좌우하는 중요한 요인으로 작용했다. 그리고 일본의 경우에는 형식적 절대권자인 텐노오(天皇)와 실질적 지배권자인 쇼오군(將軍)이 공존하는 바쿠한체제(幕藩體制)라는 일본적 봉건체제의 존재와 서구문물의 직접수용이 가능한 지리적 조건, 그리고 계층분화가 두드러진 사회구조 등이 개혁론의 내용과 특성을 규정하는 요소가 되었다.

넷째, 이러한 동아시아 3국이 가진 보편성과 특수성이 각국의 정치사상적 발전과정의 특성과 이후 전개된 정치·사회적 변동의 단초를 이해할 수 있는 계기가 되었다는 점이다.

이상과 같은 주제설정의 배경은 곧 동아시아 3국이 비교 가능한 정치사상적 특성을 보유하고 있음을 의미하는 것이기도 하다. 이런 점에서 필자는 단순히 동아시아 3국의 개혁론을 소개 또는 서술하는 데 그치지 않고 비교사상사적 관점을 유지하려고 노력했다.

사상의 비교에서는 무엇을 어떻게 비교할 것인가가 중요하다. 이 책에서 논의하고자 하는 비교의 대상은 동아시아 3국에서 공통적으로 주자학적 유학의 정치이념이 지배적 통치질서관으로서 수용·전개된 한국의 조선조, 중국의 청조, 일본의 도쿠가와 바쿠후(德川幕府) 시기의 개혁사상이다. 그런데 조선조의 성립은 14세기 말(1392)인데 중국 청조의 수립 (1644)과 일본 도쿠가와 바쿠후의 성립(1603)은 17세기 초이다. 이와 함께 중국의 경우에는 13세기 말에 성립된 주자학이 원(元)-명(明)기를 거치면서 통치이념의 역할을 담당했다. 이러한 측면들을 감안하여 필자는 3국에서 유사한 시기에 전개된 개혁사상을 중심내용으로 설정했다. 그리하여 주자학적 정치이념 수용의 시기적 차이에서 발생하는 비교연구의 난점(難點)을 가능한 범위 내에서 해소하려고 했다.

다음으로 개혁사상의 비교에서는 무엇을 개혁으로 볼 것인가 하는 문제가 가장 핵심적인 요소이다. 사상가에 따라 개혁의 의미가 다양하게 나타나기 때문이다. 예를 들어 현실 사회질서의 혼란을 지배적 정치질서관의 재확립 또는 강화를 통해 해결하려는 것도 개혁에 포함될 수 있다. 이와 함께 기존 정치질서의 유지를 전제한 인적(人的)·제도적 변화도 개혁이라고 볼 수 있다. 또한 개혁에는 현실의 지배질서관에 대한 근본적인 변혁도 포함될 수 있다. 필자는 진정한 의미의 개혁이란 개체의 자유성과 개체간 평등성을 근간으로 불합리한 정치·사회현실을 변화시켜 다수 국민의 생존권 및 이익을 보호하는 동시에 국가와 민족의 독립과 발전을 이루는 것으로 파악하고 있다. 이러한 관점에서 보았을 때, 개체의 자유성을 억압하고 계층간 차별과 위계를 강조하는 유학적 정치질서관의 재확립 및 강화 또는 유학적 정치질서관 유지를 전제로 한 인적·제도적 변화보다는, 유학적 지배질서관에 대해 회의하고 비판하면서 궁극적으로 자유성·동등성·개방성에 바탕을 둔 평등질서관 구축을 통해 현실의 모순을 해결하려는 개혁사상에 더 큰 가치를 부여하지 않을 수 없다. 이와 같은 시각이 이 책 전반을 통해 동아시아 3국 개혁사상의 성격을 비교·평가하는 필자의 판단기준이 되었음을 밝혀두고자 한다.

이 책에서는 한국·중국·일본 정치사상에 대한 각국의 기존 연구에서 가장 개혁적 내지는 혁신적이라고 평가되는 각 시기의 대표적 사상가들을 중심으로 그들의 개혁론을 비교하는 방식을 취했다. 필자의 능력부족과 지면의 한계로 인해 근세 동아시아 3국의 개혁사상가들을 모두 다룰 수는 없었으며, 다만 각 시대의 배경을 설명하면서 각국의 사상적 동향을 설명하는 것으로 만족해야 했다.

마지막으로 어떻게 비교할 것인가 하는 문제가 남아 있다. 앞서 말한 바와 같이 사상이란 단절이 없다. 특히 동아시아 3국의 개혁사상은 공통적으로 지배질서관인 유학은 물론, 반유학적(反儒學的) 전통사상인 묵학사상과 노장사상의 인식론을 흡수하고, 이전 개혁사상가들의 논의를 계승하는 한편 자신의 사상적 독창성을 발휘하여 전개되었다는 특징이 있다. 이런 점에서 필자는 우선적으로 사상적 관련성과 연속성에 초점을 맞추어 논의를 진행함으로써 시대별로 전개된 현실개혁의 정치사상에 내포되어 있는 동아시아적 자유 · 평등론의 보편적인 가치를 도출하려고 노력했다. 이와 함께 개별 사상가의 독창성을 부각시킴으로써 사상적 측면에서의 계승과 극복, 그리고 발전의 내용과 의미를 제시하려고 했다.

구체적인 연구내용 면에서 비교연구의 적실성을 확보하기 위해 공통적인 분석대상을 활용했다. 우선적으로 사상가가 활동할 당시의 시대적 배경을 객관적으로 서술했다. 이러한 객관적 현실을 진단하는 현실관과 정치론을 통해 사상가의 정치목표를 파악하고자 했다. 다음으로 개별사상가가 자신의 정치목표를 달성하기 위해 활용한 인성론, 우주론, 인식론, 도덕론, 역사론 등 이론적 논의들을 살펴보았다. 사상이란 사상가 자신의 시대배경과 정치목표를 반영하는 것이기 때문에 이기론(理氣論) 등을 중심으로 한 이론적 논의를 철학적 · 사변적으로 이해하기보다는 정치적 시각에서 해석하여 그 의미를 설명하기 위해 노력했다. 마지막으로 이러한 내용들을 토대로 구체적인 현실개혁의 방안으로 제시된 정책론의 내용을 분석했다.

이와 같은 점을 바탕으로 이 책을 크게 네 개의 장으로 구성했다. 제1

장에서는 동아시아 3국의 개혁사상을 비교할 수 있는 보편적인 사상적 토대로서 유학·묵학·노장사상 등 전통 정치사상 정치질서관의 내용과 특성을 다루었다. 특히 유학의 차별·위계적 특성과 묵학과 노장의 자유·평등론적 성격을 규명하는 데 노력했다.

제2장에서는 동아시아 3국에서의 주자학적 정치질서관의 성립과 전개과정을 주요한 사상가를 중심으로 설명했다. 이는 무엇보다 한국·중국·일본에서의 주자학적 정치이념의 수용이 갖는 보편적인 정치적 의미와 함께 각국의 정치·사회적 배경과 주자학이 갖는 관계를 규명하기 위한 것이었다. 또한 제3장과 4장에서 구체적으로 논의될 동아시아 3국 개혁사상의 정치질서관과 주자학적 정치질서관이 갖는 차별성을 규명하기 위해서는 먼저 주자학적 정치이념의 내용과 각국에서의 전개과정상의 특성을 살펴보아야 한다는 필요성 때문이었다.

제3장에서는 근세 전반기 동아시아 3국 개혁사상의 특성을 대표적 사상가의 사상내용을 중심으로 살펴보았다. 구체적으로 이 장에서는 주자학적 정치이념을 바탕으로 한 한국·중국·일본의 봉건적 정치체제가 공통적으로 대내적 위기에 직면하기 시작한 16세기 후반부터 18세기 중반까지 전개된 개혁사상을 분석했다. 특히 동아시아 전통의 반유학적 정치질서관이 각국 개혁사상에 미친 영향과 함께 동아시아 3국의 상이한 정치환경이 개혁사상의 성격형성에 미친 영향을 규명함으로써 3국 개혁사상간의 공통점과 차이점을 제시하는 데 노력했다.

제4장에서는 18세기 중반 이후 19세기 중반까지의 근세 후반기 동아시아 3국의 개혁사상을 분석했다. 서구문물의 유입에 의한 인간 및 세계에 대한 인식의 확대를 근세 전반기와 구별되는 후반기 개혁사상의 주요한 특징으로 제시했다. 이와 함께 동아시아 전통사상의 지속적인 영향과 이전 개혁사상의 계승, 그리고 그것의 발전적 극복이라는 시각을 중심으로 한국·중국·일본의 개혁사상의 특성을 비교했다.

동아시아의 전통사상은 모두 전근대적(前近代的)이라는 서구중심적 입장도 있고, 지배질서관으로서의 유학적 정치질서관이 초래한 역사적 공과(功過)를 지적하기보다는 유학에 대한 비판이 곧 서구적 시각을 옹호하는 것이라고 하는 일부의 주장도 있다. 필자는 이러한 두 가지 입장과는 다른 시각에서 동아시아에서의 자유·평등론의 전통과 발전과정을 한국·중국·일본 3국의 개혁사상을 통해 규명하고자 이 책을 내놓게 되었다. 또한 3국 개혁사상의 비교를 통해 비교사상 연구분야의 발전에 조금이나마 기여하기를 바라는 소망이 있다. 그러나 필자의 학문적 부족함으로 인해 논리전개의 미숙함이나 무리한 해석이 많이 있을 것으로 판단된다. 이 책을 읽는 독자 및 선배 동료분들의 많은 질정(叱正)이 있기 바란다.

　　끝으로 이 책이 나오기까지에는 여러 분들의 도움이 있었다. 우선 필자의 스승으로서 항상 학문적 긴장감을 잃지 않도록 때로는 질책하고 때로는 한없이 격려해주시는 인하대학교 정치외교학과 김만규(金萬圭) 교수님께 감사드린다. 또한 필자가 2002년 1년간 일본에서 동아시아 사상연구에 마음 편히 몰두할 수 있도록 도와주신 아주대학교 정치외교학과 김영래(金永來) 교수님과 게이오대학(慶應義塾大學)의 고바야시 요시아키(小林良彰) 교수님, 그리고 일한문화교류기금(日韓文化交流基金)의 관계자 여러분께도 감사의 말씀을 드리고자 한다. 아울러 어려운 여건에도 불구하고 흔쾌히 출판을 허락해주신 논형(論衡) 출판사의 소재두(蘇在斗) 사장과 부족한 글을 꼼꼼히 편집·교정해준 김경아 씨 그리고 박서연 씨의 수고에 감사드리며 행여 출판사에 누가 되지 않을까 하는 걱정이 앞선다. 사랑하는 부모님과 형제들, 아내 은진, 그리고 아들 도훈과 딸 현수에게는 정말 고맙고 미안하다는 말을 전하고 싶다.

2003년 10월 12일
김정호 謹識

차 례

제1장

동아시아 전통사상의 정치질서관

: 유학 · 묵학 · 노장사상 정치질서관의 특성

　정치사상적 측면에서 동아시아 전통의 기본적 특징이라면, 무엇보다 불평등 군신체제를 보위하기 위한 정치질서의 확립 방법론으로서의 정치사상과 이러한 차별적 질서를 바탕으로 한 체제를 비판하면서 개체의 존엄성을 중요시하는 자유 · 평등적 정치질서의 가치관에 토대를 둔 정치사상이 고대 중국으로부터 공존해왔다는 점을 들 수 있다. 전자는 계급적 신분체제인 군신체제를 보위하고 이를 지속시키려는 정치사상으로서의 유학사상이며, 후자는 유학사상의 차별신분적 가치관에 반대하여 개체의 기능적 발전을 요구하는 자유와, 개체간의 삶의 동등성을 중요시하는 평등론을 제기한 노장(老莊)과 묵학(墨學)의 정치사상이라 하겠다. 유학사상의 지배하에서 이와 같은 반(反)유학적 정치사상의 도전 및 유학과 반유학적 정치사상 간의 갈등이 중국 전통정치사상의 특징을 이루어왔다고도 볼 수 있다.1) 이 장에서는 이러한 시각을 바탕으로 근세

---

1) 이러한 시각에 관해서는 具本明, 『中國思想의 源流體系』, 서울: 대왕사, 1982 및 김만규, 『한국의 정치사상』, 서울: 현문사, 1999 참조

동아시아 개혁사상의 토대로서 유학, 묵학 및 노장사상 정치질서관의
특성을 살펴보고자 한다.

제1절 유학사상의 정치질서관

본래 유학은 중국의 한족이 스스로의 생존권을 보위하고 확장하기 위
해 강력한 국가체제를 확보하려는 정치적 목적에서 형성된 사고의 유산
이다. 따라서 유학의 사상적 목표는 봉건적 군신체제 또는 중앙집권적
제왕권체제의 확립이었고, 사상의 내용은 이민족에 대한 한족의 차별적
지배와, 노예 및 서민에 대해 군주를 비롯한 지배계층의 권위적 우월성
을 원리로 하는 차별·불평등이 핵심인 지배학(支配學)이었다. 이러한 사
상적 목표를 달성하기 위한 방법으로 유학은 차별과 불평등을 인간의
본질적 존재원리(인간성의 본질)요 숙명이며 우주원리로 규정했고, 이 원
리를 준수하는 것을 인간의 불가피한 당연의 도리로 상정하는 도덕적
방법을 취했다.2)

유학의 사상적 목표가 봉건적 군신체제 또는 중앙집권적 제왕권체제
의 확립이었다는 점은 공자3)·맹자4)·『중용』5)으로 대표되는 고대 유

---

2) 김만규, 위의 책, p.20.
3) 공자(孔子, B.C. 551-479)의 이름[名]은 구(丘), 자는 중니(仲尼)이다. 그는 노(魯)나라
   귀족 출신으로서[공자의 출신배경과 가계에 관해서는 黃公偉, 『孔孟荀哲學證義』, 臺
   北: 幼獅文化事業公司, 1976, pp.73-76 참조] 생존 시기는 춘추(春秋: B.C. 771-473)시
   대 말기이다. 이때는 고대 중국 서주(西周: B.C. 1027-771)의 봉건체제가 와해되어가는
   시기였다. 공자는 이러한 시대상황을 배경으로 지배계층 중심의 봉건적 정치질서의 재
   확립을 요구함으로써 유학사상의 원류를 형성한 인물이다.
4) 맹자(孟子, B.C. 372-289)의 이름은 가(軻)이며 공자가 사망한 약 200년 후에 태어난
   인물로서, 공자의 노나라와 문화적으로 밀접한 관계를 맺고 있었던 추(鄒)나라의 귀족
   출신이다[渡邊卓, 『古代中國思想の硏究』, 東京: 創文社, 1973, pp.410-415 참조]. 그
   의 활동기는 전국시대(B.C. 481-222) 말로서 주나라 왕실이 거의 유명무실해지고 제후

가(儒家)의 정치의 본질에 대한 논의에서 잘 나타나 있다. 먼저 공자는 "정치를 바로잡는 것"[6]으로 규정한다. 정치를 바로잡는 것으로 규정할 경우 바로잡음의 대상이 무엇인가가 공자 정치사상의 핵심을 파악할 수 있는 중요한 단서이다. 공자가 "녹(祿)을 주는 권리가 군주에게서 떠난 지 5대요, 정권이 대부(大夫) 손에 장악된 지 4대이다"[7]라고 한 것과, 맹자가 공자의 시대를 "세상이 쇠퇴하고 도덕이 혼미하여 간사한 말과 포악한 행위가 횡행하여 신하로서 임금을 죽이는 자가 있고 자식이 아비를 죽이는 자가 있었다"[8]라고 묘사한 데에서 파악할 수 있듯이 그 바로잡음의 대상은 바로 군주와 신하, 지배자와 피지배자 사이의 관계였다. 때문에 공자는 정치의 본질을 묻는 제자에게 "임금은 임금답고 신하는 신하답고 아버지는 아버지답고 자식은 자식다워야 한다"[9]고 했던 것이다.

맹자 역시 자신이 활동했던 전국시대 말의 시대상을 "위와 아래가 서로 이익만을 취하려 한다면 반드시 나라가 위태로워질 것이다. 만승(萬乘)의 나라에서 그 임금을 죽이는 자가 있다면 그는 반드시 천승(千乘)의 가문이고, 천승의 나라에서 그 임금을 죽이는 자가 있다면 그는 반드시

들이 스스로를 왕으로 부르던 칭왕(稱王)의 시기였다. 이러한 상황하에서 맹자는 공자의 유학사상을 바탕으로 하면서도 공자의 소극적 감화정치(感化政治)의 방법론을 적극적 왕도정치론으로 수정하여 차별질서 파괴의 혼란을 저지하려고 했던 인물이다.

5) 『중용(中庸)』은 사마천(司馬遷)의 『사기(史記)』에 공자의 손자인 자사(子思)의 저작이라고 되어 있다. 그러나 사상내용이나 서술방식으로 보아 진(秦: B.C. 221-206)나라와 한(漢: B.C. 206-A.D. 220)나라 사이 또는 한나라 초의 맹자 일파의 저작이라고 봄이 타당하다(김만규, 앞의 책, p.60). 공맹(孔孟)의 유학사상이 봉건제를 바탕으로 전개된 것에 비해, 『중용』은 중국 최초의 중앙집권적 통일국가의 형성기를 배경으로 강력한 제왕권체제의 확립이라는 시대적 요구를 반영하고 있다.

6) "季康子問政於孔子, 孔子對曰, 政者正也"(『論語』, 顔淵).

7) "祿之去公室, 五世矣, 政逮於大夫, 四世矣"(위의 책, 季氏).

8) "世衰道微, 邪說暴行有作, 臣弑其君者有之, 子弑其父者有之"(『孟子』, 滕文公下).

9) "齊景公問政於孔子, 孔子對曰, 君君臣臣父父子子"(『論語』, 顔淵).

백승(百乘)의 가문이다. 만(萬)에서 천(千)을 취하고, 천에서 백(百)을 취하는 것은 많지 않은 것이 아니지만, 진실로 의(義)를 뒤로 돌리고 이(利)를 앞세운다면 다 빼앗지 않고는 만족하지 않을 것이다"[10]라고 함으로써 당시가 군신간의 관계가 유명무실해지고 정복전이 만연한 차별질서 혼란의 시대였음을 지적했다. 이러한 시대상에 직면하여 맹자의 정치적 목표 또한 공자와 같이 흐트러진 군신·상하간의 차별질서를 '바로잡는 것'이었다고 할 수 있다. 공자와 맹자의 차이점이라고 한다면, 정치방법 면에서 공자가 소극적인 도덕적 감화정치론을 전개한 데 반해 맹자는 적극적인 왕도정치론을 전개했다는 데 있을 것이다. 즉 공자는 "정치를 덕(德)으로써 하는 것은 비유하자면 북극성〔北辰〕이 제자리에 있고 뭇별〔衆星〕들이 그에게 향하는 것과 같다"[11]고 하고, 또한 섭공(葉公)의 정치에 대한 물음에 대해 "가까이 있는 사람들이 기뻐하고 멀리 있는 사람들이 오도록 하는 것이다"[12]라고 하여 정치방법 면에서 무력과 폭력에 호소하지 않는 도덕적 감화정치론을 전개했다. 이에 반해서 맹자는 보다 적극적으로 백성들에게 살길을 마련해주는 정치를 요구하여 "백성들에게 살길을 마련해주며 죽은 이를 유감없게 하는 것이 왕도정치의 시작이다"[13]라고 했다. 그러나 이러한 정치방법론상의 차이에도 불구하고 맹자의 궁극적 목적이 피지배계층에게 살길〔生道〕을 마련해주는 것 자체에 있지 않고 그러한 주는 정치〔與之之治〕를 통해 피지배계층에게 복종을 얻어내어 확고한 차별·위계적 정치체제를 확립하는 데 있었다는 점에 유의할 필요가 있다. 이는 맹자가 "항산(恒産, 생계수단: 직업)이 없

---

10) "上下交征利, 而國危矣, 萬乘之國, 弑其君者, 必千乘之家, 千乘之國, 弑其君者, 必百乘之家, 萬取千焉, 千取百焉, 不爲不多矣, 苟爲後義而先利, 不奪不饜"(『孟子』, 梁惠王上).
11) "子曰, 爲政以德, 譬如北辰, 居其所, 而衆星共之"(『論語』, 爲政).
12) "葉公問政, 子曰, 近者說, 遠者來"(위의 책, 子路).
13) "養生喪死無憾, 王道之始也"(『孟子』, 梁惠王上).

이도 항심(恒心: 차별질서에 대한 복종의 마음)을 가질 수 있는 것은 오직 귀족계층〔士〕뿐이고, 일반백성들은 항산하지 않으면 항심을 가질 수 없다"14)고 한 데에서 잘 나타나 있다.

공자와 맹자가 정치를 무너지고 있는 군신질서를 '바로잡는 것〔正也〕'으로 본 것에 반해『중용』에서는 정치를 '포로(蒲盧)'로 규정한다.15) 포로란 땅벌의 생태와 같이 여왕벌에 대한 무조건적인 복종을 의미하는 것이다. 이처럼『중용』에서 정치를 포로로 규정한 것은 강력한 중앙집권적 정치체제의 수립과 강화를 요구했던『중용』저술 당시의 시대적 배경과 밀접한 관계가 있다. 봉건제로부터 중앙집권제로의 정치체제의 변화에 따라 보다 강력한 정치이념이 필요했고, 이에 따라 공자의 도덕정치론이나 맹자의 왕도정치론과 구별되는 정치적 당위성이 요구된 것이다. 따라서『중용』에서는 "천자(天子: 왕, 지배자)가 아니라면 예를 논하지 못하고 법제를 제정하지 못하며 문장을 고찰할 수 없다"16)고 하여 현실 군주의 지배권을 보다 강화하려고 했던 것이다. 이처럼 전통적 유학사상은 기본적으로 차별과 위계질서를 바탕으로 한 봉건체제 내지는 제왕권체제의 확립 및 강화라는 정치적 목적의 소산이었다. 따라서 유학사상의 인성론, 우주론, 도덕론 및 역사론 등도 이와 같은 유학사상의 정치적 목적을 논리적으로 뒷받침하기 위해 구성된 것이라 할 수 있다.

유학사상의 차별 · 위계적 성격은 유학의 전통적 인성론(人性論)을 살펴봄으로써 규명될 수 있다. 먼저 공자는 인간을 주례(周禮)의 차별질서를 스스로 지키려고 하는 순수욕구, 즉 예(禮) 의식을 가진 존재로 규정한다. 봉건적 차별질서가 온전히 유지되었던 서주(西周)의 정치사회체제

---

14) "曰無恒産而有恒心者, 惟士爲能, 若民則無恒産, 因無恒心"(위의 책).
15) "夫政也者, 蒲盧也"(『中庸』, 十二章).
16) "非天子, 不議禮, 不制度, 不考文"(위의 책, 二十八章).

를 표준으로 하여 춘추시대 말기의 교란된 사회질서를 바로잡아 봉건질
서를 재확립하는 것을 정치목표로 삼았던 공자가, 그러한 봉건질서의
재확립에 합당한 인간관을 설정하는 데 초점을 맞춘 것은 당연한 결과
이다. 이런 점에서 공자는 "예란 사치한 형식보다는 검소한 내용이 중요
한 것이다. 장례식〔喪禮〕에도 그 형식의 문제보다는 그것에 선재(先在)
하는 진심으로 슬퍼하는 마음〔哀心〕이 중요하다"[17]고 했다. 이것은 예
의 형식적 측면에 앞서는 예 의식이 인간본성에 내재한다는 점을 강조
한 것으로 볼 수 있다. 공자는 또한 이러한 예 의식의 선재설정에도 불
구하고 상하질서 파괴의 혼란이 지속되자, 인의예지신(仁義禮智信) 등 오
성(五性)을 모든 인간이 보유한 보편적인 성선원리(性善原理)로 규정했
다.[18] 즉 인의예지신을 존재본질로 하는 인간은 봉건질서의 재확립과
유지에 요구되는 본성을 지녔다는 측면에서 근본적으로 선한 존재로 인
정되는 것이다. 따라서 예 의식의 선재설정과 인의예지신 등 오성을 인
간의 존재본질로 상정하는 한 인간의 자연스러운 이기(利己) 욕구는 억
제되어야 할 비본성적인 것으로 규정될 수밖에 없다. 공자가 "군자(君子)
는 의(義)에 밝고 소인(小人)은 이기욕에 밝다"[19]고 한 점은 이기욕을 차
별질서 파괴의 근원으로 보는 인성론의 특징을 잘 나타내고 있다.

　맹자 또한 공자의 인성론을 계승하여 측은지심(惻隱之心)·수오지심
(羞惡之心)·사양지심(辭讓之心)·시비지심(是非之心)을 인간의 존재본질
로 규정했다. 이에 대해 맹자는 "측은해하는 마음이 없으면 인간이 아니
고 부끄러워하는 마음이 없으면 인간이 아니다. 또한 사양하는 마음이
없으면 인간이 아니고 옳고 그름을 판단하는 마음이 없으면 인간이 아
니다. 측은지심은 인(仁)의 근본이고 수오지심은 의(義)의 근본이며, 사양

---

17) "禮, 與其奢也, 寧儉, 喪, 與其易也, 寧戚"(『論語』, 八佾).
18) 위의 책, 里仁 및 陽貨 참조
19) "君子喩於義, 小人喩於利"(위의 책, 里仁).

지심은 예(禮)의 근본이고 시비지심은 지(知)의 근본이다"[20]라고 했다. 중요한 점은 측은해하는 것과 부끄러워하는 것과 사양하는 것과 시비를 가리는 것의 내용이다. 맹자의 정치목적이 전국시대 말의 혼란을 극복하여 차별윤리사회를 재확립하는 데 있었다는 점을 상기하면, 측은지심은 개인·사회·국가 등 상하간의 관계에서 상위계층이 하위계층에게 느끼는 최소한의 애정이고, 수오지심은 차별질서 준수의 의욕이며, 사양지심은 그러한 차별질서의 실천임을 알 수 있다. 그리고 시비지심은 차별질서 확립이 시(是)이고, 그것의 교란이 비(非)라는 것을 자각하는 것이라고 할 수 있다. 이와 같은 사단(四端)은 인간이면 누구나 가지고 있는 본래성(本來性)이며 하늘이 부여한 성선(性善)의 원리이다. 이 점에 대해 맹자는 "인의예지(仁義禮智)는 밖으로부터 오는 외재적인 것이 아니라 본래부터 있는 것으로서 다만 생각하고 있지 않을 따름이다"[21]라고 했다.

이와 같이 맹자 역시 인간이 인의예지라는 보편적 차별질서 순응원리를 가지고 있다는 점에서 선하다는 공자의 성선설을 계승하고 있다. 그러나 공자와 맹자의 인성론은 모두 인간본성의 선의지 설정을 통해 부자(父子)·군신(君臣)·부부(夫婦)·장유(長幼) 등 사회의 모든 계서적(階序的) 관계를 합리화·정당화시켜주었다는 측면에서 인간의 본질을 자의적으로 조작한 것에 지나지 않는다. 그들의 성선은 인간이 자신의 삶을 온전히 보존하기 위한 의식주 생활의 중요성보다는 흐트러져 가는 봉건체제의 재확립이라는 정치적 목적을 달성하기 위해 필요한 인간성을 창출해낸 것에 불과했다.

---

20) "無惻隱之心, 非人也, 無羞惡之心, 非人也, 無辭讓之心, 非人也, 無是非之心, 非人也, 惻隱之心, 仁之端也, 羞惡之心, 義之端也, 辭讓之心, 禮之端也, 是非之心, 知之端也"(『孟子』, 公孫丑上).

21) "仁義禮智, 非由外鑠我也, 我固有之也, 不思耳矣"(위의 책, 告子上).

공자와 맹자가 차별윤리사회의 재건, 즉 봉건체제의 확립을 위한 논리적 기초로서 성선설에 바탕을 둔 인성론을 전개했다면, 『중용』의 인성론은 봉건체제의 해체와 더불어 탄생한 중앙집권적 왕권체제를 뒷받침하기 위한 것이었다는 점에서 차별·위계적 속성을 보다 명확히 드러내고 있다. 『중용』에서는 "하늘이 명(命)한 것을 성(性)이라 하고 성에 따르는 것을 도(道)라 하며 도를 닦는 것을 교(敎)라 한다"[22]고 하고 "시편에 '솔개는 하늘에 날고 고기는 못에 뛰고 있다'고 했으니 그것은 상하차별(上下差別)을 보여주는 것이다"[23]라고 하여 인간이 하늘이 부여한 차별질서에 숙명적으로 복종해야 하는 존재임을 강조했다.

이상에서 유학사상이 본질적으로 봉건적 제왕권체제 또는 중앙집권적 왕권체제의 확립을 목표로 전개된 사상이라는 점과, 그러한 목표를 달성하기 위해 차별·불평등체제에의 순응을 인간의 존재본질로 규정했다는 점을 살펴보았다. 유학사상의 우주론 또한 이와 동일한 차원에서 상하계층간의 차별질서가 불변의 우주원리임을 논증하는 데 집중되었다.

먼저 공자가 예 의식과 인의예지신을 인간이라면 모두 지니고 있는 성선의 원리로, 이기욕을 버려야 할 악의 근원으로 규정했음은 이미 그의 인성론에서 언급한 바 있다. 따라서 공자에게 인간이 이기욕을 물리치고 본연의 성으로 돌아가는 것은 하늘이 부여한 우주원리〔理〕에 따르는 것이 된다. 공자가 "자기(이기욕)를 이기고 예를 행하는 것이 인(仁)이다. 하루하루를 이기욕을 물리치고 예를 행한다면 천하가 모두 인으로 돌아갈 것이다"[24]라고 한 것처럼 인간의 욕구추구는 우주의 보편적 원리가 아니며, 예 의식과 인을 비롯한 오성(五性)만이 보편원리로 상정된

---

22) "天命之謂性, 率性之謂道, 修道之謂敎"(『中庸』, 一章).
23) "詩云, 鳶飛戾天, 魚躍于淵, 言其上下察也"(위의 책, 十二章).
24) "克己復禮爲仁, 日日克己復禮, 天下歸仁焉"(『論語』, 顔淵).

다. 즉 예 의식과 인의예지신 등 오성은 모든 인간이 갖추고 있는 본연의 성〔本然之性〕으로서 불변의 원리인 것이다.

그렇다면 이기욕의 발동은 무엇을 근거하는가? 공자는 이기욕의 발동이 생리력·물리력의 주체인 기(氣)에 의거하는 것으로 보았다. 이에 대해 그는 "군자가 경계해야 할 것이 세 가지가 있으니, 젊었을 때에는 혈기(血氣)가 미정이므로 여색을 경계해야 하고 장년이 되어서는 혈기가 왕성하므로 싸움을 경계해야 하며 노년에 이르면 혈기가 쇠약해지므로 물욕(物欲)을 경계해야 한다"[25]고 했다. 공자가 이처럼 차별의 보편원리로서의 이(理)의 존재와 그것을 저해하는 요인으로 기(氣)를 상정한 것은 서주(西周) 봉건체제의 재확립을 저해하는 다양한 욕구들을 미연에 방지하기 위한 정치적 의도와 관련되어 있는 것으로 보인다.

공자의 우주론이 계층간 위계질서 확립욕구의 산물이라는 점은 그의 질서관을 살펴볼 때 더욱 뚜렷하다. 그는 "오로지 지혜로운 자와 어리석은 자는 서로 그 위치를 이동할 수 없다"[26]고 함으로써 상지(上智: 지배계층)와 하우(下愚: 피지배계층) 간의 계층적 이동을 고정화·불변화시키려고 했다. 더욱이 "태어나면서부터 (차별위계질서가 보편적 원리: 理라는 것을) 아는 사람은 상등(上等)이고 배워서 아는 사람은 다음이며, 곤란을 당해 배우는 사람이 그 다음이고 곤란을 당했는데도 배우지 않는 사람이 최하등이다"[27]라고 하여 계층간 차별의 절대성을 강조하기도 했다.

공자의 우주론이 차별·위계의 원리를 인성(人性)을 포함한 우주만물의 보편법칙으로 규정하고 욕구발동의 주체인 기(氣)를 본성에서 제외시킴으로써 쇠퇴해가는 서주의 봉건체제를 회복하려 했다면, 맹자는 전국

---

25) "君子有三戒. 少之時, 血氣未定, 戒之在色, 及其壯也, 血氣方剛, 戒之在鬪, 及其老也, 血氣旣衰, 季之在得"(위의 책, 季氏).

26) "唯上知與下愚不移"(위의 책).

27) "生而知之者上也, 學而知之者次也, 困而學之, 又其次也, 困而不學, 民斯爲下矣"(위의 책).

시대 말 당시에 두드러진 차별체제 혼란의 현실을 인정하지 않을 수 없었기에 이(理)뿐만 아니라 기(氣)의 작용 또한 인간을 포함한 모든 만물에 공통으로 존재하는 것으로 파악하는 이기론적(理氣論的) 우주론을 전개했다. 먼저 그는 이(理)의 보편성을 논증하기 위해 "입으로 보는 맛에는 다같이 좋아하는 것이 있고 귀로 듣는 소리에는 다같이 듣기 좋아하는 소리가 있으며 눈으로 보는 색에는 다같이 아름답게 여기는 것이 있다. 어찌 마음에서만 다같이 여기는 것이 없겠는가? 마음이 다같이 여기는 것이 무엇인가? 그것은 이(理)와 의(義)이다"²⁸⁾라고 함으로써 모든 인간이 공통으로 소유한 보편원리를 이(理)로 보았다. 여기서 마음이란 봉건질서에 순응하는 마음을 의미한다. 이러한 마음 즉 이(理)는 하늘이 부여한 명〔天命〕이기 때문에 천리(天理)로서 인간이 반드시 따라야 하는 것으로 규정된다.²⁹⁾

이러한 이(理)의 개념과 더불어 맹자에게 기(氣)란 이(理)의 주재(主宰)를 받는 생리력·물리력의 주체로 설정된다. 이에 대해 그는 "(봉건질서 순응의지로서의) 이(理: 志)는 (그것을 실천하는) 기(氣)의 주재자이다. 기(氣)는 몸에 가득 찬 것이며, 뜻(志)이 지극하면 기는 다음으로 따라오는 것이다"³⁰⁾라고 설명했다. 동시에 "뜻이 한결같으면 기를 움직이고 기가 한결같으면 뜻을 움직인다. 이제 엎어지고 달리고 하는 것은 기이기는 하나 그것이 도리어 마음을 움직이게 한다"³¹⁾는 논리로 공자에게서 부정되었던 기의 작용을 인정했다. 이처럼 맹자가 이(理)와 함께 욕구발동의 주체로서의 기를 인정한 것은 그가 당시의 시대상, 즉 주의 봉건체제

---

28) "口之於味也, 有同耆焉, 耳之於聲也, 有同聽焉, 目之於色也, 有同美焉, 志於心, 獨無所同然乎, 心之所同然者, 何也, 謂理也義也"(『孟子』, 告子上).
29) "順天者存, 逆天者亡"(위의 책, 離婁上); "盡其心者, 知其性也, 知其性則知天矣, 存其心, 養其性, 所以事天, 夭壽不貳, 修身以俟之, 所以立命也"(위의 책, 盡心上).
30) "夫志氣之帥也, 氣體之充也, 夫志至焉, 氣次焉"(위의 책, 公孫丑上).
31) "志一則動氣, 氣一則動志也, 今夫蹶者趨者, 是氣也而反動其心"(위의 책).

가 소멸되고 제후들이 부국강병을 앞세워 정복전을 벌이고 있었던 시대적 상황에 직면에서 봉건체제 붕괴가능성을 인정하지 않을 수 없었기 때문이었다. 따라서 공자가 욕구를 인간본성에서 제외시키는 방향으로 논의를 전개했다면, 맹자는 올바른 기의 육성〔浩然之氣〕을 통해 욕구를 억제하는 방향〔遏人欲〕으로 차별질서 파괴의 혼란을 저지하려 했던 것으로 보인다.

맹자의 봉건질서 재확립론은 계층간 관계에 대한 논의에도 두드러진다. 맹자는 이기욕을 억제하여 호연지기(浩然之氣)를 기르려는 사람을 대인(大人: 지배계층)으로 규정하고 물욕에 이끌리는 사람을 소인(小人: 피지배계층)으로 규정한다. 이 점을 그는 "큰 것〔大體: 차별질서의 보편원리〕을 따르는 사람은 대인이 되고 작은 것〔小體: 이기욕〕만을 추구하는 사람은 소인이 된다"[32]고 했다. 또한 맹자는 보편원리로서의 이(理)를 먼저 깨달은 사람과 나중에 깨달은 사람 사이의 차별이 존재한다고 보았다. 그는 이윤(伊尹)의 말을 빌려 "하늘이 백성들을 이 세상에 내면서 선지자(先知者)로 하여금 후지자(後知者)를 깨닫게 하고 선각자(先覺者)로 하여금 후각자(後覺者)를 일깨우게 했다. 나는 하늘이 낸 백성들 가운데 선각자이다. 내가 일깨워주지 않는다면 누가 하겠는가?"[33]라고 했다. 이것은 자신을 비롯한 지배계층을 선각자로, 피지배계층을 후각자로 보고 차별원리를 인식하고 있는 치자계층이 피치자계층을 지배하는 것을 필연의 당위로 규정함으로써 봉건적 차별질서를 보다 확고히 하려는 의도라고 할수 있다. 맹자의 이러한 차별적 지배논리는 비생산계층인 지배층과 생산계층인 피지배계층 사이의 본연적 차별성을 강조하여 노서민에 대한 귀족 지배의 정당성을 논증한 다음과 같은 말에 잘 나타나 있다.

---

32) "從其大體, 爲大人, 從其小體, 爲小人"(위의 책, 告子上).
33) "天之生此民也, 使先知覺後知, 使先覺覺後覺也, 予天民之先覺者也, 予將以斯道覺斯民也, 非予覺之而誰也"(위의 책, 萬章上).

어떤 사람은 마음(정신노동)을 쓰고 어떤 사람은 힘(육체노동)을 쓰는 것이니, 마음을 쓰는 사람은 남을 다스리고 힘을 쓰는 사람은 남에게 다스림을 받는다. 남에게 다스림을 받는 사람은 남을 먹여주고 남을 다스리는 사람은 남한테 얻어먹는 것이 천하의 법칙이다.[34]

공자에서 부정되고 맹자에서 인정되었던 기(氣)의 작용은 『중용』에 이르러 자취를 감추게 된다. 『중용』에서는 인간을 포함한 우주만물의 보편적 원리 즉 성리(性理)만이 강조된다. 이에 대해 『중용』은 "오직 천하의 지극한 정성만이 그 성(性: 차별불평등의 보편원리)을 다할 수 있다. 그 성을 다할 수 있으면 사람의 성을 다할 수 있고 사람의 성을 다할 수 있으면 곧 만물의 성을 다할 수 있다"[35]고 했다. 이것은 사람과 여타 만물이 모두 동등하다는 의미가 아니라, 사람뿐 아니라 모든 만물이 차별 불평등의 지배원리인 이(理)의 주재를 받고 있다는 점을 강조한 것이다. 『중용』에서 "하늘이 부여한 것을 성(性)"[36]이라고 한 것으로 보아 이러한 보편원리는 천리(天理)로서 인간의 힘으로는 거역할 수 없는 불변의 당위라고 할 수 있다. 이처럼 『중용』에서 맹자에서 인정되었던 기(氣)의 작용이 다시 부정된 것은 『중용』이 강력한 중앙집권적 정치체제의 확립을 필요로 하는 당시의 현실을 반영한 것이었기 때문이라고 할 수 있다.

『중용』에서 차별·불평등의 원리가 우주만물을 지배하는 보편원리인 이상 대내적인 차별질서는 우주원리를 반영하는 지극히 당연한 것으로 인식된다. 이런 점에서 『중용』은 "친(親)한 것에서도 등급이 있고 존귀하고 현명한 것에도 등급이 있으니 이것이 예가 생기는 바탕이다"[37]라

---

34) "或勞心或勞力, 勞心者治人, 勞力者治於人, 治於人者食人, 治人者食於人, 天下之通義也"(위의 책, 滕文公上).
35) "唯天下之性, 爲能盡其性, 能盡其性, 則能盡人之性, 能盡人之性, 則能盡物之性"(『中庸』, 二十二章).
36) "天命之謂性"(위의 책, 一章).

고 했다. 또한 "어떤 사람은 나면서부터 그것(차별질서의 보편원리)을 알고 어떤 사람은 배워서 그것을 알며 어떤 사람은 곤란에 직면해서 그것을 알게 되지만, 그들이 그것을 아는 것에서는 한 가지이다"[38]라고 하여 공자와 마찬가지로[39] 보편원리로서의 이(理)를 실제 정치현실에서의 차별질서 강화논리로 발전시켰다.

이와 같이 인성론과 우주론을 통해 불평등 차별질서의 근거를 이론적으로 뒷받침하려 했던 유학사상은 그것을 인간생활의 윤리규범 및 행위규범으로 실제화하려 했으니 이것이 유학의 도덕론이다.

차별·위계적 속성을 내포하는 예 의식의 선재(先在)와 인의예지신 등 오성을 인간의 존재본질[性理]이며 하늘이 부여한 우주원리[天理]로 규정한 공자에게, 인간이 어떻게 비(非)본질적인 이기욕을 배척하고 본성을 회복할 것인가 하는 것이 가장 중요한 실천적 과제였다. 이런 점에서 공자에게 도덕의 문제는 바로 이기욕과 본성의 실천 즉 차별질서의 파괴와 차별적 예법의 준수 사이에서 예법의 준수를 선택하는 당위의 문제였으며[道], 그러한 선택에 따라서 나타나는 결과의 문제였다[德]. 따라서 도(道)와 덕(德) 사이에는 인과응보의 관계가 성립되는 것이다.[40] 도와 덕이 인과응보의 관계에 있다는 점은 공자가 "군자는 (차별윤리 실천의) 도(道)를 도모하지 (물질적 욕구인) 식(食)을 도모하지 않는다. 농사를 지어도 굶주릴 때가 있을 수 있으나 (도를) 배우면 녹(祿)이 그 가운데에 들어 있으므로 군자는 도를 근심하지 가난은 근심하지 않는다"[41]고 한 데에 잘 나타나 있다.

---

37) "親親之殺, 尊賢之等, 禮所生也"(위의 책, 十二章).
38) "或生而知之, 或學而知之, 或困而知之, 及其知之一也"(위의 책).
39) 『論語』, 季氏 참조
40) 공자의 도덕개념에 대해서는 具本明, 앞의 책, pp.74-80을 참조하기 바란다.
41) "君子謀道不謀食, 耕也餒在其中矣, 學也祿在其中矣, 君子憂道不憂貧"(『論語』, 衛靈公).

도덕을 원인과 결과의 의미로 파악하는 것은 유학사상의 공통적 특징이다. 맹자 또한 "(도를) 행해서 얻어지지 않는 것이 있다면 모두 자신을 돌이켜 살펴볼 것이니 그 자신이 도를 행하려고 하면 온 천하가 나에게 돌아온다. 시편에 '하늘이 내려주신 사명〔天命〕을 항상 생각함으로써 스스로 많은 복(福)을 구했다'고 했다"⁴²⁾고 하여 차별질서 순응에의 도를 실천했을 경우 그 소득의 결과로서 복이 온다는 인과론적 도덕론을 전개했다. 『중용』 역시 "도를 바탕으로 덕을 실천하면 반드시 지위를 얻고 녹을 얻으며 이름을 얻고 장수(長壽)를 얻는다"⁴³⁾고 하여 차별·위계의 당위를 선택하여〔道〕, 그것을 실천했을 때 명성과 지위와 장수가 보장된다는 점을 역설했다.

그렇다면 유학사상의 도덕론에서 구체적인 실천규범은 무엇인가? 그것은 상하간(上下間) 차별이며, 공통적으로 개인에서 출발하여 가정·사회·국가로 확장되고 그 궁극적 목적은 차별윤리사회의 확립에 있다고 하겠다. 맹자가 "사람이 모두 어버이를 어버이답게 모시고 웃어른을 어른으로 모실 때 천하가 모두 화평해진다"⁴⁴⁾고 하고, "인(仁)의 실상(實像)은 부모를 섬기는 것이고 의(義)의 실상은 형(兄)을 따르는 것이다. 지(智)의 실상은 이러한 차별적 행위규범을 알고서 버리지 않는 것이고 예(禮)의 실상은 이 두 가지를 적절히 조화시키는 것이다"⁴⁵⁾라고 한 것은 그의 도덕론의 핵심이 상하간 차별을 고착화시키는 데 있다는 점을 보여준다. 이와 함께 맹자는 "사람들은 항상 하는 말이 다들 '천하국가(天下國家)'라고 하는데, 천하의 근본은 국가에 있고 국가의 근본은 가정에 있으며

---

42) "行有不得者, 皆反求諸己, 其身正, 而天下歸之, 詩云永言配命, 自求多福"(『孟子』, 離婁上).
43) "大德必得其位, 必得其祿, 必得其名, 必得其壽"(『中庸』, 十六章).
44) "人人, 親其親, 長其長, 而天下平"(『孟子』, 離婁上).
45) "仁之實, 事親是也, 義之實, 從兄是也, 智之實, 知斯二者弗去是也, 禮之實, 節文斯二者是也"(위의 책).

가정의 근본은 자기 자신에게 있다"[46]고 함으로써 사회의 최소단위인 개인에서 시작하여 가정 및 사회, 국가, 그리고 천하를 관통하는 차별적인 도덕실천규범의 당위를 역설했다.

『중용』또한 다음과 같이 도덕실천의 궁극적 목적이 개인의 도덕적 완성이 아니라 천하와 국가를 다스리는 데 있다고 보았다.

> 공자가 말하기를 '배움을 좋아하는 것은 지(知)에 가깝고 힘써 행하는 것은 인(仁)에 가까우며 수치를 아는 것은 용(勇)에 가깝다. 이 세 가지를 알면 곧 몸을 닦는 길을 알게 될 것이요 몸을 닦는 길을 알면 곧 사람을 다스리는 길을 알게 될 것이며 사람을 다스리는 길을 알면 곧 천하와 국가를 다스리는 길을 알게 될 것이다'라고 했다.[47]

이처럼 유학사상 도덕론의 핵심은 인간 개인의 도덕적 수양을 통한 이상사회의 실현에 있지 않았다. 근본적으로 차별위계원리에 대한 개인의 자각과 실천행위를 통해 지배계층 중심의 차별질서를 확고히 유지하는 데 있었던 것이다.

마지막으로 유학사상의 역사론(歷史論)에 대해서 살펴보기로 하자. 유학사상 역사론의 공통된 특징은 상하간 차별을 변하지 않는 역사의 원리이며 법칙이라고 인식하는 데에 있다. 이러한 역사인식의 바탕위에 공자는 춘추대통사관(春秋大統史觀)을, 맹자는 일치일란(一治一亂)의 역사관을, 『중용』은 천도사관(天道史觀)을 전개했다.

공자의 역사론의 본질은 그가 자신의 역사서인 『춘추(春秋)』를 지은 의도에서 분명히 나타난다. "세상이 쇠퇴하고 정도가 미약해져서 괴이한 학설과 난폭한 행위가 또 생겨 신하가 제 임금을 죽이는 자가 있고

---

46) "人有恒言, 皆曰天下國家, 天下之本在國, 國之本在家, 家之本在身"(위의 책).
47) "好學近乎知, 力行近乎仁, 知恥近乎勇, 知斯三者, 則知所以修身, 知所以修身, 則知所以治人, 知所以治人, 則知所以天下國家矣"(『中庸』, 二十章).

자식이 제 아비를 죽이는 자도 있었다. 공자께서 이를 두렵게 여겨『춘추』를 지었는데『춘추』는 천자(天子)가 한 일이다"[48]라는 맹자의 말에서 알 수 있듯이, 공자는 차별질서의 파괴를 바로잡아 위계적 윤리사회를 건설하는 것을 역사의 당위적 본질로 보았다. 그에 의하면 차별윤리사회의 역사는 다수의 피지배계층이 아닌 천자가 그 주체이며, 천자(왕)는 바로 하(夏) · 은(殷) · 주(周) 3대의 혈통적 정통성〔大統〕을 하늘로부터 부여받은 존재이다. 따라서 천자의 역사는 그 자체가 하늘의 역사이며 거역할 수 있는 절대 불변의 역사인 것이다. 공자가 비록 '온고이지신(溫古而知新)'[49]을 강조함으로써 일정부분 변화를 인정하고 있지만, 그것은 차별질서의 확립이라는 변하지 않는 역사의 보편성을 바탕으로 시대에 따르는 예법(禮法) 및 제도의 변화만을 인정한 것에 지나지 않다. 이 점은 공자가 "은나라는 하나라의 예법을 본받았으므로 그 줄인 것과 보탠 것을 알 수 있고 주나라는 은나라의 예법을 본받았으므로 그 보태고 던 것을 능히 알 수 있다. 만일 주나라를 이어 일어나는 나라가 있다면 비록 일백세(一百世) 이후라도 능히 알 수 있을 것이다"[50]라고 한 데에서 알 수 있다.

공자가 주(周)의 봉건체제가 미약하나마 존재하고 있는 상황에서 차별위계질서가 잘 지켜진 하 · 은 · 주 3대의 역사를 정통의 역사로 인정하여 그것의 당위성을 역사론의 근거로 제시하려 했다면, 맹자는 봉건체제의 와해기에 직면하여 그러한 와해를 현실적으로 인정하지 않을 수 없었다. 이에 따라 맹자는 이기욕의 발동을 통한 차별질서 혼란의 역사를 패도(覇道)의 역사로, 혼란을 극복하고 봉건적 군신질서가 확립된 역사를 왕도(王

---

48) "世衰道微, 邪說暴行有作, 臣弑其君者有之, 子弑其父者有之, 孔子懼作春秋, 春秋天子之事也"(『孟子』, 滕文公下).

49)『論語』, 爲政 참조

50) "殷因於夏禮, 所損益可知也, 周因於殷禮, 所損益可知也, 其或繼周者, 雖百世可知也"(위의 책).

道)의 역사로 규정하는 일치일란(一治一亂)의 역사론을 제시했다. 다음은 이러한 일치일란의 역사에 대한 맹자의 설명이다.

옛날에 (요임금 때) 우(禹)가 홍수를 막아서 천하가 태평해졌고 주공(周公)이 이적(夷狄)을 병합하고 맹수를 몰아내어 백성들이 편해졌으며 공자가 『춘추』를 완성하여 난신적자(亂臣賊子)들이 두려워하게 되었다. 시편에 '융적(戎狄)을 치니 형서(荊舒)가 이에 징계되어 나에게 감히 저항하지 못했다'고 했거니와, 아버지를 무시하고 임금을 무시하는 것이 주공의 응징의 대상이었다. 나 또한 (오늘의 혼란에 직면하여) 인심을 바로잡고 괴이한 학설을 방지하며 부정한 행위를 막고 음란한 말을 몰아내어 세 분 성인을 계승하려 한다.[51]

이처럼 맹자는 군신·부자간 차별질서 파괴를 혼란의 역사, 즉 패도의 역사로 규정하고 이것이 잘 지켜지는 역사를 왕도의 역사, 하늘이 부여한 천명의 역사로 인식하는 차별불평등적 역사관을 전개했던 것이다. 또한 그는 자신의 역사론을 통해 하늘이 부여한 역사법칙에 따라 당시의 혼란이 제거되고 차별·위계에 바탕을 둔 봉건체제가 재확립되는 것이 역사적 당위임을 강조하려고 했던 것으로 보인다.

앞서 논의한 바와 같이 『중용』은 중국 최초의 중앙집권적 정치체제의 성립을 배경으로 하고 있다. 한족 중심의 강력한 왕권체제 확립 필요성은 맹자와 같이 혼란을 인정하는 역사론을 상정할 수 없었다. 1인 지배의 왕권체제를 강화하기 위해서는 현실의 차별질서를 영구화하고 한족 중심의 지배체제를 하늘이 부여한 절대적 원리로 정당화하는 역사론만이 요구될 뿐이었다. 이것이 『중용』의 천도사관(天道史觀)이다. 구체적으로 『중용』에서는 "천자가 아니라면 예법을 논할 수 없고 제도를 정할

---

51) "昔者, 禹抑洪水, 而天下平, 周公兼夷狄驅猛獸, 而百姓寧, 孔子成春秋, 而亂臣賊子懼, 時云戎狄是膺, 荊舒是懲, 則莫我敢承, 無父無君, 是周公所膺也, 我亦欲正人心息邪說, 距詖行, 放淫辭, 以承三聖者"(『孟子』, 滕文公下).

수 없으며 법령을 만들 수 없다. 지금 천하의 수레는 그 바퀴의 크기가 같고 같은 글을 사용하며 윤리행동이 같다. 비록 천자의 자리에 있으나 덕이 없다면 감히 예악(禮樂)을 만들지 못하지만, 비록 덕이 있더라도 천자의 위치가 아니라면 또한 감히 예악을 만들지 못한다"[52]고 함으로써 통일성을 바탕으로 하는 중앙집권적 정치체제하에서 역사구성의 권한은 오직 하늘의 아들인 천자(왕)에게만 주어져 있으며 천자의 혈통은 영원불멸해야 한다는 점을 강조하고 있다.

이와 같은 유학사상의 역사론은 자연적 변천의 역사관을 부정한다는 점에서 본질적으로 정치적 필요에 의해 조작된 허구의 역사이며, 역사의 주체를 소수 지배계층이나 제왕(帝王)으로 규정하는 반(反)민중적 역사관이었다. 또한 그 내용에서 봉건적 차별질서의 유지를 역사의 보편원리로 규정하고 그것의 영속성을 강조하는 반(反)자유 · 반평등적인 것이었다고 평가할 수 있다.

제2절 묵학사상의 정치질서관

동아시아 개혁사상의 토대로서 유학사상의 비생산성과 차별 · 위계적 속성을 비판하고 생산력의 강화를 통한 경제적 실리추구와 무계급 · 무차별의 평등사회를 이상으로 하여 전개된 것이 묵자[53]로 대표되는 묵학

---

52) "非天子, 不議禮, 不制度, 不考文, 今天下車同軌, 書同文, 行同倫, 雖有其位, 苟無其德, 不敢作禮樂焉, 雖有其德, 苟無其位, 亦不敢作禮樂焉"(『中庸』, 二十八章).

53) 묵자(墨子, B.C. 468-376)의 이름[名]은 적(翟)으로서 노(魯)나라 사람이다. 조상이 은나라의 유민(遺民)이라는 설이 있고 귀족 출신의 공자와는 달리 문벌과는 전혀 관계가 없는 천민계층의 인물이었을 것으로 짐작된다[蕭公權, 『中國政治思想史 (上)』, 台北: 華岡出版有限公司, 1978, p.126 참조]. 청 말의 묵자학자 손이양(孫詒讓)의 『묵자한고(墨子閒詁)』에 나온 연표에 의하면, 묵자의 생존기는 공자(B.C. 551-479) 사후 약 50-100년 뒤인 열국시대(列國時代)였다고 한다. 열국시대는 주나라의 제왕이 일개 낙양(洛

의 정치사상이다.

맹자가 "양주(楊朱: 전국시대의 인물로 개인의 이익을 최우선시하는 학설을 펼쳤던 사람)와 묵적(墨翟: 묵자의 이름)의 이론이 세상에 가득 차서 천하 사람들이 양주 아니면 묵자의 논리를 따르고 있다. 양주는 자기를 가장 중요하게 여기니 임금이 없는 것〔無君〕과 같고 묵자는 서로 사랑하라 〔兼愛〕 하니 아버지가 없는 것〔無父〕과 같다. 임금이 없고 아버지가 없는 것은 금수(禽獸)와 마찬가지이다. … 양주와 묵적의 논의가 사라지지 않는 한 공자의 도(道)가 나타나지 않을 것이다"54)라고 한 것으로 미루어, 전국시대 당시 묵자의 학설이 상당한 영향력을 미치고 있었음을 알 수 있다. 묵자의 사상이 유학사상의 허위성과 차별성을 근본적으로 비판하고 봉건체제 또는 왕권체제의 정당성을 부정함에 따라 박해를 받고 이후 큰 사상적 발전을 이루지 못했던 것은 사실이다. 그럼에도 불구하고 묵학사상에서 보이는 생산의 중요성과 일반백성들의 경제적 실리추구의 당위성 강조, 그리고 차별·불평등의 제거 주장 등이 중국인의 인식 속에 면면히 흘러왔음은 물론 근세 동아시아 개혁사상의 형성과 발전에 중요한 영향을 미쳤다는 점55)은 간과할 수 없을 것이다.

공맹(孔孟)의 유학사상이 봉건질서의 해체에 직면하여 상하간 차별·위계를 바탕으로 한 봉건체제의 재확립을 정치목표로 삼았다면, 묵자는

陽)의 읍장(邑長) 정도로 전락하고 각 제후들이 경쟁적으로 부국강병을 통한 패권확보에 박차를 가하던 혼란의 시기였다(김만규, 앞의 책, p.70 참조). 이러한 혼란기에 묵자는 공자로 대표되는 지배계층 중심의 유학사상에 대해 가장 강력하게 사상적 도전을 전개한 인물이었다.

54) "楊朱墨翟之言, 盈天下, 天下之言, 不歸楊則歸墨, 楊氏爲我, 是無君也, 墨氏兼愛, 是無父也, 無父無君, 是禽獸也, … 楊墨之道不息, 孔子之道不著"(『孟子』, 滕文公下).

55) 예를 들어 16세기 말 중국의 반(反)전제적 개혁사상가로 평가되고 있는 이지(李贄)가 『묵자비선(墨子批選)』을 편찬하여 자신의 반유학적 입장을 표명한 것이나, 18세기 말 한국의 후기 실학자인 홍대용이 "몇 번이고 유학을 버리고 묵학에 들어가고자 했다〔欲 逃儒而入墨〕"(『湛軒書』, 內集, 卷三, 與人書, 二首)고 한 점으로 보아 묵자의 사상이 단절되지 않고 지속적으로 동아시아 개혁사상가들에게 영향을 미쳐왔음을 알 수 있다.

봉건질서 해체과정에서 파생된 귀족계층의 노서민(奴庶民)에 대한 억압과 착취를 제거하여 신분적 불평등이 아닌 능력에 따른 기능적 평등(직업적 평등)에 기초한 상동사회(尙同社會)의 건설을 정치의 목표로 설정했다. 상동(尙同)의 동(同)은 일동(壹同)으로 만민의 평등을 의미하는 것이며, 이것은 공자로 대표되는 유학사상의 신분적 차별주의에 대한 일대 혁신을 요구한 것이었다. 묵자는 이러한 상동사회의 건설 방안으로 차별·억압·빈곤을 조장하는 역정(力正)을 바로잡아 평등과 이익에 바탕을 둔 의정(義正)을 실행할 것을 다음과 같이 요구했다.

하늘의 뜻을 따르는 것을 겸애라 하고 하늘의 뜻에 반하는 것을 차별이라 한다. 겸애는 의정이며 차별은 역정이다. (구체적으로) 의정이란 큰 것이 작은 것을 공격하지 않고 강한 자가 약한 자를 업신여기지 않으며 많은 자들이 적은 자들을 해치지 않는 것이다. 또한 사기꾼이 어리석은 자를 속이지 않고 귀한 자가 천한 자에게 오만하지 않으며 부유한 자가 가난한 자에게 교만하지 않고 나이 어린 사람이 늙은 사람의 것을 빼앗지 않는 것이다. 역정이란 이와 반대이다. 크면 작은 자를 공격하고 강하면 약한 자를 업신여기며, 수가 많으면 적은 사람들을 해치고 사기꾼이 어리석을 사람을 속이는 것이다. 또한 자신이 귀하다고 해서 천한 자에게 오만하고 부유하다고 해서 가난한 사람들에게 교만하며 나이 어린 사람들이 늙은 사람들의 것을 빼앗는 것이다.[56]

공맹이나 묵자 모두 정치의 본질을 '바로잡는 것'으로 보았다. 그러나 그 바로잡음의 내용은 양자(兩者)가 서로 상반된다. 공맹이 흐트러진 차별질서를 바로잡아 '군군(君君)·신신(臣臣)·부부(父父)·자자(子子)'의 위계적 봉건질서를 회복하는 것을 본질로 삼았다면, 묵자는 차별 불평

---

56) "順天之意者, 兼也, 反天之意者, 別也, 義正者, 大不攻小也, 強不侮弱也, 衆不賊寡也, 詐不欺愚也, 貴不傲賤也, 富不驕貧也, 壯不奪老也, 力正者, 大則攻小也, 強則侮弱也, 衆則賊寡也, 詐則欺愚也, 貴則傲賤也, 富則驕貧也, 壯則奪老也"(『墨子』, 天志下).

등을 바로잡아 배분적(配分的) 공평의 평등사회를 구현하는 것을 본질로 삼았던 것이다.

묵자는 이러한 배분적 공평의 평등사회를 위한 구체적인 정치방법으로서 귀천(貴賤)의 차별 없이 현명한 사람을 등용하여 능력에 따라 관직에 임용하고, 사람들에게 이익을 주는 공로에 따라 부(富)를 배분할 것을 주장했다. 이 점에 대해 묵자는 "현명한 사람을 숭상한다는 것은 하늘과 귀신과 백성들에게 이익을 주는 것이며 이것이 바로 정치의 근본이다"[57]라고 했다. 묵자에게 현명한 사람이란 유학과 같이 차별질서의 원리를 이해하고 그것을 실천할 줄 아는 자가 아니라 신분의 차별 없이 재능 있는 사람을 의미했다. 묵자가 "지식이라는 것은 바로 재능이다"[58]라고 한 점은 이를 잘 나타내는 것이다. 또한 묵자는 능력 있는 사람을 등용할 경우에도 친불친(親不親)이나 빈부(貧富), 용모의 차별을 두지 않고 철저히 재능에 의거하여 관직을 줄 것을 다음과 같이 요구하기도 했다.

옛날에 성왕(聖王)들은 현명한 사람들을 숭상하는 것을 매우 중요하게 여겼다. 능력에 따라 등용할 때에도 친족이라고 해서 편들지 않았고 부귀한 사람들이라고 해서 우대하지 않았으며 얼굴빛이 좋다고 해서 편애하지 않았다. 현명한 사람이라면 그를 등용하여 높은 지위를 주고 부유하고도 귀하게 해주었으며 관직의 우두머리로 삼았다. 못난 자라면 파면시켜 가난하고도 천하게 해주었으며 일꾼으로 삼았다.[59]

그렇다면 이와 같은 배분적 공평과 무차별의 평등정치가 왜 반드시

---

57) "尙賢者, 天鬼百姓之利, 而政事之本也"(위의 책, 尙賢下).
58) "知, 材也"(위의 책, 經上).
59) "故古者, 聖王甚尊尙賢, 而任使能, 不黨父兄, 不偏富貴, 不嬖顔色, 賢者擧而上之, 富而貴之, 以爲長官, 不肖者抑而廢之, 貧而賤之, 以爲徒役"(위의 책, 尙賢中).

실현되어야 하는가? 이것은 묵자의 인성론과 우주론 및 도덕론을 통해 파악될 수 있다. 유학사상의 인성론이 차별·위계적 속성의 인의예지(仁義禮知)를 인간의 존재본질로, 그리고 하늘이 부여한 우주원리(天理)로 규정했음은 앞서 논의한 바와 같다. 이러한 유학의 인성론과는 달리 묵자는 '인간의 본성은 외부환경이 자신에게 손해를 주느냐 아니면 이익을 주느냐에 따라 변하는 것'으로 인식했다. 이런 점에서 그는 "풍년이 든 때에는 백성들은 어질고 착하지만 흉년이 들면 백성들은 인색하고 악해진다. 이렇게 볼 때 백성들이 어찌 일정한 본성을 가지고 있다고 할 수 있는가?"[60]라고 했다. 이것은 이기욕 즉 물욕(物欲)을 본성에서 제외시키고 백성이 부유할 때나 가난할 때나 상관없이 항상 차별질서에 순응하는 본성을 가지고 있다는 점을 강조함으로써 봉건질서를 유지하려 했던 유학사상의 인성론과는 근본적으로 다른 것이다. 즉 묵자는 인간의 본성에는 선악의 요소가 모두 포함되어 있고 그러한 본성의 외적 발현을 결정하는 것은 인간 자신의 손익(損益), 다시 말해 외부환경에 기인하는 것으로 본 것이다. 따라서 이러한 묵자의 인성론은 일반대중의 이익추구를 정당화시켜 공자에게서 부정되었던 인간의 물욕을 개방시키려는 정치적 목적에 기인한 것이라고 볼 수 있다. 묵자가 차별질서의 실천의욕을 의(義)라고 본 유학과는 반대로 일반백성의 이익추구 욕구를 만족시켜주는 것을 의로 규정한[61] 것도 이러한 맥락에서 이해할 수 있을 것이다.

묵자는 이러한 주장의 근거를 하늘의 뜻에서 찾았다. "하늘(天)은 사람들이 삶을 영위하기 원하지 죽기를 바라지 않는다. 또한 사람들이 부귀해지기를 바라지 가난하기를 원하지 않는다. 그리고 사람들이 잘 다스려지기를 원하지 혼란스럽기를 바라지 않는다. 이것이 하늘이 의로움

---

60) "故時年歲善, 則民仁且良, 時年歲凶, 則民吝且惡, 夫民何常此之有"(위의 책, 七患).
61) "義, 利也"(위의 책, 經上).

을 바라고 불의를 싫어한다는 것을 아는 근거이다"[62]라고 한 것에서 알수 있듯이, 묵자는 일반백성들의 삶의 욕구와 이익추구가 하늘의 뜻과일치함을 논증하려 했다.

묵자에게 하늘은 인간이 외부환경에 따라 선악의 두 요소를 지니고있음에 비해 그 자체가 선의지(善意志)를 가진 존재이다. 하늘이 선의지를 가지고 있기 때문에 그것은 곧 인간의 선악행위의 기준이 되는 것이다. 동시에 하늘은 선악행위에 대한 형벌권(刑罰權)을 가진 존재로 설정된다. 이에 대해 묵자는 하늘의 뜻에 위배되는 행위, 즉 인간들에게 이익을 주지 못하고 피해만을 주는 행위나 인간을 차별하는 행위는 그 자체가 악이며 필연적으로 하늘의 화(禍)를 가져오게 된다고 다음과 같이역설했다.

천자란 천하에서 최고로 귀하고 부유한 사람이다. 부유하고도 귀한 사람이라면 하늘의 뜻을 따르는 모든 사람들을 사랑하고 이익을 주어서 하늘로부터반드시 상을 받을 것이다. 하늘의 뜻에 반하는 자는 사람을 차별하여 서로미워하고 서로 해쳐서 반드시 하늘의 벌을 받을 것이다.[63]

이러한 논리를 바탕으로 했을 때 묵자의 질서관은 철저히 평등적 질서관이 될 수밖에 없었다. 즉 그는 선천적인 능력과 재능의 차이는 인정한다 하더라도 그것이 유학이 주장하는 바와 같이 인간의 힘으로서는어찌할 수 없는 절대적이고 고정적인 신분적 차이를 의미하는 것은 아니라고 보았다. 이 점을 묵자는 "성왕의 시대에는 덕으로써 벼슬에 나아가게 하고 관직으로써 일을 맡게 하며 수고로움으로써 상이 결정되었고

---

62) "天欲其生而惡其死, 欲其富而惡其貧, 欲其治而惡其亂. 此我所以知天欲義而惡不義也"(위의 책, 天志上).
63) "故天子者, 天下之窮貴也, 天下之窮富也, 故於富且貴者, 當天意而不可不順, 順天意者, 兼相愛, 交相利, 必得賞, 反天意者, 別相惡, 交相賊, 必得罰"(위의 책).

공로로써 녹이 분배되었다. 관직에 있다고 해서 언제까지나 귀한 것은 아니며 일반백성이라고 끝내 천하지는 않았다. 능력이 있으면 곧 등용되었고 능력이 없으면 바로 좌천되었다"[64]고 했다. 이러한 주장을 볼 때 묵자는 인간이라면 누구든지 신분에 관계없이 능력개발 여하에 따라 높은 관직에 오를 수도 있음을 가정하여 신분의 차별화·고정화를 거부하는 기능론적 평등관을 가졌던 것으로 보인다.

물론 묵자는 군신질서까지 부정하지는 않았던 것 같다. 그러나 묵자가 현실의 군신질서를 사회질서의 유지를 위해 부득이한 것으로 인정했다 하더라도 그것은 유학과 같이 군주의 혈통적 영속성과 그 지배의 정당성을 확보하여 제왕권체제를 강화하려 했던 것이 아니었다. 오히려 군주도 인간이라는 점에서 일반백성들과 다를 것이 없고 하늘의 신하라는 점에서 평등하며, 다만 군주는 하늘이 부여한 선의지 즉 다수 피지배계층의 이익도모를 수행하기 위해 인간들 중에서 선택된 인물일 뿐이라는 관점을 지니고 있었던 것 같다. 이 점을 묵자는 "하늘이 천자보다 소중하고 귀하다"[65]고 했고, 또한 "옛날에 하느님과 귀신이 나라와 도읍을 건설하고 우두머리를 세웠던 것은 그에게 높은 작위를 주고 많은 녹을 주어 부귀하게 놀며 편히 지내라는 것이 아니었다. 그것은 백성들을 이롭게 해주고 재해를 없애주며 가난하고 외로운 사람들을 부귀하게 해주고 위태로운 것을 편안하게 해주며 어지러운 것을 다스리라는 것이었다"[66]고 표현했다.

동아시아 전통사상으로서의 묵자사상의 독창성은 도덕론에 있다. 묵자 도덕론의 핵심은 개인의 이익추구를 사회적 안정 및 평화적 질서와

---

64) "故當是時, 以德就列, 以官服事, 以勞殿賞, 量功而分祿, 故官無常貴, 而民無終賤, 有
能則擧之, 無能則下之"(위의 책, 尙賢中).
65) "天之重且貴於天子也"(위의 책, 天志下).
66) "古者上帝鬼神之建設國都, 立正長也, 非高爵, 厚其祿, 富貴佚而錯之也, 將以爲萬,
民興利除害, 富貴貧寡, 安危治亂也"(위의 책, 尙同中).

관련시키는 것에 모아졌다. 즉 개인의 이익을 전체의 이익과 어떻게 연결시키느냐 하는 것이 그의 도덕론의 주제였다고 할 수 있다.

먼저 그는 개인의 물질적 이익이 사회안정의 토대가 된다고 보아 때에 따라 알맞게 생산하여〔以時生財〕개인의 의식주를 충족시키고 낭비를 절제하여 절약과 검소를 생활화하며 모자랄 때를 대비하여 남는 것을 비축해 두는 것을 마땅히 실천해야 할 당위의 도(道)로 설정했다. 묵자는 무엇보다 백성의 먹을 것의 충족이 가장 중요하다고 보아 "무릇 오곡(五穀)이란 백성들에게 존귀한 것이다. … 백성들이 먹을 것이 없다면 섬길 수가 없다. 그러므로 먹을 것에 대해서는 힘써 노력하지 않을 수 없고 땅에 대해서는 힘써 경작하지 않을 수 없으며 쓰는 것에 대해서는 절약하지 않을 수 없는 것이다"[67]라고 했다. 또한 백성의 생활안정을 해치는 지나친 사용에 대해 절제의 중요성을 강조하여 "쓸데없는 비용을 없애는 것이 성왕의 도이며 천하의 이익이다"[68]라고 했고, 임금으로 하여금 궁궐을 짓는 것과 의복을 입는 것과 음식을 먹는 것과 배와 수레를 만드는 것과 사람을 부리는 것에서 낭비를 하지 말 것을 요구했다.[69] 특히 그는 유학사상에서 강조하는 음악의 비생산성을 비판하여 "음악을 즐기는 것은 잘못이다"[70]라고 했고, 유학사상에서 효(孝)의 행위규범으로서 중요시하는 성대한 장례에 대해서도 일반백성의 이익을 해치는 것이라고 하여 다음과 같이 강하게 비판했다.

성대히 장사지내는 결과를 계산해보면 많은 재물들을 땅에 묻어버리는 것이 된다. 오래 상복을 입는 결과를 계산해보면 오랫동안 일하는 것을 금지하는 것이 된다. 이미 고생해 이룩해 놓은 재물들을 한꺼번에 땅에 묻어버리고

---

67) "食不可不務, 地不可不力也, 用不可不節也"(위의 책, 七患).
68) "去無用之費, 聖王之道, 天下之大利也"(위의 책, 節用).
69) 위의 책, 七患 참조.
70) "爲樂非也"(위의 책, 非樂).

살아남은 사람들은 오랫동안 일을 하지도 못하는 것이다. 이렇게 함으로써 부유해지기를 바란다는 것은 농사짓기를 금하면서도 수확을 바라는 것이니 결코 부유해질 수 없다.[71]

이와 같이 묵자는 개개인의 생활안정을 위한 생산의 중요성을 강조하고 절약, 검소와 비축 등을 반드시 실천해야 할 당위의 도로 규정하여 이를 실행할 것을 요구했다.

한편으로 묵자는 이처럼 개인과 사회에 모두 이익이 되는 식화도(殖貨道)를 당위로 설정하면서, 다른 한편으로 타인의 희생을 전제로 한 개인의 사사로운 이익추구는 사회에 혼란만 가져오므로 모든 사회구성원이 서로를 사랑하는 입장에서 상호간의 이익을 도모해야 한다는 겸애(兼愛)를 또 하나의 실천당위로 규정했다. 이에 대해 묵자는 "살펴보건대 혼란은 서로 사랑하지 않고 자기만을 위하기 때문에 나타나는 것이다"[72]라고 하여 자신만을 위하는 것이 혼란의 근원임을 주장했다. 자신만을 위한다는 것은 곧 차별이며 차별은 곧 사회 전체의 이익에 반하는 것이다. 이런 점에서 묵자는 "천하의 사람들이 서로 사랑하지 않는다면 강한 자가 반드시 약한 자를 잡아 누르고 부유한 자가 가난한 자를 업신여기며 귀한 사람들은 천한 사람들에게 오만하고 사기꾼은 어리석은 사람들을 속일 것이다"[73]라고 했다.

그렇다면 이러한 겸애의 구체적 실천방법은 무엇인가? 묵자는 "남의 나라 보기를 자기 나라 보는 것처럼 하고 남의 집을 보기를 자기 집처럼 보고 남의 몸을 보기를 자기 몸처럼 보는 것"[74]이라고 설명한다. 묵

---

71) "計厚葬, 爲多俚賦財者也, 計久喪, 爲久禁從事者也, 財以成者, 挾而俚之, 後得生者, 而久禁之, 以此求富, 此譬猶禁耕而求穫也, 富之說, 無可得焉"(위의 책, 節葬下).

72) "當察亂何自起, 起不相愛"(위의 책, 兼愛上).

73) "天下之人兼相愛, 强不執弱, 衆不劫寡, 富不侮貧, 貴不敖賤, 詐不欺愚"(위의 책, 兼愛中).

자는 개인, 가정, 사회, 국가가 각각 자기의 이익이 중요한 만큼 남의 이익도 중요하다는 점을 인식하고 실천할 때 비로소 더불어 함께 사는 상동사회가 이루어질 수 있다고 보았다. 이것은 유학사상이 개인간, 가정간, 사회간, 국가간 관계의 차별성을 강조하는 것에 비해 이익의 조화와 협력을 통한 평등사회를 요구하는 것이라는 점에서 혁신적이라 하겠다.

묵학사상이 유학사상과 동일한 점은 이러한 식화(殖貨)와 겸애의 당위도를 실천했을 때 그에 따라 인간이 하늘의 보상을 받게 된다는 인과론적 도덕론을 전개한 것에 있다. 묵자가 "만약 일을 함에 위로는 하늘을 이롭게 하고 가운데로는 귀신을 이롭게 하며 아래로는 사람들을 이롭게 한다면 이롭지 않는 것이 없으니, 이것은 하늘이 부여한 덕〔天德〕이다"[75]라고 한 점과, "남을 사랑하는 사람은 반드시 남도 자기를 사랑하게 되고 남을 이롭게 하는 사람은 반드시 남도 그를 이롭게 하며 남을 미워하는 사람은 반드시 남도 자기를 미워하게 되고 남을 해치는 사람은 반드시 남도 자기를 해치게 될 것이다"[76]라고 한 것은 바로 이러한 묵자 도덕론의 인과론적 특성을 보여준다.

마지막으로 묵자의 역사론은 유학사상의 역사론과 같이 당위적 역사관이라 할 수 있으나 그 내용은 아주 대조적이다. 앞서 논의한 바와 같이 유학사상은 봉건체제 또는 제왕권체제의 확립이라는 정치적 목적을 달성하기 위해 차별질서의 혼란을 극복하고 위계질서에 바탕을 둔 차별윤리사회의 등장을 역사의 필연이며 하늘의 원리임을 강조하는 차별윤리사관을 전개했다. 묵자는 이와 반대로 일반백성들의 욕구충족과 차

---

74) "視人之國, 若視其國, 視人之家, 若視其家, 視人之身, 若視其身"(위의 책).

75) "事上利天, 中利鬼, 下利人, 三利而無所不利, 是謂天德"(위의 책, 天志下).

76) "夫愛人者, 人必從而愛之, 利人者, 人必從而利之, 惡人者, 人必從而惡之, 害人者, 人必從而害之"(위의 책, 兼愛中).

별·불평등의 제거를 통한 평등적 상동사회의 실현을 정치목표로 삼았기 때문에 차별불평등과 빈곤·억압을 악의 역사로, 생산과 사회적 평등에 기초한 상동사회의 실현을 선의 역사로 규정하고, 선의 역사로 진행되는 것이 필연의 원리이며 하늘의 법칙이라는 역사론을 제시했다. 양자(兩者)의 정치적 목적의 차이로 인해 서로 상반되는 역사론이 형성된 것이다. 이 점은 묵자와 유가가 같은 역사적 인물들을 각자 자신의 역사관에 합당한 인물들로 재구성하고 있는 데에서 잘 나타난다. 즉 공자·맹자·『중용』등 유학사상은 하·은·주 3대의 요(堯)·순(舜)·우(禹)·탕(湯)·문(文)·무(武)왕을 역사상 차별위계질서를 잘 확립시킨 인물들로 평가하는 반면, 묵자는 같은 인물들을 생산과 겸애를 통해 모두에게 이익을 주었던 왕들로 평가했다. 구체적으로 묵자는 "우·탕·문·무왕 같은 사람들이 한 일은 위로는 하늘을 높이고 가운데로는 귀신을 섬기며 아래로는 사람들을 사랑하는 것이었다. 이들은 하늘이 사랑하는 것은 모두 사랑하고 하늘이 이롭게 하는 것은 모두 이롭게 해주었다. 이들은 사람들을 사랑함이 매우 크고도 깊었다"[77]라고 하여 유학사상가들과는 대조적인 입장에서 성왕들의 업적을 평가했다.

이상과 같이 역사적으로 유학사상과 가장 첨예하게 대립한 묵학사상은 경제적 부의 생산과 공평한 분배, 그리고 인간의 본질적 동등성과 개체간의 이익의 조화 등을 주장함으로써 유학적 차별관에 회의하고 그것을 극복하려 했던 동아시아 3국 개혁사상의 이론적 토대가 되었다는 점에서 중요한 사상적 가치가 있다고 평가할 수 있다.

---

77) "其事, 上尊天, 中事鬼神, 下愛人, 故天意曰, 此之我所愛, 兼而愛之, 我所利, 兼而利之, 愛人者, 此爲博焉, 利人者, 此爲厚焉"(위의 책, 天志上).

제3절 노장사상의 정치질서관

유학의 비생산성과 차별·위계적 속성을 비판하고 피지배계층의 생활안정을 위한 생산력의 증대와 능력에 따른 부의 공평한 배분, 겸애와 상동(尚同)의 실현을 통한 평화롭고 조화로운 평등사회의 구현을 지향했던 묵학사상과 함께 동아시아 3국 개혁사상의 이론적 토대를 제공한 전통사상이 노장사상[78]이었다. 노장은 유학과 묵학이 공통적으로 지닌 절대적·고정적 가치관의 모순과 한계를 비판하면서 인간을 포함한 자연계 모든 개체의 본원적 자유 및 독립성과 자존성을 강조했다. 동시에 그러한 개체들간의 상대주의적 동등성을 자연의 원리로 실증함으로써 자유성과 평등성에 기초한 동아시아 개혁사상의 형성과 발전에 중요한 이론적 역할을 담당했다.

먼저 노장은 당시 혼란의 원인이 소위 유학과 묵학의 성인론이나 인의예지론 등이 인간의 본질적 자유를 인위적으로 구속하는 데 있다고 보았다. 이 점을 장자(莊子)는 "성인이 나와 인(仁)을 행하고 의(義)를 행하게 되자 천하 사람들이 비로소 의혹을 품게 되었으며 제멋대로 음악을 연주하고 예의(禮儀)를 만듦으로써 비로소 차별이 생기게 되었다"[79]고 했다. 또한 "성인이 나타나면서부터 예악(禮樂)에 이끌려 그것으로 천하를 바로잡으려 했고 인의(仁義)를 내세워 천하의 마음을 사로잡으려

---

78) 노장사상은 『장자(莊子)』와 『도덕경(道德經)』을 통해 그 사상적 원형이 형성되었고, 두 책의 저작연대의 추정으로 보아 과도기의 산물이라고 할 수 있다. 즉 『장자』는 전국시대(B.C. 480-221) 말기 그리고 『도덕경』은 전한(前漢: B.C. 206-A.D. 8) 말기 저작으로 추정되고 있다. 장자에 대한 인물과 저서 사이에는 시대차이가 없지만, 인물로서의 노자와 저작물로서의 『도덕경』에는 이론(異論)이 많다. 노장사상이라고 하지만 『장자』와 『도덕경』의 사상이므로 그 시대적 배경으로 보아서는 장노철학(莊老哲學)이라고 부르기도 한다(具本明, 앞의 책, pp.241-242 참조).
79) "及至聖人, 蹩躠爲仁, 踶跂爲義, 而天下始疑矣, 澶漫爲樂, 摘僻爲禮, 而天下始分矣"(『莊子』, 馬蹄).

했다. 그러자 백성들은 애써 지식을 탐하고 다투어 이익을 쫓게 되었으며 이를 막을 수가 없었다. 이것 역시 성인의 잘못이다"[80]라고 표현했다. 이것은 작위적인 판단기준을 설정함으로써 인간으로 하여금 시비(是非)와 선악의 기준이 존재하지 않는 자연계의 본원적 원리를 인식하지 못하게 하는 동시에, 그러한 허구의 판단기준을 맹목적으로 추종하게 한 것이 바로 혼란의 원인이라는 점을 밝히려는 것이었다.

노장에 의하면 허구의 판단기준을 인간이 따라야 할 당위의 원리로 규정한 것은 그것을 주장하는 사람들의 이기욕에 기인한 것이다. 장자는 이 점을 유학과 묵학의 시비논쟁의 예를 들어 "유학과 묵학을 보면 상대방이 그르다고 하는 것을 이쪽에서는 옳다고 하고 상대방이 옳다고 하는 것은 이쪽에서 그르다고 한다"[81]고 표현했다. 이는 유학과 묵학이 각기 자신의 정치적 목적에 따라 상반된 인간, 역사, 우주의 원리 및 도덕론 등을 전개함으로써 자파의 명예와 이익을 얻으려는 욕구(名利欲求)를 충족시키려 했다는 점을 지적한 것이다.

따라서 노장에게 이러한 유학과 묵학의 이론을 팔아 명예를 떨치려는 소위 매덕득명(賣德得名)의 이기적 욕구에 기초한 정치론 또한 그 자체가 허구이며 작위적인 것이 될 수밖에 없었다. 유학이나 묵학에서 요구하는 성인의 정치 또는 군자의 정치는 자연이 부여한 인간의 자유를 억압하고 본연의 성(性)을 구속하는 하나의 수단에 지나지 않는다는 것이 노장의 태도였다. 노장에게 진정한 정치란 지배자의 이기욕 충족을 전제로 하는 작위(作僞)와 인위(人爲)의 정치가 아니라 자연이 부여한 인간 본성에 따르는 무위무욕(無爲無欲)의 정치였다. 무위무욕의 정치에 대해 노자는 다음과 같이 설명했다.

---

80) "及至聖人, 屈折禮樂, 而匡天下之形, 縣跂仁義, 以慰天下之心, 而民乃始踶跂好知爭
　　歸於利, 不可止也, 此亦聖人之過也"(위의 책).
81) "儒墨之是非, 以是其所非, 而非其所是"(위의 책, 齊物論).

현명하고 능력 있는 사람을 숭상하지 않으면 백성을 다투지 않게 하고 얻기 어려운 재화를 귀하게 여기지 않으면 백성을 도둑질하게 하지 않으며 가지고 싶은 것을 보여주지 않으면 백성의 마음을 어지럽게 하지 않을 것이다. 그러므로 성인의 정치는 백성들로 하여금 사사로운 욕망을 제거하여 그 본성에 따라 행동하게 하는 것이다. 그리하여 항상 백성을 무지무욕(無知無欲)하게 하고 이른바 안다고 하는 사람으로 하여금 아무것도 하지 못하게 한다. 이와 같이 무위(無爲)를 행하면 다스려지지 않는 법이 없다.[82]

이러한 노장의 무위무욕의 정치와 정치방법론은 유학이나 묵학사상의 적극적 정치론과 대조적인 것이다. 특히 노장이 정치가 행해지는 것을 부득이한 것으로 인식했다는 점[83]에서 노장의 정치론은 상대적으로 소극적이라고 평가할 수 있을 것이다. 이러한 소극성은 노장사상 형성당시의 시대적 배경, 즉 유학과 묵학의 당위도(當爲道)를 바탕으로 한 현실의 정치가 오히려 인간의 본연적 자유를 억압한다는 현실인식을 반영한 것으로 보인다. 따라서 노장 정치론의 본질적 평가는 그 소극적 측면에만 한정되어서는 안 된다. 오히려 그것의 목적이 지배계층의 지배욕구를 제거함으로써 자연이 부여한 인간본성을 회복시키고, 궁극적으로 인간을 자유롭게 하려는 데 있었음을 직시할 필요가 있다. 그렇다면 노장이 바라보는 인간의 본성은 어떤 것인가?

노장은 인간을 삶의 욕구주체로 인식한다. 인간은 모두 의식주를 통해 삶을 영위하려는 욕구의 존재라는 것이다. 장자는 이 점을 "사람들은 모두 일정한 본성[常性]을 가지고 있어 옷을 지어 입고 농사지어 먹는다. 이것을 동덕(同德)이라 한다. 무리 지어 치우치지 않으니 이를 가리켜 천

---

82) "不尙賢, 使民不爭, 不貴難得之貨, 使民不爲盜, 不見可欲, 使民心不亂. 是以, 聖人之治, 虛其心, 實其腹, 弱其志, 强其骨, 常使民, 無知無欲, 使夫知者, 不敢爲也, 爲無爲, 則無不治"(『道德經』, 三章).

83) "君子不得已而臨莅天下, 莫若無爲"(『莊子』, 在宥).

방(天放)이라 한다"[84]고 했다. 동덕이란 삶의 욕구주체라는 면에서 인간의 동등성을 의미하는 것이고, 천방이란 인간 자체가 인위적이고 작위적인 대상이 아니라 방임(放任)의 존재, 즉 본연적으로 자유로운 존재라는 점을 밝히는 것이다. 따라서 노장의 관점에서 자신의 정치적 이해에 따라 인간성을 자의적으로 규정하는 것은 그 자체가 본성을 해치는 일이 된다. 장자가 "곡선을 그리는 갈고리, 직선을 긋는 먹줄, 원을 그리는 그림쇠, 네모를 그리는 곱자 따위를 써서 형태를 바로잡는다는 것은 그 본성〔常然〕을 해치는 것〔削其性〕이며, 밧줄이나 끈과 아교와 옻칠로서 고정시키는 것은 본성을 침해하는 것이다. 예악과 인의를 통해 천하 사람들의 마음을 사로잡으려 하는 것 또한 본성을 잃게 하는 것이다"[85]라고 한 것은 자신의 기준과 가치관으로서 인간의 본성을 규정하려는 일체의 모든 의도들이 곧 인간 본연의 성을 억압하고 구속하는 것이라는 점을 역설한 것이다. 따라서 차별적 인의예지를 인간본성으로 규정하는 유학사상의 인성론과 인간이 모두 자신들에게 이익이 되는 것만을 추구한다는 묵학사상의 인성론도 모두 진정한 의미의 인간본성을 논의한 것이 아니라 매덕득명(賣德得名)의 목적하에 제시된 반자연적인 것이라는 점에서 비판의 대상이 될 수밖에 없다. 노장에게 인간은 차별적 존재도 외부환경에 지배되는 이기욕의 주체도 아니며, 오직 자연계의 모든 사물과 마찬가지로 스스로 자신의 삶을 행복하게 영위하는 자유스러운 존재인 것이다.

노장은 인간이 스스로 자기성(自己性)을 가진 자유로운 존재라는 것의 근거를 자연의 원리로 해명하려 한다. 노장은 인간을 포함한 우주만물의 시원(始原)을 '자연(自然)'으로 파악한다. 이러한 자연의 원리를 도(道)

---

84) "彼民有常性, 織而衣, 耕而食, 是謂同德, 一而不黨命曰天放"(위의 책, 馬蹄).
85) "且夫待鉤繩規矩而正者, 是削其性也, 待繩約膠漆而固者, 是侵其德也, 屈折禮樂呴兪仁義, 以慰天下之心者, 此失其常然也"(위의 책, 騈拇).

라고 했거니와 도는 만물의 생성자로서 만물이 각각 자기의 고유한 성〔自性〕을 갖게 한 주체이다.[86] 노자는 이와 같은 도의 성격을 다음과 같이 표현했다.

> 도(道: 自然)는 만물을 낳고 그 도의 작용이 만물을 기르고 생육시키며 안정시킨다. … 도는 만물을 낳지만 자기 소유로 삼지 않고 도의 작용은 만물을 육성하면서도 뽐내지 않으며 성장시키면서도 주재(主宰)하지 않는다. 이러한 것을 현덕(玄德)이라 한다.[87]

이처럼 도(자연)는 만물의 생성자지만 만물을 자기 뜻대로 움직일 수 있는 주재자는 아니다. 따라서 인간 개개인 및 모든 사물은 자기가 처한 환경에서, 그러한 환경에 대한 적응을 통해 각기 자연이 부여한 생성의 원리에 따라 자신의 삶을 행복하게 영위하는 자유로운 존재인 것이다.

노장은 이와 같이 인간을 포함한 모든 개체가 고유한 자성(自性)을 가지고 있으며, 그러한 자성을 지닌 각 개체들이 자연계 내에서 조화롭게 존재하는 것을 자연적 질서로 인식했다.[88] 이러한 노장의 자연관은 앞서 살펴본 유학사상의 우주론과는 대조적이다. 유학의 우주론이 감각적 현실을 부정하는 주관적이고 당위적인 것이었다면, 노장의 자연관은 자연계를 인식하는 감각기능을 바탕으로 해서 형성된 객관적인 것이라 할 수 있다.

인간을 포함한 모든 개체가 각기 자연이 부여한 독자성과 자존성을 가진 존재라고 본 노장은 나아가 모든 개체가 자연계 내에서 상대적 동등성의 관계에 있다는 점을 다음과 같이 밝혔다.

---

86) "留動而生物, 物成生理, 謂之形, 形體保神, 各有儀則謂之性"(위의 책, 天地).
87) "道生之, 德畜之, … 生而不有, 爲而不恃, 長而不宰, 是謂玄德"(『道德經』, 五十一章).
88) "夫至德之世, 同與禽獸居, 族與萬物並"(『莊子』, 馬蹄).

도(자연)의 입장에서 보면 사물에는 귀천(貴賤)이 없다. 사물이 자기 자신의 입장에서만 본다면 자신은 귀하게 여기고 다른 것은 천하게 여긴다. 그러나 귀천의 평가는 자기가 내리는 것이 아니다. 차별적인 입장에서 보면 작은 것에 비교하여 크다고 할 경우에 만물은 크지 않은 것이 없고, 큰 것과 비교하여 작다고 할 경우에 만물은 작지 않은 것이 없다. 그리하여 천지가 싸라기만큼 작다는 것을 알고 짐승의 털이 산만큼 크다는 것을 안다면 대소(大小)의 차이가 서로 상대적이라는 것을 알 것이다.[89]

이처럼 모든 개체는 각기 자신만의 고유한 독자성을 지닌 존재이므로 귀천의 차별이 있을 수 없다. 따라서 자연의 입장에서 본다면 인간을 포함한 모든 사물은 그 자체가 상호 평등한 독립체인 것이다. 그리고 현실적인 대소의 차이는 그것을 상대적인 관점에서 보았을 때 큰 의미를 부여할 수 없다는 것이다.

이러한 점을 인간사회에 적용시켰을 경우에도 같은 논리가 성립할 수 있다. 개체로서의 모든 개인은 그 자체가 자연으로부터 독립성과 자존성을 부여받은 존재이기 때문에 선천적인 차별성을 가지고 있지 않다. 현실적인 강약과 대소의 차이도 상대적인 것으로서 인간간 차별을 구분짓는 근거는 될 수 없는 것이다. 따라서 노장의 시각에서 인간 사이의 선천적 차별을 존재원리로 규정하여 계층간 불평등을 고정화시키려는 유학의 논리는 자연의 원리에 위배되는 인위적인 것이다. 장자는 이 점에 관해 "인의를 위해 몸을 바치면 세상 사람들은 그를 군자라 하고, 이기욕을 위해 몸을 바치면 세상 사람들은 그를 소인이라 부른다. 그들이 (자연이 부여한) 삶을 해치고 본성을 버린 것은 같은데 어찌 그 사이에 군자와 소인이라는 차별을 둘 수 있는가?"[90]라고 했다. 노장에게 군자

---

89) "以道觀之, 物無貴賤, 以物觀之, 自貴而相賤, 以俗觀之, 貴賤不在己, 以差觀之, 因其所大而大之, 則萬物莫不大, 因其所小而小之, 則萬物莫不小, 知天地之爲稊米也, 知豪末之爲丘山也, 則差數覩矣"(위의 책, 秋水).

와 소인이라는 구분은 인간의 본성을 인위적으로 조작하여 억압하려는 목적에서 설정된 것으로서 반자연적인 것이다. 이처럼 인간을 모두 고유한 자성을 지니고 삶을 영위하는 자유롭고 평등한 개체인 동시에 자연계의 일부인 인간계에서 동등질서를 구축하는 존재로 인식하는 것이 노장의 평등주의적 질서관의 입장인 것이다.

또한 이와 같은 노장의 개체중심적이고 상대주의적인 관점을 국가간 관계에 적용시켰을 경우 그것은 개별 국가 또는 민족의 독립성과 자존성을 바탕으로 한 평등적 국제관계를 의미하는 것으로 이해할 수 있다. 즉 노자가 "몸으로써 몸을 보고 가정으로써 가정을 보며 마을로써 마을을 보고 국가로써 국가를 보며 천하로써 천하를 보아야 한다"[91]고 한 것에서도 알 수 있듯이, 노장의 개체성 논리와 상대적 동등성의 관점을 통해 국가는 그 자체로 독립된 하나의 개체로서 외형적인 강약·대소의 차이를 넘어서 모두 상대적으로 동등하다는 점을 주장할 수 있는 것이다.

그렇다면 인간을 포함한 모든 개체가 자신의 본성 즉 자성을 회복하기 위한 구체적 실천방법은 무엇인가? 이것이 노장사상 도덕론의 주제이다. 앞서 논의한 바와 같이 유학과 묵학의 도덕론은 도와 덕을 인과응보의 관계로 본다는 측면에서 당위적 성격을 가진다. 노장의 도덕론은 이러한 유학과 묵학의 당위도는 결코 진정한 의미의 도가 될 수 없다는 인식에서 출발한다. 노자가 "도를 도라고 하는 것은 진정한 의미의 도가 아니고 이름을 이름이라 하는 것은 진정한 이름이 아니다"[92]라고 한 것은 유학과 묵학이 제시한 도의 작위성과 허구성을 비판한 것이다. 노장에게 유학이나 묵학의 도는 매덕득명하려는 가치욕구에서 생겨난 것이

---

90) "彼其所殉仁義也, 則俗謂之君子, 其所殉貨財也, 則俗謂之小人, 其殉一也, 則有君子焉, 有小人焉, 若其殘生損性, 則盜跖亦伯夷已, 又惡取君子小人於其間哉"(위의 책, 騈拇)

91) "以身觀身, 以家觀家, 以鄕觀鄕, 以國觀國, 以天下觀天下"(『道德經』, 五十四章).

92) "道可道, 非常道, 名可名, 非常名"(위의 책, 一章).

다. 따라서 유학과 묵학이 도를 이해하고 도를 안다고 하는 것은 그 자체가 허구이고 허위이다. 이런 점에서 공자가 "아는 것을 안다고 하고 모르는 것을 모른다고 하는 것이 아는 것이다"[93]라고 한 것에 대해 노자는 "알면서도 모른다고 하는 것이 최상이며 모르면서도 안다고 하는 것은 병(病)이다. 병을 병으로 생각하는 것은 병이 아니다"[94]라고 했다.

노장에 따르면 도는 우주만물을 생성시키고 조화시키는 자연의 원리를 의미한다. 이러한 자연의 원리는 그 자체가 만물의 근원이기 때문에 이름[名]을 붙일 수도 없다.[95] 이름을 붙일 수는 없지만 만물이 생성하고 자라나며 생사(生死)의 변천을 통해 소멸하고 탄생하는 것, 즉 도의 작용을 통해 그것이 존재함을 알 수 있다. 다시 말해 노장의 도란 유학이나 묵학의 도와 같이 무엇이라고 이름 붙일 수 있고 설명할 수 있는 인위적인 것이 아니다. 무엇이라고 규정할 수 없음에도 그 작용을 감각적으로 인식할 수 있기 때문에 존재한다고 할 수 있는 것이다.[96] 이와 같은 도의 작용을 노장은 덕이라고 보았다.[97] 이 점을 장자는 "(도의 원리에 따라) 지극한 덕으로 다스려지던 세상에서는 인간이 금수(禽獸)와 더불어 살았고 만물과 무리 지어 함께 살았다. … 모두 무지하여 그 타고난 것(본성)을 잊지 않았다"[98]고 했다.

덕은 도의 작용을 의미할 뿐 아니라 자연의 원리에 따르는 것이라고 본 것이 노장의 입장이다. 따라서 인간세계에서의 덕의 내용은 곧 인위와 인욕을 벗어나 무위(無爲)와 무욕(無欲)의 경지에서 자연의 변화에 따

---

93) "知之爲知之, 不知爲不知, 是知也"(『論語』, 爲政).
94) "知不知上, 不知知病, 夫唯病病, 是以不病"(『道德經』, 七十一章).
95) "道常無名"(위의 책, 三十二章).
96) 장자는 이 점을 "(도가) 작용을 한다는 것은 알지만 그 형체를 볼 수가 없다. (도의 작용을 통해서 보면) 그 실정이 존재하는 데에도 그 형태는 없는 것이다(可行其信, 而不見其形, 有情而無形)"(『莊子』, 齊物論)라고 했다.
97) "道生之, 德畜之"(『道德經』, 五十一章).
98) "夫至德之世, 同與禽獸居, 族與萬物並, … 同好無知, 其德不離"(『莊子』, 馬蹄).

라 만물과 조화를 이루는 것을 의미했다. 노자가 "상덕(上德)은 덕이라 하지 않기 때문에 덕이 있다. … 상덕은 무위, 즉 작위가 없는 것이다"[99]라고 한 것과, 장자가 "무릇 생명을 얻는다는 것과 생명을 잃는다는 것 모두 자연의 변화에 따르는 것이다. 자연의 변화에 순응하면 슬픔이나 즐거움 등 인욕이 생겨날 수 없다. 이것을 현해(縣解: 구속과 속박에서 벗어나는 것)라 한다"[100]고 한 것은 바로 이러한 의미의 덕의 내용을 표현한 것이라고 할 수 있다.

이상에서 살펴본 바와 같이 노장사상은 변천과 변화를 자연의 원리로 인식하고, 인간을 포함한 모든 개체의 자유성과 상대적 동등성을 해명하는 한편 이데올로기적인 구속과 억압으로부터 인간을 해방시킬 수 있는 실천방법을 제시했다. 이러한 노장사상이 통치이념으로서의 유학사상의 지배에서 벗어나 자유성과 평등성에 기초한 사회개조를 요구했던 동아시아 개혁정치사상의 이론적 토대가 되었다는 점은 중요한 의의로 평가할 수 있다.

---

99) "上德不德, 是以有德, … 上德無爲而無以爲"(『道德經』, 三十八章).
100) "且不得者時也, 失者順也, 安時而處順, 哀樂不能入也, 此古之所謂縣解也"(『莊子』, 大宗師).

제2장

근세 동아시아에서의
주자학적 정치질서관의 형성과 전개

제1장에서는 근세 동아시아 개혁사상의 전통사상적 토대로서 유학사상의 차별·위계적 특성과 묵학과 노장사상의 자유·평등론적 성격을 정치질서관을 중심으로 살펴보았다. 이번 장에서는 근세 동아시아 3국의 지배적 통치이념이었던 주자학적 유학 정치질서관의 성격을 검토하고자 한다. 또한 주자학적 정치질서관이 한국과 일본에서 어떠한 특징을 가지고 전개되었는지를 주요 사상가를 중심으로 분석하려고 한다. 제3장과 4장에서 구체적으로 논의될 근세 동아시아 개혁사상의 내용이 지배질서관으로서의 주자학적 유학의 정치이념과 어떠한 사상적 관계를 맺고 있는지를 파악하기 위한 이론적 토대를 제공하려는 데 목적이 있다.

제1절 주자학적 정치질서관의 특성

제1장에서 살펴본 바와 같이, 정치사상은 사상가가 활동했던 당시의

정치 · 사회적 현실과 밀접한 관련이 있다. 근세 동아시아 3국의 지배적 통치이념이었던 주자학 역시 주자1) 생존 당시의 중국의 상황을 반영하여 형성된 것이었다. 주자는 12세기 남송(南宋, A.D. 1127-1279) 사람이었다. 만주 여진족이 세운 금나라의 침입으로 한족 국가인 북송(北宋, A.D. 960-1127)이 멸망한 뒤, 그 왕족의 일부가 회수(淮水) 이남으로 피난하여 중국대륙 남부에 건립한 피난정권이 남송이었다. 따라서 피난정권인 남송의 첫째 과제는 북송의 멸망으로 상실한 북방의 영토를 수복하는 일이었고, 그러기 위해서는 강력한 중앙집권적 제왕권체제를 확립해야만 하는 것이었다. 아울러 피난으로 약체화한 왕권을 강화하기 위해 군신질서와 신분질서를 재확립 · 강화해야 했다. 둘째의 과제는 이민족의 침략으로 잃어버린 수도를 중심으로 한 북방의 요지를 수복하는 일이었다. 그러기 위해서는 강력한 왕권을 확립함과 동시에, 한족의 우월성과 비(非)한족의 열등성을 합리화할 중화사상의 강화 그리고 이민족에 대한 복수심의 고취가 필수적이었다. 이러한 남송의 정치적 요구에 부응하기 위해 제왕권 강화의 정치론인 중용사상을 재해석하고 정밀화함으로써 유학 정치론의 정통화를 꾀하려고 했던 것이 주자의 정치사상이었다고 볼 수 있다.2)

주자학이 대내외적 차별 · 위계를 기본 속성으로 하는 유학적 전통을 따르고 있다는 점은 주자 정치론을 통해서 분명히 나타나 있다. 주자는 공자 · 맹자 · 『중용』의 정치론을 계승하여 정치의 본질을 흐트러진 차별

---

1) 주자(朱子, A.D. 1130-1200)의 이름〔名〕은 희(熹), 자는 원해(元晦) 또는 중회(仲晦)이며 호는 회암(晦庵)이다. 남송의 관료가문 출신으로서 그의 아버지 위제(韋齊)는 여진족 금나라와의 강화에 강력히 반대하고 금에 대한 항전을 주장한 인물이었다고 한다. 주자는 남송 정권하에서 남강군지사(南康軍知事), 장주(漳州)지사, 담주(潭州)지사 등의 관직을 역임하고 강학(講學)에 힘썼다(友枝龍太郎, 『朱子の思想形成』, 東京 : 春秋社, 1969, pp.10-36 참조). 이러한 출신배경과 행적, 그리고 부친의 이민족에 대한 저항태도 등이 그의 사상에 많은 영향을 미친 것으로 보인다.
2) 김만규, 『한국의 정치사상』, 서울: 현문사, 1999, pp.66-67.

질서를 회복시키는 것, 즉 상하간 관계의 명분을 바로 세우는 것〔正名〕으로 보았다. 이런 점에서 주자는 공자가 "임금은 임금답고 신하는 신하다워야 하며 어버이는 어버이다워야 하고 자식은 자식다워야 한다"[3]고 한 것에 대해 "이것은 인간이 행해야 할 도리의 핵심이며 정치의 가장 중요한 근본이다"[4]라고 했다. 또한 주자는 개인적 수양의 궁극적 목적이 국가를 다스리는 것〔治國〕과 천하를 지배하는 것〔平天下〕에 있음을 분명히 함으로써[5] 주자학의 본질이 개인의 도덕적 완성을 추구하기 위한 것이 아니라 통치를 위한 이론임을 스스로 밝히고 있다.

이처럼 대내적으로 군주와 신하, 부모와 자식간의 수직적 위계질서의 확립을 통해 중앙집권적 통치질서를 공고히 하고, 대외적으로 한족 지배의 정당성을 부여하려 했던 주자는 차별의 원리가 인간의 존재본질이면서 불변의 우주원리라는 점을 이기론(理氣論)을 바탕으로 한 인성론과 우주론을 통해 논리화했다.

주자학적 인성론은 유학적 전통을 계승하여 인간을 차별원리에 순응하는 존재로 인식한다. 주자에 의하면 인간은 모두 인의예지라는 차별의 원리〔理〕[6]를 그 존재본질로 한다.[7] 주자는 이러한 차별의 원리를 본

---

3) "齊景公問政於孔子, 孔子對曰, 君君臣臣父父子子"(『論語』, 顏淵).

4) "此人道之大經, 政事之大本也"(위의 책, 朱子註).

5) "物格而后知至, 知至而后意誠, 意誠而后心正, 心正而后身修, 身修而后家齊, 家齊而后國治, 國治而后天下平"(『大學章句』).

6) '이(理)'의 성격이 차별원리라는 점은 주자가 "하늘과 땅 사이에는 오직 이(理) 하나뿐이다. 하늘의 도(道)가 남자를 만들고 땅의 도가 여자를 만든다. 천지와 남녀가 합하여 만물을 생성하며 대소(大小)의 구분을 낳고 친소(親疏)의 차별을 낳는다. 이렇게 하여 모든 만물이 모두 같지 않게 된다〔天地之間, 理一而已, 然乾道成男, 坤道成女, 二氣交感, 化生萬物, 則其大小之分, 親疏之等, 至於十百千萬而不能齊也〕"(『朱熹遺集』, 卷三, 西銘論)고 한 것과, "인(仁)을 성(性)으로 삼고 애(愛)를 이(理)로 삼아야 한다. 그 현실적 쓰임을 보면 부모를 섬기고 형을 따르며 백성을 인으로 대하고 사물을 사랑하는 것이다. 이것이 본성을 논할 때 인이 효제(孝弟)의 근본이 되는 이유이다〔仁之爲性, 愛之理也, 其見於用, 則事親從兄, 仁民愛物, 皆其爲之之事也, 此論性而仁爲孝弟之本者然也〕"(『論語或問』, 說一)라고 한 것에 잘 나타나 있다.

연지성(本然之性)이라고 했다. 본연지성은 하늘이 부여한 보편성으로서 인간을 포함한 어떠한 사물도 거부할 수 없는 천리(天理)이며 천명(天命)으로 설정된다. 이에 대해 주자는 "하늘〔天〕이 곧 이(理)이고 하늘이 부여한 명(命)을 성(性)이라 하며 따라서 성은 곧 이(理)이다"[8]라고 했다. 모든 인간이 이처럼 하늘이 부여한 인의예지의 차별원리를 보편성으로 가지고 있는 존재로 상정되기 때문에 인간성 그 자체가 선하다는 성선원리(性善原理)가 도출될 수밖에 없다. 또한 그 자체의 논리로서 차별질서확립의 결과는 당연한 것이었다.

그러나 주자가 처한 현실은 대내적으로는 차별질서가 확립되지 못하고, 대외적으로는 한족 중심의 지배체제가 위기에 직면한 상황이었다. 따라서 주자는 현실의 모순을 설명하고 그것을 극복할 수 있는 이론적 근거를 인성론을 통해 마련해야 했다. 이것이 그의 기질지성(氣質之性)의 설정이다. 주자에 따르면 인간은 본질적으로 차별질서에 순응하는 존재로서의 본래성(本來性: 本然之性)을 가지고 있지만 각기 부여받은 기질적 차이를 동시에 보유하고 있다는 것이다. 이 점을 주자는 "인간의 본성은 모두 선하지만 태어나면서부터 선한 사람이 있고 악한 사람이 있는데 그것은 기(氣)가 다르기 때문이다. 태어날 때 밝고 맑으며 온화한 기를 받고 태어난 사람은 선한 사람이 되고 어둡고 혼탁한 기를 받고 태어난 사람은 악한 사람이 된다"[9]고 설명했다.

그렇다면 인간은 선한 존재이면서 동시에 악의 요소를 스스로 내포하고 있는가? 다시 말해 차별원리를 준수하는 존재인 동시에 이를 파괴할

---

7) "性是實理, 仁義禮智皆具"(『朱子語類』, 卷五, 性理二).

8) "天卽理也, 命卽性也, 性卽理也"(위의 책).

9) "人之性皆善, 然而有生下來善底, 有生下來便惡底, 此是氣稟不同, 且如天地之運萬端而無窮, 其可見者, 日月淸明氣候和正之時, 人生而稟此氣, 則爲淸明渾厚之氣, 須做箇好人, 若是日月昏暗, 寒署反常, 皆是天地之戾氣, 人若稟此氣, 則爲不好底人"(위의 책, 性理二).

수 있는 존재인가 하는 문제에 직면하게 된다. 주자는 인간이 비록 기질지성(氣質之性)을 가지고 있으나 그것은 본연지성(本然之性)의 주재(主宰)를 받기 때문에 본질적으로 인간은 차별질서에 순응할 수밖에 없다는 논리를 견지하고 있다. 그가 "천지지성(天地之性: 本然之性)을 논할 때에는 오직 이(理)만을 말하는 것이고 기질지성을 논할 때에는 이(理)와 기(氣)를 합해 말하는 것이다"[10]라고 한 것은 기질지성의 독자성을 부정하고 본연지성[理]에 종속되는 인간상을 설명한 것이라 할 수 있다. 결국 주자에게 기질지성의 설정은 정치적으로 차별질서의 일시적 혼란을 설명할 수 있는 동시에 차별원리로의 복귀가 숙명임을 보여주는 논리적 근거를 마련해준 것이라 하겠다.

주자의 인성론에서 보이는 차별질서의 혼란과 극복의 문제는 그의 인심도심설(人心道心說)을 통해 보다 구체적으로 전개된다. 주자에게 심(心)이란 성(性)을 간직한 지각(知覺)의 주체이다. 따라서 성에 본연지성과 기질지성이 존재하듯이 심에도 감각적 욕구를 따르는 인심(人心)과 차별원리에 순응하는 도심(道心)이 존재한다는 것[11]이 주자의 설명이다. 인심과 도심의 차이를 주자는 "형기(形氣)의 사사로움에 이끌리는 것을 인심이라 하고 하늘이 부여한 본성에 따르는 것을 도심이라고 한다"[12]고 했다. 이와 같은 인심과 도심은 인간이면 누구든지 간직하고 있는 것이지만, 양자의 관계에서 인심은 도심의 주재를 받는 것으로서 상정된다. 이 점을 주자는 "도심은 인심의 이(理)이다"[13]라고 했고 또한 "천리(天理)는 곧 도심이고 인욕은 곧 인심이다"[14]라고 했다. 다시 말해 외부환경에 지배되어 차별질서를 파괴하려 하는 인간관을 설정하지 않을

---

10) "論天地之性, 則專指理言, 論氣質之性, 則以理與氣雜而言之"(위의 책).

11) "知覺從饑食渴飮, 便是人心, 知覺從君臣父子處, 便是道心"(위의 책, 卷七十八).

12) "而以爲有人心道心之異者 則以其或生於形氣之私 或原於性命之正"(『中庸章句序』).

13) "道心, 人心之理"(『朱子語類』, 卷七十八).

14) "天理便是道心, 人慾便是人心"(위의 책).

수 없는 정치적 상황하에서, 주자는 인간의 기본적 욕구를 의미하는 인심을 인정하면서도 그러한 인심이 결국 보편성인 도심에 의해 제어될 수밖에 없음을 강조하고 있는 것이다. 따라서 주자에게 현실의 문제는 어떻게 효과적으로 기본적 욕구를 충족시켜주는 범위 내에서 인간이 인심의 악(惡)의 요소인 인욕을 억제·저지하고 도심을 회복·유지하도록 하느냐에 집중될 수밖에 없는 것이었다. 이처럼 주자는 차별질서의 확립을 목표로 차별원리에 순응하는 인간성을 상정했고, 이를 위해 본연지성＝도심(道心)＝이(理)의 관계를 규정했다. 또한 맹자와 같이 공자에서 부정되었던 기(氣)의 작용을 인정(기질지성과 인심)하는 이기론을 전개했다.

또한 주자는 우주론을 통해 차별질서 확립의 당위성을 이론적으로 더욱 공고화하려 했다. 그는 우주만물의 근원자이면서 주재자로서의 형이상학적 태극(太極)을 설정하고 그러한 태극의 원리에 따르는 것을 인간을 포함한 우주만물의 숙명으로 규정했다. 이 점을 주자는 "태극은 천지만물의 존재원리〔理〕이다. 천지에 대해서 말하면 천지 가운데 태극이 있고 만물에 대해서 말하면 만물 가운데 태극이 있다. 천지가 있기 이전에 반드시 그 존재원리가 먼저 있었고 움직여서 양(陽)이 되고 정지하여 음(陰)이 되는 것도 모두 이러한 존재원리에 따른 것이다"[15]라고 했다. 주자에게 우주원리인 태극은 곧 차별원리인 이(理)를 의미하는 것으로서 『중용』의 천(天)을 형이상학적 태극으로 변형시킨 것이라 할 수 있다. 그 내용은 인간 사이의 그리고 인간 및 사물 사이의 차별·불평등이었다. 그리고 기(氣)란 그러한 불변의 차별원리(太極: 理)의 현실적 존재양태를 뜻하는 것이었다.[16] 주자는 이와 기의 관계에서 두 가지가 서로 분

---

15) "太極只是天地萬物之理, 在天地言, 則天地中有太極, 在萬物言, 則萬物各有太極, 未有天地之先, 畢竟是先有此理, 動而生陽, 亦只是理, 靜而生陰中, 亦只是理"(위의 책, 卷一, 理氣上).

리될 수 없는 것이지만 그 선후에 대해서 말하면 존재원리인 이가 먼저고 기가 나중이라는 명확한 이선재설(理先在說)의 입장을 취했다. 이 점은 다음과 같은 주자의 말에 잘 나타나 있다.

> 사물이 존재하기 이전에 이미 존재원리가 먼저 있었다. 이것은 군신(지배자와 피지배자)의 현실이 있기 이전에 이미 그러한 차별의 원리가 먼저 있었고 부자의 현실이 있기 이전에 이미 부자간 차별원리가 먼저 있었던 것과 같다.[17]

이상과 같이 주자는 인성론과 우주론을 통해 자신의 정치적 목적인 제왕권적 권위질서 확립의 정당화를 꾀했다. 따라서 국가사회 내 개인 또는 계층간 관계를 규정하는 그의 질서관 또한 차별·위계를 강조하는 것이었음은 당연했다.

이와 관련하여 주자는 중앙집권적 왕권체제의 확립을 추구했기 때문에 하늘[天]과 현실의 군주[王]를 동일시하는 『중용』의 입장을 견지했다. 그는 현실의 차별질서가 인간으로서는 거역할 수 없는 불변의 원리임을 다음과 같이 역설했다.

> 하늘의 명[天命]을 따르는 것 또한 이(理)이다. 천명은 곧 군주의 명령과 같고 본성은 군주에게서 부여받은 직분과 같다. 그리고 기(氣)란 능히 그 차별원리인 이(理)가 부여한 차별적 직분을 수행하는 것과 같다. 따라서 그 직분을 수행하지 못하는 것은 하늘이 부여한 본성을 모르는 것이다.[18]

---

16) "天地之間, 有理有氣, 理也者, 形而上之道也, 生物之本也, 氣也者, 形而下之器也, 生物之具也"(『朱子大全』, 卷五十八, 答黃道夫書).

17) "未有這事, 先有這理, 如未有君臣, 已先有君臣之理, 未有父子, 已先有父子之理"(『朱子語類』, 卷九十五).

18) "天命之謂性亦是理, 天命如君之命令, 性如受職於君, 氣如有能受職者, 有不能守職者, 某問天命之謂性"(위의 책, 卷四, 性理一).

인성론에서 언급했듯이 제왕권적 권위질서의 미확립이라는 현실에 처하여 주자의 실천목표는 어떻게 차별질서를 파괴할 수 있는 인욕을 억제하여〔遏人欲〕 인간으로 하여금 차별원리 준수의 마음을 회복시키느냐에 집중되었다. 이것이 주자 도덕론의 핵심이었다. 주자는 도를 『중용』에서와 같이[19] 본성에 따르는 것으로 규정했다. 그는 이에 대해 "무릇 도라고 하는 것은 본성에 따르는 것을 의미한다. 본성이 없는 것이 없으니 당연히 도 또한 없는 것이 없다. 크게 말하면 도란 부자군신(父子君臣)의 차별원리를 따르는 것이며 작게는 움직이고 정지하며 먹고 쉬는 것을 말한다"[20]고 했다. 주자가 이처럼 도의 개념을 차별원리에 따르는 것만을 의미하지 않고 인간의 기본욕구의 충족까지를 포함시킨 것은 역성혁명(易姓革命)을 시인할 수밖에 없었던 맹자와 같이 차별질서 혼란의 현실적 모순을 인정하지 않을 수 없었기 때문이었다. 즉 주자는 맹자와 같이 피지배계층의 삶의 욕구를 일정부분 인정함으로써 차별질서 파괴를 저지하려고 했던 것이다. 그럼에도 불구하고 위의 인용에 나타나 있듯이 주자는 군신・부자의 차별원리를 대도(大道)로, 그리고 의식주의 기본욕구를 소도(小道)로 규정했다. 이것은 결국 주자 도덕론의 궁극적 목적이 인간 본연의 의식주 충족보다는 차별질서의 확립에 있음을 잘 보여준다 하겠다.

다음으로 주자에게 덕이란 차별원리의 준수를 의미하는 도가 밖으로 드러난 형태를 의미한다. 따라서 도는 원인자이고 덕은 그것의 결과로서 얻는 소득을 말한다. 이러한 점에서 도와 덕은 인과관계가 있다. 도와 덕을 인과관계로 파악하는 유학적 전통을 답습하고 있는 것이다. 그러나 동시에 주자는 인간의 차별질서 파괴의 원인인 이기욕을 인정하지

---

19) "天命之謂性, 率性之謂道"(『中庸』, 一章).
20) "蓋所謂道者, 率性而已, 性無不有, 故道無不在, 大而父子君臣, 小而動靜食息."(『中庸 或問』).

않을 수 없었기에 인간이 비록 모두 차별원리 준수의 심정을 보편적으로 소유하고 있다 하더라도 외부환경에 이끌려 사욕(私欲)을 가질 수 있으므로 모든 사람에게 동일한 덕이 부여될 수 없다는 점 또한 다음과 같이 밝히고 있다.

맹자의 말은 심(心)을 인(仁)이라고 한 것은 아니고 인을 심의 덕이라고 한 것이다. 인간에게 이 마음(차별원리 준수의 마음: 道)이 있으면 이에 따라 반드시 덕이 있기 마련이다. 그렇지만 사욕에 이끌리는 경우에는 그 마음은 있어도 그 덕은 나타날 수가 없다. 일반백성들의 마음이 인을 위배하는 일이 많은 것은 이 때문이다. 따라서 극기복례(克己復禮)하여 사욕이 나타나지 못하게 할 때라야 그 마음과 덕을 보존할 수 있는 것이다.21)

그렇다면 이렇게 인간이 욕구를 이기고 차별원리에 따르는 실천적 방법은 무엇인가? 이것이 격물치지론(格物致知論)과 거경론(居敬論)으로 대표되는 주자수신론(朱子修身論)의 내용이다. 격물치지란 공부를 통해 사물의 이치를 궁구하는 것을 말하며, 거경이란 자신을 끊임없이 반성하여 사욕을 없애고 차별원리에 순응하기 위한 개인적 수양을 의미한다. 주의할 점은 격물치지가 결코 사물의 원리를 객관적·과학적으로 탐구하는 것이 아니라는 것이다. 주자에게 격물치지란 보편적 성선원리이며 우주원리로 규정되는 차별원리로서의 이(理)를 인식하는 것을 의미했다. 이 점은 주자가 "격물(格物) 이 두 글자가 가장 좋다. 물(物)이라고 하는 것은 사물을 의미하는 것이다. 무릇 사물의 이치를 궁구하면 곧 옳은 것〔是〕과 그른 것〔非〕을 분별할 수 있으니 옳은 것은 행하고 그른 것은 행하지 않는 것이다"22)라고 한 데에서 잘 드러나 있다. 다시 말해 격물

---

21) "孟子之言, 非以仁訓心也, 蓋以仁爲心之德也, 人有是心, 則有是德矣, 然私慾亂之, 則或有是心, 而不能有是德, 此衆人之心, 所以每至於違仁也, 克己復禮, 私慾不萌, 則卽示心, 是德存焉"(『論語或問』, 卷六, 雍也).

치지의 궁극적 목적은 시비(是非)를 판단할 수 없는 사물의 본연적 생존원리 또는 존재원리를 '이해'하는 것이 아니라, 무엇이 차별원리에 맞는 것이며 무엇이 그렇지 않느냐 하는 것을 분별하여 행함으로써 차별질서를 확고히 하려는 데 있었다. 따라서 주자의 도덕론은 개인의 도덕적 자기완성에 목표를 둔 것이 아니라 주자 자신이 수신(修身)의 최종목표가 치국(治國)·평천하(平天下)에 있음을 밝힌 바와 같이[23] 수신론을 통해 차별질서 파괴행위를 원천적으로 봉쇄하여 제왕권적 권위질서를 확립하려는 목표하에 제시된 것이었음을 알 수 있다.

마지막으로 주자의 역사론에 대해 간단히 살펴보기로 하자. 주자는 유학적 전통에 따라 지배·피지배의 계층간 차별원리(理)에 따라 위계질서가 잘 지켜진 역사를 정통이며 선의 역사로, 차별·위계질서 파괴의 역사를 윤통(閏統)의 역사 즉 악의 역사로 규정하는 차별적 역사론을 견지했다. 주자가 "고금(古今)이라는 것은 때(時)를 말하는 것이고 득실(得失: 차별질서의 유지와 파괴)은 곧 전개되었던 일(事)로서 알 수 있으며 그것이 전해지는 것은 책이다. 역사서를 읽는 것은 사람이요 사람이 읽어서 능히 고금의 득실을 판단할 수 있는 기준은 바로 인(仁)이다"[24]라고 한 것은 역사에서 선악과 시비판단의 기준이 차별원리의 유지와 파괴에 있음을 의미하는 것이다. 동시에 역사를 통해 볼 때, 신하가 군주에게 돌아가는 것이 곧 의리(義理)이며 그러한 원리가 천지 사이에 불변임을 강조한 것[25]은 제왕권적 권위질서의 회복이 역사의 필연임을 역설

---

22) "格物二字最好, 物謂事物也, 須窮極事物之理到盡處, 便有一箇是一箇非, 是底便行, 非底便不行"(『朱子語類』, 卷十五).
23) "物格而后知至, 知至而后意誠, 意誠而后心正, 心正而后身修, 身修而后家齊, 家齊而后國治, 國治而后天下平"(『大學章句』).
24) "古今者時也, 得失者事也, 傳之者書也, 讀之者人也, 以人讀書, 而能有以貫古今定, 得失者仁也"(高峰 奇大升編, 『朱子文錄』, 通鑑室記).
25) 『性理大典』, 卷六十五 참조.

한 것이다.

결론적으로 주자학적 정치질서관은 차별·위계에 바탕을 둔 제왕권적 권위질서의 확립을 목표로 전개된 것으로서 인간을 포함한 모든 개체의 본연적 자존성과 개체간 동등성을 부정하는 반자유·반평등적 특성을 지닌 것이었다고 평가할 수 있다. 주자학적 정치질서관이 근세 한국과 일본의 통치이념으로 수용된 것은 이처럼 주자학 자체가 군주를 비롯한 지배계층의 피지배계층에 대한 지배를 정당화·영속화할 수 있는 논리와 방법을 제시하고 있기 때문이었다. 다음 절에서는 이와 같은 주자학적 정치질서관이 근세 한국(조선조)과 일본의 정치현실과 어떻게 상관관계를 맺으면서 전개되어 갔으며 그 특징은 무엇인지에 대해 간략히 살펴보기로 하겠다.

제2절 근세 한국에서의 주자학적 정치질서관의 형성 및 전개

조선조를 세운 건국 주체세력들은 조선조 건국을 정당화하고 자신들의 미약한 정치권력의 기반을 강화하여 강력한 중앙집권적 정치체제를 확립하려는 정치적 목적이 있었다. 이러한 목표를 가진 그들이 제왕권에 대한 절대적 충성과 사회적 차별질서의 준수를 도덕적 당위로 상정하는 주자학적 정치질서관을 통치이념으로 채택한 것은 당연한 결과였다. 즉 건국 주체세력들에게 있어 고려조의 분권체제의 모순이 초래한 왕권의 약화와 불교 통치이념의 폐단을 극복할 수 있는 가장 효율적인 대안이 바로 주자학이었던 것이다. 주자학적 정치이념의 수용이 정치현실과 서로 밀접하게 관련되어 있었으므로 조선조에서 주자학적 정치질서관의 전개 또한 정치적 상황과의 연관 속에서 진행될 수밖에 없었다. 그 내용은 정치현실의 변동 및 그것이 초래한 모순을 차별윤리의 강화로 극복하여 대내적으로 통치계층 지배의 정당성을 확보하려는 것이었다. 이와 같은 조선조 주자학의 특징은 정도전과 이황의 사상에 잘 나타나 있다.

1. 정도전의 차별질서 확립론

정도전[26]으로 대표되는 조선조의 건국 주체세력들은 두 가지의 정치현실에 직면해 있었다. 그 하나는 조선 건국의 필연성과 당위성을 이론적으로 합리화하는 것이었고, 다른 하나는 차별윤리의 강화를 통해 정권변화의 결과로 탄생된 현실의 제왕권적 권위질서를 확립하는 것이었다. 이러한 두 가지 정치사상적 목표의 달성을 위해 불교배척론[排佛論]과 함께 주자학적 통치이론을 전개한 인물이 정도전이었다. 정도전의 사상을 불교논리 비판과 역사론의 재구성을 통한 신체제 성립의 합리화라는 측면과 주자학적 정치질서관의 공고화를 통한 차별질서의 유지·강화라는 측면으로 나누어 살펴보겠다.

---

26) 정도전(鄭道傳, 1337-1398)의 호는 삼봉(三峯)이다. 고려 말 고위관리였던 정운경(鄭云敬)의 서자로 태어났으며 그의 어머니와 처도 서얼 출신이었다고 한다. 26세(1362) 때 진사 시험에 급제하고 35세에 성균관 박사가 되었다. 이후 정주학(程朱學)에 몰두했으나 39세(1375) 때 당시 권력자이던 이인임(李仁任), 경복흥(慶復興) 등의 친원(親元) 정책에 반대하다가 귀양가게 되었고, 이후 47세(1383)까지 10년 가까이 유배와 유랑의 은둔생활을 했다. 47세 때 이성계의 막하에 들어가면서 이성계와 조우했으며 48세에 정몽주의 천거를 받아 중앙정계에 복귀한 경력이 있다. 정도전은 이성계가 고려조를 붕괴시키고 조선을 건국하는 과정에서 주역을 담당한 급진개혁파의 대표적 정치인이요 사상가로 평가된다. 특히 조선조 건국 초기 배불숭유(排佛崇儒)의 건국이념을 제시한 『불씨잡변(佛氏雜辨)』(1398), 『심기리편(心氣理篇)』(1394), 국가를 통치하는 요강과 관제 등 법제적 기틀이 된 『조선경국전(朝鮮經國典)』(1394), 『경제문감(經濟文鑑)』(1395) 및 『경제문감별집(經濟文鑑別集)』(1396) 등을 저술하여 이성계에게 바치는 등, 대부분의 조선왕조의 골격이 그에 의해 마련되었다고 해도 과언이 아니다(김만규, 앞의 책, pp.140-141 참조).

1) 불교비판과 역사론의 재구성을 통한 신체제 성립의 합리화

정도전이 조선조라는 새로운 체제의 수립을 사상적으로 정당화하는데 사용했던 가장 중요한 방법은 이단(異端)의 학설, 특히 불교논리에 대한 강력한 비판과 배척이었다.

불교 통치이념을 근간으로 지속되었던 고려조가 체제말기의 대내외적 위기와 혼란을 극복하지 못하고 무너진 상황에서 주자학적 정치사상에 투철한 새로운 체제수립의 주체세력이 불교를 최대의 이론적 비판과 정치적 배척의 대상으로 삼은 것은 당연한 것이었다. 이와 같은 불교에 대한 강한 비판과 배척은 일면 여말선초(麗末鮮初)의 수정보수파(온건개혁파)와 정도전을 중심으로 한 급진개혁파 사이의 정치적 갈등의 결과[27]이기도 하다. 그러나 최소한 조선 건국 이후에 정도전이 『불씨잡변(佛氏雜辨)』 등을 통해 전개한 불교비판은 주자학적 유학사상을 근간으로 정치권력 변동의 정당화와 지배권력의 정치적 권위에 대한 집착과 충성심을 강화하려는 정치적 목적에 따라 이루어진[28] 것이었다고 할 수 있다.[29]

정도전의 불교비판론은 다양한 측면에서 진행되었으나,[30] 불교논리의

---

27) 김한식, 「조선조 유학 정치이념에 대한 재조명」, 한국정치학회 편, 『韓國政治學會報』, 제29집 3호, 1995, pp.17-18 참조.

28) 부남철, 「조선 유학자가 佛教와 天主教를 배척한 정치적 이유: 鄭道傳과 李恒老의 사례를 중심으로」, 한국정치학회 편, 『韓國政治學會報』, 제30집 1호, 1996, p.104.

29) 이와 함께 결론적이기는 하나 이러한 정도전의 불교비판에 대한 불교도측의 반박이 조선조 500년 동안 거의 나오지 않았다는 점(한영우, 『鄭道傳思想의 研究』, 서울: 서울대학교 출판부, 1999, p.53)과 정도전의 논리가 이후 조선조 성리학자들이 전개한 이단배척론(異端排斥論)의 모델이 되었다는 점(부남철, 「한국정치사상에 있어 정치와 종교: 조선 성리학자의 불교·천주교 등 종교에 대한 정치적 평가와 비판」, 한국정치학회 편, 『韓國政治學會報』, 제34집 3호, 2000, p.13)을 보면 정도전의 불교에 대한 이론적 비판의 정치·사상적 영향력 정도를 파악할 수 있다 할 것이다.

30) 이에 대해서는 한영우, 위의 책, 제2장 및 부남철, 앞의 글, 1996, pp.91-97을 참조하기 바란다.

비판을 통해 정치권력의 변동, 즉 조선조 건국에 따른 지배세력 교체의 정당성을 확보하려는 정치적·사상적 노력의 핵심은 그의 윤회설에 대한 비판에 있는 것으로 보인다. 본래 불교의 윤회설이란 인간을 포함한 생명체의 끊임없는 순환생성을 특성으로 하는 것이다. 이것은 정치적인 측면에서 구체제의 종말을 인정하지 않는 논리로 활용될 수 있다. 다시 말해 윤회설을 신봉하는 입장에서는 고려조가 멸망하고 조선조가 건국되었다는 역사적 사실에도 불구하고 그러한 정치적 변동을 부정하거나 또는 고려조의 재건을 기대하는 이념적 토대로 작용할 수 있는 것이다. 따라서 신체제 수립의 주체로서 정치권력 변동의 정당성을 확보할 필요가 있던 정도전으로서는 불교의 윤회설에 대한 강력한 이론적 비판을 가하지 않으면 안 되었던 것이다.

　이러한 필요에 따라 우선적으로 정도전은 "부처의 말에 사람은 죽어도 정신은 소멸하지 않아 새로운 형체를 부여받아 다시 태어난다고 했으니 이에 윤회설이 생겼다"[31]고 하여 불교의 영원불멸의 생성논리를 설명했다. 그는 이러한 불교적 논리에 대해 계절의 변화에 따라 나뭇잎과 꽃잎이 피고 지는 것, 한번 들여 마시고 내쉰 숨이 다시 생성되지 않는다는 것 등을 예로 들면서 "천지간에 무수히 많은 것이 생성되지만 모이면 반드시 흩어지고 태어나면 반드시 죽는 것이 필연이다. 능히 처음에 모여서 생겨난 것을 안다면 그 후에 반드시 흩어져서 죽는 것을 알 수 있을 것이다"[32]라고 하여 '생사설(生死說)'을 주장했다. 정도전이 이처럼 불교의 윤회설을 비판하고 생사설을 강력히 제기한 것은 무엇보다 일반백성들로 하여금 고려조 멸망을 자연의 원리로 받아들일 것을

---

31) "佛之言曰, 人死精神不滅, 隨復受形, 於是, 輪廻之說興焉"(『三峯集』, 卷九, 佛氏雜辨, 佛氏輪廻之辨.
32) "天地之化, 雖生生不窮, 然而有聚必有散, 有生必有死, 能原其始而知其聚之生, 則必知其後之必散而死"(위의 책).

요구하는 동시에 고려조의 복귀를 꾀하는 정치세력들의 저항의도를 미연에 방지하기 위한 정치적 목적에 기인한 것이었다고 할 수 있다.

그러나 단순히 고려조의 멸망만을 논리적으로 입증했다고 해서 그것이 곧 신체제 수립의 당위성을 확고히 해주는 것은 아니었다. 즉 신체제의 수립이 국가 및 국민의 이익에 부합하는 것임을 자연의 원리로 논증하는 것이 요구되었다. 이에 대해 정도전은 윤회설의 순환론(循環論)을 부정하는 '비순환적 전진적(前進的) 발전설'[33]을 주장함으로써 조선조 성립이라는 정치적 변동이 더 나은 발전을 전제로 한 것임을 다음과 같이 설명했다.

곡식이란 봄에 10석의 씨를 파종하면 가을에 100석을 수확하며 천 석·만 석으로 늘어나 그 이익이 여러 배가 된다. 그런데 불씨(佛氏)의 윤회설을 보면 무릇 혈기가 있는 모든 것은 스스로 일정한 수(數)가 있어서 오고 가는 중에 다시 늘어나거나 줄어드는 것이 없다고 한다. 그렇다면 천지가 물(物)을 창조하는 것이 농부가 이익을 내는 것만 못한 것이라 할 수 있다. … 살펴보건대 성세(盛世)에는 인류를 포함한 모든 생물이 늘어나지만 쇠세(衰世)에 이르면 모두 줄어든다. 이것은 인간과 만물이 천지의 기(氣)에 의해 생겨나기 때문이다. 따라서 기가 성하면 일시에 늘어나고 기가 쇠하면 일시에 줄어드는 것이 분명하다.[34]

이것은 고정·불변적 성격을 가진 불교의 순환론적 윤회설을 부정하고 변천·변화가 자연의 원리라는 점을 강조하여 고려조의 멸망과 조선

---

33) 김만규, 앞의 책, p.144.
34) "且百穀之生也, 春而種十石, 秋而收百石, 以至千萬, 其利倍蓰, 是百穀亦生生也, 今以佛氏輪廻之說觀之, 凡有血氣者, 自有定數, 來來去去, 無復增損, 然則天地之造物, 反不如農夫之生利也, … 自今觀之, 當盛世, 人類蕃庶, 鳥獸魚鼈昆蟲亦蕃庶, 當衰世, 人物耗損, 鳥獸魚鼈昆蟲, 亦耗損, 是人與萬物, 皆爲天地之氣所生, 故氣盛則一時蕃庶, 氣衰則一時耗損明矣"(『三峯集』, 卷九, 佛氏雜辨, 佛氏輪廻之辨).

조의 건국을 합리화하려는 것이었다. 동시에 그러한 변천·변화가 발전의 방향성을 가진다는 점을 들어 조선조가 고려조보다 우월한 체제임을 분명히 하기 위한 것이었다.

이와 같이 정도전의 윤회설을 중심으로 한 불교논리 비판은 불교에 대한 정도전 개인의 학문적 견해를 피력한 것이기보다는 조선조라는 새로운 체제의 등장을 이론적으로 정당화하기 위한 사상정책적 차원에서 전개된 것이라고 볼 수 있다. 조선조가 이후 배불숭유(排佛崇儒)의 강한 배타성을 견지하게 된 데에는 이러한 정도전의 불교비판론이 가진 정치적 성격에 기인한 바가 크다고 할 수 있다. 또한『불씨잡변』,『심문(心問)·천답(天答)』,『심기리편(心氣理篇)』등에서 보이는 정도전의 불교논리 비판의 주류가 주자학적 유학사상의 입장에서 전개되고 있다는 점에서 이는 주자학적 유학사상의 정치성을 보여주는 것이기도 하다.

정도전이 신체제 수립 초기 진행되었던 정치권력 변동을 정당화시키기 위해 사용한 이론적 방법의 두 번째 요소는 불교비판을 통한 역사론의 재구성이라고 할 수 있다. 즉 정도전은 조선 및 중국에서의 불교의 수용 및 전개가 초래한 결과를 자의적으로 해석하여 불교신봉의 역사를 비판하고 주자학적 정치질서관에 기초한 신체제 수립의 필연성을 합리화하려고 했던 것이다.

이와 관련하여 정도전은 먼저 고려의 마지막 왕인 공양왕에 대해 "충성스럽고 어진 이들을 모함하고 해쳐서 정치가 혼란스러워지고 민심을 잃게 되었다. 그리하여 결국은 천명이 떠나가 버려 한 국가의 군주의 지위에서 일개 필부(匹夫)가 되고 말았다"[35]고 평가하면서 고려조의 멸망과 조선조의 건국을 천명의 변화로 설명했다. 이와 함께 그는『불씨잡변』을 통해 중국 양무제(梁武帝)의 예를 들어 역사적으로 불교를 신봉

---

35) "陷害忠良, 政事悖亂, 人心自離, 天命自去, 以國君之尊, 爲匹夫之奔"(위의 책, 卷十一, 經濟文鑑別集 下).

하는 것이 위망(危亡)의 근원이 되었다[36]고 하면서, 불교를 신봉하면 할수록 정권의 운명이 단축되는 것이 역사의 필연이라는[37] 점을 들어 불교배척과 주자학적 유학사상에 토대를 둔 새로운 체제의 수립을 정당화했다.

2) 주자학적 정치질서관의 공고화를 통한 차별질서의 유지·강화

불교비판 및 역사론의 재구성과 더불어 정도전이 조선조 초기 불안정한 정치상황을 극복하여 대내적 차별질서를 확립하기 위해 활용한 사상적 방법은 주자학의 차별·위계적 정치질서관을 철저하게 현실에 적용시키는 것이었다.

먼저 인성론에서 정도전은 유학적 전통에 따라 인간을 인의예지의 차별원리를 본성으로 지닌 존재로 규정함으로써 대내적 차별질서의 유지를 정당화했다. 그는 이에 대해 "아버지를 보면 효를 생각하고 자식을 보면 자애를 생각하며 임금을 섬기는 것은 충(忠)으로써 하고 신하는 예(禮)로써 부리며 친구를 신(信)으로 대하는 것은 누가 시켜서인가? 이것은 사람의 마음속에 인의예지(仁義禮智)라는 차별원리에 따르는 본성이 존재하기 때문이다"[38]라고 했다. 그에게 이러한 본성은 하늘이 부여한 것이므로 인간으로서는 거역할 수 없는 것으로서 그 자체가 선한 것으로 상정된다.[39]

인간이 차별원리에 순응하는 선한 존재라면 차별질서 파괴의 혼란은 어디에서 기인하는가? 정도전에 따르면 이것은 인간이 외부 사물과의

---

36) 위의 책, 卷九, 佛氏雜辨, 事佛得禍 참조.
37) 위의 책, 事佛甚謹年代尤促 참조.
38) "見父則思孝焉, 見子則思慈焉, 至於事君以忠, 使臣以禮, 交友以信, 是孰使之然耶, 以其心有仁義禮智之性"(위의 책, 佛氏心跡之辨).
39) "性者, 人所得於天以生之理, 純粹至善以具於一心者也"(위의 책, 佛氏心性之辨).

접촉을 통해 형성되는 물욕에 의해서이다. 그는 이 점을 다음과 같이 설명했다.

인간은 모두 눈이 있어 보고 귀가 있어 들으며 편안히 쉬기를 원한다. 그러므로 하늘이 부여한 천리가 비록 내 마음에 있으나 미묘하여 알기 어렵고, 인욕은 비록 사물과 내가 접촉한 후에 생겼으나 그 일어난 것을 제어하기 어려운 것이니, 일상생활에서 차별의 원리를 따라 행하고 말하는 것은 어렵고 인욕을 추구하기는 쉬운 것이다.[40]

이와 같이 정도전은 건국 초 불안정한 정치체제를 강화하는 동시에 일반백성들이 변화된 정치질서에 따르도록 할 필요가 있었기 때문에 일정부분 인간의 물욕을 시인하지 않을 수 없었던 것으로 보인다. 그럼에도 불구하고 정도전의 정치목적이 차별원리를 바탕으로 한 제왕권적(帝王權的) 권위질서였으므로 물욕은 인간의 본연성으로 규정될 수 없는 것이었다. 따라서 정도전은 인욕을 억제하고 인의예지의 차별원리를 따르는 본성으로의 회복을 인간이 추구해야할 당위도(當爲道)로 설정했던 것이다.

정도전의 차별질서 확립의지는 우주론을 통해 더욱 확고하게 전개되었다. 그에 의하면 차별질서에 순응하는 존재로서의 인간 및 모든 사물은 보편적 선재원리(先在原理)로서 상정되는 태극의 주재를 받는다. 이 점을 그는 "천지만물이 있기 이전에 반드시 태극이 먼저 있어 천지만물의 이치가 그 가운데에 이미 갖추어져 있다"[41]고 했다. 정도전에게 이

---

40) "蓋凡有聲色貌相, 以盈於天地之間者, 皆物也, 日與人之身相接, 而人之有目, 莫不欲色, 有耳, 莫不欲聲, 至於四肢百骸, 莫不欲安佚. 故天理雖根於吾心固有之天, 而其端甚微, 人欲雖生於物我相形之後, 而其發難制, 是其日用云爲, 順理爲難, 而從欲爲易"(위의 책, 卷十, 心氣理篇, 心問).

41) "未有天地萬物之前, 畢竟先有太極, 而天地萬物之理, 己渾然具於其中"(위의 책, 卷九, 佛氏雜辨, 佛氏眞假之辨).

러한 차별원리의 현실적 모습을 결정하는 것은 생리력·물리력의 주체인 기(氣)의 작용에 의해서이다. 이렇게 볼 때 정도전은 명확한 이선재설(理先在說)의 입장을 고수했다고 할 수 있다. 이것은 그가 "기라는 것은 하늘이 음양오행으로써 인간 및 만물을 낳게 하는 주체이다. 그러나 기는 형이하학적인 것이므로 반드시 형이상학적인 이(理)가 있은 연후에 있게 된다. 따라서 기만 말하고 이를 말하지 않는 것은 그 끝만 알고 근본은 알지 못하는 것이다"[42]라고 한 데에서 잘 나타나 있다.

정도전은 이처럼 이(理)를 인간 및 만물을 지배하는 보편적 차별원리로, 그리고 기(氣)를 그러한 차별원리의 현실태(現實態)로 보는 명확한 이선재설적(理先在說的) 우주론을 전개했다. 따라서 그의 질서관 역시 인간 사이의 그리고 인간 및 사물 사이의 선천적 차별을 강조하는 것이 될 수밖에 없었다. 그는 현실의 차별을 결정하는 것은 이(理)의 주재를 받는 기(氣)의 작용에 의한 것이라고 하면서 그 근거를 다음과 같이 설명했다.

무릇 음양오행이라고 하는 것은 엇바뀌어 운행되며 서로 드나들어 그 작용이 같지 않다. 따라서 기의 통함과 막힘, 치우침과 바름, 맑음과 흐림, 두터움과 엷음, 높음과 낮음, 긴 것과 짧은 것의 차이가 있는 것이다. 그리하여 사람과 만물이 생겨날 때 바르고 맑고 통하는 기를 얻은 것은 사람이 되고 치우치고 막히고 흐린 기를 얻은 것은 사물이 된다. 사람이 귀하고 사물이 천하게 되는 까닭은 여기에 있는 것이다. 또한 사람의 경우에도 맑은 기를 얻은 사람은 지혜롭고 어질며 흐린 기를 얻은 사람은 어리석고 불초하다. 그리고 두터운 기를 얻은 사람은 부자로 태어나고 엷은 기를 얻은 사람은 가난하며 높은 기를 얻은 사람은 귀하고 낮은 기를 얻은 사람은 천하며 긴 기를 얻은 사람은 장수하고 짧은 기를 얻은 사람은 요절한다.[43]

---

42) "氣者, 天以陰陽五行, 化生萬物, 而人得之以生者也, 然氣, 形而下者, 必有形而上之理, 然後有是氣, 言氣而不言理, 是知有其末, 而不知有其本也"(위의 책, 卷十, 心氣理篇, 氣難心).

음양오행이라고 하는 것이 곧 이(理: 太極)의 원리에 의한 것이며 그것의 주체인 기의 작용에 의해 현실의 빈부와 귀천의 차별이 선천적으로 결정된다는 정도전의 차별질서관은 그 자체가 현실의 지배-피지배관계의 영속성을 확립하여 대내적 차별질서를 강화하려는 정치적 목적의 산물이었다고 할 수 있다.

정도전은 이와 같이 차별을 인간을 비롯한 모든 사물의 존재원리로 규정하고, 그러한 차별의 보편원리에 따르는 것을 숙명으로 설정하는 인성론과 우주론을 전개했다. 그러나 차별의 보편원리의 선재설정만으로는 건국 초 불안정한 차별질서를 확고히 하기에는 불충분했다. 따라서 그에게 인간으로 하여금 혼란의 근원이 되는 이기욕을 억제하고 본연성(本然性)인 차별질서에의 순응을 일상생활에서 반드시 지켜야 할 당위도(當爲道)로 규정하는 것이 필요했다. 이것이 그의 도덕론의 핵심이다.

정도전에게 도란 곧 차별원리[理]를 의미하는 것이었다. 이 점을 그는 "도라는 것은 차별원리이며 형이상학적인 것이다. … 무릇 도의 근본은 하늘에서 나와 사물마다 있지 않은 것이 없으며 없을 때가 없다. 즉 심신(心身)에는 심신의 도가 있어서 가까이는 부자(父子)·군신(君臣)·부부(夫婦)·장유(長幼)·붕우(朋友)의 차별원리가 있고 멀리는 천지만물에 차별의 원리가 존재하니 사람이 하늘과 땅 사이에서 하루도 그러한 차별원리를 지키지 않을 수 없는 것이다"44)라고 했다. 그는 또한 유학적 전통에 따라 덕을 인간이 인욕을 억제하고 차별원리인 도에 따라 행동했

---

43) "夫所謂陰陽五行者, 交運迭行, 參差不齊, 故其氣也, 有通塞偏正淸濁厚薄高下長短之
異焉, 而人物之生, 適當其時, 得其正且通者爲人, 得其偏且塞者爲物, 人與物之貴賤, 於
此分焉, 又在於人得其淸者, 知且賢, 得其濁者, 愚不肖, 厚者富而薄者貧, 高者貴而下者
賤, 長者壽而短者夭, 此其大略也"(위의 책, 卷九, 佛氏雜辨, 不氏因果之辨).

44) "道則理也, 形而上者也, … 蓋道之大原, 出於天, 而無物不有, 無時不然, 即身心而身
心之道, 近而即於父子君臣夫婦長幼朋友, 遠而即於天地萬物, 莫不各有其道焉, 人在天
地之間, 不能一日離物而獨立"(위의 책, 佛氏昧於道器之辨).

을 경우 얻는 소득으로 규정하고,[45] "이제 인간의 마음이 하늘이 부여한 명을 받들어 차별질서 파괴의 근원인 물욕을 이겨내면 이것은 하늘에 공로가 있는 것이기 때문에 마땅히 부귀와 장수를 누려 그 일에 대한 복을 받을 것이다"[46]라고 주장했다. 차별원리의 실천이 개인의 부귀와 장수를 보장한다는 추리적(推理的) 논리를 통해 인간으로 하여금 반상질서(班常秩序)의 파괴의도를 저지하고 차별질서에 따를 것을 요청했다. 또한 정도전은 차별질서 파괴의 원인인 물욕의 억제방법으로서 일상생활에서 지극히 공경하라는 성경(誠敬)과 차별질서를 지키려는 의욕의 심정인 의용(義勇)을 강조함으로써 개인적 수양을 바탕으로 한 차별질서의 사회화를 추구했다.[47]

이상에서와 같이 차별·위계를 근간으로 하는 주자학적 정치질서관은 건국 초기 불안정한 제왕권을 강화하여 차별질서를 확립하고자 했던 건국주체들의 정치적 목적에 의해 수용되고 전개되었다. 정도전에 의해서 조선조에 체계적으로 적용되었던 주자학적 정치질서관은 고려조의 복귀의도를 미연에 방지해야 한다는 절박한 정치적 상황 속에서 사상적으로 불교 및 노장 등 이단학설을 강력히 비판하는 철저한 배타성을 견지한 것이 특징이다. 이러한 학문적 배타성은 그 후 조선조의 주자학을 특징짓는 요소로 작용했고 정치적 갈등의 상황에서 기득권 유지 및 정적(政敵) 제거의 수단으로 이용되어 정치적 불안정의 요인이 되었다.

내용 면으로 보았을 때 건국 초기부터 주자학적 정치질서관은 대내적 차별질서의 강화를 목적으로 전개되었다. 즉 그것은 인간 사이, 인간과 사물 사이의 차별을 존재원리로 규정하고 일반백성들로 하여금 그러한

---

45) "以爲德者, 得也"(위의 책, 卷三, 疏, 上恭讓王疏).

46) "今心奉上帝之命, 與物欲之敵相戰, 敵不能勝, 惟心之命順從, 則是爲有功於天也, 宜富貴壽考, 以受爲善之福"(위의 책, 卷十, 心氣理篇, 心問).

47) "誠敬爲甲胄, 義勇爲矛戟, 奉辭執言, 且戰且服, 順我者善, 背我者惡, 賢智者從, 愚不肖逆, 因敗成功, 幾失後獲"(위의 책).

차별원리를 현실생활 속에서 실천할 것을 요구함으로써 피지배계층의 지배계층에 대한 절대적 복종을 통한 차별질서의 확립에 사상적 목표를 둔 것이었다. 특히 이기론에서 생리력·물리력의 근거로서 정치적으로 일반서민의 의식주 생활의 안정을 최우선으로 강조하는 기론(氣論) 중심적 사고보다는 지배계급의 이익을 대변하는 이론(理論) 중심의 논의를 전개함으로써 조선조의 정치질서를 귀족 중심의 차별질서로 정착시키는 계기를 마련했다고 볼 수 있다. 이와 같은 조선조 주자학의 특징을 가장 잘 반영했던 것이 다음에서 살펴볼 이황의 정치사상이다.

2. 이황의 차별윤리 강화론

이황[48]이 활동했던 시기는 16세기 중·후반기이다. 이 시기는 통치계층 내부의 권력투쟁[49]으로 말미암아 정치적 혼란이 가중되고 이를 틈탄 양반귀족계층들의 백성들에 대한 가렴주구가 극심했을 뿐만 아니라 그 결과로 파생된 민란(林巨正亂, 1559) 및 왜구를 비롯한 이민족의 침입·

---

48) 이황(李滉, 1501-1570)의 자는 경호(景浩)이며 퇴계(退溪)는 그의 호이다. 경북 안동군 예안현(禮安縣)에서 태어나 34세부터 관직생활을 시작했으며 최고 관직은 종1품인 의정부 우찬성(右贊成)이었고 죽은 뒤 영의정으로 추증되었다. 49세 이후에는 간헐적인 관직생활을 제외하고 주로 고향 예안에서 교육과 저술활동에 힘썼다고 한다(『퇴계전서(退溪全書)』 부록, 연보 참조). 그는 임진왜란기에 재상을 지냈던 김성일(金誠一, 1538-1593)과 유성룡(柳成龍, 1542-1607) 등을 제자로 두었으며, 영남사림(嶺南士林)의 영수(領袖)로서 조정과 재야에 권위와 정치적 세력을 지녔던 조선조의 대표적 주자학자였다.

49) 15세기 말부터 16세기 전반기까지의 기간 동안 무오사화(戊午士禍, 1498) 갑자사화(甲子士禍, 1504) 기묘사화(己卯士禍, 1519) 을묘사화(乙卯士禍, 1546) 등 소위 4대 사화와 중종반정(中宗反正, 1506)이 발생하는 등 극심한 정치권 내부의 투쟁이 전개되었다. 이후에도 지배계층은 동인(東人)과 서인(西人), 남인(南人)과 북인(北人)으로 갈려 민생과 국가보위보다는 자파 세력의 확대와 정치권력의 획득을 위한 당쟁에 주력했다(이 시기 정치권 내부의 갈등에 대해서는 李相佰, 『韓國史 - 近世前期篇』, 서울: 乙酉文化社, 1965, 제5장을 참조하기 바람).

약탈50)이 가속화되었던 내우외환의 시기였다. 이황은 이와 같은 16세기 조선이 처한 위기의 현실을 주자학적 차별윤리의 강화를 통해 극복하려고 했고, 그것은 주자학이외의 정치사상들에 대한 철저한 배타성 및 제왕권적 권위질서와 상하간 차별질서를 더욱 공고화하는 방향으로 전개되었다.

1) 차별·위계의 정치론

이황은 무엇보다 정치의 본질을 철저한 차별·위계적 계층질서의 확립으로 보았다. 그는 이에 대해 "한쪽을 높이는 것과 다른 한쪽을 낮추는 것은 천리와 인륜의 극치이다. 사회구성원 모두가 한결같이 이러한 차별원리를 준수한다면 조금의 사욕도 있을 수 없으니 그런 연후에야 인을 행하고 효를 행하는 것을 논할 수 있다"51)고 했다. 이와 함께 이황은 "천하의 일 중에 제왕권을 혈연적으로 영속시키는 것보다 중요한 것이 없다. 무릇 계통을 잇는다는 것은 제왕권을 아버지는 아들에게 전하고 아들이 아버지에게서 이어받는 것으로서 그 일은 지극히 중요한 것이다"52)라고 함으로써 제왕권의 영속성을 강조하는 한편, 장자상습에 의한 조선조 왕권의 지속적 유지가 정치의 근본과제임을 밝혔다.

이황은 이처럼 차별질서확립을 통한 제왕권의 강화에 정치목표를 두었다. 그러나 동시에 자신이 속한 귀족계층의 기득권을 유지·강화하려는 의지 또한 강렬했다. 귀족계층의 기득권 유지 노력은 조선조 주자학

---

50) 중종반정(1505) 이후 임진왜란(1592)까지 약 90년간 총 11회에 걸쳐 이민족의 침입과 약탈이 자행되었다(김만규, 앞의 책, p.180 〔표 Ⅳ-4〕 참조). 이것은 약 8년에 한 번 꼴로 백성들의 삶과 국가의 안위를 위태롭게 하는 외적의 침입이 있었다는 것으로서 16세기 당시의 혼란을 충분히 짐작할 수 있게 하는 것이다.

51) "一隆一殺, 卽天理人倫之極致, 一尊乎此, 而莫以分豪私意, 參錯於其間, 然後爲仁爲孝, 可得以議矣"(『退溪先生文集』, 卷六, 疏, 戊辰六條疏).

52) "臣聞天下之事, 莫大於君位之一統, 夫以莫大之統, 父傳於子而子承乎父, 其事之重爲如何哉"(위의 책).

의 공통적인 특성으로 건국 초기 정도전으로부터 시작되어 김종직(金宗直), 조광조(趙光祖), 이언적(李彦迪)으로 이어졌고 이황에 이르러 더욱 강화되었다. 이황은 "임금은 한 국가의 원수이고 대신(大臣)은 그 복심(腹心: 배와 심장)이며 대간(臺諫)은 이목(耳目)이다. 이들 3자가 서로 힘을 합해 차별질서를 확립하는 것은 국가의 불변의 바른 일이며 천하와 고금을 막론하고 한결같은 공통의 원리이다"[53]라고 하여 통치귀족의 역할의 중요성을 논증하려 했다.

2) 정치목표 달성의 이론적 기초 : 인성론과 우주론

주자학적 정치질서관에 입각하여 정치의 본질과 기본과제를 차별윤리의 강화를 통한 제왕권적 권위질서의 확립에 둔 이황은 그러한 정치목표를 달성하기 위한 논리적 근거로서 이기론을 바탕으로 한 인성론과 우주론을 전개했다.

유학적 전통에 따라 이황도 역시 인간을 차별질서에 순응하는 존재로 규정한다. 이황은 차별원리를 준수하는 성선(性善)의 원리인 인의예지가 인간의 본성에 내재해 있음을 밝히고, 그러한 원리에 따르는 행동이 본연성을 구현하는 것임을 명백히 했다. 이 점은 다음과 같은 이황의 주장에 잘 나타나 있다.

무릇 사람의 본성은 선천적으로 선한 것으로서 이것은 그러한 선의 근본인 인의예지가 외물(外物)에 접하여 나타남으로써 알 수 있다. 구체적으로 어버이에게 효도하고 형을 따르며 임금에게 충성하고 윗사람을 공경하는 것은 인간이 지니고 있는 선한 본성을 나타내는 행위인 것이다.[54]

---

53) "人主者一國之元首也, 而大臣其腹心也, 臺諫其耳目也, 三者相待而相成, 實有國不易之常勢, 而天下古今之所共知也"(위의 책).
54) "仁義禮智人性之綱, 凡此厥初無有不善, 藹然四端隨感而見, 愛親敬兄忠君弟長"(위의

이황은 이처럼 차별질서에 순응하는 성선의 존재로 인간을 규정했다. 그러나 동시에 현실에서 자행되는 차별질서의 혼란과 극복의 당위성을 이론적으로 설명할 필요성이 있었다. 사단칠정론(四端七情論)은 이러한 배경에서 전개된 것이다. 사단이란 인의예지의 차별원리를 말하며 칠정은 희(喜) · 노(怒) · 애(哀) · 구(懼) · 애(愛) · 오(惡) · 욕(欲)의 기본적 욕구를 의미하는 것이다. 이황은 기대승(奇大升)과의 유명한 서신논쟁 제1서(書)에서, 사단(四端)은 성(性)이 처음 발현할 때 아직 기가 작용하지 않아 본연의 선(善)을 이룰 수 있는 것을 뜻하고 칠정(七情)은 기가 성(性: 理)의 주재를 받아 발현된 것으로서 거기에는 이미 본연적 차별원리가 내재하므로 "칠정 이외에 다시 사단이 있을 수 없다"[55]는 이기일원론적(理氣一元論的) 사칠무분리설(四七無分離說)을 주장했다. 다만 기의 품질은 인간마다 각기 차이가 존재하므로 그것의 지나치고 모자람〔過不及〕이 칠정 발현의 선악을 구분하는 근거가 된다고 보았다. 즉 이황은 초기에는 보편적 차별원리로서 이(理)를 본성으로 규정하고, 차별원리 파괴의 근원이 기(氣)의 배리성(背理性)에 있음을 지적하면서 인간의 욕구를 본성에서 제외시켰다.

이황이 이처럼 사단과 칠정의 무분리(無分離)를 주장한 것은 인간의 기본욕구의 충족보다는 차별질서의 확립이 급박하다는 그의 정치적 상황인식을 반영한 것이라 할 수 있다.

그러나 이황은 그 후 제2서에서는 "측은 · 수오 · 사양 · 시비는 인의예지의 본성에서 발현하는 것이고, 희 · 노 · 애 · 구 · 애 · 오 · 욕은 외물(外物)이 인간의 형기(形氣)에 접촉되어 인간의 마음을 움직임으로써 나온 것이다"[56]라고 했다. 사단을 이(理)의 발현으로 보고 칠정을 기(氣)의 발

책, 卷七, 進聖學十圖箚, 小學題辭).
55) "非七情之外復有四端也"(위의 책, 卷十六, 書, 答奇明彦, 論四端七情, 第一書, 附奇明彦非四端七情分理氣辯).

현으로 보는 이기이원론적(理氣二元論的) 사칠분리설(四七分離說)로 자신의 논리를 수정한 것이었다. 구체적으로 그는 존재론적 입장에서 인간의 몸이 이와 기가 합하여 이루어진 것이므로 이와 기가 서로 발현되어 작용한다고 보는 것은 당연한 것이라고 했다. 이런 점에서 "사단은 이가 발현되어 기가 따르는 것이고 칠정은 기가 발현되어 이가 그것에 타는 것"[57]이라는 이기호발설(理氣互發說)을 제시했다. 조선조 정치사상에서 이(理)를 강조한다는 것은 곧 차별원리의 강화를 통한 제왕권적 권위질서의 확립을 가장 중요한 정치적 과제로 설정하는 지배계층 중심의 입장을 반영하는 것이었다. 또한 생리력·물리력의 주체인 기를 강조한다는 것은 욕구주체로서의 인간성을 시인하고 차별질서의 확립보다는 일반백성의 생활안정에 보다 역점을 두는 피지배계층의 입장을 반영하는 것이었다. 이러한 측면에서 이황이 이기호발설을 주장한 것은 1559년의 임거정(林巨正)의 난 등이 근본적으로 피지배계층의 욕구충족이 미비했기 때문에 발생한 것이라는 점을 인식하고 차별질서 파괴의 혼란을 저지하기 위해서라도 노서민계층의 의식주 생활 안정이 필요하다는 당시 지배계층의 현실인식을 대변하는 것이었다.

그럼에도 불구하고 이황은 기본적으로 지배계층의 입장에서 주자학적 차별질서의 확립을 최우선적인 정치목표로 상정했기 때문에 차별질서 파괴의 근원이 될 수 있는 기를 인간의 존재본질로 규정할 수는 없는 것이었다. 따라서 그는 마지막 제3서에서 "사단은 이(理)가 발현되어 기가 따르는 것이고 칠정은 기가 발현되어 이가 타는 것이라는 말은 비록 정밀하기는 하나, 실제로 칠정은 이(理)의 발현과 기의 발현이 겸해 있는 것이고 사단(四端)은 단지 이(理)의 발현만이 있을 뿐이다"[58]라고 하여 다시

---

56) "惻隱羞惡辭讓是非, 何從而發乎, 發於仁義禮智之性焉爾, 喜怒哀懼愛惡欲, 何從而發乎, 外物觸其形而動於中, 緣境而出焉爾"(위의 책, 第二書, 改本).
57) "但四則理發而氣隨之, 七則氣發而理乘之耳"(위의 책).

원래의 주장을 수정하는 이일원론(理一元論)의 입장을 견지했다.

이황의 인성론이 이처럼 차별질서에 따르는 존재로서의 인간을 규정하는 것이었으므로, 그에게 차별의 원리는 우주만물의 생성원리이며 존재원리로서 인간 및 만물이 반드시 따라야 할 보편적 원리로 규정될 수밖에 없었다. 이러한 점에서 이황은 주자의 이선재설(理先在說)[59]에 따라 존재원리로서의 이(理)의 선재와 그러한 존재원리의 속성이 차별원리임을 다음과 같이 밝혔다.

임금이 어질고 신하가 공경하는 것 등은 억지로 하는 것이 아니고 태어날 때부터 차별의 존재원리인 이가 있기 때문이다. 이러한 이는 하늘이 부여한 것으로서 소이연(所以然)이라고 한다. 따라서 마땅히 그러한 차별원리에 따를 줄 아는 것〔所當然〕은 천성(天性)을 아는 것이고 왜 그러한지〔所以然〕를 아는 것은 바로 하늘의 이치를 깨닫는 것이다.[60]

이황의 이와 같은 차별·위계적 논리는 개인 및 계층간 관계를 규정하는 질서관에 보다 명확히 드러난다. 이황은 인간을 포함한 사물이 존재하기 이전에 이미 그러한 차별원리가 선재하고 있음을 주장했고 그러한 차별의 선재원리에 지배되는 기의 작용에 의해서 인간 사이의 차별이 실재화되는 것으로 보았다. 구체적으로 그는 태어나면서부터 맑고 순수한 기를 받아 하늘이 부여한 차별원리를 알고 행하는 데 부족함이 없는 상지(上智), 맑고 흐린 것과 순수하고 탁한 것이 섞여 있어 차별원

---

58) "且四則理發而氣隨之, 七則氣發而理乘之, 兩句亦甚精密, 然鄙意以謂此二箇意思, 七情則兼有而四端則只有理發一邊"(위의 책, 第三書).

59) "未有這事, 先有這理, 如未有君臣, 已先有君臣之理, 未有父子, 已先有父子之理"(『朱子語類』, 卷九十五).

60) "仁敬等, 非人力强爲, 有生之初, 卽稟此理, 是乃天之所與也, 故曰, 所以然知所當然, 是知性, 知所以然, 是知天, 謂知其理所從來也"(『退溪先生文集』, 卷二十五, 書, 鄭子中與寄明彦論學有不合以書來問考訂前言以答如左).

리를 알지만 행하지 않거나 행하기는 하지만 차별원리를 이해하지 못하는 중인(中人), 탁하고 흐린 기를 가지고 태어나 차별원리를 알지 못하고 이기욕에 빠져 악을 행하기만 하는 하우(下愚) 등 3등급의 인간이 존재한다고 했다.[61] 이황이 이처럼 현실의 인간을 상지·중인·하우로 구분한 것은 귀족계층과 노서민계층을 선천적으로 차별화시켜 반상체제(班常體制)를 강화하겠다는 정치적 목적의 소산이라 하겠다.

3) 군신체제와 자파 기득권 강화의 정책론

이기론을 중심으로 한 인성론과 우주론을 통해 차별질서 확립의 당위성을 이론적으로 규명하려 했던 이황은 정책론을 통해 보다 확고히 차별체제를 강화하려 했다. 이 점은 이황이 선조(宣祖)에게 올린 정책건의서인 '무진육조소(戊辰六條疏)'에 잘 나타나 있다. 그 내용은 "첫째, 왕통(王統)을 무겁게 하고 가부장적 인효(仁孝)를 온전히 하여 왕권중심의 일통사관(一統史觀)을 확립할 것, 둘째, 이간질을 막고 두 어버이(친부모와 양부모)에게 효도의 도리를 다할 것, 셋째, 제왕의 학문을 돈독히 하여 정치의 대본(大本)을 세울 것, 넷째, 봉건적 도술(道術)을 밝혀 인심을 바로잡을 것, 다섯째, 모든 일은 나라의 복심(腹心)인 집권대신에게 맡기고 나라의 이목(耳目)인 대간(臺諫)으로 하여금 사리를 밝히게 할 것, 여섯째, 유학의 차별적 당위규범을 기준으로 수양과 반성을 돈독히 하여 하늘이 부여한 제왕권적 권위를 계승할 것"[62]등이다.

이황의 생존기가 내우외환의 위기상황이었다는 점을 상기할 때, 그리고 같은 시대에 활동했던 이이(李珥)의 정책건의가 주로 노서민의 생활

---

61) 위의 책, 第九節, 論氣質之禀 참조
62) "其一曰, 重繼統以全仁孝, 其二曰, 杜讒間以親兩官, 其三曰, 敦聖學以立治本, 其四曰, 明道術以正人心, 其五曰, 推腹心以通耳目, 其六曰, 誠修省以承天受"(위의 책, 卷六, 疏, 戊辰六條疏).

안정과 국가안위의 문제와 관련된 것[63]이었음을 고려할 때, 이러한 이황 정책론의 내용은 기본적으로 지배계층 중심의 보수적인 것이라고 평가할 수 있다.

사상정책론의 측면에서 이황 역시 주자학 이외의 제사상을 배척할 필요성을 강력히 제기했다. 그는 정도전과 마찬가지로 불교에 의한 고려조의 붕괴를 언급하면서 불교를 동방 이단의 가장 큰 요소라고 했고, 노장학(老莊學)에 대해서는 성인을 업신여기고 예법을 멸시하는 학문이라고 비판했다. 또한 법가사상은 비록 전하지 않으나 공리와 이익만을 추구하는 사욕의 학문이고 묵가의 겸애사상은 맹자의 말을 빌어 무부(無父)의 사상이라고 비판하면서 이를 정책적으로 철저히 배격할 것을 요청했다.[64] 이와 함께 서경덕(徐敬德)의 기론(氣論) 중심의 사상과 양명학에 대해서도 불교의 논의를 추종하는 이단이라고 강하게 비난했다.[65] 이러한 제사상에 대한 배타성은 조선조 주자학의 주요한 특징이었다.

이상에서 살펴본 바와 같이 정도전에 의해 수용되고 이황에 이르러 계승·전개되었던 조선조의 주자학적 정치질서관은 근본적으로 차별·위계를 바탕으로 한 제왕권적 권위질서를 확립하려는 정치적 목적을 가지고 진행되었다. 그 내용은 자유의지체로서의 인간 및 사물의 존엄성과 개체간의 기능적 동등성을 원천적으로 부정하는 동시에 생산과 근로의 중요성을 인식하지 못하는 것이었다. 또한 자연에 대한 객관적 이해를 통한 과학기술의 발전을 근본적으로 봉쇄하는 것이었다. 대신에 인간과 사물, 그리고 인간과 인간 사이의 선천적 차별성을 존재본질이며 우주원리로 형이상학화하고 그것을 실제생활을 지배하는 지배원리로 당

---

63) "一曰任賢能, 二曰養軍民, 三曰足財用, 四曰固藩屛, 五曰備戰馬, 六曰明敎化"(『栗谷全書』, 卷八, 啓, 六條啓).
64) 『退溪先生文集』, 卷六, 疏, 戊辰六條疏 참조.
65) 위의 책, 卷十三, 書, 答南時甫 및 卷四十一, 雜著, 傳習錄論辯 참조.

위화한 것이었다. 이를 통해 피지배계층으로 하여금 맹목적으로 복종할 것을 요구함으로써 차별질서를 영구화하려 했던 것이라고 볼 수 있다.

제3절 근세 일본에서의 주자학적 정치질서관의 형성 및 전개

통치이념으로서의 주자학적 정치질서관의 수용이 근본적으로 정치적 고려의 산물이라는 점은 일본의 경우에도 동일하게 적용된다. 즉 일본에서의 주자학적 통치질서관의 채택은 전국통일(戰國統一)을 달성한 도쿠가와 바쿠후가 내부적 혼란을 극복하고 농(農)·공(工)·상인(商人)으로 대표되는 일반서민들에 대한 무사계층〔武家〕의 지배를 원활하게 하기 위한 정치적 고려의 산물이었다.

따라서 구체적인 시기 및 중앙집권적 제왕권체제와 봉건적 바쿠한체제66)라는 정치체제상의 차이에도 불구하고, 주자학을 근간으로 일본의 사상가들이 전개한 정치사상의 내용이 한국의 그것과 매우 유사한 것은 놀라운 일이 아니다. 그러나 다른 한편 그들의 사상 속에 각국이 지닌 특수성에 기초하여 서로 다른 내용이 포함되어 있었던 것도 사실이다. 예를 들어 이단, 특히 불교에 대한 강한 비판과 배척을 통한 정치변동의

---

66) 바쿠한체제(幕藩體制)란 도쿠가와(德川)시대의 정치조직을 말하는 것으로 절대적 지배자인 쇼오군(將軍)이 바쿠후(幕府)를 장악하고 그 아래 여러 다이묘오(大名)들이 쇼오군으로부터 영지(領地)를 부여받아 자치권을 행사하는 것을 주요 내용으로 하고 있다. 이러한 바쿠한체제의 정치조직을 근간으로 하는 사회구조는 쇼오군에 대한 전 국민의 절대 복종, 그 아래에 다이묘오, 와카토오(若黨), 나카마(仲間) 등으로 구성되는 사무라이(武士) 계급간의 위계질서, 그리고 병농분리(兵農分離)를 바탕으로 한 사무라이 계급의 농·공·상인 등 일반서민에 대한 신분적 우월권 부여 등 차별과 위계를 그 특징으로 하고 있다는 점에서 천자(天子)·제후(諸侯)·경(卿)·대부(大夫)·사(士)·서인(庶人)의 위계질서를 강조했던 주(周)의 봉건제도와 유사한 면(close affinities)이 있다고 할 수 있다(Masao Maruyama, trans. by Miliso Hane, *Studies in the Intellectual History of Tokugawa Japan,* Princeton : Princeton University Press, 1974, p.9 참조).

정당성 확보 노력이나 주자학을 토대로 한 차별질서 확립과 유지의 사상적 노력 등은 양국의 공통점이라고 볼 수 있다. 반면 조선의 사상가들에게서 보이지 않는 일본 사상가들의 주자학과 신도오사상(神道思想)의 결합을 통한 바쿠후 권력의 절대성 확보의도 등은 중요한 차이점이다.

이러한 일본의 주자학적 정치질서관의 성립과 전개에 가장 중요한 역할을 했던 것이 도쿠가와 바쿠후 초기 1대 쇼오군 도쿠가와 이예야스(德川家康)의 정치고문이었으며, 특히 4대 쇼오군(家綱)의 스승으로서 정치권력의 핵심에서 주자학적 정치질서관의 관학화(官學化)에 공헌했던 하야시 라잔[67]이었다.

하야시 라잔의 구체적 활동시기는 17세기 초·중엽이다. 이 시기는 1603년 에도 바쿠후(江戶幕府) 시대의 성립과 더불어 형성된 정권초기의 불안정을 극복하고 비교적 안정을 이룩한 때였다. 따라서 하야시 라잔의 정치목표는 도쿠가와 바쿠후의 안정된 지배체제를 영구화시킬 수 있는 사상적·정책적 방안을 마련하는 데 있었다. 그것은 철저한 주자학적 차별질서론에 기초한 상하간 위계질서의 공고화와 더불어 일본 전통의 신도오사상을 바탕으로 바쿠후 권력의 신격화를 통해 제왕권적 권위질서를 절대화·영속화시키는 사상적 논리구성으로 구체화되었다.

---

67) 하야시 라잔(林羅山, 1583-1657)의 이름[名]은 노부가츠(信勝) 또는 츄(忠)이였으나 출가(出家)한 이후에는 도오슌(道春)으로 바뀌었다. 라잔(羅山)은 그의 호이다. 1583년 (天正 11년) 8월에 낭인(浪人) 하야시 노부도키(林信時)의 장남으로 태어나 그 후 노부도키의 형인 요시가츠(吉勝)의 양자가 되었다. 15세에 출가하여 승려가 되었으나 주자학을 배워 1604년(慶長 9년) 후지와라 세이카(藤原惺窩, 1561-1619)의 제자가 되었다. 1607년(慶長 12년) 후지와라 세이카의 추천으로 토쿠가와 이예야스의 정치고문이 되었고, 그 뒤 이에야스(家康), 히데타다(秀忠), 이에미츠(家光) 등 3대에 걸쳐 도쿠가와 바쿠후의 관료로 활동했으며 말년에 4대장군 이에츠나(家綱)의 스승이 되었다. 이에미츠(家光)의 집권기(1623-1651)에 특히 신임을 받아 유관(儒官)으로서 주자학적 질서관이 도쿠가와 바쿠후의 통치이념으로서 확고히 자리잡을 수 있는 사상적·정책적 기틀을 마련했던 근세 초기 일본의 대표적 사상가요 정치가였다(『羅山林先生集』, 附錄, 「羅山先生年譜와 羅山林先生行狀」 참조).

1) 신군론(神君論)을 통한 신체제 성립의 합리화

앞 절에서 살펴본 것처럼 정도전은 조선조라는 신체제 성립의 정당성을 확보하기 위해 불교논리에 대한 강한 비판을 감행했다. 그러나 일본의 경우에는 조선과는 달리 도쿠가와 바쿠후라는 새로운 정권의 수립이 신·구세력간의 강렬한 정치적·사상적 갈등을 수반하지는 않았다. 즉 조선의 경우 여말선초 수정보수파의 유불동화론(儒佛同和論)과 급진개혁파의 배불론(排佛論) 사이의 갈등이 존재한 것에 비해 일본의 경우에는 불교를 둘러싼 갈등보다는 다이묘(大名)들간의 무력적 갈등이 주된 것이었다. 또한 일본에서는 불교가 신도오(神道) 및 유교를 매개하는 구체제의 지도적 이념이기는 했으나[68] 조선의 경우와는 달리 최소한 도쿠가와 바쿠후라는 새로운 정치권력의 등장 직전까지 국가적 통치이념의 역할을 담당한 것은 아니었다. 이런 점에서 일본에서의 신정권 수립의 정당화 방법은 조선의 정도전이 전개한 것과 같은 불교논리 자체에 대한 이론적 비판이 될 수는 없었다.

이와는 달리 하야시 라잔 등의 불교에 대한 비판은 전국(戰國) 말기의 대내적 혼란을 극복하고 성립된 도쿠가와 바쿠후의 정치권력을 강화하기 위한 사상정책의 일환으로 전개되었다. 또한 그것은 바쿠후를 정점으로 하는 대내적 차별질서를 강화하기 위해 도입된 주자학적 유학사상이 불교에 우위를 확보하는 방안이기도 한 것이었다. 이 점은 하야시 라잔이 행한 불교비판의 논리가 불교 및 불교도의 반윤리성(反倫理性: 反階層性), 그리고 비현실성(非現實性: 非生産性)에 집중되었다는[69] 사실에 잘 드러나 있다.

예를 들어 하야시 라잔은 "석가모니는 해탈과 윤회, 적멸을 주장하고

---

68) 守本順一郎, 김석근·이근우 역, 『일본사상사』, 서울: 이론과실천, 1989, p.289.
69) 위의 책.

노자는 '도라고 하면 이미 도가 아니다[道可道非常道也]'라고 한다. 이러한 주장을 미루어보았을 때 양자의 주장은 지나치게 허무하고 무의미한 것으로서 이것은 내가 말하는 도가 아니다. … 무릇 도라고 하는 것은 인륜을 가르치는 것뿐이니 윤리 이외에 어찌 또 다른 도가 있다고 하겠는가?"[70]라고 하여 불교가 반윤리적인 종교임을 강조했다. 또한 큰 불상이나 사찰을 짓기 위해서 목재나 구리 등 국가의 중요한 자원과 인력이 쓸데없이 낭비된다는 점을 들어 불교의 비생산성을 비난[71]했다. 동시에 무라사키노(紫野)의 국사(國師)였던 다이토 국사(大燈國師)가 자신의 두 살 난 아이를 죽이고 먹기까지 했다는 사례[72]를 들어 불교의 반인륜성을 과장해서 비판하기도 했다. 이와 함께 그는 불교수용의 결과 텐노오시해(天皇弑害)가 일어나고 내란이 발생했다고 하여 불교의 역사적 폐해를 지적하기도 했다.[73] 일본의 역사에서 불교적 자비＝대중적 구제의 실천자로 칭송되던[74] 코메이황후(光明皇后)를 밖으로는 불교를 믿고 안으로는 음탕한 짓을 한 반인륜적 인물로 규정하고 그러한 원인이 불교를 좋아했기 때문이라고 함으로써[75] 일본에서의 불교수용 자체가 인륜 파괴의 원인이 되었음을 주장하기도 했다.

이렇듯 도쿠가와 바쿠후 성립 초기 하야시 라잔의 불교비판의 핵심은 신정권 수립의 사상적 정당화를 위한 수단이었다기보다는 주로 불교 및 불교도가 사회적 윤리질서를 파괴하고 국가적 낭비를 초래했다는 점을 서술적으로 설명하는 데 치중하는 것이었다. 앞에서도 언급한 바와 같

---

70) "道可道非常道也, 是老者言也, 是以推之二氏所云道者果虛無而無寂滅而滅. 非吾所云道也, … 夫道者教人而已, 倫理之外何別有道"(『林羅山文集』, 卷五十六, 雜著一, 釋老).

71) 위의 책, 大佛殿 참조.

72) 위의 책, 告禪徒 참조.

73) 위의 책, 卷二十六, 辨, 蘇馬子辨, p.292 참조.

74) 守本順一郎, 김석근 · 이근우 역, 앞의 책, p.289.

75) 『林羅山文集』, 卷二十六, 辨, 光明皇后辨, pp.294-295 참조

이 이는 일본의 정치적·사상적 상황이 조선의 경우와는 달랐기 때문이다. 이와 관련하여 중요하게 지적할 수 있는 것은 하야시 라잔의 불교비판이 정도전의 비판에 비해 상대적으로 덜 이론적이고 덜 체계적인 것이었다는 점에서 이후 일본 정치사상사에서 불교 및 노장사상, 양명학 등 이단의 생명력을 지속시킬 수 있는 근거가 되었다는 사실이다. 일부 학자들이 일본 정치사상사의 특성으로 지적하는 일본 지식인들의 사상적 유연성76)이나 일본 고유의 합의적 요소(consensus factor)와 적응과 종합(adaptation and synthesis)의 전통77)이라는 것도 사실은 주자학적 유학사상 자체가 가진 사상적 개방성이나 유연성에 토대를 둔 것이기보다는 도쿠가와 바쿠후 초기부터 진행된 이단 비판의 불철저성에 기인한 바가 크다고 생각된다.

그럼에도 불구하고 어쨌든 도쿠가와 바쿠후 성립 초기 최고의 이론가인 하야시 라잔에게 새로운 정권의 수립을 이론적으로 정당화하는 작업은 정치적으로 매우 중요한 것이었다. 이러한 필요에 따라 하야시 라잔이 신정권 수립의 이론적 정당화의 근거로 활용한 것이 신군론(神君論)이었다.

신군론이란 도쿠가와 바쿠후의 창업자이며 실질적 지배자인 도쿠가와 이에야스(德川家康)를 일본 최고의 신(神) 아마테라스(天照大神)의 혈통인 텐노오가(天皇家)의 후손으로 규정하여 도쿠가와 바쿠후 지배의 정당성을 확보하려는 노력의 일환이었다. 이에 관해 하야시 라잔은 다음과 같이 설명했다.

---

76) Peter Nosco, *Confucianism and Tokugawa Culture*, Princeton, New Jersey : Princeton University Press, 1984, p.25.

77) Wm. Theodore de Bary, *East Asian Civilizations : A Dialogue in Five Stages*, Cambridge, Massachusetts : Harvard University Press, 1988, pp.67-104.

대상국(大相國 : 도쿠가와 이에야스)이 평생 동안 이룬 전쟁터에서의 공적과
나라를 다스리고 백성을 편안하게 하는 큰 업적은 실로 한 번의 수고로 만인
을 기쁘게 하는 것이었으며 한 번의 움직임으로 태평한 세상을 만든 것이었
음을 누구든지 알 것이다. 이러한 점은 고금을 막론하고 찾아보기 어려운 것
이다. … 오호라! 선조는 텐노오(天皇)의 혈통을 이어받은 황윤(皇胤)이며 대대
로 내려오는 지략과 용맹, 책략은 장군의 가문을 번영하게 했고 국가를 세우
는 바탕이 되었다.[78]

이렇듯 하야시 라잔은 도쿠가와 이에야스의 혈통을 텐노오가의 일원
으로 규정하는 동시에 도쿠가와 이에야스 개인과 가문의 업적을 강조함
으로써 새로운 정권의 수립이 정당한 것임을 입증하려고 했다. 이와 같
은 하야시 라잔의 신군론을 통한 정치권력 변동의 정당화 방법은 형식
적 권력자인 텐노오와 실질적 지배자인 쇼오군(將軍)이 존재하는 '권력
의 이중구조'를 특징으로 하는 일본적 봉건제인 바쿠한체제의 특성과
밀접한 관련이 있다. 즉 일본적 신(神)의 혈통을 이어받은 형식적 권력자
인 텐노오가 존재하는 정치체제하에서 정치권력의 주체인 바쿠후(幕府)
의 지배를 정당화하기 위해서는 쇼오군의 혈통을 텐노오가와 동일시하
는 작업이 요구되었던 것이다. 따라서 하야시 라잔에게서 도출된 이와
같은 논리가 이후 주자학적 정치질서관과 함께 도쿠가와 바쿠후의 정치
권력을 유지시켜주는 중요한 사상적 근거가 된 것은 당연했다.
　그러나 다른 한편 그것은 바쿠후 권력이 대내외적 위기상황에 적절히
대처하지 못하는 상황이 발생했을 경우 반대로 바쿠후 지배의 정당성을
부정하는 논리로 활용될 수 있다는 위험을 내포한 것이기도 했다. 근세

---

78) "大相國之平生也, 攻城野戰之大功, 治國安民之洪業, 一勞而萬人悅, 一揮而太平成擧
世, 所皆知也, 雖然, 本朝異朝古今, 如此之盛事, 不可不記焉, … 嗚呼, 祖先之出自皇胤,
世世之名勇功軍謀密策, 爲將種之繁榮, 邦家之規模也"(『林羅山文集』, 卷四十八, 序上,
東照大神君年譜序).

일본의 반주자학적 개혁사상가들이 바쿠후 권력과 텐노오가 사이의 혈통적 관계를 부정하는 내용의 주장[79]을 통해 바쿠후 권력지배의 정당성을 부정하는 한편 이를 바탕으로 개혁의 타당성을 확보하려고 했던 것은 좋은 예일 것이다.

2) 주자학과 신도오사상의 결합을 통한 차별질서의 확립논리

한국의 경우와 유사하게 일본에서의 주자학적 정치질서관의 수용은 전국통일 직후의 혼란을 극복하고 차별원리를 바탕으로 도쿠가와 바쿠후의 정치적 지배를 확고히 하려는 정치적 의도하에서 진행되었다. 이러한 정치적 목적을 달성하기 위해 하야시 라잔으로 대표되는 일본의 초기 주자학적 유학사상가들은 주자학에 기초한 차별질서 강화론을 전개했다. 이와 함께 일본의 특수성으로서 전통적인 신도오사상(神道思想)을 주자학과 결합시켜 차별질서의 영속화를 추구했다.

하야시 라잔은 먼저 대내적 차별질서를 공고히 하기 위해 정치적 안정을 파괴할 수 있는 사욕을 없애고 차별원리를 준수하는 것을 정치의 본질로 제시했다. 그는 이에 대해 "인간으로 하여금 선을 행하고 악을 거부하며 정(正)을 추구하고 사(邪)를 배척하여 임금에게 충성하고 어버이에게 효를 다하도록 한다면 가정과 국가, 그리고 천하를 다스리게 될 것이다. 이것이 『대학(大學)』의 요체(要體)이다"[80]라고 했다. 이처럼 피

---

79) 예를 들어 17세기 중·후반 반(反)주자학적 사상경향으로 지배층의 정치적 탄압까지 받았던 야마가 소코(山鹿素行, 1622-1685)는 도쿠가와가(德川家)의 권력획득에도 불구하고 텐노오와 바쿠후 간의 관계는 변할 수 없는 군신관계라는 점을 명확히 함으로써 (『中朝事實』, 皇統章 참조) 바쿠후 권력지배의 정당성을 정면으로 부인했다. 또한 18세기 개혁사상가로서 일본 심학(心學)의 창시자로 평가되는 이시다 바이간(石田梅岩, 1685-1744) 역시 바쿠후에게 조상신에 대한 제사를 행할 권리가 없다는 주장(『都鄙問答』, 卷二 참조)을 통해 명백하게 바쿠후의 혈통을 텐노오가(天皇家)의 혈통과 분리시켰다.

80) "人々善ヲシテ惡ヲヤズ、正シクシテ邪ナク、君二ハ忠ヲツクスベシ、父二ハヰタシテ、

지배계층의 의무만을 강조하는 입장에서 『대학』의 목적을 해석함으로써 도쿠가와 바쿠후의 지배권을 보다 확고히 하려 했던 것으로 보인다.

하야시 라잔은 정치방법 면에서 초기(도쿠가와 이예야스 정권 시기)에는 피지배계층의 기본적 욕구를 일정부분 충족시켜주는 범위 내에서 그들의 차별질서 파괴의 욕구를 미연에 방지하려는 적극적인 왕도정치론적 방법을 취했다. 다음의 예문은 이러한 측면에서의 그의 설명이다.

따뜻한 것으로 차가운 것을 다스리고 추운 것으로 더운 것을 다스리는 것이 옳은 정치이다. 뜨거움으로 뜨거움을 다스리고 차가운 것으로 차가움을 다스리는 것은 바른 정치가 아니다. 정치의 요체는 일반백성들을 살아갈 수 있도록 도와주는 것이다.[81]

군주〔人君〕는 생산을 통해 백성들을 보양하고 효제(孝弟)로써 백성들을 가르치는 것이 가장 중요한 임무이다.[82]

그러나 정치적 안정이 이루어진 이후(3대장군 이후)에는 "사욕을 이기고 천리(天理)의 본연으로 돌아가면 도심(道心: 차별질서에 대한 복종의 마음)이 인심(人心: 욕구추구의 마음)을 지배하게 되어 매번 하늘의 명을 듣게 되니 어찌 복종하지 않는 적(敵)이 있겠는가? 극기(克己)라는 것은 곧 인(仁)을 말함이니 인을 행하는 사람은 적이 없다"[83]는 주장을 통해 인의(仁義)정치에 기초한 소극적인 도덕적 정치방법을 제시했다. 정치방법

ヲノヅカラ僻事ナキユヘニ、家國モ治アリ、天下モ平ナリ。其事ヲシルセル書ヲ大學ト名ヅク"(『三德抄』, 大學).

81) "以溫治寒以寒治熱而其疾已是常也、以熱治熱以寒治寒謂之反治、要之活人而已矣"(『林羅山文集』, 卷三十一, 問對一, 對幕府問).

82) "人君之於民也、養之而已、教之而已、… 養以常産教以孝弟而已矣"(위의 책, 卷五十六, 雜著一, 大仏殿).

83) "是克私欲之寇讐、而復天理之本然、則道心爲師人心每聽命、豈有不服之敵哉。嗚呼、克己是爲仁、仁者無敵再三言之"(위의 책, 卷二十七, 說上, 敵戒說).

론상의 이러한 변화는 정치적 현실의 변화와 관련이 있는 것으로서 차별·위계질서의 공고화라는 동일한 목적하에 제시된 전략적 대안의 변화를 보여준 것이라고 하겠다.

이와 같은 정치론과 정치방법을 통해 도쿠가와 바쿠후 권력의 영속화를 추구했던 하야시 라잔에게 이기론을 바탕으로 한 인성론 및 우주론은 그러한 목적을 달성하기 위한 이론적 근거로 활용되었다.

먼저 인성론적 측면에서 하야시 라잔은 유학적 전통에 따라 인간을 인의예지의 차별원리를 지닌 존재, 즉 차별질서에 순응하는 존재로 규정했다. 이에 대해 그는 "이(理)가 인간의 형체에 깃들여서 마음〔心〕속에 있는 것을 하늘이 명한 성(性)이라고 한다. 이 성이란 도리(道理)의 다른 이름으로 전혀 나쁨이 없는 지극히 선한 것이다"[84]라고 했다. 또한 "무릇 인간이란 하늘로부터 성을 부여받은 존재인데 여기서 성이란 인의예지의 사덕(四德)을 말하는 것이다"[85]라고 함으로써 인의예지를 인간이라면 모두 가지고 있는 불변의 존재원리〔天理〕이며 성선원리(性善原理)로 상정했다.

하야시 라잔에게 인이란 인간과 사물에 대한 차별적 사랑이고,[86] 의란 차별·위계질서를 지키려는 심정이며,[87] 예란 차별원리를 실천하는 것이고,[88] 지란 차별질서 준수와 파괴 즉 선악과 시비를 판단할 수 있는

---

84) "其理スナハチ人ノ形ニソナハリテ、心ニアルモノヲ、天命ノ性トナツク。此性ハ道理ノ異名ニテ、兎ノ毛ノサキホドモアシキコトナツ"(『三德抄』, 理氣弁).

85) "夫人ト云ノハ、天ヨリ性ヲ生ミツクルニ、ソノ性ニ仁義禮智ノ四德ノソナハラヌモノハナヒゾ"(『春鑑抄』, 仁).

86) "人ヲアハレミ人ヲ愛スル內ニハ、先父母ヲ愛スルヲ先トスルユヘニ、孝行モ仁ノ內ニアリ。父母ヲ愛シテノチニ、妻子兄弟ヲ愛シ、其後ニ一族ヲ愛シ、ソノチ万民ヲ愛シ、其上ニ鳥獸草木ヲモ愛スル也。是仁ヲオシヒロムルノ次第也"(『三德抄』, 五常).

87) "其惡ヲ退ケ捨ツルモ義ナリ。又君ニ任ヘテ忠ヲスルモ義ナリ"(위의 책).

88) "天ハ上ニアリ、地ハ二ニアルハ、天地ノ禮也。此天地ノ禮ヲ、人ムマレナガラ心ニユタルモノナレバ、万事ニ付テ上下前後ノ次第アリ。此心ヲ天地ニヲシヒロムレバ、君臣上下、人間ミダルベカラズ"(위의 책).

것[89]을 의미한다. 따라서 이러한 의미의 인의예지를 존재본질로 하는 인간은 현실의 위계질서에 순종할 수밖에 없는 것이다.

인간이 이처럼 인의예지의 본성을 가지고 차별질서에 순응하는 존재라면 차별질서 파괴의 근원은 무엇인가? 하야시 라잔은 이것을 사단칠정론과 인심도심설(人心道心說)을 통해 설명했다. 먼저 그는 "인의예지의 사단은 이(理)로부터 나오고 칠정은 기(氣)로부터 나온다. 기에 선악이 있으므로 칠정에도 선악이 있지만 사단에는 오직 선만 있을 뿐 악은 없다"[90]고 하여 사단과 칠정을 분리했다. 동시에 "의리(義理)를 먼저 생각하는 것을 도심(道心)이라고 하고 추울 때 옷을 입으려 하는 것, 배고플 때 먹으려 하는 것, 눈으로 아름다운 색을 보려 하는 것, 귀로 즐거운 소리를 들으려 하는 것, 코로 좋은 냄새를 맡으려 하는 것 등을 인심(人心)이라고 한다. … 도심은 곧 이(理)요 인심은 기(氣)이다"[91]라고 함으로써 인심과 도심을 분리했다. 즉 인의예지의 차별원리를 의미하는 사단과 도심은 그 자체가 악의 요소를 전혀 내포하고 있지 않은 선한 것이지만, 인간이 외부환경에 접하여 생기는 기본적 욕구〔人心: 七情〕는 사욕에 물들기 쉽기 때문에 선악의 요소를 모두 포함하고 있다는 것이다. 다시 말해 인간이 욕구에 이끌리지 않고 차별원리에 순응하는 범위 내에서만 본질적 성선성(性善性)이 유지될 수 있다는 것이 하야시 라잔의 논리이다.

그럼에도 불구하고 그의 인성론은 사단과 칠정, 도심과 인심을 구분하는 데에만 집중하고 조선의 이황와 같이 칠정에 대한 사단의 우위성을

---

89) "智アルニヨリテ、仁義ノ道ヲ知リテ、是非善惡ヲ分明ニ分ツゾ"(『春鑑抄』, 智).

90) "仁義禮智ハコノ理ヨリ出ルナリ。氣ニハ善惡アルユヘニ七情出來スル也。七情ニハ善ト惡トアリ。四端ニハ善バカリニツテ惡ナシ"(『三德抄』, 理氣弁).

91) "其義理ニヲコル處ヲバ道ノ心ト云フ。寒ケレバ衣ヲ思ヒ、飢テハ食ヲ思ヒ、目ニウツクシキ色ヲ見ント思ヒ、耳ニ面白キ聲ヲ聞ント思ヒ、鼻ニヨキ香ヲカガント思フ。ヨロツ願ヒホツスル處ハ、皆是人ノ心也。… 道ノ心ハ理也、人ノ心ハ氣也"(위의 책).

강조하거나 도심으로의 복귀를 필연적 원리로 규정하는 데까지는 이르지 못한 것으로 보인다.92) 이것은 하야시 라잔의 활동시기가 비교적 정치적 안정기였다는 시대적·공간적 상황의 차이에 따른 것이라 할 수 있다. 이 점은 이(理)와 기(氣)의 관계에 대한 그의 논의에도 잘 나타나 있다.

먼저 이기론에 기초한 인성론적 측면에서는 "부모에게 효도하는 것은 마음[心]의 이(理)이고 부모에게 분노를 표현하는 것은 혈기(血氣)의 사사로움[私]이다. 이것으로서 이와 기의 차별을 알 수 있을 것이다"93)라고 하여 이기이원론적 입장을 취했다. 하지만 동시에 "그러나 이와 기가 비록 두 개라 하더라도 기가 있으면 반드시 이가 있고 기가 없으면 이가 의지할 곳이 없게 된다. … 오늘 기가 있은 후에 내일 이가 있는 것이 아니라 있다면 함께 있는 것이다"94)라고 함으로써 이기일원론을 강조하기도 했다. 다른 한편 우주론적 측면에서는 정통 주자학의 입장에서 명백한 이선재성(理先在性)과 기(氣)에 대한 이(理)의 우위를 주장하는 이일원론적 입장을 다음과 같이 표현하기도 했다.

무릇 천지가 생기기 이전에, 그리고 그러한 천지가 생긴 이후에도 항상 존

---

92) 실제로 하야시 라잔의 인심도심설(人心道心説)과 사단칠정론(四端七情論)은 16세기 말 조선에서 주자학적 차별윤리 강화론을 전개했던 이황의 영향을 받았다고 알려져 있다. 이것은 그가 이황의 논의를 언급한 『천명도설발(天命圖説跋)』 삼편(三篇)을 저술한 것에도 잘 드러난다. 근세 한국과 일본 양국의 대표적인 주자학자로서 근본적으로 동일한 정치적 목적으로 자신의 논리를 전개했던 두 사상가의 관련성은 매우 주목할 만한 가치가 있을 것이다[조선의 주자학(퇴계학)과 일본의 주자학과의 구체적 관해서는 阿部吉雄, 『日本朱子學と朝鮮』, 東京: 東京大學出版會, 1975 및 아베 요시오, 김석근 역, 『퇴계와 일본유학』, 서울: 도서출판 전통과현대, 1998을 참조하기 바람].

93) "親ニ孝行ヲスルハ心ノ理ナリ。若又親ニイカリヲアラハスハ、是血氣ノ私ナリ。是ニヨッテ理ト氣トノ差別ヲ知ルベキ也"(『三德抄』, 理氣弁).

94) "シカレドモ理ト氣トハフタツナレドモ、氣アレバ必ズ理アリ。氣ナケレバ理ノヤドルベキトコロナシ。 … 今日氣アリテ後、明日理アルニアラズ。アレバ同時ニアルモノ也"(위의 책).

재하는 불변의 원리를 태극이라고 한다. 태극은 움직여서 양(陽)을 낳고 정지하여 음(陰)을 낳는다. 이러한 음과 양은 원래 일기(一氣)이지만 나뉘어 둘이 된 것이다.[95]

이처럼 하야시 라잔의 이기론은 논리적으로 철저하지 못한 것이었다. 무엇보다 정도전이나 이황과 같은 한국 사상가들이 주자학적 배타성에 기인한 나머지 심도 깊은 철학적 · 사변적 논의를 통해 자신의 정치목표를 달성하려 했던 것에 비해, 학문적 배타성이 비교적 약한 상황하에서 일반 피지배계층에게 선과 악, 옳고 그름의 판단기준과 행위기준을 제시하여 도쿠가와 바쿠후의 지배질서에 순응하도록 하는 데에만 논의를 집중하려 했던 그의 정치적 의도 때문으로 볼 수 있겠다.

이러한 측면에서 하야시 라잔의 도덕론은 치자(治者)의 입장에서 피치자(被治者)에게 사욕을 물리치고 차별질서를 준수하는 실천적 행위가 하늘이 부여한 당위임을 일깨워주는 것[敎]을 도덕 실천의 방법론으로 제시하는 것이었다. 그는 주자학적 도덕론에 입각하여 "무릇 도(道)란 고요하여 밖으로 드러나지 않는 것이 아니라 군신(君臣) · 부자(父子) · 남녀(男女) · 장유(長幼) · 교우(交友) 사이에 확연히 드러나 있는 것이다"[96]라고 하고, 또한 "임금에게 충성을 다하고 부모에게 효를 다하며 붕우(朋友)에게 믿음으로써 대하는 것의 이치[理]는 모두 같은 것이다"[97]라고 함으로써, 도가 곧 사회관계 속에서의 차별원리를 의미하는 것이며 그 실천이 도덕론의 본질임을 지적했다.

---

95) "夫天地ヒラケザルサキモ、開ケテ后モ、イツモ常ニアル理ヲ太極ト名ヅク。此太極ウゴイテ陽ヲ生ヅ、静ニシテ陰ヲ生ズ。此陰陽ハ元一氣ナレ共、ワカレテツトナルナリ"(위의 책).

96) "夫道者非窈窈冥冥, 而在君臣父子男女長幼交友之間"(『林羅山文集』, 卷三十一, 問對一, 對幕府問)

97) "在君爲忠, 在父爲孝, 在朋友爲信, 其理元來不異耳"(위의 책).

실천방법론에서 하야시 라잔은 주자학적 전통에 따라 격물궁리(格物窮理)와 거경정좌(居敬靜座)를 통한 차별원리의 개인적 자각을 중요하게 여겼다. 그러나 동시에 그러한 차별원리를 가르치는 것의 중요성을 지적하는 보다 적극적인 실천론을 강조했다. 이 점은 하야시 라잔이 "『대학(大學)』의 도는 사물의 이치를 궁구하고 깨달아 마음을 바르게 하고 나의 몸을 수양하며 또한 인간을 가르치고 다스리는 데 있다"[98]고 한 데에 잘 드러나 있다.

하야시 라잔의 이상과 같은 봉건적 차별질서 확립론은 주자학적 유학사상의 논리를 거의 그대로 답습한 것이라 하겠다. 이 점은 개인적인 측면에서는 하야시 라잔이 독창적인 사상체계를 전개하지 못했다는 평가를 내릴 수 있는 근거이다. 그러나 보다 중요한 것은, 한국은 물론 일본의 경우에도 주자학적 유학사상의 통치이념으로서의 채택이 봉건적 차별질서의 확립이라는 정치적인 목적을 달성하기 위한 것이었다는 점에서 그러한 사상적 답습이 오히려 주자학적 유학사상의 '정치성'을 잘 보여주기도 한다는 사실이다.

또 한 가지 지적해야 할 것은 하야시 라잔의 경우 그가 차별질서 확립의 이론적 논의에서 주자학과 신도오사상의 결합을 통해 바쿠후 권력지배의 정치질서를 보다 확고히 하려는 노력을 전개했다는 점이다. 이것은 하야시 라잔의 사상적 독창성을 보여주는[99] 동시에 한국과는 다른 일본적 특수성을 보여준다는 점에서 정치사상적 중요성을 가지는 것이라고 할 수 있다.

이에 관해 하야시 라잔은 존재론적 의미에서의 이(理: 太極)의 관념, 즉 인간을 포함한 만물을 생성하고 주재하는 보편적 존재원리로서의 이

---

98) "其大學ノ道ハ、物ノ理ヲ窮メ知リ、心ヲ正クシ吾身ヲ修メ、又人ヲ教モ治ヘムル也" (『三德抄』, 大學).

99) 源 了圓, 『近世初期實學思想の研究』, 東京: 創文社, 1989, pp.229-230.

(理)를 다음과 같이 신도오(神道)와 동일한 것으로 규정했다.

신(神)은 천지의 근원이며 만물의 몸[体]이다. 신이 없으면 천지는 소멸하고 만물은 살 수 없다. … 이러한 근본이 있기에 인간과 사물이 생겨날 수 있는 것이며 이것이 없다면 인간도 사물도 존재할 수 없다. 텅 빈 것 같으면서도 비어 있지 않고 허(虛)한 것 같으면서도 영(靈)한 것이다. 이것을 무색무형(無色無形)의 신이라고 하고 또한 무시무종(無始無終)의 이(理)라고 한다.[100]

이처럼 주자학적 차별원리인 이(理)를 신도오와 동일시했을 때 인간은 보편적 차별원리에 순응할 수밖에 없는 것이다. 이러한 점에서 하야시 라잔은 주자학의 철학적 · 사변적 개념인 이(理)를 일본의 전통적 숭상의 대상인 신(神)으로 보다 구체화시켜 차별질서를 보다 확고히 하려 했던 것이다.

결론적으로 도쿠가와 바쿠후 수립 초기 하야시 라잔에 의해 일본의 지배적 통치이념으로 도입되고 정착되었던 주자학적 정치질서관은 한국과 마찬가지로 신체제 수립 초기에는 정치권력 변동의 정당성을 확보하려는 차원에서, 그리고 정치적 안정기에 접어들면서부터는 대내적 차별질서를 강화하고 위계적 권위질서를 영구화하려는 정치적 목적하에 전개되었다. 이러한 정치목표를 달성하기 위한 사상적 · 정책적 차원에서 불교와 노장사상 등 반(反)유학적 성격의 학설들에 대한 철저한 배타성을 견지한 점도 한국의 경우와 유사하다. 그러나 특히 하야시 라잔에게서 보이는 것과 같은 일본 전통의 고유사상인 신도오사상을 주자학적 논리와 결합시키는 시도는 한국의 경우와는 다른 점이며 이것이 일본 주자학의 독특한 특성 형성에 중요한 역할을 했다고 할 수 있다.

---

100) "神ハ天地ノ根、万物ノ体也。神ナケレバ天地モ滅、万物不生、… 此根有故ニ人モ生物モ生、若根本ナケバ、人モ物モ不可生。空ニヒトシテ不空、虛ニシテ靈、是ヲ無色無形ノ神ト云。無始無終ノ理トモ云"(『神道伝授』, 神之根本).

제3장

근세 전반기 동아시아 3국의 개혁사상

제1절 근세 전반기 한국 개혁사상의 특성

주자학의 성립이 근본적으로 다민족국가인 중국 대륙에서 이민족에 대한 한족 지배의 정통성을 유지·강화하기 위한 것이었다는 점에서 주자학적 정치질서관의 조선조의 수용과 전개는 그 자체가 모순을 내포하지 않을 수 없는 것이었다. 장자상습에 의한 제왕권의 혈통적 연속성 유지노력은 정치적 야심을 가진 제정치세력들에 의해 건국 초부터 무너져 버렸다. 따라서 확고한 군신간의 차별질서를 강조하는 주자학적 정치질서관은 오히려 사화(士禍)와 반정(反正), 당쟁의 도구로 전락하게 되는 운명을 맞이할 수밖에 없었다. 더욱이 일반백성들의 기본적 욕구충족을 가장 중요한 정치적 목표로 삼지 않고 차별윤리의 강화를 최우선과제로 설정하여 그것을 통해 국가적 혼란을 치유하려 했던 성리학자들의 귀족 중심의 안일한 현실관은 조선조를 내부로부터 붕괴시키는 결과를 초래할 뿐이었다. 이러한 모순에 직면하여 개체간의 본연적 동등성과 평등성의 논리적 규명, 자연에 대한 객관적 이해와 생산·근로의 중요성 강조, 동아시아의 반유학적 제전통사상의 과감한 수용과 적용, 그리고 다수 피지배계층의 삶의 욕구충족과 민족주체성의 확립을 위한 보국안민(保國安民)의 정책론 등을 제시하는 개혁사상가들이 등장했다. 다음에서 논의할 이이와 박세당이 그 대표자들이었다.

1. 이이의 개혁사상

이이[1]의 생존기(1536-1584)는 앞에서 논의한 이황의 생존기(1501-1570)와 거의 같다. 내부적으로는 정치권의 분열과 이를 틈탄 관리들의 노서민에 대한 수탈이 자행되고 외부적으로는 왜구 등 이민족의 침입이 끊임없이 이어지고 있었던 내우외환(內憂外患)의 위기상황이었다. 이러한 현실을 위기로 인식하고 사회의 철저한 개혁을 통한 일반백성의 생활안정과 국가안위의 보전을 제일의 정치목표로 삼은 인물이 이이였다.

1) 객관적 현실관과 민 중심의 정치목표

16세기 조선이 처한 위기상황을 인식하는 이이의 현실관은 매우 객관적인 것이었다. 그는 "옛날의 100집이 살던 큰 마을이 지금은 10집도

---

1) 이이(李珥)의 자는 숙헌(叔獻)이고 호는 율곡(栗谷)이다. 1536년(중종 31년) 강원도 강릉에서 태어나 1584년(선조 17년)에 사망했다. 13세 때 진사 초시에 합격했으며 19세 때에는 금강산에 들어가 수도했다. 21세(1556)에는 한성시(漢城試)에, 23세(1558)에는 별시과거(別試過擧)에 장원급제했으나 이후 6년간 관직에 나아가지 않았다. 29세 때 처음 관직을 시작하여 호조판서·병조판서·이조판서·우찬성 등을 역임했다(『栗谷全書』, 卷三十三과 卷三十四, 附錄 및 李丙燾, 『栗谷의 生涯와 思想』, 서울 : 瑞文堂, 1977, pp.25-40 참조). 16세기 중·후반 조선이 처한 대내외적 위기를 양민보국(養民保國)의 개혁론으로 극복하려고 했던 조선조 최고의 사상가이며 이론가로 평가되고 있다. 특히 그의 이기론을 중심으로 한 이론적 논의가 이후 조선조 개혁사상의 토대가 되었다는 점에서 이이 사상의 영향력과 가치는 매우 높다고 할 수 있다.

되지 않고, 지난 해 10집의 마을이 이제는 한 집도 남지 않았다"2)는 표현으로 현실을 묘사했다. 특히 다음과 같이 지배계층의 수탈과 핍박에 고통받고 있는 피지배계층의 현실을 날카롭게 고발했다.

무릇 백성들이 고향을 떠나 친족을 버리고 갈 곳 없이 유랑하게 되는 것은 모두 핍박과 수탈에 견디다 못해 어쩔 수 없어 그런 것이니, 그들이 아무리 교활하고 간사할지라도 만일 생업이 있어서 생활을 할 수만 있다면 어찌 스스로 고향을 떠나 떠돌이 생활하는 고통을 택하겠는가.3)

이와 함께 이이는 이러한 피지배계층의 고통에는 아랑곳하지 않고 오직 자신들의 사리사욕 추구에만 몰두하고 있던 양반 귀족계층의 행태에 대해서도 다음과 같이 강하게 비판했다.

더욱이 양반들의 사치한 풍속은 오늘날보다 더 심한 적이 없어서, 음식은 배를 채우기 위한 것이 아니라 식탁을 메워 서로 자랑하는 데 있으며 의복은 몸을 가리기 위한 것이 아니라 서로 화려함을 경쟁하는 데 있다. 따라서 양반의 한 상의 음식물 비용은 굶주린 백성 수개월 분량의 식량이 될 정도이고 양반의 한 벌의 옷의 비용은 추위에 떠는 백성 열 명분의 의복이 될 정도이다. 이로 말미암아 농민 열 사람이 농사를 지어도 한 사람의 양반을 먹여 살리는 데 부족하니 농사짓는 사람은 적고 먹고살 사람은 많은 꼴이다. 또한 백성 열 사람이 옷감을 짜도 양반 한 사람의 옷을 대기에도 부족하니 옷감을 짜는 사람은 적은데 입을 사람은 많은 꼴이다. 이와 같은 불합리한 상황에서 백성들이 어찌 굶주리고 추위에 떨지 않을 수 있겠는가.4)

---

2) "昔年百家之村, 今無十室, 前歲十家之村, 今無一室"(『栗谷全書』, 卷十五, 雜著二, 東湖問答, 論安民之弊).

3) "凡民之離鄉去族, 轉徙不定者, 皆出於慳迫不得已也, 彼雖巧詐, 若有産業, 可以資生, 則孰肯自取流離之若哉"(위의 책).

4) "加人風俗之奢靡, 莫甚於今日, 食不爲充腹, 盈案以相誇, 衣不爲蔽體, 華美以相競, 一卓之費, 可爲飢者數月之糧, 一襲之費, 可爲寒者十人之衣, 十以耕田, 不足以食一人, 而

이러한 객관적 현실관을 바탕으로 이이는 피지배계층의 입장에서 일
반백성의 삶의 보호를 최우선 과제로 설정하는 정치론을 전개했다. 이
에 대해 이이는 "군주는 하늘을 아버지로 섬기고 땅을 어머니로 섬기며
백성을 형제로 삼고 만물을 동포로 삼아서 인심(仁心)을 충만하게 해야
그 직책을 다할 수 있다"5)고 하여 현실 군주로 하여금 정치의 근본이
백성에게 있음을 인식시켰다. 또한 "그럼에도 불구하고 부모가 자식을
사랑하는 이는 많지만 군주가 백성에게 인(仁)으로 행하는 이는 적은데
이것은 하늘이 부여한 직책을 생각하지 않는 것이다"6)라고 함으로써 군
주의 직책이 본질적으로 일반백성의 삶의 보호에 있음을 명확히 했다.
이처럼 일반백성의 생활안정이 정치의 본질임을 지적한 이이로서는 그
러한 안정을 위협하는 현실의 모순들을 제거하는 것이 바로 정치의 내
용이 될 수밖에 없었다. 이런 점에서 이이는 "지금 백성이 곤란을 당하
는 폐단 중에 과도한 수탈로 인해 일가친척이 서로 헤어질 수밖에 없는
것이 첫 번째 폐단이고 지방의 특산물을 중앙에 바치는 진상물(進上物)
이 너무 많고 번거로운 것이 두 번째 폐단이며 공물방납(貢物防納)의 폐
해가 세 번째 폐단이고 부역(負役)이 불공평한 것이 네 번째 폐단이며
관리들의 가렴주구(苛斂誅求)의 폐해가 다섯째 폐단이다"7)라고 지적했
다. 이와 함께 "대체로 법이 오래되면 폐단이 생기게 마련이고 폐단이
있으면 반드시 고쳐야 한다"8)는 주장을 통해 다수 백성의 이익보호를

耕者少食者多, 十人織布, 不足以衣一人, 而織者少衣者多, 奈之何民不飢且寒哉"(위의
책, 卷五, 疏箚二, 萬言封事 甲戌).
5) "人君, 父事天, 母事地, 以斯民爲兄弟, 以萬物爲儕輩, 以充仁心, 然後, 可盡其職"(위
의 책, 卷二十四, 聖學輯要, 第四, 爲政上).
6) "嗚呼, 父母之於子, 慈愛者衆, 而人君之於民, 行仁者寡, 其不念天地付畀之責"(위의
책).
7) "一族切鄰之弊一也, 進上煩重之弊二也, 貢物防納之弊三也, 役事不均之弊四也, 吏胥
誅求之弊五也"(위의 책, 卷十五, 雜著二, 東湖問答, 論安民之術).
8) "大抵法久則弊生, 弊生則當改"(위의 책).

위해서는 전대(前代)의 법이라고 해서 무조건 따를 것이 아니라 반드시 현실적으로 개혁해야 한다고 역설했다.

2) 정치목표 달성의 이론적 기초

① 반(反)주자학적 인성론과 개체중심적 이기론(理氣論)

이처럼 이이는 노서민을 중심으로 한 피지배계층의 입장에서 일반백성의 생활안정을 정치의 최우선 과제요 목표로 제시했다.9) 이이의 이러한 정치적 시각은 삶의 욕구주체로서의 인간간 동등성을 주장하고 자연계 내에서의 모든 개체간의 기능적 평등성을 상정하는 그의 이기론을 바탕으로 한 인성론과 우주론을 통해서 이론화되고 있다.

이이는 먼저 인의예지(仁義禮智)의 차별원리를 인간성의 본질로 규정하고 상하간 차별을 하늘이 부여한 숙명으로 받아들여 인간으로 하여금 차별질서에 순응할 것을 요구하는 주자학적 인성론에서 벗어나 인간을 의식주 생활의 충족을 그 존재본질로 하는 삶의 욕구주체로 규정했다. 이 점을 그는 "배고플 때 먹으려 하는 것, 목마를 때 마시려 하는 것, 추울 때 입으려 하는 것, 가려울 때 긁으려 하는 것 등은 성인(聖人)이라도 면할 수 없는 것이다"10)라고 표현했다. 이이는 이러한 인성론을 인심도심설(人心道心說)과 사단칠정론(四端七情論)을 통해 이론적으로 더욱 체계화했다.

---

9) 일반백성의 생활안정을 강조하고 그에 따른 정책론을 전개한다고 해서 그 자체가 자유 · 평등론에 기초한 개혁성을 내포하는 사상이라고 할 수는 없다. 예를 들어 조광조(趙光祖, 1482-1519)가 조세감면과 국가경비절감을 통한 일반백성의 의식주 생활의 안정을 요구하는 정책론을 제시하기도 했지만, 그러한 정책이 차별질서를 강화하기 위한 왕도정치적인 방편에 불과했다는 점은 그의 이기론을 중심으로 한 이론적 논의에서 드러난다. 따라서 한 개별사상가의 사상적 개혁성 여부는 그 사상가의 정치적 입장과 철학적 논리의 총체적 일관성에 의해 평가되어야 할 것이다.

10) "聖人之血氣與人同耳, 飢欲食, 渴欲飲, 寒欲衣, 癢欲搔, 亦所不免"(『栗谷全書』, 卷十, 書, 答成浩原).

앞에서 살펴본 바와 같이 같은 시기에 활동한 이황은 차별질서를 강화하려는 자신의 정치적 목적에 따라 칠정(七情: 人心)에 대한 사단(四端: 道心)의 우위를 강조하는 차별적 인성론을 전개했다. 그와는 반대로 욕구주체로서의 인간성을 상정하는 이이로서는 차별원리[四端: 道心]에 의한 인간욕구[七情: 人心]의 지배논리는 그 자체가 모순이었다. 따라서 이이는 "사단은 이(理)가 발현되어 기(氣)가 따르는 것이고 칠정은 기가 발현되어 이(理)가 타는 것이다"[11]라는 퇴계의 사단칠정이기호발설(四端七情理氣互發說)에 대해 "이것은 사람의 마음에 두 개의 다른 근본이 있다는 점을 말하는 것이므로 타당하지 않다"[12]고 비판했다. 이이에 따르면 인간의 본성[理]은 외부의 환경, 즉 외물(外物)에 접하여 느끼는 바에 의해(즉 氣의 작용에 의해) 나타나는 것이지 결코 외물에 접하기 이전에 이미 내재하고 있는 것이 아니다. 이이가 "비록 성인의 마음이라도 느끼지 않고 스스로 움직일 수는 없고 반드시 느끼는 바가 있어야 움직이는 것이니 느끼는 바는 다 외물이다"[13]라고 한 것은 차별원리준수의 마음[道心: 四端: 理]이 외물에 앞서 이미 인간의 마음속에 존재하고 있기 때문에 인간은 모두 차별질서에 순응하지 않을 수 없다는 주자학적 논의에서 탈피하여 외부환경에 따라 느끼는 것[七情]은 인간의 본질적인 속성[天性]으로서 그것만이 인간본성으로 규정될 수 있음을 강조하는 것이라 할 수 있다. 동시에 인간은 외물에 접하여 사회에 필요한 당위를 실천하려는 마음이 생기기도 하고, 또는 자신의 사욕만을 추구하려는 마음이 생길 수도 있는 데 여기서 도심(道心)과 인심(人心)이 나누어지는 것이라고 이이는 보았다. 이 점에 대해 그는 "칠정이란 것은 인간의 마

---

11) "但四則理發而氣隨之, 七則氣發而理乘之耳"(『退溪先生文集』, 卷十六, 書, 答奇明彦, 論四端七情).
12) "人心豈非二本乎"(『栗谷全書』, 卷十, 書, 答成浩原 壬申).
13) "雖聖人之心, 未嘗有無感, 而自動者也, 必有感而動而所感, 皆外物也"(위의 책).

음이 움직일 때 희·노·애·구·애·오·욕의 일곱 가지가 있다는 것을 총체적으로 말한 것이고 사단이란 이러한 칠정 중에 오직 선(善)한 것만을 가리켜 말한 것이다"[14]라고 했다. 또한 "사단은 오직 도심만을 말한 것이고 칠정은 인심과 도심을 합쳐서 말한 것이다"[15]라고 함으로 써 차별원리의 선재(先在)를 부정하고 감각기능의 작용을 통해 발생하는 기본적 욕구를 인간의 존재본질로 규정하는 반(反)주자학적 인성론을 전개했다.

이이는 욕구주체로서의 인간 사이의 동등성 논의와 더불어 기능적 이 기론을 통해 인간을 포함한 모든 개체의 상대적 동등성을 이론화했다.

먼저 이이는 보편적 차별원리[理: 太極]의 선재와 이러한 차별원리에 따르는 기(氣)의 작용에 의해 천지만물이 생겨났다고 하는 주자학적 우주론과 음양의 근원으로서 일기(一氣)를 설정하는 서경덕(徐敬德, 1489-1546)의 존재론적 우주론을 다음과 같이 비판했다.

성현(聖賢)의 말씀도 과연 미흡한 것이 있으니 다만 태극이 음양을 낳았다고만 말하고 음양은 본래부터 있는 것이요 어느 때에 처음 생겨난 것이 아니라는 점을 미처 말하지 않았다. 그러므로 글만 보고 해석하는 자들은 기(氣)가 생기기 이전에는 단지 이(理)만 있었다(주자의 주장)고 하니 이것이 한 가지 병통(病痛)이다. 또한 어떤 이론에서는 태허(太虛)는 담일청정(澹一淸靜)하여 음양을 낳는다(서경덕의 주장)고 하니 이것도 한 쪽으로 치우쳐 음양이 본래 있는 줄을 모르는 것이니 역시 병통이다.[16]

이처럼 이이는 우주의 시원을 존재론적으로 파악하는 오류를 지적하

---

14) "七情則統言人心之動有此七者, 四端則就七情中擇其善一邊而言也"(위의 책).
15) "然則四端專言道心, 七情合人心道心而言之也"(위의 책).
16) "聖賢之說果有未盡處, 以但言太極生兩儀, 而不言陰陽, 本有非有始生之時故也, 是故緣文生解者, 乃曰氣之未生也, 只有理而已, 此固一病也, 又有一種論議曰太虛澹一淸虛, 乃生陰陽, 此亦落於一邊, 不知陰陽之本有也, 亦一病也"(위의 책, 卷九, 書, 答朴和叔).

면서 음양의 교체변화를 우주원리로 보는 노장적 입장을 따르고 있다. 이 점에 대해 그는 "대개 음양은 끊임없이 순환하는 것으로서 원래 처음〔始原〕이라는 것은 없다. 음이 다하면 양이 생기고 양이 다하면 음이 생겨서 한 번 음이 되고 한 번 양이 된다"17)고 했다. 이것은 차별원리를 우주만물의 근원으로 상정하여 대내적 차별질서를 확립하려는 정치적 목적하에 전개된 주자학적 우주론과는 본질적으로 다른 것으로서 자연의 변화를 객관적으로 인식하려는 이이의 태도를 보여주는 것이다.

그렇다면 이(理)와 기(氣)는 어떠한 관계에 있는가? 앞서 논의한 바와 같이 주자학적 이기론은 차별원리인 이(理)의 선재를 설정하고 이러한 이(理)의 주재를 받는 기의 작용에 의해 만물이 생성된다고 보는 입장이다. 그러므로 기의 작용에 의해 형성된 인간을 포함한 모든 사물은 근원자인 이(理)의 원리에 따라 차별을 숙명으로 받아들일 수밖에 없는 것이다. 이러한 주자학적 이기론과는 달리 이이는 이(理)와 기를 한 개체를 이루는 두 가지 기능으로 파악하는 기능론적 이기론을 전개했다.

이이에 의하면 기(氣)란 음양 교체변화의 자연원리에 의해 인간을 포함한 만물이 생겨나고 활동하게 하는 주체력을 의미하며, 이(理)란 그러한 기의 작용에 의해 형성된 인간 및 개개 사물이 보유하는 본연의 성, 즉 자존(自存)의 원리를 의미한다. 따라서 한 개체가 형성되고 활동하기 위해서는 반드시 이(理)적 기능(자존의 원리)과 기(氣)적 기능(생리력·물리력)이 조화를 이루어야 하는 것이다. 이이가 제시한 '하나이면서 둘이요, 둘이면서 하나설〔一而二 二而一說〕'과 '각유태극설(各有太極說)', 그리고 그의 독창적인 '이통기국설(理通氣局說)' 등은 이러한 기능론적 이기론의 구체적인 내용이다.

'하나이면서 둘이요, 둘이면서 하나설'이란 이(理)와 기가 하나의 개체

---

17) "大抵陰陽兩端, 循環不已, 本無其始, 陰盡則陽生, 陽盡則陰生"(위의 책).

를 이루는 두 가지 기능이라는 점에서 각각의 역할을 의미할 경우에는 '둘'이라고 할 수 있지만, 두 가지가 모여야만 한 개체를 이루므로 '하나'라는 것이다. 이이는 이 점을 다음과 같이 설명했다.

무릇 이(理)란 것은 기의 주재이고 기란 이가 타는 바이니〔氣發理乘〕, 이가 아니면 기가 근거할 데가 없고 기가 아니면 이가 의지할 곳이 없다. 따라서 이와 기는 이물(二物)이 아니요 또한 일물(一物)도 아니다. 일물이 아니기 때문에 하나인 것 같으면서 둘이요〔一而二〕, 이물이 아니기 때문에 둘인 것 같으면서 하나이다〔二而一〕. 일물이 아니라는 것은 왜 그러한가? 이(理)와 기가 비록 분리될 수는 없으나 묘하게 합한 가운데에서도 이(理)는 스스로 이이고 기는 스스로 기여서 서로 섞이지 않으므로 일물이 아니다. 이물이 아니라는 것은 왜 그러한가? 비록 이(理)는 스스로 이이고 기는 스스로 기이지만 혼륜(混淪)하여 틈도 없고 선후(先後)도 없으며 이합(離合)도 없어서 이물 됨을 볼 수 없기 때문에 이물이 아닌 것이다.[18]

다음으로 '각유태극설'이란 이처럼 이(理)적 기능과 기(氣)적 기능을 가진 각각의 개체가 각기 자신의 고유한 특성, 즉 개체성을 가지고 있다는 점을 밝히는 것이다. 주자학에서 태극은 우주만물의 근원자이며 주재자로서 상정되고 그 속성은 차별적이다. 따라서 주자학의 각유태극(各有太極)의 의미는 이러한 태극의 차별원리가 만물에 미치지 않는 곳이 없다는 점을 강조하여 인간간, 그리고 인간과 사물 간의 본연적 차별을 고정화시키려는 의도에서 제시된 것이었다. 반면에 이이가 "(기의 작용에 의해 형성된) 천지와 인간과 사물이 비록 각각 자존의 원리를 가지고 있

---

18) "夫理者, 氣之主宰也, 氣者, 理之所乘也, 非理則氣所根抵, 非氣則理無所依着, 旣非二物又一物, 非一物故一而二, 非二物故二而一也, 非一物者, 何謂也, 理氣雖相離不得而妙合之中, 理自理, 氣自氣, 不相挾雜, 故非一物也, 非二物者, 何謂也, 雖曰理自理氣自氣, 而渾淪無間, 無先後無離合, 不見其爲二物 故非二物也"(위의 책, 卷十, 書, 答成浩原).

으나, 천지의 이(理)는 곧 만물의 이이고 만물의 이(理)는 곧 인간의 이이니 이것을 총체적으로 태극이라고 한다. 비록 이(理)는 하나이지만 인간의 성(性)은 사물의 성이 아니며 개[犬]의 성이 소[牛]의 성은 아닌 것이다. 이것은 이른바 모든 개체가 각각 그 성이 다르기 때문이다"[19]라고 한 것은 각기 자존의 원리를 보유하고 있다는 점에서 천지와 만물 그리고 인간이 본원적으로 동등하며, 다만 각 개체의 본성에는 차이가 있기 때문에 천지와 만물 그리고 인간이 구분되는 것으로서, 그러한 본성이 다른 개체들은 각각 자신의 고유한 주체성을 가지고 있다는 점에서 동등하다는 의미에서의 각유태극(各有太極)을 설명한 것이라고 할 수 있다.

마지막으로 이이의 독창적인 '이통기국설'은 인간을 포함한 모든 개체가 각기 자신에게 고유한 자존의 원리를 가지고 있다는 점에서 이(理)는 통하며, 다만 각각 그 현실적 특성[現實態]에서 서로 다르기 때문에 기(氣)는 국한된다는 것이다. 이이는 이에 대해 다음과 같이 설명했다.

이(理)와 기(氣)가 서로 떨어지지 아니하여 일물(一物)인 것 같으나 이(理)는 형태가 없고[無形] 기는 형태가 있다[有形]는 점에서 구별된다. 또한 이(理)는 작용이 없으나[無爲] 기는 작용이 있다[有爲]. 형태가 없고 작용이 없어 형태가 있고 작용이 있는 것의 주(主)가 되는 것은 이(理)이고 형태가 있고 작용이 있어 형태가 없고 작용이 없는 것의 기(器)가 되는 것은 기(氣)이다. 이처럼 이(理)는 형태가 없고 기는 형태가 있으므로 이(理)는 통하고 기는 국한되며, 이(理)는 작용이 없고 기는 작용이 있으므로 기가 발현되면 이가 타는 것이다[氣發理乘].[20]

---

19) "天地人物雖各有其理, 而天地之理, 卽萬物之理, 萬物之理, 卽吾人之理也, 此所謂統體, 太極也, 雖曰一理, 而人性, 非物之性, 犬之性, 非牛之性, 此所謂各一其性者也"(위의 책).

20) "理氣元不相離, 似是一物, 而其所以異者, 理無形也, 氣有形也, 理無爲也, 氣有爲也, 無形無爲而有形有爲之主者理也, 有形有爲而無形無爲之器者氣也, 理無形而氣有形, 故理通而氣局, 理無爲而氣有爲, 故氣發而理乘"(위의 책).

사람의 성(性)은 사물의 성이 아니니 이것은 기(氣)의 국한된 것이고, 사람의 이(理)는 곧 사물의 이(理)이니 이것은 이(理)가 통한 것이다. 그릇의 모나고 둥긂은 같지 않으나 그릇 가운데 물은 같은 것이고, 병의 크고 작음은 같지 않으나 병 가운데의 빈 공간은 같은 것이니, 기의 근본이 같은 것은 이(理)가 통하기 때문이고 이가 수만 가지로 나누어진 것은 기가 국한되기 때문이다.[21]

이(理)와 기(氣)를 모든 개체가 가지고 있는 두 가지 기능, 즉 자존의 원리[理]와 현실적 특성을 이루는 생리력·물리력의 주체[氣]로 인식하는 이이에게 이(理)와 기의 선후를 논의하는 것은 그 자체가 불필요한 것이다. 단지 인간을 포함한 모든 개체가 두 가지 기능을 가지고 있다는 점에서 평등하다는 기능적 동등성의 문제만이 중요성을 가지는 것이라 할 수 있다. 이와 같은 이기론을 중심으로 한 개체간 기능적 평등론은 주자학의 차별원리의 선재론에 반대하여 제시된 이전 김시습(金時習, 1435-1493)과 서경덕의 존재론적 기론(氣論)의 한계를 극복하여 보다 이론적이고 체계적으로 발전시킨 것이라고 평가할 수 있다.

그러나 이이는 김시습이나 서경덕과 같이 제도권 밖에서 자신의 사상을 비교적 자유롭게 펼쳤던 인물들과는 달리 현실정치에 참여하고 있었다는 제약과, 현실의 군신질서의 유지와 강화논리를 인정하지 않을 수 없었다는 시대적 한계를 가지고 있었다. 따라서 이기론적 측면의 혁신성에도 불구하고 개체간 관계를 규정하는 질서관의 측면에서는 자신의 입장을 명확히 표명하지 않은 것이 사실이다. 그럼에도 불구하고 그가 인성론을 전개하는 과정 속에서 "(모든 인간은 각각 자존의 원리 즉 독자성을 가지고 있으므로) 현실의 모습이 비록 천(賤)하다고 하여 자존성까지 없다고 할 수는 없다. … 만약에 성인만 이러한 자존성을 가지고 있

---

21) "人之性, 非物之性者, 氣之局也, 人之理, 卽物之理者, 理之通也, 方圓之器, 不同, 而器中之水, 一也, 大小之瓶 不同, 而瓶中之空, 一也, 氣之一本者, 理之通故也, 理之萬殊者, 氣之局故也"(위의 책, 與成浩原).

다고 한다면 성인만 중요한 근본이 있는 것이고 일반사람들[常人]은 근본이 없는 것이 되니 맹자의 성선설(性善說)이 모두 거짓이 되어 사람마다 요(堯)·순(舜)이 될 수 없을 것이다"[22]라고 한 것으로 미루어, 현실의 빈부·귀천의 차이를 인정하는 범위 내에서 모든 인간이 각각 자기에게 고유한 독자성을 가지고 있다는 점에서 본연적으로 동등한 개체임을 밝히려고 했던 것으로 보인다.

② 경험주의적 인식론, 진화론적 역사론, 보국안민(保國輔民)의 정책론

이이가 현실개혁의 당위성과 자신의 민 중심의 정치적 입장을 나타내기 위해 활용한 또 다른 이론적 논의로는 경험주의적 인식론과 진화론적 역사론을 들 수 있다. 그가 『성학집요(聖學輯要)』 등을 저술해 주자학적 실천론과 수양론을 도덕론의 주요 내용으로 제시했던 것은 사실이다. 그러나 이이는 사물에 대한 객관적 이해를 근간으로 하는 경험론적 태도의 중요성을 보다 강조했다. 예를 들어 주자학을 추종한 이황이 학문의 목적을 차별원리를 깨닫고 그에 따라 행동하는 것에 두고, 그것의 준수여부(遵守與否)를 기준으로 상지(上智)·중인(中人)·하우(下愚)로 인간을 구분하는 차별적 입장을 견지했던 것에 비해, 이이는 사물의 원리에 대한 객관적 접근을 통한 이해를 학문의 궁극적 목적으로 규정하고 그러한 태도의 차이에 의해 인간이 세 부류로 구분됨을 설명했다. 이에 대해 그는 "최하의 한 층은 다른 사람의 말만 믿고 그대로 따르는 자이고, 다음의 한 층은 다른 사람의 말을 듣고 바라보기만 하는[望見] 자이며, 최상층은 직접경험을 통해 사물의 원리를 객관적으로 인식하는[親見] 자이다"[23]라고 했다.

---

22) "則可遂以爲汙穢之物, 無理則不可也, … 則是聖人獨有大本, 而常人無大本也, 孟子性善之說, 爲駕虛之高談, 而人不可爲堯舜矣"(위의 책, 答成浩原).

23) "最下一層, 聞人言而從之者也, 中一層, 望見者也, 上一層, 履其地而親見者也"(위의 책).

다음으로 이이는 변천·변화를 우주의 원리로 규정하는 우주론에 입각하여 역사를 지속적인 변통(變通)의 장(場)으로 인식하고, 그러한 변통을 통해서 끊임없는 발전을 이룩해나가는 것을 역사의 본질과 내용으로 파악하는 진화론적 역사론을 제시했다. 구체적으로 이이는 원시사회로부터 문명사회로의 변천을 일반백성들의 의식주 생활의 발전을 들어 설명했다.[24] 그가 역사의 주체를 성인(聖人)으로 규정하고 그러한 성인의 행적에 의해 역사가 전개되어왔다는 점을 강조한 것은 사실이다. 그러나 "성인이 이미 세상을 떠나면 또 다른 성인이 나와서 대신 천하에 군림하여 수시로 변통(變通)하면서 백성들로 하여금 궁핍하지 않게 했다"[25]고 한 것으로 미루어 그가 유학의 복고주의적 사관에서 벗어나려 했다는 점과 역사발전의 내용이 일반 피지배계층의 생활안정에 있음을 밝히려고 했다는 점은 분명한 것으로 보인다. 또한 이이가 "변하지 않는 것은 천지(天地)의 상경(常經)이고 변통하는 것은 고금(古今)의 통의(通誼)"[26]라고 하여 군신(君臣)·부자(父子)·부부(夫婦)·장유(長幼)·붕우(朋友)의 차별원리를 변하지 않는 역사의 원리로 설정한 것과, 주자(朱子) 이후 확실한 성인의 도통(道統)이 형성되지 않았다고 한 것[27]도 역사의 변천·변화를 강조하는 그의 주장과 일면 배치된다고 할 수 있다. 그러나 전자의 차별윤리론의 경우 이이 생존 당시의 시대적 제약으로 인정할 수 있으며 후자의 경우는 현실의 모순을 드러내어 변혁시키고자 하는 그의 정치적 의도에서 표출된 것이라고 볼 수 있다.

이이는 이처럼 피지배계층인 노서민의 생활안정의 확보라는 자신의 정치적 목적을 달성하기 위해 이기론을 통해 개체간의 본연적 동등성

24) 위의 책, 卷二十六, 聖學輯要, 聖賢道統 참조.
25) "故聖人旣沒, 則必有聖人者, 代莅天下, 隨時變通, 使民不窮而其所謂因人心"(위의 책).
26) "不變者, 天地之常經也, 變通者, 古今之通誼也"(위의 책).
27) "朱子以後, 又無的傳, 此臣所以長盱永歎, 深有望於殿下者也"(위의 책).

논리를 이론적으로 체계화했다. 또한 사물의 원리에 대한 객관적 이해를 중요시하는 경험론적 태도를 강조했으며, 역사론을 통해 일반백성의 이익을 위한 변통을 역사의 본질로 규정했다. 따라서 그의 현실 개혁의 정책론 역시 당시의 현실을 위기로 인식하고, 그러한 위기를 극복할 수 있는 현실적 방안을 모색하는 보국안민적(保國安民的) 실천대안이 되었음은 자명했다. 구체적으로 같은 시기 주자학적 차별윤리의 강화를 통한 제왕권 확립을 위해 소수 지배계층 중심의 정책방안을 제시했던 이황과는 대조적으로, 이이는 내우외환의 위기를 극복하기 위해 민생안정과 국가안위를 그 내용으로 하는 현실적이고 객관적인 정책을 제시했다. 구체적으로 그는 선조임금에게 올린 정책건의서인 육조계(六條啓)를 통해 "첫째, 어질고 유능한 인재를 임용할 것, 둘째, 군사와 백성을 보양(保養)할 것, 셋째, 국가의 재용(財用)을 충족시킬 것, 넷째, 변방의 방위를 튼튼히 할 것, 다섯째, 전마(戰馬)를 준비해 둘 것, 여섯째 교화(敎化)를 밝게 할 것"[28] 등을 주장함으로써 그가 이황의 귀족 중심의 차별질서 강화론과는 본질적으로 다른 입장에서 현실 위기의 처방을 제시했음을 보여주었다.

이상에서와 같이 이이의 개혁사상은 이황으로 대표되는 당시의 주자학적 차별윤리 강화론자들과 달리, 다수 피지배계층의 입장에서 일반백성의 삶의 욕구를 인간간 본연적 동등성의 논리로 이론화하는 한편, 개체성의 부각과 개체간 기능적 평등성을 주장할 수 있는 이론적 기초를 제공하는 혁신적인 것이었다고 평가할 수 있다. 이이를 통해 형성된 이러한 한국적 개혁사상의 토대는 다음에서 살펴볼 박세당에 의해 보다 발전된 형태로 계승되었다.

---

28) "一曰任賢能, 二曰養軍民, 三曰足財用, 四曰固藩屛, 五曰備戰馬, 六曰明敎化"(위의 책, 卷八, 啓, 六條啓).

2. 박세당의 개혁사상

1) 박세당 생존기의 시대상황

박세당[29]이 활동했던 16세기 마지막 10년과 17세기 전반은 한민족에게는 위기·굴욕·극복의 시련기였다고 할 수 있다. 1592년(선조 25년)에서 1598년(선조 31년)에 이르는 전후 7년에 걸친 임진(壬辰)·정유(丁酉)의 왜란은 인명·재산상의 유린은 말할 것도 없고 무수한 문화재의 손실을 가져온, 한민족이 그때까지 겪은 최악의 민족적 시련이었다. 평안도와 함경도의 일부를 제외한 전 국토가 유린당했고 백성들이 입은 피해 또한 극심했다. 그럼에도 불구하고 집권 양반관료들은 권력투쟁에 여념이 없어서 다시 병자호란(1636)으로 인한 민족적 수모와 시련을 초래했다. 정의로운 사회로 되돌리겠다〔反正〕는 명분으로 내치외교에 유능한 광해왕(光海王)을 제거하고 권력을 장악한 소위 인조반정(1623)은 바른 정치로 되돌리기는커녕 내정에 대한 개혁을 외면했고, 국제정세의 변동에 대한 무지로 말미암아 오히려 부정으로 후퇴하는〔反不正〕 결과를 낳았을 뿐이었다. 반정공신들 사이의 권익배분을 둘러싼 내분으로 이괄(李适)의 난이 일어나 국방력을 자체 소모했을 뿐 아니라 임진왜란 이후 명나라의 대외적 핍박까지도 대처하지 못했다. 더욱이 17세기에

---

29) 박세당(朴世堂, 1629-1703)의 자는 계긍(季肯), 호는 서계(西溪)이다. 전통적인 관료가문에서 출생했으나 부친을 일찍 잃고 홀어머니 밑에서 성장했다고 한다. 32세 때 처음 관직에 나아갔으나 40세 이후에는 당쟁에 대한 혐오로 인해 낙향하여 주로 직접 농사지으며 학문연구(노장학)에 몰두했다고 한다. 송시열을 비롯한 주자학자들에게 자신이 핍박을 당했을 뿐 아니라 정치권 내부의 갈등(노론 대 소론)으로 인해 두 아들을 잃는 등 불우한 생애를 보냈던 인물이었다(『西溪先生集』, 卷二十二, 附錄, 年譜 및 卷二十一, 諡狀 참조). 박세당의 사상에 대해서는 『사변록(思辨錄)』에서 보이는 그의 명확한 탈(脫)주자학적 또는 반(反)주자학적 경향과 함께 조선조 사상사에서 매우 드물게 『신주도덕경(新註道德經)』과 『남화경주해산보(南華經註解刪補)』 등 노장사상서에 대한 해석을 시도함으로써 독창적인 사상체계를 형성했다는 평가가 일반적이다.

들어서면서 구원병 파병에 대한 보은의 구실 아래 명나라는 조선을 더욱 핍박했다.[30]

　명나라로부터의 계속적인 핍박과 동시에 만주 여진족이 세운 청나라가 1627년(인조 5년) 대거 침입한 정묘호란을 당했음에도 조선 조정은 9년간이나 이에 대한 대비책을 소홀히 하고 정쟁에만 여념이 없었고, 결국 1636년(인조 14년)의 병자호란을 당하여 남한산성 아래에서 조선 왕이 청나라 왕에게 항복하는 조선왕조 건국 이래 최대의 민족적 치욕을 겪어야 했다. 그 후 명 - 청의 교체와 함께 조선에 대한 청조의 횡포는 17세기 전(全) 기간은 물론 19세기 말까지 계속되었다. 명나라와의 관계에서 상례였던 군신의 예는 물론 조공으로 바치는 각종 세폐물(歲幣物)과 파병 이외에도, 조선의 왕 및 군신의 자제를 인질로 보내거나 종실의 여자아이를 청에 보내도록 강요당함으로써,[31] 당시 한민족의 민족감정을 심하게 자극했을 뿐 아니라 대내외적인 정치노선에 대한 자기반성도 촉구하게 되었다. 아울러 조선의 정치인과 정치사상가들로 하여금 어떠한 대내외 정책노선을 취할 것이냐는 논란을 일으켰다. 따라서 그들의 대외 현실관에서 굴욕에 대한 복수심에서 무력증강을 통한 북벌을 수행하는 데 주력할 것이냐, 중국대륙에서의 명 - 청 교체라는 국제적 현실을 받아들여 이에 적응할 것이냐, 그렇지 않으면 청의 세력을 인정하되 민

---

30) 1621년(광해조 13년) 명나라 유격군 모문용군이 조선의 서북경에 주둔하여 쌀과 소금 등 군량의 공급을 요구한 이래 병자호란 직전(인조 8년: 1630년)까지 명에 의해 조선은 계속적 굴욕을 당했다(『朝鮮王朝實錄』, 『光海君日記』, 13년; 『仁祖實錄』, 卷二十, 7년 6월 30일; 위의 책, 卷二十三, 8년 11월 29일; 위의 책, 卷二十五, 9년 11월 4일; 위의 책, 卷三十三, 14년 9월 3일).

31) 대군(大君)을 비롯하여 종실(宗室)의 여자아이로서 16세가 된 처녀는 치장을 시켜 청나라에 들여보내고, 13세 여자아이는 궁중에서 양육하면서 대기하도록 했으며, 조정관리의 딸들은 청나라 조정의 시녀로 충당되었다. 청나라 조정에 처녀를 보내는 일을 위해 혼례도감(婚禮都監)이 설치되었고, 청나라에 왕실 처녀를 보낸 대표적인 예가 금림군 개윤(錦林君 愷胤)의 딸 의순공주(義順公主)의 경우였다(『孝宗實錄』 卷三, 1년 3월 25일).

족자존을 위한 장기적 개혁책을 추구할 것이냐는 등 대체로 세 정치노선이 나타나게 되었다.

이러한 세 노선은 대내문제를 둘러싸고 더욱 심한 갈등을 나타냈으며 그들의 주된 쟁점은 병자호란으로 인한 사회경제적인 혼란과 민생의 피폐에서 연유한 것이었다. 특히 남북으로부터의 외세침략(임진왜란 및 병자호란)에 따라 토지가 황폐해져, 전국 경지면적이 임진왜란 직전인 1591년에는 총 250여만 결이었으나 1719년에 이르러서는 약 140만 결로 대폭 감소함으로써 농토가 없는 백성이 크게 늘어났고, 1672년(현종 12년)에는 전국 인구 470만 명 중 약 12%가 굶주리는 백성[飢民]이었고 수천 명의 굶어죽는 자가 있었다[32]고 한다.

정치사상적 측면에서는 주자학적 통치이념과 조선조 현실과의 괴리와 모순이 더욱 심화되었던 시대가 17세기였다. 이러한 통치사상과 현실 사이의 괴리 속에서 왜란(倭亂)·반정(反正)·호란(胡亂) 등 내우외환을 거치면서 통치이념의 수정적 개혁론과 자주적 사회개혁론이 제기되었다. 그 이유는 임진·병자 등 대규모 외세침략에 대해 통치체제의 허약성이 노출되었고 귀족체제 내부의 갈등 격화와 그로 인한 민생의 피폐가 심각했으며 서구 문물에의 접촉으로 주자학적 통치사상의 적용이 빚은 위기에 대한 반성 등이 일어났기 때문이다. 주자학의 신봉자였던 송시열(宋時烈) 등은 주자학에 대한 올바른 이해를 통한 수정적 개혁론을 전개하면서 주자학에 비판적인 사람들을 사문난적이라 하여 주자학에 대한 사상적 이단자로 보았다. 반면 박세당, 윤휴(尹鑴), 윤증(尹拯) 등은 주자학의 허위성을 비판하고 이에 대한 사상적 수정을 주장했다. 당시 이들 개혁론자들이 통치사상 수정을 주장한 사상적 근거는 대략 네 방향이었다. 첫째는 송시열, 송준길(宋浚吉) 등으로 대표되는 유학의 정통

---

32) 『顯宗改修實錄』, 12년 2월 - 5월.

화를 재천명한 모화사대(慕華事大)의 주자학적 개혁론자들이었고, 둘째는 윤휴 등 남인(南人) 계통으로 고대유학 특히 중국 한나라 때의 유학을 활용하여 주자학을 대치시키려고 한 보수적 유학파였으며,[33] 셋째는 명나라 때의 유학 중 양명학을 수입·활용하여 수정하려는 최명길(崔鳴吉), 장유(張維) 등의 양명학파였다.[34] 넷째는 극도로 악화된 민생의 피폐와 국제적 변동을 직시하고 주자학 내지 유학을 탈피하여 노장학적 시각에서 사회개조를 주장한 박세당을 들 수 있다.[35]

2) 현실비판과 민 중심의 평등적 정치질서관

박세당은 16세기 말에서 17세기 초에 조선이 처한 위기가 근본적으로 유학적 명분론과 통치계층의 지배욕구에 따른 정치적 혼란, 그리고 이에 따른 국력의 상실 및 민생의 피폐에 기인한 것으로 보았다. 먼저 유학적 명분론에 대해서 박세당은 "다른 사람에 대한 사랑〔愛人〕은 인(仁)에서 나오고 다른 사람을 이롭게 하는 것〔利人〕은 의(義)에서 나오는 것으로서, 인의의 진정한 가치는 안민이택(安民利澤)을 실현하는 데 있지 그것의 명분만을 구하려는 데 있는 것이 아니다. 인의의 명분만을 추구하는 것은 그 공(功)을 거두기를 바라는 것일 뿐이다. 오늘날 이러한 안민이택의 인의를 실천하기 위해 힘쓰는 사람은 적고 허위의 명분만을 꾸미는 사람이 많다"[36]고 지적했다. 또한 그는 선악과 시비를 주자학적

---

33) 이 점은 윤휴가 효종이 죽은 뒤에 조대비(趙大妃)의 상복 입는 기간〔服制〕을 어떻게 할 것이냐는 논의에서, 송시열 등의 기년복설(朞年服說)에 반대하고 주장한 삼년복(三年服)의 근거로 인용한 의례주소(儀禮注疏)가 중국 후한 말의 유학자 정현(鄭玄)의 해석〔注〕이었던 점으로 알 수 있다.

34) 鄭寅普, 『薝園國學散藁』, 서울: 文敎社, 1955, 陽明學演論 朝鮮陽明學派 참조

35) 김만규, 『한국의 정치사상』, 서울: 현문사, 1999, pp.247-257 참조

36) "愛人出於仁, 利人出於義. 捐仁義不求其名者也, 利仁義冀收其功者也, 務實者寡而飾僞者衆也"(『南華經註解刪補』, 卷五, 外篇, 徐無鬼第二十四).

통치이념의 준수여부로 파악할 것을 주장했던 동시대의 송시열과는 달리, 본래 시비란 인간의 이기욕구인 이해관계에서 비롯된 것이라는[37] 인식하에 통치계층이 백성의 위에서 지배하려는 욕구를 스스로 버리고[38] 무위무욕(無爲無欲)의 자세로서 서민대중의 생활을 안정시키는 것이 정치의 본질이라고 파악함으로써[39] 권익추구의 당쟁에만 급급했던 당시 지배층의 현실을 우회적으로 비판했다. 또한 박세당은 "오늘날 백성들의 생활이 극도로 곤궁하고 피폐하여 부모와 자식, 형제가 서로 보존해줄 수 없을 지경에 이르렀으니 진실로 애통해하지 않을 수 없다"[40]고 하여 민생 피폐의 현실을 지적했다. 그는 이와 관련하여 특히 양반계층의 무위도식과 과도한 세금 및 군역·부역(賦役)의 불균등 등 제도적 모순에 대해 강한 비판의 입장을 견지했다.[41] 이와 같은 현실인식을 바탕으로 박세당은 "모든 정치·사회제도가 문란하니 개혁하지 않을 수 없으며 모든 법이 낡았으므로 혁파하지 않을 수 없다"[42]고 함으로써 불합리한 사회현실에 대한 근본적인 혁신을 요구했다.

이러한 현실관을 토대로 제시된 박세당의 정치질서관은 한마디로 '피지배 민(民) 중심의 평등질서관'이었다고 하겠다. 이러한 박세당의 평등질서관은 정치의 본질에 대한 그의 논의에서부터 잘 드러난다. 박세당에게 정치란 오로지 일반백성의 온전한 삶의 유지와 이익의 보호를 위해 존재하는 것으로 규정된다. 이 점은 그가 노장(老莊)의 무위무욕(無爲無欲)이 결국 백성을 편안하게 하는 데 있다[43]고 설명한 것에 잘 나타나

---

37) "是非起於利害也"(위의 책, 卷一, 內篇, 齊物論第二).
38) "自下而上民然後, 可上於民, 自後而先民然後, 可先於民"(『新註道德經』, 下經).
39) "無欲則財物不貴, 而下自足, 無爲則詐僞不興, 而物自化, 無欲無爲, 湛然如淵之靜, 而百姓安矣"(『南華經註解刪補』, 卷三, 外篇, 天地第十一).
40) "方今生民之困瘁已極, 父子兄弟至不相保, 實可哀痛"(『西溪先生集』, 卷五, 疏箚, 應求言疏 丁未).
41) 위의 책 참조.
42) "百度皆紊, 則不可不革矣, 萬法俱淪, 則不可不革矣"(위의 책).

있다. 중요한 것은 박세당의 이와 같은 민 중심의 정치론이 전통적인 유학의 민본사상과 본질적인 차이가 있다는 사실이다. 유학의 민본사상이 군실질서로 대표되는 차별체제 유지·강화의 수단으로서 군주가 일반백성에게 베풀어주는 시혜적(施惠的) 입장의 것이라면, 박세당에게 정치란 삶의 욕구를 가진 동등체로서 민(民)이 누려야 할 지극히 당연한 것으로 간주된다. 이 점은 박세당이 유학사상에 대한 재해석을 통해 자신의 정치목표와 정치질서관의 성격을 밝히고 있는 것에서 보다 분명히 드러난다. 그는 먼저 "맹자에 의하면 왕도란 민심을 얻는 것을 근본으로 한다고 했지만, 내 생각으로는 왕도란 백성을 부양하는 양민(養民)에 있다고 하겠다. 만약 민심을 얻는 데에만 뜻을 둔다면 이는 패자(覇者)의 행위이지 아마 왕도는 아닐 것이다"[44]라고 하여 소위 유학적 정치론의 핵심이라고 할 수 있는 맹자의 왕도정치론의 본질에 대해 비판적 입장을 견지하면서, 정치라는 것은 민심의 획득, 즉 지배권의 획득에 목표를 두어서는 안 되며 오직 백성을 부양하는 양민에 목적을 두어야 함을 밝혔다. 여기서 그가 말하는 백성이란 다수 피지배계층을 의미하는 것이지만 이들은 삶의 욕구주체라는 측면에서 볼 때 군주를 포함한 지배계층과 본질적으로 동등하다는 것이 박세당의 설명이다. 그가 "주자가 『맹자(孟子)』에 대한 주석(註釋)에서 '삶을 추구하고 죽음을 싫어하는 것이 중인(衆人)의 이해(利害)에 대한 상정(常情)'이라고 했지만, 삶을 추구하고 죽음을 싫어하는 것은 중인뿐 아니라 성인도 역시 그러하다"[45]고 하여 삶의 욕구주체로서의 인간간 본질적 동등성을 강조한 것도 이와 같은 맥

---

43) "無欲, 則財物不貴, 而下自足, 無爲, 則詐僞不興, 而物自化, 無欲無爲, 湛然如淵之靜, 而百姓安矣"(『南華經註解刪補』, 卷三, 外篇, 天地第十一).

44) "又云王道以得民心爲本, 愚謂王道在於養民, 若先有意於得民心則是覇者之爲, 恐非王道也"(『孟子思辨錄』, 梁惠王上).

45) "註, 欲生惡死, 衆人利害之常情, 夫欲生惡死, 豈衆人之爲利害者乃有此心, 雖聖人亦然"(위의 책, 告子上).

락이다. 또한 박세당은 유학의 우민관(愚民觀)에 대해서도 비판적 입장을 견지하여 "공자가 '태어나면서 아는 자는 상(上)이고 배워서 아는 자는 다음이며, 곤란에 처해서 배우는 자는 그 다음이고 곤란해서도 배우지 않는 것은 민(民)으로서 하(下)가 된다'고 한 것은 오로지 곤란해 처해도 배우지 않는 자를 위해 한 것이지 인간의 기질을 논한 것은 아니다"[46]라고 함으로써, 배우고 배우지 못한 것의 차이가 인간의 선천적인 차별을 의미하는 것이 아님을 분명히 하기도 했다.

이렇게 볼 때 박세당의 정치질서관의 내용은 유학의 경전에 대한 재해석을 통해 본연적으로 동등한 삶의 욕구주체로서의 민(民)의 삶 유지와 이익보호가 정치의 최우선 과제임을 역설한 것이다. 그가 이처럼 유학의 경전에 대한 재해석이라는 방법을 통해 자신의 정치목표를 제시한 것은 주자학적 유학이 지배적이었던 당시로서는 매우 혁신적인 것이라 할 수 있다.

물론 박세당 역시 군신체제 자체를 부정하지 않았고 삼강오륜 등 차별윤리의 준행 역시 필요한 것이라고 보았다.[47] 더욱이 박세당이 '이경석(李景奭) 신도비명(神道碑銘)' 파동을 둘러싼 서인(西人) 내부의 노론·소론 간 갈등 속에서 송시열을 중심으로 한 노론의 춘추의리(春秋義理)에 입각한 세도론(世道論)에 대해서 군신지의(君臣之義)를 기초로 반격한 것[48]도 사실이다. 이러한 점은 박세당의 정치적 입장을 재상(宰相) 중심의 세도정치론에 대응하는 것으로서의 군주권 강화론으로 평가하는[49]

---

46) "孔子曰生而知之者上也, 學而知之者次也, 困而學之又其次也, 困而不學, 民斯爲下也, 此章之言, 盖專爲困而不學者設也, 非爲論人之氣質也"(『論語思辨錄』, 季氏第十六).

47) 김만규, 앞의 책, p.295.

48) 김용흠, 「朝鮮後期 老·少論 分黨의 思想 基盤」, 『學林』제17집, 1996, pp.76-82 참조.

49) 김준석, 「西溪 朴世堂의 爲民意識과 治者觀」, 『東方學志』제100집, 1998.

근거가 되는 것이기도 하다.

그럼에도 불구하고 박세당의 군주권 강화론이 주자학 내지는 유학이 요구하는 것과 같이 군신간(君臣間)·군민간(君民間)의 선천적인 차별을 강조하여 군주권을 절대화·신격화하려는 것이 아니었음에 유의해야 한다. 박세당에게 군주란 치자(治者)로서의 권위적 존재가 아니라 국가를 보위하고 백성의 생활안정에 봉사하기 위한 행정질서상의 기능적 존재에 불과한 것이었다. 따라서 그가 군주의 적극적인 역할을 주장한 것은 보국안민을 실현하기 위한 실질적 주체로서의 군주의 중요성을 강조한 것이었을 뿐 결코 군주의 지배권을 합리화하기 위한 것이 아니었다. 이 점에 대해서 박세당은 "무릇 국가에 민(民)이 있고 군(君)이 있는 것은 군주 한 사람만을 사사로이 받들고 백성들을 잔인하게 해치는 데 있는 것이 아니다. 단지 군주란 백성들을 위한 정치를 행하도록 그 역할을 기탁받은 존재일 뿐이다"[50]라고 했다. 이와 함께 박세당은 더 나아가 "군주와 신하가 된다는 것은 그 변화가 무궁하기 때문에 반드시 지킬 수 있는 것이 아니다"[51]라고 하여 군주권의 절대성을 부정[52]하는 한편, 군주가 대중을 소홀히 하여 함부로 행동할 경우 끝내는 뒤집혀 망하게〔覆亡〕된다[53]고 주장하는 등 명확한 피지배 민 중심의 정치적 입장을 표명하기도 했다. 이와 같은 박세당의 평등질서관은 다음에서 살펴볼 그의 유학사상에 대한 비판과 동아시아 전통의 반유학적 전통사상인 노장사상의 적극적 수용, 그리고 이를 바탕으로 한 인성론과 자연관, 인식론 등을 통해 이론적으로 체계화되었다.

---

50) "夫國之有民有君者, 非以私奉一人而殘百姓也, 乃寄治焉已矣"(『西溪先生集』, 卷五, 疏箚, 應求言疏 丁未).
51) "爲君臣其變無窮, 則其不可只守"(『南華經註解刪補』, 卷五, 外篇, 徐無鬼第二十四).
52) 김한식, 『實學의 政治思想』, 서울 : 一志社, 1979, p.272.
53) "奈何爲萬乘之主, 而一身之小, 忽億兆之衆, 恣行不顧, 任智自用, 終取覆亡"(『新註道德經』, 上經).

3) 평등질서관 구축의 이론적 기초

① 비판과 수용의 태도

박세당의 개혁사상에서 두드러지게 나타나는 특징 중 하나로는 우선 비판과 수용의 태도를 들 수 있다. 앞서 살펴본 바와 같이 박세당의 정치목표는 명확히 평등적 정치질서관에 바탕을 둔 다수 피지배계층의 생존권과 이익보호에 있었다. 그리고 박세당은 이를 논리적으로 해명하기 위해 기존의 전통사상에 대한 분석과 비판, 그리고 수용이라는 방법을 택했다. 기존의 지배질서의 모순을 극복하여 자신이 제시한 정치목표와 정치질서관을 달성하기 위해서는 현질서의 이론적 바탕을 이루는 사상적 논리를 분석·비판하고 그것을 극복할 수 있는 이론적 논의의 수용이 필요했기 때문이었다.

먼저 박세당의 주요한 비판대상은 유학사상이었다. 그는 유학사상의 본질을 차별·위계를 바탕으로 한 통치이데올로기로 인식하고 이와 같은 유학사상의 차별질서관에 대해 근본적인 비판을 가했다. 이러한 점은 먼저 박세당이 유학경전에 대해 재해석을 시도했다는 사실에서 잘 드러난다. 그가 특히 『사변록(思辨錄)』을 통해 유학경전에 대한 주자의 해석을 조목조목 비판했다는 사실 자체가 주자학에 대한 가장 강력한 도전이었다고 볼 수 있다. 그러나 다른 한편 그러한 재해석 속에는 유학의 공맹사상(孔孟思想)에 대한 비판의식이 함께 내재되어 있다는 점에 주목해야 한다. 예를 들어 박세당은 공자가 마구간에 불이 났다는 말을 듣고 사람이 상했는지 묻고 말〔馬〕에 대해서는 묻지 않았다는 『논어』 향당편(鄕黨篇)의 구절에 대해, 공자가 말의 생사를 묻지 않은 것은 옳지 않은 일[54]이라고 하여 소위 공자의 인(仁) 개념의 차별성을 비판[55]했다.

---

54) "若曰遂不問馬則殆非人之常情, 其於理亦未爲盡, 馬雖賤畜, 君子固不忘弊帷之施, 況於廐焚而不問其生死, 可乎"(『論語思辨錄』, 鄕黨第十).

55) 김만규, 앞의 책, p.281.

이와 함께 맹자에 대해서는 왕도사상이 결국 민심을 얻기 위한, 다시 말해 피지배계층을 통치하기 위한 수단일 뿐 결코 동등한 삶의 욕구주체로서의 일반백성들의 생존권 및 이익보호를 위한 것이 아니라는 점56)을 밝히기도 했다.

이러한 유학사상에 대한 박세당의 비판은 주자의 해석에 대한 반론이라는 측면에서만 본다면 매우 공격적이라고 할 수 있으나, 공맹사상 자체에 대한 직접적인 비판이라고 보기 어려울 수도 있다. 박세당의 사상을 탈주자학 또는 반주자학을 통한 원시유학(原始儒學)으로의 복귀로 보는 일부 연구자들의 시각도 이와 관련된 것이라고 판단된다. 그러나 이보다는 오히려 "당쟁으로 두 아들의 죽음이라는 참화를 체험했을 뿐 아니라 은둔해서 살고 있던 그에게도 핍박이 가해졌다는 당시의 시대적 상황을 감안할 때 박세당이 공맹사상 자체를 정면으로 비판하기는 어려웠을 것"57)이라는 해석이 보다 설득력이 있어 보인다. 이런 점에서 박세당은 공맹사상에 대해 일일이 비판하기보다는 자신의 평등질서관을 강조하는 차원에서 공맹사상을 완곡하게 비판했던 것으로 생각된다. 동시에 이와는 다르게 박세당은 전통적인 반유학사상인 노장사상을 수용하여 유학에 반대하는 자신의 입장을 표명하려 했던 것으로 보인다. 비록 박세당이 『도덕경(道德經)』의 의도가 '수기치인(修己治人)'에 있다고 밝히고는 있지만 그것이 성인의 법이나 성인의 도, 즉 유학사상과 합치되지 않는다는 점을 분명히 하면서 그 본래의 뜻을 밝히는 것이 『신주도덕경(新註道德經)』 저술의 목적이라고 한 것58)은 이 점을 잘 보여준다고 하겠다. 이와 함께 『장자(莊子)』에 대해서도 그 논리적 일관성이 매우

---

56) "又云王道以得民心爲本, 愚謂王道在於養民, 若先有意於得民心則是覇者之爲, 恐非王道也"(『孟子思辨錄』, 梁惠王上).

57) 김만규, 앞의 책, p.280.

58) "其道雖不合聖人之法, 其意亦欲修己治人, … 老子雖非聖人之道, 其書旣行於世, 要不可使其意不明, 重誤後世"(『新註道德經』, 序).

분명함에도 불구하고 그 뜻을 아는 사람이 적어 자신이 해설서를 저술하는 것[59]임을 밝히기도 했다. 이렇게 보았을 때 결국 박세당은 주자학적 유학에 대해서는 주자해석에 대한 반론의 형태로, 그리고 유학사상 자체에 대해서는 노장사상에 대한 해설을 통해 반대의 입장을 표출한 것이라고 볼 수 있다. 그의 사상적 목표가 노장사상에 바탕을 둔 유학적 차별질서관에 대한 비판과 극복이었다는 사실은 다음에서 살펴볼 그의 인성론 및 자연관, 그리고 인식론 등을 통해 보다 자세히 설명될 것이다.

② 반(反)유학적 인성론

제1장에서 살펴본 바와 같이 전통적인 유학적 인성론은 동등한 인간으로서의 기본적인 욕구충족을 통한 삶의 유지의 중요성보다는 인의예지(仁義禮智)로 대표되는 대내적 차별질서에의 순응을 인간의 존재본질로 규정하는 차별성을 내포한 것이라 할 수 있다. 그러나 박세당은 고통받는 다수 피지배계층의 생활안정과 이익보호라는 정치목표와 이를 바탕으로 한 평등적 정치질서관을 제시하려고 했기 때문에 이와 같은 유학사상의 차별적 인성론에 반대하는 입장을 분명히 했다. 이와 함께 삶의 욕구주체로서의 인간성 규정을 통해 인간간 본연적 동등성을 논증하는 데 주력했다.

이에 대해 먼저 박세당은 인간을 식욕(食欲)·색욕(色欲)과 지각운동의 주체로 규정하면서 이와 같은 인간이 가진 식색욕과 지각운동은 선불선(善不善)으로 나눌 수 없는 자연스러운 본성이라고 설명했다.[60] 식·색욕과 지각운동이란 곧 인간이 자신의 삶을 유지하기 위한 최소한의 기본조건이라는 점을 감안하면 이러한 박세당의 입장은 곧 인간을 삶의

---

59) "其書意首尾甚明, … 而世未有言之者, 故今特發之"(『南華經註解刪補』, 卷一, 序).

60) "言凡人物自其始生, 皆有不學而能者, 是之爲性, 如食色亦其一也, 註所謂知覺運動者卽是已, 蓋凡此所謂知覺運動之自其始生, 不學而能者, 皆未有善不善之可分"(『孟子思辨錄』, 告子上).

욕구주체로 인식하는 것이라고 할 수 있다. 이에 따라 박세당은 삶의 욕구주체로서의 모든 인간은 삶을 욕구하고 죽음을 싫어한다는 점에서 본질적으로 동등하다[61]는 결론에 도달하고 있다.

이와 같은 박세당의 인성론은 인의예지의 차별원리를 인간의 존재본질로 규정하여 차별질서에 순응하는 인간을 상정하는 유학적 인성론과 뚜렷한 차이가 있다. 물론 박세당은 식·색욕만을 인간의 본성으로 인정하고 인의(仁義)를 본성에서 제외시킨 고자(告子)의 주장에 반대했다.[62] 그러나 그가 "삶을 편하고 즐겁게 유지하는 것이 곧 인(仁)이다"[63]라 하고, 또한 "무릇 선(善)과 불선(不善)이란 춥고 따뜻한 것, 굶주리고 배부른 것과 같이 일신(一身)과 관계되는 질고(疾苦)와 편안함을 말하는 것이다"[64]라고 한 데에서 알 수 있듯이 박세당의 주된 관심은 인간의 온전하고 행복한 삶의 추구에 있었다. 이 점은 그가 소위 유학의 핵심개념이라 할 수 있는 천리(天理)와 인정(人情)의 관계에 대해 "좋아하고 좋아하지 않는 것이 나누어져 하나가 되지 않는 것이 인간의 정〔人情〕이고 좋아함과 좋아하지 않음이 하나인 것이 천리(天理)로서 천리와 인정은 어느 한 쪽이 이기는 것이 아니다"[65]라고 하면서 "정(情)이란 이(理)의 실제이다"[66]라고 하여 인간의 본성으로서의 정의 중요성을 강조한 것[67]에 잘 나타나 있다.

이러한 동등한 삶의 욕구주체로서의 인간성 규정은 물론 박세당 자신

---

61) "夫欲生惡死, 豈衆人之爲利害者乃有此心, 雖聖人亦然"(위의 책).
62) "告子固以仁義爲非性而於仁義又分內外, 蓋見方外爲義而不知方之之自我, 亦猶愛之之自我也"(위의 책).
63) "慍樂好生之謂仁"(위의 책).
64) "善不善, 如寒暖飢飽, 及凡係一身之所疾苦所便安者, 皆是也"(위의 책).
65) "好不好分而不一者, 人之情也, 好與不好而一不好與好而一者, 天之理也, … 蓋以天理人情交相爲用而不能獨勝故也"(『南華經註解刪補』, 卷二, 內篇, 大宗師第六).
66) "情者, 理之實也"(위의 책, 卷三, 外篇, 秋水第十七).
67) 김한식, 앞의 책, 1979, pp.118-119.

의 독창적인 주장은 아니다. 즉 이것은 "사람들에게는 모두 일정한 본성〔常性〕이 있어서 옷을 지어 입고 농사지어 먹는다. 이것을 동덕(同德)이라 한다"[68]고 했던 장자(莊子)로부터 고통받는 다수 피지배계층의 생존권과 생활권 보호라는 정치목표를 가지고 개혁정치론을 전개했던 이이(李珥) 등 이전 사상가들의 인성론에 나타나 있는 공통적인 특징이다. 구체적으로 이이는 "배고플 때 먹으려 하는 것, 목마를 때 마시려 하는 것, 추울 때 입으려 하는 것, 가려울 때 긁으려 하는 것 등은 성인이라도 면할 수 없는 것이다"[69]라고 하여 인간이라면 누구든지 귀천·빈부에 관계없이 자신의 기본적인 삶의 욕구를 충족하려는 주체임을 역설했다. 이와 관련하여 박세당이 『도덕경』 해설서인 『순언(醇言)』을 지었던 이이와 마찬가지로 노장사상에 대해 깊이 연구했다는 사실에 비추어볼 때 비록 직접적인 언급은 없었다 하더라도 이들간에 사상적 연관성이 존재했을 가능성은 충분하다.

이렇게 볼 때 박세당의 인성론은 유학사상의 차별적 인성론에 회의하여 삶의 욕구의 충족을 인간의 존재본질로 규정했던 노장사상의 전통과, 이를 통해 고통받는 다수 피지배계층의 생존권과 생활권 보호의 당위성을 제시하려고 했던 이전 개혁사상가들의 인성론과 동일선상에 있다고 할 수 있다.

③ 변천·변화의 자연관과 상대주의적 인식론

삶의 욕구주체로서의 인성 규정과 함께 박세당 개혁론의 이론적 기초로는 변천·변화의 자연관과 상대주의적 인식론을 들 수 있다. 박세당의 변천·변화의 자연관은 절대적이고 고정적인 불변의 존재원리〔理〕를 상정하여 차별질서의 절대성과 영구성을 주장한[70] 유학사상의 자연관을

---

68) "彼民有常性, 織而衣, 耕而食, 是謂同德"(『莊子』, 馬蹄).
69) "聖人之血氣與人同耳, 飢欲食, 寒欲依, 癢欲慁, 亦所不免"(『栗谷全書』, 卷十, 書二, 答成浩原).

부정하고 현실 변화의 필연성을 자연의 원리로 논증하려 했던 박세당 사회개혁론의 중요한 이론적 논의이다. 다음으로 상대주의적 인식론은 이와 같은 변천·변화의 자연의 원리에 의해서 생성된 인간을 포함한 만물은 절대적인 가치관에 의해 현실의 차별질서를 구성하는 존재가 아니라 자연계 내에서 각기 자신의 독자적인 삶의 방식을 가지고 삶을 영위하는 상대적으로 평등한 존재라는 점을 밝히는 인식론적 입장이다.

먼저 박세당 자연관의 출발점은 자연의 원리를 변화하지 않는 고정적인 것이 아니라 "변화하지 않는 것도 없고 변화할 수 없는 것도 없는"[71] 즉 항상 변천과 변화의 속성을 지닌 것으로 파악하는 데 있다. 그에 따르면 이러한 만물의 변천·변화를 주재하는 절대적 원리란 존재하지 않으며,[72] 시작도 없고 끝도 없는〔無始無終〕 변천운동만이 자연의 원리이다.[73] 이와 같은 무시무종의 변천운동 속에서 생성의 주체력인 기(氣)가 생기는데, 그러한 기의 생성운동을 통해 인간을 포함한 만물이 형성되며, 기의 변화운동에 의해 사계절과 생물의 삶과 죽음이 생긴다[74]고 박세당은 설명했다. 이와 함께 박세당은 "기란 곧 생(生)을 의미하며 자연의 변화원리에 의해 생성된 만물은 각각의 형체에 따라 각각의 이(理)를

---

70) "未有這事, 先有這理, 如未有君臣, 已先有君臣之理, 未有父子, 已先有父子之理"(『朱子語類』, 卷九十五); "天命之謂性亦是理, 天命如君之命令, 性如受職於君, 氣如有能受職者, 有不能受職者, 某問天命之謂性"(위의 책, 卷四); "蓋所謂道者, 率性而已, 性無不有, 故道無不在, 大而父子君臣, 小而動靜食息"(『中庸或問』).

71) "吾於其所不然而不然之有所然有所可物之情也, 無不然無不可, 天之理也"(『南華經註解刪補』, 卷一, 內篇, 齊物論第二).

72) "今若使此形隨化萬變未嘗見其窮極之時, 則其爲樂固不可勝量, 何獨不爲而顧爲是區區哉"(위의 책, 卷二, 內篇, 大宗師第六).

73) "太極以言至高, 六極以言至下, 不爲高, 不爲深, 則自本自根, 而無範圍之可見矣, 不爲久, 不爲老, 則自古固存, 而無始終之可言矣"(위의 책).

74) "變而有氣留動而生物也, 氣變而有形物成生理也, … 生久則形衰氣耗, 而又之於死, 此四變也, 惟次四變, 人之所不得不有者也, 此之於天, 猶其有四時之運行也"(위의 책, 卷四, 外篇, 至樂第十八).

갖춘다"75)고 함으로써 인간을 포함한 만물의 독자적 생존원리를 이(理)로 보았다. 이처럼 자연의 운동원리에 의해 각각의 생존원리[理]를 부여받은 만물은 자연계 내에서 각기 독자적인 생존방식을 가지고 살아가는 상대적으로 동등한 개체라는 것이 박세당의 입장이다. 박세당은 이것을 "무시무종의 자연의 입장에서 보면 많고 적음도 없으며 멀고 가까운 것도 없다. 오직 자연이 부여한 각각의 본성에 따라 존재하는 것이다"76)라고 했고, 또한 "도(자연)의 입장에서 보면 만물에는 귀천(貴賤)이란 존재하지 않는다"77)라고 표현했다.

박세당의 이와 같은 자연관과 상대주의적 인식론은 주지하다시피 자연을 만물의 생성자로서 만물이 각각 자기의 고유한 성[自性]을 갖게 한 주체로 파악하고,78) 그러한 자성을 지닌 각 개체들이 자연계 내에서 조화롭게 존재하는 것을 자연적 질서로 인식하면서,79) 자연계 개체간에는 일체의 차별이란 존재하지 않고 상대적 평등성의 관계만이 있을 뿐80)이라고 했던 노장의 입장과 동일하다. 특히 앞서 논의한 바와 같이 박세당이 노장 사상서에 대한 비판이 아니라 설명 차원의 해석을 시도했다는 사실은, 그의 자연관과 상대적 인식론이 근본적으로 노장사상에 기초한 것이었음을 보여주는 것이기도 하다. 박세당이 이처럼 노장사상에 심취한 것은 유학사상의 절대적·고정적 자연관과 이기론으로 대표되는 차

---

75) "氣卽生矣, 一留一動, 而爲陰爲陽, 陰陽之運, 是生萬物, 物成其體, 理卽備焉"(위의 책, 卷三, 外篇, 天地第十二).

76) "無多寡也, 無近久也, 惟其所存而與存也"(위의 책, 卷五, 外篇, 則陽第二十五).

77) "道之於物, 無所貴賤"(위의 책, 卷三, 外篇, 秋水第十七).

78) "留動而生物, 物成生理, 謂之形, 形體保神, 各有儀則謂之性"(『莊子』, 天地); "道生之, 德畜之, … 生而不有, 爲而不恃, 長而不宰, 是謂玄德"(『道德經』, 五十一章).

79) "夫至德之世, 同與禽獸居, 族與萬物並"(『莊子』, 馬蹄).

80) "以道觀之, 物無貴賤, 以物觀之, 自貴而相賤, 以俗觀之, 貴賤不在己, 以差觀之, 因其所大而大之, 則萬物莫不大, 因其所小而小之, 則萬物莫不小, 知天地之爲稊米也, 知豪末之爲丘山也, 則差數覩矣"(위의 책, 秋水).

별적 논리에 반대하기 위함이었던 것으로 보인다. 즉 그는 변천·변화의 자연원리를 통해 현실변혁의 필요성을 논증하려 했고, 상대적 인식론을 통해 개체간 평등성을 명확히 하려 했던 것으로 볼 수 있다. 또한 이와 같은 박세당의 논의가 민 중심의 정치목표와 상대적 인식론을 바탕으로 개체간 평등론을 제시했던 이이의 사상[81]에서도 두드러지게 나타났던 것이라는 점에서, 전통적 반유학적 사상과 조선 개혁사상가들 사이, 그리고 조선조 개혁사상가들 사이의 사상적 연관성을 파악할 수 있는 근거가 되기도 한다.

4) 양민보국(養民保國)의 정책론

이러한 이론적 논의를 바탕으로 박세당은 대외적으로는 유학적 명분론·의리론에서 벗어나 국가와 민족의 안위를 우선시하는 현실주의적 외교노선을, 대내적으로는 인간간 동등성에 기초한 피지배계층의 생존권 및 생활권 보호와 국가재정의 견고화를 위한 정책대안을 제시했다.

대외정책에서 박세당은 변천관(變遷觀)의 시각에서 중국대륙에 대한 청(淸)의 지배를 시세의 변화로 인정하고 받아들일 것을 요구했다.[82] 이러한 입장은 그러나 대국·강국에 대한 사대(事大)를 의미하는 것이 아니라 약소국이 생존하기 위한 방법론의 의미를 갖는 것이었다. 박세당의 입장에서 조선이 냉엄한 국제현실에서 살아남기 위해서는 중화(中華)·이적(夷狄)이라는 절대적 가치관과 명분론에서 벗어나 침략을 방지하고 내적 발전을 이룰 수 있는 현실적인 접근방식이 요구되는 것이었다. 이러한 점에서 그는 삼국시대의 신라와 원-명 교체기의 고려가 취한 현실주의

---

81) "大抵陰陽兩端, 循環不已, 本無其始, 陰盡則陽生, 陽盡則陰生"(『栗谷全書』, 卷九, 書, 答朴和叔); "而人性, 非物之性, 犬之性, 非牛之性, 此所謂各一其性者也"(위의 책, 卷十, 書, 與成浩原).

82) 『孟子思辨錄』, 離婁上 참조.

적 외교노선을 높이 평가하는[83] 한편, 존명배청(尊明排淸)론자들에게 유학의 정통을 어지럽힌 오사(五邪)의 한 사람으로 역적 취급을 당하면서도 청과의 화해를 주장하고 친청(親淸)정책을 취할 것을 역설했다.[84] 이러한 박세당의 대외정책은 명분과 의리를 가장 중요시했던 동시대 주자학자들과는 근본적으로 다른 것이며 국가와 민족의 안위를 대외정책의 목표로 보았던 그의 입장을 잘 나타내는 것이라 하겠다.

대내정책의 측면에서 박세당은 민생확보와 국가재정을 견고하게 하기 위한 다양한 정책대안을 제시했다. 특히 박세당의 정책론은 그것이 인간 및 사회계층에 대한 평등적 인식을 근간으로 했다는 점에서 유학적 위민론(爲民論) 내지는 보민론(保民論)에 기초한 시혜적 정책론과는 근본적 차이가 있었다. 이것은 특히 그가 공평한 부세(賦稅)를 현실위기의 대응방안으로 제시한 것에 잘 나타나 있다. 구체적으로 이에 대해 박세당은 농민을 위시한 피지배계층의 생존권을 위협하는 족징(族徵)·인징(隣徵) 등의 폐해를 지적하고 그 폐지를 주장하는[85] 한편 "국가가 백성으로 하여금 원망하지 않고 각자 생업에 편안히 종사하게 하려면 역(役)을 균등히 하는 것만큼 좋은 것은 없다"[86]고 하여 공평한 부세의 필요성을 강조했다. 이러한 필요성하에서 박세당은 양반계층에게도 부역 및 세금을 부과해야 한다는 정책대안을 제시했다. 중요한 점은 이러한 박세당의 공평부과론은 당시 사회의 계층질서 자체의 모순에 대한 인식과 더불어 신분에 관계없이 모든 사람은 편안한 삶을 영위하려는 욕구의 주체라는 평등적 인간관에 기초한 것이었다는 사실이다. 박세당이 전체를 10으로 볼 때 공사(公私)의 천민(賤民)이 6이고, 양반계층(士族)이 2, 평

---

83) 『西溪先生集』, 卷八, 題跋, 平濟塔碑跋 및 卷七, 書, 答和叔書 참조
84) 김만규, 앞의 책, pp.296-297 참조
85) 『西溪先生集』, 卷五, 疏箚, 應求言疏 丁未 참조
86) "國家如欲, 使民無怨, 而各安其業, 則莫如均其役"(위의 책).

민이 2인데 특히 양반들은 아무 일도 하지 않으면서 놀고먹는 무위도식자(無爲徒食者)가 10 중 8, 9나 된다고 하여 양반계층의 비생산성을 지적한[87] 것은 17세기 당시 모순적 사회계층구조를 비판한 것이라 할 수 있다. 이와 함께 "사람의 마음은 기본적으로 동일하다. 따라서 저 사람의 역(役)은 가볍고 나의 역은 무겁다면 비록 그 역을 견딜 수 있다 하더라도 분하고 원망하는 마음이 없을 수 없는 것이다"[88]라고 한 것은 공평한 부세의 필요성을 인간간 본연적 동등성의 논리로 뒷받침한 것이라고 하겠다.

이처럼 박세당이 봉건적 계층구조의 문제점을 지적하고 평등관의 입장에서 기존 양반층이 누리던 특권의 폐지를 중심으로 한 균부(均賦)·균역론(均役論)을 제시한 것은, 무엇보다 그의 정치변동의 목표가 인간간 본연적 동등성에 기초한 평등적 정치질서관의 확립에 있었기 때문이었다. 이 점은 박세당이 자신을 포함한 양반계층이 직접생산활동(농업)에 참여하는 것을 당연시하는[89] 동시에 정책론적 차원에서 자신의 경험을 바탕으로 그러한 직접생산활동에 실질적 도움이 될 수 있는 『색경(穡俓)』이라는 농서를 집필한 것에서도 잘 나타나 있다.

이상에서 근세 전반기 한국의 개혁사상으로서 이이와 박세당의 정치사상을 살펴보았다. 두 사람은 다음과 같은 공통점이 있었다.

첫째, 그들은 정치론에서 정치의 본질을 차별질서의 강화에 두지 않고 일반 피지배계층의 이익확보에 두었다. 이것은 비록 봉건체제라는 동아시아, 그리고 한국의 시대적 제약에 의해 정치권력을 일반백성들에게 부여하는 논리까지는 발전할 수 없었으나, 그 후 한국 근대기에 이르러

---

87) "國家如欲, 使民無怨, 而各安其業, 則莫如均其役"(위의 책).
88) "人與人同爾, 彼役輕而此重, 則雖其役堪尙, 不得無慍慰之心"(위의 책).
89) "吾固爲野人也, 夫士進則入於朝而行其道, 是爲君子, 退則耕於野而食其力, 是爲野人, 吾旣耕於野矣, 求不爲野人得乎, 且吾嘗仕知其道之不足, 有爲於時欲退, 而自食其力之日久矣"(위의 책, 卷七, 序, 穡經序).

정치권력의 소재를 둘러싼 중요한 사상적 논쟁의 발단이 되었다는 점에서 중요성을 가진다.

둘째, 이이와 박세당은 인성론에서 인간의 본성을 주자학에서와 같이 차별질서에 순응하는 당위적 존재로 상정하는 것이 아니라, 현실적인 의식주 생활을 목표로 하는 욕구주체로 파악했다. 인간의 욕구를 본성으로 인정하는 것은 노서민의 생활안정을 가장 중요한 정치적 과제로 보았던 그들의 정치적 입장을 보여주는 것이다. 또한 그것은 사회를 이루는 인간 또는 계층 사이의 본연적 동등성을 시인하는 것으로서 매우 중요한 사상적 의미를 가지는 것이다.

셋째, 두 사람은 우주의 원리를 자연이 부여한 음양의 끊임없는 변화로 인식하는 우주론을 전개했다. 이것은 차별·위계적 속성을 가진 근원자이며 주재자로서의 태극(太極: 理)의 선재(先在)를 부정하고 현실 개혁의 입장에서 변천·변화의 중요성을 강조하려는 양자의 공통된 입장을 반영하는 것이었다. 특히 이기론에서 기(氣)를 생리력·물리력의 주체로서, 그리고 이(理)를 그러한 기의 운동력에 의해 형성되는 모든 개체가 가진 자존(自存)의 원리로 파악하는 기능론적 이기론을 전개함으로써, 인간 사이 그리고 인간과 사물 사이의 기능적 평등성을 강조했을 뿐 아니라 이후 국가간 관계의 상대적 독립성을 주장할 수 있는 사상적 토대를 제공했다.

넷째, 이와 같은 이론적 내용을 바탕으로 제시된 이이와 박세당의 정책론은 소수 지배계층의 입장에서 피지배계층에게 최소한의 살길을 마련해주는 유학적 위민론 내지는 보민론과는 본질적으로 다른 것이었다. 철저히 민생을 안정시키고 국가와 민족을 보위하려고 했던 현실개혁적인 성격을 가진 것이었다.

결론적으로 근세 전반기 한국의 개혁사상은 주자학적 정치질서관이 지배적인 조선조의 현실 속에서 동아시아의 반유학적 전통사상인 노장사상의 논리를 상당부분 수용하는 한편 각자가 처한 시대상황을 반영하여 시대변혁에 필요한 이론적 논의들을 독창적으로 전개하는 과정 속에서 형성된 것이었다. 그리고 그것은 사상적으로는 반(反)주자학, 나아가 반유학을 지향하는 것이었다고 평가할 수 있다.

제2절 근세 전반기 중국 개혁사상의 특성

13세기 남송(南宋)의 주자학은 원(元) - 명(明)을 거치면서 중국 역대왕조의 통치이념으로서의 지위와 역할을 확고히 수행했다. 차별과 위계를 본질로 하는 주자학적 유학의 정치이념은 개인으로부터 우주자연을 포괄하는 하나의 거대한 형이상학적 논리체계를 가지고 중국에서 제왕권적 권위질서의 확립 및 유지에 주력했다. 그러나 이와 같은 주자학적 정치이념은 명조(明朝) 체제의 쇠퇴와 더불어 한계를 노출하기 시작했다. 16세기에 두드러진 정치권력 내부에서의 격심한 갈등과 관리들의 부패 및 가렴주구, 지배층의 대토지 소유와 농민층의 빈곤과 유민화, 그리고 이에 따른 피지배계층의 격렬한 저항 등은 엄격한 군신간 · 계층간 신분질서를 토대로 하는 명의 왕조체제를 내부에서부터 붕괴시켰다. 이와 함께 정치권력의 부패로 인한 지방 통제력의 상실은 이민족의 침입에 능동적으로 대처하지 못하게 함으로써 대외적인 위기를 더욱 가중시키게 되었다.[90)]

이러한 명조의 위기를 타개하려는 사상적 노력의 산물이 양명학(陽明學)의 발전이었다. 양명학은 성즉리(性卽理)를 주장하는 주자학의 절대

---

90) 명 말의 상황에 관해서는 吳金成, 「明末 · 淸初의 社會變化」, 서울大學校 東洋哲學研究室 編, 『講座中國史 IV』, 서울 : 지식산업사, 1989, pp.91-139 참조.

적·추상적 논리에 반대하고 심즉리(心卽理)와 지행합일(知行合一)을 주장함으로써 인간의 주체성과 실천의 중요성을 강조했다. 양명학은 이후 중국은 물론 한국과 일본에도 영향을 미쳤다는 점에서 그 사상적 중요성과 영향력을 간과할 수 없다.[91] 그러나 양명학 역시 주자학과 마찬가지로 궁극적 정치목표가 인간 욕구의 억제 내지는 부정을 통해 군신·상하간 차별질서를 유지하려는 것에 있었다는[92] 점에서 위기극복의 본질적 대안일 수는 없는 것이었다. 양명학의 등장과 발전은 단지 주자학적 통치이념의 지배가 가져온 불합리한 현실을 일정부분 타개하여 명조의 정치체제를 회복·유지시키기 위한 사상적 방편에 불과한 것이었다. 따라서 17세기 초 명의 멸망과 만주족에 의한 청조의 수립은 결국 이와 같은 양명학을 근간으로 하는 체제보강의 사상적 노력이 모두 실패했음을 의미하는[93] 것이었다.

다음에서 살펴볼 이지(李贄)는 이러한 명 말의 혼란기 속에서 노장·묵학사상 등 반(反)유학적 전통사상의 인식론과 자신의 사상적 독창성을 바탕으로 피지배층 민 중심의 평등질서관을 제시했던 혁신적 정치사상가였다. 이지의 사상은 그것이 명 말에서 청 초로 이어지는 역사적 변동기에서 근세 중국 개혁사상의 시초를 형성했다는 점과, 특히 지배질서관으로서의 주자학 나아가 유학 자체에 대한 강력한 비판을 전제로 진

---

91) 근세 한국에서 대표적인 양명학자로는 최명길(崔鳴吉, 1586-1647), 장유(張維, 1587-1638), 정제두(鄭齊斗, 1649-1736) 등을 들 수 있으며, 일본의 경우에는 나카에 토쥬(中江藤樹, 1608-1648), 쿠마자와 반잔(熊澤蕃山, 1619-1691), 오시오 헤이하치로(大鹽平八郎, 1792-1837) 등이 대표적 양명학자로 꼽힌다. 한국과 일본에서의 양명학의 전개에 관한 보다 자세한 논의는 金吉煥, 『韓國 陽明學 硏究』, 서울: 一志社, 1981; 劉明鍾, 『韓國의 陽明學』, 서울: 同和出版公社, 1983; 柳町達也 外, 『陽明學大系 8, 9, 10 - 日本の陽明學 上, 中, 下』, 東京: 明德出版社, 1972 등을 참조하기 바란다.

92) "夫人臣之事君也, 殺其身而苟利于國, 滅其族而有裨于上, 皆甘心焉, 豈以僥幸之私, 毁譽之末而足以搖亂其志者」(『王文成公全書』, 卷十四, 秦報田州思田平腹疏); "人心本是天然之理, 精精明明, 無織介染著, 只是一無我而已"(위의 책, 卷三, 傳習錄下).

93) 裴永東, 『明末淸初思想』, 서울: 民音社, 1992, p.162 참조.

행된 것이었다는 점에서 동아시아에서의 자유·평등론의 발전의 중국적 특성을 이해하는 데 유용하다고 생각된다.

1. 이지[94]의 개혁사상[95]

1) 유학비판의 현실관

앞서 논의한 바와 같이 명 말, 특히 이지가 활동했던 가정(嘉靖) - 만력 (萬曆)기에 이르러 명 왕조체제는 정치적 부패의 만연과 지배층의 무능,

---

94) 이지(李贄, 1527-1602)의 자는 탁오(卓吾) 또는 독오(篤吾)이며 이외에도 굉보(宏甫), 온릉거사(溫陵居士), 사재거사(思齋居士), 이장자(李長子), 이노자(李老子) 등의 별호가 있었다. 복건성 천주(泉州)의 진강(晋江)에서 태어났다. 그의 조상들은 대대로 상업에 종사했고 부친은 숙사(塾師)였다고 한다. 26세 때 향시(鄕試)에 급제하여 거인(擧人)이 되었고 하남휘현교유(河南輝縣敎諭), 남경국자감박사(南京國子監博士), 북경국자감박사(北京國子監博士), 예부사무(禮部司務), 남경형부원외랑(南京刑部員外郎), 운남요안지부(雲南姚安知府) 등의 관직을 역임한 후 54세 때 스스로 사임했다. 이후에는 호북 (湖北)의 마성(麻城)에서 학자들과 교류하며 저술과 강학(講學)에 몰두했다. 만력 30년 명나라 신종(神宗)에 의해 혼란을 일으키는 이단(異端)의 도(道)를 주장하여 세상과 백성을 속였다는 죄명으로 체포된 뒤 북경의 감옥에서 자살했다(楊國榮, 김형찬 외 역, 『양명학』, 서울: 예문서원, 1994, p.239 참조). 이지는 스스로 "연로한 부친과 가족을 돌보기 위해 벼슬길에 올랐다"(『焚書』, 卷三, 雜述, 卓吾論略 참조)고 한 것을 보아 권력욕에서 자유로운 인물이었다. 그는 어려서 생모를 여의었으며 관직을 역임하기는 했으나 관직생활 동안 동료관리들과 매번 의견을 달리하여 충돌했고(위의 책, 卷四, 雜述, 豫約 참조), 가난을 면치 못하여 아들 두 명과 딸 두 명을 관직생활 중 잃는 등 매우 불우한 생활을 했다(위의 책, 卷三, 雜述, 卓吾論略 참조). 그가 62세 때 스스로 출가하여 승려가 된 것도 이와 같은 삶의 역정과 무관하지 않는 것으로 보인다(위의 책, 李溫陵傳 참조). 또한 그가 관직생활 동안 경험했던 관리들의 부패상과 피지배계층의 고통으로 인해 관직에 염증을 느끼고 자유로운 학문활동에 몰두하게 되었을 것으로 보인다.

95) 이지의 학문적 계통이 기본적으로 양명학(특히 양명학 좌파)을 배경으로 한다는 점에는 학자들간에 이론(異論)이 없는 것 같다(이에 대해서는 蕭公權, 『中國政治思想史(下)』, 台北: 華岡出版有限公司, 1978, p.570 및 시마다 겐지, 김석근·이근우 역, 『주자학과 양명학』, 서울: 도서출판 까치, 1986, p.221 참조). 그러나 본문에서 구체적으로 살펴보겠지만, 이지가 당시 지배질서관이었던 주자학 나아가 유학의 차별관·고정관·절대관에 대해 근본적인 도전을 감행하는 한편 노장 및 묵학사상 등 유학 이외의 사상

이에 대한 피지배층의 저항이라는 심각한 체제위기에 직면했다. 이지는 이러한 위기의 근본 원인이 절대적·고정적 성격의 유학적 정치질서관과 이를 고수하려는 유학자를 포함한 지배층의 의식과 행태에 있다고 보았다. 이에 대해 그는 "이른바 군자의 정치란 몸〔身〕, 즉 수양을 근본으로 하는 것이며 지인(至人)의 정치란 인간에게서 비롯된 것이다. 수양을 근본으로 하는 정치는 반드시 자기에게서 취하려 하고 인간에게서 비롯된 정치는 항상 민(民)에 순종한다. 그 정치의 효과는 확실히 다르다"96)고 하여 소위 유학이 요구하는 군자정치(君子政治)의 모순을 지적했다. 이와 함께 이지는 "그런데 오늘날의 정치는 어떠한가? 선을 취하려고 하는 것과 악을 근심하는 것이 너무 심하다. 다른 사람의 악만을 근심하면서 어찌 자기가 무악(無惡)하다는 것을 알겠는가? 자신을 돌이켜 정치를 하는 것, 즉 군자의 정치조차 불가능한데 하물며 그 본성을 능히 살려 민을 위한 정치를 하는 것을 바랄 수 있겠는가?"97)라고 함으로써 당시 유학의 차별적 가치관에 몰두하여 민을 위한 최소한의 정치도 실시하지 못하고 있는 통치계층을 비판했다.

또한 이지는 "강상(綱常)이라는 모자를 쓰고 인륜(人倫)이라는 옷을 입고 책에서 한두 마디 주워 담고 남의 서너 마디 말을 훔쳐내어 말하면서 스스로 자기가 진정한 중니(仲尼: 孔子)의 제자라고 주장하는 어떤 도학자가 있었다"98)라는 표현으로 현실 유학자들의 가식적 행태를 우회적으로 지적하면서 다음과 같이 유학적 가치관과 질서관이 지배적인 현실

들에 대한 자유로운 탐구와 수용을 바탕으로 평등적 정치질서관을 제시했다는 사실은 양명학의 영향과 구별되는 이지 사상의 독자성과 혁신성을 보여준다고 하겠다.

96) "且夫君子之治, 本諸身者也, 至人之治, 因乎人者也, 本諸身者取必於己, 因乎人者恆順於民, 其治效固已異矣"(『焚書』, 卷三, 雜述, 論政篇).

97) "今余之治郡者也, 取善太恕, 而疾惡也過嚴, 夫取善太恕似矣, 而疾人之惡, 安知己之無惡乎, 其於反身之治且未之能也, 況望其能因性以牖民乎"(위의 책).

98) "有一道學, … 綱常之冠, 人倫之衣, 拾紙墨之一二, 竊脣吻之三四, 自謂眞仲尼之徒焉"(위의 책, 卷三, 雜述, 贊劉諧).

사회를 비판했다.

선유(先儒)가 먼저 억측하여 말하면 부모와 선생은 그것을 답습하여 암송하고, 어린아이는 마치 장님과 귀머거리처럼 되어 그것을 듣는다. 만 명의 말이 모두 같아 깨뜨릴 수가 없다. 천 년 동안 이러한 과정이 진행되어왔는데도 스스로 알지 못한다. 그런데도 '그 말을 따라서 암송했을 뿐이다'라고 하지 않고 '이미 그 사람을 안다'고 하고, 또한 '모르는 것을 억지로 안다고 하는 것이다'라고 하지 않고 '아는 것을 안다고 하는 것이다'라고 한다. 따라서 오늘에 이르러서는 비록 눈이 있어도 쓸모가 없다.99)

이것은 소위 공자가 "아는 것을 안다고 하고 모르는 것을 모른다고 하는 것이 아는 것이다"100)라고 한 데 대해 "아는 것을 모른다고 하는 것이 상(上)이고 모르는 것을 안다고 하는 것은 병(病)이다. 병을 병으로 아는 것은 병이 아니다"101)라고 함으로써 유학의 고정관·절대관을 비판했던 노장사상의 입장에서 유학적 가치관의 무의식적인 재생산과정과 이로 파생된 당시의 현실을 비판한 것이라고 할 수 있다. 그러나 이지는 단지 현실 유학자들만을 비판하는 데 그치지 않고 통치이념으로서의 주자학, 나아가 공자로 대표되는 유학 자체에 대해서도 근본적인 비판을 가했다.

이지는 먼저 "지금 주자를 회암(晦庵: 주자의 호)이라고 칭하면 학자들이 모두 좋아하지만, 만약 주희(朱熹)라고 말하면 반드시 몹시 화를 내면서 검(劍)을 든다"102)는 표현으로 주자학을 무조건적으로 신봉하고 고수

---

99) "儒先億度而言之, 父師沿襲而誦之, 小子矇聾而聽之, 萬口一詞, 不可破也, 千年一律, 不自知也. 不曰徒誦其言, 而曰已知其人, 不曰强不知以爲知, 而曰知之爲知之, 至今日, 雖有目, 無所用矣"(『續焚書』, 卷四, 雜著彙, 題孔子像於芝佛院).
100) "知之爲知之, 不知爲不知, 是知也"(『論語』, 爲政).
101) "知不知上, 不知知病, 夫唯病病, 是以不病"(『道德經』, 七十一章).
102) "今者稱晦庵則學者皆喜, 若稱之曰朱熹, 則必甚怒而按劍矣"(『焚書』, 卷一, 書答, 又

하려는 태도를 비판했다. 또한 그는 "다시는 유서(儒書)에 뜻을 두지 않겠다"[103]고 하면서 다음과 같이 소위 공자로 대표되는 성인의 가르침을 무비판적으로 신봉해왔던 과거의 자신을 한 마리의 개[犬]로 표현함으로써 유학반대의 입장을 분명히 했다.

> 나는 어릴 적부터 성인의 가르침을 읽었지만 성인의 가르침을 알지 못했고, 공자를 존경했지만 공자에게 어떤 존경할 만한 것이 있는지 알지 못했다. 50세 이전까지 정말 나는 한 마리 개였다. 앞의 개가 어떤 것을 보고 짖으면 나 역시 따라 짖어댔다. 만약 짖어대는 이유를 물으면, 그저 벙어리처럼 웃기만 할 뿐이었다.[104]

이지에게 유학의 근본적인 모순은 인의예지론이나 성인론과 같은 작위적 논리를 만들어 자유성과 평등성에 기초한 인간 본연의 평화로운 삶을 저해했다는 데 있었다. 그는 이에 대해 "성인이 나와 인(仁)을 행하고 의(義)를 행하게 되자 천하 사람들이 비로소 의혹을 품게 되었으며, 제멋대로 음악을 연주하고 예의(禮儀)를 만듦으로써 비로소 차별이 생기게 되었다"[105]고 하고, 또한 "성인이 나타나면서부터 예악(禮樂)에 이끌려 그것으로 천하를 바로잡으려 했고, 인의를 내세워 천하의 마음을 사로잡으려 했다. 그러자 백성들은 애써 지식을 탐하고 다투어 이익을 쫓게 되었으며 이를 막을 수가 없었다. 이것 역시 성인의 잘못이다"[106]라

答京友).

103) "不復以儒書爲意也"(위의 책, 卷一, 書答, 答焦漪園).

104) "余自幼讀聖教不知聖教, 尊孔子不知孔夫子何自可尊, … 是余五十以前眞一犬也, 因前犬吠形, 亦隨而吠之, 若問以吠聲之故, 正好啞然自笑也已"(『續焚書』, 卷二, 序彙, 聖教小引).

105) "及至聖人, 蹩躠爲仁, 踶跂爲義, 而天下始疑矣, 澶漫爲樂, 摘僻爲禮, 而天下始分矣"(『莊子』, 馬蹄).

106) "及至聖人, 屈折禮樂, 而匡天下之形, 縣跂仁義, 以慰天下之心, 而民乃始踶跂好知爭歸於利, 不可止也, 此亦聖人之過也"(위의 책).

고 했던 노장적 입장에서 "지금 천하 사람들이 편안히 자신의 삶을 영위하지 못하는 것은 탐욕스럽고 포악한 자가 그것을 어지럽히고 인자(仁者)가 그것을 해쳤기 때문이다. 인자는 천하가 있을 곳을 잃었다고 우려하여 있을 곳을 정해주는 데에만 급급했다. 이리하여 덕(德)과 예(禮)를 가지고 마음을 규격화하고 정치와 형벌을 가지고 사체(四體)를 옭아매게 되었다. 이때부터 비로소 사람들은 자신의 삶을 편안히 유지할 수 없게 되었다"107)라고 했다.

이렇듯 이지는 당시의 지배층의 무능에 대해서뿐 아니라 명조 지배체제를 지탱해주었던 주자학 나아가 유학 자체에 대해 명확히 반대함으로써 기존 질서관에 대한 근본적인 회의와 비판의 입장을 견지했다. 이와 같은 유학에 대한 회의와 비판은 동시에 전통적인 반유학적 정치사상, 즉 불교·노장·묵학사상 등에 대한 적극적인 수용을 동반한 것이었다. 이에 대해 이지는 "주자로부터 지금에 이르기까지 노불(老佛)을 이단으로 공격하고 배척해온 것이 몇백 년이나 되었는지 모른다. 내가 이를 모르지 않는데 이단을 수용하여 사람들의 노여움을 산 것은 늙으면 죽는 것을 두려워할 수밖에 없는 것처럼 어쩔 수 없었기〔不得已〕 때문이다"108)고 하고 또한 "먹으면 배부른 것은 누구에게나 마찬가지이다. … 만약 내가 도(道)를 추구하는 것이 지금 먹을 것을 바라는 것과 같다면 공자든 노자든 가릴 겨를이 있겠느냐 하는 생각이 들어서 이때부터 오로지 노자를 공부했다"109)고 함으로써 현실 모순의 극복을 위한 자신의

---

107) "夫天下之人得所也久矣, 所以不得所者, 貪暴者擾之, 而仁者害之也, 仁者以天下之失所也憂之, 而汲汲焉欲胎之以得所之域, 於是有德禮以格其心, 有政刑以縶其四體, 而人始大失所矣"(『焚書』, 卷一, 書答, 答耿中丞).

108) "自朱夫子以今日, 以老佛爲異端, 相襲而排擯之者, 不知其幾百年矣, 弟非不知, 而敢以直犯衆怒者, 不得已也, 老而怕死也"(위의 책, 卷一, 書答, 復鄧石陽).

109) "食之於飽一也, … 使余之於道若今之望食, 則孔老暇擇乎, 自此專治老子"(위의 책, 卷三, 雜述, 子由解老序).

사상적 기반이 노장사상과 불교에 있음을 밝혔다. 이와 함께 "오늘날 묵자의 책을 읽어보면 세상을 평화롭게 하고 사해(四海)를 균등하게 할 만한 것을 담고 있다"[110]고 하여 묵자의 사상을 높이 평가했고, 『묵자비선(墨子批選)』[111]을 편찬함으로써 역사적으로 유학사상과 가장 첨예한 대립을 보여주었던 묵학사상까지도 자신의 사상적 토대로 수용했다.

이처럼 이지가 유학을 반대하고 동아시아적 자유평등론의 토대를 형성해온 반유학적 전통사상들을 자신의 사상적 근거로 삼은 것은, 결국 그의 정치적 입장이 지배계층 중심의 차별체제의 유지·강화가 아니라 피지배층 중심의 평등질서관 구축을 통해 다수 피지배계층의 온전한 삶과 이익을 보호하려는 데 있었음을 보여주는 것이다. 이것은 다음에서 살펴볼 정치론에 잘 드러나 있다.

2) 민 중심의 평등정치론

이지 정치론의 성격은 일반 피지배계층의 온전한 삶과 이익의 보호를 최우선의 정치적 과제로 간주하는 민 중심의 평등정치론이라고 할 수 있다. 앞의 현실관에서 살펴본 바와 같이 이지가 유학에 대해 명확한 반대입장에 서 있었으므로 그의 민 중심의 정치론은 차별체제의 유지·강화를 목표로 전개된 유학적 위민론 내지 보민론과는 본질적으로 성격을 달리하는 것이었다. 이 점에 대해 이지는 "인간에게 가장 중요한 것은

---

110) "今墨子之書具在, 有能取其書讀之, 而得其所以非樂之意, 則經綸之術備馬, 斷斷乎可以平天下而均四海也"(『明燈道古錄』, 卷下, 第二十二章).

111) 『묵자비선(墨子批選)』은 묵자서 63편 중 27편을 이지가 선택하여 편찬한 것이다. 모든 편에 이지의 해석이 나와 있지는 않으며 일부(辭過篇, 尙賢上篇, 尙同中篇, 兼愛上篇, 非樂上篇, 非命上篇 등)에만 후미(後尾)에 간단히 자신의 견해를 밝히고 있다. 그럼에도 불구하고 이것은 묵자사상에 대한 이지의 관심과 사상수용 및 전파의 의도를 보여주는 것으로, 그의 개방적 학문관과 반유학적 이단수용의 적극적인 태도를 다시 한 번 알 수 있다.

자신의 생명을 보전하고 보호할 수 있는 음식과 무기이지 공자가 말한 것처럼 민의 신의(信義)가 될 수 없다"[112]고 했다. 이러한 전제하에서 그는 인간에게는 오직 자신의 삶을 온전히 보호할 수 있는 의식주 생활이 곧 인륜인 것이며 그 외에 인간을 통제하고 억압하는 여타의 인위적인 것은 모두 무의미하다는 점을 다음과 같이 밝혔다.

옷 입고 밥 먹는 것이 인륜이요 만물의 이치이다. 옷 입고 밥 먹는 것을 제외하면 인륜도 만물의 이치도 없다. 세상의 모든 것이 옷과 밥과 같은 것뿐이다. 그러므로 옷과 밥을 들면 세상의 모든 것이 그 안에 포함되어 있음을 알 수 있다. 옷과 밥 이외에 백성의 삶과 단절되어 존재하는 다른 어떤 것이 있는 것은 아니다.[113]

다수 피지배계층의 삶과 이익을 보호하려는 이러한 이지의 정치적 입장은 중국 역사상의 정치가들에 대한 평가에서도 뚜렷이 드러난다. 그는 역사를 평가하는 기준은 재화의 생산과 이익의 창출을 의미하는 식화(殖貨)와 공리(功利)라는[114] 전제를 바탕으로, 역사적 인물의 평가에서 실천과 그 결과보다는 의리와 도의 준수 여부를 중시하는 유학적 입장을 통렬히 비판했다. 그리고 부강(富强)을 통한 백성의 생활안정에 실질적으로 기여한 인물들로서 진시황·한무제·묵자·상자(商子: 商鞅)·신자(申子: 申不害)·한비자(韓非子)·오기(吳起) 등을 들어 높이 평가했다.[115]

이러한 이지의 논리는 현실관에서의 그의 입장과 다소 모순되는 것처

---

112) "而儒者反謂信重于兵食, 則亦不達聖人之立言之旨矣"(『焚書』, 卷三, 雜述, 兵食論).
113) "穿衣吃飯, 卽是人倫物理, 除却穿衣吃飯, 無倫物衣, 世間種種皆衣與飯類耳, 故擧衣與飯而世間種種自然其中, 非衣飯之外更有所謂種種絶與百姓不相同者也"(위의 책, 卷一, 書答, 答鄧石陽).
114) "卓吾曰, 史遷傳貨殖, 則羞賤貧, 書平準, 則厭功利"(『藏書』, 卷十七, 富國名臣總論).
115) 『焚書』, 卷五, 讀史, 孔明爲後主寫申韓管子六韜 참조.

럼 보일지도 모른다. 노장적 입장에서 유학의 유위(有爲) 즉 인위적이고 작위적인 논리가 인간의 본연적인 자유성을 침해했다고 비판했던 이지는 자신 역시 역사판단의 기준을 작위했다는 비판에 직면할 수 있는 것이다. 그러나 이지에게 부강과 공리의 판단기준은 유학의 인위·작위의 논리와는 본질적으로 다른 것으로, 자연의 원리에 부합하는 것으로 상정된다. 그에 따르면 인간사회는 약육강식의 자연상태에서 벗어나기 위해 식량과 무기를 만들어 인간의 생명을 보존하고 백성의 삶과 이익을 가장 중요하게 생각하는 현명한 군주의 지도 아래 공동의 이익에 부합하는 제도를 만들어 자연스럽게 공리를 추구하는 정치를 시행해왔는데, 이러한 정치가 차별적 주(周)의 법도를 최고의 가치로 여기는 유학으로 인해 쇠퇴했다는 것이다.[116] 따라서 부강과 공리의 판단기준은 유학적 인위 또는 작위와 구별되는 것으로서 자연의 원리와 인간의 본연적인 욕구에 부합하는 무위정치(無爲政治)의 참된 요지라는 것[117]이 이지의 설명이다.

이는 부강과 공리에 근거한 정치의 시행이 결국 다수 피지배계층에 대한 현명한 군주 통치의 필요성을 전제로 하고 있다는 측면에서 봉건적 한계를 가진 것임에는 틀림없다. 그러나 이러한 한계가 이지 개인 차원이 아니라 군주제를 대치할 정치체제 또는 주도계급이 미성숙했던 동아시아의 보편적인 상황을 반영하는 것이라는 점에서 이지 사상의 가치를 저해한다고 보기는 어렵다. 이것은 비록 군주의 역할을 인정했다 하더라도 그가 신하란 부득이 강해야 하며 강한 신하란 군주가 죽으라면 죽고 먹으라면 먹으라는 식으로 군주에 대한 예의와 자신의 안위만을 생각하는 것이 아니라 옳은 정치를 시행할 수 있도록 군주를 바로잡는 능력을 갖춘 신하를 의미하는 것[118]이라고 함으로써 전제권력에 대한

---

116) 위의 책, 卷三, 雜述, 兵食論 참조.
117) "反慮人之疑其爲富強功利也, 或眞得無爲之旨"(『藏書』, 卷三十二, 德業儒臣後論).

강력한 견제의 필요성을 역설했던 것에 잘 드러나 있다.

이지의 정치론에서 무엇보다 주목할 점은 그의 민 중심의 정치론이 인간간 본연적 동등성과 기능적 평등성에 기초한 평등질서관을 지향하고 있었다는 사실이다. 이러한 점은 앞서 논의한 바와 같이 모든 인간에게 필수적인 의식주 생활이 곧 인륜이라고 했던 것과 함께 그가 "나는 천성적으로 높은 것을 좋아한다. 높은 것을 좋아하면 거만하여 낮추지를 못한다. 그러나 낮추지 못한다는 것은 소위 권세를 앞세우고 부귀를 뽐내는 일단의 저 사람들에게 낮추지 못한다는 것일 뿐이다. 조금이라도 장점이나 훌륭한 점이 있으면 비록 하인이나 노예라 하더라도 절하지 않는 경우가 없다"[119]고 하여 신분적 차별을 넘어서 인간 개개인이 지닌 장점을 중요하게 생각한 것에 잘 나타나 있다. 또한 더 나아가 "사람에 남자와 여자가 있다고 하는 것은 가능하지만, 보는 것에 남자와 여자의 차이가 있다고 할 수는 없다. 사람이 보는 것에 장단(長短)이 있다고 하는 것은 가능하지만, 남자가 보는 것은 모두 길고 여자가 보는 것은 모두 짧다고 할 수는 없는 것이다"[120]라고 하여 전통적인 남존여비(男尊女卑)의 유학적 차별관을 비판하고 남녀간의 기능적 동등성을 주장한 것에도 잘 드러난다. 이와 같은 인간간 평등성의 논거를 바탕으로 이지는 "서인(庶人)과 천자(天子)는 동등하며"[121] "세상의 모든 인간 사이에는 어떠한 차별도 없다"[122]고 함으로써 그의 정치론의 평등적 성격을

---

118) "臣之强, 强於主之庸耳, 苟不强, 則不免爲舐痔之臣所讒, 而爲弱人所食噉矣, 死卽死 而噉卽噉可也, 目又安得瞑也, 是以不得已於强也, … 然則所謂强臣者, 正英主之所謂能 臣, 唯恐其禮待之不優者也"(『續焚書』, 卷二, 論彙, 强臣論).

119) "余性好高, 好高則倨傲而不能下, 然所不能下者, 不能下彼一等倚勢仗富之人耳, 否 則稍有片長寸善, 雖隷卒人奴, 無不拜也"(『焚書』, 卷三, 雜述, 高潔說).

120) "故謂人有男女則可, 謂見有男女豈可乎, 謂見有長短則可, 謂男子之見盡長, 女人之 見盡短, 又豈可乎"(위의 책, 卷二, 書答, 答以女人學道爲見短書).

121) "庶人與天子等也"(『明燈道古錄』, 卷上, 第四章).

122) "世上人總無甚差別"(『焚書』, 卷二, 書答, 與明因).

명확히 했다. 이러한 이지의 논리는 유학의 차별적 정치질서관을 근본적으로 부정한 것으로서, 16세기 중국이라는 시공간적 환경을 감안할 때 매우 혁신적이라고 평가할 수 있다. 이지는 이와 같은 자신의 평등적 정치질서관의 입장을 우주론과 인성론을 통해 논리화했다.

3) 평등적 정치질서관의 이론적 근거로서의 우주론과 인성론

이지는 모든 만물의 시초를 부부(夫婦)로 규정하는[123] 독창적 우주론을 제시했다. 그가 부부를 만물의 시초로 본 것은 무엇보다 우주의 원리를 추상적인 이기론으로 설명하려는 것 자체가 결국 인간의 자유 평등성을 미혹시키는 원인이 될 수 있다는 인식에 근거한 것이다. 이 점에 대해 이지는 다음과 같이 설명하고 있다.

> 극단적으로 말하자면 천지(天地)는 하나의 부부이다. 따라서 천지가 있은 연후에 만물이 있는 것이다. 그렇다면 천하의 만물은 모두 하나[一]에서 나오지 않고 둘[兩]에서 나온다는 것이 명백하다. 그런데 또 하나가 둘을 낳고 이(理)가 기(氣)를 낳고 태극(太極)이 양의(兩儀: 陰陽)를 낳는다고 하는 것은 무엇인가? 무릇 사람이 처음 태어날 때에는 오직 음양의 두 기(氣)와 남녀의 두 명(命)이 있었을 뿐 이(理)라는 것은 없었다. 그러니 어찌 태극이 있었겠는가? 소위 하나란 과연 무엇인가? 이(理)란 과연 어디에 있는가? 태극이란 무엇을 말하는가? 만약 둘이 하나에서 생긴다면 하나는 또 어디서 생기는가? 하나와 둘은 둘이 되고 이(理)와 기(氣)는 둘이 되며 음양과 태극이 둘이 되고 태극과 무극(無極)은 둘이 되는 것이다. 이렇게 끝까지 반복하여 생각해보면 둘이 아닌 것이 없다. 도대체 어디서 하나라는 것을 보고 그렇게 헛된 말을 하는가? 때문에 나는 만물의 시초를 탐구하여 부부가 바로 그 시초라는 것을 알았다. 그러므로 단지 부(夫)와 부(婦) 두 가지만 말할 뿐 다시 하나를 말하지 않고 이(理) 역시 말하지 않는다. 하나도 말하지 않는데 하물며 무(無)를 말하

---

123) "夫婦, 人之始也, … 夫婦之爲物始也如此"(위의 책, 卷三, 雜述, 夫婦論).

겠으며, 무(無)도 말하지 않는데 하물며 무무(無無)를 말하겠는가? 무엇 때문이겠는가? 천하를 미혹시킬까 두렵기 때문이다. 말을 많이 하여 자꾸만 궁지에 빠지고 도리어 사람들을 더욱 미혹시키는 것은 차라리 말을 하지 않고 모든 것을 잊은 채 천지와 사람은 모두 부부 사이에서 만들어졌다고 생각하면서 밥 먹고 숨쉬며 살아가는 것보다 못한 것이다.124)

이상에서 알 수 있듯이 이지는 소위 형이상학적 존재원리인 태극[理]을 우주의 근원으로 파악하는 유학적 우주론의 추상성과 이데올로기적 특성을 간파하고 객관적 실제인 부부를 만물의 시초로 보았던 것이라고 할 수 있다. 이지에게 우주자연의 원리란 인위와 작위가 없는 자연스러움 그 자체이며 자연스러움이란 결국 인간을 포함한 만물이 단지 자연의 원리에 따라 삶을 영위하는 것125)으로 상정되었던 것이다.

이와 같은 우주론(자연관)을 바탕으로 이지는 자연이 부여한 삶을 행복하게 영위하려는 욕구를 지닌 동시에 자신만의 고유한 특성, 즉 개체성(個體性)을 가지고 있다는 점에서 모든 인간이 본연적으로 동등하다는 평등론적 인성론을 전개했다. 먼저 인간이 행복한 삶을 영위하려는 욕구의 주체라는 점에 대해 이지는 "이익을 추구하고 해로움을 피하는 것은 인간이라면 모두 가지고 있는 똑같은 마음[同心]이다"126)고 하고 또

---

124) "極而言之, 天地一夫婦也, 是故有天地然後有萬物, 然則天下萬物皆生於兩儀。不生於一, 明矣, 而又謂一能生二, 理能生氣, 太極能生兩儀, 何歟。夫厥初生人, 惟是陰陽理氣, 男女二命, 初無所謂一與理也, 而何太極之有, 以今觀之, 所謂一者果何物, 所謂理者果何在, 所謂太極者果何所指也, 若謂二生于一, 一又安從生也, 一與二爲二, 理與氣爲二, 陰陽與太極爲二, 反覆窮詰, 無不是二, 又烏覩所謂一者, 而蓬爾妄言之哉, 故吾究物始, 而見夫婦之爲造端也, 是故但言夫婦二者而已, 更不言一, 亦不言理, 一尙不言, 而況言無, 無尙不言, 而況言無無, 何也, 恐天下惑也, 夫惟多言數窮, 而反以法人之惑, 則不如相忘于無言, 而但與天地人物共造端于夫婦之間, 于言食息, 于言語語已矣"(위의 책).

125) "而其孰知天地之無工乎, 今夫天之所生, 地之所長, 百卉具在, 人見而愛之矣, 至覓其工, 了不可得, 豈其智固不能得之歟, 要知造化無工, 雖有神聖, 亦不能識知化工之所在, 而其誰能得之"(위의 책, 卷三, 雜述, 雜說).

126) "趨利避害, 人人同心"(위의 책, 卷一, 書答, 答鄧明府).

한 "나와 당신 그리고 다른 사람들이 모두 같다. 아침부터 저녁때까지 지식을 갖게 된 후 지금까지 밭을 갈아서 먹고 땅을 사서 씨를 구하고 집을 지어 안락함을 추구하고 책을 읽어 과거에 급제하고 관직을 얻어 존귀함과 현달함을 구하고 풍수(風水)로써 자손에게 복을 전하려 한다"127)고 하면서 이것은 인간으로서는 어찌할 수 없는(不容已) 것이라고 했다. 이지는 더 나아가 다음과 같이 인간의 사욕을 자연이 부여한 본성으로 적극 인정하기도 했다.

> 무릇 사사로움(私)은 인간의 마음(心)이다. 인간은 반드시 사사로움이 있고 난 후에 그 마음을 볼 수 있다. 만약 사사로움이 없으면 마음도 없는 것이다. 이것은 마치 농사짓는 사람이 가을에 수확을 한 뒤에 힘써 논을 다스리고 창고에 곡식을 가득 채운 뒤에 집안을 다스리며, 학자가 열심히 공부한 뒤에 자신의 업(業)을 찾는 것과 같다. 따라서 관인(官人)이 녹(祿)을 받으려는 욕구가 없으면 비록 불러도 오지 않고, 높은 작위를 주지 않으면 그것을 권해도 따르지 않게 된다. 또한 비록 공자와 같은 성인이라도 관직을 주지 않으면 하루라도 노나라에 거처하지 않는 것이다. 이것이 바로 자연이 부여한 원리이다.128)

이러한 욕구주체로서의 인간간 동등성 논리와 함께 이지는 모든 인간이 각기 자신만의 고유한 성정(性情)을 자연으로부터 부여받는 존재라는 점을 밝힘으로써129) 인간의 개체성을 인정했다. 이와 함께 이지는 "모

---

127) "人盡如此, 我亦如此, 公亦如此, 自朝至暮, 自有知識以至今日, 均之耕田而求食, 買地而求種, 架屋而求安, 讀書而求科第, 居官而求尊顯, 博求風水以求福蔭子孫"(위의 책, 卷一, 書答, 答耿司寇).

128) "夫私者人之心也, 人必有私而後其心乃見, 若無私則無心矣, 如服田者, 私有秋之獲而後治田必力, 居家者, 私積倉之獲而後治家必力, 爲學者, 私進取之獲而後學業之治也必力, 故官人而不私以祿, 則雖日之, 必不來矣, 苟無高爵, 則雖勸之, 必不至矣, 雖有孔子之聖, 苟無司寇之任, 相事之攝, 必不能一日安其身於魯也決矣, 此自然之理, 必至之符"(『藏書』, 卷三十二, 德業儒臣後論).

든 사람은 각기 취할 만한 선(善)을 가지고 있다"130)거나 "하늘이 사람을 낼 때에는 각기 쓰임이 있게 한다"131)고 함으로써 인간이 모두 각기 고유한 장점을 가지고 있다는 점에서 동등하다는 기능적 동등성의 논리를 전개하기도 했다. 이러한 이지 인성론의 특성은 비록 이론적 체계성을 갖추지는 못했다 하더라도 유학의 차별적 인성론에 반대하여 인간의 본연적·기능적 평등성을 주장한 것이라는 점에서 매우 큰 사상적 가치가 있다고 평가할 수 있다.

마지막으로 이지 인성론과 관련하여 주목할 만한 것이 동심설(童心說)이다. 이에 대해 이지는 "무릇 동심(童心)은 진심이며"132) "가식 없고 순수하고 참된 것으로서 최초 일념(一念)의 본심이다"133)라고 했다. 그러나 이러한 동심을 가지고 태어나기는 했으나 인간은 자라면서 견문과 지식을 얻게 되고 도리나 의리·명분 등을 따르게 됨으로써 점차 동심을 상실하게 된다는134) 것이 이지의 설명이다. 이와 같은 이지의 동심설은 그 자체가 인간의 본연적 동등성을 주장하려는 의도와 함께 유교적 사회질서 속에서 본심을 상실해가는 원인을 지적하는 데 목적이 있는 것으로 보인다. 이와 함께 그것은 인간이 현실 사회에서 이데올로기적 억압을 벗어나 자연의 원리에 따르는 실천적 방법론을 제시하기 위한

---

129) "又非於情性之外復有所謂自然而然也, 故性格淸徹者音調自然宣暢, 性格舒徐者音調自然疏緩, 曠達者自然浩蕩, 雄邁者自然壯烈, 沉鬱者自然悲酸, 古怪者自然奇絶, 有是格, 便有是調, 皆情性自然之謂也, 莫不有情, 莫不有性, 而可以一律求之哉, 然則所謂自然者, 非有意爲自然而遂以爲自然也, 若有意爲自然, 則與嬌强何異, 故自然之道, 未易言也"(『焚書』, 卷三, 雜述, 讀律膚說).

130) "夫人旣無不可取之善"(위의 책, 卷一, 書答, 答耿司寇).

131) "夫天生一人, 自有一人之用"(위의 책, 卷一, 書答, 答耿中丞).

132) "夫童心者, 眞心也"(위의 책, 卷三, 雜述, 童心說).

133) "夫童心者, 絶假純眞, 最初一念之本心也"(위의 책).

134) "夫心之初曷可失也, 然童心胡然而遽失也, 蓋方其始也, 有聞見從耳目而入, 而以爲主于其內而童心失, 其長也, 有道理從聞見而入, 而以爲主于其內而童心失"(위의 책).

전제의 성격이 강한 것이었다. 이 점은 다음에서 살펴볼 이지의 인식론과 도덕론에 잘 나타나 있다.

4) 상대주의적 인식론과 상애(相愛)의 도덕론

이지 인식론의 가장 큰 특징은 상대주의적 가치관이다. 선악과 시비를 구분하는 유학의 고정관과 절대관을 노장적 입장에서 강하게 비판했던 이지는 상대관을 통해 유학적 정치질서관의 이데올로기적 억압의 모순을 지적하는 한편 그것에서 벗어나려 했다. 이에 대해 먼저 이지는 "세상이 항상 시비(是非)를 따지니 사람이 시비의 문제에서 어찌 벗어날 수 있겠는가? … 시비를 따지는 일은 매우 한탄스럽고 수치스러운 일인데, 저 서로 싸우고 속이는 사람들은 그것이 한탄스럽거나 수치스럽다는 것을 알지 못한다"[135]고 하여 차별적 가치기준으로서의 유학적 질서관의 고수와 유학 이외의 사상을 억압하는 당시의 상황을 비판했다. 이러한 점을 바탕으로 이지는 다음과 같이 선악과 시비가 모두 상대적인 가치이며 따라서 선악과 시비의 구분이 무의미하다는 점을 밝혔다.

> 선과 악은 상대적이다. 이는 마치 음과 양이 상대적이고 부드러움과 강함이 상대적이며 남자와 여자가 상대적인 것과 같다. 둘이 있으면 상대적인 관계인 것이다. 그러나 세상사람들은 둘이 있으면 부득불 허위와 거짓의 이름〔名〕을 만들어 둘 사이를 분별하려고 한다. 장삼이사(張三李四) 같은 것이 그 예이다. 만약 장삼(張三)은 사람이고 이사(李四)는 사람이 아니라고 하면 가능하겠는가?[136]

---

135) "世間是非紛然, 人在是非場中, 安能免也, … 此大可嘆事, 大可恥事, 彼所爭與誣者, 反不見可嘆可恥也"(위의 책, 卷一, 書答, 與楊定見).

136) "善與惡對, 猶陰與陽對, 柔與剛對, 男與女對, 蓋有兩則有對, 旣有兩矣, 其勢不得不立虛假之名以分別之, 如張三李四之類是也, 若謂長三是人, 而李四非人, 可歟"(위의 책, 卷一, 書答, 又答京友).

이지에게 선이란 인간 개개인이 자연으로부터 부여받은 삶의 욕구의 본성과 자신만의 고유한 특성 내지는 장점을 의미한다. 인성론에서 살펴본 바와 같이 이러한 의미의 선은 인간 모두가 가지고 있기 때문에 인간은 성인이나 천자, 서민에 관계없이 본질적으로 동등한 개체인 것이다. 이와 같은 선을 지닌 동등한 개체로서의 인간은 사회 속에서 상대방의 본성적인 욕구와 가치를 상호 인정하는, 즉 선을 함께함으로써[137] 공동체적 삶을 영위할 수 있다는 것[138]이 이지의 설명이다. 이지의 도덕론은 바로 이러한 인식을 전제로 하는 것이다.

도덕론과 관련하여 이지는 먼저 인간으로 하여금 고정관과 절대관을 벗어나기 위한 방법으로서 네 가지 끊을 것〔四絶〕과 네 가지 없어야 할 것〔四無〕, 그리고 네 가지 하지 않을 것〔四不〕을 제시했다. 네 가지 끊을 것이란 절의(絶意) · 절필(絶必) · 절고(絶固) · 절아(絶我)이며, 네 가지 없어야 할 것은 무적(無適) · 무막(無莫) · 무가(無可) · 무불가(無不可)이다. 또한 네 가지 하지 않을 것은 불견(不見) · 부동(不動) · 불언(不言) · 불현(不顯)이다.[139] 유학이 "예(禮)가 아니면 보지도 듣지도 말하지도 행동하지도 말라"[140]고 하여 차별질서 유지를 위한 인간의 실천적 노력을 제시한 것에 대해, 이지의 이러한 주장은 노장적 입장에서 일체의 고정관과 절대관에서 벗어나기 위한 개인적 수양의 방법을 제시한 것이라고 할 수 있다.

이지에게 이와 같은 개인적 수양의 궁극적 목적은 개체 상호간의 욕구와 가치를 존중하는 공동체적 삶을 영위하는 것이었다. 모든 인간을 각기 자신의 삶을 행복하게 영위하려는 동등한 욕구와 가치의 주체로

---

137) "以親見人人之皆佛而善與人同故也, 善旣與人同, 何獨於我而有善乎, 人與我旣同此善, 何有一人之善而不可取乎"(위의 책, 卷一, 書答, 答耿司寇).

138) "夫以率性之眞, 推而擴之, 與天下爲公, 乃謂之道"(위의 책, 卷一, 書答, 答耿中丞).

139) 위의 책, 卷三, 雜述, 四勿說 참조.

140) "非禮勿視, 非禮勿聽, 非禮勿言, 非禮勿動"(『論語』, 顔淵).

파악했던 이지는 이와 같은 욕구와 가치의 상호존중을 통한 상애(相愛)를 도덕론의 목표로 제시했으며 그것은 묵자의 겸애설(兼愛說)에 대한 그의 다음과 같은 평가에서 잘 표현되고 있다.

겸애란 서로 사랑하라는 상애(相愛)를 말하는 것이다. 사람들에게 서로 사랑하라는 말이 어찌 인(仁)을 해치는 것이 되는가? 만약 사람들에게 서로 사랑하라는 것이 인을 해치는 것이라면 사람들에게 서로 미워하라고 해야 인을 해치지 않는 것인가? 내가 다른 사람의 아버지를 사랑하면 다른 사람도 나의 아버지를 사랑하게 된다는 것이 어찌 무부(無父)의 설(說)이 되는가? 만일 다른 사람이 모두 나의 아버지를 사랑하게 하는 것이 무부라면 다른 사람들로 하여금 나의 아버지를 미워하게 하는 것이 유부(有父)인가? 이것은 금수(禽獸)·이적(夷狄)과 다르지 않다. 따라서 사사로운 감정을 가지고 이러한 묵자의 겸애설을 사악한 것이라고 한 맹씨(孟氏: 孟子) 역시 인간이 아닐지도 모른다.[141]

이와 같은 상애와 함께 이지의 도덕론에서 두드러진 것이 효(孝) 실천의 강조이다. 이지는 그 자신이 삭발하여 승려생활을 하면서도 가족을 돌보고 특히 부모에 대한 효의 중요성을 강하게 역설했다. 그가 출가하려고 하는 약무(若無)라는 사람에게 "염불(念佛)하는 사람은 반드시 수행을 해야 하는데 효(孝)는 모든 수행 중에 가장 우선적인 것이다. 만약 염불만을 외우고 효를 먼저 행하지 않는다고 한다면 아미타불(阿彌陀佛)역시 효를 행하는 것을 중요하게 생각하지 않았다는 것이 되는데 결코그럴 리 없다. … 필시 그 역시 항상 효심과 자애의 마음을 갖고 있던 사람임에 틀림없다"[142]고 한 것은 효를 중요시하는 이지의 입장을 나타

---

141) "兼愛者相愛之謂也, 使人相愛何說害仁, 若謂使人相愛者乃是害仁, 則必使人相賊者乃不害仁乎, 我愛人父然後人皆愛我之父何說無父, 若謂使人皆愛我父者乃是無父, 則必使人賊我父者乃是有父乎, 是何異禽獸夷狄人也, 豈其有私憾, 而故托公言以售其說邪, 然孟氏非若人矣"(『墨子批選』, 卷一, 兼愛上篇).

낸 것이라고 하겠다. 이와 같이 가족에 대한 책임과 부모에 대한 효의 필요성을 강조하는 이지의 도덕론은 그 자체가 동아시아 전통의 봉건적 가족제도의 특성을 반영하는 것이라는 점에서 한계로 지적될 수 있다. 그러나 다른 한편 이지의 효의 강조는 유학이 요구하는 것과 같은 부자간·부부간 차별을 전제로 하는 가부장적 권위질서의 유지·강화를 목표로 한 것은 아니었다고 평가할 수 있다. 즉 가장 원초적인 공동체로서의 가족과 부모의 중요성을 강조하고, 이를 바탕으로 사회공동체 내에서의 개체로서의 개인 집단간의 상호협력과 조화의 필요성을 역설한 것이라고 볼 수 있다. 이것은 앞서 살펴보았듯이 그가 부부(夫婦)를 인간을 포함한 만물의 시초로서 파악하고 남녀의 기능적 평등을 주장했으며, 삶의 욕구주체로서의 개인·계층간의 상호이익의 존중과 사랑을 요구했던 것에 잘 나타나 있다.

5) 일치일란(一治一亂)의 변천적 역사론

이지 역사론의 가장 큰 특징은 역사를 일치일란(一治一亂)의 순환과정으로 파악하는 데 있다. 일치일란의 역사론은 맹자에게서도 보이고 있지만 그 성격과 내용은 본질적으로 다른 것이었다. 즉 맹자는 "옛날에 (요임금 때) 우(禹)가 홍수를 막아서 천하가 태평해졌고, 주공(周公)이 이적(夷狄)을 병합하고 맹수를 몰아내어 백성들이 편해졌으며, 공자가 『춘추(春秋)』를 완성하여 난신적자(亂臣賊子)들이 두려워하게 되었다. 시편에 '융적(戎狄)'을 치니 형서(荊舒)가 이에 징계되어 나에게 감히 저항하지 못했다'고 했거니와, 아버지를 무시하고 임금을 무시하는 것이 주공의 응징의 대상이었다. 나 또한 (오늘의 혼란에 직면하여) 인심을 바로잡고

---

142) "念佛者必修行, 孝則百行之先, 若念佛名而孝行先缺, 豈阿彌陀亦少孝行之佛乎, 決無是理也, … 必定亦只是尋常孝慈之人而已"(『焚書』, 卷四, 雜述, 讀若無母寄書).

괴이한 학설을 방지하고 부정한 행위를 막고 음란한 말을 몰아내어 세 분 성인을 계승하려 한다"[143]고 함으로써, 군신·부자간 차별질서 파괴를 혼란의 역사 즉 패도(覇道)의 역사로 규정하고 이것이 잘 지켜지는 역사를 왕도(王道)의 역사, 천명(天命)의 역사로 인식하여 이와 같은 패도와 왕도의 순환을 역사의 본질로 파악하는 차별불평등적 역사론을 전개했다. 이에 대해 이지의 일치일란의 역사론은 시세(時勢)의 질박함〔質〕과 거칢〔野〕, 융성함과 화려함〔文〕이 순환·반복되는 과정을 역사의 내용으로 파악하는 것이었다. 이지에 의하면 역사는 시세의 질박함과 거칢의 난(亂)이 극에 달하면 융성함과 화려함의 치(治)가 이루어지고, 그 융성함과 화려함이 극에 달하면 다시 질박과 거칢의 난(亂)에 이른다는 것이다. 따라서 질박함과 거칢이란 난의 끝이고 치의 시작이며 융성함과 화려함이란 곧 치의 극이면서 난의 징조라는 것이다. 이지는 이에 대해 다음과 같이 구체적으로 설명했다.

일치일란(一治一亂)은 마치 순환하는 것과 같다. 전국(戰國) 이래 몇 번의 치란(治亂)이 있었는가를 알지 못하지만 난세(亂世)에는 머리를 보전하고 있는 것만으로 이미 행복한 것이다. 다행히 치세(治世)가 되면 한번 배불리 먹을 수 있는 것만으로도 족하며 그것이 거친지 부드러운지는 상관하지 않는다. 또한 한번 잠을 잘 수 있는 것만으로도 편안하게 생각하여 그것이 넓고 큰 집인지 아닌지는 상관하지 않는다. 이는 질박함〔質〕과 거칢〔野〕이 극에 달하여 융성함과 화려함〔文〕이 없는 시기이다. 거칢을 좋아하는 것은 아니지만 시세가 부득불(不得不) 거친 것이다. 비록 질박함과 거칢이 극에 달해도 스스로 그것을 알지 못한다. 하지만 자손대(代)에 이르면 달라진다. 귀는 병영(兵營)의 징과 북소리를 듣지 않고 발은 힘들게 걷지 않으며 오직 편안히 잠자고 배불리

---

143) "昔者, 禹抑洪水, 而天下平, 周公兼夷狄驅猛獸, 而百姓寧, 孔子成春秋, 而亂臣賊子懼, 時云戎狄是膺, 荊舒是懲, 則莫我敢承, 無父無君, 是周公所膺也, 我亦欲正人心息邪說, 距詖行, 放淫辭, 以承三聖者"(『孟子』, 滕文公下九).

먹는 것만을 알 뿐이다. … 그리하여 융성함과 화려함이 극에 달하면 천하의 난(亂)은 다시 일어나고 패권을 다투는 영웅들간에 전쟁이 그치지 않는다. 성인이라도 또한 이와 같은 시세의 변화에 따를 수밖에 없다. 유학자들은 진실함, 질박함, 화려함과 융성함을 함께 말하지만 그것이 무엇인지 알지 못한다. 또한 진실함으로 질박함을 바꾸고 질박함으로 화려함과 융성함을 담는다고 말하지만 근거가 없는 것이다. 무릇 세상에는 오직 질박함과 융성함의 두 가지 뿐이다. 이 두 가지는 치란(治亂)에 근원하여 생기는 것이다. 질박함이란 난(亂)의 끝이고 치(治)의 시작이다. 그것은 곧 본래부터 질박함이지 않을 수 없는 것이기 때문에 작위가 아니다. 점차 그것이 축적되어 융성함에 이르면 치의 극이면서 난의 징조가 된다. 그러나 그것도 본래부터 융성함이지 않을 수 없기 때문에 모두 진실함인 것이다. … 이것이 바로 일문일질(一文一質), 일치일란(一治一亂)의 역사원리이다.[144]

이와 같은 이지의 역사론은 역사의 변동을 유학과 같이 절대적이고 고정적인 가치기준에 의하지 않고 시세의 자연적 변화라는 변천관의 입장에서 파악했다는 특징이 있다. 특히 치란(治亂)과 흥망성쇠의 내용을 부족과 소박 → 풍요와 번영 → 안일(安逸)과 낭비 → 부족과 결핍의 순환과정으로 설명했다는 점은 이지 역사론의 독창성을 보여주는 동시에 명조를 비롯한 중국 역대왕조의 변영과 쇠퇴의 과정을 객관적으로 설명한 것이라 할 수 있다.

---

144) "一治一亂若循環, 自戰國以來, 不知凡幾治幾亂矣, 方其亂也, 得保首領, 已爲幸矣, 幸而治, 則一飽而足, 更不知其爲粗糲也, 一睡爲安, 更不知其是廣廈也, 此其極質極野無文之時也, 非好野也, 其勢不得不野, 雖至於質野之極, 而不自知也, 追子若孫, 則異是矣, 耳不聞金鼓之聲, 足不履行陣之險, 惟知安飽是適而已, … 然文極而天下之亂復起矣, 英雄並生, 逐鹿不已, 雖聖人亦順之爾, 儒者乃以忠質文並言, 不知何說, 又謂以忠易質, 以質抶文, 是尤不根之甚矣, 夫人生斯世, 惟是質文兩者, 兩者之生, 原於治亂, 其質也, 亂之終而治之始也, 乃其中心之不得不質者也, 非矯也, 其積漸而至於文也, 治之極而亂之兆也, 乃其中心之不能不文者也, 皆忠也, … 一質一文, 一治一亂, 於斯見矣"(『藏書』, 卷一, 世紀總論).

이상에서 살펴본 바와 같이 명 말의 혼란기에 활동한 이지는 당시 명조가 처한 혼란의 원인이 지배적 통치이념으로서의 유학의 차별관·절대관·고정관에 있음을 직시하고 이를 평등질서관의 구축으로서 극복하려고 했던 혁신적 사상가였다.

　한국의 근세 전반기 개혁사상가들의 논의와 비교해볼 때, 이지의 사상은 군주권의 존재근거 및 군주체제 자체의 변동가능성과 현실개혁의 구체적 대안을 제시하지 못했다는 점에서 한계가 있다고 평가할 수 있다. 그러나 강한 반유학적 성향과 노장·묵학 등 소위 이단사상의 적극적 수용에서는 한국의 사상가들보다 철저했다고 하겠다. 이와 함께 이지가 노장사상이나 묵학의 논리를 자신의 개혁사상의 근거로 삼았다는 점과 이를 바탕으로 삶의 욕구주체로서의 인간간 본연적 동등성과 개체성 인정의 논리, 나아가 남녀의 기능적 평등성의 인정, 그리고 상애(相愛)의 도덕론 등을 제시함으로써 민 중심의 평등적 정치질서관 구축을 추구했다는 점은 동아시아적 자유·평등론의 발전과정의 보편적 특성을 보여준다고 할 수 있다.

　앞서 살펴본 한국의 개혁사상가들과 이지 사상의 유사점으로는 주자학적 유학의 차별질서관에 대한 반발을 근간으로 했다는 점과 민 중심의 평등질서관을 지향했다는 점을 들 수 있다. 이는 중국과 한국이 공통적으로 주자학적 통치이념이 지배질서관으로서의 역할을 수행했다는 사실과, 단일민족 내부의 지배-피지배 간의 모순이라는 정치·사회적 공통점이 있었기 때문이었다. 그러나 양국간의 이러한 공통점에도 불구하고 한족의 명조가 멸망하고 이민족인 청조가 중국대륙을 지배하게 되면서, 한국이나 일본의 경우와는 달리 중국의 개혁사상은 민족모순이라는 중국만의 고유한 특성을 기반으로 전개되었다.

　1644년 명의 멸망에 따른 중국대륙에서의 청의 지배권 확립은 단순히 정권의 변화라는 사실을 넘어서 중국의 전통적 지배민족인 한족(漢族)이 소수의 이민족인 만주족의 지배를 받게 되었다는 중요한 의미를 가진 것이었다. 보다 구체적으로 단일민족으로 구성된 한국이나 일본과는 달리 중국대륙의 역사가 한족과 이민족 간의 끊임없는 투쟁·갈등의 역사[145]라는 점을 감안할 때, 이민족 지배로 정치권력이 변화된 것은 곧 민족간 대립이라는 한국과 일본에게는 존재하지 않는 모순이 창출되는 것을 뜻하는 것이었다.

이러한 모순은 정치사상적으로 크게 두 가지의 결과를 가져다주었다. 그 첫째는 소수 만주족의 입장에서는 자신들 지배의 정당성을 부여하고 이를 바탕으로 다수 한족을 효율적으로 지배하기 위한 통치이념 및 각종 제도적 장치를 보다 확고히 할 필요가 있었다는 점이다. 청조가 중국대륙 지배 이후 주자학적 통치질서관을 바탕으로 대내적 차별질서를 강화하는 한편 한족 지식인의 저항을 저지하기 위해 각종 사상통제 정책을 실시한 것은 이를 잘 나타낸다고 할 수 있다. 둘째로 한족의 입장에서는 만주족 지배의 정당성을 비판하고 이를 토대로 한족 지식인층의 정치적 역할을 증대시켜야 했다는 점이다. 이것은 앞으로 살펴보겠지만 한국과 일본 정치사상에서 보수와 혁신의 구분이 주로 성리학의 강화를 통한 지배계층 중심의 차별적 정치질서관의 유지와 반(反)성리학적 기론(氣論) 전개를 통한 평등적 정치질서관의 지향 및 다수 피지배계층의 이익확보로 대별되는 것에 비해, 근세 중국정치사상에서 기론의 전개가 다수 민중의 생활안정 및 이익권 보호를 목표로 하기보다는 주로 이학(理學)이 요구하는 청조지배의 당위성을 부정하는 근거로 활용되었다는 것에서 잘 나타나 있다. 이와 더불어 한국과 일본의 기론이 개체, 특히 국가간·민족간 독자성 및 평등성을 지향하는 것이었음에 비해 근세 중

---

145) 구체적으로 중국역사 중 순수하게 한족이 지배한 시기는 약 1,700여 년간〔진(秦) 통일 이후 약 1,400여 년간〕이고, 한족과 이민족 간의 갈등기간이 약 1,300여 년간이며, 순수하게 이민족이 지배한 시기가 약 750여 년간에 이른다.

국 정치사상에서는 기론이 화이질서관(華夷秩序觀)에 찬동하거나 혹은 국가간·민족간 관계를 거의 언급하지 않았다는 점도 이와 같은 중국 내부의 민족모순의 결과라고 할 수 있을 것이다.

이렇게 중국대륙에서의 민족간 대립이 가져온 모순은 중국 근세정치 및 사상의 중요한 특색을 형성하는 요인이 되었다. 다음에서 살펴볼 17세기 청 초의 황종희와 왕부지의 정치사상은 이와 같은 중국 개혁사상의 특성을 가장 전형적으로 보여준 것이었다.

2. 황종희[146]의 개혁사상[147]

1) 현실관과 정치목표

먼저 명조의 멸망과 청조의 등장이라는 정치적 변동기의 중국의 현실을 파악하는 황종희 현실관의 내용은 주로 명조의 멸망에 대한 원인을

---

[146] 황종희(黃宗羲, 1610-1695)의 자는 태충(太沖)이고 호는 남뢰(南雷), 이주(梨洲)이며 절강성(浙江省) 여요(餘姚)의 전통적인 사대부 가문 출신이다. 부친 황존소(黃尊素)는 명 말 동림당(東林黨) 지도자의 한 사람으로서 황종희가 17세 때 환관 위충현(魏忠賢)의 탄압을 받아 감옥에서 살해되었다고 한다. 황종희는 21세 때 숭정제(崇禎帝) 즉위 후 위충현 일파가 몰락하자 동림당의 후신인 복사(復社)에 참여하여 환관세력에 반대하는 정치활동에 참가하는 한편 반청운동을 전개했다. 1644년 명이 멸망하자 1645년부터 의병을 모아 청군과의 전투에 수 차례 참여하고 남명(南明) 노왕(魯王)의 지시에 따라 지원군을 요청하기 위해 일본에 파견되는 등 명조회복을 위한 반청운동에 몰두했으며, 군사적 저항운동이 실패로 끝난 이후에는 청나라 조정의 초청요구에 일체 응하지 않고 평생을 강학(講學)과 학술연구에 힘썼다고 한다(黃炳垕 撰, 王政堯 點校, 『黃宗羲年譜』, 北京: 中華書局, 1993 참조). 이와 같은 행적을 통해 그가 전통적인 한족 사대부 출신으로서 강한 정치욕구를 가지고 있었다는 점과, 무엇보다 명조의 몰락과 이민족 정권인 청조의 등장이라는 시대적 배경하에서 전개된 반만(反滿)·반청(反淸) 의식이 그의 사상형성에 가장 큰 영향을 미쳤다는 사실을 알 수 있다. 황종희를 고염무, 왕부지와 함께 명나라의 3대 유로(遺老)로 일컫는 것은 바로 이처럼 반만·반청으로 일관했던 그의 평생의 행적과 깊은 관련이 있다.

[147] 황종희 사상에 대해서는 특히 『명이대방록(明夷待訪錄)』에 보이는 그의 전제군주정치에 대한 강렬한 비판에 근거하여 청 말의 양계초를 비롯한 중국학자들의 일부가 민권

분석하는 데 집중되었다. 그는 명조멸망이 무엇보다 전제군주의 독단적 행태 및 관리들의 부패와 무능, 그리고 이를 견제할 수 있는 제도적 장치의 미비에 기인한 것이라고 인식했다. 이에 대해 황종희는 "천하에 큰 해가 되는 것은 군주뿐이다"[149]라고 하면서 다음과 같이 전제군주의 행태를 비판했다.

지금 군주가 주인이고 천하가 객(客)이 되어 천하의 어느 곳도 안녕을 얻지 못한 것은 군주가 자신만을 위하기 때문이다. 그러므로 군주는 천하를 얻기 전에는 천하의 간(肝)과 뇌(腦)를 찢고 해독을 주며, 천하의 자녀(子女)들을 흩어지게 하여 자신의 산업만을 넓히면서도 전혀 잔혹하다고 생각하지 않고 '나는 자손을 위해 창업했다'고 말한다. 이미 천하를 얻고 나서는 천하의 골수를 때려 상하게 하고, 천하의 자녀를 흩어지게 하여 자기 한 사람의 음란과

과 법치주의를 지향한 민주주의적 성격의 사상이라고 평가하기도 했다(이에 대해서는 南成勳, 「黃宗義 政治思想 硏究의 몇 가지 問題點」, 全北大學校史學會, 『全北史學』, 第4輯, 1980, pp.189-191 참조). 물론 황종희의 사상이 청 초의 사상계를 대표할 만큼 일부 혁신적인 내용을 담고 있는 것은 사실이다. 이런 점에서 황종희의 사상을 개혁론의 시각으로 파악하는 데에는 이론의 여지가 없을 것으로 보인다. 그러나 앞서 살펴본 이지의 사상과는 달리 황종희의 정치사상에서 보이는 혁신적 측면은 궁극적으로 이민족 정권인 청조 지배체제의 정당성을 부정하는 한편 한족 사대부층의 정치적 입지와 역할을 강화하기 위한 것이었음은 부인할 수 없다〔참고적으로 황종희는 양명학 제파(諸派) 중 강우(江右)를 중심으로 한 양명우파(陽明右派)만을 정통으로 인정했다(『明儒學案』, 第三冊, 卷十六, 江右王門學案一 참조). 이와 관련하여 그는 명대의 사상적 경향과 특징을 종합적으로 정리한 자신의 『명유학안(明儒學案)』에서 다른 양명좌파 사상가들에 대해 언급한 것과는 달리 앞서 논의한 이지(李贄)에 대해서는 한 마디도 언급하지 않을 정도로 비판적 입장을 보였다. 이런 점에서도 이지의 사상과 황종희의 사상은 본질적인 차이가 있었다고 하겠다〕. 따라서 그것은 개체의 자유성과 개체간 본질적·기능적 동등성을 중심으로 한 평등적 정치질서관을 지향한 것이 아니었으며 유학적 차별적 정치질서관의 유지를 전제로 한 제도적 개량론이라는 보수적 한계를 벗어나지 못한 것이었다. 그럼에도 불구하고 황종희로 대표되는 청 초 개혁사상의 특징이 이후 근세 중국 개혁사상의 두드러진 특징을 형성했다는 점과, 특히 그것이 단일민족으로 구성되어 민족모순을 가지고 있지 않았던 한국 및 일본과는 다른 중국 고유의 특성을 보여준다는 점에서 황종희 사상을 검토하는 유용성이 있다고 하겠다.
149) "然則爲天下之大害者, 君而已矣"(『明夷待訪錄』, 原君).

쾌락을 꾀하면서도 이를 당연하게 여기며 '그것은 나의 산업에서 나온 화식(花息: 잉여물)이라고 말한다. … 따라서 지금 천하의 사람들이 군주를 원망하고 미워하는 것이 마치 원수를 대하는 것과 같고 그를 독부(獨夫)라고 부르는 것은 당연한 것이다.[150]

이와 같은 전제군주에 대한 비판과 함께 황종희는 명 말 환관(宦官)들의 권력독점과 전횡 그리고 서리(胥吏)에 대해 그 폐해를 지적하는[151] 한편, 일반백성의 생활 및 국가방위와 관련된 부세(賦稅)·양병(養兵) 등 각종 제도적 장치의 미비와 불합리의 현실을 비판했다.

이러한 현실인식, 특히 그의 전제군주 비판론은 군주의 역할과 관련된 황종희 정치론의 중요한 근거가 되었다. 황종희는 군주란 근본적으로 자신의 이익이 아니라 천하의 이익을 위해 존재하는 것으로 보았다. 그는 이 점을 다음과 같이 표현하고 있다.

인간은 처음 태어나면서부터 각기 자신의 사리(私利)를 가지고 있었다. 천하에 공리(公利)가 있어도 누구하나 그것을 도모하려 하지 않았고 공해(公害)가 있어도 누구하나 그것을 제거하려고 하지 않았다. 어떤 한 사람이 나와 자기의 이익을 이익으로 여기지 않고 천하로 하여금 그 이익을 받게 하며 자기의 해로움을 해(害)로 여기지 않고 천하로 하여금 그 해를 풀게 했다.[152]

군주가 천하의 공리 즉 공익을 위한 존재라는 점에서 천하는 결코 군

---

150) "今也以君爲主, 天下爲客, 凡天下之無地而得安寧者, 爲君也, 是以其未得之也, 屠毒天下之肝腦, 離散天下之子女, 以博我一人之産業, 曾不慘然, 曰我固爲子孫創業也, 其旣得之也, 敲剝天下之骨髓, 離散天下之子女, 以奉我一人之淫樂, 視爲當然, 曰此我産業之花息也, … 今也天下之人怨惡其君, 視之如寇讐, 名之爲獨夫, 固其所也"(위의 책).
151) 위의 책, 胥吏 및 奄官上, 下 참조.
152) "有生之初, 人各自私也, 人各自利也, 天下有公利而莫或興之, 有公害而莫或除之, 有人出者, 不以一己之利爲利, 而使天下受其利, 不以一己之害爲害, 而使天下釋其害"(위의 책, 原君).

주 개인의 사유물이 아니며153) 백성이 그 주인인 것이고 군주는 객일 뿐154)이라는 것이 황종희의 입장이다. 따라서 그는 군주와 함께 정치를 담당하는 신하 역시 천하를 위한 것이지 군주를 위한 것이 아니며 만민을 위한 것이지 군주 일가를 위한 것이 아니라고 하면서,155) 군주를 섬기는 것도 그것이 천하를 위한 것일 때에만 가치를 가지며 그렇지 않으면 군주의 종이나 첩에 불과하고, 이런 점에서 군신간의 관계는 부자간의 관계와 본질적으로 다른 것156)이라고 역설했다.

이처럼 군주권의 존재근거가 일반백성의 이익보호에 있으며 군신간의 관계를 부자간 관계와 다른 것으로 파악하는 황종희 정치론의 내용은 주자학적 정치질서관이 요구하는 군주권의 절대화 논리와도 다르고, 특히 군신·부자간 관계를 동일화하여 상하차별의 권위질서를 확립하려고 했던 전통유학의 입장과도 차이를 보인다는 측면에서 혁신적이다.

그럼에도 불구하고 이와 같은 황종희의 정치론이 개체로서의 개인과 계층간의 본질적·기능적 동등성을 전제로 한 평등적 정치질서관의 구축을 목적으로 전개된 것이 아니라는 점에 유의할 필요가 있다. 우선 위에서 언급한 황종희의 주장이 서술되어 있는『명이대방록(明夷待訪錄)』은 명조의 회복이 불가능해진 1662년에 시작되어 1663년에 완성되었다. 이 책이 명조 멸망의 원인을 분석하고 있기는 하지만 마지막까지 명나라 왕의 신하로서 역할을 했을 만큼 강한 반만(反滿)·반청(反淸) 의식을 지닌 황종희의 행적을 볼 때, 오히려 저술의 목적은 사실상 현실 청조체제에 대한 비판과 저항에 있었다고 할 수 있다. 이 책이 건륭기(乾隆

---

153) "豈天地之大, 於兆人萬姓之中, 獨私其一人一姓乎"(위의 책).
154) "古者以天下爲主, 君爲客"(위의 책).
155) "故我之出而任也, 爲天下, 非爲君也, 爲萬民, 非爲一姓也"(위의 책, 原臣).
156) "君臣之名, 從天下而有之者也, 吾無天下之責, 則吾在君爲路人, 出而任於君也, 不以天下爲事, 則君之僕妾也, 以天下爲事, 則君之師友也, 夫然, 謂之臣, 其名累變, 夫夫子固不可變者也"(위의 책).

期)에 금서(禁書) 처분을 받았다는 사실은 이를 뒷받침한다. 또한 명조가 멸망한 후 청조의 등장에 대해 강한 반발심을 가지고 있던 황종희에게 이민족 출신의 현실 군주에 대한 자유로운 비판이 그리 큰 부담이 되지 않았을 것이라고 판단된다. 두 번째로는 황종희가 비록 전제군주의 권력남용을 강력히 비판하고 나아가 군주를 객으로 백성을 주인으로 파악하는 획기적 주장을 전개하기는 했으나, 그러한 주장의 이면에는 군주권을 견제하여 자신이 속한 한족 사대부인 신사층(紳士層)의 정치적 지위와 역할을 강화시키려는 목적이 내포되어 있다는 사실이다. 이 점은 그가 『명이대방록』 학교편(學校篇)에서 학교란 단순히 선비양성에만 목적이 있는 것이 아니라 현실 정치의 시비를 판단하는 역할을 해야 한다고 한[157] 것이나, 천하란 원래 한 사람이 혼자 다스릴 수 없다는 전제하에 유능한 재상의 필요성을 역설한[158] 것, 그리고 지방에 조세징수권, 인사권, 징병권 등 일체의 권한을 이양해야 한다는 방진론(方鎭論)을 전개한[159] 것 등에 잘 드러나 있다. 황종희가 의미하는 학교의 구성원이란 결국 신사층이고 이들이 정치적 시비를 판단해야 한다는 것은 곧 이들의 정치참여를 공식화하려는 것이기 때문이다. 또한 지방에 일체의 독립적 권한을 주어야 한다는 주장은 한족 신사층이 지배하는 지방을 중심으로 중앙정부에 대항할 정치세력의 형성하려는 의도를 보여주는 것이기 때문이다.

이러한 점에서 황종희 정치론에서 나타나는 전제군주에 대한 비판과 군민관계에 대한 주장은 군주권 자체에 대한 부정이나 개체간 동등성을 기반으로 한 것이라기보다는 신분적 차별질서를 전제로 한 위민(爲民) 또는 보민(保民)의 정통 유학적 입장을 다소 수정하여 이민족 정권하에

---

157) 위의 책, 學校 참조
158) 위의 책, 置相 참조
159) 위의 책, 方鎭 참조

서 한족 귀족계층의 정치적 입지를 강화하려는 의도에서 전개된 것이라고 볼 수 있다. 이러한 측면은 다음에서 살펴볼 황종희의 우주론과 인성론에서 잘 드러난다.

2) 우주론과 인성론

황종희는 국가적 위기에 처해 아무 역할도 하지 못함으로써 세도(世道)의 부패를 가져왔다[160]는 논리로 명 말 유학자들의 행태를 비판하면서도 "천지인(天地人)을 통일하는 것이 곧 유학이다"[161]라고 하여 유학자체를 숭상하는 자신의 입장을 피력했다. 황종희가 비판한 것은 송·명의 이학(理學)과 이를 무조건적으로 따르는 유학자들의 행태였지 이지와 같이 유학 자체에 대해 근본적으로 부정하고 비판하는 것은 결코 아니었다.[162] 이런 점에서 그의 우주론과 인성론은 주자학적 논리와는 내용상 차이가 있으나 우주론적 측면에서의 불변의 차별적 존재원리[理]의 내재와 인성론적 측면에서의 인의예지론을 적극 인정한다는 측면에서 유학적 범주를 벗어나지 못한 것이었다.

먼저 생성론의 측면에서 황종희는 우주만물의 시초를 일기(一氣)의 운동작용으로 보았다. 그는 이에 대해 "천지간에는 오직 일기가 충만하고, 그것이 유행하여 인간과 만물을 낳는다. 인간은 이 기(氣)에 의해 생겨났으며 심(心)은 기의 신령한 곳이다. 이것이 소위 지기(知氣)가 위에 있다는 것이다. 심체(心體)의 유행에는 반드시 조리(條理)가 있는데 그것이 곧

---

160) "當報國之日, 則蒙然張口, 如坐雲霧, 世道以是潦倒泥腐"(『南雷文定』, 後集, 卷三, 贈編修弁玉吳君墓誌銘).

161) "統天地人曰儒"(위의 책, 前集, 卷四, 移史館論不宜立理學(傳書).

162) "儒者之學, 經緯天地, 而後世乃以語錄爲究竟, 僅附答問一二條於伊洛門下, 便廁儒者之列, 假其名以欺世, 治財賦者, 則目爲聚斂, 開闢打邊者, 則目爲麤材, 讀書作文者, 則目爲玩物喪志, 留心政事者, 則目爲俗吏, 徒以生民立極, 天地立心, 萬世開太平之闊論, 鈐束天下"(위의 책, 後集, 卷三, 贈編修弁玉吳君墓誌銘).

성(性)이다. 이(理)는 비록 볼 수 없으나 기에서 나타나고 성(性)은 비록 볼 수 없으나 심(心)에서 나타난다. 따라서 심은 곧 기이다"163)라고 함으로써 심즉기설(心卽氣說)을 주창했다. 이러한 황종희의 심즉기설은 육상산(陸象山)과 왕양명(王陽明)의 심즉리설(心卽理說)을 변화시킨 것으로써 정주학(程朱學)과 육왕학(陸王學)을 절충했던 그의 스승 유종주(劉宗周, 1578-1645)의 논의를 답습한 것164)이라고 할 수 있다. 이러한 생성론적 측면의 설명과 함께 황종희는 다음과 같이 이(理)의 성격에 대해 보다 구체적으로 언급했다.

> 기(氣) 외에 이(理)는 없는 것이다. 생(生)을 성(性)이라 한 것은 틀리지 않는다. 기는 스스로 유행하고 변화하나 변화하는 가운데 순수하고 변하지 않는 것이 있으니 이것을 소위 이(理)라고 하고 성(性)이라고 한다.165)

> 인신(人身)은 비록 일기(一氣)의 유행이기는 하지만 유행 가운데에는 반드시 주재하는 것이 있다. 주재하는 것은 유행의 밖에 있지 않다. 즉 유행에는 조리(條理)가 있는 것이다. … 주재를 항상 잘 보존하게 하면 혈기(血氣)가 의리(義理)가 되지만 그 주재를 잃으면 의리는 혈기가 된다.166)

위 예문에 잘 나타나 있듯이 황종희가 상정하는 이(理)란 기(氣)의 운동작용 속에서 인간을 포함한 만물이 지니게 되는 불변의 원리[太極]를 의미한다. 그런데 황종희가 "그 이(理)라고 하는 것은 인의예지이다"167)

---

163) "天地間只有一氣充周, 生人生物, 人稟是氣以生, 心卽氣之靈處, 所謂知氣在上也, 心體流行, 其流行而有條理者卽性也, 理不可見. 見之於氣, 性不可見, 見之於心, 心卽氣也"(『孟子師說』, 浩然章).

164) 배영동, 앞의 책, p.252.

165) "無氣外之理, 生之謂性, 未嘗不是, 然氣者流行變化, 而變化之中, 有貞一而不變者, 是則所謂理也性也"(『孟子師說』, 生之謂性章).

166) "人身雖一氣之流行, 流行之中, 必有主宰, 主宰不在流行之外, 卽流行之有條理者, … 使主宰常存, 則血氣化爲義理, 失其主宰則義理化爲血氣"(위의 책, 浩然章).

167) "夫所謂理者, 仁義禮智, 是也"(위의 책, 生之謂性章).

라고 한 것에서 알 수 있듯이 불변의 원리라는 것은 결국 유학의 상하간 차별원리에 불과한 것이다. 이와 함께 그가 "천지가 만물을 생성하는 것이 인(仁)이며 군주가 만민을 양육하는 것도 인이다. 우주의 일단의 생기(生氣)는 한 사람에게 모인다. 그러므로 천하가 그에게 귀의하는데 이것은 불변의 원리[常理]이다"168)라고 한 것 또한 제왕권적 권위질서의 영구화 논리로서의 이(理)의 정치적 성격을 잘 나타내주는 것이다. 따라서 황종희의 우주론은 비록 형이상학적 존재원리로서의 이(理: 太極)를 상정했던 주자학과는 내용상 차별성을 갖는다 하더라도 변화를 주재하는 내재적 존재원리를 인정했다는 점과, 그것이 결국 현실 국가사회 내에서의 군주체제의 절대성 인정 및 차별적 질서관의 유지로 귀결되었다는 점에서 유학적 고정관과 차별관의 틀을 벗어나지는 못했다고 평가할 수 있다.

이러한 측면은 그의 인성론에서도 두드러진다. 황종희가 자신의 『명이대방록』에서 "인간은 처음 태어날 때부터 자사(自私)와 자리(自利)를 가지고 있다"169)고 하고, 또한 "편안함을 좋아하고 수고로움을 싫어하는 것은 인간의 공통적인 정(情)이다"170)라고 하여 삶의 욕구주체로서의 인간성을 인정한 것은 사실이다. 그러나 그러한 욕구주체로서의 인간성의 규정은 명 말에서 청 초로 이어지는 변동 속에서 일반백성의 최소한의 생활안정조차 담보해내지 못하는 전제군주에 대한 비판의 논리로 활용되었을 뿐 인간간 본연적 동등성을 주장하기 위한 근거는 아니었다. 오히려 황종희는 다른 곳에서 유학적 차별질서의 준수를 의미하는 천리(天理)와 인간 본연의 생활가치의 신장을 의미하는 인욕(人欲)을 상반되

---

168) "天地之生萬物, 仁也, 帝王之養萬民, 仁也, 宇宙一團生氣聚於一人, 故天下歸之, 此是常理"(위의 책, 三代之得天下章).

169) "有生之初, 人各自私也, 人各自利也"(『明夷待訪錄』, 原君).

170) "好逸惡勞, 亦猶夫人之情也"(위의 책).

는 것으로 보고 인욕을 버리고 천리를 회복할 것을 강하게 요구함으로써[171] 양명학 나아가 유학의 차별적 인성론을 답습했다. 더욱이 인성론과 관련하여 그가 비록 생성론적 측면에서 기론(氣論)을 전개했다고는 하나, 앞서 논의한 이지(李贄)나 한국의 개혁사상가들과는 달리, 그것을 등등한 개체로서의 인간 또는 계층이 갖는 고유한 특성, 즉 개체성 인정의 논리까지 발전시키지 못했다는 점은 황종희 인성론의 보수성을 보여준다고 할 수 있다.

다음에서는 마지막으로 이와 같은 사상적 논의를 바탕으로 전개된 황종희 정책론의 내용을 특징적으로 살펴보기로 하겠다.

3) 현실개혁의 정책론

황종희는 먼저 전제군주에 대한 견제책으로서 유능한 재상의 등용과 학교의 역할과 기능 강화를 위한 제도적 장치의 마련을 요구했다. 구체적으로 그는 "명대(明代)에 좋은 정치가 없었던 것은 고황제(高皇帝)가 승상(丞相)을 폐지한 데에서 비롯되었다"[172]고 하여 재상제(宰相制)의 재도입을 촉구했다. 또한 황종희는 다음과 같이 정치적 시비를 판단하는 기능체로서의 학교의 중요성을 역설함으로써 전제군주권을 견제할 필요성을 제시했다.

천자가 옳다고 하는 것이 반드시 옳은 것이 아니며 천자가 틀리다고 하는 것이 반드시 틀린 것도 아니다. 따라서 천자 역시 감히 스스로 시비(是非)를 판단하지 않고 학교에서 시비를 공론(公論)해야 하는 것이다. 그러므로 사(士)를 양성하는 것이 학교의 한 가지 일이기는 하지만 학교가 단지 사를 양성하기 위해서만 설치된 것은 아니다.[173]

---

171) 『南雷文定』, 後集, 卷三, 陳乾初先生墓誌銘 참조.
172) "有明之無善治, 自高皇帝罷丞相始也"(『明夷待訪錄』, 置相).

둘째, 황종희는 명조의 멸망이 무엇보다 불리한 지리적 조건을 가진 수도의 위치와 지방치안의 부재에 있었다는 인식하에 남경(南京)을 수도로 정할 것을 주장하는[174] 한편, 방진(方鎭)의 부활을 통한 지방분권책을 정책대안으로 제시했다. 특히 방진의 부활은 단순히 지방치안의 안정을 넘어서 군주권의 견제와 지방 신사층의 권한확대와도 연결되는 것으로서 황종희 정치사상의 특성을 잘 반영한다고 할 수 있다. 이에 대해 황종희는 "이제 봉건(封建)이란 먼 옛날의 일이다. 때에 따라 시세의 변화에 대응하기 위해서는 방진을 다시 회복시키는 것이 옳다"[175]고 하면서 "봉건의 폐해는 강자가 약자를 병합하여 천자의 정교(政敎)가 베풀어질 수 없는 데 있고, 군현(郡縣)의 폐단으로 인한 변방(彊場)의 손실 및 고통이 그칠 때가 없다"[176]는 논리로 방진의 필요성을 역설했다. 이러한 필요성을 근거로 황종희는 조세징수권을 포함한 재정권, 병권(兵權), 인사권, 행정권 등 일체의 권한을 지방에 이양하는 것을 내용으로 하는 방진을 정책대안으로 제시했다.[177] 특히 황종희가 방진의 부활을 통해 얻을 수 있는 다섯 가지 이익을 들면서 마지막으로 "지방에 강병(强兵)이 있으면 중앙정부[朝廷]에서도 자연히 경계하게 된다"[178]고 한 것은 중앙정부의 전제권력에 대한 견제와 더불어 한족 신사층의 입지를 강화하려는 그의 정치적 의도를 보여준다고 하겠다.

셋째, 경제정책으로서 황종희는 세금의 감면과 금은(金銀) 납세제의 폐지 및 정전제(井田制)의 부활을 요구했다. 구체적으로 먼저 황종희는

---

173) "天子之所是未必是, 天子之所非未必非, 天子亦遂不敢自爲是非, 而公其是非於學校, 是故養士爲學校之一事, 而學校不僅養士而設也"(위의 책, 學校).

174) 위의 책, 建部.

175) "今封建之事遠矣, 因時乘勢, 則方鎭可復也"(위의 책, 方鎭).

176) "封建之弊强弱吞併, 天子之政敎有所不加, 郡縣之弊疆場之害苦無已時"(위의 책).

177) 위의 책.

178) "外有强兵, 中朝自然顧忌"(위의 책).

"천하의 부세(賦稅)는 나날이 증가하고 백성들은 나날이 전보다 더 곤궁해졌다"[179]고 하면서 10분의 1의 세금을 30분의 1로 줄일 것과 누적세(累積稅)의 정리를 주장했다.[180] 이와 함께 빈부격차의 해소 및 전(錢)과 지폐의 통용 등 일곱 가지 장점을 들어 금은제도(金銀制度)의 폐지를 요구했다.[181] 또한 정전제 부활에 관해서 황종희는 "각각의 호구에 토지 50무(畝)를 주고 나머지는 부민(富民)으로 하여금 소유하게 하면 천하의 토지는 부족하지 않을 것이며, 또한 어찌 한전(限田), 균전(均田) 하며 분분히 떠들어서 헛되이 부민(富民)을 괴롭히는 일을 하는가. 그래서 나는 둔전(屯田)이 시행되는 것을 보고서 정전제가 반드시 회복될 수 있다는 것을 알았다"[182]고 하여 정전제가 실현 가능한 제도임을 역설했다. 이와 같은 황종희의 경제정책은 일면 일반 피지배계층의 온전한 삶을 보호하려는 정책론의 일환이라고 평가될 수 있다. 그럼에도 불구하고 그의 경제정책은 본질적으로 피지배계층 전체의 균형적 이익배분을 목표로 전개되었다기보다는 소수 부민(富民)의 기득권을 인정하는 한편 상공인층의 이익을 반영한 것[183]이었다는 점에서 한계를 가진 것이었다. 이와 같은 특징은 결국 황종희의 정책대안이 인간 및 사회에 대한 근본적인 인식의 변화를 결여한 유학적 위민론 내지는 보민론에 기초한 제도적 개량론이었다는 점을 다시 한 번 보여준다.

---

179) "吾見天下之賦日增, 而後之爲民者日困於前"(위의 책, 田制一).

180) 위의 책.

181) 위의 책, 財計一.

182) "每戶授田五十畝, 尙餘田一萬七千三十二萬五千八百二十八畝, 以聽富民之所占, 則天下之田自無不足, 又何必限田均田之紛紛, 而徒爲困苦富民之事乎, 故吾於屯田之行, 而知井田之必可復也"(위의 책, 田制二).

183) 이와 관련하여 황종희는 전통적으로 유학자들이 상공(商工)을 경시하고 억압해온 것은 잘못이라고 하여 당시 발흥하는 상공인층의 이익을 대변하려고 했다("世儒不察, 以工商爲末, 妄議抑之, 夫工固聖王之所欲來, 商又使其願出於途者, 蓋皆本也", 위의 책, 財計三).

넷째, 황종희는 관리선발에서 다양한 선발제도를 통해 선발의 폭과 기회를 넓히는 대신 엄격한 임용의 필요성을 강조했고,[184] 서리의 폐해를 없애는 방안으로 차역(差役)의 부활과 하층 신사계층인 사인(士人)의 기용을 제시했다.[185] 이 밖에 황종희는 "천하를 다스리는 자가 이미 부세(賦稅)를 가볍게 했어도 민간의 습속이 제거되지 않고 미신(迷信)에서 벗어나지 못하며 사치를 혁파하지 않으면 백성을 부유하게 하는 것이 불가능하다"[186]고 하여 사치풍조와 불교 및 무속(巫俗)의 폐단을 비판하고 시정을 요구하기도 했다.[187]

이상에서 살펴본 바와 같이 황종희의 정치사상은 명 말 청 초의 변동기를 경험한 한족 지식인의 정치적 입장을 가장 분명히 보여주는 것이었다. 그의 사상 속에 두드러지는 전제군주권에 대한 비판과 견제는 일면 민주적 사상의 발전이라는 긍정적 측면을 가진 것으로 평가할 수 있다. 그러나 그것은 명조 멸망에 대한 원인분석과 더불어 어디까지나 중국에서의 이민족 정권인 청조의 성립에 대한 한족 지식인의 저항이라는 중국의 특성을 반영한 것일 뿐이었다. 황종희의 사상 속에서는 이지의 사상과는 달리 유학적 정치질서관의 이데올로기적 억압에 대한 논의가 결여되어 있다. 따라서 개체로서의 인간간 본연적 동등성이나 개체성 인정을 토대로 한 기능적 동등성의 논리가 발견되지 않는다. 그와는 반대로 유학적 차별관을 지속적으로 고수하는 입장이 정치론은 물론 인성론 및 우주론, 그리고 정책론에 피력되고 있다. 이러한 점에서 청 초 개혁사상으로서의 황종희의 사상은 중국에서의 자유·평등론의 발전이라는 시각에서 볼 때 근본적 한계를 벗어나지 못한 것이라 평가할 수 있다.

---

184) 위의 책, 取士.
185) 위의 책, 胥吏.
186) "治天下者旣輕其賦斂矣, 而民間之習俗未去, 蠱惑不除, 奢侈不革, 則民仍不可使富也"(위의 책, 財計三).
187) 위의 책.

3. 왕부지[188]의 개혁사상

1) 현실관과 정치론

왕부지의 개혁사상[189]에 대한 구체적 검토에 앞서 먼저 왕부지가 당

---

188) 왕부지(王夫之, 1619-1692)의 자는 이농(而農), 호는 강재(薑齋), 자호(自號)로는 선산노인(船山老人), 선산노농(船山老農), 선산병수(船山病叟), 선산유노(船山遺老), 일호도인(一壺(瓠)道人) 등 여러 가지가 있으며 사람들은 선산선생(船山先生)이라고 불렀다. 호남성의 사대부 출신으로서 그의 부친 왕조빙(王朝聘)은 정주학에 정통한 사람이었고, 왕부지는 이러한 부친의 지도하에 10세 때부터 경전을 공부했다고 한다. 명조 지배층의 정치적 무능과 부패에 항거하기 위해 20세부터는 행사(行社), 광사(匡社) 등을 결성하여 정치활동에 활발히 참여했으나, 장헌충(張獻忠)을 중심으로 한 농민반란군의 참여요구를 거절함으로써 농민반란에 반대하는 사대부로서의 정치적 입장을 분명히 했다[왕부지의 농민반란에 대한 반대의 입장은, 그가 남명(南明) 정권 내부의 당파적 갈등으로 인해 위기에 처했을 때 농민반란군의 장군인 고필정(高必正)이 자신을 구해준 것에 대해 "그는 군주를 배반한 국가의 원수이므로 사사로운 은혜를 가지고 공분(公憤)을 풀지는 않을 것이다[府君以其人國讎也, 不以私恩釋憤]"(王敔, 「薑齋公行述」, 『船山遺書全集 (1)』, 台北: 中國船山學會·自由出版社, 1972, pp.11-12)라고 했던 것에도 잘 드러나 있다. 이를 통해 볼 때 기존질서 파괴를 목표로 한 농민반란에 대한 반대와 이민족 정권인 청조에 대한 저항의지가 왕부지의 사상형성에 중요한 영향을 미쳤음을 알 수 있다]. 황종희와 마찬가지로 명조 멸망 후에는 남명(南明) 계왕(桂王)정권에 참여하여 반청운동에 적극적으로 가담했고, 명 재건노력이 실패한 이후에는 일체의 관직에 응하지 않고 평생을 지방에 은거하며 후학 양성과 저술활동에 몰두했다고 한다. 황종희, 고염무와 함께 명나라의 3대 유로로 일컬어지는 명 말 청 초의 대표적 사상가이다(潘宗洛, 「船山先生傳」 및 王敔, 「薑齋公行述」, 『船山遺書全集』, 台北: 中國船山學會·自由出版社, 1972. 1, pp.3-14; 方豪, 「王船山先生的生平及其思想」, 위의 책, 22, pp.67-72 및 蕭天石, 「王船山先生別傳之學」, 위의 책, pp.127-131 참조).

189) 왕부지는 동시대의 황종희와는 달리 활동지역 및 견문이 협소하여 당시의 영향력은 미미했지만 방대한 저술활동으로 이후 중국 근대사상의 형성에 큰 영향을 미쳤다. 특히 장횡거(張橫渠, 1020-1078)의 사상을 계승 발전시킨 기철학(氣哲學)이 18세기 기철학자 대진(戴震, 1723-1777)의 사상을 능가한다는 전목(錢穆)의 평가(錢穆, 『中國近三百年學術史』, 台北: 商務印書館, 1938, pp.115-116 참조)나 19세기 말 담사동(譚嗣同, 1865-1898)의 왕부지 사상에 대한 높은 평가와 수용의지 표명(譚嗣同, 「仁學」, 蔡尙思·方行編, 『譚嗣同全集』, 上海: 中華書局, 1980, p.290 참조)으로 미루어 중국 근대사상사에서 차지하는 그의 위치는 매우 높다고 할 수 있다. 이러한 평가에 적합하게 중국 개혁사상으로서의 왕부지의 사상은 이론적 측면에서 일부 혁신적 내용을 담고 있고 현실개혁의 구체적 대안을 제시했다는 긍정적 측면이 있는 것이 사실이다. 그러나 본질적인 사

시의 시대상황을 어떻게 인식했는지를 살펴보기로 하겠다. 현실관에 대한 분석은 그의 정치목표를 파악할 수 있는 근간이 되기 때문이다. 왕부지의 현실인식 역시 황종희와 마찬가지로 명조 쇠퇴의 원인을 분석하는데 집중되었다. 그는 명 말의 위기상황이 소수 귀족지배층의 무사안일, 중간관리들의 부패와 착취, 농민반란과 같은 차별질서 파괴의 행위, 그리고 이지 등 개별 학자 또는 학파들에 의한 인륜질서 파괴 논리의 확산 등에 기인하는 것으로 보았다. 먼저 그는 "무릇 명망이 높은 가문과 공경(公卿)·훈구(勳舊) 관료의 자손들은 그 운수가 국가의 흥망에 따라 길고 짧다. 적대시하고 해치며 원망하고 탄식하는 기운이 한쪽으로 모여 뭉치게 되면 화평은 사라지고 사회가 분열되어 결국 그것을 지탱하는 토대가 무너지게 되는데, 이것 역시 인간에게 결코 이롭지 않다"[190]고 하면서 국가적 안위에는 무관심한 채 오직 사욕을 채우고 방탕을 일삼는 귀족계층의 행태를 비판했다.[191] 이와 함께 왕부지는 특히 피지배계층의 고통을 증가시키고 있는 중간관리들의 착취와 수탈에 대해서는 다음과 같이 보다 강력히 비난했다.

오늘날의 관리는 매우 무뢰하다. 외롭고 가난한 사람들을 수탈하고 착취하다가 더 이상 큰 이익이 없다고 판단되면 대수롭지 않게 그들을 버리고 곧 호우(豪右: 豪族)에게 빌붙어 갈취하여 먹고살면서 끝없이 탐욕을 추구한다. 이런 이유로 곡식과 재화가 한 곳에 모여 물가는 오르고 유통이 되지 않는다.

상적 성격 면에서 앞서 살펴본 황종희와 마찬가지로 한족 사대부의 정치적 입장을 적극 반영하는 동시에 이민족 정권지배에 대한 저항의식의 발로였다는 한계점 또한 지적되고 있다(裵永東, 앞의 책, pp.356-361 참조). 이와 같은 다양한 평가에도 불구하고 명말 청 초라는 중국의 정치사회적 변동기에 활동했던 왕부지의 사상에 대한 검토가 다시한 번 한국·일본과는 다른 근세 중국적 개혁사상의 특성을 확인하는 계기를 제공한다는 측면 또한 간과할 수 없을 것이다.

190) "夫故家名族, 公卿勳舊之子孫, 其運數與國家爲長短, 而賊害怨咨之氣, 偏結凝滯, 則和平消實, 傾否折足, 亦甚非靈長之利也"(『黃書』, 第六, 大正).

191) 위의 책 참조

그 결과 빈약자와 고아와 과부들은 품팔이를 하거나 돈을 빌려쓰지도 못하게 되어 결국 걸식하며 떠돌아다니다가 길가에서 잇달아 죽게 된다.192)

이와 같은 지배계층과 중간관리들의 행태에 대한 통렬한 비판에도 불구하고 왕부지는 그들의 수탈과 착취에 견디지 못하고 반란을 일으킨 농민들을 위시한 피지배계층의 저항에 대해서는 "갑신년 봄 이자성(李自成)이 수도를 함락시켰다. 오행(五行)은 재앙에 빠졌으며 어지러움이 하늘에 넘쳤다. 화가 군상(君上)을 둘러쌌으나 하늘 아래 군주를 도울 자가 아무도 없었다. 초야에서 애통해하며 긴 밤이 다시는 아침이 되지 못함을 슬퍼했다"193)고 하여 매우 비판적인 입장을 견지했다. 이러한 점은 왕부지가 "민(民)은 쉽게 동요하여 안정되기 어려운데 난세에는 더욱 그러하다. 그들이 쟁기를 버리고 창을 잡을 때에는 혹 그렇게 할 수밖에 없는 부득이한 사정이 있을 수 있으나 모두 놀고 게으르며 교만하고 무도한 자들임에는 틀림없다"194)는 말로써 농민반란의 정당성을 부정한 것에도 잘 나타나 있다.

명 말에 두드러졌던 농민반란과 함께 왕부지가 적극적으로 비판을 가한 것은 이지와 같이 유학적 통치이념의 억압에서 벗어나 인간의 자유와 평등을 주장했던 사상가 내지는 사상가집단이었다. 왕부지는 "근래 이지와 같은 무리들이 천하를 사악하고 음탕하게 만들었다"195)고 하면서 백성들이 차별적 윤리질서를 지키지 않고 오직 맹목적인 욕구를 추

---

192) "今吏極亡賴然, 朘刻單貧, 卒無厚實, 抑棄而不屑, 乃籍鋤豪右, 文致貪婪, 則顯名厚實之都矣, 以故栗貨凝滯, 根柢淺薄, 騰涌焦澀, 貧弱孤寡, 傭作稱貸之途窒, 而流死道左相望也"(위의 책).

193) "甲申春, 李自成陷京師, 思廟自靖, 五行沮災, 橫流滔天, 禍嬰君上, 普天無興勤王之師者, 草野哀痛, 悲長夜之不復旦也"(『薑齋文集』, 章靈賦).

194) "夫民易動而難靜, 而亂世之民爲甚, 當其捨耒而操戈, 或亦有不得已之情焉, 而要皆游惰驕桀者也"(『讀通鑑論』, 卷六, 光武).

195) "近世李贄鍾惺之流, 導天下於邪淫"(위의 책, 卷末, 敍論三).

구하도록 선동한 것이 모두 이지와 같은 학자들의 탓[196]이라고 주장했다. 또한 노장사상과 불교 및 묵가사상 등 동아시아 전통의 반유학적 사상을 불변적 인륜질서, 즉 유학적 천리(天理)를 버리고 물리(物理)를 단절한 것이라고 비판했고,[197] 육상산(陸象山)과 왕양명(王陽明)의 사상 역시 이와 같은 이단의 학설에 현혹된 불선(不善)한 학문이라고 단정했다.[198]

이와 같은 현실관에 비추어볼 때, 왕부지가 비록 현실개혁의 필연성을 강하게 요구했다[199] 하더라도 그러한 개혁이 이지와 같이 인간의 자유성과 인간간 동등성에 기초한 사회의 근본적 개혁이 아니라, 황종희와 마찬가지로 단지 현실의 유학적 차별질서관의 유지를 전제로 한 최소한의 제도적 개량을 지향한 것임을 알 수 있다. 따라서 그의 정치목표 역시 근본적으로 군신·상하간 차별질서의 유지·강화에 있었음은 자명했으며 이는 정치론에 보다 잘 드러나 있다.

정치론과 관련하여 왕부지는 황종희와 마찬가지로 전제권력에 대해서는 비판적 입장을 견지하는 동시에 이민족 지배에 강력히 저항하는 입장을 보였다. 이에 대해 먼저 왕부지는 "천하를 가지고 논하는 자는 반드시 천하의 공(公)을 따라야 하는 것이며 천하는 한 성씨〔一姓〕의 사유가 아닌 것이다"[200]라고 하여 전제화된 군주권력 자체에 대해서 비판적

---

196) "所欲與聚所惡勿施然, 匹夫匹婦, 欲速見小習氣之所流, 類于公好公惡, 而非其實正于君子而裁成之, 非王子起必世而仁, 習氣所扇, 天下貿貿然胥欲而胥惡之, 如暴潦之橫集, 不待其歸壑而與俱氾濫, 迷復之凶, 其可長乎, 是故有公理而無公欲, 公欲者, 習氣之妄也, 不擇于此, 則胡廣譙周馮道, 亦順一時之人情, 將有謂其因時順民, 如李贄者矣, 酷矣哉"(『思問錄』, 內篇).

197) "老之言曰, 言者不知, 莊之言曰, 言隱乎榮華, 而釋氏亦託之, 以爲教外別傳之旨, 棄民彝絶物理, 胥此焉耳"(『周易外傳』, 卷六, 繫辭下傳, 第三章); "墨釋之敎, 漫滅天理之節文, 而謂會萬物於一己也"(『張子正蒙注』, 卷三, 誠明篇).

198) "而陸子靜, 王伯安附之, 陷而必窮, 動之不善宜矣, … 異端之頓敎, 所以惑世而誣民也"(『周易內傳』, 卷四, 周易下經, 漸卦).

199) "必革之而後安, 卽數革之而非以立異也"(『讀通鑑論』, 卷十九, 隋文帝).

200) "以天下論者, 必循天下之公, 天下非一姓之私"(위의 책, 卷末, 敍論一).

태도를 취했다. 또한 그는 다음과 같이 군주권의 존재근거가 인민의 추대에 의한 것이라는 군주추대론(君主推戴論)을 전개하기도 했다.

> 하늘이 인간으로 하여금 반드시 군주를 가지게 한 것은 그렇게 하지 않으려고 해도 그렇게 된 것이다. 그러므로 처음에는 각기 그의 덕(德)이 뛰어나고 공(功)이 다른 사람에게 미친 자를 추대하여 받들었고 이후에 추대된 자를 천자로 삼게 되었다.[201]

이와 같은 정치론의 내용은 동시대 황종희의 정치론에서도 유사하게 나타나 있는 것으로서, 천명론(天命論)을 통해 군주권의 절대화·신격화를 추구한 정통 주자학의 입장과는 차이가 있다. 이러한 점에서 왕부지의 사상은 군주권에 대한 맹목적인 충성을 요구했던 동시대 보수적 사상과 구별되는 개혁사상으로서의 특성이 있다고 볼 수 있다. 이와 함께 이민족 지배에 대한 강한 저항의식 또한 청 초 개혁사상으로서의 왕부지 사상의 특징이다. 그는 반청 무력저항이 실패한 후 "비록 원수와 싸운 자는 패해도 욕이 되지 않는다고 하지만 뜻을 이루지 못한 것 또한 어찌 영예가 되겠는가?"[202]라고 하여 청조를 원수(怨讐)로 비유했고, 또한 성인들은 절대로 오랑캐에게 왕위를 계승시키지 않았다[203]는 논리로 이민족 정권에 대한 반감을 표출했다. 이민족 정권에 대한 이러한 반발은 그가 명조 멸망원인에 대한 비판적인 분석과 개혁적인 정책대안을 제시한 요인이 되었다.

---

201) "天之使人必有君也, 莫之爲而爲之, 故其始也, 各推其德之長人, 功之及人者而奉之, 因而尤所有推以爲天子"(위의 책, 卷一, 秦始皇).
202) "雖云與讎戰者, 敗亦非辱, 而志事不遂, 亦何榮耶"(『薑齋文集』, 章靈賦).
203) "施于孫子, 須于後聖, 可禪可繼可革, 而不可使□類聞之"(『黃書』, 第六, 大正). 왕부지의 저서 중 『황서(黃書)』에는 특히 '□'로 표시된 부분이 많은데 거의가 '화하(華夏)' 또는 '이적(夷狄)' 등이었다고 한다. 이것은 이민족 정권인 청조의 탄압을 피하려는 의도로 보이며 청 초의 긴박했던 시대상황을 알 수 있는 것이기도 하다.

이러한 두 가지의 요소가 왕부지 정치론의 개혁적 특성을 형성하는 것이라고 볼 수 있다. 그러나 그의 전제권력에 대한 비판은 군신체제 자체에 대한 근본적인 문제제기가 아니라 오히려 그것을 보다 확고히 하는 방향으로 전개되었다. 청조 지배에 대한 반발 역시 민족적 수치에 대한 일말의 반성과 저항감의 표현일 뿐 기존 지배체제에 대한 비판과 반성을 전제로 한 것은 아니었다. 이 점은 왕부지가 "양(陽)은 귀하고 음(陰)은 천한 것인데, 여기서 양이란 군주이며 음이란 민(民)이다"204)라고 하여 음양의 차별원리를 군민관계(君民關係)에 적용시킨 것이나, "하늘〔天〕은 도(道)에 근원을 두고 군주는 하늘에 근원을 두며, 재상(宰相)은 군주에 근원을 두고 백관(百官)은 재상에 근원을 두는 것이 큰 이치이다"205)는 논리로 지배계층 중심의 위계질서를 강조한 것에 잘 나타나 있다. 이와 더불어 왕부지는 "사람이 군주를 추대하여 살아가는 것은 해를 막고 협력하여 살며 난폭하게 어지럽히는 자를 억제하고 약하고 병든 자를 어루만지게 하기 위해서이다. 이렇듯 군자가 이미 마음을 써 사람을 다스렸다면 힘을 가지고 노동할 수 있는 자는 그를 위해 당연히 노동력을 주어야 한다"206)고 함으로써 비생산적 지배계층의 생산계층에 대한 착취를 당연시하는 논리를 전개하기도 했다. 이러한 주장은 "어떤 사람은 마음(정신노동)을 쓰고 어떤 사람은 힘(육체노동)을 쓰는 것이니, 마음을 쓰는 사람은 남을 다스리고 힘을 쓰는 사람은 남에게 다스림을 받는다. 남에게 다스림을 받는 사람은 남을 먹여주고 남을 다스리는 사람은 남한테 얻어먹는 것이 천하의 법칙이다"207)라고 지배계층과 생

---

204) "陽貴陰賤, 陽君陰民"(『周易內傳』, 卷一四, 周易上經, 屯卦).

205) "天原道, 君原天, 相原君, 百官原相, 大哉"(『黃書』, 第五, 任官).

206) "人之戴君而胥匡以生也, 禦其害, 協其居, 坊其彊以淫, 撫其弱以姜, 君子旣勞心以治人, 有力可勞者, 當爲之效也"(『讀通鑑論』, 卷二十, 唐高祖).

207) "或勞心或勞力, 勞心者治人, 勞力者治於人, 治於人者食人, 治人者食於人, 天下之通義也"(『孟子』, 滕文公上).

산계층 사이의 본연적 차별성을 강조하여 노서민에 대한 귀족지배의 정당성을 확보하려 했던 맹자의 논리를 계승한 것으로, 왕부지 사상의 지배계층 중심적 특성을 보여주는 것이라 할 수 있다.

이렇게 볼 때 결국 왕부지의 정치론은 시대상황을 반영한 일부 혁신적 내용에도 불구하고 유학적 차별질서관에 대한 근본적인 회의와 비판이 결여된 것이었다고 할 수 있다. 따라서 그의 개혁론 역시 황종희의 그것과 마찬가지로 신분적 차별질서를 전제로 한 제도적 개량론일 수밖에 없었다. 왕부지는 이와 같은 자신의 정치목표를 우주론과 인성론을 통해 논리화했다.

2) 우주론과 인성론

왕부지는 기철학자(氣哲學者)로 알려져 있다. 그의 기철학은 장횡거(張橫渠)의 사상을 계승·발전시킨 것으로 평가되며 그 내용이 매우 방대하다. 그 중에서 그의 정치사상의 성격과 관련된 중요한 내용을 살펴보기로 한다.

우선 생성론의 측면에서 왕부지는 우주 만물의 시원을 일기(一氣)의 운동작용으로 파악했다. 이에 대해 그는 "음양의 두 기(氣)는 태허(太虛)에 충만하며 이것 이외에 다시 다른 것은 없다. … 음양의 운행은 하나로 통하며 둘이 아니다"[208]라고 하고 또한 "기에 본래 음양이 없는 것이 아니라 움직임과 정지함[動靜], 구부림과 펴짐[屈伸], 모이고 흩어지는[聚散] 작용으로 인해 그렇게 있게 되는 것이다"[209]라고 했다. 그렇다면 이(理)는 무엇인가? 왕부지에게 이(理)란 기의 운동작용에 내재하는 것으로서 인간을 포함한 모든 개체가 보편적으로 그리고 개별적으로 지

---

208) "陰陽二氣, 充滿太虛, 此外更無他物, … 陰陽之運行, 則通一無二也"(『張子正蒙注』, 卷一, 太和篇).

209) "非氣本無陰陽, 因動靜屈伸聚散, 而始有也"(위의 책, 卷二, 神化篇).

니게 되는 원리로 상정된다. 그는 이러한 이(理)의 성격에 대해 다음과 같이 설명했다.

　무릇 이(理)를 말하면 두 가지가 있다. 하나는 천지만물의 이미 그러한 이치〔條理〕이고, 다른 하나는 건순오상(健順五常)으로서 하늘이 인간에게 명하여 인간이 성(性)의 지극한 이(理)로 받는 것이다. 두 가지 모두 완전히 하늘〔天〕의 일이다.210)

이와 같은 왕부지의 이기(理氣)에 대한 설명은 우선적으로 형이상학적 존재원리로서의 이(理 : 太極)의 선재(先在)를 주장하는211) 주자학과 대별된다. 그러나 이러한 차이점에도 불구하고 우주론의 측면에서 주자학과 왕부지의 논리는 양자의 동일한 정치목표를 이론화한 것이었다는 공통점이 있다. 구체적으로 "군신이 있기 이전에 이미 군신의 이(理)가 있었고 부자가 있기 이전에 이미 부자의 이가 있었다"212)고 하여 군신·부자간 차별질서를 우주의 원리로 규정한 주자학과 마찬가지로 왕부지 역시 이(理)를 인간 및 만물이 따라야 하는 필연적 원리로 규정하는213) 한편, 그러한 필연의 원리가 곧 인간에게는 상하간 차별원리임을 밝히고 있다. 그가 "친소(親疎)와 귀천(貴賤)이 분별되는 것이 이른바 순리이다"214)라고 하고 또한 "인간에게 군신·부자·형제·부부·붕우·친소·상하가 있어 각기 자신의 유(類)에 속하여 나누어지는 것이 자연의 원리이다"215)

---

210) "凡言理者有二, 一則天地萬物已然之條理, 一則健順五常, 天以命人, 而人受爲性之至理, 二者皆全乎天之事"(『讀四書大全說』, 卷五, 泰伯篇).

211) "太極只是天地萬物之理, 在天地言, 則天地中有太極, 在萬物言, 則萬物各有太極, 未有天地之先, 畢竟是先有此理, 動而生陽, 亦只是理, 靜而生陰中, 亦只是理"(『朱子語類』, 卷一, 理氣上).

212) "未有這事, 先有這理, 如未有君臣, 已先有君臣之理, 未有父子, 已先有父子之理"(위의 책, 卷九十五, 程子書).

213) "理者天地所必然者也"(『張子正蒙注』, 卷二, 神化篇).

214) "親疎貴賤之不同, 所謂順理也"(위의 책, 卷三, 誠明篇).

라고 한 것은 이 점을 보여준다.

　주자학적 이기론과 구별되는 기론(氣論)을 전개했음에도 왕부지의 우주론이 결국 주자학과 같이 차별원리의 절대화라는 보수적 한계를 보인 것은 그의 정치목표가 차별질서의 유지·강화에 있었기 때문이다. 이와 같은 우주론의 특성은 인성론에도 동일하게 나타나 있다. 그러나 다른 한편 우주론에서 보이지 않는 왕부지 사상의 발전적 측면이 인성론을 통해 전개되고 있음도 부인할 수 없다.

　왕부지 인성론의 가장 큰 특징은 인간의 삶의 욕구를 긍정했다는 점과, 초보적 수준이기는 하지만 인간 개개인의 독자적 특성 즉 개체성을 인정하는 논리가 도출되었다는 점을 들 수 있다. 먼저 삶의 욕구주체로서의 인간성 논리와 관련하여 왕부지는 "명(命)은 나날이 내려오고 성(性)은 나날이 부여받는다. 성이란 곧 삶의 원리〔生之理〕이다. 죽기 이전에는 모두 삶인 것이다"[216]라고 했다. 이와 함께 그는 "기호(嗜好)와 욕구가 자연히 일어나는 것은 곧 천리가 자연히 나오는 것이다",[217] "생기(生氣)는 자연적인 것으로서 그것을 성(性)이라고 한다. 삶은 먹는 것을 중하게 여긴다. 그러므로 말하고 마시고 먹고 냄새 맡고 맛보는 것으로써 소리와 색과 재화와 이익을 갖추게 되는 것이다"[218]라고 함으로써 인간의 욕구를 본성으로 적극 인정했다. 동시에 왕부지는 다음과 같이 인간 개개인의 본성이 서로 다르다는 개체성 인정의 논리를 전개하기도 했다.

---

215) "人之有君臣父子昆弟夫婦朋友親疎上下, 各從其類者分矣, … 皆天理之自然"(위의 책, 卷五, 作者篇).

216) "命日降性日受, 性者生之理, 未死以前皆生也"(『思問錄』, 內篇).

217) "嗜欲之所自興, 卽天理之所自出"(『張子正蒙注』, 卷九, 乾稱篇下).

218) "生氣自然之有, 故皆謂之性, 生以食爲重, 故言飮食臭味以該聲色貨利"(위의 책, 卷三, 誠明篇).

이(理)는 기(氣) 가운데서 유행하면서 기와 함께 나누어져 가지런히 되는 것이다. 그러므로 질(質)은 기를 포함하고 기는 이(理)를 포함한다. 질이 기를 포함하기 때문에 한 사람에게는 그 사람의 생(生)이 있는 것이다. 기가 이(理)를 포함하기 때문에 한 사람에게는 그 사람만의 성(性)이 있는 것이다.[219]

이와 같은 주장은 모든 인간이 삶의 욕구주체라는 점과 각기 자신만의 고유한 개체성을 보유하고 있다는 점에서 동등하다는 평등론으로 발전될 수 있는 중요한 이론적 가치를 내포하고 있다. 왕부지의 기철학이 갖는 혁신적 측면은 바로 여기에 있다고 해도 과언이 아니다. 그럼에도 불구하고 왕부지는 이와 같은 논리를 인간간 평등성의 논리까지 발전시키지 못했다. 그것은 앞서 논의한 바와 같이 그의 정치목표가 자유성과 평등성에 기초한 평등질서관 확립이 아니라 유학적 차별질서의 유지·강화에 있었기 때문이었다. 따라서 삶의 욕구주체로서의 인간성 규정과 개체성 인정의 논리는 고통받는 피지배계층의 최소한의 삶의 보장을 이론적으로 합리화하는 데에 활용되었을 뿐 평등적 정치질서관의 근거가 되지 못했다. 구체적으로 왕부지는 성(性)을 삶의 원리라고 규정하면서도 동시에 "인의예지(仁義禮知)의 이치[理]를 어리석은 하층[下愚]이 소멸시킬 수 없고, 소리·색·냄새·맛의 욕구를 상층[上智]이 폐기할 수 없는 것이다. 다같이 성(性)이 된다고 할 수 있으나, 하나는 형이상(形而上)에서 받았고 다른 하나는 형이하(形而下)에서 받은 것이다"[220]라고 하여 인의예지가 형이상학적인 불변의 차별원리임을 강조했다. 또한 인간의 이기욕구를 본성으로 인정하면서도 "자신의 욕구를 절제하면 욕구는 모두 이(理)이다"[221] 또는 "천하의 공욕(公欲)이 곧 이(理)이다[222]라는

---

219) "理行乎氣之中, 而與氣爲主持分劑者也, 故質以函氣, 而氣以函理, 質以函氣, 故一人有一人之生, 氣以函理, 一人有一人之性"(『讀四書大全說』, 卷七, 陽貨篇).

220) "故仁義禮知之理, 下愚所不能滅, 而聲色臭味之欲, 上智所不能廢, 俱可謂之爲性, 而或受于形而上, 而或受于形而下"(『張子正蒙注』, 卷三, 誠明篇).

논리로 욕구의 추구가 차별질서를 유지하는 범위 내에서만 인정될 수 있다는 점을 분명히 했다.

이와 함께 인간 개개인의 개체성을 인정하는 논리를 전개했음에도 다음과 같이 그것이 결국 모든 인간이 보편적으로 가지고 있는 본연지성의 하위개념임을 강조함으로써 인간간 동등성 논리를 제시하는 데 실패했다.

> 이미 질(質)이 기(氣)를 포함하기 때문에 기에는 반드시 이(理)가 있다. 인간에 대해 말한다면 한 사람의 생(生)이 있으면 한 사람의 성(性)이 있는 것이다. 그러나 그것 역시 천(天)이 유행하여 만들어 놓은 것이므로 인간이 자의에 의해 하늘이 가진 것을 회복하지 못하게 막거나 격리시키지 못하는 것이다. 이 기질(氣質) 가운데의 성이 곧 본연지성(本然之性)인 것이다.[223]

이처럼 기철학을 중심으로 한 왕부지의 우주론과 인성론은 인간간 본연적·기능적 평등론의 기초가 되는 중요한 내용을 담고 있음에도 한족 사대부로서의 왕부지 자신의 정치적 보수성으로 인해 유학적 차별질서관의 부정과 평등질서관의 제시로 연결되지 못했다. 따라서 그의 도덕론 역시 유학적 전통에 따라 인간이 자신이 가진 욕구의 본성을 억제하여 공욕(公欲), 즉 차별질서를 유지하기 위한 개인적 수양의 방법을 제시하는 데 집중될 수밖에 없는 것이었다. 왕부지에 의하면 인간의 욕구는 외부의 환경에 의해 공욕에 위배되는 방향으로 표출되기 쉽다. 불선(不善) 또는 악(惡)이 발생하는 것은 이러한 이유이다. 왕부지는 이러한 불

---

221) "節其欲而欲皆理也"(『四書訓義』, 卷十八).
222) "天下之公欲卽理也"(『張子正蒙注』, 卷四, 中正篇).
223) "乃其旣有質以居氣, 而氣必有理, 自人言之, 則一人之生一人之性, 而其爲天之流行者, 初不以人故阻隔, 而非復天之有, 是氣質中之性, 依然一本然之性也"(『讀四書大全說』, 卷七, 陽貨篇).

선 내지는 악이 생기는 책임이 습성에 있다고 했다.[224] 그러나 습성 역시 인간이 사회생활을 하면서 얻은 성(性), 즉 후천지성(後天之性)이기 때문에 본성이라고 하지 않을 수 없으며 다만 그러한 습성이 불선 내지는 악으로 되지 않게 하는 것이 중요하다[225]고 왕부지는 설명했다. 이러한 전제하에 그는 학문과 통찰, 사색을 통해 사물의 이치를 탐구할 것을 내용으로 하는 격물치지(格物致知)를 도덕론의 핵심내용으로 제시했다.[226]

3) 진보주의적 역사론

왕부지의 정치사상에서 주목할 만한 독창성을 지닌 것이 역사론(歷史論)이다. 왕부지 역사론의 특징이라면 무엇보다 일치일란(一治一亂)의 순환을 역사의 법칙으로 인정하면서도 동시에 그것을 발전론적 특성을 가진 것으로 이해했다는 점이다. 구체적으로 왕부지는 "합해짐〔合〕이 극에 이르면 난(亂)이 되고, 난이 극에 이르면 떨어짐〔離〕이 되며, 떨어짐이 극에 이르면 다시 합해짐이 이루어진다"[227]고 하고 따라서 "일치일란(一治一亂 : 一合一離)은 하늘〔天〕의 원리이다. 하루에 주야(晝夜)가 있고 달에 삭현망회(朔弦望晦)가 있는 것과 같다"[228]고 하면서 역사의 흥망성쇠란 결코 인위적 노력이나 의도에 의한 것이 아니라 자연적인 변화의 원리에 기인한 것이라고 다음과 같이 설명했다.

---

224) "理者習之所熏也, … 乃有所利而爲惡者, 習之責也"(『續春秋左氏傳博議』, 卷下, 莒庚興以人試劍).

225) "後天之性亦何得有不善, 習與性成之謂也, 先天之性, 天成之, 後天之性, 習成之也, 乃習之所以能成乎不善者物也, 夫物亦何不善之有哉, 取物而後受其蔽"(『讀四書大全說』, 卷八, 公孫丑下篇).

226) 위의 책, 卷一, 大學, 聖經 참조.

227) "是故合極而亂, 亂極而離, 離極而又合"(『黃書』, 第七, 離合).

228) "一治一亂天也, 猶日之有晝夜, 月之有朔弦望晦也"(『讀通鑑論』, 卷末, 敍論一).

하늘의 명(命)에는 이(理)는 있으나 무심(無心)하다. 어떤 사람은 오래 살고 어떤 사람은 일찍 죽는다. 하늘이 무엇 때문에 그를 오래 살게 할 필요가 있어 장수하게 하겠으며, 무엇 때문에 자기를 방해할까 걱정하여 요절하게 하겠는가? 장수할지 요절할지 알 수 없는 것이 이른바 명(命)인 것이다. … 따라서 삶[生]에는 삶의 이(理)가 있고 죽음에는 죽음의 이가 있으며, 다스림에는 다스림의 이가 있고 난(亂)에는 난의 이가 있으며, 존립에는 존립의 이가 있고 패망에는 패망의 이가 있는 것이다. 하늘이란 곧 이(理)이고 그 명(命)은 이(理)의 유행인 것이다.[229]

이와 같은 순환론적 역사론과 함께, 역사란 각 시대의 상황을 반영한다는[230] 전제하에 과거의 제도 및 문물은 그 시대에 적합했을 뿐이며 오늘날에는 통용될 수 없는 것이라는 점을 봉건제로부터 군현제로의 변동의 예를 들어 설명하면서, 역사란 결국 과거의 모순을 점차 개혁하는 방향으로 발전해왔다는 발전론적 역사론을 전개했다.[231] 이러한 발전론적 역사론은 하·은·주 3대를 최고의 이상으로 삼는 유학의 복고주의적 역사론과 구별되는 것으로서 왕부지 사상의 독창적인 면을 보여주는 것이라고 할 수 있다.

그렇다면 역사의 주체는 누구이며 역사를 판단하는 가치기준은 무엇인가? 이것은 왕부지 역사론의 본질적인 성격을 파악할 수 있는 중요한 근거가 된다. 왕부지에게 역사의 주체는 역시 유학적 전통에 따라 군주이며 역사 판단의 가치기준은 차별적 위계질서의 유지 여부였다. 그는 이에 대해 다음과 같이 말했다.

---

229) "天之命, 有理而無心者也, 有人於此而壽矣, 有人於此而夭矣, 天何所須其人之久存而壽之, 何所患其人之妨己而夭之, 其或壽或夭不可知者, 所謂命也, … 生有生之理, 死有死之理, 治有治之理, 亂有亂之理, 存有存之理, 亡有亡之理, 天者理也, 其命理之流行者也"(위의 책, 卷二十四, 唐德宗).

230) "封建井田肉刑, 三代久安長治用, 此三者然而小人無能竊也, 何也, 三者皆因天因人, 以趣時而立本者也"(위의 책, 卷五, 漢平帝).

231) 위의 책, 卷一, 秦始皇 참조.

덕(德)은 천하의 군주가 되기에 충분하고 공(功)은 백성〔黎民〕을 편안하게 하기에 충분하다. 육우(六寓)를 통일하고서 백 년을 편안하게 다스린다. 다시 현명한 자손이 있어 그를 계승하여 다스림을 보완하며, 예악(禮樂)을 흥하게 하고 교화를 펼치며, 인도(人道)를 보존하고 금수(禽獸)를 멀리하여 하늘과 인간에 의해서 만들어진 것을 잊지 않을 수 있다면 천하가 그를 존경하여 인심이 크게 순화될 것이다.[232]

물론 왕부지도 "한 성〔一姓〕의 흥망은 사(私)이지만 생민(生民)의 생사(生死)는 공(公)이다"[233]라고 하여 피지배계층의 삶의 유지 여부를 역사 판단의 중요한 가치기준으로 상정했다. 그러나 그것은 어디까지나 차별 질서의 틀을 유지하는 범위 내에서 피지배계층의 삶을 보호하려는 유학적 위민론 내지는 보민론에 기초한 것이다. 이는 그가 다음과 같이 농민을 위시한 피지배계층의 저항을 질서파괴의 원인으로 규정하고 있는 데에서 잘 나타나 있다.

의식(衣食)이 부족하면 반란이 일어나는 것을 피할 수 없다. … 유민(游民)은 무리를 결성하여 곡식을 주거나 빌려줄 것을 강요하고 심한 경우에는 다투어 도적이 되어 순진하고 나약한 사람들을 제거하거나 죽인다. 법이 아니면 징계하지 못하고 형벌이 아니면 그치게 하지 못한다. 무도(無道)한 무리를 제재하지 못하고 그들로 하여금 마음대로 행동하게 한다면 이것 또한 어찌 흉년의 큰 좀〔蠹〕이 아니겠는가?[234]

이런 점에서 왕부지 역시 황종희와 마찬가지로 지배계층 중심적 한계

---

232) "德足以君天下, 功足以安黎民, 統一六寓, 治安百年, 復有賢子孫, 相繼以飾治, 興禮樂, 敷敎化, 存人道, 遠禽獸, 大造於天人者不可忘, 則與天下尊之, 而合乎人心之大順" (위의 책, 卷二十二, 唐玄宗).

233) "則一姓之興亡私也, 而生民之生死公也"(위의 책, 卷十七, 梁敬帝).

234) "衣食不足, 而非僻以起, … 游民結黨以彊要糴貸, 甚且更起爲盜以攘殺愿懦, 非法不懲, 非刑不戢, 而更縱不軌之徒, 使無所創艾以橫行郊邑, 又豈非凶年之大蠹哉"(위의 책, 卷二十, 唐太宗).

이런 점에서 왕부지 역시 황종희와 마찬가지로 지배계층 중심적 한계를 지니고 있다고 볼 수 있다. 다음에서 살펴볼 왕부지의 정책론 또한 이와 같은 성격을 반영한 것이었다.

4) 현실개혁의 정책론

왕부지의 정책론은 정치적 측면과 경제적 측면으로 나누어 살펴볼 수 있다. 먼저 정치적 측면에서 왕부지는 전제군주권의 견제를 위해 "천하의 통치는 천자에 의한 것이기는 하지만 천자가 천하를 모두 다 통치하려고 하면 천하는 난에 이르게 된다"[235]고 했다. 그러나 군주권을 견제하기 위한 구체적 실천방법에서 왕부지는 황종희와는 달리 봉건제의 부활을 요구하지 않았다. 역사론에서 언급한 바와 같이 왕부지는 봉건제가 더 이상 현실에 적용될 수 없는 것으로 인식했다. 이에 따라 그는 봉건제의 부활이 아닌 중앙집권적 군현제(郡縣制)의 올바른 운영을 통해 군주권의 전제를 막으려고 했다.[236] 이와 함께 왕부지는 동시대 다른 개혁사상가들과 마찬가지로 관리들의 폐해를 막기 위한 방법으로 엄격하고 신중한 관리임용의 필요성을 역설하는[237] 한편 제도적 장치의 마련을 촉구했다.[238]

경제정책으로서 왕부지는 먼저 토지의 사유화를 강조하고 토지소유의 제한을 제시했다. 그는 토지란 군주의 개인소유가 아니며 왕조의 교체에도 변하지 않는 백성의 것[239]이라고 하여 토지의 사유를 적극 인정했다. 그가 토지의 사유를 주장한 것은 일면 전제군주와 중간관리들의 착

---

235) "天下之治統於天子者也, 以天子下統乎天下, 則天下亂"(위의 책, 卷十六, 齊高帝).
236) 『黃書』, 第三, 宰制 참조.
237) 위의 책, 第四, 愼選 참조.
238) 위의 책, 第五, 任官 참조.
239) "有其力者治其地, 考改姓受命而民自有其疇, 不待王者之受之"(『噩夢』).

취를 제거하여 피지배계층으로 하여금 자신의 생산활동을 통해 자유롭게 이익을 취할 수 있게 하기 위한 의도[240]라고 볼 수도 있다. 그러나 동시에 이민족 정권의 수립으로 인해 위기의식을 느끼게 된 지방 사대부층의 입장을 반영하는 것이기도 하다. 명 말 청 초의 혼란기 속에서 토지를 소유할 수 있는 계층은 바로 지방의 한족 신사층이었기 때문이다. 이 점은 왕부지가 "부패한 관리를 징계하고 부민(富民)을 편안하게 해준 후에 국가는 안심하여 쉴 수 있다"[241]고 했던 것에 잘 드러나 있다. 왕부지가 개인의 무한정한 토지소유에 반대하여 토지소유를 300무(畝)로 제한할 것을 제시한 것[242]도 이와 같은 측면으로 이해할 수 있다. 그가 "서인(庶人)이 100무의 토지를 가지고 있으면 여덟 명의 굶주림을 걱정하지 않을 수 있다"[243]고 한 것을 미루어 300무의 제한은 대다수의 일반 농민층을 상정한 것이기보다는 중소지주를 고려한 것이라고 볼 수 있기 때문이다.

경제정책과 관련하여 중요한 것이 부세(賦稅)의 문제이다. 왕부지는 황종희와는 달리 정전제(井田制)나 한전제(限田制)의 부활에 반대하고 세금의 차등부과를 통한 빈부격차의 해소를 대안으로 제시했다. 구체적으로 그는 영세농에게는 최소한의 세금을 부담시키는 한편 많은 토지를 소유한 자에게는 그에 합당한 높은 세금을 부과할 것을 요구했다.[244] 이러한 세금의 차등적용은 어느 면에서 타당성을 가진 것이기는 하지만 그것이 결국 영세농에 대한 지주의 착취를 가속화시킬 수 있다는 점에

---

240) "役其人, 不私其土, 天之制也, 用其有餘之力, 不奪其勤耕之獲, 道之中也, 效其土物之貢, 不斂其待命之粟, 情之順也, 耕者無虐取之憂, 不耕者無幸逃之利, 義之正也"(『讀通鑑論』, 卷二十, 唐高祖).

241) "故懲墨吏紓富民, 而後國可得而息也"(『黃書』, 第六, 大正).

242) 『讀通鑑論』, 卷二, 漢文帝 참조.

243) "庶人有百畝之田, 可不憂八口之飢"(위의 책, 卷十九, 隋煬帝).

244) 위의 책, 卷二, 漢文帝 참조.

서 진정한 의미의 민생구제책이라고는 볼 수 없다. 한족 사대부계층의 일원으로서 왕부지의 정책대안은 이와 같이 개량적 한계를 내포할 수밖에 없는 것이었다.

마지막으로 상업 및 상인에 대한 왕부지의 견해를 살펴보기로 하자. 황종희가 공상(工商)을 국가의 근본이라고 하여 적극 옹호함으로써 당시 발흥한 신흥 공상인들의 이익을 대변했던 반면, 왕부지는 상업과 상인에 대해 매우 비판적이었다. 그는 "백성을 살리는 것은 농업이고 백성을 죽이는 것은 상업이다"[245]라고 하여 중농(重農)의 입장을 견지하면서, 이민족이 중국대륙을 혼란하게 한 원인도 상인들에게 있다[246]고까지 비판했다. 이와 같은 상업과 상인에 대한 왕부지의 비판은 황종희와는 달리 지방에서 여생을 보낸 그의 행적과도 관련이 있는 것으로 보이며, 토지 중심의 지방경제하에서의 농업의 중요성을 역설한 것이기도 하다. 그러나 그가 상업의 중요성 자체를 무시한 것은 아니었고, 상업의 기능을 재물의 유통에 한정함으로써[247] 중농의 입장을 피력했던 것이라고 할 수 있다. 이러한 인식의 토대에서 왕부지는 "조세의 수입은 현물(現物: 本色)을 주로 하며 멀어서 옮길 수 없는 경우에만 전(錢)을 사용한다"[248]는 조세의 현물·화폐 혼용을 주장하기도 했다.

이상에서 황종희와 함께 청 초의 사상계를 대표했던 왕부지의 개혁론을 살펴보았다. 앞서 살펴본 황종희의 사상과 비교해볼 때, 왕부지의 개혁론은 전제군주에 대한 비판의 강도는 황종희에 비해 덜 철저했지만 기철학을 중심으로 한 이론적 측면에서는 훨씬 더 체계적이었다. 특히 욕구주체로서의 인간성 규정과 개체성 주장을 가능하게 한 논리는 매우

---

245) "生民者農, 而戕民者賈"(위의 책, 卷三, 漢景帝).

246) 위의 책, 卷十四, 東晉哀帝 참조.

247) "夫四海之內, 有分土而無分民, 商旅行焉, 以通天下之貨賄, 可無用關也"(『四書訓義』, 卷三十八).

248) "租稅之入, 以本色爲主, 遠不能致, 而後參之以錢"(『讀通鑑論』, 卷二十, 唐太宗).

혁신적인 것으로 평가할 수 있다. 그럼에도 양자는 한족 사대부의 정치적 입장과 이민족 정권에 대한 강한 저항의식이라는 측면에서 동일성이 있었다. 이런 점에서 왕부지의 개혁사상은 황종희와 동일하게 유학적 차별질서와 한족 중심의 대외적 화이질서관의 유지·강화를 근간으로 한 제도적 개량론의 성격을 가진 것이었다. 특히 앞서 살펴본 명 말의 이지에 대해 양자가 모두 강하게 비판했다는 사실은 이들 개혁론의 보수적 특성을 잘 보여준 것이었다. 이러한 보수성의 요소들은 그러나 청초에 한정되지 않고 이후 근세 중국 개혁사상의 보편적인 특성을 형성하는 것이었다는 점에서 중요성이 있다.

결론적으로 주자학적 정치질서관의 수립 이후 전개된 근세 전반기 중국의 개혁사상은 노장사상 및 불교사상, 묵가사상 등 전통적인 반유학적 정치사상을 근거로 개체의 자유성과 개체간 평등성을 주장했던 이지의 사상이 한족 정권의 몰락과 이민족 정권의 수립에 기인한 정치·사회적 변동으로 말미암아 단절되는 한편, 강한 민족의식과 한족 사대부층의 계급적 이익을 대변하는 제도적 개량론이 주류를 이루게 되었음을 보여준다. 이 점은 동시대 한국과 일본 개혁사상과 구별되는 것으로서 중국적 특성을 형성하는 계기가 되었다고 할 것이다.

제3절 근세 전반기 일본 개혁사상의 특성

제2장에서 살펴본 바와 같이 일본에서의 주자학적 정치질서관의 수용은 한국의 경우와 유사하게 도쿠가와 바쿠후(德川幕府)의 지배를 합리화하고 대내적 차별질서를 강화하기 위한 정치적 고려의 산물이었다. 그러나 욕구주체로서의 인간의 본연적 자존성과 동등성을 부정하고, 차별적 인성론 및 우주론, 그리고 도덕론을 통해 지배계층 중심의 차별질서

를 확립하고자 하는 유학 또는 주자학적 정치질서관은 현실의 모순에 직면하여 그것을 해결할 수 있는 능력을 상실할 수밖에 없는 필연적 한계가 있는 것이었다. 일본의 경우에도 역시 바쿠한체제(幕藩體制)의 전개 과정에서 파생한 정치·경제·사회적 모순은 유학 또는 주자학적 차별 질서관으로서는 치유될 수 없는 것이었으며, 그러한 과정 속에서 반(反) 주자학 나아가 반유학적인 개혁사상이 싹트게 되었던 것이다.

이와 같은 공통점과 함께 일본의 경우에 한국과는 다른 일본 고유의 특성이 존재했다는 사실에 주목할 필요가 있다. 즉 한국의 경우에는 중 앙집권적 권력체제를 유지함으로써 정치권력의 소재와 정당성에 대한 모순과 갈등이 거의 존재하지 않았다. 따라서 사상발전 면에서도 정체 적(停滯的) 성격이 강했다. 반면 텐노오(天皇)와 쇼오군(將軍)으로 대표되 는 권력의 이중구조를 특징으로 하는 일본적 봉건체제는 일본의 사상가 들로 하여금 정치권력에 대한 정당성의 문제제기를 가능케 함으로써 보 다 역동적인 특징을 지니게 했다. 이와 함께 일본의 경우에는 한국에 비 해 사회적 계층 분화가 근세 초기부터 두드러짐으로써 피지배계층 출신 의 사상가가 각기 자신이 속한 계층의 이익을 대변하는 개혁사상을 전 개하는 것이 가능했다. 마지막으로 일본 고유의 신도오사상(神道思想)의 존재 또한 한국의 경우와 구별되는 일본적 특성이라고 할 수 있다.

이와 같은 논점을 바탕으로 다음에서는 야마가 소코와 이시다 바이간 그리고 안도 쇼에키의 개혁사상을 살펴봄으로써, 근세 전반기 일본개혁 사상의 특성을 규명해보기로 하겠다.[249]

---

249) 이들 이외에 근세 전반기 일본의 반(反)주자학적 경향의 사상가로는 일본 양명학의 창시자라고 할 수 있는 나카에 토쥬(中江藤樹, 1608-1648) 및 쿠마자와 반잔(態澤蕃山, 1619-1691), 야마가 소코와 거의 같은 시기에 활동했던 고학파(古學派) 이토 진사이(伊 藤仁齊, 1627-1705), 그리고 성인작위론(聖人作爲論)으로 일대를 풍미했던 오규 소라이 (荻生徂來, 1666-1728) 등을 들 수 있다. 위에서 언급한 사상가들은 반주자학적 태도를 바탕으로 자신의 독자적인 사상체계를 형성했다는 점에서 가치가 있다. 그러나 필자는

1. 야마가 소코의 개혁사상

1) 시대배경과 정치목표

야마가 소코[250]의 활동시기는 17세기 후반이며 이 시기 일본의 두드러진 정치·사회·경제적 특징은 다음과 같다. 첫째, 농업생산력이 비약적으로 발전하여 농민에 의한 일정한 잉여생산물의 축적이 가능하게 됨으로써 농민적 화폐경제가 촉진되는 동시에 전국시장이 형성되는 등 농·공·상인의 활동이 두드러지기 시작했다. 이러한 상황 속에서 바쿠후(幕府)는 그러한 생산력 발전의 성과를 영주계층이 수탈할 수 있도록 하며, 또한 바쿠후의 재정을 안정화시킬 수 있는 각종 제도적 방안을 시행했다. 둘째, 생산력의 발전과 전국시장의 형성은 권력구조에도 영향을 미쳤다. 그 이전까지 무사(武士)에게 토지를 부여하고 그들로 하여금 그곳에 거주하면서 개별적으로 일반백성들을 지배하게 하는 지행제(知行制)가 사라지고, 바쿠후와 한(藩)들이 직접적으로 토지를 영유하면서 행정구역에 대관(代官)을 임명하여 그들로 하여금 백성을 지배하게 하고 무사에게는 쌀을 지급하는 봉록제(俸祿制)가 실시되었다. 이와 같은 과정

근세 한국·중국·일본 개혁사상의 비교를 통해 동아시아적 자유·평등론의 사상적 특징을 분석하려는 목적이 있기 때문에 명확히 피지배계층 중심의 정치목표를 가지고 전개되었던 개혁사상만을 주된 연구대상으로 설정했다는 점을 밝혀두고자 한다.

250) 야마가 소코(山鹿素行, 1622-1685)는 1622년(元和 8년) 낭인(浪人)의 아들로 태어났다. 9세 때 하야시가(林家)의 제자로 입문하여 15세경에 이미 다이묘오(大名)들에게 『대학(大學)』·『논어(論語)』·『맹자(孟子)』 등의 유교경전을 강의할 정도로 뛰어났다고 한다. 또한 야마가 소코는 이미 15세 때부터 병학(兵學)을 연구하기 시작했고 17세에는 신도오사상을 전수받기도 했으며 25세부터는 노장사상을 접하고 직접 토론 및 강독을 했다고 한다. 44세(1666년)에 『성교요록(聖敎要錄)』을 지어 당시의 지배이념인 주자학을 비판했다는 죄명으로 주자학을 신봉하는 지배층에 의해 아카호(赤穗)에 1675년까지 약 10년간 유배되었다. 일본 고학(古學)의 창도자로서 도쿠가와 바쿠후 초기 제전통사상을 수용하여 독자적인 학문을 개척한 사상가로 평가된다(田原嗣郎 篇, 『日本の名著 12 - 山鹿素行』, 東京: 中央公論社, 1971, p.26 및 中山廣司, 『山鹿素行の研究』, 京都: 神道史學會, 1988 참조).

을 통해 바쿠후 정권은 쇼오군(將軍) 및 다이묘오(大名)의 권력을 강화하는 전제화를 꾀했다. 셋째, 도쿠가와 바쿠후 성립기의 혼란기가 극복됨으로써 무사계층의 군사조직적 성격이 후퇴되고 관료화가 확대되었다. 이에 따라 한(藩)들이 새로운 무사를 고용하는 기회가 격감하게 되어 무사계층의 유민화(遊民化)가 가속화되었다.251)

이와 같은 정치 · 경제 · 사회적 상황에 직면하여 바쿠후 권력의 절대화에 대한 농 · 공 · 상인 계층의 이익확보와 자신이 속한 하급 무사계층의 역할확대를 목표로 욕구주체로서의 개체간의 본연적 동등성과 기능적 평등성, 그리고 신도오사상을 바탕으로 한 일본주의를 제창했던 사상가가 야마가 소코이다.

먼저 야마가 소코의 정치목표가 근본적으로 농 · 공 · 상인으로 대표되는 피지배계층의 이익을 대변하는 데 있었다는 점은 다음과 같은 군주권의 존재본질 및 민군관계(民君關係)에 관한 그의 말에 잘 나타나 있다.

무릇 천지(天地)가 처음 생겨났을 때에는 군(君)이라는 것도 신(臣)이라는 것도 없었으며 오직 인간과 사물만이 천지의 기를 받아 태어났다. 만물 중에서 인간은 천지의 바른 기〔正氣〕를 얻어 지혜와 덕을 갖춤으로써 가장 뛰어났다. … 그러나 인간은 자신의 개인적 이익만을 추구하는 나머지 덕(德)을 바르게 할 겨를이 없어서 강한 자가 약한 자를 업신여기며 다수가 소수를 무시했다. … 이러한 폐단을 없애기 위해 많은 사람 중에 천지와 나란히 할 수 있는 사람을 뽑아 군(君)으로 정한 것이다. 그 군에게 땅을 경작하여 곡식을 바치고 뽕나무를 길러 옷을 바치며 공인(工人)과 상인들이 쓸 것을 제공한다. 이렇게 하는 것은 인민(人民)이 하늘이 부여한 덕을 알지 못하므로 삼민(三民: 農工商人)을 귀하게 여기는 군으로 하여금 성인을 스승으로 삼아 백성을 가르치도록 하기 위한 것이다.252)

---

251) 石田一良 編, 『体系日本史叢書 23 – 思想史 II』, 東京: 山川出版社, 1980, pp.94-95 참조.

이와 같은 군주권의 존재근거와 군주의 역할에 관한 언급은 바쿠후 권력의 신격화를 주장했던 하야시 라잔의 주자학적 논리와는 근본적으로 다르다. 또한 이것은 "옛날에 하나님과 귀신이 나라와 도읍을 건설하고 우두머리를 세웠던 것은 그에게 높은 작위를 주고 많은 녹을 주어 부귀하게 놀며 편히 지내라는 것이 아니었다. 그것은 백성들을 이롭게 해주고 재해를 없애주며 가난하고 외로운 사람들을 부귀하게 해주고 위태로운 것을 편안하게 해주며 어지러운 것을 다스리라는 것이었다"[253]고 했던 묵자의 논리와 유사하다는 점에서 그의 사상의 급진성을 보여준다고 하겠다.

이러한 피지배계층의 이익대변과 더불어 도쿠가와 바쿠후가 관료적 전제정치로 나아감에 따라 이전까지 농·공·상에 대해 배타적 지위를 누렸던 무사계층의 역할이 유명무실화되는 상황에 직면하여, 일본이라는 특수사회를 유지하는 하나의 역할체로서 자신이 속한 무사계층의 중요성을 부각시키고자 했던 것이 야마가 소코였다. 그는 당시 무사계층이 처한 현실을 다음과 같이 표현했다.

(인간이 생겨나면서부터) 어떤 사람은 경작하여 먹고 어떤 사람은 기물(器物)을 만들고 어떤 사람은 교역을 하여 이윤을 얻음으로써 천하에 소용된 바가 있었다. 이러한 농·공·상의 직업은 자연적으로〔不得已〕생겨난 것이다. 그리고 무사(武士)는 경작하지 않고도 먹을 수 있었으며 만들지 않고도 사용할 수 있었고 매매하지 않고도 이윤을 얻을 수 있었다. 그런데 오늘날 돌이켜보건대 나는 조상 대대로 무사의 가문에서 태어나서 바쿠후를 받들어왔다. 내가 무사의 직분이 없다면 얻을 수가 없고 직분이 아니라면 먹고 쓰는 것을

252)『山鹿語類』, 卷一, 君德. 守本順一郎, "山鹿素行における思想の歷史的性格", 『日本思想大系 32』, 東京: 岩波書店, 1970, pp.518-519에서 재인용.
253) "古者上帝鬼神之建設國都, 立正長也, 非高爵, 厚其祿, 富貴佚而錯之也, 將以爲萬民興利除害, 富貴貧寡, 安危治亂也"(『墨子』, 尙同中篇).

만족시킬 수가 없으니 유민과 무엇이 다르겠는가?[254]

이와 같은 현실인식을 토대로 야마가 소코는 "무릇 무사의 직분이라
는 것은 그 몸을 돌아보고 주인을 얻어 봉공(奉公)의 충(忠)을 다하며 동
료들에게는 믿음으로써 대하고 홀로 있을 때에는 삼가 의(義)를 온전히
하는 데 있다. 모든 인간은 부자·형제·부부의 자연스러운 인륜을 가지
고 있지만 농·공·상의 삼민(三民)은 그 직분에만 몰두하여 그러한 인
륜의 도를 다하지 못하니, 무사는 그러한 삼민에게 도를 가르치고 그것
을 위배하는 사람에게는 벌을 주어 천륜을 바르게 하는 것을 임무로 한
다"[255]고 함으로써 무사의 역할이 인륜 및 사회질서를 유지시키는 데
있음을 밝혔다.

야마가 소코의 이러한 무사계층의 역할 규정은 생산계층과 비생산계
층을 분리하는 동시에 자신이 속한 무사계층의 농·공·상에 대한 우위
를 전제로 하는 것이라는 점에서 봉건적인 성격을 가진 것[256]이라고 할
수 있다. 그러나 다음에서 살펴보겠지만 야마가 소코의 입장은 결코 주
자학적 유학에서와 같이 인간의 선천적 차별을 강조하는 것이 아니었으
며, 그의 오륜(五倫) 또한 자연이 부여한 혈연적 관계만을 의미하는 것이

---

254) "或ハ耕シテ食ヲイトナミ、或ハタクミテ器物ヲ造リ、或ハ互ニ交易利潤セシメテ天下
ノ用ヲタシム。是農工商不得已シテ、相起レリ。而シテ士ハ不耕シテクライ、不造シテ用
イ、不賣買シテ利タル、ソノ故何事ゾヤ。我今日此身ヲ顧ルニ、父祖代々弓馬ノ家ニ生
レ、朝廷奉公ノ身タリ。彼ノ不耕不造不沽ノ士タリ。士トシテ其職分ナクンバ不可有、職
分アラズシテ食用足シメンコトハ遊民ト可云ト"(『山鹿語類』、卷二十一、士道、入本、知
己職分).

255) "凡ソ士ノ職ト云ハ、其身ヲ顧ニ、主人ヲ得テ奉公ノ忠ヲ盡シ、朋輩ニ交テ信ヲ厚ク
シ、身ノ獨リヲ慎テ義ヲ專トスルニアリ。而シテ己レガ身ニ父子兄弟夫婦ノ不得已交接
アリ。是又天下ノ万民各ナクンバ不可有ノ人倫ナホトイヘドモ、農工商ハ其職業ニ暇ア
ラザルヲ以テ、常住相從テ其道ヲ不得盡、士ハ農工商ノ業ヲサシ置テ此道ヲ專ツトメ、三
民ノ間苟クモ人倫ヲミダラン、輩ヲバ速ニ罰シテ、以テ天下ニ天倫ノ正シキヲ待ツ"(위의
책).

256) 守本順一郎, 김석근·이근우 역, 『일본사상사』, 서울: 이론과실천, 1989, p.362 참조.

었다. 오히려 앞의 예문에 잘 나타나 있듯이 지배 - 피지배 관계를 피지배계층의 필요와 이익을 위해 존재하는 인위적인 것으로 파악하고, 그 것을 전제로 군민(君民) 사이 그리고 사회계층 사이의 분업적 이익의 조화를 추구하려 했던 것이라고 볼 수 있다. 이와 같은 야마가 소코의 정치적 입장은 그의 인성론과 우주론, 도덕론 등 이론적 논의에서 잘 나타난다.

2) 정치목표 달성의 이론적 기초

먼저 인성론과 관련하여 야마가 소코는 인간을 차별의 존재원리인 인의예지(仁義禮智)를 본성으로 하는 존재 즉 차별질서에 순응하는 존재로 파악하는 유학적 인성론을 부정하고 인간이 자신의 삶을 행복하게 영위하려는 삶의 욕구주체임을 밝혔다. 이에 대해 그는 "자기에게 이익이 되는 것을 좋아하고 해로운 것을 싫어하는 것은 인간이라면 누구든지 가지고 있는 본성이다"[257]라고 했다. 또한 "인간은 기(氣)를 통해서 형체를 부여받은 존재이기 때문에 욕구를 가지고 있다. 사지(四支)로 움직이고 정지하는 것, 귀와 눈으로 보고 듣는 것, 희노애락을 느끼는 것, 먹고 마실 것을 찾는 것, 남녀가 서로 좋아하는 것 등은 모두 자연적인 욕구이다"[258]라고 했다. 이와 함께 야마가 소코는 "무릇 혈기(血氣)를 가진 모든 존재는 각기 자신의 욕구를 가지고 있다. 성인도 역시 인간이므로 욕구를 갖지 않을 수 없다"[259]고 하여 성인을 포함한 모든 인간이 본연적으로 동등한 욕구주체임을 역설했다.

인간이 이처럼 욕구의 추구를 본성으로 하는 존재라면 그러한 본성의

---

257) "利害之好惡, 人人皆然"(『山鹿語類』, 卷三十三, 論義利, 論不可令欲充之).
258) "人有這裏形体, 則有情欲, 四支之於動靜, 耳目之於視聽, 喜怒哀樂之感內, 飲食男女索外, 皆情欲之自然"(위의 책, 論人必有情欲).
259) "有氣血之類, 各有情欲, 聖人亦人也尤有人情之欲"(위의 책, 辨或問義利之說).

근원은 무엇인가? 이 점을 야마가 소코는 기능론적 이기설(理氣說)을 통해 규명했다. 그에 의하면 인간을 포함한 모든 개체는 각기 자연이 부여한 자존(自存)의 원리[條理]260)인 이(理)적 기능과 현실의 생리력·물리력의 주체인 기(氣)적 기능을 가지고 있다. 이와 같은 두 가지 기능의 복합작용으로서 만물과 인간이 형성되고 활동하는 것이며 형성되고 활동하는 모든 개체는 각기 자신에게 고유한 본성을 가지게 된다는 것이다. 그는 이 점을 다음과 같이 설명하고 있다.

　이(理)와 기(氣)가 묘하게 합하면 교감이 이루어져 작용하게 되는데 이것이 바로 성(性)이다. 무릇 세상에 형상(形象)이 있으면 반드시 성이 있다.261)

　성이란 이와 기의 묘한 쓰임〔妙用〕이다. 무릇 이와 기가 합한 개체는 모두 각자의 본연적 성을 가지고 있다. 따라서 인간의 성과 사물의 성이 동일하다는 것은 잘못된 것이다. 인간은 인간의 성이 있고 사물은 사물의 성이 있는 것이다.262)

야마가 소코는 이처럼 이기(理氣)의 묘합(妙合)으로 이루어진 각 개체의 본성이 다르므로 그 본성 자체는 선악을 구분할 수 없으며, 소위 유학에서 말하는 천명지성(天命之性)과 기질지성(氣質之性)의 구분 또한 무의미한 것이라고 보았다.263) 주자학적 인성론은 기의 작용에 의해서 인

---

260) "凡天地人物之間, 有自然之條理"(『聖教要錄』, 中, 理).
261) "理氣相合, 則交感而有妙用之性, 凡天下之間, 有象乃有此性也"(위의 책, 下, 性).
262) "性者, 理氣之妙用, 凡有理氣妙合者, 各有性, 然人性物性曰同一也, 則不是也, 人有人之性, 物有物之性"(『山鹿語類』, 卷四十一, 辨或間人物之性).
263) 이와 관련하여 야마가 소코는 "인간의 성(性)이란 천명(天命)이다. 천지(天地: 自然)의 명(命)은 오직 쉬지 않고 살아있는 것이니 선악론으로는 설명할 수 없다. 인간 역시 이러한 자연이 부여한 이기(理氣)의 묘합으로 이루어져 본성을 갖춘 존재로서 모두 소천지(小天地)이다〔人之性是天命也, 天地之命有生生, 無息, 不可以善惡論, 人亦因天命稟理氣妙合之用以爲性, 這箇小天地也〕"(위의 책, 論孟子性善之說)라고 하여 인간의 본성이 선악을 구분할 수 없는 자연스러운 것임을 지적했다. 또한 "성은 모두 천명지성

간 및 사물의 형상이 이루어지기 이전에 이미 차별의 원리〔仁義禮智: 理〕가 선재(先在)하여 기의 작용을 주재하기 때문에 인간은 하늘이 부여한 숙명의 본성〔天命之性〕으로 규정되는 그러한 차별원리에 순종할 수밖에 없다고 주장한다. 또한 인간이 차별원리에 따르지 않고 욕구를 추구하는 것은 기질에 의한 것으로서〔氣質之性〕 차별질서 파괴의 근원이므로 배척해야 한다는 점을 강조한다.264) 이처럼 차별원리의 선재를 통해 성선원리(性善原理)를 도출하고 욕구추구를 억제해야 할 악의 근원으로 규정함으로써 궁극적으로 현실의 차별질서를 유지·강화하려는 것이 주자학적 인성론의 본질이었다. 그러나 야마가 소코는 근본적으로 피지배계층의 자존성과 이익을 확보하는 데 정치목표를 두었으므로 욕구의 억제를 통한 차별원리에의 무조건적 순종을 인간성의 존재본질이며 성선(性善)의 원리로 규정할 수는 없는 것이었다. 따라서 그에게 인간의 삶의 욕구만이 본성으로 인정될 수 있는 것이며 그것은 선악을 판단할 수 없는 자연적인 것으로 인식되었던 것이다.

이(理)와 기(氣)의 관계 또한 한 개체를 이루는 두 가지 기능으로 파악되기 때문에 선후(先後)나 본말(本末)이 있을 수 없다. 주자학적 우주론에 따르면 이(理)는 곧 태극을 의미하며 그것은 만물을 생성하고 주재하는 보편적이며 초월적 존재로서 상정된다. 또한 기란 그러한 이(理: 太極)의 주재를 받는 현실태로 규정된다. 따라서 이(理)는 항상 기에 우선하는 것이 된다.265) 이것은 인간의 욕구를 발동시키는 기가 차별원리인 이(理)

에 기인하는 것이다〔論性皆天命之性, 而亦氣質之性也, 先儒以氣質之性爲弗性, 是天命之性氣質之性, 分善惡兩般來也)"(위의 책, 辨或問天命氣質之性)라고 함으로써 선악론에 기초하여 천명지성과 기질지성을 구분한 유학적 전통을 비판했다.

264) "性是實理, 仁義禮智皆具"(『朱子語類』, 卷五, 性理二); "論天地之性, 則專指理言, 論氣質之性, 則以理與氣雜而言之"(위의 책, 性理一); "天命之謂性亦是理, 天命如君之命令, 性如受職於君, 氣如能受職者, 有不能守職者, 某問天命之謂性"(위의 책).

265) "太極只是天地萬物之理, 在天地言, 則天地中有太極, 在萬物言, 則萬物各有太極, 未有天地之先, 畢竟是先有此理, 動而生陽, 亦只是理, 靜而生陰中, 亦只是理"(위의 책, 卷

에 종속된다는 점을 강조함으로써 현실의 권위질서를 유지하기 위한 정치적 의도에서 도출된 것이다. 이와 같은 존재론적 이기론에서 탈피하여 야마가 소코는 개체를 형성하는 두 기능으로서의 이(理)와 기의 상정을 통해 개체간의 동등성을 확보하려고 했던 것이다.266)

개체간 동등성의 입장은 그의 태극에 대한 개념규정에도 뚜렷이 나타난다. 위에서 언급한 것처럼 주자학에서의 태극은 이(理)로서 만물을 생성하고 주재하는 존재로 규정된다. 그러나 야마가 소코는 "이기(理氣)가 서로 합하여 이루어진 개체의 형상이 나타날 때 그 내부에서 그러한 형상이 완전해 질 수 있도록 하는 것"267)으로 태극을 규정했다. 즉 이기의 결합으로 이루어진 모든 개체의 독자적 특성을 유지시켜 주는 기능체로서 태극을 인식한 것이다. 따라서 성(性) 역시 감통지식(感通知識)의 태극이 되며 일물(一物)은 각기 하나의 태극을 갖게 된다268)는 논리가 성립

---

265) "太極只是天地萬物之理, 在天地言, 則天地中有太極, 在萬物言, 則萬物各有太極, 未有天地之先, 畢竟是先有此理, 動而生陽, 亦只是理, 靜而生陰中, 亦只是理"(위의 책, 卷一, 理氣上); "天地之間, 有理有氣, 理也者, 形而上之道也, 生物之本也, 氣也者, 形而下之器也, 生物之具也"(『朱子大全』, 卷五十八, 答黃道夫書); "未有這事, 先有這理, 如未有君臣, 已先有君臣之理, 未有父子, 已先有父子之理"(『朱子語類』, 卷九十五).

266) 기능론적 이기설의 입장에서 이기무선후(理氣無先後)를 주장한 야마가 소코는 우주론적 측면에서는 "천지 사이에 가득 차서 조화를 이루는 것은 음양(陰陽)으로서 천지와 인물(人物)의 전체이다. 음과 양은 서로 소진(消盡)하고 생장하고 오고가고 굽히고 펴져서 쉬지 않고 작용한다. 가벼워서 올라가는 것은 양이고 무거워서 내려가는 것은 음이다. 양은 기(氣)이며 음은 형(形)이다. 형과 기는 분리될 수 없으므로 음양은 상호 뿌리가 되어 편중되지 않는다. 서로 주(主)가 되기 때문에 그 선후(先後)·본말(本末)의 차별이 없다〔盈天地之間, 所以爲造化之功者陰陽也, 天地人物之全体也, 互消長往來屈伸, 生生無息, 輕而昇者陽也, 重而降者陰也, 陽者氣也, 陰者形也, 形氣便不可離, 陰陽互根不可偏廢, 不可偏用, 互爲主而無定位)"(『聖教要錄』, 中, 陰陽)고 하여 음양의 끊임없는 상호 교체·변화·조화를 우주만물의 시원(始原)으로 보는 기일원론(氣一元論)적 입장을 취했다. 이것은 이(理: 太極)의 보편적 차별원리에 의해 하늘과 땅, 음과 양의 차별이 생겨났다고 보는 주자학적 우주론에 대한 비판이라고 할 수 있다.

267) "理氣相合其象已著之時, 這箇一点子之裏, 象數悉備, 是太極也"(『山鹿語類』, 卷四十一, 辨或問性之說).

268) "性亦感通知識之太極也, 是一物一太極也"(위의 책).

하는 것이다. 이러한 태극의 의미는 인간 및 사물의 고유한 특성, 즉 독자성을 부인하는 유학의 존재론적 태극개념과 대별되는 것으로서 농·공·상 및 무사계층의 고유한 계급적 특성을 강조하려는 야마가 소코의 정치적 입장을 반영한 것이라 할 수 있다.

이상에서와 같은 야마가 소코의 인성론과 우주론은 이기론을 중심으로 삶의 욕구주체로서의 인간 사이의 본연적 동등성과 기능적 평등성을 주장했던 16세기 조선의 이이의 논리와 매우 유사하다는[269] 점에서 반주자학적 개혁사상으로서의 한국과 일본의 보편적인 정치사상적 특성을 보여주는 것[270]이라고 할 수 있다.

그럼에도 불구하고 동등한 자존적 욕구주체로서의 인간성 규정, 기능적 이기론 및 태극개념에서 나타나는 노장적(老莊的) 논리의 수용은 현실질서의 유지를 전제로 하는 야마가 소코에게는 소극적이고 불충분한 것이었다.[271] 즉 인간을 모두 자유로운 삶의 동등체로서 인식하는 것만

---

269) "聖人之血氣與人同耳, 飢欲食, 渴欲飲, 寒欲衣, 癢欲搔, 亦所不免"(『栗谷全書』, 卷十, 書, 答成浩原); "夫理者, 氣之主宰也, 氣者, 理之所乘也, 非理則氣所根柢, 非氣則理無所依着, 旣非二物又一物, 非一物故一而二, 非二物故二而一也, 非一物者, 何謂也, 理氣雖相離不得而妙合之中, 理自理, 氣自氣, 不相挾雜, 故非一物也, 非二物者, 何謂也, 雖曰理自理氣自氣, 而渾淪無間, 無先後無離合, 不見其爲二物 故非二物也"(위의 책); "天地人物雖各有其理, 而天地之理, 卽萬物之理, 萬物之理, 卽吾人之理也, 此所謂統體, 太極也, 雖曰一理, 而人性, 非物之性, 犬之性, 非牛之性, 此所謂各一其性者也" (위의 책).

270) 야마가 소코와 이이가 사상적 유사성을 가질 수 있었던 것은 두 사람이 모두 동아시아 전통의 노장사상을 자신들의 사상적 토대로 삼았기 때문이라는 것이 필자의 판단이다. 즉 이이가 주자학적 배타성이 지배적인 상황 속에서도 조선조 최초의 노자(老子) 도덕경 해설서인 『순언(醇言)』을 저술하여 노장사상에 대한 관심과 수용의사를 표명한 것과 마찬가지로 야마가 소코 역시 20대부터 노장사상을 접하고 직접 토론 및 강독을 했을 정도로 노장사상에 몰두했던 것이 그의 행적에 나타나 있다. 이러한 공통성이 전혀 인적·사상적 연계를 갖고 있지 않았던 두 사람으로 하여금 유사한 사상내용을 전개하게 했던 것이라고 생각해볼 수 있다.

271) 야마가 소코는 이 점에 관해『배소잔필(配所殘筆)』에서 다음과 같이 언급했다. "노장사상이나 선[禪佛敎]의 논리는 활달하고 자유로운 것이어서 성심(性心)의 작용과 천지

으로는 현실사회가 요구하는 공동체 유지의 전제조건을 확보할 수가 없는 것이었다. 이와 같은 인식하에 야마가 소코는 사회질서의 유지방법과 그 실천을 도덕론의 내용으로 제시했다.

앞서 논의한 바와 같이 야마가 소코는 이와 기의 묘합으로 이루어진 모든 인간이 욕구추구의 본성을 가졌다는 점에서는 본질적으로 동등하다고 인식했다. 그러나 욕구주체로서의 본연적 동등성에도 불구하고 인간은 사회 내에서 성인과 범인, 군자와 소인으로 구분되는데 그러한 구분기준은 욕구추구의 본성이 사물에 응할 때 개인의 이익만을 지향하느냐, 아니면 공동체의 이익을 목표로 하느냐에 달려 있다고 설명한다. 그는 이에 대해 다음과 같이 언급했다.

선악이라는 것은 사물에 접하여 응할 때 생기는 것이다. 성(性)은 다만 감통지식(感通知識)인데 어찌 선악이란 이름을 붙일 수 있겠는가? 인간의 마음이 처음에 발(發)할 때에는 이(理)와 기(氣)를 근본으로 하지만 정욕(情欲)이 발할 때에는 혹은 중절(中節)을 이루기도 하고 이루지 못하기도〔不中節〕하는 것이다.272)

군자와 소인은 모두 정욕을 가지고 있다. … 그러나 군자의 이욕(利欲)은 천하 천만 세에 미치지만 소인의 이욕은 오직 자기 자신만을 위한 것이다. 그리하여 군자와 소인의 차이는 인간과 사물의 차이와 같다.273)

다시 말해 모든 개체에 각기 내재하면서 아직 외부환경에 접하여 발하지 않은〔未發〕것을 성(性)으로 보는 야마가 소코에게 성 자체는 선악

(天地)의 조밀함에 관한 이론이 높고 맑게 갖추어져 있다. … 그러나 오늘의 일상생활에서는 합치하지 않는 점이 있다."

272) "善惡者在事物応接之上, 性之感通知識, 焉有善惡之可名乎, 人心初發有就氣出底有就理出底, 欲情之發或有中節, 或有不中節"(『山鹿語類』, 卷四十一, 辨或問性善之說).

273) "君子小人各有欲情, … 君子之利者, 及天下千萬世, 小人之利者, 止一朝一身, 君子小人之差, 猶人之於物也"(위의 책, 卷三十三, 論義利, 論人必有欲情).

판단의 기준이 될 수 없다. 그러나 그러한 성이 외부환경에 응해서 발할 때, 즉 일상생활에서의 인간의 구체적 행위양태가 공익을 추구하느냐 사욕을 추구하느냐에 따라서 선과 악이 분별될 수 있다는 것이다. 이렇게 볼 때 야마가 소코에게 과불급(過不及)의 양단(兩端)을 지양(止揚)하는 중절(中節)은 곧 선(善)이며 그것의 내용은 공동체의 이익이라는 등식이 성립되는 것이다.

그렇다면 사회 내에서 인간이 중절을 얻을 수 있는 선한 행위 즉 공동의 이익을 위한 행위의 내용은 구체적으로 무엇인가? 야마가 소코의 입장에서 그것은 사회 내 모든 구성원들이 자신들이 본연적으로 가지고 있는 이기욕 추구의 욕구를 적절히 절제하면서 그러한 욕구가 사회질서를 유지시키는 공동의 이익으로 승화될 수 있도록 하는 데 있다. 그가 상하간의 차별적 사랑과 차별질서를 지키려는 순수의욕을 인의(仁義)의 개념으로 규정하는 유학 또는 주자학의 논리에서 벗어나 "의(義)에 대해서 인(仁)을 말하면 인은 좋아하고 싫어하는 것을 사랑하는 것이다. 의로 인해서 인이 행해지고 인으로 인해서 의가 세워지므로 인의(仁義)는 나누어질 수 없다. 인간의 정(情)은 좋아하고 싫어하는 것뿐이며 이것은 자연의 원리이다. 따라서 인의는 좋아하고 싫어하는 것의 중절(中節)이다"[274]라고 한 것은 바로 개인의 욕구충족과 그러한 자유로운 욕구추구의 본성을 일정부분 제한할 수 있는 질서 사이의 적절한 조화[275]가 바로 공동의 이익을 달성할 수 있는 실천론의 방향이라는 점을 강조한 것이라고 할 수 있다. 따라서 그에게 이처럼 인간이 일상의 생활을 영위하면서 발생하는 욕구와 질서 사이의 갈등을 조화시키는 것이 바로 도의 본질이 되는 것이며,[276] 이러한 도의 실현을 통해 공익이 확보될 수 있

---

274) "仁對義而謂, 則爲愛惡之愛, 仁因義而行, 義因仁而立, 仁義不可支離, 人之情愛惡耳, 是自然之情也, 仁義者愛惡之中節也"(『聖敎要錄』, 中, 仁).
275) "能中庸, 則喜怒愛樂及家國天下之用, 皆可中節, 中者天下之大本也"(위의 책).

는 것이었다.

이처럼 야마가 소코는 인간의 욕구를 본성적인 것으로 적극 인정하면서도 그러한 욕구의 추구가 사회질서를 유지하는 기본 틀 내에서 공동체의 이익과 반드시 조화를 이루어야 한다고 보았다. 이것은 피지배계층의 이익대변과 함께 자신이 속한 무사계층의 역할 확보라는 그의 정치목표와 밀접한 관련이 있다. 즉 인간 사이의 선천적 차별을 부정하면서도 사회 내 계층 사이의 역할적 분별과 조화를 동시에 강조함으로써 위기에 처한 무사계층의 사회적 지위와 역할을 안정적으로 확보하려 했던 것이 야마가 소코의 입장이었던 것이다. 이런 점에서 야마가 소코는 한국이나 중국과 구별되는 일본적 사회분업론(社會分業論)의 논리를 전개한 것이라고 평가할 수 있다.

3) 신도오사상과 일본적 민족주의론

마지막으로 야마가 소코 정치사상의 특징으로는 신도오사상(神道思想)을 토대로 하는 일본적 민족주의의 전개에 있다. 제2장에서 언급한 바와 같이 정통 주자학자인 하야시 라잔(林羅山)은 도쿠가와 바쿠후 권력의 정당성과 영속성을 확보하려는 정치적 목적에 따라 도쿠가와 이예야스(德川家康)를 신(神)의 혈통을 이어받은 텐노오가(天皇家)의 자손으로서 대신군(大神君)으로 신격화했다. 이와는 달리 바쿠후로부터 주자학을 비판했다는 이유로 유배까지 당한 야마가 소코에게 신도오사상은 결코 도쿠가와 바쿠후의 권력을 정당화시켜주는 논리적 근거가 될 수 없었다. 오히려 그것은 텐노오(天皇) 권력의 정통성을 축으로 하여 텐노오 - 바쿠후 사이의 군신질서를 명확히 하는 동시에 일본민족의 우월성을 표현하는 방향으로 진행되었다.

---

276) "道有所行也, 日用不可以由行, 則不道, 聖人之道者人道也"(위의 책, 道).

야마가 소코는 이에 대해 일본의 정치적 역사가 중국이나 한국보다 우수하다는 점과 함께 무가(武家)의 권력획득에도 불구하고 텐노오와 바쿠후 간의 관계는 변할 수 없는 군신관계임을 다음과 같이 명확히 했다.

무릇 외조(外朝: 중국을 의미)는 성(姓)을 바꾼 것(왕조의 변화)이 30차례나 되고 오랑캐〔戎狄〕가 들어와 왕이 된 때도 수세기에 이른다. 춘추시대 240여 년 동안 신하가 그 왕을 죽인 것도 25차례나 되며 그 이전과 이후에 있었던 난신적자(亂臣賊子)의 수는 헤아릴 수도 없다. 조선은 기자(箕子)가 명(命)을 받은 이후 왕조가 네 차례나 바뀌었고 국가가 멸망하여 다른 나라의 군현(郡縣)이 된 적도 있었으며, 고씨(高氏: 고려왕조)가 사라진 것도 2세기나 되었고 이조 28년 동안 왕을 시해한 것만도 네 차례나 된다. 그 이전과 이후의 혼란은 금수가 서로 싸우는 것과 다르지 않았다. 오직 중국(中國: 일본을 의미)만이 개벽한 이후 인황(人皇)에 이르기까지 이백만 세가 지났고 인황으로부터 오늘에 이르기까지 2,300세가 경과하는 동안 천신이 부여한 황통(皇統)이 이어져 내려왔으며 그 사이에 반란은 손에 꼽을 정도였다. 후백하(後白河) 텐노오 이후에 무가(武家)가 권력을 잡은 지 500여 년이 지났다. 그 사이에 무사들은 무력을 사용하고 권력을 휘둘러 왔으나 그럼에도 불구하고 왕실을 귀하게 여겨 군신간의 의리를 보존해왔다.[277]

정치권력의 근거를 기능적 분업론을 통해 규명했던 야마가 소코가 신(神)의 혈통을 이어받은 텐노오(天皇)의 존재를 다시 권력의 정점에 놓고 그것을 일본주의의 출발점으로 인식한 것은 그의 사상의 봉건적 한계를 보여준 것이라고 하겠다. 그러나 도쿠가와 바쿠후 성립 이후 불과 수십 년이 지나지 않아서 내부로부터 바쿠후 권력의 정당성을 위협하는 논리가 진행되었다는 사실은 제왕권 중심의 중앙집권적 권력체제를 지속한 한국이나 중국의 경우와는 다른 일본적 특징을 이해할 수 있는 근거가

---

277) 『中朝事實』, 皇統章 참조.

된다는 점에서 중요하다 할 수 있다.

이상에서 살펴본 야마가 소코의 개혁사상은 농·공·상인에 대한 무사계층의 사회적 우위를 역설하고 자민족 우월주의에 기초한 일본적 민족주의를 제시했다는 측면에서 봉건적 한계를 지닌 것은 사실이다. 또한 야마가 소코 자신이 하급 무사계층의 일원이었다는 사실에 기인하는 것이기는 하지만, 현실개혁의 구체적 실천방안을 제시하지 못했다는 점도 한계로 지적될 수 있다. 그러나 주자학적 정치이념에 반대하여 욕구 주체로서의 인간간 본연적 동등성과 개체성 인정을 바탕을 한 기능적 평등성을 주장한 것은 매우 혁신적인 것이다. 이러한 측면들을 고려해 볼 때, 결국 일본 근세 전반기 야마가 소코의 개혁사상은 과도기적 특성을 지닌 것이었다고 할 수 있다.

2. 이시다 바이간[278]의 개혁사상

야마가 소코는 농·공·상 계층의 활동이 두드러지고 바쿠후 권력의 전제화(專制化) 및 이에 따른 전통적 무사계층의 유민화(遊民化)라는 17

---

278) 이시다 바이간(石田梅岩, 1685-1744)은 중농 집안의 2남 1녀 중 차남으로 태어났다. 11세(元祿 8년, 1695년)에 처음으로 쿄오토(京都)의 상가(商家)에 봉공했으나 4년 후에 귀향했다. 23세(宝永 4년, 1707)에 다시 쿄오토로 나아가 상가(商家)인 흑류가(黒柳家)에 봉공하면서 초기에는 신도오(神道)에 관심을 기울였으며 주자학·불교·노장사상 등을 독학했다. 35세경부터는 인간본성의 문제를 탐구하기 시작했으며 45세(1729)에 '쵸닌(町人)에게 쵸닌의 도(道)가 있다는 것을 아는 것'에 관해 쿄오토에서 강의를 개설하고 말년까지 강의와 집필에 몰두했다. 상업활동의 정당성과 쵸닌 계층의 계급적 특성을 옹호함으로써 당시 발흥하고 있던 쵸닌층의 호응을 받았으며 제자가 400여 명에 이르렀다고 한다. 상업활동을 통한 쵸닌 계층의 존립기반을 구축하고 그에 따른 실천윤리를 강조하는 일본 심학(心學)의 창시자로 평가(柴田 實, 『石田梅岩』, 東京: 吉川弘文館, 1962 참조)되고 있다(加藤周一 編, 『日本の名著 18 - 富永仲基·石田梅岩』, 東京: 中央公論社, 1972, pp.462-466 연보 및 Robert N. Bellah, *Tokugawa Religion*, Glencoe, Illinois : The Free Press, 1957, pp.134-147 참조).

세기 후반 일본의 정치·경제·사회적 상황에 직면하여 농·공·상의 이익확보와 자신이 속한 무사계층의 역할확보를 위해 개체간의 본연적 동등성과 기능적 평등성에 기초한 분업론을 전개했다. 그러나 18세기 초·중반에 이르러 일본 사회는 이러한 야마가 소코의 분업론이 더 이상 의미를 가질 수 없을 정도의 상황을 맞이하게 되었다.

18세기 초에 이르면 농민적 상품·화폐경제의 발전에 따라 농민계층이 토지를 집적(集積)하는 지주와 토지를 잃어버린 소작인 및 일일 고용농민 등으로 양분화되기 시작했다. 또한 상인자본이 성장하여 고리대금업 등으로 농촌의 수공업자를 지배함으로써 상업이윤을 축적하기 시작했다. 동시에 이러한 토지의 집적과 신전개발(新田開發) 등을 통해 지주와 상인이 자작농 및 소작농 등 일반농민층에 대한 중간적 수탈을 강화하기에 이르렀다. 이처럼 바쿠한(幕藩)의 재정에 필요한 세금을 담당하는 일반농민층이 피폐화되고 유민화됨으로써, 농업생산력의 발전에도 불구하고 연공수납율(年貢收納率)이 저하되어 바쿠후와 한(藩)들의 재정은 궁핍해졌다. 그리고 그 결과 바쿠후 및 한에 의존하는 하급 무사계층의 빈곤화가 더욱 가속화되었다.[279]

이러한 상황에 직면하여 바쿠후는 1716년의 교오호(亨保)개혁으로 대응했다. 개혁의 내용으로서 정치적으로는 대관(代官)의 대량교체 및 족고제(足高制: 바쿠후 관료가 재직중에 받는 직무수당을 처음에는 관직을 그만둔 이후에도 받았으나 이를 고쳐 재임기간에만 받을 수 있게 한 제도)를 통한 인재등용, 그리고 행정관료기구를 개편하여 쇼오군 권력을 강화했다. 경제적으로는 농업 중심의 생산구조를 유지하기 위해 상품작물의 생산을 억제하고 쌀농사를 장려했으며, 고미가(高米價) 유지정책을 전개하여 전통적 석고제(石高制: 경지(耕地)의 생산성별 법정 표준수확고)의 원칙을 준

---

279) 石田一良 編, 앞의 책, p.125 참조.

수하게 했다. 바쿠후 재정을 강화시키기 위한 방책으로 앞에서 언급한 족고제(足高制)와 더불어 상납미제(上納米制)[280]를 실시했다. 동시에 상품경제의 발전과 지주·상인의 대두라는 현실에 대응하여 쵸닌(町人)의 신전개발을 허가했고 질지지주(質地地主)와 소작제도를 공인했다. 마지막으로 사회적으로는 신분적 차별질서를 강화하여 계층이동을 엄격히 금지했으며 만연되어 있는 사치와 낭비풍조를 없애기 위해 도박금지 등의 조취를 취했다.[281]

이와 같은 교오호 개혁은 초기에는 바쿠후의 정치와 재정을 안정시켜 바쿠후 권력을 강화하는 데 기여했다. 그러나 이미 사회의 중심세력으로 자리잡아 가고 있던 쵸닌(町人: 商工人)계층의 대두 및 일반농민층의 피폐, 그리고 무사계층의 빈곤화 등 일본 봉건제가 직면한 모순을 근본적으로 해결할 수는 없는 것이었다. 동시에 그것은 하야시 라잔(林羅山) 등에 의해 정착된 일본적 주자학의 모순을 드러내는 것이기도 했다. 즉 도쿠가와 바쿠후가 지향하는 주자학적 정치질서관에 입각한 확고한 지배-피지배관계, 그리고 피지배계층간의 서열(農-工-商)을 확립하려는 의도는 하급 무사계층과 쵸닌(町人) 계층 간의 사회적 지위 이동, 피지배계층 내에서의 분열 및 가장 거대한 피수탈계층인 농민의 저항이라는 현실에 직면하여 스스로의 한계를 급격히 노정시키지 않을 수 없는 것이었다.

---

280) 상납미제(上納米制): 원래 다이묘오(大名)들은 1년을 에도(江戶)에서 머무르고 다음 해 1년을 자신의 영지에서 머물러야 했다. 이들을 1년 동안 에도에서 머무르게 한 것은 그들의 반란을 미연에 막고자 하는 반란예방책의 일환이었다. 그러나 그들이 에도에 머무르는 동안 지출하는 막대한 경비는 결국 바쿠후의 재정을 악화시켰다. 이에 따라 바쿠후는 다이묘오의 에도 체류기간을 반년으로 줄이는 대신 영지의 석고(石高) 1만 석마다 1백 석을 상납케 했는데 그것을 상납미제라 한다. 그러나 이 제도는 오래가지 못하고 곧 폐지되었다.

281) 石田一良 編, 앞의 책, pp.125-126 및 閔斗基 編, 『日本의 歷史』, 서울: 知識産業社, 1980, pp.154- 155 참조.

그러한 사회적 변동의 와중에서 근본적으로 피지배계층인 죠닌 계층의 입장을 대변하기 위해 봉건적 차별신분질서를 재확립하려는 바쿠후 권력의 복고주의적 태도를 정면으로 배격하면서도 변화하는 현실과 현실질서의 조화론을 전개했던 전환기 또는 과도기적 인물이 이시다 바이간이었다.[282]

1) 죠닌 계층 이익확보의 정치목표와 분업론(分業論)

이시다 바이간의 정치목표가 전통적으로 사·농·공·상의 위계적 신분질서의 가장 마지막에 존재하는 죠닌(町人)계층의 이익을 대변하는 동시에, 봉건사회질서 유지의 측면에서 이들 계층 사이의 기능적 분업을 확립하는 데 있었다는 점은 다음과 같은 그의 말에 잘 나타나 있다. 먼저 그는 "상인이 모두 농공인이 된다면 물자(物資: 財宝)를 유통시키는 사람이 없어서 만민이 고생하게 될 것이다",[283] "(따라서) 상인이 매매를 하는 것은 천하에 도움을 주는 것이다"[284]라고 함으로써 죠닌 계층의

---

282) 교오호기(亨保期, 1716-1735)에 가장 활발한 사상적 활동과 영향을 미친 인물로는, 이시다 바이간보다 약 15년 정도 앞서서 교오호 개혁 초기 막정(幕政)에 참여하여 제도개혁을 주도했던 오규 소라이(荻生徂徠, 1666-1728)를 들 수 있다. 물론 오규 소라이가 성인의 도를 치국안민(治國安民)을 위한 인위적인 정치술로 규정함으로써 정치와 도덕을 분리시키는 사상적 방법론상, 그리고 인식론상의 변화를 이끌어냈고, 그 결과 정치에서 분리된 도덕적 차원에서의 개인의 자주성을 개발시킬 수 있는 여지를 만들어 놓았다는 점에서 일본 사상사에서 '정치학'의 선구자로 평가되는 것으로 보인다(이와 같은 입장의 대표적 논의로는 Masao Maruyama, trans. by Miliso Hane, *Studies in the Intellectual History of Tokugawa Japan,* Princeton : Princeton University Press, 1974를 들 수 있다). 그럼에도 불구하고 그의 정치목표가 근본적으로 제도개혁을 통한 바쿠후 권력의 강화와 농업 중심의 자연경제로의 복귀를 통한 사·농·공·상의 신분적 차별질서의 재확립에 있었다는 점에서 자유·평등론에 기초한 개혁사상으로 평가하기는 어렵다.

283) "商人皆農工トナラバ財寳ヲ通ス者ナクシテ、萬民ノ難義トナラン"(『都鄙問答』, 卷二, 或學者商人ノ學問ヲ譏ノ段).

284) "商人ノ賣買スルバ天下ノ相ナリ"(위의 책).

사회적 중요성에 관해 역설했다. 더 나아가 이시다 바이간은 "세공인(細工人)이 물건을 만들고 대가를 받는 것은 공인의 봉록(俸祿)이며 농민이 경작하여 이익을 얻는 것도 무사(士)가 봉록(俸祿)을 받는 것과 같은 것이다. 천하만민이 생활을 영위할 생업이 없다면 존립할 수가 없다. 이런 점에서 상인이 물건을 팔아 이윤을 얻는 것도 천하가 모두 허용한 봉록이다"285)라고 하여 상인의 상업활동을 통한 이윤추구의 정당성을 피력했다. 이러한 이시다 바이간의 언급은 당시 상품화폐경제의 발달로 인해 신흥세력으로 등장한 쵸닌 계층의 입장을 대변한 것이라고 할 수 있다. 이와 함께 제도개혁을 통해 농업중심 사회로 회귀함으로써 바쿠후의 재정악화와 무사계층의 빈곤화를 막고 궁극적으로 차별적 신분질서를 재확립하려는 바쿠후 권력과, 이에 부응하여 상인을 노골적으로 천시했던 오규 소라이(荻生徂徠)류286)의 정책적·사상적 의도에 대한 대응이라고 볼 수 있다.

그러나 이시다 바이간이 쵸닌 계층의 이익을 대변한 것은 무사계층을 포함한 피지배계층간의 동등성을 확보하려는 것일 뿐 결코 쵸닌 계층의 계층적 우위를 상정하는 것은 아니었다. 그는 이 점에 대해 다음과 같이 설명했다.

---

285) "細工人ニ作料ヲ給ルハ工ノ祿ナリ。農人ニ作間ヲ下サルコトハ是モ士ノ祿ニ同ジ。天下萬民産業ナクシテ何ヲ以テ立ツベキヤ。商人ノ買利モ天下御免シノ祿ナリ"(위의 책).
286) 오규 소라이는 "오늘날 무가(武家)가 모두 여인숙(旅宿)의 경계, 즉 모든 것을 상인에게만 의존하게 됨으로써 상인의 이익은 배로 늘어나게 되었다. 이처럼 상인이 융성하게 된 것은 천지가 개벽한 이래 다른 나라에서도 그리고 일본에서도 없었던 일이다(是武家皆旅宿ノ境界ナル故、商人ノ利倍ヲ得ルコト。此百年以來ホド盛ナルコトハ、天地開闢以來異國ニモ日本ニモナキ事也)"(『政談』, 卷二)라고 하여 당시 바쿠후의 재정악화와 무사계층의 빈곤화의 원인을 상인계층의 발흥에서 찾았다. 이와 함께 그는 "(이를 해결하기 위해서는) 상하 만민을 모두 토지에 귀착시키고 그 위에 차별적 예법의 제도를 세워야 한다(上下万民ヲ皆土ニ在着ケテ、其上ニ禮法ノ制度ヲ立ルコト。是治ノ大綱也)"(위의 책)고 함으로써 쵸닌 계층의 상업활동 억제와 그들에 의한 신분질서 파괴 저지의 필요성을 역설했다.

사 · 농 · 공 · 상은 천하가 다스려지기 위해 필요한 것이다. 사민(四民)이 아니라면 (정치를) 도와줄 것이 전혀 없을 것이다. 따라서 사민을 다스리는 것은 군주의 직분이고 그러한 군주의 정치를 도와주는 것은 사민의 직분이 된다. 사(士)는 직위를 받은 신하이고 농민은 들[野]에 있는 신하이며 상공인은 시정(市井)에 있는 신하인 것이다.[287]

이렇게 이시다 바이간은 사 · 농 · 공 · 상의 기능적 · 직분적 평등에 기초한 조화와 협력이 사회질서 유지의 필수요건임을 인식하는 데 머물렀을 뿐, 봉건질서의 근본적 변혁을 요구하는 데까지는 이르지 못했다. 다만 그가 지배 – 피지배관계를 상조(相助)의 관계로 인식했다는 점과, 바쿠한체제를 이루는 근간으로서 농 · 공 · 상에 대한 무사(武士)계층의 절대적 우위나 농 · 공 · 상 간의 서열관계를 부정하고 사 · 농 · 공 · 상을 모두 각각의 역할을 담당하는 동등한 신하로 규정한 것은, 주자학적 차별질서관을 바탕으로 한 신분질서의 변화를 요구하는 피지배계층의 정치적 입장을 대변한 것이었다는 점에서 중요성이 있다.

이처럼 이시다 바이간이 쵸닌 계층의 계층적 지위 확보와 피지배계층 간의 분업적 역할론을 바탕으로 한 질서유지라는 두 가지 서로 모순되는 정치목표를 설정한 것은, 쵸닌 계층의 발흥이 두드러지는 한편 그에 대한 바쿠후 권력의 사상적 · 제도적 억압이 동시에 이루어지고 있었던 당시 일본의 과도기적 상황을 반영한 것이라고 할 수 있다. 따라서 그의 인성론 및 우주론, 그리고 도덕론 등도 모두 이러한 과도기적 특성을 바탕으로 전개되지 않을 수 없는 것이었다.

---

287) "士農工商ハ天下ノ治ル相トナル。四民カケテハ助ケ無カルベシ。四民ヲ治メ玉フハ君ノ職ナリ。君ヲ相ルハ四民ノ職分ナリ。士ハ元來位アル臣ナリ。農人ハ草莽ノ臣ナリ。商工ハ市井ノ臣ナリ"(『都鄙問答』, 卷二, 或學者商人ノ學問ヲ譏ノ段).

2) 정치목표 달성의 이론적 기초

① 인성론과 우주론

인성론에서 이시다 바이간은 인간을 '하늘이 자신에게 부여한 성(性)을 가진 존재'로 규정한다. 그는 이에 대해 "성이라고 하는 것은 인간으로부터 금수·초목에 이르기까지 하늘로부터 부여받은 것으로 그것으로 삶을 영위하는 원리[理]이다. 소나무가 푸르고 앵두[櫻]가 꽃을 피우며, 날개 달린 짐승이 하늘을 날고 물고기가 물에서 헤엄치며, 해와 달이 하늘에 있는 것 등 모두가 하나의 원리인 것이다"[288]라고 했다. 그렇다면 그에게 하늘로부터 부여받은 인간의 성이란 구체적으로 무엇을 말하는 것인가? 주자학 또는 유학과 같이 인의예지의 차별원리에 따라 행동하는 존재로서의 특성인가, 아니면 동등한 욕구주체로서 각 개체가 갖는 고유한 자존(自存)의 원리를 의미하는 것인가? 이시다 바이간의 정치목표가 한편으로는 피지배계층의 계층적 특성을 부각시키고, 다른 한편으로 그러한 계층적 특성을 사회질서와 병립시키는 데 있었으므로 그의 인성론 또한 양자의 결합을 추구하고 있는 것으로 보인다. 즉 먼저 그는 "성인이라 하더라도 인심(人心: 欲求)이 발(發)하지 않을 수 없다"[289]고 하여 욕구주체로서 인간의 동등성을 인정했다. 동시에 "기(夔: 한 개의 발을 가진 괴상한 짐승)가 발이 하나밖에 없는 것은 기의 심(心)이고 노래기[蚿]가 백 개의 발을 가진 것은 노래기의 심이며 뱀[蛇]이 발이 없는 것은 뱀의 심이다. … 이처럼 만물은 그 형체에 따라 각각 다른 심을 갖는 것이다"[290]라고 함으로써 인간을 포함한 모든 사물이 각기 자신에게

---

288) "其性ト云ハ人ヨリ禽獸草木マデ、天ニ受得テ以テ生ズル理ナリ。松ノ綠ニ櫻ノ花、羽アル物ハ空ヲ飛、鱗アル物ハ水ヲ泳、日月ノ天ニ懸モ皆一理ナリ"(위의 책, 卷一, 都鄙問答ノ段).

289) "聖人ト云ヘドモ此人欲發スルコトナキニ非ズ"(『石田先生語録』, 卷十二, 第八一).

290) "夔ガ足ノ一本アルハ夔ガ心。蚿ガ百足アルハ蚿ガ心。蛇ガ足ナキハ蛇ガ心 … 其外萬物皆形ノ外ニ心ナシ"(위의 책, 卷十四, 第九六). 이것은 물론 해석에 따라 인간과 사물

부여된 자존성(自存性)을 가진 존재라는 점을 명확히 했다.

그럼에도 불구하고 쵸닌 계층의 발흥과 그에 따른 사치·낭비풍조의 만연, 그리고 재정을 강화하고 무사계층의 빈곤화를 저지함으로써 바쿠후 중심의 차별질서를 확립하려는 지배층의 강한 의도에 직면한 이시다 바이간으로서는 쵸닌 계층의 무한정한 욕구추구나 피지배계층의 주체성 강조에 따른 차별질서의 와해를 용인할 수 없는 봉건적 한계가 있었다.

이와 같은 입장에서 그는 다음과 같이 상하간의 조화와 협력을 바탕으로 한 공동체유지를 파괴할 수 있는 개인, 또는 특정 집단의 과도한 욕구추구를 반(反)사회적인 것으로 규정했다.

성(性)이란 심(心)의 체(體)를 이루는 것으로 무심(無心: 本心: 私心이 없는 것)을 말한다.[291]

이욕(利欲: 私心)이라고 하는 것은 도(道)를 위배하는 욕구를 말하는 것이다. 크게는 군주를 시해하고 아버지를 살해하며 가정과 국가를 수탈하는 것 등이 욕심이 된다. 농·상·공을 친형제처럼 보는 것을 멀리하는 것도 욕심이다.[292]

을 구별하는 논리일 뿐 인간이 각기 보유한 자신만의 고유한 특성을 인정한 것이 아니라고 할 수도 있을 것이다. 그러나 그가 정치론에서 농·공·상 계층 각각의 계층적 특성을 설명하고, 특히 쵸닌 계층의 이윤추구의 정당성을 지적했다는 사실과 이와 같은 인용문이 『장자』외편(秋水篇)에 나오는 일화를 근거로 하고 있다는 점[다리가 하나 뿐인 기(夔)는 다리가 백 개인 노래기[蚿]를 부러워하고 노래기는 다리가 없어도 자신보다 빨리 움직이는 뱀[蛇]을 부러워하는 것의 의미 없음을 지적함으로써 각기 가지고 있는 자존의 원리가 중요함을 일깨워줌]을 볼 때 이시다 바이간이 각 계층의 독자적 특성을 적극적으로 인정했음은 틀림없다.

291) "心ハ體ヲ以テイハバ性ニ似タル處アリ。心ノ體ハウツルマデ無心ナリ。性モ無心也" (위의 책, 卷十二, 第八一).

292) "利欲ト云ハ非道ノ欲ヲ云ナリ。大ニシテ君ヲ弑シ、父ヲ弑シ、家國ヲ奪ハ欲心ナリ。農商功(工)ニテ親兄弟親シミヲ離レ、他人同前ニ成モ欲心ナリ"(위의 책, 卷十八, 第一三一).

특히 상인의 전지(田地: 이익의 바탕)는 천하의 사람들에게 있다. 따라서 상
인은 그가 받는 봉록의 주인이 세상 모든 사람들에게 있다는 것을 알아야
한다.[293]

이와 함께 그는 "형색(形色)은 천성(天性)으로서 형(形)이 있다면 곧 각
각의 본성을 가지고 있는 것이다. 소나무는 푸르고 꽃은 붉으며 모시는
사람[侍]은 모시는 사람으로서의 직분(職分)이 있고 농민은 농민으로서
그리고 상인은 상인으로서의 직분이 있는 것이다. 직분 이외의 것을 바
라는 것은 유심(有心: 私心)으로서 무심(無心)의 천(天)에 위배되는 것이
다"[294]라는 주장을 통해 자연계에서의 각 개체의 자존적 특성을 현실
사회 내에서의 분업적(직분적) 특성론과 결합시켰다.

이처럼 이시다 바이간이 인성론을 통해서 자존적 욕구주체로서의 개
체의 특수성을 사회라는 보편적 실체에 몰입시킨 것은 한편으로는 시대
적 상황을 반영하는 그의 사상의 한계성을 보여주는 것이다. 반면에 "사
심을 멀리할 수 있다면 인간은 모두 평등한 존재이다"[295]라는 그의 말
에서 알 수 있듯이, 이시다 바이간 개혁사상의 지향점이 인간의 개체적
자존성과 동등성을 주장하는 데 있었다는 점 또한 부인할 수 없다.

우주론 및 이(理)와 기(氣)의 관계에 대한 이시다 바이간의 입장 또한
인성론에서 나타나는 것과 마찬가지로 절충적 성격을 지니고 있다고 할
수 있다. 먼저 그는 "심(心)이라고 하는 것은 성(性)과 정(情)을 겸하고 있
어서 동정(動靜)과 체용(體用)이 있다. 성은 본체(本體)에서 정지해 있고

---

293) "商人田地ハ天下ノ人ニ有リ。天下ノ人ハ我ガ奉(俸)祿ノ主ニ有ラズヤ"(위의 책, 卷十
　　 五, 第一一一).
294) "形色ハ天性ナリ、形アルノ則有リ、松ハミドリニ、花ハ紅、侍ハ侍、農人ハ農人、商賣
　　 ハ商賣人、　職分ノ外ニ望ミ有ラバ有心ニシテ無心ノ天ニ違ヘリ"(위의 책, 卷九, 第六
　　 五).
295) "欲ヲ離レサヘスレバ人間ハ一等ナリ"(위의 책, 卷十八, 第一三一).

심은 발동〔動〕하여 쓰임〔用〕이 있다. 심의 본체로서 말하면 성과 유사한 것이 있다. 심의 본체는 항상 무심(無心: 私心이 없음)하기 때문에 성도 역시 무심하다. 심은 기(氣)에 속하고 성은 이(理)에 속한다. 이(理)는 만물 가운데에서 드러나지 않지만 심은 드러나서 사물에 투영된다"296)고 하여, 기본적으로 주자학적 심성론과 이기이원론적 이기론을 답습하고 있다. 그러나 주자학적 이기론이 비록 기의 작용 즉 외물(外物)에 접하여 나타나는 개체의 기본적 욕구를 일정부분 시인하고는 있다 하더라도, 그것은 어디까지나 차별의 존재원리인 이(理)의 주재를 받지 않을 수 없는 것으로 상정된다는 점에서 이기(理氣)의 선후(先後) 문제에서는 명확한 이선재설(理先在說)이 될 수밖에 없는 것이다. 즉 현실의 차별질서는 그러한 차별질서를 가능케 하는 원인자(原因者)로서 불변의 차별원리〔理〕가 먼저 존재하기 때문에 가능한 것이므로, 인간을 포함한 만물은 차별의 원리를 천리(天理)로서 인식하고 그것에 무조건적으로 순응해야 한다는 것이 주자학의 논리인 것이다. 그러나 이시다 바이간은 한편으로 개체의 자존적 특성을 강조함으로써 쵸닌 계층의 사회적 지위를 확보하고, 더 나아가 피지배계층의 이익과 역할을 대변하고자 하는 정치목표를 가지고 있었기 때문에 차별원리의 선재논리를 무조건적으로 답습할 수는 없었다. 이러한 점에서 그는 "인간에 대해서 말하면 기(氣)가 먼저이고 성(性)은 그 다음에 생겨난다"297)라고 했다. 여기서 성이란 그 자신의 규정에서도 알 수 있듯이 곧 이(理)를 말하는 것으로서, 기가 먼저이고 이(理)는 기가 생긴 후에 나타난다는 것은 곧 인간을 포함한 우주만물을 지배하는 유일의 보편적 원리의 존재를 부정하고 개체가 형성

---

296) "心トイ〜性情ヲ兼、動靜體体アリ。性トイ〜體ニテ靜ナリ。心ハ動テ用ナリ。心ノ體ヲ以テイハ性ニ似タル所アリ。心ノ體ハウツルマテ無心ナリ。性モ亦無心也。心ハ氣ニ屬シ、性ハ理ニ屬ス、理ハ萬物ノ中ニコモリ顯ルヽコトナシ。心ハ顯レテ物ヲウツス"(위의 책, 卷十二, 第八一).

297) "又人ヨリ云トキハ氣ハ先ニシテ性ハ後ナリ"(위의 책).

됨에 따라 그 개체가 갖게 되는 고유한 특성이 나타나게 됨을 강조한 것이라 하겠다.

하지만 이시다 바이간의 개체적 특성의 강조는 사회의 기본구조를 변화시키는 논리로까지는 발전하지 못했다. 단지 전통적으로 천시되어오던 쵸닌 계층의 사회적 활동의 중요성을 인식시킴으로써 쵸닌 계층을 농공(農工) 및 무사계층과 동등한 위치로 격상시키는 것에 노력을 집중했을 뿐이었다. 그리하여 그는 다시 "천지의 원리로 본다면 이(理)가 먼저 생기고 그 후에 기(氣)를 낳는다. 전체로서 말하면 오직 이(理) 하나뿐이다"[298]라고 함으로써, 보편원리로서의 이(理)를 인정했다. 동시에 "사·농·공·상도 역시 천(天: 理)이 만든 것이다"[299]라고 하여 이것을 현실 사회의 계층적 분업의 근원으로 규정했다.

인간이라면 누구든지 삶을 영위하는 데 필요한 기본적 욕구를 가지고 있으며, 동시에 하늘이 부여한 계층적·분업적 특성을 본성으로 한다고 보는 이시다 바이간에게 도덕론의 핵심은 그러한 분업적 특성의 바탕 위에 사회의 공동체적 안정과 평화를 유지하도록 하는 실천적 가치를 실현하는 데 집중될 수밖에 없었다.

그의 도덕론의 출발점은 인간이 하늘로부터 부여받은 본성〔道〕을 자각할 필요성을 제기하는 데 있다. 이시다 바이간은 이에 대해 "학문의 지극한 목적은 심(心)을 다하여 본성〔性〕을 아는 데 있다. 본성을 알면 하늘〔天〕을 알게 된다"[300]고 했다. 그러나 본성(本心: 自性)의 자각만으로는 공동체 유지의 필요충분조건이 될 수 없다는 것이 그의 판단이었다. 공동체의 질서를 보전하기 위해서는 분업적 특성을 가진 각 개체들

---

298) "天地ノ理ヨリ云トキハ理アシテ後ニ氣ヲ生ズ。全體ヲ以テ云トキハ理一物ナリ"(위의 책).
299) "士農工商トモニ天ノ一物ナリ"(『都鄙問答』, 卷二, 或學者商人ノ學問ヲ譏ノ段).
300) "學問ノ至極トイフハ、心ヲ盡シ性ヲ知リ、性ヲ知レバ天ヲ知ル"(위의 책).

이 인간으로서 그리고 사회의 구성원으로서 일상생활에서 각자의 역할에 맞는 행동을 직접 수행해야 하는 것이었다. 따라서 그는 "학문이란 실천[行]을 근본으로 한다"[301]고 하여 학문의 실천성을 강조했다. 본성의 자각과 실천의 필요성은 주자학적 도덕론에서도 나타나는 것이지만, 이시다 바이간에게 학문의 주체가 주자학 또는 유학에서처럼 실제로 소수 지배계층에 한정되어 있는 것이 아니라 피지배계층 모두에게 열려 있는 것으로 상정되었다는 점에서 주목할 만한 가치가 있다고 하겠다.

그렇다면 학문을 통한 본성의 자각을 위해 인간이 행해야 할 실천적 덕목은 구체적으로 무엇인가? 이시다 바이간에게 그것은 곧 검약과 근면, 정당한 이윤추구[正直] 및 분업적 특성에 대한 만족, 그리고 봉건적 사회질서규범인 충효(忠孝) 등이었다.[302]

이와 관련하여 그는 먼저 "사·농·공·상은 모두 자신의 분업적 특성[家業]에 만족하지 않으면 안 된다"[303]고 하여 족분(足分)의 실천을 요구했다. 특히 쵸닌 계층에게는 검약과 정직을 강조했는데, 이에 대한 그의 설명은 다음과 같다.

---

301) "聖人ノ學問ハ行ヲ本トシテ、文學ハ枝葉ナルコトヲ知ルベキコトナリ"(위의 책, 卷一, 都鄙問答ノ段).

302) 이시다 바이간은 그의 도덕론의 대부분을 쵸닌 계층의 실천덕목에 할애했다. 이것은 그의 도덕론의 목표가 쵸닌 계층의 사회적 활동을 공동체 전체의 이익과 관련시킴으로써 당시 쵸닌 계층의 부상(浮上)에 따라 가해지고 있던 바쿠후 권력의 제도적·사상적 억압에 적절히 대응하면서 쵸닌 계층의 이익을 대변하고자 했던 데에 기인한 것이라고 볼 수 있다. 그 자신도 "나는 상인에게 상인의 도가 있다는 것을 가르칠 뿐이다[我ガ教ユル所ハ、商人ニ商人ノ道アルコトヲ教ユルナリ]"(위의 책, 卷二, 或學者商人ノ學問ヲ譏ノ段)라고 하여 이 점을 분명히 했다. 그럼에도 불구하고 이시다 바이간은 그의 도덕론의 내용이 당시 모든 계층에게 고루 적용될 수 있는 것이라는 점과, 자신의 논의가 사회 내 모든 구성원의 실천덕목으로 가치가 있다는 것을 부인하지는 않았다(위의 책, 卷一, 武士ノ道ヲ問ノ段 참조).

303) "士農工商共ニ我家業ニテ足コトヲ知ルベシ"(위의 책, 卷一, 播州ノ人學問ノ事ヲ問ノ段).

내가 말하는 검약이란 세상 사람들이 말하는 것과는 다르다. 나를 위해 물건을 인색하게 쓰는 것이 아니라 세 가지 필요한 것을 세상을 위해 두 가지로 줄이는 것을 검약이라고 하는 것이다.[304]

이렇게 볼 때 그가 뜻하는 검약이란 개인적 활동의 사회적 가치화를 의미하는 것으로 볼 수 있다. 개인적인 경제활동은 궁극적으로 공동체의 이익과 질서〔法〕라는 범주 내에서만 그 의미를 인정받을 수 있다는 이러한 논리는 정당한 이윤추구를 정직(正直)으로 규정하는 이시다 바이간의 다음과 같은 말에서도 잘 드러난다.

상인은 정당한 이익을 취하는 것을 직분으로 한다. 정당한 이윤의 추구가 곧 상인의 정직(正直)이다.[305]

이시다 바이간이 비록 식산(殖産)과 검약의 강조를 통해 바쿠후 재정을 회복하고 무사계층의 빈곤화를 저지하려 했던 도쿠가와 바쿠후의 정책에 부응한다는 측면에서[306] 이처럼 검약과 정직을 상인의 도(道)를 실천하는 덕목으로 규정함으로써 쵸닌 계층의 경제활동에 결과적으로 제약을 가하고 있다 하더라도, 그에게 그러한 실천덕목의 궁극적 목표가 결코 바쿠후 권력을 강화하거나 지배계층의 이익을 확보해주기 위한 것이 아니었다는 데 주목할 필요가 있다. 그가 "상인은 정밀하게 계산하여

---

304) "儉約ト云コトハ世俗ノ說トハ異ナリ、我爲ニ物ゴトヲ吝クスルニハアラズ。世界ノ爲ニ三ツ入ル物ヲ二ツニデスムヤウニスルヲ儉約ト云"(『石田先生語錄』, 卷一, 第一).
305) "商人ハ直ニ利ヲ取ルニ由テ立ツ。直ニ利ヲ取ル商人ノ正直ナリ"(『都鄙問答』, 卷二, 或學者商人ノ學問ヲ譏ノ段. 그에게 정당한 이익이란 바쿠후가 시장의 변동을 전제로 하여 정한 물품의 공정가격에 따라 매매를 하여 얻는 이익을 의미하는 것이었다(위의 책 참조).
306) 이시다 바이간은 이와 같은 덕목의 실천이 검약의 필요성을 주장하는 바쿠후의 방침에도 맞고 천명에도 맞는 것이라고 주장했다(위의 책, 卷一, 商人ノ道ヲ問ノ段 참조). 이로 미루어볼 때 그가 당시 바쿠후와 쵸닌 계층 간의 대립을 의식하는 상태에서 자신의 사상을 전개했음을 알 수 있다.

하루하루를 보냄으로써 일전(一錢)도 소홀히 해서는 안 된다. 조금의 이익이라도 중요하게 여겨 부(富)를 축적하는 것이 상인의 도이다. (그 이유는) 그러한 부의 주인이 바로 천하의 만민이기 때문이다"307)라고 한 것은 상업활동의 이익이 특정 계층에게 한정되어서는 안 되며, 사회 내 모든 계층에 고루 미쳐야 한다는 것을 강조하는 것이다. 이처럼 이시다 바이간의 사상은 쵸닌 계층의 개별적 이익을 반영하면서도 동시에 그것을 다수 피지배계층의 이익과 결합시킴으로써, 궁극적으로 피지배계층 중심의 공동체적 발전을 추구하려는 것이었다고 평가할 수 있다.

② 개방적 학문관과 신도오론(神道論)

일본 심학(心學)의 창시자로서 이시다 바이간 사상의 특이성은 주자학적 배타성에서 완전히 벗어나 자유롭게 이단의 학문을 수용하려는 그의 태도에 있다. 구체적으로 그가 "검약이 지극하다고 하는 것은 천하를 위한 것도, 도를 위한 것도, 그리고 내 자신을 위한 것도 아니다. 무엇을 위한다고 하는 것이 있으면 이미 그 실(實)이 없는 것이다. 모든 것을 떨쳐버리고 무위・무욕의 상태〔打忘〕에서 다만 자신에게 부여된 본성〔法〕을 따르는 것이 바로 검약이라고 생각한다"308)고 하여 "도를 도라고 하면 이미 도가 아니며 명(名)을 명이라고 하면 이미 명이 아니다"309)라는 노장적(老莊的) 인식론을 수용한 것이나, "불교나 노장사상의 가르침에도 심(心)을 닦을 수 있는 방법이 있으므로 함부로 배척해버려서는 안 된다"310)고 한 것은 그의 개방적 학문태도를 보여주는 것이라고 하겠다.

---

307) "商人ハ勘定委シクシテ、今日ノ渡世ヲ致ス者ナレバ、一錢輕シト云ベキニ非ズ。是ヲ重テ富ヲナスハ商人ノ道ナリ。富ノ主ハ天下ノ人々ナリ"(위의 책).
308) "儉約ノ至極ト云ハ天下ノ爲ニモ道ノメニモ我身ノ爲メニモアラズ。爲メト云ニ意アラバ實ニアラズ。何モカモ打忘レテ法ヲ守ルヲ儉約ト思ヘリ"(『石田先生語錄』, 卷十, 第七一).
309) "道可道, 非常道, 名可名, 非常名"(『道德經』, 一章)
310) "仏老莊ノ教モ、イハバ心ヲミガク磨種ナレバ、舍ベキニモ非ズ"(『都鄙問答』, 卷三, 性

중요한 점은 이시다 바이간의 이와 같은 반유학적 전통사상의 개방적 수용이 단순히 학문적 차원에 머무르지 않았다는 사실에 있다. 이와 관련하여 그는 불교가 인간에게 도움이 될 수 있는가라는 질문에 대해 "훌륭한 의사는 병을 고칠 수 있는 것이라면 어떤 것이라도 사용하여 그 병을 고친다. 모든 약의 사용방법을 깨우쳐 치료하는 것은 좋은 것이다. 옛날부터 약이라고 알려진 것은 하나도 버리지 않았다. 무엇이든지 사용할 수 있는 의사가 훌륭한 의사이다. 한 가지 방법만을 고집하여 시대의 변화에 따라가지 못하는 것은 훌륭한 의사라고 할 수 없다"311)고 대답했다. 이처럼 인간과 사회발전에 도움이 될 수 있는 제사상들의 중요성을 약(藥)에 비유한 것은 학문을 위한 사상이 아닌 사회개조의 수단으로서 유학 이외의 사상들의 가치를 높게 평가한 것이라고 할 수 있다. 더욱이 간과할 수 없는 것은 이러한 이시다 바이간의 태도로 미루어 그가 이미 주자학 또는 유학적 차별질서관이 가지고 있는 한계를 직시하고 있었다는 점이다. 또한 그러한 한계를 지닌 주자학 또는 유학의 논리로는 당시 일본 사회가 직면한 봉건적 모순을 해결할 수 없음을 간파하고 있었다는 것이다.

마지막으로 신도오사상과 관련하여 이시다 바이간은 야마가 소코와 마찬가지로 하야시 라잔과 같이 주자학과 신도오사상의 결합을 통한 바쿠후 권력의 절대화·신격화를 추구하지 않았다. 그는 "현실의 군주(幕府)는 천자(天子: 天皇)가 행하는 조상신(아마테라스: 皇太神宮)에 대한 제사를 행하는 것이 아니다"312)라고 함으로써 명백하게 바쿠후의 혈통을

理問答ノ段.

311) "名医ハ何ニテモ、病ノ可愈モノヲ用ヒテ疾ヲ愈シ、諸藥ヲ盡ク愈ヒ覺テ療治スコソ善ルベケレ。古シヘヨリ藥種トシテ出シ置ル、物何ゾ棄ルコトアランヤ。一モ舍ズ一ニ泥ズ、能用ルハ名医ナルベシ"(위의 책).

312) "然レドモ御祭禮ヲ其者自身ニ行フコトハ不能。國主トイヘドモ天子ノ御神事ハ行レザルコトナリ"(위의 책, 卷二, 鬼神ヲザクトヲ護ノ段).

텐노오의 혈통과 분리시켰다. 이러한 분리는 단순한 분리 이상을 넘어서는 중요한 정치적 의미를 가지고 있다. 즉 그 동안 정치권력의 담당자로서 텐노오의 혈통을 이어받은 것으로 규정되었던 도쿠가와 바쿠후 권력의 신성성을 부정함으로써 현실의 권력자를 직분을 가진 개인으로 전락시켰다는 데 그 의미가 있는 것이다. 물론 이시다 바이간이 충(忠)을 중요한 실천덕목으로 상정했다는 점과, 하늘로부터 부여받은 선천적인 분업적 특성을 자각하고 실천할 것을 강조했다는 점에서 군신질서로 대표되는 봉건적 차별질서를 부정하지 않았다는 것은 사실이다. 그럼에도 불구하고, 이와 같은 바쿠후 권력의 절대화에 대한 부정은 곧 주자학적 정치질서관이 초래한 현실의 모순을 간파하고 있던 이시다 바이간에게 바쿠후 권력의 정통성에 대해 회의하게 했다는 측면에서 일본 개혁사상의 특성을 다시 한 번 보여주는 것이라 할 수 있다.

이상에서 살펴본 바와 같이, 이시다 바이간의 개혁사상은 18세기 중엽 쵸닌 계층의 발흥과 그것에 대응하여 바쿠후 중심의 차별적 권위질서를 강화하려는 바쿠후 권력의 사상적 · 제도적 노력이 진행되었던 과도기적 상황을 반영하는 것이었다. 이러한 과도기적 특징을 반영하여 이시다 바이간은 욕구주체로서의 인간성 규정과 개체성 인정을 기초로 한 분업론을 통해 쵸닌 계층의 상업적 활동의 정당성을 확인하는 동시에 계층적 이익의 사회이익과의 결합을 요구하는 도덕론을 전개했다. 비록 이시다 바이간의 사상이 야마가 소코와 마찬가지로 봉건적인 한계를 내포하기는 했으나 사회적 최하층인 쵸닌 계층의 이익을 적극 대변했다는 점에서 피지배계층 중심의 개혁사상으로서 큰 가치를 지닌 것이었다고 볼 수 있다. 특히 그가 불교와 노장사상 등 반유학적 제사상들을 사회개조의 사상적 근거로 인정했다는 사실과, 바쿠후 권력의 신격화를 거부한 것은 근세 전반기 일본 개혁사상의 특성을 잘 보여주는 것이라고 평가할 수 있을 것이다.

이시다 바이간이 교오호(亨保) 개혁기(1716-1736)에 발흥하는 쵸닌 계층의 상업적 활동의 정당성을 부각시키는 한편, 현실의 과도기적 혼란을 피지배계층의 이익과 공익(公益)의 결합을 통해 해결하려 했다면, 교오호 개혁의 실패와 그 이후의 바쿠후 권력의 안일한 현실대처가 가져온 농민계층의 피폐화에 직면하여 농민계층의 입장에서 유학적 정치질서관을 근본적으로 비판하고 노장적(老莊的) 인식론과 묵가적(墨家的) 생산 · 평등사상을 원용하여 급진적 사회변혁론을 전개했던 인물이 안도 쇼에키였다.

3. 안도 쇼에키313)의 개혁사상

개혁 초기 일정부분 성과를 가져왔던 교오호 개혁은 후반기에 접어들면서 바쿠후의 재정을 강화하기 위한 제반조치들이 결과적으로 피지배계층의 다수를 이루고 있는 농민에게 과도한 세금을 부과 · 징수하게 됨으로써 그 한계에 직면했다. 여기에 상품경제의 농촌 침식으로 인해 농

---

313) 안도 쇼에키(安藤昌益, 1703-1762)의 행적에 관해서는 여러 가지 이설(異說, 예를 들어 野田健次郎氏說 및 羽賀与七郎氏說 등)이 있다. 그가 혼슈의 하찌노에(八戶)에서 의사(醫師)로 활동했다는 것과 1753년경에 대표저작인『자연진영도(自然眞營道)』를 간행했다는 것, 그리고『양연철론(良演哲論: 眞道哲論)』에 당시 문인들과의 대화가 나타난다는 점에서 사회적 영향력이 있었다고 추정해볼 수 있으나 그의 정확한 사회적 지위와 역할 등에 대해서는 뚜렷이 밝혀진 것이 없다. 그러나 안도 쇼에키가 당시로서는 상상하기 어려운 정도로 봉건질서의 타파를 주장하는 급진적인 사상을 전개했다는 점에서 그의 사상의 가치를 규명하기 위한 시도들이 일본에서 1970년대 이후로 활발하게 진행되어왔다고 한다(野口武彦 編,『日本の名著 19 - 安藤昌益』, 東京: 中央公論社, 1971, pp.452- 453 연보 및 尾藤正英,「安藤昌益硏究の現狀と展望」,『日本思想大系 45』, 東京: 岩波書店, 1977, pp.591-594 참조). 안도 쇼에키의 사상에 대해서는 그의 사상을 '파격의 독창성을 가진 혁명사상'으로 규정하는 연구자가 있는가 하면(寺尾五郎,『論考 安藤昌益』, 東京: 農山漁村文化協會, 1992), '에도 바쿠후 중기의 백과전서적 특징을 가진 특이한 사상'(和田耕作,『安藤昌益の思想』, 東京: 甲陽書房, 1989)으로 평가하기도 한다. 일본에서 안도 쇼에키에 대한 연구는 특히 그의 반봉건적 평등론과 유학은 물

민계층의 빈곤화는 더욱 가속화되었으며 1721년, 1722년, 1732년에 발생한 기근, 화산분출, 지진 등의 자연재해는 농민들을 절망적인 상태에 빠뜨렸다. 안도 쇼에키가 활동한 18세기 중반기(9대 쇼오군의 집권기)에 이르면 이러한 상황은 더욱 악화되어 이미 교오호 개혁기 후반부터 발생하기 시작했던 농민들의 폭동 및 저항이 더욱 빈번해졌다. 특히 안도 쇼에키의 고향인 오우(奧羽)지방에는 1749년과 1755년, 1757년에 기근이 잇달아 발생했으며, 관동지방과 혼슈의 동북지역에서는 자식을 기를 수 없게 된 농민들이 자식을 버리거나 죽이는 유아살해(infanticide)가 빈번하게 행해지기까지 했다. 이러한 결과 전국적으로 인구가 감소되어 1726년의 인구를 100으로 보았을 때 1744년에는 98.51, 1756년에는 98.16, 1762년에는 97.25로 점차 줄어드는 현상을 낳았다. 그러나 이와 같은 바쿠한(幕藩)의 과도한 제도적 수탈, 상업자본의 침투, 그리고 자연재해 등으로 인한 농민계층의 빈곤화·피폐화에 대한 바쿠후 권력의 대응은 미온적인 것이었다. 오직 자신들의 생존권을 확보하기 위해 농민들이 일으켰던 반란 및 폭동을 1750년과 1762년 두 차례의 추가적인 법령을 통해 억압적으로 저지하려 했던 것이 바쿠후의 유일한 대처방안이었다.314)

당시 농민계층이 처한 현실을 그들과 같이 경험했던 안도 쇼에키로서는 생산의 담당자로서 농민계층이 갖는 중요성을 인식하지 못하고, 단지 그들을 자신들의 지배와 수탈의 대상으로만 간주하는 바쿠후 권력의 권위를 인정할 수 없었다. 동시에 그러한 바쿠후 권력의 정당성을 옹호

론 신도(神道), 불교, 노장사상 등 당대 모든 사상들에 대해 격렬한 비판을 가했다는 측면에서 학계의 관심을 불러일으켰으며, 이에 따라 그의 사상 전반에 걸친 다각적인 연구성과를 모은 기획물(農山漁村文化協會 編, 『安藤昌益: 日本·中國共同硏究』, 東京: 農山漁村文化協會, 1993; 三宅正彦 編, 『安藤昌益の思想史的硏究』, 東京: 岩田書院, 2001)이 발표되기도 했다.
314) Masao Maruyama, 앞의 책, pp.251-252 참조.

하는 사상적 · 계층적 이데올로기로서 주자학 또는 유학의 논리를 받아들일 수 없는 것이었다. 이와 같은 인식이 결국 그로 하여금 노장적(老莊的) 상대관(相對觀)을 근간으로 하여 주자학 나아가 유학의 차별원리를 근원에서부터 부정하고, 묵가적(墨家的) 논리를 바탕으로 하여 생산 · 근로의식을 가진 존재로서의 인간성의 규정과 그러한 인간성을 보유한 개체들에 의한 평등한 공동체 구성을 요구하는 혁신적 사상을 전개하도록 했던 것으로 보인다.

1) 유학비판의 현실관과 평등적 정치질서관

안도 쇼에키는 18세기 중반 당시 일본의 모순, 즉 국민의 대다수를 차지하고 있음에도 수탈과 빈곤에 허덕이고 있는 농민계층이 처한 현실의 근원이 무엇보다 자신은 노동하지 않고 다른 사람이 생산한 것을 탐하는[不耕貪食] 소위 성인들이 자의적인 차별원리, 다시 말해 사법(私法)을 만들어 상하와 귀천 그리고 빈부 등 절대적 대립의 차별(差別: 二別)을 규정해놓은 데에 있다고 보았다. 이런 점에서 그는 "성인은 스스로 경작하지 않고 중인(衆人)이 경작한 곡식을 얻어서 그것으로 먹고 그것으로 입고 그것으로 가계를 이루고 그것으로 거주하면서도 헛되이 말하기를 민(民)을 자애(慈愛)하고 아래로 인(仁)을 베푼다고 한다"315)고 했다. 또한 "군신(君臣)을 만들어 오륜(五倫)의 최상위에 올려놓고, 중인의 위에서 천하를 다스리도록 한 것도 성인이 만든 것이다"316)라고 하고 함으로써 군신과 오륜으로 대표되는 유학적 차별질서가 현실모순의 근본 원

---

315) "聖人ハ然ラズ、自ラ働カズ耕サズシテ衆人直耕ノ全穀ノ施シヲ得テ、之ルヲ食シ之ルヲ衣、之ルヲ家シ之ルニ居テ、妄リニ言語ノ ミ民ヲ慈シミ下ニ仁ヲ施スト云ヒテ、是レ天道ニ同ジカルベケンヤ"(『橋本 自然眞營道』, 卷四, 學問統括, 五常).
316) "君臣ヲ制シ、衆人ノ上ニ立チテ、天下ヲ治ムトシテ上ニ立ツ、聖人ノ制法ナリ。此ノ故ニ君臣ヲ以テ五倫ノ上ト爲ルナリ"(위의 책, 五倫).

인임을 분명히 했다. 이러한 안도 쇼에키의 입장은 소위 공자사상의 핵심이라고 할 수 있는 인정(仁政)이라든지, "어떤 사람은 마음(정신노동)을 쓰고 어떤 사람은 힘(육체노동)을 쓰는 것이니 마음을 쓰는 사람은 남을 다스리고 힘을 쓰는 사람은 남에게 다스림을 받는다. 남에게 다스림을 받는 사람은 남을 먹여주고 남을 다스리는 사람은 남한테 얻어먹는 것이 천하의 법칙이다"317)라고 하여 생산계층에 대한 비생산계층의 차별적 지배를 당위화한 맹자의 주장을 상기할 때 유학적 정치질서관에 대한 전면적 부정이라고 할 수 있다. 따라서 그에게 지배계층이 피지배계층에 대해 베풀어주어야 한다는 인정이란 것도(정치론), 차별위계질서에 순응하는 존재로서 인간이 가지고 있다는 성선(性善)의 본성(仁義禮智)이라는 것도(인성론), 불변의 차별적 우주원리라는 것도(우주론), 그러한 차별원리의 실천당위와 덕목이라는 것도(도덕론), 그리고 차별원리의 실천사(實踐史)가 역사의 내용과 본질이라는 것도(역사론) 모두 허위로서, 지배계층이 자신들의 지배를 정당화하기 위한 작위적 방편에 불과한 것으로 간주되었다.

이와 같은 유학적 차별질서관에 대한 근본적인 부정과 더불어 안도 쇼에키는 모든 인간은 모두 자연의 원리에 따라 죽쿄(直耕: 自耕: 直接生産)하는 존재318)로서 상하(上下)·고비(高卑)·귀천(貴賤)·빈부(貧富)·현우(賢愚)를 구별할 수 없는 동등한 개체319)라고 주장함으로써 자신의 평등적 정치질서관의 입장을 표현했다. 여기서 죽쿄(直耕)하는 평등적 존재로서의 인간상은 안도 쇼에키에게 곧 농민을 의미하는320) 것이었으

---

317) "或勞心或勞力, 勞心者治人, 勞力者治於人, 治於人者食人, 治人者食於人, 天下之通義也"(『孟子』, 滕文公上).
318) "耕農·織業ヲ知ルコト自然ノ爲ル所ナリ"(『刊本 自然眞營道』, 卷二, 自然、自色·自色·自味·自能·自毒ノ事).
319) "人倫世ニ於テ上無ク下無ク, 貴無ク賤無ク, 富無ク貧無ク、唯自然·常安ナリ"(위의 책, 古說ノ天地論、自然ニ非ザル事 及ヒ、自然·轉定論ノ事).

며, 이것은 그의 정치적 목적이 유학의 차별적 정치질서관을 타파하여
농민 중심의 평등사회를 이룩하려는 데 있었음을 보여주는 것이라고 할
수 있다.

2) 평등적 정치질서관 구축의 이론적 기초

① 비판의 태도

안도 쇼에키는 이와 같은 피지배농민 중심의 평등질서관 구축을 위해
우선적으로 기존 모든 사상에 대한 직접적인 비판을 가했다. 그는 유학
에 대해서는 그것이 군신질서 및 사회적 신분질서로 대표되는 차별사상
이라는 점에서 인간에게 불필요한 모든 사치와 악과 인욕의 발단[321]이
라고 비판했다. 나아가 안도 쇼에키는 자연의 질서 안에서는 인륜이라
는 것도 군주라는 것도 없는데 유학사상이 이런 것을 만들어 놓은 것은
강도(强盜)나 다름없는 것[322]이라고 주장했다. 이와 함께 공자와 맹자에
대해서는 직접 생산에 종사하지도 않으면서 사람들의 위[上]에 서려는
욕구를 가지고 제후들에게 기생(寄生)했던 인물들[323]이라고 평가했다.

안도 쇼에키의 이와 같은 철저한 유학사상 비판에는 크게 두 가지의
특징이 있다. 하나는 유학의 군신론이나 성인론, 그리고 사민론(四民論)

---

320) "農ハ直耕・直織シテ安食・安衣シ、無欲・無亂・無法ニシテ自然・轉定・直業ノ直子
ナリ。故ニ貴カラズ賤シカラズ、上ナラズ下ナラズ、賢ナラズ愚ナラズ、聖ナラズ仏ナラズ
神ナラズ、轉定・万穀生ノ直耕ヲ繼ギテ、卽チ轉定ノ家督ナリ"(『稿本 自然眞營道』, 卷
四, 學問統括, 四民).

321) "君ヲ立ツルハ奢リノ始メ、万惡ノ本ナリ。人欲ノ始メ"(『統道眞伝』, 卷一, 糺聖失, 聖
人、自然ノ眞道ヲ失ルノ論).

322) "轉定一体、万人ニシテ一人、自然ノ轉定・人倫ニ君臣ト云ヘルコト之レ無シ。君ト云
フハ聖人出デテ轉定ヲ盜ミ私法ヲ立テ上ヲ立テシヨリ之レ有リ、强盜ノ異名ナリ"(위의
책, 莊子妄失ノ論).

323) "孔孟ノ如キ、弁口ヲ以テ天道ヲ賣リ、學ヲ賣リテ世ヲ誑カシ、貪食シテ上ニ立タンコ
トヲ欲ス"(『稿本 自然眞營道』, 卷六, 私法儒書, 卷三, 孟子ノ評).

이나 인륜과 같은 것들이 인간의 본연적인 자유성과 평등성을 억압하는 것이라는 인식이다. 다른 하나는 생산활동에 종사하지 않는 불경탐식(不耕貪食)이 자연에 원리에 위배되는 죄악이라는 인식이다. 이러한 안도 쇼에키의 유학 비판은 당시로서는 매우 혁신적인 것이기는 하지만 동아시아 사상사에서 전혀 새로운 것은 아니다. 전자는 노장사상의 인식론과 동일하며 후자는 묵학사상의 평등론과 동일선상에 있다. 즉 안도 쇼에키의 유학적 차별관에 대한 근본적인 비판은 "성인이 나와 인(仁)을 행하고 의(義)를 행하게 되자 천하사람들이 비로소 의혹을 품게 되었으며, 제멋대로 음악을 연주하고 예의를 만듦으로써 비로소 차별이 생기게 되었다"324)고 하고 또한 "성인이 나타나면서부터 예악(禮樂)에 이끌려 그것으로 천하를 바로잡으려 했고 인의를 내세워 천하의 마음을 사로잡으려 했다. 그러자 백성들은 애써 지식을 탐하고 다투어 이익을 쫓게 되었으며 이를 막을 수가 없었다. 이것 역시 성인의 잘못이다"325)고 했던 노장의 입장과 동일하다. 또한 그의 불경탐식에 대한 비판은 "먹을 것에 대해서는 힘써 노력하지 않을 수 없고 땅에 대해서는 힘써 경작하지 않을 수 없으며 쓰는 것에 대해서는 절약하지 않을 수 없는 것이다"326)고 하여 식화(殖貨)와 절용(節用)의 중요성을 강조했던 묵자와 같은 인식에 근거하고 있다.

그러나 이와 같은 인식론상의 동일성에도 불구하고 안도 쇼에키는 묵학사상과 노장사상에 대해서도 비판을 가한다. 그는 묵학에 대해서는 한쪽으로만 치우친 편학(偏學)이라고 간단히 평가했고,327) 노장에 대해

---

324) "及至聖人, 蹩躠爲仁, 踶跂爲義, 而天下始疑矣, 澶漫爲樂, 摘僻爲禮, 而天下始分矣"(『莊子』, 馬蹄)

325) "及至聖人, 屈折禮樂, 而匡天下之形, 縣跂仁義, 以慰天下之心, 而民乃始踶跂好, 知爭歸於利, 不可止也, 此亦聖人之過也"(위의 책).

326) "食不可不務, 地不可不力也, 用不可不節也"(『墨子』, 七患篇).

327) "偏學ヲ賣リテ貪リ食フテ、己レト頑偏ナリ"(『橋本 自然眞營道』, 卷六, 私法儒書, 卷

서는 생산노동에 참여하지 않고 은둔생활을 영위하는 신비적인 측면을 주로 비판했다.[328] 그런데 묵학이 기본적으로 생산과 겸애의 평등사상이라는 점을 감안하면, 묵학을 편학이라고 본 안도 쇼에키의 평가는 "양자(楊子)와 묵자(墨子)를 양묵(楊墨)이라는 한 명의 사람으로 착각한 데에서 온 오해"[329]에서 비롯된 것으로 볼 수 있다. 그리고 노장에 대한 비판은 주로 묵학의 입장에서 노장사상을 '허무적이고 현실도피적인 사상'으로 규정하는 데 집중되었다고 할 수 있다. 이렇게 보았을 때 결국 안도 쇼에키는 현실의 차별과 불평등을 발생시킨 유학사상에 대해서는 노장과 묵학적 인식론을 통해 비판했고, 노장에 대해서는 생산노동의 평등성을 강조하는 묵학의 입장에서 비판한 것이라고 하겠다. 안도 쇼에키 사상의 성격이 일체의 차별과 불평등을 제거하여 사회구성원 모두 생산에 참여하는 평등질서관의 구축에 있었다는 점에서 이와 같은 비판의 방향성은 당연한 것이라 하겠다. 이처럼 안도 쇼에키는 자신의 평등질서관 구축을 정당화하기 위한 방법론의 일환으로서 기존 사상에 대한 선택적 수용보다는 주로 비판에 초점을 맞추었다.[330]

三, 楊墨及ヒ柳訶惠。偏學).

328) "老子、亂世ヲ苦ニシテ世ヲ遁レ山ニ入リ、神ヲ谷ヒテ死セズト云ヘリ、大失ナリ"(『統道眞伝』, 卷一, 糺聖失, 老子, 自然ノ道ヲ失ルノ論); "莊子ハ背ヲ病ンデ周流ヲ爲サズ、隱シテ放言ヲ賣リテ、不耕ニシテ貪食ヲ買フ者ナリ"(『橋本 自然眞營道』, 卷六, 私法儒書, 卷三, 莊周ヵ評).

329) 위의 책, 楊墨及ヒ柳訶惠。偏學, 『安藤昌益全集』, 第四卷, p.189 寺尾五郎의 해설 참조.

330) 안도 쇼에키가 비록 모든 사상에 대해 비판적 입장을 견지했지만, 필자는 그의 노장 사상과 묵학사상에 대한 이해가 그다지 철저한 것은 아니었다고 본다. 특히 묵자에 대해서는 중국 고대 전국(戰國)시대에 극단적 개인주의를 강조했던 양자(楊子)와 동일인물로 볼 정도로 철저하지 못했다. 노장에 대해서도 한편으로는 "사상가로서의 노자를 공자보다 한 단계 위에 존재하는 것으로 파악하기도 하고, 장자에 대해서도 안도 쇼에키로서는 보기 드물게 맹자서의 약 2배의 분량을 할애하여 각편명(篇名)을 들어 자세히 설명하고 있는 것"(寺尾五郎, 앞의 책, pp.436, 444-445)에서 알 수 있듯이 비교적 우호적이었지만, 내용의 많은 부분을 생략 또는 주관적 평가로 일관함으로써 "노장의 본질

② 반(反)유학적 인성론

안도 쇼에키가 농민 중심의 평등질서관 구축을 위해 제시한 첫 번째 이론적 논의는 반유학적 인성론이다. 안도 쇼에키는 당시 고통받고 있는 농민계층의 이익을 대변하기 위해 인의예지(仁義禮智)의 차별원리를 인간성의 존재본질로 규정하는 유학적 인성론에 반대하고 인간을 동등한 삶의 욕구주체로서 상정했다. 안도 쇼에키는 이에 대해 먼저 다음과 같이 설명했다.

> 식(食)이란 인간과 동식물에게는 부모〔親〕와 같은 것으로서 존재의 근본이 된다. 따라서 천지〔轉定〕도 인간도 동식물도 모두 식을 통해 생존하는 것이다. 그러므로 먹지 않으면 죽을 수밖에 없다. … 그 중에서도 특히 인간은 미곡(米穀)을 먹고 성장하는 존재이기 때문에 인간을 곧 미곡이라고 할 수 있다. 이러한 점은 상하 · 귀천 · 성인 · 석가 · 중인을 막론하고 모두 동일하다.[331]

이렇게 안도 쇼에키는 인간에게 무엇보다 중요한 것은 먹는 것을 통한 삶의 유지이며, 이런 점에서 인간은 모두 동등하다고 주장했다. 바쿠후 지배권력 및 상업자본에 의한 착취와 수탈, 그리고 극심한 기근 등에 의해 농민층을 비롯한 피지배계층이 당하는 극심한 고통을 직접 체험했던 안도 쇼에키는 이와 같이 식(食)의 중요성을 역설함으로써 피지배계층의 생존권과 생활권 보호의 필요성을 강조했던 것으로 보인다. 안도

을 왜곡(歪曲)하고 있는 것이 사실"(張備,「安藤昌益と莊子の哲學について」, 農山漁村文化協會 編, 앞의 책, p.149)이다.

331) "食ハ、人物与ニ其ノ親ニシテ、諸道ノ太本ナリ。故ニ轉定 · 人 · 物、皆、食ヨリ生ジテ食ヲ爲ス。故ニ食無キ則ハ、人 · 物、卽チ死ス。… 分キテ人ハ、米穀ヲ食シテ人トナレバ、人ハ乃チ米穀ナリ。… 上下 · 貴賤 · 聖 · 釋 · 衆人ト雖モ、食シテ居ルノミノ用ニシテ、死スレバ本ノ食ト爲リ、又生ジテ食スル迄ノ事ナリ"(『統道眞伝』, 卷一, 糺聖失, 人ノ食ハ道ノ太本 之レヲ言ハザルハ失リノ論).

쇼에키는 이러한 식을 통한 삶의 욕구주체로서의 인간성 규정과 함께
정(情)을 인간의 존재본질로 상정했다. 특히 그는 "인간과 생물의 색정
(色情)이라는 것은 본능적인 것이다. 따라서 육체가 있으면 곧 색정이 있
는 것이 자연의 원리이다"[332]라고 함으로써, 정 중에서도 특히 성욕의
중요성을 강조했다.

　이와 함께 안도 쇼에키 인성론의 두드러진 특징이라면 인간을 직접생
산에 참여하는 존재로 규정한 것에 있다. 안도 쇼에키는 이와 같은 직접
생산을 '좃코(直耕)'라고 했는데 그에 따르면 인간은 천지의 좃코, 즉 자
연의 원리에 의해 생성된 천지의 직자(直子: 嫡子)로서,[333] 천지가 자연
계에서 하는 생성활동과 같이 인간세에서 마땅히 생산활동, 즉 좃코에
전념해야 하는 존재로서 상정된다. 또한 천지의 좃코가 만물을 낳아 성
장시키는 것을 그 구체적 내용으로 한다는 점에서 인간 역시 자신을 성
장시킬 수 있는 행위, 즉 직접 곡식을 재배하여 그것으로서 자신을 양육
시키는 것만이 자연이 인간에게 부여한 도를 준수하는 것이라고 설명했
다. 안도 쇼에키가 "좃코란 식의(食衣)이다. … 인간은 곡식을 경작하여
그것을 먹으며 사류(四類: 인간 이외의 생물)는 큰 것이 작은 것을 먹는다.
이것이 바로 활진(活眞: 自然)이 부여한 좃코의 원리이다"[334]라고 한 것
은 인간의 삶에 필수적인 먹고 입는 것〔食依〕을 위한 경작행위가 좃코
의 내용임을 밝힌 것이다.

　물론 의식주 등 삶의 유지에 필수적인 기본적 욕구충족의 주체로서의

---

332) "人物ノ色情ハ乃チ人物ノ壽命ナリ。故ニ身有ル者ハ色情無キコト能ハザルガ自然ナ
　　リ"(위의 책, 卷二, 糺仏失, 釋迦獨身トナリ、自然ヲ知ラザル失リノ論).

333) "自然・轉定ノ道ハ、轉氣ハ降リテ定氣ヲ煖メ、定氣ハ升リテ轉氣ニ和シ、轉氣・定
　　氣、中央土ニ感合シテ人・物生生無盡ナルハ、卽チ轉定ノ直耕ナリ。… 人ハ轉定ノ嫡子
　　ナリ"(『橋本 自然眞營道』、卷五、私法儒書、卷二、飲蝗及ビ象ノ辭).

334) "直耕ハ食衣ナリ。… 人ハ穀ヲ耕シ穀ヲ食シ、四類ハ大ハ小ヲ食フ。只一食ヲ以テ常ナ
　　リ。是レ只活眞ノ直耕ナルノミ"(위의 책, 卷二十五, 眞道哲論).

인간성 규정은 안도 쇼에키의 독창적인 이론적 논의는 아니다. 즉 그것은 노장사상 인성론의 기본적 요소이며, 직접적인 사상적 연관성은 찾기가 어렵지만 앞서 살펴본 야마가 소코(山鹿素行)나 이시다 바이간(石田梅岩)과 같은 이전 개혁사상가들의 인성론에서도 발견되는 내용이다. 구체적으로 야마가 소코는 "인간은 기를 통해서 형체를 부여받은 존재이기 때문에 욕구를 가지고 있다. 사지(四支)로서 움직이고 정지하는 것, 귀와 눈으로 보고 듣는 것, 희노애락(喜怒哀樂)을 느끼는 것, 먹고 마실 것을 찾고 남녀가 서로 좋아하는 것 등은 모두 자연적인 욕구이다"[335]라고 했다. 이시다 바이간 역시 "성인이라 하더라도 인심(人心: 欲求)이 발(發)하지 않을 수 없다"[336]라고 함으로써 인간을 동등한 삶의 욕구주체로 규정하는 인성론을 전개했다. 이러한 이전 개혁사상과의 공통성과 함께 안도 쇼에키가 성욕을 적극적으로 인정한 것은 그가 유학과 함께 불교에 대해서도 강한 비판의 입장을 견지했다는 점에서 불교의 금욕론(禁欲論)을 비판하려는 의도에서 도출된 것으로 보인다. 다만 인간을 직접생산(直耕)의 존재로 규정한 것은 식화의 중요성을 강조했던 묵학사상과 유사성이 있지만 이전의 일본 개혁사상가들과 구별되는 안도 쇼에키 사상의 독창적 측면으로 볼 수 있을 것이다. 이것은 무엇보다 주로 자신이 속한 계층의 이익을 대변하려고 했던 일본의 개혁사상가들의 특성을 반영하는 것이라고 할 수 있다. 즉 야마가 소코가 무사계층, 그리고 이시다 바이간이 쵸닌 계층의 입장을 대변한 인물이었던 반면, 안도 쇼에키는 고통받는 농민들의 입장에서 비생산계층의 무위도식을 비판하고 직접생산의 중요성을 역설하려는 목적에서 인간을 직접생산의 존재로 규정했던 것으로 보인다. 이와 같은 반유학적 인성론과 함께 안도

---

335) "人有這菓形体, 則有情欲, 四支之於動靜, 耳目之於視聽, 喜怒哀樂之感內, 飲食男女素外, 皆情欲之自然"(『山鹿語類』, 卷二十三, 論義理, 論人必有情欲).

336) "聖人トイヘ共此人欲發スルコトナキニアラズ"(『石田先生語錄』, 卷十二, 第八一).

쇼에키가 농민 중심의 평등사회로의 변혁을 이론적으로 설명하기 위해서 활용한 것이 다음에서 살펴볼 변천·변화의 자연관과 상대주의적 인식론이다.

③ 변천·변화의 자연관과 상대주의적 인식론

안도 쇼에키는 현실의 지배적인 차별질서의 변화를 통한 평등질서의 구축을 지향했으므로 변천·변화를 자연의 원리로 보는 노장적 입장을 적극적으로 수용했다. 안도 쇼에키에 따르면 인간을 포함한 모든 사물은 일기(一氣 : 一眞)337)의 진퇴운동(進退運動)에 의해 생성된다고 했다.338) 그는 이러한 진퇴운동에는 세 가지 방향성이 있는데, 통(通: 위로 향하는 것)·횡(橫: 옆으로 향하는 것)·역(逆: 아래로 향하는 것)이 그것으로서, 통·횡·역의 방향성에 따라 인간과 조(鳥)·수(獸)·충(虫)·어류(魚類), 그리고 초목(草木: 逆)이 생성된다339)고 했으며, 이와 같은 생성의 원리를 진영(眞營)의 도(道)라고 규정했다.340)

여기서 안도 쇼에키가 의미하는 일기(一氣)는 진퇴(進退)를 낳는 존재가 아니라 진(進)과 퇴(退)라는 두 가지 운동작용을 본질로 하는 만물의 근원적 실체, 즉 자연을 이르는 것이다. 자연이 음과 양, ＋와 −, 생성과 소멸이라는 두 가지 상호 관련된 작용의 끊임없는 반복을 본질로 한다는 점에서 안도 쇼에키의 일기(一氣)의 진퇴운동 또한 무시무종(無始無

---

337) 안도 쇼에키는 일기(一氣)·일진(一眞)이라는 용어와 더불어 음양오행설에 의거하여 오(五)와 토(土) 그리고 중진(中眞) 등도 같은 의미로 사용했다〔"ハ惟數中ニ在リテ、主ニシテ全ク轉ズルコト無シ。故ニ是レ轉中ノ眞ナリ"(『刊本 自然眞營道』, 卷一, 題号, 妙弁ノ論); "轉氣·定氣、中央土ニ感合シテ、人·物、生生·無窮ナリ。是レガ自然·進退·退進ノ妙行ナリ"(위의 책, 卷三(異文), 國國·自然ノ氣行論)〕.

338) "一氣ノ進退ニシテ生生無終ナリ"(위의 책, 卷一, 題号, 妙弁ノ論).

339) "故ニ通氣ハ人、橫氣ハ鳥·獸·虫·魚、逆氣ハ草木、轉定ノ間ニ所有萬物、此ノ外有ルコト無シ"(위의 책, 卷二, 自然, 自色·自色·自味·自能·自毒ノ事).

340) "此ノ一眞ノ進退ヲ以テ通·橫·逆ニ運回ス。是レガ眞ノ道ヲ營ムナリ"(위의 책, 卷一, 眞、自り轉定ヲ營ム事).

終)적 성격을 지니고 있다. 이 점에 대해서 그는 "음과 양은 자연의 진(進)과 퇴(退)의 다른 이름으로서 일기(一氣)이다"341)라고 하여 음양을 진퇴와, 그리고 자연을 일기와 동일시했다. 또한 "무릇 자연은 무시무종(無始無終)한 일진기(一眞氣)로서 스스로 나아가서〔進〕 전(轉: 天)이 되고 스스로 물러서서〔退〕 정(定: 地)이 된다. 이처럼 자연은 진퇴·퇴진의 작용을 통해 전정(轉定: 天地)의 일체(一体)가 되는 것이다"342)라고 함으로써 자연의 무시무종한 자기운동 작용을 설명했다.

안도 쇼에키는 이처럼 근본적으로 노장적 입장을 견지하여343) 자연의 생성 및 변천·변화운동을 설명했다. 안도 쇼에키가 사용하는 언어의 특이성에도 불구하고 그의 자연관은 본질적인 면에서 야마가 소코와 같은 이전 사상가들의 자연관344)과 큰 차이가 없는 것이 사실이다.

---

341) "陰陽トハ自然進退ノ異名ニシテ一氣ナリ"(위의 책, 卷二, 自然、自色·自色·自味·自能·自毒ノ事).

342) "夫レ無始無終ノ一眞氣、自リ進シテ轉、自リ退キテ定、自リ進退·退進シテ轉定ノ一体ト爲ル"(『橋本 自然眞營道』, 卷六, 私法儒書, 卷三, 論語ノ評).

343) 안도 쇼에키가 비록 『도덕경』 제1장에 나오는 "道可道, 非常道, 名可名, 非常名, 無名, 天地之始, 有名, 萬物之母, … 玄之又玄, 衆妙之門"이라는 구절을 인용하면서, "자연이 진퇴(進退)하여 묘행(妙行)을 다하는 일기(一氣)를 공허하게 허무(虛無)로 보고 그러한 허무를 대도(大道)라고 하여 지극·최상의 것으로 삼으니 허무·무명(無名)·무색(無色)을 언급하는 주장은 천박한 것이 아닐까?〔自然ガ進退シテ妙行ヲ盡ス一氣ヲ、空シク虛無ト觀ル故ニ、虛無ヲ大道ト言ヒテ、至極最上ト爲シテ、虛無·無名·無色ト書言ヲ爲スハ淺猿シイカナ〕"(위의 책, 卷五, 私法儒書, 卷二, 名可名、及ビ無名)라고 비판했으나, 이러한 비판은 자연의 음양교체의 원리를 도(道)로 규정하고, 자연의 원리에 따라 생성되고 소멸되는 모든 개체의 자존적 특성을 강조하는 노장사상의 본질을 오해한 것으로 볼 수 있다. 오히려 위에서 언급한 바와 같이 안도 쇼에키가 무시무종(無始無終)의 일기(一氣) 진퇴운동을 자연의 원리〔道〕로 파악하고 그 외의 모든 작위적인 도의 개념을 부정했다는 점에서 그와 노장사상의 인식론은 맥을 같이한다고 볼 수 있다.

344) 야마가 소코는 "천지 사이에 가득 차서 조화를 이루는 것은 음양으로서 천지와 인물(人物)의 전체이다. 음과 양은 서로 소진하고 생장하고 오고가고 굽히고 펴져서 쉬지 않고 작용한다. 가벼워서 올라가는 것은 양이고 무거워서 내려가는 것은 음이다. 양은 기(氣)이며 음은 형(形)이다. 형과 기는 분리될 수 없으므로 음양은 상호 뿌리가 되어 편중되지 않는다. 서로 주(主)가 되기 때문에 그 선후·본말의 차별이 없다〔盈天地之間, 所以爲造化之功者陰陽也, 天地人物之全体也, 互消長往來屈伸, 生生無息, 輕而昇者陽

그러나 다른 한편 안도 쇼에키의 자연관에 독특한 점이 있는데 그것은 자연의 운동에 의해 생성된 개체간의 관계에 대한 논의이다. 이를 위해 먼저 안도 쇼에키는 자연의 진퇴운동에 의해 생성된 자연계 모든 사물은 각기 두 가지 기능적 요소를 가진 개체라는 다음과 같이 설명했다. "전정(轉定: 天地)·일월(日月)·남녀(男女)는 일진(一眞: 一氣)의 자감(自感)이며, 전정(轉定)으로서 일체(一體), 일월(日月)로서 일신(一神), 남녀로서 일인(一人), 선악심(善惡心)으로서 일심(一心)이 되는 데 이것이 자연의 원리이다."[345] 이것은 자연을 개체로 본다면 전정 즉 천지(天地)가 두 기능적 요소이며 인간·신(神)·심(心) 등도 모두 한 개체〔各一眞〕로서 두 가지 기능적 요소를 가지고 있음을 예시하는 것이라 할 수 있다.

안도 쇼에키는 이와 같이 한 개체를 이루는 두 기능 사이의 관계에 대해 '하나가 없으면 다른 하나가 존재할 수 없는', 다시 말해 하나의 존재가 다른 하나의 존재를 전제로 하는 서로 상대적인 관계에 있다고 주장했다. 그는 이와 같은 상대성을 고세이(互性)라고 했다. 안도 쇼에키는 고세이의 관계에 있는 두 가지 기능적 요소들이 상대적으로 한 기능이 다른 기능의 근원성이 되기 때문에 두 기능 사이에는 상하·귀천·빈부·현우의 차별이 있을 수 없고, 따라서 두 기능의 통합체인 개체 또한 그 자체로서는 가치판단을 부여할 수 없는 동등성을 가지게 되는 것으로 보았다. 그가 "선이란 악의 상대적인 이름〔名〕이며 악은 선에 대한 상대적인 이름이다. 악을 없애면 선도 있을 수 없고 선을 없애면 악도 있을 수 없다. 따라서 선한 것〔善物〕과 악한 것〔惡物〕은 일물(一物)이

也, 重而降者陰也, 陽者氣也, 陰者形也, 形氣便不可離, 陰陽互根不可偏廢, 不可偏用, 互爲主而無定位)"(『聖敎要錄』, 中, 陰陽)고 하여, 음양의 끊임없는 상호 교체·변화·조화를 우주만물의 시원으로 보는 기일원론(氣一元論)적 입장을 취했다.

345) "轉定·日月·男女ハ眞ノ自感ナリ。故ニ轉定ニシテ一体、日月ニシテ一神、男女ニシテ一人、善惡心ニシテ一心、是レ自然ノ眞ナリ"(『稿本 自然眞營道』, 卷六, 私法儒書, 卷三, 眞論。法眞·自然眞).

며, 선한 마음〔善心〕과 악한 마음〔惡心〕은 일심(一心)이다"346)라고 하고
"활진(活進)·자감(自感)·진퇴(進退)·퇴진(退進)·호성(互性)의 진기(進
氣)는 심(心)이고 퇴기(退氣)는 신(身)이다. 신의 성(性)은 심이고 심의 성
은 신이다. 따라서 심신(心身)은 두 개로 구별되는 것이 아니며 섞여서
하나가 되는 것도 아니다"347)라고 한 것은 이러한 두 기능 사이의 존재
하는 고세이의 관계를 설명한 것이라고 하겠다. 이와 함께 "남과 여는
작은 전정(轉定: 天地)이다. 전정이 두 개로 구별될 수 없듯이 남녀도 구
별될 수 없는 1인이다. 따라서 만인이 아니라 1인인 것이다. 1인이기 때
문에 상하를 구별할 수 없다"348)고 한 것은 인류가 고세이의 관계에 있
는 남자와 여자로 구성되어 있으므로 전체적인 면에서 차별이 존재하지
않는다는 것을 주장한 것이다.

이처럼 안도 쇼에키의 개체간 관계에 대한 논의는 비록 상대적 인식
론을 활용하고 있으나 모든 개체가 각각의 자존성을 가졌다는 점에서
상대적으로 동등하다고 보았던 노장사상의 논의와는 차이를 보이고 있
으며, 이는 안도 쇼에키 사상의 독창성이 잘 나타난 것이기도 하다. 그
러나 한편 이와 같은 안도 쇼에키의 논의에 대해서는 자연계를 구성하
는 각 개체의 독자성이 부각되기 어렵다는 한계를 지적할 수 있다. 특히
그의 논의 속에서는 단지 남녀로 구성된 인류라는 측면에서의 인간간
평등성이 언급될 뿐, 인류를 형성하는 개체로서의 개인들이 가지고 있
는 자존적 특성은 도출되지 않고 있다. 즉 안도 쇼에키는 인간 개개인의

---

346) "善ハ惡ニ對シテノ名ナリ。惡ハ善ニ對シテノ名ナリ。故ニ惡ヲ去レバ善モ無ク、善ヲ
去レバ惡モ無シ。故ニ善物・惡物ニシテ一物、善心・惡心ニシテ一心ナリ"(위의 책, 卷
五, 私法儒書, 卷二, 治亂一事及ビ善惡一業).

347) "活眞・自感・進退・退進・互性ノ進氣ハ心、退氣ハ身、身ノ性ハ心、心ノ性ハ身ナ
リ。故ニ心身ハ二別ニ非ズ、雜一ニ非ズ"(위의 책, 卷二十五, 眞道哲論).

348) "男女ハ小ナレドモ轉定ナリ。轉定ハ二別ナク、男女・一人ナルバ備ハリナリ。故ニ万
人ニアラズ、一人ナリ。一人ナル故ニ上下ヲ指ス所無シ"(위의 책).

개체성에 대해서 전혀 언급하지 않았으며, 단지 타개체와 구별되는 개체로서 남녀로 구성되는 인류의 보편적 특성 및 1인으로서의 본연적 평등성만을 강조했다.[349]

이와 같은 안도 쇼에키의 특성은 그의 정치목표와 밀접한 관련이 있다. 즉 유학의 작위적 차별질서관이 초래한 현실의 모순을 극복하고 농민 중심의 평등질서를 이룩하는 것을 정치의 목적으로 설정하고 있었던 그로서는 인간 개개인의 개체성의 부각이 곧 사·농·공·상의 기능적 분업론으로 연결되어 생산계층으로서의 농민계층의 중요성을 약화시킬 수 있는 위험성을 내포한 것으로 인식했을 가능성이 있다. 이런 점에서 그에게 죗코(直耕)하는 동등체로서의 보편적 인간만이 논의의 중심이 되었을 뿐, 개인의 독자성은 큰 의미를 가지지 못했던 것으로 보인다.

그럼에도 안도 쇼에키가 현실 모순의 극복과 평등질서관에로의 전환을 자연의 원리로 논증하는 노장적 입장의 자연관과 상대적 인식론을 통한 개체간 평등성을 제시했다는 점은 안도 쇼에키 사상의 개혁사상적 특성을 보여준다고 할 수 있다. 다음에서는 이와 같은 이론적 기초를 바탕으로 전개된 안도 쇼에키 사회변혁의 실천론을 살펴보겠다.

---

349) 안도 쇼에키의 이와 같은 입장은 이기(理氣)의 관한 그의 언급에서도 잘 나타나 있다. 그는 "이(理)는 육안으로 볼 수 없기 때문에 전(轉: 天)이라 할 수 있으며 기(氣)는 육안으로 확실히 볼 수 있기 때문에 정(定: 地)이라 할 수 있다. 이것도 역시 자연의 진퇴운동의 원리와 같은 것이다〔理ハ肉眼ニ見ルコト能ハズ、故ニ轉ナリ。文(氣)ハ肉眼ニ見決メテ違ハズ、故ニ定ナリ。 之レヲ弁ヘザルベケンヤ。 一ニ是レ自然ノ進退ナリ〕"(『刊本 自然眞營道』, 卷二, 自然、自色·自色·自味·自能·自毒ノ事)라고 함으로써 이기를 전정(轉定: 天地)과 동일한 것으로 파악했다. 이것은 그가 비록 이와 기를 한 개체를 이루는 두 가지의 기능적 요소로 인정한다는 면에서는 공통성이 있으나, 기를 생리력·물리력의 주체로, 그리고 이(理)를 그러한 기의 작용에 의해 생성된 모든 개체가 가지고 있는 자존의 원리로 인식함으로써, 개체로서 각 개인의 독자성을 부각시킬 수 있었던 조선의 이이나 박세당, 중국의 왕부지, 일본의 야마가 소코 및 이시다 바이간 등 이전 개혁사상가들의 논리와는 차이가 있다.

3) 사회변혁의 실천론

이상의 인성론과 우주론, 그리고 인식론을 통해 안도 쇼에키는 현실 변화의 필연성을 역설하는 한편 인간은 모두 자신의 삶을 영위하기 위해 곡물을 직접 경작하며 살아가는 평등한 개체라는 점을 논증했다. 그에게 矣코(直耕)하는 평등한 개체란 현실의 고통받는 농민계층을 의미하는 것이었다. 따라서 그의 논의는 유학적 차별질서가 초래한 당시의 봉건적 모순을 타파하고 국민의 다수를 차지하고 있는 농민 중심의 생산적 평등사회를 이루고자 하는 자신의 정치목표를 반영한 것이었다고 할 수 있다.

그렇다면 矣코하는 평등한 개체로서 인간이 사회 내에서 행해야 할 구체적인 실천행위는 무엇인가? 현실사회의 모순이 모든 것을 차별[二別]하는 차별적 논리와 그에 따라 불경탐식(不耕貪食)하는 비생산계층에게 있다고 보는 안도 쇼에키에게 자연원리에 따르는 행위란 곧 무위·무욕의 자세로 矣코를 수행하고 친소(親疎)를 구분하지 않고 만인·만물과 조화롭게 생활하는 것이었다.

먼저 무위·무욕의 자세에 대해 그는 "남을 가르치거나 남에게 배우려 하지 말 것"[350]과 "세상에 쓰여지기를 원하지 말 것",[351] "다른 사람의 위에 서려고 하지도 말고 아래에서 비굴하지도 말 것",[352] "대중을 속이지도 말고 자기의 이기욕만을 채우려 하지도 말며 위[上]에 아첨하거나 아래[下]를 꾸짖지 말고 다른 사람을 업신여기거나 자기 자신만을 믿지 말 것",[353] 그리고 "가업의 나태를 가져올 수 있는 부(富)를 얻으려

---

350) "不爲講談說法, 不暗於人道, 不敎人, 不習於人"(『橋本 自然眞營道』, 卷二十五, 眞道哲論).

351) "不好用於世, 不患不用於世矣"(위의 책).

352) "不欲立上, 勿屈於下也"(위의 책).

353) "不誑衆, 不利己, 不諂於上, 不責下, 不慢他, 不亢己"(위의 책).

애쓰지 말고 금은재화 등을 모으려는 생각을 버릴 것"354) 등을 제시했다. 이와 더불어 "정인(正人)은 사법(私法)의 학문을 배우려고 하지 않는다. 오직 좃코의 도를 귀하게 여기고 남의 위에 서서 불경탐식을 범하지 않는다"355)라고 하여 이처럼 무위·무욕의 자세로서 좃코에 종사하는 이상적 인간상을 정인(正人)이라고 표현했다.

다음으로 안도 쇼에키는 친소(親疎)를 구분하지 않는 것을 실천행위의 내용으로 설명했다. 이는 친소의 구분이 곧 인간이 모두 동등한 일개체(一個體)라는 것을 부정하는 차별적 행위라는 인식에 기초한 것이다. 이와 같은 인식을 바탕으로 그는 "친구를 구하려 하지 말라"356)고 하고, 또한 "인간은 애경(愛敬)하는 것이 없어야 한다"357)고 주장했다. 그에게 친구를 구하는 행위는 인간이 모두 친구라는 것358)을 망각하는 작위적 논리이며, 애경의 행위는 반드시 다른 사람을 소외시킴으로써 결국 증오가 생기는 원인359)이 되는 것이다. 구족(九族: 親族)을 친하게 여기는 것과 부모 자식간의 자애하는 행위 등도 타인에 대한 소외와 증오를 낳는 차별적 행위이므로360) 반드시 배척해야 하는 것이라고 그는 지적했다. 그리고 안도 쇼에키는 어떤 일물(一物)을 사랑한다는[慈] 것이 곧 그 일물을 귀하게 여기지 않고 자기 마음대로 하려는 것[放逸]이 될 수 있으므로, 일물에 대한 사랑을 주장하지 말고 오로지 만물과 조화를 이루는 것이 중요함361)을 역설했다.

이와 같은 안도 쇼에키의 무위·무욕적 태도에 바탕을 둔 무차별의

---

354) "欲富兮招貧矣, 思有貯兮不爲無捨矣"(위의 책).
355) "正人行備道不欲私法書學矣, 貴耕眞道而不犯上食矣"(위의 책).
356) "無求朋友"(위의 책).
357) "衆無愛敬"(위의 책).
358) "一人則誰乎爲朋友乎, 万万一人乃朋也"(위의 책).
359) "此愛敬則彼必疎之, 疎略之則必得憎"(위의 책).
360) "不親於九族, 不疎於他門"(위의 책); "子不爲慈愛, 不爲憎疎也"(위의 책).
361) "故不慈一物而己不爲放逸則万物与調和無事安平也"(위의 책).

실천론은 노장적 인식론과 묵자적인 생산·상동(尙同)·겸애의 실천론을 혼합한 성격이라는 점에서 유학적 차별질서관을 타파하려는 그의 의도를 잘 보여준다고 할 수 있다.[362]

마지막으로, 신도오사상(神道思想)과 관련한 안도 쇼에키의 입장은 하야시 라잔의 신도오사상과 주자학의 결합을 통한 바쿠후 권력의 신격화론(神格化論)이나 야마가 소코와 이시다 바이간의 사상에서 나타나는 것과 같은 텐노오(天皇)와 바쿠후 권력 사이의 군신질서론 등을 모두 부정하는 것이었다. 즉 모든 차별적 논의를 작위적인 것으로 파악하고 농민 중심의 평등질서를 욕구했던 그에게 신도오사상을 바탕으로 한 비생산적 지배계층으로서의 텐노오가(天皇家)의 만세일계론(萬世一系論)이나 타민족·타국가에 대한 일본민족의 우수성과 고유성을 강조하는 일본신국론(日本神國論)과 같은 주장들을 자신의 논의에 포함시킬 수는 없는 것이었다.

이러한 점에서 그는 세상〔轉下〕을 평화롭게 하려면 어떻게 해야 하는가라는 문인(文人) 중향(中香)의 질문에 대해 "나는 비록 모든 사람들이 뜻을 모아 윗사람〔上〕을 세운다는 것이 곧 평화로움을 잃는 것이라고 생각하나, 만약 (평등사회로 나아가는 과도기적 상황에서) 부득이하게 윗사람을 세운다고 한다면 그에게 영지(領地)를 주어 좃코하도록 하고, 인정(仁政)이라든지 형벌 같은 것을 행하지 않게 명하는 것이 평화로움을 유

---

362) 그럼에도 불구하고 안도 쇼에키는 "인간이 먼저 좃코를 통해 오곡을 생산하고, 그것으로써 안식한 후에 … 그러한 오곡을 가지고 부모를 봉양하고 자식을 양육시키는 것이 자연의 효〔眞孝〕이다〔人ハ先ツ吾カ直耕ヨリ五穀ヲ出シテ安食シテ、… 父母ヲ養ヒ、子ヲ育シテ、眞孝ナリ〕"(위의 책, 卷六, 孔丘「孝經」ヲ篇ム)라고 함으로써, 자타(自他)의 구별을 부정하는 노장 및 묵자의 입장과는 달리 개인적 차원의 효의 중요성을 강조했다. 물론 그가 부모 봉양이전의 개인의 좃코를 통한 안식을 중요시하고, 또한 부모·자식의 관계를 차별적 관계로 인식하지는 않았다 하더라도, 실천행위로서 효를 언급한 것은 가족공동체를 중요시하는 안도 쇼에키 사상의 봉건적 특성을 보여준다고 할수 있다.

지할 수 있는 방안이라고 본다"363)고 했다. 여기서 상(上)이라는 것은 텐노오를 의미하는 것으로 보이며, 과도기적 상태에서 텐노오가(家)의 존재를 인정한다 하더라도 텐노오가 역시 일반사람들과 같이 자신이 부여받은 영토를 직접 경작하여 살아가고 일체의 정치권이나 형벌권을 행사하지 않아야 한다는 점을 명확히 한 것이다. 이러한 논리는 곧 전통적으로 비생산적 지배권력으로서의 정당성을 부여받아 온 텐노오가의 존재와 역할을 가족공동체를 이루는 일개 구성원으로 전락시킨 것이라고 할 수 있으며, 결국 안도 쇼에키 사상의 공동생산에 기초한 평등지향적 성격을 보여준다고 하겠다.

일본신국론 등 일본 민족주의를 강조하는 논의에 대해서도 안도 쇼에키는 오직 자연의 원리[轉道]만이 신도오(神道)로서 규정될 수 있는 것이며 이러한 자연의 원리가 고세이(互性)의 관계에 있는 두 가지 기능적 요소들로 구성된 일개체인 이상 모든 국가들과 민족들은 일진(一眞)의 동등체가 되는 것364)이라고 함으로써 국가간·민족간 차별을 부정했다. 이처럼 안도 쇼에키가 앞에서 살펴본 일본의 유학자들이나 반주자학적 개혁사상을 전개한 인물들에게서 공통적으로 보이는 것과는 달리, 신도오사상에 기초한 배타적인 일본민족주의를 부정하고 평화롭고 조화로운 일개체로서의 민족간·국가간 평등적 관계를 내포하는 사상을 전개했다는 점에서 그의 사상의 중요성을 다시 한 번 인식할 수 있다.

이상에서 살펴본 바와 같이 안도 쇼에키의 사상은 통치질서관으로서 주자학이 일본에 도입된 이후 가장 철저하게 주자학 또는 유학적 차별질서관을 부정한 것이었다고 평가할 수 있다. 그의 사상에서 보이는 생

---

363) "衆人拳与轉下而勿受矣, 受立上卽失常盜亂矣, 若不得止受立上則決上領令耕不仁不罰矣, 然則無盜無亂也"(위의 책, 卷二十五, 眞道哲論).

364) "万國ニシテ一鎭國ナリ。万万ニシテ一鎭物ナリ。万万人ニシテ一眞人ナリ"(위의 책, 卷六, 眞論 眞法自然論).

산과 평등의 논리는 당시 농민이 당하고 있는 현실적 고통의 근본원인이 지배와 피지배, 생산계층과 비생산계층을 구분하여 생산계층에 대한 비생산계층의 지배와 수탈을 당위화하는 유학적 차별질서관에 있다는 점을 부각시킴으로써, 궁극적으로 봉건적 지배이데올로기를 타파하여 공동생산에 기초한 평등질서를 구축하고자 하는 사회변혁적 논리를 내포하는 것이었다. 물론 안도 쇼에키의 사상 역시 현실적 제약에 의해 개체의 보편적 동등성만을 강조한 나머지 개별 개체가 가지고 있는 각각의 자존적 특성을 언급하지 못했다는 한계가 있다. 또한 그의 이상적 평등사회가 결국 직접생산에 기초한 가족공동체적 국가였다는 점에서 봉건성을 완전히 벗어난 것은 아니었다고 볼 수 있다. 안도 쇼에키 자신의 신분적 제약에 의해 구체적인 정책대안보다는 개인적 실천론을 제시하는 데 그쳤다는 점도 지적할 수 있다. 그럼에도 불구하고 상대성(相對性: 互性) 논리를 통한 인간 및 남녀평등의 근거 마련, 좃코론을 통한 피지배계층의 이익확보와 공동체 유지를 위한 생산의 중요성 강조, 그리고 개체들간의 비차별적 조화·협력 관계의 설정 및 실천의 당위성 제시 등은 매우 혁신적이며 가치 있는 것이라고 평가할 수 있을 것이다.

지금까지 야마가 소코와 이시다 바이간 그리고 안도 쇼에키의 사상을 통해 근세 전반기 일본개혁사상의 특징을 살펴보았다. 이를 몇 가지로 나누어 한국의 경우와 비교하면 다음과 같다.

첫째, 근세 전반기 일본 개혁사상은 한국과 마찬가지로 차별과 위계를 속성으로 하는 주자학적 정치질서관에 대한 회의와 비판을 그 출발점으로 한 것이었다. 주자학적 정치질서관에 대한 회의와 비판은 무엇 보다 양국에서 공통적으로 발생했던 현실의 모순을 지배-피지배 그리고 생산계층-비생산계층으로 분리하는 차별적 정치이론으로서는 극복할 수 없다는 인식에 기초한 것이었다.

둘째, 내용 면에서 양국 모두 피지배계층의 이익 확보를 정치목표로 설정하고, 이것을 위한 이론적 토대로서 욕구주체로서의 인간의 본연적 동등성과 사회를 이루는 개체간의 기능적 평등성을 강조하는 사상을 전개했다. 그리고 그러한 사상의 근저로는 동아시아 전통의 반유학적 정치사상인 노장사상과 묵가사상이 중요한 토대가 되었다.

셋째, 한국이 주자학의 도입 이후 오랫동안 피지배계층 사이의 기능적 미분화를 경험한 것과는 달리 일본은 사 · 농 · 공 · 상의 기능적 분화를 특징으로 하는 바쿠한체제(幕藩體制)를 유지하고 있었다. 이에 따라 한국의 개혁사상이 지배계층에 대한 전체로서의 피지배계층의 이익을 담보해내기 위한 사상적 · 정책적 대안 마련에 집중했던 것과는 달리, 일본에서는 피지배계층을 구성하는 각 계층의 개별적 이익확보를 중심으로 사상적 논의가 전개되었다.

넷째, 양국 개혁사상 형성의 시기적 차이를 감안하더라도 한국이 주자학의 강력한 배타성을 배경으로 하여 주로 귀족 출신의 사상가들을 중심으로 한 철학적 · 사변적 논의에 치중했던 것과는 대조적으로, 일본에서는 비(非)귀족 출신의 사상가들이 상대적으로 자유로운 사상적 환경 속에서 보다 적극적이고 현실적으로 자신이 속한 계층의 이익을 대변할 수 있었다.

다섯째, 한국이 강력한 중앙집권적 정치체제를 보유하고 있었다는 점에서 정치권력의 정당성 문제가 직접적으로 논의의 대상이 되지 못했던 반면, 일본은 바쿠한체제라는 일본 특유의 봉건체제를 유지함으로써 바쿠후 권력의 정통성 및 지배의 정당성 문제가 중요한 정치적 · 사상적 쟁점이 되었으며 이 과정에서 일본 고유의 신도오사상이 중요한 역할을 수행했다.

제4장

근세 후반기 동아시아 3국의 개혁사상

제1절 근세 후반기 한국 개혁사상의 특성

1392년 조선조의 성립과 더불어 배타적 통치이념으로 도입된 주자학적 정치질서관은 16세기의 임진왜란(壬辰倭亂, 1592-1598)과 17세기의 정묘호란(丁卯胡亂, 1627) 및 병자호란(丙子胡亂, 1636)을 거치면서 한민족의 자주성과 피지배계층의 생활안정을 보장할 수 없는 비현실적인 사상으로 그 한계를 드러냈다. 주자학의 정치적 목적인 차별적 중앙집권체제의 적용은 통치계층 내부의 갈등과 반목만을 초래했고, 이것은 여러 차례에 걸친 사화와 당쟁 및 그에 따른 피지배계층의 고통의 결과로 나타났다. 이러한 현실은 기본적으로 중국의 한족이 이민족에 대한 한족의 지배권 확보를 목표로 발전시킨 유학 자체의 모순에 기인한 것이었다. 이와 같은 상황에 직면하여 주자학 및 유학 자체의 한계를 비판하고 민족자주성 확립과 철저한 국내적 개혁을 통한 국가발전을 목표로 자주적 사상을 전개하려는 사상적 경향이 나타났다.

이들은 이른바 조선조에서의 후기 실학자로 구분되는 개혁파들이었다. 그들은 대규모의 외침(外侵)으로 인한 국토의 유린, 양반관료세력 내부의 갈등 심화에 의한 체제의 불안을 치유하지 못함으로써 사회지도이념으로서 그 존재가치를 상실해온 유학의 차별적이고 비생산적 논의에서 벗어나려 했다. 그들의 근본적인 사상적 목표는 보국안민(輔國安民)의 입장에서 묵가(墨家)의 식화사상(殖貨思想)과 노장(老莊)의 상대주의적 평등관 등, 주자학 또는 유학에 반대하는 다양한 동아시아의 전통사상들을 수용하는 동시에 근세 전반기 개혁사상가들의 논의의 계승·발전을 통해 대내적으로는 피지배계층인 노서민의 생활안정을 위한 사회·경제적 개혁과 대외적으로는 국가간 관계의 동등성과 자존성을 이론적으로 확보하려는 데 있었다.

후기 실학사상가들은 묵가와 노장과 같은 동아시아의 전통적 사상 이외에도 18세기 이후 중국을 통해 발달된 서양의 문물을 접하면서 새로운 세계관을 형성했다. 서구의 발달된 과학기술을 바탕으로 한 서학(西學)의 수용은 이들의 인간 및 세계에 대한 인식의 범위를 한층 확대시키는 계기를 마련했고, 그것은 피지배계층의 생활안정과 복리도모의 정책적 논의로 확대·전개되었다.

다음에서는 홍대용, 박지원, 정약용, 최한기 등 후기 실학사상가들의 사상을 순차적으로 고찰함으로써, 근세 후반기 한국개혁사상의 내용과 특성을 규명해보기로 하겠다.

1. 홍대용의 개혁사상

1) 현실관과 정치목표

홍대용[1]이 활동했던 18세기 후반은 정치적으로는 영조의 탕평책에도 불구하고 사도세자의 변(1792년)을 전후한 권력투쟁, 정조 초년의 홍국영(洪國榮)의 세도 등으로 집권층 내의 혈투가 지속되었던 정치적 혼란기였다. 또한 사회적으로는 유민군(遊民群)인 양반계층이 격증하고 반대로 농민을 중심으로 한 피지배계층의 호수(戶數)는 격감하여 피지배계층의 부담이 날로 늘어만 갔던 시기였다. 예를 들어 대구부(大邱府)의 경우 18세기 초·중반 양반호수가 약 579호이고 상민호수가 1,689호, 노비호수가 824호 등이었던 것이 18세기 말에는 양반호수가 1,055호로 82.2%나 격증했고, 반면에 상민호수와 노비호수는 각각 1,616호와 140호로 4.4%와 83.2%의 급격한 감소를 보였다.[2] 이러한 양반호수의 증가와 피지배계층호수의 상대적 감소는 일하지 않는 비생산계층의 증가와 함께 생산력을 담당하고 있는 생산계층의 감소를 의미하는 것이다. 즉 소수의 생산자가 다수의 유의유식(游衣游食)하는 양반계층을 먹여 살려야 하는 상황으로 말미암아 피지배계층의 고통이 가중되었다. 이와 함께 조세를 거둘 수 있는 수세전지(收稅田地)도 18세기 초(숙종 45년, 1719)의 약 140만 결에서 18세기 말에는 80만 결로 감소하고 면세지가 약 60만 결에 이르게 되니[3] 농민의 조세부담은 더욱 무거울 수밖에 없었다.

한편 대동법 실시에 따른 상품화폐경제의 발달로 인해 전통적인 농업

---

1) 홍대용(洪大容, 1731-1783)의 자는 덕보(德保), 호는 홍지(弘之), 담헌(湛軒)은 그의 당호(堂號)이다. 전통적인 관료가문 출신으로 44세에 처음 관직에 나아가 9년 동안 익위사(翊衛司) 시직(侍直), 사헌부(司憲府) 감찰, 태인(泰仁) 현감, 영천(榮川) 군수 등을 역임했다. 20대부터 박지원을 비롯하여 서얼 출신의 이덕무, 유득공, 박제가 등과 자유롭게 교우했으며 35세(1765년)에 그의 숙부를 따라 중국 연경에 다녀옴으로써 국제적 시야를 넓히는 계기를 마련했다고 한다. 박지원, 박제가 등과 함께 조선 후기 이용후생(利用厚生)적 북학파(北學派) 실학사상의 대표자로 평가되고 있다(『湛軒書』, 附錄, 洪德保墓誌銘 및 김태준, 『洪大容 評傳』, 서울 : 民音社, 1987 참조).

2) 李相佰, 『韓國史 – 近世前期篇』, 서울 : 乙酉文化社, 1965, p.295 참조.

3) 위의 책, pp.292-294 참조.

위주의 자급자족적 사회·경제질서를 분해시키고 있었던 것이 이 시기의 또 다른 특징이었다. 조세의 금납화(金納化), 민간자본에 의한 금은광의 채굴, 민간수공업의 발전, 공상(公商)에 대한 사상(私商)의 도전, 1053개소에 달하는 정기적인 5일장과 상업도시의 발생, 의주와 개성상인의 대청(對淸) 무역과 동래상인의 왜관무역 등은 상인계층이 두드러지게 대두하는 요인이 되었다. 이러한 과정에서 나타난 화폐소유의 편중은 부익부 빈익빈 현상을 초래함으로써 봉건적 신분질서를 변화시키기 시작했다.[4]

이와 같이 정치적 불안정과 그에 따른 다수 농민의 수탈 및 빈곤, 그리고 화폐상품경제의 발전과정에서 나타난 일부 상인의 부의 독점 및 그 결과로서의 신분질서의 혼란 등이 18세기 후반 홍대용이 처한 현실이었다. 이러한 상황에 직면하여 현실의 위기를 직시하는 현실관과 평등적 정치질서관을 바탕으로 고통받는 피지배계층의 생활안정 및 이익의 보호와 국가적 생산력의 발전을 목표로 사회전반에 걸친 근본적이고 철저한 개혁을 요구한 인물이 홍대용이었다.

홍대용은 당시 조선이 처한 현실의 원인이 권력투쟁만 일삼고 있는 지배계층과 비생산적 양반계층의 무위도식 및 관료의 수탈, 그리고 공리공론에만 몰두하고 있는 유학자들의 행태에 있다고 보았다. 구체적으로 홍대용은 "우리 나라가 비록 적국의 외환이 있다 하더라도 반드시 이것으로 끝내 망할 리는 없고 망하는 것은 오직 이 당론(黨論) 때문이다. 서로 공격함으로부터 비롯되어 나중에는 창과 칼이 서로 사람을 죽이는 데까지 이르러 결국 국맥(國脉)이 끊어지게 될 것이니 이것이 바로 기필코 망할 징조인 것이다"[5]라고 하여 당시 집권층의 행태를 비판했

---

4) 姜在彦, 『韓國近代史研究』, 서울: 청아출판사, 1988, p.38 참조.
5) "我國, 雖有敵國外患, 必無終亡之理, 惟是黨論, 自相攻擊, 至於戈戟互辱, 國脉隨而斲傷, 此乃必亡之兆"(『湛軒書』, 附錄, 從兄湛軒先生遺事).

다. 이와 함께 "생산하는 자가 여럿이고 소비하는 자가 적은 것이 나라 다스리는 큰 법이거늘 소위 요행을 바라고 노는 백성이나 나라를 좀먹고 백성을 괴롭히는 관헌에 대해서는 전하께서 깊이 생각을 더해야 할 것입니다"[6]라고 함으로써, 비생산적 무위도식과 피지배계층에 대한 관료들의 수탈이 만연하는 당시의 상황을 정확히 지적했다. 홍대용은 또한 다음과 같이 인간의 삶과 국가적 생산력의 발전에 필수적인 자연과학적 지식의 발달을 인식하지 못하는 당시 학자들의 인식의 협소함을 지적하기도 했다.

세상 사람들은 옛 습관에 안착하여 살피지 않는다. 이치가 눈 앞에 있는데도 일찍이 연구하여 찾지 않기 때문에 일평생을 하늘을 이고 땅을 밟건만 그 정황과 현상에 캄캄하다. 서양 어떤 지역은 지혜와 기술이 정밀하고 소상하여 측량이 해박하고 자세하다.[7]

떨어진 해는 서쪽 바다에 빠지고 밝은 달은 동쪽 마루에서 솟는다. 달은 본디 캄캄한 것인데 비고 회어서 해의 그림자를 전한다. 둥근 빛은 항상 거울 같은데 가득 차고 이지러짐은 인간세계에서 보기 때문이다. 나뉘고 합침은 일정한 도수에 있는 것이고 회박하고 월식이 생기는 것은 재앙이 아니다. 이러한 법상(法象)을 아는 이가 드문 것은 우물 안에 앉은 좁은 소견 때문이다.[8]

이러한 객관적 현실관을 바탕으로 홍대용은 정치의 본질과 목표가 피지배계층을 이롭게 하고 국가를 보존·발전시키는 데 있다고 주장함으

6) "生者衆食者寡, 理國之大經, 所謂游民倖, 位耗國病民, 宜深加睿念也"(위의 책, 內集, 卷二, 桂坊日記).
7) "世之人, 安於故常習, 而不察理在目前, 不曾推索, 終身戴履, 昧其情狀, 惟西洋一域, 慧術精詳, 測量該悉"(위의 책, 內集, 補遺, 毉山問答).
8) "落日淪西河, 明月生東嶺, 陰魄本幽晦, 虛白傳日影, 圓光恒如鏡, 盈虧在人境, 分合有常度, 薄蝕非災眚, 法象人鮮知, 陋見乃坐井"(위의 책, 內集, 卷三, 寄陸篠飮飛).

로써 주자학적 정치론에 반대하는 입장을 분명히 했다. 이 점은 우선적으로 그가 "하늘이 백성을 창조할 때 총명하고 지혜로운 사람으로 임금을 삼았으니 총명하고 지혜로운 사람이 백성과 다르기는 하겠지만 또한어찌 사람이 아니겠는가?"9)라고 하여 현실의 군주와 백성이 인간본성면에서 차이가 없음을 지적하는 한편 "우리 나라가 처음 생겼을 때에는군장(君長)이 없었다. 신인(神人)이 태백산의 단목(檀木) 아래에 내려와 사람들이 그를 임금에 추대하여 단군이라고 불렀다"10)라고 하여 군주권의존재근거를 인민의 추대에 의한 것으로 파악한 데에 잘 나타나 있다. 이와 함께 『의산문답(毉山問答)』에서 패도의 정치를 표현한 다음과 같은말에도 그의 정치적 입장이 나타나 있다.

> 〔패도(覇道)의 정치에서는〕 왕이 의복을 검소하게 하고 조세를 경감하는 것이 백성을 위한 것이 아니고, 어진 사람을 존경하고 유능한 사람을 등용하는 것이 나라를 위하는 것이 아니다. … 오직 선조(先祖)의 혈통에 따라 지위를 보전하고 죽을 때까지 존귀함과 영화를 누리며 이를 이세(二世)·삼세(三世)에 걸쳐 무궁토록 전하려 하는 것이다.11)

이처럼 군주권의 영속화를 부정하고 피지배계층의 생존권 및 생활권보호와 국가발전을 정치의 최우선 과제로 설정한 홍대용은 다음에서 살펴볼 이론적 논의를 통해 정치목표의 당위성을 논증했다.

---

9) "天降生民, 聰明睿智以爲之君, 聰明睿智, 固異於衆人, 而亦何嘗非人乎"(위의 책, 內集, 卷一, 四書問辨, 孟子問疑).

10) "東方初無君長, 有神人降于太白山檀木下, 推以爲君, 號曰檀君"(위의 책, 外集, 卷二, 乾淨衕筆談上).

11) "儉用蠲組, 非以爲民也, 尊賢使能, 非爲國也, … 惟守成保位, 沒身尊榮, 二世三世, 傳之無窮"(위의 책, 內集, 補遺, 毉山問答).

2) 정치목표 달성의 이론적 기초

① 개방적 학문관

홍대용은 자신의 정치목표를 달성하기 위해 유학 이외의 제사상을 과감히 수용하려는 개방적 학문관의 입장을 견지했다. 근본적으로 주자학 나아가 유학적 정치질서관이 초래한 모순을 직시했던 홍대용이 그러한 모순을 극복하기 위해 유학 이외의 사상들을 흡수하여 그것을 자신의 정치목표 달성의 근거로 삼으려 한 것은 당연한 결과였다.

이와 관련하여 먼저 홍대용은 "경서(經書)와 사서(史書) 이외에 이단의 잡서(雜書)도 반드시 그 단점은 버리고 장점은 취해야 한다"[12]고 하여 개방적 학문관의 필요성을 제시했다. 이와 더불어 홍대용은 중국의 예를 들어 주자학적 당위론에만 몰두하여 여타의 학문을 유학에 반대하는 학문적 역적 즉 사문난적(斯文亂賊)으로 거부했던 조선조 양반계층의 사상적 편견과 학문적 폐쇄성을 다음과 같이 비판하기도 했다.

> 우리 나라는 이조 중엽 이후로 편견의 이론(偏論)들이 속출하여 시(是)와 비(非)가 공정하지 못하고 야사(野史)는 더욱 볼 만한 것이 없다. 유학[斯文]의 일을 가지고 말하더라도 중국에서는 주자를 반대하고 육구연(陸九淵)과 왕양명(王陽明)의 학문을 존중하는 이들도 많을 뿐 아니라 유학에 반대하여 죄를 지었다는 말을 듣지 못했다. 대개 그들은 범위가 넓고 크기 때문에 공평하게 보고 모든 것을 다 받아들이니 우리 나라처럼 어느 한쪽에 얽매이는 편견이란 없다.[13]

이와 같이 홍대용은 조선조 주자학적 유학의 배타성과 폐쇄성을 비판

---

12) "經史之外, 異端雜書, 亦必捨其短, 而取其所長"(위의 책, 內集, 卷三, 自警說).

13) "我東, 中葉以後, 偏論出, 而是非不公, 野史無足觀矣, 雖以斯文事言之, 中原, 則背馳朱子, 尊崇陸王之學者, 滔滔皆是, 而未嘗聞得罪於斯文, 盖其範圍博大, 能有以公觀並受, 不若拘墟之偏見也"(위의 책, 附錄, 從兄湛軒先生遺事).

함으로써 유학 이외의 사상들의 수용을 합리화했다. 그렇다면 홍대용이 자신의 정치목표를 달성하기 위한 사상적 토대로 활용하려고 했던 유학 이외의 사상들은 무엇인가? 우선적으로 동아시아 전통의 반유학적 정치 사상인 묵학과 노장사상이었다. 그는 이에 대해 "노씨(老氏)와 묵씨(墨氏) 는 교법은 다르지만 순진하고 소박함은 또한 취할 만하다. 건곤(乾坤)을 부모로 삼고 온 세계 사람을 형제처럼 여기니 벌레도 모두 혜택을 입고 새도 또한 춤을 출 것이다. 그들의 어질고 능함은 한량이 없으니 한 부분만 생각할 필요가 없다"14)고 했다. 중요한 점은 홍대용의 이러한 노장사상 및 묵학의 수용이 주자학 및 유학의 테두리 내에서의 개조가 아니라 유학의 포기 내지 거부의 입장이었다는 점이다. 이것은 그가 다음과 같이 유학에 반대하고 노장 및 묵학에 심취한 그의 사상적 심정을 토로한 말에 잘 나타나 있다.

장주(莊周)는 세상을 통분히 여기고 제물(齊物)편을 지어서 오래 살기를 도모했고 주자 문하의 말학(末學)들은 그 스승의 학설을 어지럽혔으며, 양명(陽明)은 습속을 미워한 끝에 치양지(致良知)를 주장했소. 이 두 분의 현철(賢哲)이 어찌 일부러 문호를 갈라서 이단으로 돌아감을 달갑게 여겼겠습니까? 다만 그 세태를 통분히 여기고 습속을 미워한 끝에 굽음을 바로잡는 데 너무 지나쳤을 뿐이오. 용렬하고 비루한 자는 말할 나위도 없거니와, 나 또한 천성이 매우 고지식하여 세태에 아첨하거나 옛것을 그대로 받들지도 못하오. 더구나 요즈음은 허망하게 생각하기를 '이 두 사람(주자와 양명)의 제멋대로의 주장에 나의 마음이 사로잡혔음이 분하고 미워 감연히 세상을 돌아보고 슬피 여기면서 몇 번이나 유학을 버리고 묵학으로 들어가고자 했소.15)

---

14) "老墨雖異敎, 淳素亦可取, 乾坤爲父母, 四海同廊廡, 蠢動皆含靈, 肯翅亦掀舞, 賢能無限域, 不必登天府"(위의 책, 內集, 卷三, 次孫蓉洲有義寄秋㜕詩韻仍贈蓉洲).

15) "莊周憤世, 養生齊物, 朱門末學, 汨其師說, 陽明嫉俗, 乃致良知, 顧二子之賢, 豈故爲分門, 甘歸於異端哉, 亦其憤嫉之極, 矯枉而過直耳, 如某庸陋, 雖無足음, 賦性狂戇, 不堪媚世將古, 妄以爲二子橫議, 實獲我心, 怵然環顧幾, 欲逃儒而入墨"(위의 책, 內集, 卷

'추호(秋毫)가 크고 태산이 작다'고 한 것은 장주의 과격한 이론인데 내가 지금 우주를 하나의 풀포기 정도로 여기니 장주의 학문을 하려는 것인가? 30년간이나 성인의 글을 읽었는데 내가 어찌 유학을 버리고 묵자의 학문으로 들어갈 것인가.16)

묵학과 노장사상의 수용을 통해 평등질서관에 바탕을 둔 개혁사상을 전개한 것은 이이나 박세당과 같은 근세 전반기 개혁사상가들도 동일했다. 그러나 홍대용에 이르러서는 보다 명확하게 반유학적 전통사상의 수용의지가 표명되고 있는 것이다. 이러한 점에서 동아시아 전통의 반유학적 정치사상과 근세 한국의 개혁사상이 갖는 사상적 관계는 분명하다고 하겠다.

그러나 제학문에 대한 개방적 태도에서 근세 전반기와 후반기의 개혁사상 사이에는 중요한 차이가 있다. 근세 후반기 개혁사상에는 서양의 근대적 기술 및 자연과학적 지식이 중요한 영향을 미쳤다. 앞서 언급한 바와 같이 홍대용은 자연과학의 발달에 뒤쳐져 있는 당시 조선의 현실을 비판하는 한편 서양기술의 우수성과 과학지식의 발전을 지적했다. 이처럼 홍대용은 자신이 중국을 방문하여 접하게 된 서양의 자연과학적 지식을 국가개혁의 근거로 삼았던 것이다.

이를 통해 볼 때 홍대용은 유학사상의 테두리를 벗어나려 했을 뿐만 아니라, 유학에 반대하는 반유학적 입장에서 그의 개혁적 정치사상을 전개했던 것으로 보인다. 다음에서 자세히 살펴보겠지만, 홍대용의 개혁론은 자연 및 경제문제에 관해서는 서양의 자연과학과 묵학의 사상을, 그리고 정치 및 사회문제에 대해서는 노장의 자연관과 상대주의적 시각을 토대로 한 것이다. 이것은 무엇보다 유학적 차별관과 고정관, 절대관

三, 與人書二首).

16) "大秋毫而小泰山, 莊周氏之激也, 今余視乾坤爲一草, 余將爲莊周氏之學乎, 三十年讀聖人書, 余豈逃儒而入墨哉"(위의 책, 附錄, 乾坤一草題詠 小引).

이 초래한 현실을 근본적으로 개혁하여 피지배계층의 생존권과 생활권을 보호하는 한편 국가적 발전과 민족의 번영을 추구하려고 했던 홍대용의 정치목표를 반영한 것이었다.

② 동등성과 개체성 부각의 이기론 및 상대주의적 인식론

조선조 정치사상에서 이기(理氣)의 문제는 정치현실 및 정치목적에 관한 사상가의 입장을 반영하는 공통의 주제였다고 할 수 있다. 본래 유학에서의 이(理)란 차별의 원리로서 고정적이고 불변적인 형이상학적 존재개념이었고 기(氣)란 생리력·물리력의 주체로서 변천의 힘을 의미했다. 현실의 정치문제에 대해 이기론이 적용될 때, 이(理)를 강조한다는 것은 곧 차별적 신분체제 및 제왕권체제의 유지·강화를 지향하는 것이었고, 기(氣)를 중요하게 본다는 것은 생리력과 직결되는 일반백성의 의식주 생활의 안정 및 복리증진을 우선시해야 함을 의미하는 것이었다. 따라서 유학은 차별질서의 붕괴를 저지하기 위해 불변의 원리로서 차별원리의 선재를 설정했고 변천까지도 이 선재원리를 전제로 한 범주 내에서만 가능한 것으로 보았다. 때문에 이(理)가 앞서 존재했고 기가 그 뒤에 생긴다는 입장이다. 그러나 홍대용은 사회개혁의 필요상 인간사회를 포함한 모든 만물이 변화하는 것을 보편적인 진리로 보았고 이 변천의 불가피성을 자연현상의 변화로써 실증하려는 자연과학적 입장에 섰던 것이다. 이와 같은 관점을 바탕으로 홍대용이 전개한 이기론적 인성론과 우주론을 살펴보기로 하겠다.

앞서 논의한 바와 같이 홍대용의 정치목표는 주자학적 차별질서관에서 탈피하여 피지배계층의 이익을 확보하고, 그것을 국가발전이라는 공동의 이익으로 승화시키는 데 있었다. 따라서 그의 이기론을 중심으로 한 인성론 및 우주론 역시 삶의 욕구주체로서의 동등한 인간성을 상정하며, 인간을 포함한 모든 개체들 사이의 상대적 평등성을 바탕으로 한 기능적 조화를 자연의 원리로 파악하는 것이었다.

먼저 홍대용에게 피지배계층의 생존권과 생활권을 온전히 보호하기 위해서는 신분에 관계없이 모든 인간이 자신의 삶을 행복하게 영위하려는 동등한 욕구의 주체라는 점을 논리적으로 해명하는 것이 필요했다. 이에 대해 홍대용은 "인간이 세상에 살면서 갖게 되는 욕구는 무한하다. 좋은 음식을 먹고 곱고 아름다운 여자를 거느리며 높은 지위에 올라 권세를 누리고 진기한 물건을 보려고 하는 것 등은 인간이면 누구든지 가지고 있는 욕구이다"[17]라고 하고 "만약 어린아이가 노리개를 보고 욕구〔利心〕가 생겨 태연하게 가지려고 한다면 그것 또한 어찌 본심이 아니라고 할 수 있겠는가?"[18]라고 하여 인간을 욕구주체로 규정했다. 이렇게 인간이 모두 욕구를 추구하려는 마음을 본성으로 하고 있다는 점에서 인간은 군주와 백성, 즉 지배와 피지배라는 현실적 관계에도 불구하고 모두 동등한 존재[19]로서 상정될 수 있는 것이다. 이와 같이 홍대용이 인의예지의 차별원리를 인간성의 성선(性善)원리로 규정한 주자학 또는 유학의 논의에서 벗어나 이기욕까지 포함하는 욕구의 추구를 인간의 본성으로 파악한 것은, 무엇보다 고통받고 있는 당시 피지배계층의 이익을 대변하려는 그의 정치적 입장을 보여주는 것이라 하겠다.

그러나 인간을 이처럼 무한정한 욕구추구의 존재로서만 상정한다면 인간간·계층간의 갈등은 필연적인 것이며, 따라서 그가 목표로 삼았던 국가발전이라는 공익은 성취될 수 없는 것이었다. 이런 점에서 그는 개체로서 개별 인간이 모두 가지고 있는 욕구의 보편성과 더불어 사회를 이루는 인간전체가 한 개체로서 다른 개체와 구별되는 자존적 특성을

---

17) "人之生世也, 願慾無極, 華美之奉, 靡曼之色, 崇高之位, 煇赫之權, 珍怪之物, 詭異之觀, 人皆慕之"(위의 책, 內集, 補遺, 毉山問答).

18) "若見玩好而利心生油然直遂不暇安排, 則河得謂之非本心乎"(위의 책, 內集, 卷一, 心性問).

19) "天降生民, 聰明睿智以爲之君, 聰明睿智, 固異於衆人, 而亦何嘗非人乎"(위의 책, 內集, 卷一, 四書問辨, 孟子問疑).

가지고 있음을 자연의 원리로 설명함으로써 사익과 공익의 조화를 꾀하려 했다.

이를 위해 홍대용은 먼저 인간과 사물이 모두 인의예지를 내용으로 하는 자존의 원리(理 : 性)를 가지고 있음을 다음과 같이 밝혔다. "하늘〔天〕에서는 이(理)라 하고 사물〔物〕에서는 성(性)이라고 한다. (내용에서) 하늘에서는 원형이정(元亨利貞)이라 하고 사물에서는 인의예지(仁義禮智)라 하나 그 실(實)은 하나이다." 여기서 인간과 사물에 공통적으로 존재한다는 인의예지는 주자학이나 유학에서와 같이 차별의 보편적 선재원리(先在原理)가 아니라, 인간을 포함한 모든 개체가 각기 보유하고 있는 자존적 특성을 의미하는 것이다. 따라서 비록 인의예지라는 공통의 이름을 가지고 있으나 그것은 개체의 현실적 형태에 따라 그 내용을 달리할 수밖에 없는 것이다. 그는 이 점에 관해 "오륜(五倫)과 오사(五事)는 사람의 예의이고 떼를 지어 다니면서 서로 불러 먹이는 것은 동물의 예의이며, 떨기로 나서 무성한 것은 초목의 예의이다"[20]라고 했다. 즉 생성과 소멸, 흥(興)함과 쇠(衰)함의 끊임없는 교체변화를 원리로 하는 자연계 내의 모든 개체는 그 개체를 이루는 동등한 구성원들 간의 협력과 조화를 바탕으로 삶을 영위하며 그것의 궁극적 목적이 풍요로움을 달성하는 데 있다는 보편성을 지니고 있으나, 그와 동시에 각기 형태에 따라 그 방법을 달리하는 그 개체만의 고유한 특성이 있다는 점에서 구별된다는 것이다. 이렇게 홍대용은 인간이 욕구주체라는 점에서 동등하며, 또한 타개체와 마찬가지로 협력·조화·번영을 지향하면서도 타개체와 구별되는 독자적 생존방식(독자성)을 지닌다는 점을 들어 인간 사이의 동등성이 존재함을 밝힘으로써 인간사회 속에서 개별적 이익과 공익과의 조화의 필요성을 논증하려 했던 것이다. 이러한 홍대용 인성론의 특

---

20) "五倫五事, 人之禮義也, 羣行呴哺, 禽獸之禮義也, 叢苞條暢, 草木之禮義也"(위의 책, 內集, 補遺, 毉山問答).

징은 그의 이기론을 통해 보다 구체적으로 설명되었다.

이기론의 전개에서 먼저 홍대용은 "무릇 이(理)를 말하는 사람들은 형체(型: 현실의 존재상)가 없고 이(理: 존재원리)가 있다고 한다. 이미 이(理)가 있다고 하면 어찌 형체가 없는데 있다고 할 수가 있겠는가?"[21]라고 하여 사물에 앞서는 차별적 존재원리〔理〕의 선재(先在)를 설정하고, 그러한 선재원리에 의해 현실의 차별질서가 형성·유지된다고 보는 유학적 이선재설(理先在說)을 전면적으로 부정했다. 유학의 이선재설이 내포하는 정치적 목적, 즉 비생산계층의 생산계층에 대한 지배의 이론적 당위성을 확보하여 제왕권적 권위질서를 강화하려는 정치적 목적에 회의했던 홍대용에게 개체의 현실적 기능을 무시한 보편적 차별원리의 선재는 지배계층의 이익만을 확보하기 위한 수단으로 인식될 수밖에 없었다. 이런 점에서 그는 "대개 소리〔聲〕가 있으면 있다고 하고 색(色)이 있으면 있다고 하며 냄새와 맛이 있으면 있다고 하니 이미 이 네 가지가 없으면 이(理)는 형체도 없고 방소(方所)도 없다"[22]고 하고 "이른바 이(理)라는 것은 기가 선하면 선하고 기가 악하면 악하기 마련이다. 이란 주재하는 바가 없고 기가 작용하는 대로 따라갈 뿐이다"[23]라고 함으로써, 이(理)를 개체의 현실적 기능을 담당하는 생리력·물리력의 주체인 기의 작용에 좌우되는 것으로 규정하는 기일원론적 입장을 취했다.

그렇다면 이(理)란 구체적으로 무엇인가? 홍대용에게 이란 기의 작용에 의해 사물이 형성됨에 따라 그 사물에 갖추어지는 독자적 생존원리를 의미하는 것이다. 기의 작용에 의해 형성된 만물은 각각 그 존재형태를 달리하기 때문에 만물의 자존적 특성 또한 개체에 따라 그 방식을

---

21) "凡言理者, 必曰無形而有理, 旣曰無形則有者, 是何物, 旣曰有理則豈有無形而謂之有者乎"(위의 책, 內集, 卷一, 心性問).

22) "盖有聲則謂之有, 有色則謂之有, 有臭與味則謂之有, 旣無是四者, 則是武形體無方所"(위의 책).

23) "且所謂理者, 氣善則亦善, 氣惡則亦惡, 是理無所主宰, 而隨氣之所爲而已"(위의 책).

달리할 수밖에 없는 것이며, 따라서 인간은 인간의 이가 있고 사물은 사물의 이가 있는 것이다.[24] 그러나 인간과 사물이 각기 독자적인 특성을 가지고 있다는 점에서는 구별된다 하더라도 조화 · 협력 · 번영이라는 자연계의 원리를 바탕으로 삶을 영위한다는 측면에서는 보편성을 지니고 있다는 것이 홍대용의 입장이었다. 이 점에 대해서 그는 "초목의 이(理)는 곧 금수(禽獸)의 이(理)이고 금수의 이(理)는 곧 사람의 이(理)이며, 사람의 이(理)는 하늘의 이(理: 자연원리)이니 … 무릇 같은 것은 이이고 같지 않은 것은 기이다"[25]라고 했다.

이렇게 볼 때, 홍대용의 이기론은 생성론상에서는 기일원론을 유지하면서 개체의 생성 이후에서는 이와 기를 한 개체를 이루는 두 가지 기능으로 파악하는 이이(李珥)의 기능론적 이기론을 계승했다고 할 수 있다. 즉 인간을 포함한 모든 개체를 각기 현실의 운동기능인 기적(氣的) 기능과 자존적 특성인 이적(理的) 기능이 결합된 것으로 파악했던 것이다. 이런 점에서 그는 "이(理)와 기(氣)의 선(先)과 후(後)에 대해 예로부터 학자 사이에 각기 다른 주장이 있었는데 … 신(臣)의 생각으로는 이기(理氣)가 있다면 함께 있는 것이지 본래 선후(先後)를 구분할 수 없다고 봅니다. 대저 천하에 이(理) 없는 사물이 없으며 사물이 아니라면 이(理) 또한 의착할 데가 없습니다"[26]라고 하여 이기무선후설(理氣無先後說)을 주장했다.

이와 같이 홍대용이 모든 개체들이 각기 무선후(無先後) 관계에 있는 이기의 두 기능으로 이루어져 있다는 점을 밝힌 것은 무엇보다 개체들 간에 상대적 동등성이 존재함을 규명하려는 것이었다. 또한 인간을 포함한 모든 개체들이 자연계를 이루는 부분으로서 각기 중요한 상호 관

---

24) "人有人之理, 物有物之理"(위의 책).
25) "草木之理卽禽獸之理, 禽獸之理卽人之理, 人之理卽天之理, … 夫同者, 理也, 不同者, 氣也"(위의 책).
26) "理氣先後, 自來儒者, 各有主見, … 臣則以爲有則俱有, 本不可分先後, 盖天下無無理之物, 非物則理亦無依着也"(위의 책, 內集, 卷二, 桂坊日記).

련된 기능을 담당하고 있다는 점에서 기능적 평등성을 가지고 있음을 입증하기 위한 것이었다고 볼 수 있다. 그가 "인간으로서 사물〔物〕을 보면 인간이 귀하고 사물이 천하겠지만 사물로서 인간을 보면 사물은 귀하고 인간이 천하게 마련이다. 그러나 자연〔天〕의 입장에서 보면 사람이나 동물〔物〕은 마찬가지로 동등하다"[27]라고 한 것은 노장적 상대관의 입장에서 인간과 사물 사이에 존재하는 본연적 평등성을 주장한 것이라고 볼 수 있다. 또한 "인간, 금수(禽獸), 초목(草木)의 세 가지 생물이 자연계 내에서 상호 생멸과 쇠왕(衰旺)을 거듭하고 있으므로 이들 사이에는 귀천의 차별이 있을 수 없다"[28]고 한 것은 자연계를 이루는 상호 연관된 기능체로서 각 개체가 갖는 평등성을 강조한 것이라고 할 수 있다.

근세 전반기 개혁사상가들과 구별되는 홍대용의 특징은 이와 같은 이기론을 중심으로 한 개체간의 상대적 동등성과 기능적 평등성 논의를 민족간·국가간 관계로 확대·적용시켰다는 데 있다. 구체적으로 그는 다음과 같이 세계의 모든 민족과 국가가 상대적·기능적 동등성의 관계에 있다는 점을 주장함으로써 이전까지 동아시아를 지배해왔던 중국과 한족 중심의 세계관에서 근본적으로 탈피하려는 의도를 분명히 했다.

　　중국은 서양에 대해서 경도의 차이가 180도에 이르는데, 중국 사람은 중국을 세상의 중심〔正界〕으로 삼고 서양을 변방〔倒界〕으로 여기며 서양 사람은 서양을 세상의 중심으로 삼고 중국을 변방으로 여긴다. 그러나 사실 세상 어디에 사는 사람이거나를 막론하고 지역에 따라 다 자기 나라를 중심으로 여기는 것은 마찬가지이니, 세계를 가로로 보거나 세로로 보거나 변방이란 없고 모든 나라가 세상의 중심이다.[29]

---

27) "以人視物, 人貴而物賤. 以物視人, 物貴而人賤. 自天而視之, 人與物均也"(위의 책, 內集, 補遺, 毉山問答).
28) "三生之類块軋泯棼, 互相衰旺, 抑將有貴賤之等乎"(위의 책).
29) "中國之於西洋, 經度之差, 至于一百八十, 中國之人, 以中國爲正界, 以西洋爲倒界, 西

하늘이 내고 땅이 길러주는 모든 혈기가 있는 자는 다같이 평등한 사람이고 여럿 중에서 뛰어나 한 나라를 맡아 다스릴 수 있는 자는 다같이 임금이다. 관문〔門〕을 굳게 지키고 해자를 깊이 파서 강토를 지키는 일은 다같이 국가의 일이며, 장보(章甫)이건 위모(委貌)이건 문신(文身)이건 조제(雕題)이건 간에 다같이 자기네들의 습속인 것이다. 우주자연의 입장에서 본다면 어찌 안과 밖의 구별이 있겠는가? 그러므로 각각 제 나라 사람에게 친밀하고 제 나라 임금을 높이며 제 나라를 지키고 제 풍속을 좋게 여기는 것은 중국이나 오랑캐가 마찬가지이다.[30]

이것은 민족주체성 확립의 필요성을 실감하고 있었던 홍대용이 노장사상의 상대주의적 인식론을 발달된 서양의 과학지식과 결합시켜 민족·국가관 관계의 평등성을 주장한 것으로서 근세 후반기 한국 개혁사상의 특성을 잘 보여주는 것이라 하겠다.

3) 정치 및 사회개혁적 정책론

위에서 살펴본 바와 같이 홍대용의 이기론은 유학의 고정관·당위관·절대관·전체관의 시각에서 벗어나 노장의 자연주의적인 상대관·실증관·기능관·개체관의 성격이 강했다. 따라서 그의 개혁적 정책론 역시 엄격한 차별 신분계층주의를 타파하고 상대주의적 기능관에 토대를 두었다. 특히 그의 관직임용제에 대한 개혁책은 당위론적 명분론보다 실증적 실적주의를 중요시한 대표적인 예이다. 아울러 홍대용의 정책론은 부국강병과 백성의 생활안정을 위해 모든 국민이 일할 것을 요

洋之人, 以西洋爲正界, 以中國爲倒界, 其實戴天履地, 隨界皆然, 無橫無倒, 均是正界"
(위의 책).

30) "天之所生, 地之所養, 凡有血氣, 均是人也, 出類拔萃, 制治一方, 均是君王也, 重門探
濠, 謹守封疆, 均是邦國也, 章甫委貌, 文身雕題, 均是習俗也, 自天視之, 豈有內外之分
哉, 是以, 各親其人, 各尊其君, 各守其國, 各安其俗, 華夷一也"(위의 책).

구한 국민개로(國民皆勞) 사상에 토대를 두었으며, 사치 및 낭비 배격을 주장한 묵가의 경제도덕론과 그 맥을 같이했던 것 같다. 이러한 입장에서 전개된 그의 정치 및 사회경제적 개혁책들이 『임하경륜(林下經綸)』에 집약되어 있는데 몇 가지를 예로 들면 다음과 같다.

첫째, 홍대용은 양반 귀족계층의 비생산적 무위도식, 노동천시와 관록 세습제의 폐지 및 능력에 따른 관직배분 등 개혁방안을 다음과 같이 제시했다.

우리 나라는 본래 명분을 소중히 여겼다. 양반들은 비록 굶주려 죽는 경지에 떨어지더라도 팔짱을 끼고 편히 앉아 농사를 짓지 않는다. 간혹 생산노동을 힘써서 몸소 천한 일을 달게 여기는 자가 있으면 모두들 비웃어 비방하면서 종과 같이 여기니 노는 백성은 많아지고 생산하는 사람은 적은 꼴이다. 어찌 재물이 궁색하지 않으며 백성이 가난하지 않겠는가? 과전조목(科田條目)을 엄격히 확립해야 마땅하다. 특히 사민(四民: 士農工商)에 관계없이 놀고먹는 유의유식자(游衣游食者)에게는 관(官)에서 일정한 벌칙을 마련하여 사람들이 크게 벌하도록 해야 한다. 재능과 학식이 있으면 농부나 상인의 자식이 낭묘(廊廟)에 들어가 앉더라도 참담할 것이 없고, 재능과 학식이 없으면 공경(公卿)의 자식이 종으로 던져진다 할지라도 한탄할 것이 없다.[31]

이것은 "정신노동을 하는 사람은 남을 다스리고 육체노동을 하는 사람은 남에게 다스림을 받는다. 남의 다스림을 받는 사람은 남을 먹여주고 남을 다스리는 사람은 남에게서 얻어먹게 되니 이것이 천하의 통의(通義)"[32]라는 생산계층과 비생산계층의 철저한 차별성을 강조한 맹자

---

31) "我國素重名分, 兩班之屬, 雖顚連窮餓, 拱手安坐, 不執耒耟, 或有務實勤業, 躬甘卑賤者, 輩議衆笑, 視若奴隷, 遊民多, 而生之者少矣, 財安得不窮, 而民安得不貧也, 當嚴立科條其不係四民, 而遊衣遊食者, 官有常刑, 爲世大戮, 有才有學, 則農賈之子, 坐於廊廟, 而不以爲僭, 無才無學, 則公卿之子, 歸於輿儓, 而不以爲恨"(위의 책, 內集, 補遺, 林下經綸).

사상과는 판이한 혁신성을 보여준다. 이는 노서민에게만 생산을 담당하게 하면서 자신들은 유의유식하는 귀족계층의 유학적 사고를 강하게 비판한 것이다. 홍대용의 이러한 노동중시와 능력에 따른 평등적 인간관은 그가 여러 번 유학을 버리고 묵학에 들어가고자 했다고 토로한 점으로 미루어 "재능에 따라서 벼슬을 주고 관직명에 따라 일이 정해지며 공로가 있느냐 없느냐에 따라 상(賞)을 정하고 공로를 헤아려서 봉록을 결정해야 한다. 그러므로 관직에는 천한 것과 귀한 것이 없으며 백성들은 죽을 때까지 그 신분이 천한 것은 아니다. 유능하면 선발하여 관직을 주고 무능하면 귀족이라도 관직에서 제외해야 한다"33)는 묵자의 평등관을 깊이 수용한 것이라고 할 수 있다.

이와 더불어 홍대용은 국민의 사치 및 낭비에 대해서도 강력히 비판했으며, 그러한 낭비와 사치의 근원이 노서민의 희생 위에서 행해지는 양반계층의 무절제한 생활에 있음을 다음과 같이 고발했다.

가정이건 국가건 사치함보다 더 나쁜 것은 없다. 무릇 가옥〔第宅〕과 일용품〔器用〕은 오직 튼튼하고 깨끗하며 정밀해서 용도에 맞게 쓰는 데 힘써야 하고 쓰는 데에 실용성이 없는 것은 일절 금지시켜야 한다. 무릇 금지하는 영(令)이 시행되려면 반드시 위로부터 시작해야 한다. 궁궐을 금은으로 장식하지 않는 한 고위관직자의 집에서 감히 산과 마름〔山藻〕을 그려 사치하게 꾸미지 못할 것이며, 비빈(妃嬪)이 수놓은 의복을 입지 않는 한 선비와 서민들〔士庶人〕의 아내가 감히 명주옷을 입지 못할 것이다. 몸소 실천한 뒤에 영을 내리고 자신부터 다스린 후에 법을 가르친다면 백성 치고 누구인들 따르지 않는 자가 있으랴?34)

---

32) "勞心者治人, 勞力者治於人, 治於人者食人, 治人者食於人, 天下之通義也"(『孟子』, 滕文公上).

33) "以德就列, 以官服事, 以勞殿賞, 量功而分祿, 故官無常貴, 而民無終賤, 有能則擧之, 無能則下之"(『墨子』, 尙賢上篇).

34) "家國之匈, 毋過於奢侈, 凡第宅器用, 敦朴精緻, 惟務適用其, 惟財之費, 而無益於用

둘째, 홍대용은 양반과 같이 무위도식하는 사람에 대해서는 형벌주의를 적용할 것을 주장하여 능력과 기능에 따라 모든 백성들로 하여금 노동하도록 하는 국민개로주의(國民皆勞主義)를 취했다. 따라서 "놀고먹으며 일하지 않는 사람은 군장이 벌하여 마을에서도 이를 내쫓아야 한다"[35]고 했다. 이러한 점은 그가 주장한 국방과 농업을 동시에 이루려는 일종의 병농일치제(兵農一致制)[36]에 잘 나타나 있다.

셋째, 인권평등과 상대주의적 기능관을 바탕으로 모든 백성을 교육시키도록 하는 국민개육(國民皆育)과 각자에게 알맞은 직업적 역할을 줄 것을 주장했다. 그는 모든 인간은 각 개인에게 적합한 독특한 기능과 유용성이 있다는 점에서 평등하므로 각자에게 적합한 역할과 기능을 부여하고 인재를 적소에 등용하도록 다음과 같이 촉구했다.

면(面) 내에 8세 이상의 자제들을 다 모아서 가르쳐야 한다. … 우수한 자는 차례로 뽑아 태학으로 보낸다. … 대개 인품에는 고하(高下)가 있고 재질에 장단점이 있다. 그 고하에 따라 단점을 버리고 장점을 쓰면 천하에 전혀 못쓰고 버릴 재질이란 없다. 면에서 가르치는 데에는 그 뜻이 높고 재질이 많은 사람은 위로 올려 조정에서 쓰도록 하고, 그 재질이 둔하고 용렬한 사람은 아래로 돌려 야(野)에서 쓰도록 하며, 그 생각이 창의적이고 솜씨가 재빠른 사람은 공업으로 돌리고, 이(利)에 밝고 재화를 좋아하는 사람은 상업으로 돌리며, 그 꾀를 좋아하고 용맹이 있는 사람은 무반(武班)으로 돌리고, 소경은 점쟁이로, 궁형(宮刑) 당한 사람은 문지기로 돌리며, 벙어리·귀머거리·앉은

者, 一切禁止, 凡令行禁止, 必自上始, 金銀之飾, 不入於宮闕, 則公卿之堂, 不敢爲山藻之畫, 錦繡之服, 不及於妃嬪, 則士庶之婦, 不敢爲紬帛之衣, 躬行然後發令, 自治然後勅法, 民誰有不從者乎"(『湛軒書』, 內集, 補遺, 林下經綸).

35) "其游衣游食, 不事行業者, 君長罰之, 鄕黨棄之"(위의 책).

36) "擇險高爲治, 高其城, 而深其溝, 仲春則出處于田間之宅, 男力于農, 女勤于竈, 以其暇日講學孝悌習擊刺, … 出五十然後, 衣帛食肉, 儲其贏餘, 以備水旱, 閱旅較藝, 明其賞罰, 或散以試其才, 或聚以習其陣, 或練於城, 或習於野, 繕甲厲兵, 常若有警"(위의 책).

뱅이까지도 각각 모두 일자리를 마련해주도록 해야 한다.[37]

이렇게 홍대용은 사람들에게 품성의 고하, 재질의 장단이 있으므로, 관료, 공인, 상인 또는 군인 등 각자의 능력과 기능에 맞는 적소에 배치하여 모두 생산적인 근로에 참여할 것을 제시했다.

넷째, 홍대용은 자주적 국제질서관을 지녔기 때문에 국가안위를 위한 국가보위의식도 남달리 강했던 것 같다. 따라서 병농일치제의 시행과 더불어 100만 양병책[38]을 제시했다.

이외에도 국내정책적 측면에서 홍대용은 균전론(均田論)에서 전제(田制)개혁으로 내수사(內需司)·궁방전(宮房田)·둔전제(屯田制)·군포제(軍布制)의 폐지를 주장했다. 또한 "우리 나라는 길 닦는 정책이 시원치 못하여 수레가 통행할 만한 넓은 길이 없으니 수레를 쓰는 것이 중국만 못한 것은 당연하다. 지금까지 우리 나라에 온 중국 군사로서 수레를 이용하여 전쟁을 이겼다는 말을 듣지 못했으니 우리 나라의 지세(地勢)는 결국 수레를 쓸 수 없다는 결론이 아니겠는가? 그러나 지혜로운 자가 계획한다면 변통할 술법이 반드시 있을 것이다"[39]라고 함으로써 객관적 현실에 기초한 운송혁신의 필요성도 역설했다.

마지막으로 홍대용은 대외정책에서 유학적 명분론에서 탈피하여 자주적이고 현실적인 정책 전환의 필요성을 강조했다. 이 점은 그가 명분론

---

37) "面中子弟, 八歲以上, 感聚而敎之, … 擧其最而以次升之, 至于大學, … 凡人品有高下 材有長短, 因其高下, 而舍短而用長, 則天下無全棄之才, 面中之敎, 其志高而才多者, 升 之上而用於朝, 其質鈍而庸鄙者, 歸之於下而用於野, 其巧思而敏手者, 歸之於工, 其 通利而好貨者, 歸之於賈間, 其好謀而有勇者, 歸之於武, 瞽者以卜, 宮者以閹, 以至於瘖 聾跛躄, 莫不各有所事"(위의 책).

38) 위의 책 참조.

39) "我國治塗無政, 非通衢大道, 則無方軌之地, 用車宜莫如中國, 前後東來之師, 未聞有 以用車, 而制勝者, 則豈非以地勢之, 終不可行耶, 雖然智者謀之, 亦必有通變之術矣"(위 의 책).

적 사고에 사로잡혀 명(明)에 대한 의리감만 강조하고 있는 한족 지식인들의 태도에 대해서 "(현재 중국에서) 오랑캐(만주족)의 운수가 날로 자라남은 곧 인사(人事)의 감응이기도 하지만 천시(天時)의 필연이다"[40]라고 하여 시세의 변천에 따른 보다 현실주의적인 태도를 가질 것을 충고한 것에 잘 나타나 있다. 이러한 홍대용의 현실주의적 입장이 비록 당시 조선의 대외정책에 얼마나 반영되었는지 확인할 수는 없으나, 본래 중국 대륙의 역사가 한족과 이민족 간의 투쟁 갈등사이고 따라서 역사를 객관적 시각으로 파악하고 그러한 시각에 바탕을 두고 정치·사회문제에 대한 혁신적 개혁책을 제기했다는 점에서 매우 중요한 시대적 의미를 지닌다.

이상에서와 같이 홍대용은 이기론을 중심으로 차별원리에 바탕을 둔 주자학 또는 유학의 차별적 인간관에서 벗어나 욕구주체로서의 인간간 동등성을 강조했고, 더 나아가 노장적 상대관의 입장에서 자연질서 내의 모든 개체간의 상대적 동등성과 기능적 평등성을 주장했다. 또한 이러한 노장적 상대관과 서구의 과학지식의 결합을 통해 평등성의 주장을 민족과 국가관계에 까지 확대시킴으로써 종래의 중국 한족문화 지향적인 사대주의적 국제질서관을 벗어나 자주적인 질서관 형성의 틀을 마련했다. 이러한 점들은 농민을 중심으로 한 피지배계층의 생존권과 생활권 보호를 바탕으로 국가발전을 꾀하고 변화하는 세계질서 속에서 민족주체성을 확보하려 했던 그의 정치적 의도와 부합하는 것이었다. 결론적으로 홍대용의 개혁사상은 동아시아 반유학적 정치사상의 인식론과 자신의 사상적 독창성을 바탕으로 전개되었던 근세 전반기 한국 개혁사상의 논의를 계승하는 한편, 18세기 후반기 이후 유입된 서구과학지식을 통한 인간 및 세계에 대한 인식확대를 국가발전의 개혁론으로 발전

---

40) "胡運之日長, 乃人事之感, 召天時之必然也"(위의 책, 內集, 補遺, 毉山問答).

시킴으로써 평등성과 개방성을 특징으로 하는 근세 후반기 한국 개혁사상의 토대를 형성했다고 평가할 수 있을 것이다.

2. 박지원의 개혁사상

1) 현실관과 정치목표

박지원[41]의 활동기는 18세기 후반으로서 앞서 살펴본 홍대용과 유사하다. 이 시기에는 당쟁으로 인한 정치적 불안정과 부의 불균등 배분, 신분질서의 혼란 등이 야기한 국가적 생산력의 저하와 피지배 노서민 계층의 빈곤이 심화되고 있었다. 이러한 상황에 직면하여 현실의 모순을 정확히 직시하는 개관적 현실관을 바탕으로 피지배계층의 생존권 및

---

41) 박지원(朴趾源, 1737-1805)의 호는 연암(燕巖) 이외에 연상(煙湘)과 열상외사(洌上外史) 등이 있고 자는 중미(仲美) 또는 미중(美仲)이라고 했다. 서인(西人) 노론(老論)으로 분류되는 반남(潘南) 박씨 양반가문에서 출생했으나 어려서 일찍 부친이 별세했기에 경제적으로 매우 빈곤한 환경에서 조부의 보살핌 아래에서 성장했다. 16세 때 결혼과 더불어 학업에 전념했으나 과거에는 응시하지 않았고 20대에 들어서면서부터는 당대의 뛰어난 실학적 지식인들이었던 홍대용을 비롯하여 서얼 출신의 이덕무, 유득공, 박제가 등과 폭넓은 인적·사상적 교류를 가졌다. 이처럼 청년기의 박지원은 양반가문 출신으로서 과거에 얽매이지 않았고 또한 신분에 구애받지 않는 교류를 통해 사회에 대한 날카로운 비판의식을 형성·발전시킬 수 있었던 것으로 보인다. 이후 박지원은 41세(1777년, 정조 초년) 때 세도가 홍국영 일파의 박해를 피해 개성과 인접한 황해도 연암골로 이사했으며 그곳에서 직접 농업에 종사함은 물론 중국과의 무역에도 관심을 갖게 되었다고 한다. 또한 44세(1780년 정조 4년) 때에는 삼종형 박명원(朴明源)을 따라 사신단의 일행으로 연경 및 열하(熱河)를 여행하고 중국학자들과 교류를 가짐으로써 그의 실학적 지식의 폭을 크게 확대시킬 수 있게 되었다고 한다. 장년기의 이와 같은 경험들이 박지원의 실학사상 형성과 발전에 큰 영향을 미쳤음은 자명한 것이었다. 박지원은 정조의 인재등용책에 의해 50세(1786년)에 처음 관직에 등용된 이래 66세(1801년)까지 관직생활을 했다. 이 시기에 박지원은 피지배 노서민계층의 삶과 국가적 생산력의 발전에 직접적인 관련이 있는 각종 개혁론을 제시함으로써 청·장년기에 구축된 자신의 실학사상을 실천에 옮기려고 노력했으며 관직생활을 사임한 후 3년 뒤인 69세에 사망했다 (신용하, 『朝鮮後期 實學派의 社會思想研究』, 서울: 지식산업사, 1997), pp.318- 322 참조).

생활권과 이익보호, 그리고 국가적 생산력의 증대를 정치목표로 설정했던 인물이 박지원이었다.

박지원에게 18세기 후반 당시의 조선사회는 정치·경제·사회 등 전 분야에서 총체적인 모순과 위기에 직면해 있는 것으로 인식되었다. 이에 대해 그는 먼저 굶주린 수많은 피지배 노서민들이 관의 군교(軍校)를 폭행하면서까지 배고픔을 호소하는 장면을 기술함으로써[42] 당시의 고통받는 피지배계층의 생활상을 표현했다. 또한 당시 만연하고 있는 소수에 의한 물자 독점의 폐해를 지적하면서 이것이 백성들의 삶을 황폐화시키는 주요 원인이라는 점을 날카롭게 비판하기도 했다.[43] 박지원은 이와 함께 부유한 상민(常民)에게 양반신분을 파는 당시의 세태를 풍자하면서, 무위도식하면서 과거를 통한 출세에만 여념이 없고 세도가를 통한 매관매직(賣官賣職)에 몰두하며 양반이라는 명목하에 자기의 이익을 위해 백성들을 괴롭히는 양반계층의 행태를 비난했다.[44]

현실관과 관련하여 중요한 점은 이와 같이 피지배계층의 생활안정을 파괴하는 대내적 현실에 대한 비판과 함께 박지원이 국가적 생산력의 증대를 위한 기술이나 제도적 발전을 저해하는 근본적인 원인이 유학적 공리공담과 화이론적 명분론에 치우쳐 비생산적 폐쇄관을 조장해온 당시 지식인계층의 반(反)실학적 태도에 있음을 지적한 것이라고 하겠다. 박지원은 이에 대해 "국초(國初) 이래로 사대부들은 근면함과 검소함으로 집안을 이끌고 국가를 경영하지 않는 이가 없었다. 그리하여 조야(朝野) 사이에 풍류가 돈박(敦樸)하고 산업이 지속적으로 발전했다. 그러나 태평하고 풍요로운 날이 지속되면서 점차 문(文)이 그 본질을 없애고 본말(本末)이 서로 뒤바뀌게 되었다. 선비들 중 혹은 유학적 공리공담과 성

---

42) 『燕巖集』, 卷二, 書, 答丹城縣監李侯論賑政書 참조.
43) 위의 책, 卷十四, 熱河日記, 玉匣夜話 참조.
44) 위의 책, 卷八, 傳, 兩班傳 참조.

명론(性命論)에 빠져 경제를 잊어버리거나 혹은 시(時)와 문장(文章)만을 숭상하여 올바른 정치를 시행하지 못했다"[45]고 하고 "후세에 농·공·상인이 그 업(業)을 잃은 것은 선비들이 실학을 하지 않았기 때문이다"[46]라고 하여 현실 모순의 근본적 원인이 피지배계층의 생활안정 및 국가발전의 토대가 되는 실학을 외면하고 오직 유학적 논의에만 빠져있는 기존 지배귀족들의 태도에서 비롯된 것임을 분명히 했다. 또한 그는 한족 중심의 화이론적 명분론에 경도되어 중국의 발전된 문물을 수용하여 발전할 수 있는 방법을 원천적으로 저해하는 국내의 폐쇄적 태도에 대해서도 다음과 같이 비판을 가했다.

(우리 나라에서) 소위 사민(四民: 士農工商)이라는 것은 그 명목만 근근히 남아 있고 이용후생(利用厚生)의 도구는 나날이 곤궁해지고 있다. 이것은 진정한 학문을 모르기 때문이다. 장차 학문을 하려고 하면 어떻게 중국을 버려두고 할 것인가? 그럼에도 선비들은 오늘날 중국의 주인은 이적(夷狄)이니 배우는 것이 수치스럽다고 한다. … 우리의 것을 가지고 중국과 비교한다면 조금이라도 나은 점이 없는데도 오직 한 움큼의 상투머리를 잡고 스스로 천하에서 가장 현명한 것처럼 오늘의 중국은 옛날의 중국이 아니라고 한다. 그 산천은 비리고〔腥〕누린내가 난다고〔羶〕비난하고 그 인민은 개〔犬〕나 양〔羊〕같다고 욕하며 그 언어는 오랑캐의 말이라고 업신여기면서 중국 고유의 훌륭한 법과 제도까지도 함께 배척하려 든다. 그러니 장차 어느 곳을 모방하여 이용후생을 행할 것인가.[47]

---

45) "國初以來, 士大夫, 莫不立家勤儉, 體國經遠, 朝野之間, 風流敦樸, 而産業有常, 逮至
　　豫泰盈盛之日久而駸駸, 然文滅其質, 未傾其本, 士或高談性命, 而遺於經濟, 或空尙詞
　　華, 而罔施有政"(위의 책, 卷十六, 課農小抄, 諸家總論).
46) "後世農工賈之失業, 卽士無實學之過也"(위의 책).
47) "所謂四民, 僅存名目, 而至於利用厚生之具, 日趨困窮, 此無他, 不知學問之過也, 如
　　將學問, 舍中國而何, 然其言曰, 今之主中國者夷狄也, 恥學焉, … 以我較彼, 固無寸長,
　　而獨以一撮之結, 自賢於天下, 曰今之中國, 非古之中國也, 其山川, 則罪之以腥羶, 其人
　　民, 則辱之以犬羊, 其言語, 則誣之以侏離, 幷與其中國固有之良法美制, 而攘斥之, 則亦

이렇듯 박지원은 당시의 비생산적 귀족계층의 행태에 대한 강한 반감을 표시했다. 따라서 박지원의 정치목표가 평등관과 개방관을 토대로 한 실학을 통해 유학적 차별질서가 가져온 모순을 해소함으로써 궁극적으로 피지배계층의 생활안정과 이익보호, 그리고 국가적 생산력의 발전을 꾀하는 것이었음은 당연했다. 그가 "학문하는 방법은 다른 데 있는 것이 아니다. 모르는 것이 있으면 지나가는 사람에게라도 물어야 하며, 비록 나이 어린 하인〔僮僕〕이라도 나보다 한 자라도 많이 알고 있으면 그에게서 배워야 한다"[48]고 하고 또한 "무릇 천하를 다스리는 자는 만약 백성에게 이롭고 국가를 부강하게 할 수 있는 것이라면 그 법이 비록 이적(夷狄)에게서 나온 것이라 하더라도 반드시 취해야 할 것이다"[49]라고 주장함으로써 당시로서는 파격적인 표현으로 신분적 귀천론이나 전통적 화이론에서 탈피하여 평등관·개방관을 기초로 한 안민후생(安民厚生)과 부국의 필요성을 강조한 것은 그의 이러한 정치목표를 잘 나타내는 것이라 할 수 있다.

2) 정치목표 달성의 이론적 기초

이처럼 박지원은 주자학적 내지는 유학적 차별관·폐쇄관에서 벗어나 평등관·개방관을 바탕으로 한 실학적 국가발전을 정치목표로 설정했다. 박지원에게 있어 당시 조선이 이러한 실학적 국가발전을 이룩하기 위해서는 그가 비판한 반(反)실학적 또는 비(非)실학적 의식과 태도의 근본이 되는 주자학 내지는 유학적 지배질서관을 논박할 수 있는 사상적 내용을 제시해야 했다. 이와 함께 그러한 논의가 진정한 의미의 국

將何所傲而行之耶"(위의 책, 卷七, 序, 北學議序).
48) "學問之道無他, 有不識, 執塗之人, 而問之可也, 僮僕多識我一字, 姑學汝"(위의 책).
49) "若固有之爲天下者, 苟利於民而厚於國, 雖其法之或出於夷狄, 固將取而則之"(위의 책, 卷十二, 熱河日記, 馹汛隨筆).

가발전을 이룩할 수 있는 이론적 토대가 된다는 점을 논증해야 하는 것이었다.

① 동등한 삶의 욕구주체로서의 인간성 규정

당시 조선 사회가 민생안정과 국가적 생산력의 확대를 이루기 위해서는 우선 귀천이나 고하(高下)에 관계없이 누구든지 자신의 삶을 온전히 유지하려는 욕구를 가지고 있다는 점에서 동등하다는 평등관에 기초하여 인간성을 규정해야 한다고 박지원은 인식했다. 보다 구체적으로 욕구주체로서의 인간성 규정은 고통받는 피지배계층의 생존권 및 생활권을 보호할 필요성을 역설할 수 있는 가장 중요한 이론적 논지였다. 따라서 그것은 인간의 자연스런 삶의 욕구충족 보다는 인의예지의 차별원리만을 성선의 원리로 규정함으로써 사회적 위계질서의 강화와 유지를 지향했던 지배계층 중심의 주자학 내지는 유학적 인성론과 배치될 수밖에 없는 것이었다.

전통적인 유학적 인성론은 동등한 인간으로서의 본연적인 욕구충족을 통한 삶의 유지의 중요성보다는 대내적 차별질서에의 순응을 인간의 존재본질로 규정하는 차별성을 내포한 것[50]이라고 할 수 있다. 그러한 주자학 내지는 유학적 인성론이 가진 지배계층 중심적이고 차별적인 속성에 반대하여, 박지원은 누구에게나 자신의 삶을 평화롭게 유지하려는

---

50) "君子喩於義, 小人喩於利"(『論語』, 里仁); "生亦我所欲也, 義亦我所欲也, 二者不可得兼, 舍生而取義者也, 生我所欲, 所欲有甚於生者, 故不爲苟得也, 死亦我所惡, 所惡有甚於死者, 故患有所不辟也"(『孟子』, 告子上); "知覺從饑食渴飮, 便是人心, 知覺從君臣父子處, 便是道心"(『朱子語類』, 卷七十八); "而以爲有人心道心之異者, 則以其或生於形氣之私, 或原於性命之正"(『中庸章句序』); "天理便是道心, 人欲便是人心"(『朱子語類』, 卷七十八); "道心, 人心之理"(위의 책); "未有這事, 先有這理, 如未有君臣, 已先有君臣之理, 未有父子, 已先有父子之理"(위의 책, 卷九十五); "天命之謂性亦是理, 天命如君之命令, 性如受職於君, 氣如有能受職者, 有不能受職者, 某間天命之謂性"(위의 책, 卷四); "蓋所謂道者, 率性而已, 性無不有, 故道無不在, 大而父子君臣, 小而動靜食息"(『中庸或問』).

본성이 있으며 이런 점에서 모든 인간은 귀천에 관계없이 동등하다는 피지배계층 중심적이고 평등적인 인성론을 전개했다. 이를 위해 먼저 박지원은 성(性)이란 인간이 자신의 삶〔生〕을 유지하려는 자연적인 욕구일 뿐이며 따라서 소위 성선(性善)이라는 것은 주자학 내지는 유학에서 말하는 차별윤리 준수의 의지가 아니라 바로 인간을 포함한 만물이 각기 하늘이 동등하게 부여한 자신의 삶을 평화롭게 유지하는 것 자체라고 했다. 이에 대해 박지원은 다음과 같이 설명했다.

> 만물이 기화(氣化)하는 가운데 함께 있으니 어찌 천명(天命)이 아니겠는가. 무릇 성(性)이란 심(心)[51]을 따르고 생(生)을 따르는 것으로서 심의 도구이고 생의 종족〔族〕이다. 기(氣)가 없으면 생명〔命〕은 끊어지니 어찌 성이 생을 따르지 않겠는가. 생이 아니면 성은 없는 것이니 어찌 선(善)이라는 것이 근거할 데가 있겠는가. 진실로 천명의 본연을 궁구해보면 어찌 홀로 성만 선하겠는가. 기도 역시 선하다. 또한 어찌 홀로 기만 선하겠는가. 생을 유지하는 만물은 모두 선한 것이다. 하늘〔天〕을 즐기고 그 명을 따르는 것은 물(物)과 내가 다르지 않다. 이것이 곧 천명의 성이다.[52]

이러한 점을 바탕으로 박지원은 『열하일기(熱河日記)』의 「호질(虎叱)」에서 "너희 유학자들은 이(理)를 말하고 성(性)을 논하되 걸핏하면 천(天)을 끌어오지만 하늘이 명한 바로 본다면 범(虎)이나 인간은 모두 곧 생물의 하나일 뿐이다"[53]라고 함으로써, 기(氣)를 악의 근원으로 인식하면

---

51) 박지원에게 심(心)이란 간(肝)·폐(肺)·콩팥〔腎〕·지라〔脾〕와 같이 인간의 삶을 유지시켜주는 필수적인 내장기관의 하나로 규정된다〔"心乃五臟之一也, 若但曰心, 則與肝肺腎脾何異"(『燕巖集』, 卷二, 書, 答任亨五論原道書)〕.

52) "有萬物同在氣化之中, 何莫非天命, 夫性者, 從心從生, 心之具而生之族也, 無氣則命絶矣, 性安從生, 非生則性息矣, 善安所係耶, 苟窮天命之本然, 則奚獨性善, 氣亦善也, 奚獨氣善, 萬物之含生者, 莫不善也, 樂其天而順其命, 物與我無不同也, 是則天命之性也"(위의 책).

53) "汝談理論性, 動軏稱天, 自天所命而視之, 則虎與人乃物之一也"(위의 책, 卷十二, 熱

서 차별원리〔理〕가 현실에 선재한다고 하여 인간을 반드시 그러한 차별원리를 따라야 하는 존재로 규정하는 주자학 내지는 유학적 논의를 비유적으로 강하게 비판했다. 이러한 비판과 함께 박지원은 "밭〔田〕과 집〔宅〕은 인간이라면 누구든지 욕구하는 것이다"54)라고 하고 "무릇 생물의 성(性)이란 인간과 마찬가지로 힘들면 쉬려 하고 답답할 때에는 시원한 곳을 찾으며 구부러지면 펴려 하고 가려우면 긁으려 한다"55)고 하여 인간본성으로서의 기본적인 의식주 생활 및 욕구충족을 통한 삶의 유지를 타개체와의 동등성 속에서 도출해냈다.

그러나 이러한 본연적인 삶의 욕구주체로서의 인간성 규정에도 불구하고 박지원은 인간이 본성적으로 부(富)와 같은 경제적 이익을 무한히 추구하는 존재인가에 관해서는 신중한 입장을 취했다. 오히려 그가 "인간은 함부로 남의 것을 착취하고 훔쳐도 부끄러운 줄 모르고 심지어 돈〔錢〕을 형(兄)이라 부르며 장수(將帥)가 되기 위해 아내를 죽이는 일까지 있으니 어찌 인륜의 도리를 논할 수 있는가"56)라고 한 것으로 미루어 인간의 무한한 이기욕 추구에 대해서는 그것의 위험성을 보다 강조하는 입장이었던 것으로 보인다.

국가 전체적 생산력의 증대를 통한 국가발전을 이룩하기 위해서는 인간이 가진 이기욕 추구의 본성을 적극 긍정하는 태도가 필요했음에도 박지원이 이처럼 이기욕 추구에 대해서 비판적 입장을 견지한 이유는 무엇인가? 박지원이 기본적 욕구충족만을 인간성의 본질로 강조하고 이기욕 추구의 위험성을 부각시킨 것은 18세기 말 상품화폐경제의 발달로

河日記, 關內程史, 虎叱).

54) "故田宅, 人莫不欲其世也"(위의 책, 卷二, 書, 答李仲存書).

55) "凡物之性, 亦與人同, 勞則思逸, 鬱則思暢, 曲則思舒, 痒則思劘"(위의 책, 卷十二, 熱河日記, 太學留舘錄).

56) "拏攫而不恥, 甚者呼錢爲兄, 求將殺妻, 則不可復論於倫常之道矣"(위의 책, 卷十二, 熱河日記, 關內程史, 虎叱).

인해 상인계층의 활동이 두드러지고 그 과정에서 화폐소유의 편중에 따른 부익부 빈익빈의 현상이 심화되고 있던 상황하에서 개별 인간 또는 계층의 사익추구가 국가 전체에 미치는 폐해를 직시했던 그의 현실관에 기인한 것이었다고 할 수 있다. 즉 박지원이 상업활동을 통한 이윤추구의 정당성과 유용성을 깊이 인식하고 있었던 것은 분명한 사실이라 하더라도 그는 그러한 이익이 빈곤 피지배계층에게 재분배되어 국가전체의 발전이라는 공익의 바탕이 되어야 한다고 생각했던 것으로 보인다. 이 점은 그가 『열하일기』의 「옥갑야화(玉匣夜話)」에서 허생(許生)이라는 가난한 선비가 상업활동을 통해 축적한 부를 주로 농민으로서 가난을 견디지 못하고 도적이 된 사람들에게 나누어줌으로써 국가의 혼란을 막았다는 일화[57]를 서술한 것에서도 잘 나타나 있다.

박지원 인성론의 또 다른 특징은 본연적 삶의 욕구주체로서의 인간과 타개체와의 동등성 주장에 집중할 뿐 인간 개개인의 독자성을 인정하는 개체성 부각의 노력이 보이고 있지 않다는 점이다. 다시 말해 국가적 생산력의 발전은 사회 내 인간이 재능과 장점을 살려 개개인의 특성에 맞는 직업을 선택하고 산업활동에 활발히 종사할 수 있어야 한다는 전제가 있어야 함에도 불구하고, 박지원의 사상 속에는 이에 대한 논의가 상당부분 결여되어 있는 것으로 보인다. 이는 인간 각자의 독자적인 재능과 자질에 따른 역할배분보다는 사(士)·농(農)·공(工)·상(商)이라는 전통적인 분업구도 속에서 계층간 기능적 평등성에 기초한 각 분야의 균형적 발전을 우선시했던 그의 입장에 기인한 것이라 하겠다. 이와 함께 현실관에서 살펴보았듯이 당시 무위도식하고 유학적 공리공담에 몰두해 있던 반실학적 귀족계층을 대치할 실학적 사(士)의 역할을 강조하기 위함이었던 것이라고 볼 수 있다. 박지원이 『열하일기』에서 중국인들과

---

57) 위의 책, 卷十四, 熱河日記, 玉匣夜話 참조.

대화를 나누는 중에 "중국의 사민(四民: 士·農·工·商)이 비록 분업적인 생활을 하고 있더라도 그들 사이에는 귀천의 차별이 없지 않겠는가"[58]라고 하여 사·농·공·상 간의 신분적 차별을 역설적으로 부정하는 동시에 그들 사이의 기능적 평등성을 역설하는 한편 농·공·상업의 발전에서의 사(士)의 역할과 책임의 중요성을 강조한 것[59]은 이를 잘 나타내는 것이라 할 수 있다.

이처럼 박지원은 자신의 인성론을 통해 삶의 욕구주체로서의 동등한 인간성을 규정함으로써 국가발전의 토대가 되는 민생안정의 중요성과 필요성을 이론적으로 규명했다. 그의 정치목표가 주자학 내지는 유학이 요구하는 차별질서의 유지·강화가 아니라 민생의 안정과 국가적 생산력의 증대를 통한 국가발전이었기에 박지원의 인성론은 주자학 나아가 유학의 인성론과 배치되지 않을 수 없는 것이었다. 그럼에도 불구하고 박지원의 논의 속에 경제적 부와 같은 이기욕 추구의 인간성이 부정적으로 표현된 것은 부익부 빈익빈의 사회현상 속에서 피지배계층의 생존권 및 생활권을 보호하기 위한 것이었다. 또한 인간 개개인의 독자성 또는 개체성이 크게 부각되지 못했던 것은 직업적 불균형이 점차 심화되는 상황 속에서 이용(利用)을 통한 농·공·상업의 균형적 발전과 실학적 학문의 주체로서 사(士)의 역할을 적극 강조하기 위한 것이었다고 평가할 수 있다.

다음에서는 피지배계층의 생존권 및 생활권 보호와 함께 박지원이 제시한 국가적 생산력 발전을 위한 이론적 토대로서 이용적(利用的) 국가발전방법론에 관한 논의를 살펴보겠다.

---

58) "余曰, 中國四民, 雖各分業, 卻無貴賤"(위의 책, 卷十一, 熱河日記, 盛京雜識, 商樓筆談).

59) "士之學, 實兼包農工賈之理, 而三者之業, 必皆待士而後成, 夫所謂明農也, 通商而惠工也, 其所以明之通之惠之者, 非士而誰也"(위의 책, 卷十六, 課農小抄, 諸家總論).

② 이용적 국가발전 방법론

박지원은 『홍범우익서(洪範羽翼序)』에서 "이용(利用)이 있는 연후에야 후생(厚生)이 있을 수 있고 후생이 있는 연후에야 정덕(正德)이 있을 수 있다"[60]고 하여 민중의 생활향상과 국가적 생산력의 발전을 의미하는 후생을 위해서는 이용이 전제가 되어야 함을 분명히 했다. 따라서 그에게 이용이란 후생을 위한 가장 효율적인 방법론의 의미를 갖는 것이다. 보다 구체적으로는 현실관과 정치목표에서 지적한 바와 같이 적극적으로 국가의 대내외적 자원을 개발·활용하여 국가적 기술의 발전과 부의 확대를 꾀하는 것이라고 할 수 있다.

그러나 중요한 점은 박지원이 이와 같은 이용을 실행에 옮기기 위해서는 무엇보다 인간 및 인간을 둘러싼 자연에 대한 객관적 이해와 개방관에 기초한 발전된 과학 및 산업기술 수용의 필요성을 인식하고 있었다는 것이다. 또한 그것은 결국 인성론에서와 마찬가지로 대내외적 차별질서의 유지·강화라는 정치목표를 달성하기 위해 전개된 주자학 내지는 유학의 절대관과 폐쇄관을 비판·극복해야 한다는 전제가 있었다.

(가) 인간과 타개체 간 동등성 논리

이용(利用)의 전제로서 인간 및 자연에 대한 객관적 이해의 바탕은 먼저 박지원의 이기론적 인성론에서 그 발단을 찾아볼 수 있다. 앞에서 살펴보았듯이 박지원은 인성론에서 개별 인간 사이의 개체성을 부각시키지는 못했지만 욕구주체로서의 인간과 타개체(他個體), 특히 생명을 가진 타개체와의 동등성을 적극 강조하는 데 논의를 집중시켰다. 그러나 다른 한편 박지원은 이러한 인간과 타개체와의 동등성 논리를 자연에 대한 객관적 이해의 바탕으로 발전시키는 독창성을 보여주었다. 즉 그는 "우리 인간도 벌레 중의 한 종족이다"[61]라고 하고 "물(物)로서 나

---

60) "利用然後, 可以厚生, 厚生然後, 德可以正矣"(위의 책, 卷一, 序, 洪範羽翼序).

〔我〕를 보면 나 역시 물의 하나일 것이다"[62]라고 함으로써 인간과 타개체 사이의 본연적·상대적 평등성을 강조했다. 또한 "나의 몸〔體〕을 돌이켜 물(物)을 보면 만물이 모두 나에게 갖추어져 있으니 내가 나의 성(性)을 올바로 인식한다면 물의 성 또한 능히 파악할 수 있을 것이다"[63]라는 주장을 통해 인간을 포함한 모든 개체는 비록 현실적인 형태상의 차이에도 불구하고 자연이 부여한 본성을 지닌 동등한 존재이므로 인간의 본성을 파악하는 방법으로 타개체를 파악했을 경우 객관적 인식이 될 수 있다는 점을 밝혔다. 박지원이『열하일기』의 「태학유관록(太學留館錄)」 등에서 우리 나라 목축업의 현실을 지적하면서 인간의 본연적 욕구를 미루어 목축을 행할 것을 주장한 것은 이러한 사물인식 방법론을 활용한 결과라고 할 수 있다.

(나) 자연에 대한 객관적 이해

박지원에게 이용의 또 다른 대상은 인간을 둘러싼 자연이었다. 농·공·상업의 발전을 통한 국가적 생산력의 증대를 욕구했던 박지원으로서는 자연계 및 자연계 사물의 원리를 정확히 파악하여 활용하는 것을 무엇보다 중요한 과제로 설정하는 것은 당연했다. 이런 점에서 먼저 박지원은 음양 교체의 자연성을 부정하고, 일음(一陰)·일양(一陽)의 불변적 차별을 우주원리화한 유학적 우주론을 비판하면서, "음양이란 일기(一氣)의 소식(消息)이다"[64]라고 함으로써 음양의 변천·변화, 즉 생성과 소멸의 교체변화가 자연의 원리임을 밝혔다. 그러나 박지원이 이처럼 변천·변화를 자연의 원리로 파악한 것은 단순히 유학의 형이상학적 논의를 비판하기 위한 것만은 아니었다. 이를 통해 자연을 이해하고 자연

---

61) "人者, 乃諸蟲之一種族也"(위의 책, 卷十四, 熱河日記, 鵠汀筆談).

62) "卽物而視我, 則我亦物之一也"(위의 책, 卷二, 書, 答任亨五論原道書).

63) "故體物而反求諸己, 則萬物皆備於我, 盡我之性, 所以能物之性也"(위의 책).

64) "陰陽者, 一氣之消息也"(위의 책, 卷十二, 熱河日記, 關內程史, 虎叱).

계의 속성을 파악하여 현실에 적용시키기 위한 것이었다. 박지원이 『과
농소초(課農小抄)』에서 음양의 교체변화라는 자연의 원리를 이용한 농업
적 생산력의 발전방법을 자세히 서술한 것은 이를 잘 나타내는 것이라
할 수 있다.

　다음으로 자연계 사물의 원리파악에서 박지원은 자연에 대한 객관적
관찰의 중요성을 강조했다. 박지원은 이에 대해 쇠와 돌〔金石〕, 기름과
물〔油水〕 등이 서로 어울려도 능히 불〔火〕을 생기게 할 수 있다는 점을
들어 나무〔木〕만이 불을 낳는다는 유학적 오행설을 비판하면서65) 물,
불 등 인간의 삶의 유지 및 향상과 사회적 생산력에 직결되는 사물의
속성을 정확히 파악하여 적절히 활용할 것을 주장하기도 했다. 이를 통
해 볼 때 박지원이 비록 동시대의 홍대용과 같이 기(氣)에 의해 생성된
개개 사물의 존재원리로서 이(理)를 규정함으로써66) 사물이 각기 보유한
고유의 성질이 존재한다는 점을 이론적으로 규명하지는 않았다 하더라
도 그의 논의 속에는 이미 '사물의 객관적 원리파악'에 대한 충분한 인
식이 담겨져 있음을 알 수 있다.

　주목할 것은 박지원이 이처럼 이용을 위한 자연계 사물의 원리를 객
관적으로 파악할 중요성을 제시하는 데에서 기존의 유학적 고정관과 시
각의 편협성을 비판하면서 경험론과 상대관의 중요성을 강조했다는 점
이다. 이에 대해 먼저 박지원은 "땅이 각이 졌다고〔方〕 하는 자들은 의
(義)에 입각해서 사물의 이치를 깨우치려고 하는 것이고, 땅이 둥글다고
〔毬〕 하는 자들은 그 형태만을 믿고 의(義)라는 것은 버리려 하는 것이
다"67)라고 하여 고정관을 탈피하고 객관적 관찰에 기초한 사물의 원리

---

65) "金石相薄, 油水相蕩, 皆能生火, 雷擊而燒, 蝗瘞而焰, 火之不專出於木亦明矣"(위의
　　책, 卷一, 序, 洪範羽翼序).
66) "人有人之理, 物有物之理"(『湛軒書』, 內集, 卷一, 心性問).
67) "謂地方者, 論義認體說, 地毬者, 信形遺義意者"(『燕巖集』, 卷十二, 熱河日記, 太學留
　　舘錄).

를 인식할 것을 주장했다. 그는 또한 "그들은 말하기를 성인과 불씨(佛氏)가 보는 것이 땅[地]을 떠나지 못했다고 한다. 그러니 지구를 어루만지고[按] 하늘[天]을 걸어다니며 별[星]을 쓰다듬으면서[捫] 다닌다고 하는 이들은 그 보는 것이 이씨(二氏)보다 낫지 않겠는가"[68]라는 주장을 통해 유학과 불교의 시각적 편협성을 지적하기도 했다. 이와 함께 박지원은 "장주(莊周)가 나비[蝶]가 되었다는 말은 부득불 믿지 않을 수 없으나 이광(李廣)이 돌[石]을 쏘았다는 것은 가히 의심스럽다. 왜냐하면 꿈이란 보기 어렵지만 일[事]은 쉽게 증험할 수 있기 때문이다"[69]라고 함으로써 사실에 기초한 경험의 중요성을 비유적으로 역설하기도 했다. 이러한 고정관과 편협성 탈피 및 사실적 경험의 중요성과 함께 박지원은 사물의 원리인식에서 다음과 같이 상대관을 적극 원용하기도 했다.

달[月]의 몸[體]은 항상 둥근데 햇빛을 둘러[環] 받게 됨으로써 달이 찼다가 기울었다 하는 것처럼 보이는 것이 아닐까. 지금 사해(四海)에서 하나의 달을 본다면 보는 위치에 따라 달이 살지고 여위어 보이며 얇고 깊어 보이는 것이 아닐까. 별은 달보다 크고 태양은 지구보다 큰 것인데 그렇지 않게 보이는 것은 원근(遠近) 때문이 아닐까.[70]

박지원에게 이와 같은 시야의 확대 및 실증적 경험론, 그리고 상대관 활용의 중요성 강조는 무엇보다 전통적 화이론에서 벗어나 중국을 비롯한 서구의 발달된 기술 습득의 이론적 토대가 되었다는 점에서 중요한

---

68) "彼又謂聖人與佛氏之觀, 猶未離地, 則按球步天捫星而行, 自以其觀勝於二氏"(위의 책, 卷十二, 熱河日記, 馹汛隨筆).
69) "曰莊周之化蝶, 不得不信, 李廣之射石, 終涉可疑, 何則, 夢寐難見, 卽事易驗也"(위의 책, 卷七, 序, 旬稗序).
70) "月體常圓, 環受日光, 由此地觀, 有盈虧乎, 四海脊一齊看月, 隨地測影月膚肥瘦, 有淺深乎, 星大於月, 日大於地, 視有鉅細, 由近遠乎"(위의 책, 卷十二, 熱河日記, 太學留舘錄).

것이었다. 이런 점에서 국가발전 방법론으로서의 이용(利用)의 세 번째 수단은 개방관과 상대적 평등관을 바탕으로 외국 특히 중국의 문물을 습득·활용하여 국내적 생산력의 발전을 꾀하는 것이었다.

(다) 외국의 발전된 문물의 흡수와 활용

현실관에서 살펴본 바와 같이 박지원은 한족 중심의 화이론적 명분론에 빠져 중국의 발전된 문물을 수용하여 국가발전을 이룰 수 있는 방법을 원천적으로 저해하고 있는 지배계층과 보수적 양반계층의 폐쇄적 태도를 강하게 비판했다. 따라서 박지원에게 이러한 한족 중심의 차별적 대외질서관을 비판·극복하는 논의를 전개하는 것은 그의 정치목표의 달성을 위해서 필수적인 것이었다. 이에 대해 박지원은 "인간의 입장에서 보면 화하(華夏)와 이적(夷狄)의 구분이 있겠지만 하늘〔天〕이 명한 바에 따르면 은나라의 우관이나 주나라의 면류관도 각기 시대에 따라 달라졌으니 어찌 청나라 사람들의 홍모(紅帽)만을 의심하겠는가"[71]라고 하여 전통적인 한족 중심의 이적관(夷狄觀)을 벗어나 시세의 변화에 따라 관점을 달리하여 대처할 것을 강조했다. 이와 함께 국내적 생산력의 발전을 이룩하기 위해서는 유학적 명분론에서 벗어나 중국을 이용의 대상으로 삼아야 한다는 견해[72]를 피력했다.

중국 중심, 특히 한족 중심의 대외질서관 극복의 논리를 전개함에서 박지원 사상이 동시대의 사상들과 구별되는 특징은 강한 민족주체성 확립의 논리가 저변에 흐르고 있다는 점이다. 이 점은 박지원이 『열하일기』의 「도강록(渡江錄)」이나 「성경잡지(盛京雜識)」 등에서 역사서로서 『삼국사기(三國史記)』의 중국 중심적 기술(記述)을 비판하고 요동(遼東)과

---

71) "故自人所處而視之, 則華夏夷狄, 誠有分焉, 自天所命而視之, 則殷禹周冕, 各從時制, 何必獨疑於淸人之紅帽哉"(위의 책, 關內程史, 虎叱).
72) "若固有之爲天下者, 苟利於民而厚於國, 雖其法之或出於夷狄, 固將取而則之"(위의 책, 馹汛隨筆).

심양(瀋陽)을 본래 한민족의 영토라고 적극적으로 주장한 것에 잘 드러나 있다. 또한 「도강록」에서 중국의 발전된 문물에 대해 시기[妬]와 부러움[羨]을 느끼는 자신을 탓하면서 "이것은 소견이 좁기 때문이다. 만일 석가여래의 밝은 눈[慧眼]으로 온 세계를 보면 평등하지 않은 것이 없다. 만사(萬事)가 평등하기 때문에 저절로 시기심이나 부러움은 없어질 것이다"73)라고 한 데에서도 잘 나타나 있다. 더욱이 박지원의 다음과 같은 말은 민족적 자존성의 확립을 위해서는 무엇보다 중국을 통해 이용적(利用的) 국가발전을 이루는 것이 필수적이라는 점을 명확히 한 것이라고 할 수 있다.

오늘날 사람들이 진정으로 양이(攘夷)를 하려 한다면 먼저 중화(中華)의 법을 배워서 농·공·상을 막론하고 우리의 부족한 모든 점들을 변화시켜야 한다. 다른 사람이 열[十]을 하면 우리는 백(百)을 하여 먼저 우리 민(民)을 이롭게 하고 그들로 하여금 회초리를 만들어 저들의 견고한 갑옷과 날카로운 무기를 충분히 매질한 연후에야 중국에는 볼 만한 것이 없다고 할 수 있다.74)

물론 박지원의 이와 같은 강한 민족주체성 및 민족발전의 주장은 당시 중국대륙의 지배민족이 이민족인 만주족이었다는 데에도 기인한 것이라 할 수도 있다. 그러나 앞에서도 언급한 바와 같이 그가 한족 중심의 화이질서관 자체를 부정하고 평등관과 개방관의 필요성을 역설한 것으로 보아 이전보다 일층 진전된 사상적 견해라고 평가할 수 있을 것이다.

---

73) "此直所見者小, 故耳若以如來慧眼, 遍觀十方世界, 無非平等, 萬事平等, 自無妬羨"(위의 책, 卷十一, 熱河日記, 渡江錄).

74) "故今之人, 誠欲攘夷也, 莫如盡學中華之遺法, 先變我俗之樵, 魯自耕鼉陶冶, 以至通工惠商, 莫不學焉, 人十己百, 先利吾民, 使吾民制梃, 而足以撻彼之堅甲利兵, 然後謂中國無可觀可也"(위의 책, 卷十二, 熱河日記, 馹汎隨筆).

이렇게 박지원은 이용적 국가발전 방법론으로서 첫째, 인간과 타개체와의 동등성 논리를 자연에 대한 객관적 이해의 바탕으로 발전시키고, 둘째, 변천·변화의 자연현상 및 자연계 사물의 원리를 경험적이고 과학적으로 파악하며, 셋째, 평등관과 개방관에 기초한 외국의 발전된 문물을 흡수·활용해야 한다고 주장했다. 이것은 결국 사상적 측면에서 당시 한국의 배타적 정치질서관인 주자학 또는 유학적 질서관으로부터의 탈피를 지향하는 것이었고 이를 통해 박지원은 실학적 국가발전을 위한 구체적인 정책대안을 제시할 수 있었던 것이다.

3) 정치목표 달성의 정책대안

박지원은 피지배계층의 생존권 및 생활권 보호와 국가적 생산력의 발전을 의미하는 실학적 국가발전을 정치목표로 설정했다. 이를 위해 동등한 삶의 욕구주체로서 인간성을 규정했고, 사·농·공·상 간의 기능적 평등성의 토대 위에서 실학을 담당할 주체로서의 사(士)의 주도하에 진행되는 이용적(利用的) 국가발전 방법론을 제시했다. 따라서 다음에서 논의할 박지원의 정책론은 이러한 이론적 전제를 가지고 구체화된 정책대안이었다. 이를 몇 가지로 나누어 간략히 설명하면 다음과 같다.

첫째, 박지원은 다수 피지배계층의 생존권 및 생활권 보호를 위해 부익부 빈익빈 현상과 토지소유의 집중 현상을 타파해야 한다고 역설했다. 박지원은 먼저 부익부 빈익빈 현상이 주로 상업의 발전과 상인계층의 대두로 인해 발생한 소수에 의한 부의 독점에 기인한 것으로 인식하고 이를 해결할 방향성으로 상업적 이익의 균등한 배분을 주장했다. 박지원이 비록 이를 위한 구체적 정책대안은 제시하지 못했으나 『열하일기』의 「옥갑야화」를 통해 양반출신의 허생(許生)이 상업행위를 통해 획득한 부를 가난을 이기지 못하고 도둑이 된 사람들에게 공평하게 나누어주어 평화롭고 풍족한 삶을 누릴 수 있게 해주었다는 점을 기술한 것으로 미루어 그가 상업행위의 필요성을 인정하는 전제하에서 상업적 이익이 사회적 배분으로 전환되어야 할 필요성을 요청했음을 알 수 있다.

다음으로 토지소유의 집중현상을 저지하는 것에서 박지원은 '한전제(限田制)'라는 정책대안을 제시했다. 박지원의 설명에 따르면 한전제의 구체적 내용은 ① 토지의 상한선을 정하는 법령의 공포와 더불어 상한선 이상의 토지를 소유하지 못하게 할 것, ② 법령공포 이전에 보유하고 있는 토지에 관해서는 상한선과 관계없이 그 소유를 인정하고 그것을 자손에게 분배해주는 것을 허용할 것, ③ 사실을 은폐하거나 법령의 시행 이후 상한선을 초과하는 경우, 그것을 민(民)이 적발하면 민에게 주고 관(官)이 적발하면 관에서 몰수할 것[75] 등이다. 이러한 한전제는 현실의 소수에 의한 대토지 소유를 인정하는 범위 내에서 단지 토지소유의 상한선을 정하고 그것을 초과하는 경우에 한해서만 일정한 법적 조치를 취하는 것이다. 따라서 비록 박지원이 한전제의 목적을 토지소유의 균등분배에 두고 있다는 점[76]을 밝혔고 또한 그것이 현직관리로서 군주에게 올린 정책건의서의 일부라는 점을 감안하더라도 개량적이고 점진적인 성격이 있다는 점만은 분명하다고 할 수 있다. 그러나 정치사상적 측면에서 보다 중요한 것은 박지원이 이와 같은 한전제 실시의 필요성으로 소수의 대토지 소유로 인한 피지배계층, 특히 농민들의 생존권 및 생활권 위협을 강조했다는 점[77]과 민(民)의 감시기능을 인정했다는 점이다. 이것은 피지배계층의 생존권 및 생활권 보호를 정치목표로 설정한

---

75) "日自某年某月以後, 多此限者, 無得有加, 其在令前者, 雖蓮阡跨陌, 不問也, 其子孫有支庶而分之者, 聽其, 或隱不以實, 及令後加占過限者, 民發之與民, 官發之沒官"(위의 책, 卷十六, 課農小抄, 限民名田議).

76) "如此不數十年, 而國中之田可均"(위의 책).

77) "故農人諺云, 終年勤作, 不膽鹽價, 而況見戶之中, 有田自耕者, 十無一二, 而公賦什一, 私稅分半, 並計公私, 則已爲十六, 雖使斯民者, 深曉農理, 勤而不惰, 盡治其一結二負之田, 其所實餘, 自食又減太牛於三十三石之數顧, 何以仰事俯育, 不終底於流離轉殍乎, 此千古志士之恨, 未嘗不先在於豪富兼幷也"(위의 책).

박지원 사상의 일관된 측면을 보여준다는 면에서 중요성이 있다.

둘째, 박지원은 국가적 생산력 및 부의 확대라는 정치목표를 달성하기 위한 정책대안으로서 외국의 발달된 기술을 수용하고 발전시킬 것과 해외무역의 필요성을 강조했다. 외국 특히 중국을 통한 국가 생산력 확대, 기술의 수용과 발전은 그의 대표저작 『열하일기』의 전반을 흐르는 정책과제로서 특정 분야만이 아닌 농·공·상업 및 목축업, 건축기술, 각종 기기(器機) 등 총체적인 국가발전을 위한 것이었다. 특히 주목할 것은 박지원이 중국의 발전된 문물을 소개하는 것이 무비판적이지 않고 반드시 공과(功過)를 분명히 객관적으로 분석하는 태도를 지향했다는 점이다. 이는 그가 "중국의 만사(萬事)는 간편해서 쓸데없는 낭비가 하나도 없는데 유독 이 상여(喪輿)만은 그렇지 않으니 가히 취할 만하지 않다"78)라고 한 데에서 잘 나타나 있다.

외국문물의 수용과 관련하여 또 한 가지 지적할 것은 박지원의 논의 속에 19세기 중반 이후 전개된 서양문물의 수용을 통한 국가발전론의 방향성이 배태되어 있다는 점이다. 즉 박지원이 비록 서양제국의 발달된 과학기술 등을 수용해야 한다는 직접적인 언급은 하지 않았다 하더라도 서양인들이 지구설(地球說)을 주장했음을 소개하고,79) 특히 자신이 천주당(天主堂) 방문을 통한 서양인들과의 직접 접촉을 강력히 원했다는 사실을 기술한 것80)을 볼 때 그의 세계에 대한 인식이 이전과는 다른 차원으로 확대되었음을 알 수 있다. 박지원이 『열하일기』의 「동란섭필 (銅蘭涉筆)」 등에서 정책대안으로 해외무역의 중요성을 지적한 것도 한

---

78) "中國萬事, 莫不簡便, 而無一冗費, 此最不可曉, 非可取法也"(위의 책, 卷十二, 熱河日記, 馹汛隨筆, 車制).

79) "西人旣定地爲球, 而獨不言球轉, 是知地之能圓, 而不知圓者之必轉也"(위의 책, 卷十四, 熱河日記, 鵠汀筆談).

80) "余曰, 鄙人萬里間關觀光上國, 敝邦可在極東, 歐羅乃是泰西, 以極東泰西之人, 願一相逢, 今遽入熱河, 未及觀天主堂, 自此奉勅東還, 則不損君子相與大笑"(위의 책).

편으로는 상업적 교역을 통한 국가적 부의 확대를 꾀한 것이기도 했지만 다른 한편으로는 세계에 대한 인식 확대를 반영한 것이라고 할 수 있다. 이 점은 결국 박지원 사상의 정치사상적 위치가 이전 한국 전통의 개혁사상을 계승·발전시키는 동시에 문호개방기 개화사상을 등장시키는 교량적 역할에 있었음을 보여주는 중요한 단서라 하겠다.

셋째, 이 밖에 박지원은 자신의 정치목표인 실학적 국가발전을 실질적으로 주도할 실학적 사(士)의 역할과 기능을 확대시키는 것을 정책적 과제로 설정했다. 이에 대해 박지원은 하늘은 인재를 내림에 차별을 두지 않으며 따라서 성인이 정치를 함에 사(士)에 귀천을 두지 않았다고 하면서, 명분론적 문벌주의를 타파하고 서얼에 대한 차별 반대와 서얼을 관직에 중용할 것[81] 등을 요구했다. 이처럼 박지원이 특히 서얼에 대한 사회적 차별에 반대한 것은 박제가·이덕무·유득공 등 실학적 지식을 가진 서얼 출신의 능력 있는 인재들이 신분 때문에 국가발전에 중요한 역할을 담당하지 못하고 있다는 판단에 따른 것으로 보인다. 그러나 보다 근본적으로는 비생산적 공리공담과 당쟁에 몰두하고 있는 당시의 지배 귀족계층을 대치할 실학적 사(士)의 등장을 제도적으로 뒷받침하기 위한 것이었다고 할 수 있다. 물론 한국 개혁정치사상의 정책론에서 능력본위의 인재등용을 요구하는 것은 공통적인 과제였으나 특히 기능론적 평등관을 바탕으로 자연과학적 지식과 실천력을 겸비한 실학적 사(士)의 역할을 강조했던 박지원에게 서얼출신 지식인들을 중용할 것을 주장한 것은 더욱 큰 의미를 갖는다.

이상과 같이 박지원의 실학적 국가개혁론은 18세기 말 당시의 모순적 현실을 직시하는 현실관을 바탕으로 피지배계층의 생존권 및 생활권을 보호하는 동시에 국가 총체적인 생산력의 증대를 위한 기술적·제도적

---

81) 위의 책, 卷三, 疏, 擬請疏通疏 참조.

발전을 목표로 전개된 것이었다. 이를 위해 박지원이 제시한 삶의 욕구 주체로서의 인간성 규정과 배분적 공평의 필요성, 변천·변화의 속성을 지닌 자연현상 및 사물에 대한 객관적 원리파악, 그리고 상대적 인식론 등은 동아시아 전통의 반유학적 정치사상의 인식론의 수용과 이전 한국 개혁사상가들의 논의를 계승한 것이라고 볼 수 있다. 이와 함께 개방관 을 토대로 한족 중심의 화이론을 탈피하고 서양과 중국의 발달된 지식 과 기술의 수용을 주장한 것은 인간 및 세계에 대한 확대된 인식을 통해 국가발전을 이루려고 했던 근세 후반기 한국 개혁사상의 공통적인 특성 을 보여주는 것이라고 평가할 수 있다.

3. 정약용의 개혁사상

정약용[82]의 생존연대는 18세기 말부터 19세기 초에 이르는 기간이다. 이 시기는 주자학적 정치질서관을 근간으로 하는 조선조의 봉건질서가 그 내재적 모순을 더욱 확연히 드러내고 있었던 시기였다. 즉 정치적으 로는 정조(正祖)의 탕평책을 중심으로 한 왕권강화 노력에도 불구하고 뿌리깊은 권력층 내부의 분열과 갈등은 해소되지 못했고, 이러한 분열 과 갈등이 1800년 정조 사후 노론(老論) 벽파(僻派)의 남인세력 제거를 목표로 전개된 신유사옥(辛酉邪獄, 1801) 및 김조순(金祖淳)을 중심으로

---

82) 정약용(丁若鏞, 1762-1836)의 자는 미용(美鏞) 또는 송보(頌甫), 호는 준암(俊庵) 또는 다산(茶山)이며 당호(堂號)는 여유(與猶)이다. 28세 때(1789) 과거에 합격하여 10년 동 안 관직생활을 했다. 정조(正祖) 사망(1800) 후 천주교의 확산을 구실로 남인계(南人係) 에 대한 일대 탄압이 이루어진 신유사옥(辛酉邪獄, 1801년)에 연루되어 57세(1818)까지 18년간 강진으로 유배되었다. 이와 같은 장기간의 유배생활로 말미암아 홍대용, 박제가 와는 달리 국제적 시야를 넓힐 기회를 갖지 못했으나 유배생활 때의 왕성한 저술작업을 통해 한국 실학사상의 발전에 크게 기여한 '실학사상의 집대성자'로 평가되고 있다(尹 絲淳, 「茶山의 生涯와 思想」, 尹絲淳 編, 『정약용』, 서울: 고려대학교 출판부, 1990, pp.7-9 및 419-422 연보 참조).

한 시파(時派)세력의 권력장악으로 이어져 결국 소수 권세가에 의한 권력독점 및 이익독점을 특징으로 하는 세도정치를 초래했다. 사회·경제적으로는 17-18세기 이후 급속히 전개되었던 토지소유의 집중화와 상품화폐경제의 발전이 보다 가속화됨으로써 한편으로 부익부 빈익빈의 사회현상이 두드러졌고, 다른 한편으로는 부를 획득한 하류계층의 양반계층으로의 신분상승이 두드러짐으로써[83] 전통적 신분질서의 변동이 촉진되었다. 보다 구체적으로 이앙법(移秧法) 및 광작농업(廣作農業), 그리고 상업적 농업의 발달에 기인한 소수 지주층에 의한 토지소유의 집중화 현상은 다수 하층 농민계층의 농토로부터의 이탈과 빈곤화를 심화시켰다. 또한 부세(賦稅)의 화폐화(貨幣化) 및 소수 신흥상공인계층의 매점매석에 의한 부의 독점은 소규모 상인층 및 생산자층의 활동을 저해했을 뿐만 아니라 하층민의 생활을 더욱 곤란에 빠뜨렸다.[84] 이와 더불어 중앙의 세도가와 연결된 중간관리층(수령)의 수탈과 착취는 다수 피지배계층의 빈곤을 더욱 악화시켰다. 이러한 상황은 결국 피지배계층의 저항을 불러일으킴으로써 사회적 불안이 가중되었는데, 1811-1812년 홍경래(洪景來)의 주도하에 봉건적 수탈과 착취에 반발해서 일어났던 평안도의 농민반란은 그 대표적인 예이다. 이와 같은 권력층 내부의 모순과 그에 따른 중간관리층의 수탈과 착취, 소수의 부의 독점에 의한 다수

---

83) 예를 들어 울산지역의 시기별·신분별 호구(戶口)비율의 변화를 살펴보면, 1765년 양반호수의 비율이 40.58%이고 상민호수의 비율이 57.01%이며 노비호수의 비율이 2.01%였던 것에 비해, 1804년에는 양반호수가 53.47%로 절반을 넘어섰고 상대적으로 상민호수는 45.61%로 감소했으며 노비호수 또한 0.92%로 줄어들었다(이해준, 「조선후기 향촌사회구조의 변동」, 『한국사 9』, 서울: 한길사, 1994, p.264 도표 참조). 이러한 양반계층의 증가는 정치·사상적 측면에서 볼 때 소수 지배계층에 의한 다수 피지배계층에 대한 지배권확립을 목표로 사회 내 철저한 신분적 차별을 강조했던 주자학적 정치질서관이 스스로 모순을 드러낸 것이었으며, 사회·경제적 측면에서는 생산계층의 고통을 강요하는 봉건적 정치체제의 한계를 보여주는 것이라고 할 수 있다.
84) 姜萬吉, 「丁若鏞時代의 經濟事情」, 『丁茶山과 그 時代』, 서울: 民音社, 1986, pp.48-55 참조.

피지배계층의 빈곤화, 이에 대한 피지배계층의 반발, 그리고 신분제의 급속한 동요 등이 정약용이 당면한 현실이었다.

이러한 상황에 직면하여 피지배계층의 생활안정과 이익을 도모하는 한편 국가발전이라는 공익의 확보를 위해 혁신적 국가개혁사상을 전개한 인물이 정약용이었다.

1) 피지배 민 중심의 평등정치론

정약용의 사상적 목표가 피지배계층의 이익과 생활안정을 확보하는 데 있었음은 우선 정치의 본질에 관한 다음과 같은 말에 잘 나타나 있다.

> 정치란 것은 바로잡는 것이다. 바로잡는다는 것은 부와 이익의 차별을 저지하여 민(民)을 균등하게 하는 것을 말한다. (동등한 국민으로서) 어찌 누구는 토지를 겸병하여 이익과 부〔富厚〕를 얻을 수 있게 하고 누구는 토지의 이택〔利澤〕을 막아 빈곤하게 할 수 있는가. 이러한 차별을 바로잡고 토지와 민을 계산하여 동등하게 분배하는 것이 소위 민을 균등하게 하는 정치라고 할 수 있다.[85]

정치를 '바로잡는 것(政者, 正也)'으로 규정한 것은 유학의 연원이라고 할 수 있는 공자의 『논어』에서 비롯된 것이다.[86] 그러나 공자에게 바로잡음의 대상은 부와 이익의 불평등 분배구조가 아니라 현실의 차별질서였다. 따라서 공자는 정치의 본질을 묻는 제자에게 "임금은 임금답고 신하는 신하답고 아버지는 아버지답고 자식은 자식다워야 한다"[87]고 했던 것이다. 이런 점을 볼 때 정약용의 정치목표가 대내적 차별질서의 강화

---

85) "政也者, 正也, 均吾民也, 何使地幷地利而富厚, 何使之阻地之澤而貧薄, 爲之計地與民, 而均分焉以正之, 謂之政均吾民也"(『與猶堂全書』, 第一集, 卷十, 詩文集, 原, 原政).
86) "季康子問政於孔子, 孔子對曰, 政者正也"(『論語』, 顔淵).
87) "齊景公問政於孔子, 孔子對曰, 君君臣臣父父子子"(위의 책).

라는 유학적 논리에서 벗어나 다수 피지배계층이 고통받는 모순적 현실을 극복하는 데 있었음을 알 수 있다.

정약용의 군주추대론(君主推戴論) 및 군주역할론(君主役割論) 또한 이러한 그의 정치목표의 근간이 되는 민 중심의 의식을 반영하는 것이라고 할 수 있다. 이 점에 대해 구체적으로 정약용은 "천자라는 자리는 군중 추대에 의해서 형성된 것이다. 군중의 추대에 의해서 이루어진 것이기 때문에 군중이 추대하지 않는다면 그 자리가 있을 수 없는 것이다"[88]라고 하고, "천자란 한 발만 내려서면 필부(匹夫)에 불과하다"[89]고 함으로써, 하늘로부터 부여받은 군주권의 절대성과 불변성을 강조하는 유학적 사고에서 벗어나 일반백성의 추대에 의해서만 군주권이 성립·유지될 수 있음을 천명했다. 그는 또한 "목(牧)은 민(民)을 위해 존재하는 것이다"[90]라는 명백한 민 중심적 언급을 통해 다수 국민의 이익보호가 통치자의 역할임을 분명히 했다.

정약용은 이와 같이 피지배계층의 생활안정과 이익을 대변하려는 혁신적인 정치적 입장과 함께, 앞서 살펴본 박지원과 마찬가지로 개별적 이익을 초월하는 공익 즉 국가 전체의 발전을 보다 중요한 정치목표로 설정하는 국가중심적 또는 공동체중심적 태도를 견지했다. 이러한 점은 그의 정책론의 핵심이라 할 수 있는 정전제(井田制)의 실시목적에 대한 다음과 같은 말에 잘 나타나 있다.

정전법(井田法)은 단지 세금을 균등하고 공평하게 하기 위한 것일 뿐만 아니라 민에게 (국가에 대한) 충성과 순종을 가르치는 데 그 목적이 있다. 평상시에 농사에 종사하면서 모두 먼저 국가를 위하고 나중에 개인의 이익을 생

---

88) "天子者, 衆推之而成者也, 夫衆推之而成, 亦衆不推之而不成"(『與猶堂全書』, 卷十一, 詩文集, 論, 湯論).
89) "天子嫰一下堂則匹夫也"(위의 책, 卷五, 經集三, 孟子要義, 卷二).
90) "牧爲民有也"(위의 책, 卷十, 詩文集, 原, 原牧).

각하게 한다면 유사시에 반드시 의지할 바가 있을 것이다.[91]

이렇게 볼 때 정약용은 18세기 말부터 19세기 초에 이르는 시대적 상황 속에서 피지배계층이 겪고 있는 빈곤과 수탈, 서구과학기술 및 지식의 유입에 의해 형성된 새로운 세계관, 그리고 그에 따른 국가의 유지·발전의 필요성 등을 직시하고, 국가전체의 안전과 발전이라는 공익의 전제하에서의 일반백성의 생활안정과 이익추구의 보호를 정치목표로 설정했던 것으로 보인다. 그의 이러한 정치적 입장은 이기론을 바탕으로 한 인성론과 우주론을 통해서 이론화되었다.

2) 정치목표 달성의 이론적 기초 : 인성론과 우주론

정약용은 인간의 본성을 기호(嗜好)로 파악했다. 이에 대한 설명을 보자.

성(性)이라고 하는 것은 기호이다. 예를 들어 사안석(謝安石)이 성악(聲樂)을 좋아하고 위정공(魏鄭公)이 검소함을 좋아하며 어떤 사람의 성(性)이 산수(山水)를 좋아한다고 하거나 서화(書畵)를 좋아한다고 하는 것 등은 모두 기호로써 성을 삼은 것이다. 성이란 글자의 본뜻은 이것과 같다.[92]

정약용에게 성(性)이란 "인간 개개인이 각기 외부환경에 대해 취하는 다양한 경향적 특성"[93]을 의미하는 것이 된다. 이것은 인의예지의 보편

---

91) "井田之法, 不但世斂均平, 抑所以敎民忠順, 平居治農, 皆知先國家而後私利, 則有事之日, 必有賴焉"(위의 책, 卷八, 政法集, 一, 經世遺表, 卷八, 地官修制, 田制十, 井田議二).

92) "余謂性者, 主乎嗜好, 而言若所謂謝安石性好聲樂, 魏鄭公性好儉素, 或性好山水 或性好書畵, 皆以嗜好爲性, 性之字義, 本如是也"(위의 책, 孟子要義, 卷一, 滕文公第三).

93) 이 점은 그가 "사람들이 항상 말하기를 '나의 성(性)은 회자(膾炙: 회와 구운고기)를 좋아한다', '나의 성은 쉰 것과 썩은 것을 싫어한다', '나의 성은 사죽(絲竹: 풍류)을 좋아한다', '나의 성은 개구리 소리를 싫어한다'고 하니 이것은 인간이 기호(嗜好)로서 성을 삼는다는 것을 보여주는 것이다[人有恒言, 曰我性嗜膾炙, 我性惡餲敗, 我性好絲竹,

적 차별원리를 인간에 내재하는 본연성으로 파악하는 유학의 존재론적 인성론은 물론 인간을 자연이 부여한 삶의 욕구충족의 본성을 가진 동등체로 인식하는 한국의 반주자학적 또는 반유학적 사상의 전통과도 구별되는 독창적인 것이다. 즉 기호를 성으로 규정하는 것에는 그 자체로서 이미 개체로서의 개인의 독자성이 부각될 수 있는 논리가 내포되어 있다. 또한 각각의 독자성을 보유한 인간 사이에 선천적 차별이란 존재할 수 없음을 언명하는 것이라고 할 수 있다. 정약용이 "선악에 대해서 말한다면 인간은 모두 그러한 선악을 스스로 만들고〔自作〕 스스로 주장〔自主張〕할 수 있다"94)고 하여 개별 인간의 독자성을 인정하고, "상지(上智)는 태어나면서부터 선하고 하우(下愚)는 태어날 때부터 악하다는 말은 천하에 독이 되고 만세에 화(禍)가 되는 것이다"95)라고 함으로써 인간간 선천적 차별을 강조하는 유학적 인성론을 부정한 것은 그의 이러한 혁신적이고 독창적인 태도를 잘 나타내준다.

정약용이 이처럼 개체로서 개인이 가지는 다양한 경향적 특성을 의미하는 기호를 인간성으로 파악한 것은, 무엇보다 고통받는 다수 피지배 계층의 입장에서 동등한 인간으로서의 중요성을 인식시키고, 그러한 인식을 바탕으로 사회 내에서 그들의 생활안정과 이익을 확보하기 위한 것이었다고 볼 수 있다. 그럼에도 불구하고 정약용의 궁극적 목표는 개별 인간의 독자성을 근간으로 한 사익의 추구를 국가발전이라는 전체의 이익, 즉 공익에 종속시키는 것이었다. 인간의 개별적 이익추구는 반드시 공익을 지향하는 범위 내에서만 인정될 수 있다는 것이다. 이런 점에서 그는 인성론적 측면에서 개별적 인간 개체의 독자성만의 강조가 초

我性惡蛙聲, 人固以嗜好爲性也)"(위의 책, 中庸自箴, 卷一)라고 한 데에서도 잘 나타나 있다.
94) "且人之於善惡, 皆能自作, 以其能自主張也"(위의 책, 孟子要義, 卷二, 告子第六).
95) "上智生而善, 下愚生而惡, 此其說, 有足以毒天下, 而禍萬世"(위의 책).

래할 수 있는 전체적 이익과의 불일치 가능성을 해소하기 위한 방편으로 선(善)의 추구 즉 공동체의 이익추구를 인간의 공통된 성선의 원리로 규정하기에 이르렀다.

이 점에 대해 먼저 정약용은 한편으로 "인간으로서 칠정(七情)이 없다면 어찌 인간이라고 할 수 있겠는가"[96]라고 하고 "성인 역시 칠정이 있다"[97]고 하여 욕구주체로서의 인간성을 상정했다. 그러나 다른 한편으로 "민(民)은 태어날 때부터 욕구를 가지지 않을 수 없다. 그러한 욕구에 따르고 또한 욕구로 가득 차서 방종하고 편벽되며 사악하고 사치스러워 자기만을 위하지 않는 것이라고는 없다"[98]는 논리로 이기욕의 추구를 악으로 규정했다. 그는 또한 희노우구(喜怒憂懼)에도 재색(財色)과 화복(禍福) 등 사적인 측면의 것과 천명에서 발(發)한 공적인 측면의 공희(公喜)·공노(公怒)·공우(公憂)·공구(公懼)가 있음을 지적하고 공적인 것만을 선의 요소로 파악했다.[99] 이와 함께 인심(人心: 形軀)의 기호로부터 분리되는 도심(道心: 靈知)의 기호를 상정하여 성선의 원리로 규정하기도 했다.[100] 정약용은 더 나아가 "인간의 영체(靈體) 안에는 세 가지의 이치가 있는데 성(性)으로서 말하면 선을 즐기고 악을 부끄럽게 여기는 것이다. … 그 권형(權衡)으로서 말하면 선할 수도 악할 수도 있는 것이다. … 그리고 그 행사(行事)로서 말하면 선을 행하기는 어렵고 악을 행하기는 쉬운 것이다"[101]라고 하여 선을 지향하는 존재로 인간을 파악했다. 이

---

96) "人而無七情, 奚其爲人也"(위의 책, 大學講義, 卷二).

97) "聖人亦有七情"(위의 책, 論語古今注, 卷四).

98) "民之生也, 不能無慾, 循其慾而充之, 放辟邪侈無不爲己"(위의 책, 中庸自箴, 卷一).

99) 위의 책, 大學公議 卷一 참조

100) "孟子曰, 動心忍性, 此所云性者, 人心之嗜好也, 商書祖伊之言曰, 不虞天性, 子思曰 率性, 孟子曰性善, 此所云性者, 道心之社(嗜)好也"(위의 책, 孟子要義, 卷一, 滕文公第 三); "性者嗜好也, 有形軀之嗜, 有靈知之嗜, 均謂之性"(위의 책, 詩文集, 墓誌銘, 自撰 墓誌銘).

101) "總之靈體之內, 厥有三理, 言乎其性, 則樂善而恥惡, … 言乎其權衡, 則可善而可惡,

와 관련하여 그는 권형이란 '재(才)'라고 하여 자력(自力)·자주(自主)의 뜻이며, 행사는 '세(勢)'로서 안으로는 식·색욕에 유인되고 밖으로는 명리욕에 이끌리며 편안함을 좋아하고 수고로움을 싫어하는 것이라고 함으로써, 권형과 행사를 성(性)과 분리시켜 설명하기도 했다.[102]

　이렇게 정약용은 한편으로 욕구주체로서의 인간성을 기호론(嗜好論)을 통해 인정하면서도 다른 한편으로 오직 사익에 상대적인 공익만을 성선(性善)의 원리로 상정하고, 그러한 성선의 원리를 추구하는 것을 인간이 지닌 공통적 기호로 재규정함으로써 궁극적으로 인간 개개인의 상대적 독자성을 바탕으로 한 이익추구권을 일면 제약하는 인성론을 전개했던 것이다. 그럼에도 불구하고 정약용의 인성론이 유학적 인성론과 같이 인의예지의 차별원리를 내재적 본성으로 규정함으로써 계층간 대내적 차별질서를 강화하려는 데 그 목적을 둔 것이 아니었음이 분명하고, 그의 논의 속에 이전의 사상가들과는 다른 독창성이 보인다는 점에서 중요한 가치가 있다고 평가할 수 있다.

　다음으로 우주론에서 정약용은 이(理)를 만물이 각기 보유하고 있는 고유한 자존의 원리로 파악하는 기능론적 우주론을 전개했다. 그가 "천지만물의 이(理)는 각기 그 만물의 신상(身上: 形體)에 있는 것이니 어찌 다 나에게 갖추어져 있겠는가. 개(犬)는 개의 이(理)가 있고 소(牛)는 소의 이가 있는 것이다"[103]라고 하여 인간을 포함한 만물이 각자의 현실적 형태에 따라 각기 다른 자존적 원리를 보유하고 있음을 밝힌 것은 유학의 존재론적 우주론을 비판한 것이라고 하겠다. 그의 이러한 유학의 보편적 선재원리(先在原理)에 대한 부정은 이(理)와 기(氣)의 관계에

… 言乎其行事, 則難善而易惡"(위의 책, 大學講義, 卷二, 心經密驗, 心性總義).
102) 위의 책, 梅氏書平, 卷四 참조.
103) "天地萬物之理, 各在萬物身上, 安得皆備於我. 犬有犬之理, 牛有牛之理"(위의 책, 孟子要義, 萬物皆備於我强恕而行求仁莫近章).

대한 다음과 같은 설명에도 잘 나타나 있다. 정약용은 "소위 기가 발(發)하여 이가 탄다고 하면 맞지만 이가 발하여 기가 따른다는 것은 불가하다. … 동유(東儒: 李珥)가 말했던 '발하는 것은 기(氣)이고 발하게 하는 소이(所以)는 이(理)이다'라고 한 것은 진실하고 분명한 것으로서 누구라도 쉽게 알 수 있는 이론이다"[104]라고 하여 자신이 주자학적 전통에 따라 이발기수설(理發氣隨說)을 주장했던 이황을 비판하고, 주기론적 기발이승설(氣發理乘說)을 주장한 이이의 이기론을 따르고 있음을 분명히 했다. 그는 또한 "사단(四端)과 칠정(七情)은 단지 일초일목(一草一木)이 번성하고 울창하며 일조일수(一鳥一獸)가 하늘을 날고 땅을 달리는 것만을 말하는 것이 아니다. 모든 만물은 기(氣)가 발하여 이(理)가 그것을 타지 않는 것이란 없다"[105]고 함으로써, 현실적 운동작용[氣]의 결과로서 모든 만물이 각기 자신에게 부여된 고유한 자존적 특성[理]을 갖게 된다는 점을 역설했다. 이러한 정약용의 설명만을 놓고 본다면 그는 현실의 활동기능을 가장 중요하게 생각하는 동시에 자연계 내에서 인간 및 사물이 각기 독자적 생존원리를 가지고 있다는 점에서 상대적으로 동등하다고 보았던 이이 및 홍대용의 기능론적 이기론을 답습한 것으로 보인다.

그러나 이이와 홍대용이 기본적으로 노장적 입장에 따라 독자성을 지닌 개체간의 상대적 평등성에 기초한 기능적 조화를 정치목적으로 설정했던 것에 비해, 정약용은 국가발전이라는 공익을 전제로 한 개체성만을 인정했다. 이러한 점에서 정약용이 주장한 개체의 독자성은 개체간의 본질적 동등성을 강조하기 위한 것이라기보다는 인간이 구성하는 공동체의 발전을 위한 이용대상으로서 사물을 규정하고, 그 토대로서 인간의 사물에 대한 우위, 즉 인간과 사물간의 본질적 차별성을 강조하기

---

104) "謂之氣發而理乘之可, 謂之理發而氣隨之不可, … 東儒所云, 發之者氣也, 所以發者理也之說, 眞眞確確, 誰得以易之乎"(위의 책, 中庸講義 卷一, 朱子序).

105) "不但四七, 一草一木之榮瘁, 一鳥一獸之飛走, 莫非氣發而理乘之也"(위의 책).

위한 이론적 방편으로 전개되었다. 그가 "개와 소, 그리고 인간의 성(性)이 같다는 것을 기질지성(氣質之性)이라고 한다면 이는 인류를 깎아내리는 것이고, 같은 것이 도의지성(道義之性)이라고 한다면 이는 금수(禽獸)를 높이는 것이 된다"[106]고 한 것은 인간과 타개체 간의 본연적 차별성을 부각시키려는 것이라고 할 수 있다. 또한 "(초목이나 금수와는 달리) 인간만이 태어날 때부터 영명한 것을 부여받아 만류(萬類)를 초월해 만물을 이용할 수 있다"[107]라고 한 것은 인간사회의 발전을 위한 이용대상으로서 사물을 규정한 것이라고 볼 수 있다.

이렇게 볼 때 정약용에게 사물의 독자성 또는 개체성 주장은 인간 전체의 이익을 위한 수단적 방편의 성격이 강하다. 이것은 인간우위의 입장에서 인간의 눈에 비친 객관적 실체로서의 자연을 관찰하고 이용하려 했던 정약용의 입장을 반영한 것이라 하겠다.

그렇다면 인간이 이처럼 타개체보다 본질적으로 우월한 위치에서 자연을 이용하여 공동의 발전을 꾀하는 존재라는 것의 근거는 무엇인가? 정약용에게 그러한 근거는 주자학에서와 같이 보편적 존재원리인 이(理: 太極)가 될 수 없는 것이었다. 또한 그가 사물에 대한 인간의 우위를 상정한다는 점에서 인간과 사물 간의 본연적 동등성의 원천인 자연의 원리 또한 근거로 인정될 수 없는 것이었다. 이와 같은 입장에서 정약용은 상제설(上帝說)을 통해 이를 입증하려 했다. 정약용이 상정하는 상제란 인간 및 사물을 생성하고 육성시키며 그것을 주재하는 절대적 존재로 규정된다. "상제란 무엇인가? 천지 · 신(神) · 인간의 위에서 천지 · 신 · 인간 · 만물을 생성하고 주재하며 보양하는 존재이다"[108]라는 그의 말은

---

106) "臣以爲犬牛人之性同, 謂之氣質之性, 則是貶人類也, 同謂之道義之性, 則是進禽獸也"(위의 책, 孟子要義, 卷二)
107) "人則不然, 天上萬民, 各於胚胎之初, 賦此靈明, 超越萬類, 享用萬物"(위의 책, 中庸講義, 卷一).
108) "上帝者何, 是於天地神人之外, 造化天地神人萬物之類, 而宰制安養之者也"(위의 책,

이러한 상제의 성격을 설명한 것이라고 하겠다. 이와 같은 절대적 존재인 상제는 인간을 포함한 모든 개체에게 각기 그 개체만의 고유한 본성을 부여했으며,[109] 특히 인간에게는 타개체보다 본질적으로 우월한 위치에서 사물을 이용하여 삶을 발전시킬 수 있는 능력을 주었다는 것이 정약용의 설명이다. 이처럼 정약용은 사물에 대한 인간우위의 근거를 상제라는 권위체를 동원하여 입증하려 했다.

그러나 정약용이 상제설을 통해 추구했던 것은 단순히 인간우월론을 제기하기 위해서만이 아니었다. 즉 인성론을 통해 인간이 공익추구의 성선원리를 가진 존재라는 점을 밝힌 정약용으로서는 인간들이 그러한 성선원리가 천명으로서 반드시 따라야 할 당위로 인식해야 할 필요가 있었다. 그러기 위해서는 그러한 당위의 절대적 근거를 제시하지 않으면 안 되었다. 이러한 점에서 그에게 상제의 존재를 상정하는 것은 인간으로 하여금 공적 행위를 실천하게 할 수 있는 효과적인 수단이 될 수 있었던 것으로 보인다. 정약용이 "명(命)이라는 것은 하늘〔天 : 上帝〕이 인간에게 부여한 것으로서 성(性)이 덕(德)을 좋아하도록 하게 한 것이다. 사생(死生) · 화복(禍福) · 영욕(榮辱) 역시 명이다. 명을 모르면 선(善)을 즐겨서 편안하게 지낼 수가 없으며 따라서 군자가 될 수 없다"[110]고 한 것은, 천(天 : 上帝)이라는 절대적 권위체를 통해 선, 즉 공익을 행하는 것이 인간에게 부여된 천명임을 밝힌 것이라고 하겠다.

정약용 상제설의 또 다른 특징은 상제의 역할이 이와 같이 인간에게 공익추구의 천명을 부여하는 데 그치지 않고 인간이 그러한 천명을 반드시 실행하도록 항상 곁에서 감시 · 감독하는 데 있다고 파악하는 점이

春秋考徵, 卷四).

109) "人則樂善恥惡, 修身向道, 其本然也, 犬則守夜吠盜, 食穢蹤禽, 其本然也, 牛則服軛
任重, 食蒭齝觸, 其本然也, 各受天命, 不能移易"(위의 책, 孟子要義, 卷二).

110) "命天之所以賦於人者, 性之好德是命也, 死生禍福榮辱亦有命, 不知命, 則不能樂善
而安位, 故無以爲君子"(위의 책, 卷十).

다. "군자가 어두운 곳에 있을 때에도 전전긍긍하면서 감히 악을 행하지 못하는 것은 상제가 바로 자기의 곁에 있다는 것을 알고 있기 때문이다"[111]라는 그의 말은 이러한 상제의 성격을 잘 나타낸다고 할 수 있다.

이상에서와 같이 정약용은 그의 우주론에서 한편으로 개체간의 독자성을 부각시키는 기능론적 이기론을 제시하면서도, 그것을 인간을 포함한 모든 개체의 동등성이 아닌 타개체에 대한 인간의 우월성을 입증하는 논거로 활용했다. 그는 더 나아가 이러한 인간 우위의 입장을 확고히하기 위해 상제의 존재를 상정했고, 이러한 상제의 권위를 근거로 인간이 사익을 초월한 공익추구의 존재임을 밝히고자 했다. 결국 우주론에서 나타나는 이러한 정약용의 논리는 인성론에서와 마찬가지로 국가전체의 공동체적 발전을 최우선과제로 설정한 그의 정치적 입장을 반영하는 것이라고 볼 수 있다.

3) 국내 및 국제질서관

정약용의 이와 같은 국가중심적 사고는 국내 및 국제질서관 속에서도 뚜렷이 나타난다. 앞서 언급한 바와 같이 정약용은 "상지(上智)는 태어나면서부터 선하고 하우(下愚)는 태어날 때부터 악하다는 말은 천하에 독이 되고 만세에 화(禍)가 되는 것이다"[112]라고 하여 인간 사이의 선천적 차별을 강조하는 유학적 사고를 부정했다. 그에게 상지와 하우, 또는 성인과 광인(狂人) 등의 구별은 혈통이나 신분이 아니라 국가 전체에 이익이 되는 행위(公益追求: 善)와 해가 되는 행위(私益追求: 惡)를 분별할 줄 알고 실천할 줄 아느냐의 기준에 의해 구분되는 것이었다. 그가 "이해(利

---

111) "君子處暗室之中, 戰戰栗栗, 不敢爲惡, 知其有上帝臨女也"(위의 책, 中庸自箴, 卷一).
112) "上智生而善, 下愚生而惡, 此其說, 有足以毒天下, 而禍萬世"(위의 책, 孟子要義, 卷二).

害)에 밝은 것을 지(知)라 하고 이해에 어두운 것을 우(愚)라고 한다"[113] 고 한 것이나, "광인과 성인의 본성은 서로 같으나 사익추구의 잡념을 이기고 에 익숙해져서 위로 올라가면 성인이 되고 잡념에 사로잡혀 악에 익숙해져서 아래로 내려가면 광인이 된다. 아래로 내려간 사람을 하우라 하고 위로 올라간 사람을 상지라 한다"[114]고 한 것 등은 선천적 기준이 아니라 후천적 실천행위의 선악에 의해 인간이 분별된다는 점을 주장한 것이다.

이처럼 정약용이 본성 면에서의 인간 사이의 선천적 차별을 근본적으로 부정한 것을 보면 그의 국내질서관은 인간간 평등성을 지향하는 것이라 할 수 있다. 특히 그가 "인간으로서 칠정(七情)이 없다면 어찌 인간이라고 할 수 있겠는가?"[115]라고 하고 "성인 역시 칠정이 있다"[116]고 하여 욕구주체로서의 보편적 인간성을 규정한 것은 이러한 그의 평등적 국내질서관을 강화시키는 논리라고 할 것이다. 이와 더불어 사·농·공·상 간의 관계에서도, 그들 사이의 직업적 상이성만을 강조할 뿐 신분상의 차별을 인정하지 않았다는 점을 보아도 정약용이 근본적으로 평등적 국내질서관을 지향했음을 알 수 있다.

그러나 이처럼 정약용이 욕구주체로서 인간간 평등을 주장하는 동시에 사회 내에서 사민(四民)간의 분업적 동등성을 강조했다 하더라도, 그것이 궁극적으로 모든 개인의 자존성을 바탕으로 한 상대적 평등을 의미하는 것이 아니었음에 주목할 필요가 있다. 정약용의 국내질서관은 개별 인간의 독자성을 최대한 발휘시키는 한도 내에서 그들 사이의 상대적·기능적 동등성 및 조화를 확보하기 위한 것이라기보다는 국가의

---

113) "明於利害曰知, 暗於利害曰愚"(위의 책, 論語古今註, 卷九).
114) "狂聖之性, 本只相同, 克念而習於性, 則升而爲聖, 罔念而習於惡, 則降而爲惡, 其不肯升者, 名曰下愚, 其不肯降者, 名曰上智"(위의 책).
115) "人而無七情, 奚其爲人也"(위의 책, 大學講義, 卷二).
116) "聖人亦有七情"(위의 책, 論語古今注, 卷四).

총체적 발전이라는 목적에 따라 인간을 국가중심적 생산과정에 참여하도록 하기 위한 전제로서의 평등질서관이었다고 할 수 있다. 이 점은 그가 한편으로 신분상·직업상의 선천적 차별의식의 철폐를 지속적으로 주장하면서도 오직 국가발전을 위한 생산능력을 인간을 평가하는 가장 중요한 요소로 파악했던 것에 잘 나타나 있다. 이러한 점에서 정약용의 국내질서관은 개체의 자존적 특성을 강조하는 노장적(老莊的) 질서관이라기 보다는 개인의 생산능력을 강조하는 묵가적(墨家的) 질서관에 가깝다고 평가할 수도 있을 것이다.

이와 같이 개별 인간의 독자성보다는 국가전체의 발전에 참여하는 생산적 동등체로서의 인간간 평등을 국내질서관의 내용으로 제시했던 정약용은 국제질서관의 측면에서는 실학사상가의 일원으로서 국가간 관계의 독립성과 상대적 평등성을 강조하는 탈(脫)중화주의적 인식을 견지했다. 그는 "나는 소위 중국(中國)이라는 것이 어떻게 중(中)이 되는지 모르겠고, 동국(東國)이라는 것이 어떻게 동(東)이 되는지 모르겠다. … 무릇 이미 동서남북의 중심이 되면 중국이 아닌 곳이 없으니 이른바 동국이라는 것이 어디에 있겠는가. 무릇 이미 중국 아닌 곳이 없으니 이른바 중국이라는 것이 또한 어디에 있겠는가"[117]라고 함으로써, 전통적인 중국 중심의 화이질서관에서 탈피하여 모든 국가가 관점에 따라 중심이 될 수 있으며 그러한 점에서 국가간에는 상대적 평등성이 존재함을 밝혔다. 서학(西學)의 유입을 통해 서구문물의 우수성을 인식하고, 그것을 국가발전의 토대로 삼을 것을 주창했던 소위 후기 실학사상가들에게 중국 중심의 질서관을 극복하는 것은 발전된 문물을 폭넓게 수용할 수 있는 사상적·문화적 개방의 토대가 되는 것이었다. 더욱이 이러한 국가간

---

117) "其所謂中國者, 吾不知其爲中, 而所謂東國者, 吾不知其爲東也 … 夫旣得東西南北之中, 則無所往而非中國, 烏覩所謂東國哉, 夫旣無所往而非中國, 烏覩所謂中國哉"(위의 책, 詩文集, 卷十三, 序, 送韓校理致應使燕序).

관계의 동등성 논의는 곧 전통적으로 소(小)중화주의적 사고에 빠져 중국(한족) 이외의 모든 국가들의 우수성을 경시했던 조선의 명분론적 태도에서 벗어나서 다른 국가들로부터 자국의 발전에 필요한 모든 것을 배우고 응용할 수 있게 하는 계기가 되는 것이었다. 정약용이 중국(淸: 異民族)뿐만 아니라 일본 및 유구(琉球) 등의 사례를 들어 국가발전에 필요한 기술과 제도의 수용을 역설한 것118)은 이와 같은 인식의 변화를 보여주는 것이라고 할 수 있다.

국제질서관과 관련하여 정약용의 특징은 국가간 관계의 동등성 강조에만 머무르지 않고 민족주체성 확립의 차원에서 한민족의 정통성과 우수성을 강조했다는 점이다. 그는 이에 대해 "중국이라는 것은 무엇을 말함인가? 요순우탕(堯舜禹湯)의 정치가 있고 공안사맹(孔顔思孟)의 학문이 있는 것을 중국이라고 하는 것이다"119)라고 하여 중국이라고 불려질 수 있는 국가의 기준이 정치와 학문 등 문화적 측면에 있음을 지적하면서 조선이 이러한 모든 것을 이미 갖추었다는 점을 역설했다.120) 이와 같은 자민족 중심적 사고는 이미 박지원에게서도 나타났던 것으로서, 박지원이 주로 역사서술방식과 영토문제를 중심으로 한민족의 정통성과 우수성을 강조했다면 정약용은 문화적 차원에서 그 우월성을 주장했던 것이라 할 수 있다.

이상에서 살펴본 바와 같이 정약용은 인성론, 우주론 및 대내외질서관을 통해 공익추구 지향의 인간본질 규정, 이용대상으로서의 자연과 그것에 대한 인간 우위의 우주원리화, 기능적 독자성보다는 생산주체로서

---

118) "古者外夷, 遣子弟入學者甚多, 近世琉球人, 處太學十年, 專學其文物技能, 日本往來江浙, 唯務移百工織巧, 故琉球日本, 在海中絶域, 而其技能與中國抗, 民俗而强兵隣國莫敢侵擾, 其已然之效"(위의 책, 卷十一, 技藝論三).

119) "卽所謂中國者, 何以稱焉, 有堯舜禹湯之治之謂中國, 有孔顔思孟之學之謂中國"(위의 책, 卷十三, 序, 送韓校理致應使燕序).

120) "若聖人之治, 聖人之學, 東國旣得, 而移之矣, 復何必求諸遠哉"(위의 책).

의 인간간 동등성, 국가간 관계의 상대적 평등성과 한민족의 우월성 등을 논리적으로 입증하려 했다. 이러한 정약용의 사상적 논의는 국가전체의 생산력 저하, 부익부 빈익빈적 불평등 분배현상, 그리고 중간관리계층의 피지배계층에 대한 수탈 등이 만연하고 있는 당시의 현실 속에서, 대내적으로 국가주도의 공동체적 발전을 추구하고 대외적으로 변화하는 국제질서 속에서 한민족의 자주성 확보를 욕구했던 그의 정치적입장을 반영한 것이라고 할 수 있다. 여기에는 서구문물의 도입을 통해형성된 새로운 세계관이 큰 역할을 했던 것으로 보인다. 다음에서 살펴볼 정약용의 정책론은 이와 같은 그의 사상적 논의가 구체화된 것이라고 할 수 있다.

4) 국가개혁의 정책론

정약용 정책론의 내용은 크게 두 가지로 나누어볼 수 있다. 그 하나는후기 실학사상가들에게서 공통적으로 제시되었던 국가발전책이고, 다른하나는 정약용이 자신의 사상적 입장을 바탕으로 독창적으로 구상한 개혁론이라 할 수 있다. 전자의 내용으로는 첫째, 전통적으로 지속되어 온신분 및 지역적 차별을 바탕으로 한 인재선발 방법의 개혁과 철저한 능력 위주의 인재등용, 둘째, 묵가적 생산정치론에 입각한 국민개로(國民皆勞)의 필요성 주장과 분업적 역할론을 바탕으로 한 국가적 생산력의제고, 셋째, 국가보위의 중요성 인식에 바탕을 둔 병농일치제(兵農一致制) 및 각종 병제의 개혁, 넷째, 국가전체적 부의 획득을 위한 해외로부터의 적극적인 기술수용과 그것의 국내적 적용 및 기술개발 등을 들 수있다.121)

---

121) 이 점에 관해서는 이미 여러 학자들의 연구가 진행되었고 그것이 이전 후기실학사상가들의 정책론과 대동소이하다는 점에서 그 구체적 논의는 생략하기로 하겠다.

다음으로 정약용의 철저한 국가중심적 또는 공동체중심적 사고를 바탕으로 제시된 독창적 정책론으로는, 첫째, 국유화를 전제로 한 토지정책, 둘째, 개별상인의 이익독점과 중간관리층의 수탈을 방지하는 동시에 이를 통해 국가재정을 확보하기 위한 세제개혁, 그리고 셋째, 국가재정 확충을 위한 금·은·동·철 등 광물자원 채굴권의 국유화 등을 들 수 있을 것이다. 먼저 여전제(閭田制)와 정전제(井田制)로 대표되는 정약용의 토지정책은 토지의 사적소유를 폐지하여 국가소유화하고, 농민으로 하여금 국가의 주도하에 배분된 토지를 경작하게 하는 것을 주요 내용으로 하고 있다. 이와 같은 그의 토지정책론은 기본적으로 소수 대토지 소유자들에 의한 토지의 독점에서 파생된 부의 편중 및 이에 따른 다수 피지배 농민들의 탈토지화와 빈곤화라는 당시의 현실에 대한 급진적 대안이었다는 점에서 의의가 있다. 특히 "오직 농민에게만 농사지을 땅을 가지게 하고 농사짓지 않는 사람들에게는 땅을 가질 수 없게 하는 것이 진정으로 옳은 것이다"[122]라는 그의 말은 귀족계층을 중심으로 한 비생산계층의 토지소유를 억제하여 생산계층인 피지배 농민층의 이익을 대변하려는 것이었다는 점에서 가치를 인정할 수 있을 것이다. 그럼에도 불구하고 그가 "천하의 땅(田)은 모두 왕(王)의 땅이고 천하의 재화는 모두 왕의 재화이며 천하의 산림(山林)과 천택(川澤)은 모두 왕의 산림과 천택이다. 그런 후에 왕이 땅과 재화 그리고 산림과 천택의 소출(所出)을 일반백성들에게 나누어준 것이다"[123]라고 하여 모든 것을 군주소유로 규정한 것이나, "땅이라는 것은 곧 왕의 땅인데 이미 (백성이) 왕의 땅에 생명을 의지하고 있다면 어찌 감히 왕을 위한 일에 사력을 다하지 않겠

---

122) "使農者得田, 不爲農者不得之, 則斯可矣"(『與猶堂全書』, 詩文集, 卷十一, 論, 田論二).

123) "天下之田, 皆王田也, 天下之財, 皆王財也, 天下之山林川澤, 皆王之山林川澤也, 夫然後, 王以其田, 敷錫厥庶民, 王以其財, 敷錫厥庶民, 王以其山林川澤之所出, 敷錫厥庶民"(위의 책, 政法集, 經世遺表, 卷十一, 地官修制, 賦貢制五).

는가"124)라고 함으로써 토지배분의 목적이 통치권 유지에 있음을 지적한 것은 봉건적 한계를 벗어나지 못한 것이라고 볼 수 있다. 물론 국내질서관에서 언급한 바와 같이 정약용이 상제설(上帝說)을 통해 군주＝국가라는 등식을 표현했다는 점에서 위의 예문에 나타난 '왕'이란 현실의 군주라기보다는 공동체로서의 '국가'라는 개념으로 사용한 것이라고도 볼 수 있다. 그러나 그것이 국가라고 하더라도 결국 이와 같은 정약용의 논의는 개별 개체의 이익확보를 목표로 하기보다는 국가 전체의 유지·발전을 우선적으로 고려한 국가중심적 사고를 보여준다고 할 것이다.125)

다음으로 세제개혁과 관련하여 정약용은 당시에 발흥하고 있던 특권상인들이나 부상(富商)들에 대한 세금 징수를 통해 농민에 대한 수탈을 저지하고 국가재정을 확보할 것을 요구했다. 그는 "(지금까지) 국가의 모든 용도는 오직 전조(田租)에만 의지해왔다. 농부들만을 착취하고 수탈하면서 부상이나 대가(大賈)들은 전혀 건드리지 않았으니 어찌 왕정(王政)이라고 할 수 있는가"126)라고 강력히 비판하면서 상업세와 행상세의

---

124) "田者王田也, 寄生理於王田, 敢不致死力於王事乎"(위의 책, 卷六, 地官修制, 田制四).

125) 정약용의 이와 같은 국가중심적 사고는 직업적 분업론을 설명한 다음과 같은 말에서도 잘 드러난다. "선왕(先王)의 뜻은 천하의 민(民)으로 하여금 모두 균등하게 땅을 얻도록 한 것이 아니라 모두 균등하게 직업을 얻도록 한 것이다. 농사라는 직업을 부여받은 사람은 땅을 경작하고, 공업의 직업을 부여받은 사람은 기물(器物)을 만들며, 상업의 직업을 부여받은 사람은 재화(財貨)를 다루고, 목축업의 직업을 부여받은 사람은 가축을 기르며, 산림업의 직업을 부여받은 사람은 나무를 다루고, 여자들은 직물업에 종사하게 하는 등 각기 자신의 직업으로서 생계를 유지하게 했다〔先王之意, 非欲使天下之民, 均皆得田, 乃欲使天下之民, 均皆受職, 受職以農者治田, 受職以工者治器, 商者治貨, 牧者治獸, 虞者治材, 嬪者治織, 使各以其職得食〕"(위의 책, 田制五). 여기에서도 알 수 있는 바와 같이 정약용에게 중요한 것은 개별 개인의 독자성이라기보다는 모든 국민이 각기 자신의 직업을 바탕으로 국가발전을 위한 생산에 참여하는 것이었다고 할 수 있다.

126) "國之百用, 惟依田租, 浚削農夫, 渴其膏血, 而富商大賈, 毫髮不侵, 方可曰王政乎"(위의 책, 卷十, 地官修制, 賦貢制三).

징수를 정책론으로 제시했다. 이러한 점은 정약용이 박지원에게서 나타
나는 중상주의적 입장과는 달리 직접생산계층인 농민의 입장에서 부의
균등한 배분을 요구하고, 그것을 바탕으로 국가의 재정을 충실히 하려
는 정책목표를 반영한 것이다.

  마지막으로 정약용은 광물자원 채굴권의 국유화를 통해 광공업을 통
한 사적 이익 획득을 저지하고, 그러한 이득을 국가재정을 확충하는 데
이용할 것을 주장했다. 정약용은 특히 1811-1812년간의 홍경래의 난의
원인이 일반인에게 사적 채굴을 허용했기 때문[127]이라고 하면서, 관(官)
에서 채굴하지 않는다면 차라리 폐쇄하는 편이 낫다[128]는 강력한 입장
을 견지했다. 정약용의 이러한 정책제시는 광물자원의 유한성을 적절히
인식하고 사적 이익을 위한 무분별한 채굴을 막아 국가 전체의 이익을
위해 사용할 것을 요구하는 현실적인 것이라 하겠다. 동시에 이것은 앞
에서 논의한 토지정책과 마찬가지로 '개별이익의 극대화를 통한 공동체
의 발전'보다는 '공동체의 발전을 위한 개별이익의 제한'을 지향하는 정
약용 자신의 일관된 사고를 보여주는 것이다.

  이상에서 18세기 말부터 19세기 초에 이르는 정치 · 경제 · 사회적 변
동기에 직면하여 철저한 국내적 개혁을 통해 국가공동체적 발전을 추구
하려 했던 정약용의 개혁사상을 살펴보았다. 결론적으로 볼 때 정약용
정치사상은 첫째, 서구문물의 수용을 바탕으로 한 과학기술 및 제도개
혁의 중요성을 인식하여 그것을 국가발전의 토대로 삼을 것을 주장했다
는 점과, 둘째, 국가간 관계의 상대적 평등성 및 한민족의 독자성 및 우
월성 부각을 통해 전통적인 중국 중심의 중화주의적 질서로부터 완전
탈피했다는 점에서 홍대용이나 박지원과 같은 이전 개혁사상가들과 그

---

127) "嘉慶壬申, 嘉山賊洪景來等, 因多福洞金店, 起兵作亂, 今之所大懼者此也, 然此惟不
    自官採, 而許民私採, 故致此姦先者"(위의 책, 卷七, 地官修制, 田制九, 井田議一).
128) "金銀銅鐵, 必當官採, 不然寧錮閉爲愈"(위의 책, 卷十一, 地官修制, 賦貢制五).

맥을 같이한다고 평가할 수 있다. 동시에 생산계층과 비생산계층을 차별화시키려는 유학적 논의에서 벗어나서 국민개로(國民皆勞)의 입장을 철저히 견지했다는 점과, 그러한 생산개체들 사이의 선천적 차별을 부정했다는 점 또한 사상적 발전이라는 측면에서 중요한 의미를 부여할 수 있을 것으로 보인다. 특히 인성론적 측면에서의 기호설(嗜好說)이나 우주론적 측면에서의 인간우위설, 그리고 정책론적 측면에서의 국유화론 등은 정약용 사상의 독창성을 보여주는 것이라 할 수 있다.

4. 최한기의 개혁사상

1) 19세기 전반기의 시대상황

최한기[129)]가 활동한 19세기 전반기는 1392년 조선조 성립 이래 강력

---

129) 최한기(崔漢綺, 1803-1879)의 자는 지노(芝老, 족보에는 芝蚊으로 되어 있음)이고 혜강(惠岡)은 그의 호이며, 혜강 이외에도 패동(浿東)·기화당(氣和堂)·명남루(明南樓) 등의 별호를 사용했다. 본관은 삭녕(朔寧)으로서 그의 세보(世譜)에 따르면 조선 초기(세조 때)에 영의정을 지낸 최항(崔恒)의 15대 후손이다. 이와 같이 최한기의 신분은 비록 양반이었으나, 직계 조상 10여 대에 걸쳐 문과급제자를 한 사람도 배출하지 못했던 것으로 미루어 그의 가문은 궁반한족(窮班寒族: 명색만이 양반인 가문)에 속했던 것으로 보인다. 최한기 자신 역시 23세(1825) 때 생원시에 합격한 이후 거의 50년 동안 관직에 나아가지 않았고, 그의 유일한 관직생활이라면 나이 70세(1872)에 장남 병대(柄大)가 조정의 시종신(侍從臣)이 되자 시종신의 아버지가 70세에 이르면 관례적으로 내려주는 통정첨지(通政僉知)의 직(職)을 맡은 것뿐이었다(李佑成,「明南樓叢書 叙傳」,『明南樓叢書』, 서울: 成均館大學校 大東文化研究院, 1971 참조). 최한기가 당대의 뛰어난 학자로서 많은 저술활동을 전개했고, 당시의 분위기 속에서 마음만 먹으면 얼마든지 관직을 획득할 수 있을 정도의 경제력이 있었으나(李佑成, 위의 글, 惠岡年表 참조) 이처럼 평생 벼슬길에 오르지 않은 것은 세도정치의 폐해로 능력본위의 인재등용이 전혀 이루어지지 못했던 당시의 시대적 모순에 기인한 것이라고도 볼 수 있다. 그러나 보다 근본적으로는 정치권력에 무욕적인 태도를 견지하면서 차별과 수탈에 고통받는 피지배 노서민 계층과 고락을 함께하려 했던 그의 민 중심적 태도에서 비롯된 것으로 보인다. 이것은 앞으로 살펴볼 그의 사상내용에서는 물론 그가 30대 이후부터 세상을 떠날 때까지 조정이 있는 서울에서 생활하면서도 관직에 미련을 갖지 않았고, 오히려 신분을

한 통치이념으로 자리잡아 온 주자학적 정치질서관이 더 이상 치유될 수 없는 모순과 한계를 드러내고 있었던 시기였다고 할 수 있다. 이 시기 집권층 내부의 권력투쟁과 중간관리계층의 부패 및 수탈, 소수에 의한 부의 독점, 그리고 이에 따른 다수 피지배계층의 빈곤과 민중의 대규모 저항 등은 주자학적 차별질서관을 근간으로 하는 봉건질서 자체의 와해를 예고하는 것이었다. 그러나 이와 같은 현상은 단순히 19세기에 한정된 것만은 아니었다. 이미 강력한 제왕권적 권위질서를 구축할 정치적 필요성 위에서 도입된 주자학적 정치질서관은 조선조 초기부터 왕권을 둘러싼 지배층 내의 혈투를 불러일으켰다. 분파적 당쟁과 명분론적 대외관계로 인해 발생한 임진왜란과 병자호란 등 외침에 무기력한 대응만을 보여주었을 뿐만 아니라, 대내적으로 피지배계층의 무조건적 복종을 강요할 뿐 다수 노서민의 기본생활권조차 확보해주지 못했다. 이것은 근본적으로 중국의 지배민족인 한족이 이민족을 통치하기 위한 방편으로 구성된 주자학을 동질성이 강한 한민족에게 적용함으로써 정치현실과의 괴리를 낳은 것에 기인하는 것이다. 따라서 이러한 국내적 모순은 주자학적 유학을 통치이념으로 채택한 조선조의 필연적 결과였다고 할 수 있다.

특히 19세기에 접어들면서 이와 같은 모순은 극에 달했다. 먼저 정치적으로는 18세기 이래 영·정조시대의 탕평책에도 불구하고 집권층 내부의 갈등은 더욱 극심해졌고, 순조 이후 유약한 왕들이 집권한 19세기에 이르러서는 왕의 외척들이 실제 정치권력을 행사하는 이른바 세도정치가 행해졌다. 안동 김씨와 풍양 조씨로 대표되는 외척세력들은 순조-헌종-철종년간 정권의 요직을 모두 차지하고 반대파를 숙청하는 등 전

초월하여 평민출신의 김정호(金正浩), 서얼계통의 이규경(李珪景) 등의 실학자들과 교류(琴章泰, 『韓國實學思想硏究』, 서울: 集文堂, 1987, p.235 참조)했던 그의 행적에서도 잘 드러나 있다고 하겠다.

제적 권한을 행사했다. 이것은 주자학적 통치질서관이 추구하는 왕권강
화론이 그 존재의미를 상실했음을 보여주는 것이었다.

세도정치는 정치권력 내부의 폐해를 낳는 데 그치지 않고 각종 사회
적 문제를 야기시켰다. 우선적으로 세도가(勢道家)의 주도하에 성행한
매관매직130) 및 편파적·차별적 관리등용으로 인해 관료들이 극도로 타
락하고 부패하게 됨으로써 중간관리들의 노서민 착취를 가속화시켰다
〔삼정(三政)의 문란〕. 다른 한편으로 기존 양반계층의 몰락과 상민계층의
양반화라는 신분질서의 와해 및 양반수의 급격한 증가131)를 가져와 소
수의 피지배 노서민계층이 다수의 비생산 양반들을 부양해야 하는 모순
적 상황을 초래했다. 여기에 전체 경작지의 급격한 감소132) 또한 일반백
성들의 생활을 더욱 빈곤하게 했다. 결국 이와 같은 상황은 피지배계층
의 삶을 극도로 피폐하게 했으며, 농민뿐 아니라 건전한 상공인 계층의
활동까지 제약하는 국가 총체적 위기를 낳았다.

이처럼 노서민계층의 생활안정 및 국가적 생산력의 발전에는 무관심
한 채 자신들의 이익을 확보하기 위해 전제적 정치권력을 행사한 세도
가의 전횡, 그에 편승하여 피지배계층을 수탈하고 착취하는 데에만 혈
안이 되어 있던 중간관리계층의 가렴주구, 그리고 신분제의 급격한 변

---

130) 당시에 특히 수령직(守令職)의 매매가 유행했는데, 수령직의 값은 대체로 2만 냥에서
  3만 냥 사이로 정해져 있었다고 한다(최완기, 「붕당정치의 전개와 정국의 변화」, 『한국
  사 9』, 서울 : 한길사, 1994, p.139 참조).
131) 예를 들어 대구부(大邱府)의 신분계층별 호구변동상황을 살펴보면 다음과 같다.

	양반호수(%)	상민호수(%)	노비호수(%)	총호수(%)
1690년(숙종 16년)	290 (9.2)	1,694(53.7)	1,172(37.1)	3,156(100.0)
1858년(철종 9년)	2,099(70.2)	842(28.2)	44 (1.5)	2,985(100.0)

  李相佰, 앞의 책, pp.295-296 참조.
132) 1591년(선조 24년) 251만여 결이었던 전체 경작지는 1774년(영조 50년) 출세실결(出
  稅實結) 807,366결로, 그리고 1844년(헌종 10년)에는 786,976결로 감소했다(위의 책,
  p.173 참조).

동에 따른 생산과 소비의 구조적 모순 등에 대한 피지배계층의 국내적 저항 또한 격렬하게 진행되었다. 1811년(순조 11년) 서북인에 대한 중앙 정부의 차별대우를 계기로 발생한 홍경래의 난을 비롯하여 1862년(철종 13년) 삼정(三政)의 문란에 의해 발생한 대규모의 농민봉기인 진주민란 등이 그 대표적 사례이다. 이는 사회적으로 커다란 불안요인이 되었고 정치적으로 봉건질서의 와해를 촉진할 수도 있는 중요한 사건들이었다. 이와 같은 피지배계층의 저항에 대해 세도정권은 시종일관 보수적인 태도로 일관했으며, 그 근본원인에 대한 해결방안을 전혀 제시하지 못하는 무기력한 모습만을 보여주었다. 이처럼 정치·사회·경제 등 국가의 총체적 모순이 더욱 심화되었던 것이 이 시기의 특징이다.

19세기 전반기 조선의 국내적 상황의 또 다른 주요한 특징은 17세기 초 이래 조선에 유입된 서양문물(종교로서의 천주교와 학문으로서의 서학)의 수용여부를 둘러싸고 격렬한 사상적·정책적 갈등이 전개되었다는 것이다. 서양문물이 조선에 전래된 것은 북경을 왕래하는 사대사행원(事大使行員)을 통해 한문으로 번역된 서양의 서적들이 조선에 유포됨으로써 비롯되었다[133]고 한다. 즉 1603년 북경사행원의 일원이었던 이광정(李光庭)이 세계지도를 도입한 것으로부터 1783년 이승훈(李承薰)이 북경에서 천주교신부의 세례를 받고 귀국하기까지 180년간 많은 서학(西學) 및 서양서들이 유입되어 이름 있는 벼슬아치나 선비들 중에 이를 읽지 않는 사람이 없을 정도가 되었다.[134]

이와 같은 서양문물의 조선 침투는 18세기 말 이후 19세기에 걸쳐 국내에 큰 반향을 불러일으켰다. 우선 정치권력을 유지·강화하려는 정권 담당세력과 보수적 양반층은 서교(西敎)의 원리가 내포하는 유일신(唯一神) 아래에서의 만민평등의 논리가 반체제적이라는 인식하에 서교 및 서

---

133) 李元淳, 『朝鮮西學史硏究』, 서울 : 一志社, 1986, 2, 3장 참조.
134) 위의 책, pp.89-90 참조.

학(西學)에 대한 강력한 반대의 입장을 고수했다. 이러한 척사위정적(斥邪衛正的) 수구세력의 반(反)서교 · 반(反)서학적 태도는 천주교 및 그 신도들에 대한 일대 탄압으로 이어졌다. 1785년(정조 9년)의 천주교 포교 금지, 1791년(정조 15년)의 '진산사건(珍山事件)'으로 인한 신해사옥(辛亥邪獄), 1801년(순조 원년)의 신유사옥(辛酉邪獄), 1839년(헌종 5년)의 기해사옥(己亥斯獄), 1866(고종 3년)의 병인사옥(丙寅邪獄) 등은 그 대표적 사건들이었다.

정권담당세력 및 보수적 양반층의 이러한 척사위정적 태도와는 달리, 종교로서의 서교, 즉 천주교를 신봉하지는 않지만 서양 과학지식의 우수성을 일찍이 인식하여 그것을 민족자존성의 근거 및 국가발전의 토대로 삼을 것을 주장했던 비(非)서교 · 친(親)서학적 입장을 견지한 사상가들이 존재했다. 홍대용, 박지원, 정약용 및 이들로부터 영향을 받은 최한기 등은 이른바 이용후생적 후기실학파로 분류될 수 있는 인물들이었다. 그들은 노장(老莊) · 묵학(墨學) 및 서구 과학지식의 영향을 받아 기본적으로 반주자학 또는 더 나아가 반유학적 입장에서 대내적으로 차별 · 위계적 반상질서를 타파하고, 대외적으로는 사대주의적 화이질서관에서 벗어나 민족적 자주성의 자각을 요구하는 자주적 국제질서관을 전개했다. 동시에 수구세력의 서학 배척을 비판하면서 서구문물의 적극적 수용을 통한 부국적(富國的) 정책론을 제시했다. 후기실학자들의 이와 같은 사상적 · 정책적 노력에도 불구하고 당시 서구문물에 대한 조선의 주된 인식은 반서교 · 반서학적인 것이었다. 그리고 이러한 입장은 19세기 중반 이후 동아시아에 대한 서구열강의 침입에 따른 대내적 위기 고조로 더욱 강화되었다.

19세기에 접어들면서 조선을 둘러싼 국제정세는 급격한 변동기를 맞이했다. 전통적인 중국 중심의 동아시아질서의 재편을 요구하는 서구열강의 무력침투와 개방압력은 이미 대내적으로 유학적 통치질서의 와해에 직면한 동아시아 국가들에게 공통적으로 큰 충격을 주었다. 구체적으로 1840년의 아편전쟁과, 1842년의 남경조약 이후 1860년의 북경함락과 북경조약에 이르기까지 서양에 의한 중국의 강제적 문호개방 과정과 이에 따른 중국의 시련은 조선 내부로부터 커다란 위기감을 불러일으켰다. 특히 1832년(순조 32년) 영국 동인도회사의 상선(商船) 로드 암허스트(Lord Amherst)의 공식적인 교역요청[135]을 시작으로, 1846년(헌종 12년)의 프랑스 동양함대 사령관 세실(Cecil)과 1847년(헌종 13년) 라피에르(La Pierre)의 왕래, 그리고 그 밖의 수 차례에 걸친 서구열강과의 접촉 등을 경험한 조선으로서는 동아시아를 둘러싸고 전개되고 있던 서세동점(西勢東漸)을 피부로 느낄 수 있었다.

이와 같은 국제정세의 급격한 변동에 대한 조선정부의 공식적 입장은 철저한 쇄국양이론(鎖國攘夷論)이었다고 할 수 있다. 이미 국내적으로 대내적 차별체제의 유지를 위해 천주교에 대한 탄압정책을 지속적으로 추진해 온 집권세력은 대외정책에서도 서구와의 접촉 및 교역을 금지시키고 전통적인 화이질서관에 기초하여 중국에 대한 의존적 태도를 지속하는 한편, 서구에 대해서는 철저한 배타적 입장을 견지했다. 그리고 이러한 입장은 1866년(고종 3년)의 병인양요와 1871년(고종 8년)의 신미양요를 통해 서구에 대한 일시적 승리에 자만한 집권 보수세력에 의해 더욱 강화되었다.

집권세력의 태도와는 대조적으로 서구와의 자주적 외교관계의 수립 필요성과 서구문물의 도입을 통한 부국적 정책론을 제시한 이들도 있었다. 북학파의 대표적 정치사상가인 박지원의 손자 박규수(朴珪壽)를 주축으로 하는 개국론자들은 명분론적 화이질서관에서 탈피하여 현실주의적 대외관계의 필요성을 인식하고 북학파의 부국강병론을 계승, 자

---

135) 『純祖實錄』, 卷三十二, 32년 6월 25일 참조.

주적 입장에서 서양세력에 대처할 것을 요구했다. 그러나 이들의 논의
는 정권담당세력의 전통적인 중화주의적 질서관 고수라는 보수적 입장
을 변화시키기에는 역부족이었다. 따라서 당시 조선은 여전히 쇄국양이
의 시대착오적 정책을 지속하고 있었던 것이었다.

양반지배계층 내부의 이와 같은 사상적 · 정책적 대립양상과는 별도
로, 서구열강의 중국침투는 이미 대내적으로 봉건적 착취와 수탈로 극
도의 사회 · 경제적 박탈감에 시달리고 있던 노서민계층에게도 영향을
미쳐 동학(東學)이라는 종교적 차원의 탈출구를 찾게 하기도 했다. 현실
의 차별 · 위계적 신분체제로 인한 모순과 서구열강의 침입이라는 국가
적 · 민족적 차원의 위기상황이 민중으로 하여금 반외세적이고 반봉건적
인 종교운동에 몰입하게 했던 것이다. 동학이 창도될 당시부터 표방한
'보국안민(保國安民) · 광제창생(廣濟蒼生)'의 논리는 이러한 동학의 민족
적 · 민중적 입장을 잘 나타내는 것이라 하겠다.

이상에서와 같이 최한기가 활동했던 19세기 전반기는 대내적으로 주
자학적 봉건질서의 모순이 극대화되고 대외적으로는 서양세력의 침투
가 진행되고 있는 가운데 그러한 위기를 극복하려는 다양한 사상적 · 정
책적 입장들이 표출 · 전개되고 있었던 격변의 시기였다고 할 수 있다.
이러한 시대적 상황에 직면하여 고통받고 있는 피지배계층의 이익확보
를 위한 욕구주체로서의 인간간 평등성과 민족주체성 확립을 위한 자존
적 개체로서의 국가간 관계의 동등성을 논리적으로 규명하고, 동시에
서구문물의 적극적 수용 및 철저한 제도개혁을 통한 이용후생의 정책방
안을 제시했던 인물이 최한기였다.

2) 객관적 현실관과 민 중심의 정치론

앞에서 언급한 바와 같이 최한기가 활동했던 19세기는 대내적으로 세
도정치의 폐해와 이에 편승한 중간관리들의 수탈과 착취가 만연하여 피

지배계층의 생활이 극도로 피폐해졌다. 동시에 사회적으로 양반의 수가 격증한 반면 생산계층인 노서민의 수는 격감함으로써 소수의 생산자가 다수의 유의유식하는 양반계층을 부양해야 하는 구조적 모순이 심화되고 있던 시기였다. 이러한 상황에 직면하여 최한기는 먼저 "시첩(侍妾)의 말을 따라 관직을 주고 뇌물을 통해 벼슬을 주며, 모든 일을 사사로운 감정에 따라 임의대로 처리하고 권문귀족들이 청탁을 멋대로 하는 것은 모두 백성의 중요성을 을 완전히 망각한 데에서 생겨난 것이니 어찌 백성을 편하게 하는 치안(治安)의 정치가 있다는 것을 알겠는가"[136]라고 하여 당시의 세도정치가 초래한 매관매직의 행태를 격렬히 비판했다.

매관매직 현상 이외에 조선조 전반에 걸쳐 지속되어 온 붕당정치에 관해서도 최한기는 "후세에 이르러 붕당으로 인해 자기들의 이익에 따라 편을 갈라 군자와 소인을 분류하고 있지만, 군자의 당이라고 해서 어찌 소인이 없으며 소인의 당이라고 해서 어찌 군자가 없겠는가. 인품을 분별하는 것이 붕당정치에 의해 크게 혼탁해져서 사람을 쓰는 것〔用人〕까지 크게 어지러워졌다"[137]고 함으로써 민생안정과 국가발전을 위한 인재등용이 붕당정치에 의해 저지당하고 있는 당시의 현실을 개탄했다.

최한기는 이와 같은 세도정치의 폐해에서 파생한 매관매직과 붕당정치가 단순히 정치권력 내부의 부정부패와 갈등만을 초래하는 데 그치지 않고 결국 그것이 피지배 노서민들의 삶을 억압하고 착취하는 데 이르고 있다는 점을 다음과 같이 정확히 지적했다.

후세의 이른바 농정(農政)이란 것은 단지 백성들이 밭 갈고 씨 뿌리며 부역

---

136) "從侍妾言而除職. 開賄賂門而拜官, 任銓衡之循私. 肆權貴之干囑, 皆由於頓忘生靈. 烏知有治安政敎"(『明南樓叢書』, 人政, 卷二十一, 用人門二, 爲民治安).
137) "後來激於朋黨之論, 以偏黨分君子小人, 君子之黨, 豈無小人, 小人之黨, 豈無君子人, 分別人品, 至于運數之說, 朋黨之論而大渾濁, 用人亦致淆亂"(위의 책, 卷二十二, 用人門三, 運數及朋黨).

을 제공하는 것을 감독하여 살피고 수리시설과 토질이 어떤지 논란하는 것일 뿐, 백성을 교화시켜 검소하고 양보하는 기풍을 일으키고 백성이 자신의 생업을 편안하게 영위하도록 만들어주는 농정은 전혀 없다. 그러니 하물며 아무 도와줄 대책조차 없는 그릇 굽고 고기 잡는 직업에 대해서야 말해 무엇하겠는가. 오직 이익만을 탐내 그들을 침탈하는 일이 있을 뿐이다. 본래는 이용후생을 위한 일이 도리어 풍속을 병들게 하고 백성을 해치는 정치가 되어 버렸다. 이런 까닭에 농사짓고 고기 잡고 그릇 굽는 백성들 가운데에서 인재를 골라 등용하는 것이 없고, 도리어 이 농사짓고 고기 잡고 그릇 굽는 백성들을 착취하고 수탈하는 것만 만연하게 되었다. 이들은 다 생업에 힘쓰고 애써 물건을 만들어 그것을 세상에 쓰이도록 한 백성들이니 국가에 대해서 저버린 일이 무엇이 있단 말인가. 진실로 마땅히 그 공(功)에 대한 보답을 베풀어주어야 할 사람들인 것이다.138)

이렇게 최한기는 19세기의 현실을 객관적으로 직시하면서 지배계층이 아닌 피지배계층의 입장에서 일반민중의 권익확보의 필요성을 강력히 요청했다. 이러한 최한기의 입장은 그가 정치의 본질을 철저히 일반 백성의 생활안정과 이익추구로 파악하고 있음을 보여주는 것으로서 지배계층 중심의 유학적 정치관에서 탈피하고자 했던 최한기의 정치목표를 반영하는 것이었다. 구체적으로 최한기는 공자의 논의139)를 빌려 정치를 '바로잡는 것〔正也〕'으로 규정했다.140) 공자로 대표되는 유학의 정치관에서 바로잡음의 대상은 봉건적 차별질서였다.141) 그러나 최한기는

---

138) "後世所謂農政, 只有耕稼賦役之督察, 水利土宜之論難, 未有化民興讓, 安業制産之
    農, 況其陶漁, 未有扶護之方畧, 惟有牟利之侵奪, 本以利用厚生之事, 反爲病俗害民之
    政, 是以擇人扶訪, 不及於耕稼陶漁之中, 侵凌侮蔑, 徧多於耕稼陶漁之民, 此皆勤業興
    作, 以補世用之民, 有何負於國哉, 固當施其報效"(위의 책, 卷二十一, 用人門二, 賤業中
    觀化民).

139) "季康子問政於孔子, 孔子對曰, 政者正也"(『論語』, 顏淵).

140) "政者正也"(『明南樓叢書』, 人政序).

141) "齊景公問政於孔子, 孔子對曰, 君君臣臣父父子子"(『論語』, 顏淵).

그 바로잡음의 내용을 피지배계층에 대한 지배계층의 억압과 수탈 그리고 착취로 규정했다. 그가 "정(政)이란 백성을 편안하게 하기 위한 것이지 백성을 수고롭게 하기 위한 것이 아니며, 치(治)란 폐해를 없애기 위한 것이지 폐해를 조장하기 위한 것이 아니다"142)라는 말에는 이러한 의도가 잘 나타나 있다. 일반백성들에 대한 수탈과 착취가 만연하고 있던 것이 당시의 객관적 정치현실이라는 점을 정확히 인식하고 있는 최한기에게 '바로잡음'의 대상은 그러한 수탈과 착취였지 결코 붕괴되고 있던 봉건적 차별질서가 될 수 없는 것이었다. "백성은 중요하고 관리는 가벼우며 백성이 먼저이고 관리는 뒤인 것이다"143)라는 최한기의 말 또한 피지배계층에 대한 직접수탈자의 역할을 담당하고 있던 중간관리계층에게 자신들의 임무와 역할이 무엇인지를 정확히 인식하라는 메시지였다고 할 수 있다.

이와 같은 최한기의 정치본질에 관한 반유학적 논의의 저변에는 정치권력에 대해 무욕적인 태도로 일관한 그의 생애와 행적이 기반이 되었던 것으로 보인다. 피지배계층의 고통을 직접 경험하면서 체득하게 된 인식, 즉 백성은 비교할 것이 없는 가장 존귀한 존재로서144) 비록 지극히 어리석기는 하나 그 본연적인 앎[知]은 신(神)과 같은 것이며,145) 따라서 정치와 교화가 잘 이루어지느냐 그렇지 않느냐의 기준은 무엇보다 백성들의 삶이 편안하냐 그렇지 않느냐에 있고,146) 국가의 흥망성쇠 또한 모두 백성에게 달려 있다147)는 인식이 그 바탕을 이루었다고 할 수

---

142) "政所以安民, 非所以擾民也, 治所以除害, 非所以養害也"(『明南樓叢書』 人政, 卷四, 測人門四, 是非).
143) "是以民重而官輕, 民先而官後"(위의 책, 卷二十, 用人門一, 聽民黜陟).
144) "事其共生之義, 人民最貴, 無物可擬"(위의 책, 卷二十三, 用人門四, 爲財擇人爲民用人).
145) "民雖至愚, 其知如神"(위의 책, 欺民及自欺).
146) "政教得失, 在於生民安危, 民安爲政教之得, 民不安爲政教之失"(위의 책, 卷一, 測人門總論一, 測人爲萬事本原).

있다.

이처럼 철저하게 피지배계층의 입장에 서 있었던 최한기에게 비생산계층인 양반의 수가 격증하는 반면 생산계층인 노서민의 수가 줄어들어 소수가 다수를 부양해야 하는 모순적 사회현실은 비판의 대상이 되지 않을 수 없었다. 최한기에게 그러한 사회현실은 피지배계층이 당하고 있는 고통의 주요 원인인 동시에 국가 전체의 생산력 발전을 저해하는 요인으로 인식되었다.

이 점에 대해서 최한기는 먼저 "세속의 폐단은 산업(産業: 생산활동)에 뜻을 두는 것으로서 문학(文學: 학문)에 해가 되는 것이라 여겨 산업을 비천한 것으로 인식하는 데 있다. 만일 불의하게 산업을 경영한다면 마땅히 비판받아야 하지만, 산업경영 그 자체를 죄라고 할 수는 없다. 학문이 뛰어남에도 시대를 못 만나 벼슬하지 못하는 사람이 남에게 구걸하는 것보다야 차라리 자신의 생활을 스스로 책임지는 것이 낫지 않겠는가"[148]라고 하여 생산활동을 천하게 여기는 사회인식과 자신의 생활도 유지하지 못하면서 오로지 고루하게 학문에만 몰두하는 당시 양반층의 무능을 비판했다. 동시에 그는 유학적 차별관에 입각한 나머지 국가발전을 위한 토대로서 상공업 활동의 중요성을 인식하지 못하는 당시의 현실을 다음과 같이 지적하기도 했다.

말세의 습속(習俗)이 공상(工商)을 천한 일로 여겨 구차하게 밥이나 먹는 무리가 그 일을 경영하도록 맡겨버렸다. 그리하여 심지어는 공상업에 종사하는 사람들을 점점 더 천하게 여기게 되었으니 (국가발전을 위한) 용인(用人)의 도(道)가 어찌 오직 공상에게는 행해지지 않는 것인가.[149]

---

147) "國家之命脈在民, 事力在民"(위의 책, 卷十六, 選人門三, 運化選擧).
148) "世俗之弊, 以有意産業, 爲文學之永炭, 而至有賤陋産業之人, 若以不義營産, 當以不義痛責, 不可以營産聲罪矣, 文學有餘, 而不遇祿仕者, 與其乞諸人, 豈若有資身之策乎"(위의 책, 卷八, 敎人門一, 宗族立敎).

또한 그는 민생안정과 국가발전을 위한 실용적 정책대안은 제시하지 못한 채 서구문물의 유입을 저지하는 데에만 열중하고 있던 당시의 정부 및 보수세력의 수구적 태도를 다음과 같이 비판했다.

남을 비난하고 시대에 뒤떨어진 고루한 것을 완고하게 지키려는 사람은 다른 사람들로부터 도움을 받는 것이 적으나 남에게서 취하여 이익을 획득하는 사람은 남을 잘 이용할 줄 안다. 그러므로 서교가 천하에 퍼져나가는 것을 근심할 것이 아니고 실용적인 것을 취하여 쓰지 못하는 것이 바로 걱정할 바인 것이다.150)

최한기의 이와 같은 실용적 입장은 유학적 폐쇄관에서 벗어나 서방의 모든 나라가 정교한 기계와 무역의 이득을 가지고 천하를 두루 돌아다니고 있으며,151) 천하의 모든 나라가 모두 자신들의 교(敎)를 가지고 있고, 비록 그 교술(敎術)에서는 차이를 보이지만 권선징악을 내용으로 한다는 점에서는 동일하다152)는 실증적이고 개방적인 국제현실관을 토대로 한 것이었다. 즉 최한기에게 조선이 우선적으로 취해야 할 효율적인 대응방식은 당시 변화하는 국제정세 속에서 서구에 대한 조선의 낙후성을 있는 그대로 인정하는 동시에 유학적 고정관을 버리고 서구문물의 과감한 도입을 통해 변해야 할 것을 근본적으로 변화시키는 것153)이었다고 할 수 있다. 이와 같은 최한기의 현실관이 그 뒤 그가 적극적으로 전개한 부국적 정책론의 바탕이 되었던 것은 당연한 결과였다.

---

149) "末俗, 以工商爲賤業, 任置于營營, 苟食之輩, 至使工商之人, 漸至賤陋, 用人之道, 何獨不行於工商乎"(위의 책, 卷二十五, 用人門六, 工商通運化).

150) "非諸人而守陋者, 人必寡助, 取諸人而爲利者, 人必爲用, 是以西敎之蔓延天下, 不須憂也, 實用之不盡取用 乃可憂也"(위의 책, 推測錄, 卷六, 推物則事, 東西取捨).

151) "西方諸國, 以器械之精利, 貿遷之贏美, 是得周行天下"(위의 책).

152) "凡天下萬國, 莫不有敎, 而敎術雖多, 總不離於勸善懲惡"(위의 책).

153) "固宜將其變以禦其變, 不宜以不變者禦其變"(위의 책).

이상에서와 같이 최한기는 자신이 활동했던 19세기의 정치 및 사회현실을 객관적·실증적·실용적 입장에서 파악하고, 현실의 모순이 근본적으로 조선사회를 지배해온 유학의 차별관·고정관·절대관·전체관·폐쇄관에서 비롯된 것임을 역설했다. 따라서 이러한 현실진단에 대한 처방은 곧 반유학적인 평등관·변천관·상대관·개체관·개방관의 전개였으며, 이는 다음에서 살펴볼 그의 이론적 논의에 뚜렷이 드러나 있다.

3) 정치목표 달성의 이론적 기초

① 평등적 인성론

최한기의 정치목표는 유학적 차별질서가 초래한 현실의 모순을 극복하여 대내적으로 피지배계층의 사회·경제적 이익을 확보하고 대외적으로 변화하는 국제정세 속에서 한민족의 자주성과 독립성을 유지하면서 실용적인 서구문물의 도입과 적용을 통해 공동체적 발전을 이룩하는 것이었다. 이와 같은 정치목표를 가진 최한기로서는 제왕권적 권위질서의 확립·유지라는 정치적 목적을 달성하기 위해서 보편적 차별원리인 인의예지를 인간본성의 성선원리로 규정하는 유학의 차별적·당위적 인성론은 반드시 극복되어야 할 대상이었다. 이런 점에서 최한기의 인성론은 각기 자존적 원리를 지닌 동등한 삶의 욕구주체로서의 인간을 상정하는 평등적 인성론을 지향하는 것이 되었던 것이다.

최한기는 먼저 "인간이 하늘로부터 받은[稟受] 것은 일단(一團)의 신기(神氣)와 기(氣)를 통하게 하는 제규(諸竅: 눈·코·입·귀 등 인체에 있는 외부와 통하는 아홉 개의 구멍) 및 사지(四肢)이니 갖추어서 사용할 수 있는 것은 이것뿐이고, 이것 이외에 다시 별도로 다른 것에서 얻어온 것이라고는 없다"154)고 하여 인간이 신체를 가지고 태어나면서 이미 하늘로부

---

154) "人之所稟于天者, 乃一團神氣與通氣之諸竅, 四肢則須用之具, 如斯而已, 更無他分

터 보편적 차별원리를 선천적 본성으로 부여받았다는 유학적 논리를 정면으로 부정했다. 이와 함께 그는 그와 같은 제규와 신체사지 그리고 신기는 나와 남 사이에 차이가 없다는 점을 설명함으로써[155] 인간 사이의 본연적 동등성을 피력했다. 최한기에 따르면 이렇게 형체를 지니게 된 인간은 각 감각기관의 운동작용을 주재하는 신기(神氣)에 의해서 눈으로 보고 귀로 들으며, 코로 냄새 맡고 입으로 맛을 보며, 손으로 잡고 발로 다니며, 목이 마르면 마시고 배고프면 먹게 된다.[156] 이처럼 눈과 귀, 손과 발이 각각 작용하고 내장기관이 상호 연결되며 혈맥이 그 사이로 흐르는 것이 바로 성(性)이고, 그러한 성을 가진 인간이 태어나서 자신의 삶을 영위하다가 늙어서 죽는 것이 명(命)이라는 것이다.[157] 이렇게 볼 때 인간은 모두 자신의 신체활동으로 대변되는 삶의 유지를 본성으로 하고 있다는 점과 생성과 쇠로의 자연원리를 따른다는 점에서 평등한 존재라는 논리가 성립하는 것이다.

인간이 이처럼 자신의 삶을 영위하려는 본성을 가진 존재이기 때문에 자신의 삶을 유지하려 하고 풍요롭게 하며 즐겁게 하려는 모든 욕구 또한 그 자체로 선악을 판단할 수 없는 자연스러운 것이다. 그가 "하늘이 정한[天定] 성품이야 어찌 선악을 나눌 수 있겠는가"[158]라고 한 것은 성선설이니 성악설이니 하여 인간을 작위적으로 규정하려는 모든 유학적 논의들을 배척하려는 것이다. 또한 "인간은 누구나 먹고 마시는 일을 하며 누구나 먹고 마실 욕구를 가지고 있다"[159]고 한 것은 삶의 욕구충

得來者矣"(위의 책, 神氣通, 卷一, 體通, 知覺推測皆自得).

155) "我有諸竅支體及神氣之具, 人亦有諸竅支體及神氣之具, 縱有彊弱大小淸濁之殊, 其所有諸竅, 未嘗人多於我, 我多於人也"(위의 책, 通人我之通).

156) "目視耳聽, 鼻嗅口味, 手持足行, 渴飮飢食, 乃形體所具之用"(위의 책, 神氣通序).

157) "目見耳聞, 足行手持, 臟腑連絡, 血脈流注性也, 大氣運化, 生長衰老命也"(위의 책, 人政, 卷十一, 敎人門四, 性命).

158) "豈是天定性稟分此善惡哉"(위의 책, 卷二, 測人門總論二, 測好賢妬賢).

159) "人各有飮食之事, 又各有飮食之欲"(위의 책, 神氣通, 卷二, 口通, 饑飽與人同).

족의 주체로서 인간의 평등성과 자연성을 주장한 것이라고 할 수 있다.

삶을 유지하기 위한 기본적 욕구 이외에 최한기는 물욕추구까지도 인간의 본성적 요소라는 점을 적극적으로 인정했다. 즉 그는 인간이라면 누구든지 재색(財色)과 명리(名利)에 대한 욕구를 가지고 있고,160) 다만 그것이 사회 내에서 정당하게 추구된 것이냐 그렇지 않은 것이냐 하는 것만을 구별할 수 있을 뿐이지 물욕 그 자체를 문제삼아 제거하려는 것은 인간의 본성을 해치는 일이 되는 것161)이라고 했다. 따라서 소위 유학적 전통에서 강조하는 극기의 가르침도 후세에서 말하는 바와 같이 사욕을 제거하라는 뜻이 아니라고162) 주장했다. 최한기가 이처럼 물욕을 인간 공통의 본성으로서 규정한 것은 무엇보다 유학적 차별관에 의해 저지당해온 인간의 물욕을 과감히 개방시켜 농·공·상 등 일반백성의 개별적 이익추구권을 확보하려는 정치목표를 반영한 것으로 보인다.

이와 같이 물욕까지 포함하여 다양한 욕구추구가 인간의 본성이고, 그것이 선악을 분별할 수 없는 자연스러운 것이라면 인간은 무한정한 이기욕 추구의 주체로 상정될 수 있는 것인가? 최한기는 이에 대해 "식욕의 한계는 배를 채우는 것으로 준적(準的: 基準)을 삼고 색욕의 한계는 산육(産育)으로 준적을 삼는 것이기 때문에 준적에 미치지 못하면 변통(變通)하여 만족시키고 준적에 지나치면 억제하여 줄여야 하는 것이다. 따라서 인간의 식·색욕 추구에는 스스로 그쳐야 할 한계가 있는 것이다"163)라고 했다. 최한기가 이처럼 욕구추구의 한계를 지적한 것은 인

---

160) "人皆有財色名利之慾"(위의 책, 人政, 卷八, 敎人門一, 行事敎).
161) "物欲者, 物有不可去者, 而因其物有所欲也, 非義之物欲, 乃可以義不義論定, 而不可
  但以物欲言也, 過當之物欲, 不及之物欲, 乃可以過不及爲戒. 而不可但以物欲言也"(위
  의 책, 推測錄, 卷六, 推物測事, 物欲自有中正).
162) "不以道之貨色科宦, 謂之物欲, 以道之貨色科宦, 豈可務除而廢人事乎, … 克己之訓,
  精神在於非物, 二字, 非後世除私欲之意也"(위의 책, 人政, 卷十一, 敎人門四, 除物欲).
163) "食欲之限節, 以克飽爲準的, 色慾之限節, 以産育爲準的, 不及乎準的者, 變通而進之,
  過乎準的者, 抑制而退之, 食色之限節, 自有所止也"(위의 책, 神氣通, 卷三, 生通, 産育

간이 혼자서 삶을 영위할 수 없다는[164] 인식에 기인한 것이라고도 볼 수 있다. 그러나 보다 근본적으로는 지배계층의 이기욕 추구가 일반백성의 삶을 피폐하게 하던 당시의 현실에서 무한정한 욕구추구의 인정이 곧 사회 내 착취와 수탈을 합리화하는 것이 될 수도 있다는 정치적 판단 때문이었던 것으로 보인다. 이 점은 다음과 같은 그의 말에 잘 나타나 있다.

> 인간이라면 누구나 먹고 마시는 일을 하며 누구에게나 먹고 마실 욕구가 있다. 천만인이 있으면 천만인의 음식이 있으며 억조민(億兆民)이 있으면 억조민의 음식이 있으니 자기 혼자만 음식을 취하고 다른 사람들의 음식을 돌보지 않을 수 없다. … 하물며 다른 사람이 먹을 것을 빼앗아 자기가 먹을 것을 풍요롭게 할 수는 없는 것이다. (이런 일은) 반드시 그 원한과 분함을 갚아야 할 것이다. … (그런데 오늘날과 같이) 탐욕스러운 관리가 일반백성의 먹을 것을 빼앗는 것은 곧 조정이 탐욕스럽고 포악한 사람을 뽑아서 백성의 재산을 빼앗고 자신만을 살찌우며 나라를 좀먹게 하는 데에서 비롯된 것이다.[165]

이처럼 인간이 욕구추구의 존재이며 욕구 그 자체는 선악판단의 대상이 될 수 없는 자연스러운 것이라고 보는 최한기에게 선악의 문제는 인간의 본성적 차원의 문제가 아니라 사회 내에서 인간이 타인 또는 타물(他物)에 접하여 행하는 행위적(行爲的: 行事的), 다시 말해 실천적 차원의 문제였다. 그가 "신기(神氣)가 인물(人物)과 교접하면서 선과 악이 형성

準的).

164) "人不可獨處而營生"(위의 책, 人政, 卷一, 人政測人序).

165) "人各有飮食之事, 又各有飮食之欲, 有千萬人, 則有千萬人之飮食, 有億兆民, 則有億兆民之飮食, 我不可以獨取飮食, 而不顧人之飮食, … 況奪人食, 而豊我食乎, 必欲報其怨而雪其怨, … 貪官之奪民食, 乃朝廷揀擇貪暴之人, 剝割民産, 肥私而蠹國"(위의 책, 神氣通, 卷二, 口通, 饑飽與人同).

되는데, 처음 교접에서 선과 악이 비롯되고[始], 재차 교접에서 선과 악이 생기며[生], 여러 차례의 교접이 누적되어서[累] 선과 악이 형성된다"166)고 한 것은 선악의 형성이 욕구주체로서 개인의 실천행위와 직접적인 관련이 있음을 보여주는 것이라고 하겠다. 그렇다면 사회 내에서의 타인 또는 타물에 대한 개인적 실천행위를 통해 형성되는 선과 악이란 구체적으로 무엇을 의미하는 것인가? 앞에서 언급한 바와 같이 개별적 이익추구권을 적극 인정하는 최한기의 입장에서 선악이란 곧 이해(利害)를 뜻하는 것167)이 될 수밖에 없었다. 그러나 무한정한 이기욕 추구를 시인하여 초래할 위험성 즉 지배계층의 사리사욕 추구에 따른 피지배계층의 고통이라는 현실적 모순을 합리화할 위험성을 충분히 인식하고 있었던 최한기로서는, 타인의 이해와는 관계없이 자신의 이익만 취하는 것을 선으로 규정할 수는 없었다. 이런 점에서 최한기는 개인적 차원의 이익추구 행위의 선불선(善不善)은 그 개인이 교접하는 타인 또는 타물에 미루어 입증하는 과정을 통해서만 결정될 수 있다고 보았다. 이 점에 대해 그는 "내가 좋아하는데 다른 사람들이 좋아하지 않는 것은 선이 아니고, 내가 싫어하는데 다른 사람들이 싫어하지 않는 것은 악이 아니다"168)라고 했다. 즉 개인적 이해가 사회 내 다른 개체의 이해와 부합한다는 것이 입증될 때에만 비로소 선악이 결정될 수 있다는 것이 최한기의 입장이었다.

최한기 인성론의 발전적 측면이라면 개체로서 인간 개개인의 자존적 특성, 즉 독자성을 인정하는 논리가 제시되었다는 점이다. 구체적으로 최한기는 인간이 각기 자신이 좋아하고 싫어하는 것의 내용이 다르다는

---

166) "神氣, 交接人物而善惡形, 初交接而善惡始, 再交接而善惡生, 累交接而善惡形"(위의 책, 人政, 卷十一, 敎人門四, 大小善惡).
167) "善爲利而利爲善, 惡爲害而害爲惡"(위의 책, 神氣通, 卷三, 變通, 善惡利害).
168) "我好之而民不好之者, 非善也, 我惡之而民不惡之者, 非惡也"(위의 책, 推測錄, 卷一, 推測提綱, 善惡有推).

인식을 바탕으로 인간의 선악행위의 발단이 자신의 환경에서 얻은 경험을 통해 좋아하고 싫어하는 것을 습관적으로 행하는 것에서 유래하는 것169)으로 보았다. 이런 점에서 선악은 선천적 본성이 아니라 후천적 습성이라는 것이 그의 입장이다. 선악이 이처럼 후천적 습속(習俗: 경험)에 기인한 것이기 때문에 그것은 결코 변화시킬 수 없는 고정적·절대적인 것이 아니라 얼마든지 때에 따라 선이 악으로 될 수도 있고 악이 선으로 될 수도 있는 변화 가능한 것170)이다. 중요한 점은 최한기가 이와 같은 가변적 선악을 선택할 자율권을 개인에게 부여했다는 것이다. 그는 이에 대해 "선하냐 선하지 않느냐 하는 것은 그 사람이 선택하여 취하는 데 달려 있고, 이루느냐 이루지 못하느냐 하는 것은 그 사람이 힘쓰기에 달려 있다"171)고 했다. 선악의 기준이 이익[利]과 해로움[害]에 있고 그러한 선악의 선택권이 인간 자신에게 있는 이상 인간은 스스로 자신의 이익을 극대화하고 해로움을 제거하는 데 노력해야 한다는 것이 최한기의 설명이다. 그러나 인간들은 상호 교접을 통해 같은 점과 다른 점을 미루어 헤아려서[推測] 통하게 하고, 그것을 바탕으로 각각이 보유한 장점을 수용하여 서로에게 이익되는 바를 추구해야만 진정한 의미의 선을 획득할 수 있다는 것을 알지 못한 채, 오직 자신의 습관에 의해 형성된 호오(好惡)만을 고집하는 편협성으로 인해 쉽게 악을 행하게 된다고 한다. 따라서 이러한 병통(病痛)을 없애기 위해서는 편협적 습관을 제거하고 마음을 공평히 가지며, 많이 듣고 많이 보아 타인에게서 좋은 점을 취하여 자신의 것으로 만들고, 자신과 타인이 서로 통할 수 있도록 조화시키는 것이 필요하다는 것172)이 최한기의 논리이다.

---

169) "平生之善惡, 在於所習"(위의 책, 卷一, 推測提綱, 善惡有推).
170) "人心之隨時隨變, 能使善變爲惡, 惡化爲善"(위의 책, 神氣通, 卷一, 體通, 通人之遷移).
171) "善不善, 任其人之擇取, 成不成, 在其人之用力"(위의 책, 知覺推測皆自得).
172) "欲醫此病, 掃除習染, 廓然大公, 多聞多見, 取諸人以爲善, 通物我而得其常, 則我與

최한기의 이러한 논의 속에 욕구주체로서의 인간의 동등성 이외에도 개별 인간이 모두 각기 자신의 환경과 견문을 통해 이룩한 장점을 가지고 있다[173]는 개체로서 개인의 독자성 부각의 논리가 포함되어 있다는 점에서 중요한 사상사적 의미가 내포된 것으로 평가할 수 있다. 최한기의 이러한 인식이 인간 · 계층 · 사회 · 국가 등 모든 개체의 독자성 및 인간간, 인간과 사물 간, 그리고 국가간 관계의 평등성 논의의 바탕이 되었으며, 또한 유학적 차별관에서 벗어난 개방적 입장에서의 평등한 인재등용 및 교육론의 제시나 서구문물의 과감한 수용의 필요성을 주장하는 정책론의 근간이 되었다는 점에서 의미가 큰 것이라 하겠다. 최한기는 자신의 인성론에서 표출한 이와 같은 개체로서의 인간간 평등성과 독자성 논리를 우주론을 통해 자연계 내에서의 인간과 타개체간의 관계에 적용시키고, 이를 바탕으로 인간, 자연 및 사물에 대한 객관적 · 과학적 이해의 인식방법을 제시했다.

② 동등성과 개체성 부각의 우주론

우주론과 관련하여 최한기는 먼저 인간을 포함한 만물을 생성하여 그 삶을 유지하게 하고 만사가 각기 작용하도록 하는 주체를 일기(一氣)로 규정했다.[174] 최한기에 따르면 이러한 일기는 순수하고 맑은 상태로 천지에 가득 차 있는 물질로서 자체의 운동원리[運化][175]를 가지고 만물의 생성과 사물의 작용을 일으키는 존재이다.[176] 또한 그것은 영원불멸

人相奈, 而人道立焉"(위의 책, 神氣通, 卷三, 變通, 除袪不通).

173) "隨所業而有補有益"(위의 책, 人政, 卷九, 敎人門二, 敎通事務); "人各有能"(위의 책, 卷十四, 選人門一, 以事爲準).

174) "天地生成人物, 只是氣也, 動靜呼吸, 飮食作用, 無非氣也"(위의 책, 卷十, 敎人門三, 不知運化).

175) "地月日星, 循環之理, 冷熱乾濕, 發作之由, 生長衰老, 承順之方, 參合而提要曰運化"(위의 책, 卷九, 敎人門二, 敷運化乎宇內).

176) "克塞天地, 漬洽物體, 而聚而散者, 不聚不散者, 莫非氣也"(위의 책, 神氣通, 卷一, 體通, 天人之氣).

한 것으로 만물의 생과 사는 기(氣)가 모이고 흩어지는 취산작용에 의한 것일 뿐[177] 기 자체가 생성과 소멸의 특성을 갖고 있는 존재는 아니다.

최한기 우주론의 혁신성은 자연계 내 모든 만물과 만사가 이와 같은 근원적 존재로서의 일기(一氣)의 운동원리에 의해서 삶을 영위하고 작용한다는 공통점을 부여받은 동시에 각각의 형질과 자신의 환경에서 익힌 습관에 따라 그 삶의 방식과 작용방식을 달리한다는 점을 강조함으로써, 개체간 동등성과 더불어 개체의 독자성 및 자존성을 부각시켰다는 데 있다. 그는 먼저 "기(氣)는 하나이지만 인간에게 품부되면 자연히 인간의 신기(神氣)가 되고 사물에 품부되면 자연히 사물의 신기가 된다. 인간과 사물의 신기가 같지 않은 까닭은 그 질(質)에 있지 기에 있는 것이 아니다"[178]라고 하여 인간과 사물 사이의 같은 것은 동일한 기를 부여받았다는 점이며 다른 것은 그러한 기가 형질을 달리하는 각 개체에 부여되어 생성된 그 개체만의 신기라는 점을 밝혔다. 그렇다면 기가 같다는 것과 신기가 다르다는 것은 구체적으로 무엇을 의미하는 것인가? 최한기에게 기가 같다는 것은 곧 인간을 포함한 생물에 있어서는 그들이 모두 자신의 삶을 영위하려는 욕구를 갖는다는 것이고 물체에서는 각각의 물체에 내재하는 불변의 작용원리가 있다는 것을 의미하는 것이다. 최한기가 "추위와 더위, 굶주림과 배부름을 알고, 사는 것을 좋아하고 죽는 것을 싫어하며, 이익을 추구하고 해로움을 피하는 것은 인간이나 물(物: 生物)이 모두 같다"[179]고 한 것이나, "모든 일과 모든 물건에는 일정하게 바뀌지 않는 조화의 법칙이 있다"[180]고 한 것은 이 점을 설명

---

177) "生氣之聚, 死氣之散"(위의 책, 推測錄, 卷二, 推氣測理, 氣聚生散死).

178) "氣是一也, 而賦於人, 則自然爲人之神氣, 賦於物, 則自然爲物之神氣, 人物之神氣不同, 在質而不在氣"(위의 책, 神氣通, 卷一, 體通, 氣質各異).

179) "然知寒暖識饑飽, 好生惡死, 趨利避害, 人與物皆同"(위의 책, 推測錄, 卷六, 推物測事, 動植異事).

180) "流行之理, 自有窮宙達宇, 隨時有定之則"(위의 책, 卷五, 推己測人, 推測異用).

한 것이다. 그리고 신기(神氣)가 다르다는 것은 생물의 경우 각각의 형질이나 거처하는 환경 그리고 습관에 따라 달라지는 삶의 영위방식이 다르다는 것이고,[181] 물체의 경우 형상과 재질의 차이에서 나타나는 외형적 현상이 다르다는 것이다. 이처럼 인성론을 통해 삶의 욕구주체로서의 인간간 동등성과 인간 개개인의 개체성을 인정했던 최한기는 이것을 자신의 우주론을 통해 자연계 모든 개체에 적용함으로써 유학적 차별질서관에 의해서 저지당해온 인간과 사물 사이의 본연적 동등성과 개체성 논리를 보다 확대시켰던 것이다.

그런데 최한기는 이처럼 만물의 신기(神氣)가 각각 다르다는 데 그치지 않고 만물이 각기 자신만이 능한 장점들을 보유하고 있다는 점을 강조함으로써 개체의 독자성 논리를 보다 확고하게 견지했다. 즉 그는 "깃과 털을 가진 짐승은 누에의 옷감을 알지 못하고, 벌레들은 궁실을 알지 못하며, 이슬을 마시는 것은 어육(魚肉)을 알지 못하고, 덮쳐서 다른 것을 잡아먹는 것은 경작하는 것을 알지 못한다. 즉 저것이 잘하는 것은 이것이 하지 못하고, 이것이 잘하는 것은 저것이 잘하지 못하는 것이다"[182]라고 하여, 인간을 포함한 모든 개체가 자신만의 고유한 장점을 가지고 있음을 주장했다. 인성론을 통해서 각기 장점을 가진 동등한 욕구주체로서 인간이 서로의 장점을 수용하여 상호이익을 추구할 때 진정한 의미의 선을 행할 수 있다는 논리를 제시한 최한기는 동일한 기를 부여받은 모든 개체가 서로의 장점을 알고 이해할 때 즉 신기가 서로 통할 때 비로소 만물 일체를 이룰 수 있다고 본 것이다.

중요한 점은 최한기의 이와 같은 개체성 부각과 개체간의 조화·협력의 필요성 제시가 국가간·민족간·지역간 관계로 확대될 때 단순히 국

---

181) "需養之道, 隨其形質處習而不同"(위의 책, 卷六, 推物測事, 取物生養).
182) "羽毛禽獸, 不知有蠶織, 巢穴蟲豸, 不知有宮室, 飲雨露者, 不知有魚肉, 能攫鷙者, 不知有耕稼, 彼所能者, 此或不能, 此所能者, 彼或不能"(위의 책, 動植異用).

가적·민족적·지역적 차이만을 강조하는 데 그치지 않고 각각 고유한 장점을 지닌 모든 평등한 국가·민족·지역이 서로의 장점을 수용하여 공동의 발전을 이룩할 수 있는 논리가 된다는 것이다. 앞으로 살펴볼 최한기의 국제질서관과 정책론에서 나타나는 그의 개방적 태도는 이러한 그의 인식에 바탕을 둔 것이라 하겠다. 동시에 이것은 이이에서 비롯되고 홍대용에서 구체화되었던 개체의 독자성 논의183)가 최한기에 이르러 보다 심화되고 발전적인 형태로 전개되었다는 사상사적 의미를 내포하는 것이라고 할 수 있다.

그렇다면 이렇게 자연계 내에서 각각의 고유한 특성을 가진 동등한 모든 개체가 서로의 개체성을 수용하여 공동의 이익을 추구할 수 있다는 것을 알 수 있는 논리적 근거, 다시 말해 서로의 신기(神氣)가 통할 수 있는 근거는 무엇인가? 최한기는 이를 이기론을 통해서 규명했다.

최한기는 개체의 자존적 원리와 변하지 않는 자연의 객관적·보편적 원리를 모두 이(理)로 보았다. 그가 이이, 홍대용, 정약용과 같이 "사물에는 사물의 기(氣)와 이(理)가 있고 나에게는 나의 기와 이가 있다"184)고 한 것이나, "인간의 성(性)은 소나 말의 성이 아니고 소나 말의 성은 초목의 성이 아니다"185)라고 한 것은 형질에 따라 다른 개체만의 고유한 특성, 즉 자존성을 이(理)로 본 것이다. 그리고 "자연이란 천지가 유행(流行)하는 이(理)이다"186)라고 하고 "하늘의 기가 유행하는 이치는 사물이

---

183) 예를 들어 이이는 "인간의 성(性)이 사물의 성이 아니고 개〔犬〕의 성이 소〔牛〕의 성이 아니다. 이것은 모든 개체가 각기 자신의 고유한 본성을 가지고 있기 때문이다〔人性, 非物之性, 犬之性, 非牛之性 此所謂各一其性者也〕"(『栗谷全書』, 卷十, 答成浩原, 壬申)라고 하여 인간 및 사물의 자존적 특성의 차이에 기초한 개체성을 강조했다. 홍대용 또한 "인간은 인간의 이(理)가 있고 사물에는 사물의 이가 있다〔人有人之理, 物有物之理〕"(『湛軒書』, 內集, 卷一, 心性問)고 함으로써 개체의 독자성을 뚜렷이 부각시키는 사상을 전개했다.

184) "物有物之氣理, 我有我之氣理"(『明南樓叢書』, 推測錄, 卷二, 推氣測理, 推測如馹).

185) "人之性, 非牛馬之性, 牛馬之性, 非草木之性"(위의 책, 卷五, 推己測人, 推測異用).

마땅한 바를 이루는 것이라 원래 증감이 없다"[187]고 한 것은 불변의 객관적·보편적 자연원리를 이(理)로 본 것이다. 이러한 점에서 최한기의 이기론은 보편적 차별원리[理]의 선재(先在)를 설정하고 기(氣)를 그러한 차별원리에 종속적인 현실태(現實態)로 규정함으로써, 동등한 욕구주체로서의 각 개체의 자존적 특성을 거부하여 지배계층 통치의 합리화·영속화를 추구하는 유학적 이기론과는 전혀 다른 것이라고 할 수 있다. 즉 그에게 이(理)란 기의 조리(條理)로서,[188] 개체가 형성됨에 따라 그 개체가 가지게 되는 자존의 원리인 동시에 모든 개체를 형성하고 작용하게 하는 보편적인 근원체인 일기(一氣)의 운동원리인 것이다. 따라서 그는 물론 이기(理氣)는 두 가지로 분리될 수 없는 것이지만,[189] 그 선후에 기가 있어야 반드시 이(理)가 있을 수 있고 기가 없다면 이도 있을 수 없는 것이며,[190] 만물의 근원으로서 말하면 기가 하나이니 이도 하나이고 만물의 분수(分殊)를 말하면 기가 만(萬)이면 이도 만인 것[191]이라고 했던 것이다.

그러나 최한기는 이러한 기(氣)가 유행(流行)하는 원리로서의 이(理), 즉 개체에서의 자존적 원리와 객관적인 사물의 원리는 인간이 쉽게 파악할 수 있는 것은 아니라고 했다. 그는 이 점에 대해 "사물의 본성을 이루는 이치(理致: 所以然)는 진실로 규명하여 말하기 어렵다"[192]고 했다. 이처럼 자연의 원리가 인간의 힘으로는 모두 헤아릴 수 없는 심오하고 광대한 것이기는 하지만 인간은 기에 의해서 품수(稟受)받은 지각할

---

186) "自然者, 天地流行之理也"(위의 책, 卷二, 推氣測理, 自然當然).
187) "蓋天氣流行之理, 在物各有攸當, 原無增減"(위의 책, 推測錄序).
188) "理卽氣之條理也"(위의 책, 人政, 卷八, 敎人門一, 理卽氣).
189) "其實理在氣中, 元非二事"(위의 책, 卷十二, 敎人門五, 理氣學).
190) "則有氣必有理, 無氣必無理"(위의 책, 推測錄, 卷二, 推氣測理, 流行理推測理).
191) "論萬物之一原, 則氣一而理亦一, 觀萬物之分殊, 則氣萬而理亦萬"(위의 책, 氣一理一).
192) "至於物性之所以然, 固難得而究說"(위의 책, 卷六, 推物測事, 推物性測大地).

수 있는 형체기관을 가지고 있고, 이러한 지각을 통해 보고 듣고 기억하고 생각할 수 있으며, 자신이 처한 환경에서 터득한 경험을 통해 사물의 원리를 추측할 수 있는 능력을 가진 존재라는 것이 최한기의 설명이다. 그는 이렇게 인간이 자신의 추측을 통해서 얻은 이치를 기의 운동원리인 유행의 이(理), 즉 자연의 원리와 구분되는 추측의 이(理)라고 하고,193) 이와 같은 추측의 이(理)만이 나와 사물, 나와 남을 연결해줄 수 있는, 즉 신기(神氣)가 통할 수 있게 하는 매개체라고 했다.194) 이러한 추측의 이를 통해 인간은 비로소 사물과 인간, 나아가서는 개체와 개체 사이에 다르면서도 같은 점이 있다는 것과 물체의 형상이 다름에도 이를 작용하게 하는 보편적 원리가 존재함을 깨달아 동등한 개체로서 서로의 다른 점을 수용해 이익을 취할 수 있고, 사물의 원리를 응용하여 이익을 획득할 수 있다는 것이다.

그럼에도 불구하고 최한기는 단순히 인간이 모두 추측의 이(理)를 가질 수 있다는 것만으로 곧 자연의 원리를 올바로 파악할 수 있다고는 보지 않았다. 그는 인간의 지각과 경험은 형체의 온전함이나 처한 환경 및 습관에 따라 제각기 다른 것이므로 이러한 추측의 이(理) 또한 인간마다 다를 수 있다고 했다. 따라서 모든 인간이 추측하여 얻은 이치를 이(理)라고 하지 않을 수는 없지만195) 그 자체가 모두 유행의 이(理)라고는 할 수 없다196)고 했다. 그러므로 인간이 진정으로 자연의 원리를 이해하여 이익의 근원으로 삼기 위해서는 자신의 추측을 타인의 추측과 통하게 함으로써 자신의 추측의 이(理)를 유행의 이(理)와 통하게 하는

---

193) "氣質之理, 流行之理也, 推測之理, 自得之理也"(위의 책, 卷二, 推氣測理, 天人有分).
194) "惟此推測之理, 物我之媒妁, 彼此之驅"(위의 책, 推測如驅).
195) "能窮格此理者, 卽人心之推測, 而有善不善誠不誠, 然是亦不可不謂之理也"(위의 책, 推測錄序).
196) "若謂推測之理, 卽是流行之理, 則不可"(위의 책, 天人有分).

끊임없는 노력이 필요하다고 그는 주장했다. 그리고 그러한 노력의 방법으로서 자기 자신의 주관에 치우치지 않고 대상의 사물을 객관적으로 파악하는 것197)과 자신의 추측의 이(理)를 지속적으로 사물에 비추어 실증하고 변통(變通)하는 과정이 중요하다는 점을 제시했다. 이러한 방법을 실천할 때에만 인간은 비로소 실리(實理)에 접근할 수 있고, 그러한 실리의 획득을 통해 모든 인간이 함께 발전할 수 있다고 최한기는 보았던 것이다.

이와 같이 최한기는 철저하게 경험적이고 실증적이며 개체적이고 변천적인 입장에서 자신의 우주론과 인식론을 전개했다. 이러한 최한기의 우주론과 인식론은 노장적(老莊的) 자연관을 수용하여 자신의 논리적 근거로 삼았던 근세 후기 한국 실학사상의 흐름이 그 바탕을 이룬 것이라 할 수 있다. 이와 더불어 인간 및 사물에 대한 과학적 이해를 가능하게 한 서구의 과학지식이 무엇보다 큰 역할을 한 것으로 보인다.

4) 국내 및 국제질서관

국내질서관의 측면에서 최한기는 유학적 차별질서관을 부정하고, 삶을 영위하려는 동등한 욕구주체로서 모든 인간은 신분에 관계없이 각기 자신만의 고유한 장점을 가지고 있다198)는 점에서 동등하다는 반유학적 평등질서관을 전개했다. 이에 대해 먼저 그는 "인간에게는 원래 사·농·공·상이라는 신분적 구별은 없는 것이다"199)라고 하여 신분적 차별을 하늘이 부여한 불변의 원리로 규정하는 유학적 신분관을 거부했다. 그에 따르면 사·농·공·상이란 다만 인간이 사회 내에서 자신

---

197) "然則因形質之通, 而達之于推測之通, 主我者輕, 主物者深"(위의 책, 神氣通, 卷一, 體通, 形質推測異通).
198) "人各有長"(위의 책, 人政, 卷四, 測人門四, 行事, 將來事測人測).
199) "人生原無士農工商之定限"(위의 책, 卷二十五, 用人門六, 工商通運化).

의 장점을 가지고 삶을 영위하는 데 필요하고 사회의 공동체적 발전을 위해 필수적인 직업적 · 기능적 구분에 불과한 것이지 결코 사 · 농 · 공 · 상에 종사하는 인간 사이에 본질적인 면에서 귀천의 구분이 있음을 의미하는 것은 아니다. 이 점에 대해 최한기는 "인간이 하늘로부터 부여받은 재능과 지혜는 본래 귀천 · 빈부를 구별할 수 없는 것이다"[200]라 했다. 또한 각자의 재능에 따라 인간이 선택한 일을 구분하여 나누면 사 · 농 · 공 · 상이라는 직업적 구분이 있을 수 있지만, 사 · 농 · 공 · 상 모두가 기의 작용원리[運化]에 의한 것이라는 점에서는 동등하므로, 그러한 직업에 종사하는 인간 역시 모두 평등하다[201]고 했다. 그리고 그는 "사 · 농 · 공 · 상이 서로 도와서 활동하는 것이 마치 한 몸의 눈과 귀와 코와 입과 손과 발이 서로 불가분의 관계를 가지고 기능하는 것과 같다"[202]고 하여, 다만 공동체적 발전을 위해서는 사 · 농 · 공 · 상의 균형적인 직분적 분업이 반드시 필요하다는 점을 강조했다.

그렇다면 이 점을 바탕으로 최한기가 현실의 봉건적 군신질서까지도 부정했다고 볼 수 있는가? 그가 정치체제로서의 군신체제를 부인하지는 않았다 하더라도, 제왕권(帝王權)을 절대화 · 신성화하여 그 권위에 대한 무조건적 복종을 강요하는 유학적 군신질서의 차별적 논의로부터는 완전 탈피하는 입장에 서 있었던 것만은 분명한 것으로 보인다. 이것은 그가 한 사람(군주)이 다스리는 것과 만민(萬民: 百姓)이 스스로 다스리는 것을 비교하는 데에서, 각종 재난에 대비하고 국가적 사무를 올바로 처리하기 위해서는 한 사람이 다수 민중들을 이끄는 것이 효율적이라는 점을 지적하고, 그럼에도 불구하고 그것은 한 사람의 주관적 견해로 만

---

200) "天生才智, 本無限於貴賤貧富"(위의 책, 卷十五, 選人門二, 薦擧格式).
201) "指事條別, 士農工商, 雖若異業, 其實須用, 無非運化神功"(위의 책, 卷十一, 敎人門四, 尋常中有至敎).
202) "士農工之事務, 有藉商而流通, 如一身耳目口鼻手足, 相須而濟事業"(위의 책, 商賈).

인의 각각 다른 견해를 다스리는 것을 의미하는 것이 아니라고 함으로써,203) 철저히 다수 국민과 국가적 이익을 위한 효율적 정치수단으로서의 군주체제를 용인했다는 데 잘 나타나 있다. 이러한 최한기의 입장은 또한 그가 "집안에서의 효자가 반드시 국가의 충신이 되는 것도 아니고 국가의 충신이 반드시 집안의 효자가 되는 것도 아니다. … 진정한 의미의 충효란 국가와 백성에 충성하고 효도하는 것이다"204)라고 하여 전통적인 유학의 충효관에서 벗어나 충효의 객체를 국가와 민족, 그리고 다수 국민으로 설정하는 근대적 입장을 피력한 데에서도 알 수 있다.

결국 이러한 최한기의 평등한 욕구주체간의 기능적 · 직업적 분업론 주장과 전통적 충효관의 근본적인 혁신요구를 바탕으로 한 국내질서관은 유학적 차별질서관의 완전해체를 지향해 온 한국 개혁사상의 흐름을 반영하는 것이라 할 수 있다. 동시에 이것이 향후 전개된 19세기 말 개화사상 국내질서관의 이론적 토대가 되었다는 점에서 중요한 가치를 지닌 것이라고 평가할 수 있을 것이다.

국제질서관의 측면에서도 최한기는 개체로서의 국가 · 민족 · 지역 등이 서로 다른 형질, 환경 및 습관에 의해 형성된 그 개체만의 독자적 생존방식을 가지고 있다는 점에서 상대적으로 동등하며, 동시에 각기 자신들의 국가 · 민족 · 지역들에 이익이 되는 것을 추구하고 해로운 것을 피하려는 공통적 욕구를 가지고 있다는 점에서 본질적으로 동등하다는 평등적 대외질서관의 입장을 견지했다. 구체적으로 먼저 그는 "각국의 정교(政敎)와 운화(運化)는 그 국가의 토질(土質)의 마땅함과 숭상하는 풍

---

203) "使萬民治萬民, 則各自爲治, 難成一統之治, 樵荒豫備, 大役聚散, 將何以節制, 當用識量鉱遠, 可得治安者, 循運化而節制萬民, 是乃承順一統運化, 敎道萬民, 一統治化, 非以一人之主見, 制治萬民不齊之見也"(위의 책, 卷二十五, 用人門六, 萬人治一人治).

204) "且家之孝子, 未必盡爲國之忠臣, 國之忠臣, 未必盡爲家之孝子 … 明於人道大體, 治安範圍達於統民運化, 即於國於民, 盡忠效忠之人"(위의 책, 卷二十四, 用人門五, 忠孝分別).

속에 바탕을 둔 것이므로 그곳에 거주하는 사람 또한 평가받는 기준이 다를 수밖에 없다. 털이 붉은 나라〔紅毛國〕에서야 어찌 붉은 털이 천한 것이 될 것이며 얼굴이 검은 나라〔黑面國〕에서야 어찌 검은 얼굴이 추한 것이 되겠는가"[205]라고 하여 모든 국가와 민족, 그리고 지역 등이 각기 고유한 자존성을 가진 개체라는 점을 역설했다. 그는 또한 "재색(財色)을 욕구하는 것은 어느 곳이나 모두 같고 의식(衣食)을 충족시키기 위해 생업에 몰두하는 것도 모두가 동일하다"[206]고 하여 욕구주체로서의 국가간·민족간·지역간 평등성을 강조했다. 최한기의 이러한 입장은 전통적인 중국 중심의 차별적 화이질서관에서 벗어나 한민족이 타국 또는 타민족과는 다른 한민족만의 고유한 독자성을 지니고 있다는 점과, 타개체와 동일하게 자국 또는 자민족의 삶과 이익을 추구할 권리를 가지고 있다는 점을 분명하게 밝히려는 근대적인 사고의 소산이라고 할 수 있다.

그러나 최한기는 단순히 모든 국가·민족·지역 등이 다른 개체와 구별되는 독자성과 보편적인 이익추구권을 보유하고 있다는 것을 인정하는 것에서 머무르지 않았다. 그는 지구상의 모든 국가·민족·지역이 각기 서로에게 부족하거나 없는 장점들을 보유하고 있다는 점을 들어 개체간 상호협력의 필요성을 제시함으로써 이전 개혁사상가들의 논의로부터 진일보한 입장을 취했다.[207] 그는 "서방 사람이 지은 서적은 동·남·

---

205) "各國政教運化, 因土宜俗尙, 測人微有不同, 紅毛之國, 紅毛何嘗爲賤格, 黑面之國, 黑面未必爲醜貌"(위의 책, 卷一, 測人門一, 天下測人同異).

206) "財色食欲, 到處皆然, 衣食汨沒, 生業所同"(위의 책, 卷六, 測人門六, 人道, 統察人道.

207) 구체적으로 홍대용은 "중국은 서양에 대해서 경도의 차이가 180도에 이르는데, 중국 사람은 중국을 세상의 중심〔正界〕으로 삼고 서양을 변방〔倒界〕으로 여기며, 서양 사람은 서양을 세상의 중심으로 삼고 중국을 변방으로 여긴다. 그러나 사실 세상 어디에 사는 사람이냐를 막론하고 지역에 따라 다 자기 나라를 중심으로 여기는 것은 마찬가지이니 세계를 가로로 보거나 세로로 보거나 변방이란 없고 모든 나라가 세상의 중심이다

북방 사람에게 도움이 되는 것이 있고, 동방 사람이 지은 서적은 서·
남·북방 사람에게 도움이 되는 것이 있으며, 남·북방 사람이 지은 서
적은 또한 동·서방 사람에게 도움이 되는 것이 있다"[208]고 하여 각국
또는 각 지역이 상호보익할 수 있는 장점들을 가지고 있음을 밝혔다. 최
한기는 더 나아가 서양의 역법이 그 이치(理致: 所以然)를 정확히 밝히고
있는 반면, 중국의 역법은 당연한 운기(運氣)만을 나타낼 뿐이라고 하면
서,[209] 이러한 중국 역법의 결함을 서양의 역법을 통해 보충해야 할 필
요성을 구체적으로 제시하기도 했다.[210] 이와 같은 최한기의 주장은 그
가 이미 중국문명의 우월성에서 벗어나 서구과학지식의 장점을 정확히

〔中國之於西洋, 經度之差, 至于一百八十, 中國之人, 以中國爲正界, 以西洋爲倒界, 西
洋之人, 以西洋爲正界, 以中國爲倒界, 其實戴天履地, 隨界皆然, 無橫無倒, 均是正
界]"(『湛軒書』, 內集, 補遺, 醫山問答)라고 하여 노장적인 상대관과 과학지식을 활용하
여 국가간 평등성을 주장했다. 이와 같은 홍대용의 입장은 그 뒤 박지원이 역사서로서
『삼국사기(三國史記)』의 중국 중심적 기술을 비판하고 요동(療東)과 심양(瀋陽)을 본래
한민족의 영토라고 적극적으로 주장한 것(『燕巖集』, 卷十四, 別集, 熱河日記 중 渡江錄
과 盛京雜識 참조)에서 볼 수 있는 바와 같이, 민족주체성 확립의 논리로 확대·전개되
었다. 이들보다 조금 뒤에 활동한 정약용 또한 "나는 소위 중국(中國)이라는 것이 어떻
게 중(中)이 되는지 모르겠고 동국(東國)이라는 것이 어떻게 동(東)이 되는지 모르겠다.
무릇 이미 동서남북의 중심이 되면 중국이 아닌 곳이 없으니 이른바 동국이라는 것이
어디에 있겠는가. 무릇 이미 중국 아닌 곳이 없으니 이른바 중국이라는 것이 어디에 있
겠는가〔其所謂中國者, 吾不知其爲中, 而所謂東國者, 吾不知其爲東也, 夫旣得東西南
北之中, 則無所往而非中國, 烏覩所謂東國哉, 夫旣無所往而非中國, 烏覩所謂中國哉]"
(『與猶堂全書』, 詩文集, 卷十三, 序, 送韓校理致應使燕序)라고 함으로써, 중국 중심의
세계관에서 탈피하는 근대적인 국제질서관을 주장했다. 그럼에도 불구하고 이들 사상
가들의 논의는 개체간 동등성에 바탕을 둔 민족주체성 확립에만 초점을 맞추었을 뿐
국가간·민족간·지역간 상호이해의 바탕 위에 서로의 장점을 수용하여 공동의 이익을
추구할 수 있다는 논리로까지 발전한 것은 아니었다. 이 점에서 최한기의 사상은 이들
보다 발전된 형태라고 평가할 수 있는 것이다.
208) "西方人所著書, 有補於東南北人, 東方人所著書, 有益於西南北人, 南北人所著書, 亦
爲東西人所共求"(『明南樓隨錄』).
209) "中曆只著當然之運, 西法推明所以然之源儀"(『明南樓叢書』, 推測錄, 卷六, 推物測
事, 中西曆異同).
210) "得西法而補其未備矣"(위의 책).

파악하고 있음을 보여주는 것이라 할 수 있다. 그리고 그 바탕에는 유학의 폐쇄적 국제관을 지양하고 개방적 세계관을 지향하는 최한기의 인식이 깊이 자리잡고 있다고 하겠다. 이러한 인식의 바탕 위에 최한기는 자기 나라 또는 자기 지역의 습성과 문화(종교 및 제도 등)를 최고의 가치로 인식하는 고루한 자기중심적 태도를 버리고, 객관적인 입장에서 가능한 한 많은 견문(見聞)을 통해 타국 또는 타지역을 이해하며, 그러한 객관적 이해를 근거로 다른 개체의 장점을 수용하여 자신의 발전을 이루는 것이 중요하다는 점을 역설했던 것이다. 그가 "각국에 대한 견문을 통찰하면 흑인·백인과 키가 큰 사람과 작은 사람이 섞여 있고, 코가 크고 눈이 움푹 들어간 사람, 붉은 털을 가진 사람, 푸른 눈동자를 가진 사람 등을 볼 수 있으니 그런 후에야 천하의 사람들의 용모가 크게 다르지 않다는 점을 알 수 있다"211)고 한 것이나, 각국 또는 지역마다 자신들이 섬기는 신(神)이 있음을 인정하여 자신의 종교만을 고집하고 타종교를 배척하는 일을 삼갈 것을 요구함으로써212) 당시 조선조의 철저한 천주교 탄압정책과는 달리 서교(西敎)에 대해 비교적 관용적 태도를 보인 것 등은 이러한 그의 입장을 잘 보여준다고 하겠다. 다음에서 살펴볼 최한기의 정책론에서 보이는 서구문물의 과감한 수용 주장은 바로 이와 같은 그의 개방적 세계관을 토대로 한 것이라고 볼 수 있을 것이다.

5) 정치 및 사회개혁적 정책론

지금까지 살펴본 이론적 논의를 바탕으로 제시된 최한기 정책론의 내용을 몇 가지로 나누어 살펴보면 다음과 같다.

---

211) "統察於各國見聞, 黑白異種, 長短相雜, 高鼻深目, 紅毛碧瞳, 盡八眼相, 乃知天下無懸殊之容貌矣"(위의 책, 人政, 卷六, 測人門六, 人道, 統察人道).
212) "所事之神, 隨地不同, 天地人神之事, 是出於報運化之大氣, 但當以無傷害爲大報, 何必以都屑賤陋冒行儀節"(위의 책, 卷二十三, 用人門四, 萬國治安在用人).

첫째로, 최한기는 무엇보다 통치계층의 피지배 노서민계층에 대한 수탈과 착취를 근절하기 위한 방편으로서 신분·혈연·문벌 및 가문을 중심으로 한 차별적이고 폐쇄적인 관리임용방식을 배격할 수 있는 철저한 능력본위의 평등적이고 개방적인 인재등용책의 필요성을 제시했다. 이에 대해 그는 먼저 인재를 문장이 박학(博學)한 것만을 가지고 뽑으면 문장에만 힘써 실천이 없고 요행만을 바라며, 인재를 문벌이나 색목(色目: 黨派 또는 親族)만을 가지고 뽑으면 거기에서 제외된 훌륭한 인재를 등용할 수 없게 되고, 인재를 뇌물이나 청탁에 의해 뽑으면 쓰기에 부적합한 사람만 많아지고 정작 쓸 만한 사람은 등용될 수 없다고 하면서,213) 귀천이나 빈부, 그리고 지역적 원근(遠近)이나 친불친(親不親)에 관계없이 훌륭한 인재를 발탁하는 것이 중요하다는 점을 역설했다.214) 이처럼 인재선발에서 모든 차별적 요소를 제거해야 한다는 것과 함께 최한기는 "단지 한 가지 선(善)이나 한 가지 장점, 한 가지 기술(技術), 한 가지 능력만 있다면 그 사람의 신분이나 직업상의 비천함을 고려할 필요 없이 적합하게 써야 한다"215)고 함으로써 개체성에 기초한 능력본위의 인재등용과 적재적소에의 배치를 요구했다. 그가 이미 인성론에서 모든 인간이 각기 고유한 장점을 가지고 있다는 점을 논증한 것과, "심지어 장님이라도 듣는 데에는 쓸 수 있고 귀머거리라도 보는 데에는 쓸 수 있으며, 벙어리라도 말이 필요 없는 데에는 쓸 수 있고 어리석은 자라도 한 가지 전문분야에는 쓸 수 있다"216)고 한 점으로 미루어 최한기

---

213) 위의 책, 卷六, 測人門六, 地位, 士 참조.

214) "無限定於千萬理之遠近, 採訪其人, 亦無限於貴賤, 彼此拔擢其尤"(위의 책, 卷十八, 選人門五, 以國爲家而選人).

215) "苟有一善一長, 一技一能, 不願賤陋闇茸, 惟適是用"(위의 책, 卷一, 測人門一, 總論, 朝廷姓名相格).

216) "盲可用於聽, 聾可用於視, 瘖可用於默, 昏可用於專"(위의 책, 卷二十五, 用人門六, 可不可中可不可).

의 인재등용론은 철저히 평등성과 개방성에 기초한 정책대안이라고 평가할 수 있을 것이다.

이와 같은 최한기의 인재등용에 관한 평등적이고 개방적인 태도는 곧 군주추대론(君主推戴論)[217]과 함께 관리를 일반백성의 이익을 위해서 백성 중에 선발된 자들일 뿐이라고 보는 그의 민(民) 중심적 입장에 바탕을 둔 것이라고 할 수 있다. 그가 "백성의 수가 억조(億兆)라면 관리의 수는 수십, 수백 명에 불과한 것이니 백성을 이롭게 하고 편안하게 하기 위한 방법으로 관리를 두어 직책을 분담시킨 것이지 결코 그 관장(官長)을 부귀로 즐기게 하고 봉록으로 받들기 위해서가 아닌 것이다"[218]라고 한 것과, "진실로 백성에게 안정과 이로움을 줄 수 있다면 비록 원수라도 반드시 천거해야 하며, 만약 백성을 해치고 위태롭게 한다면 비록 은인이라도 천거해서는 안 된다"[219]고 한 것은 이 점을 잘 나타낸다고 하겠다. 이는 또한 "옛날에 하나님과 귀신이 나라와 도읍을 건설하고 우두머리를 세웠던 것은 그에게 높은 작위를 주고 많은 녹을 주어 부귀하게 놀며 편히 지내라는 것이 아니었다. 그것은 백성들을 이롭게 해주고 재해를 없애주며, 가난하고 외로운 사람들을 부귀하게 해주고 위태로운 것을 편안하게 해주며 어지러운 것을 다스리라는 것이었다"[220]고 하여 통치계층의 역할을 철저히 일반민중의 이익보호에 한정했던 묵자의 논의와 그 맥을 같이하는 혁신적인 것이라고 볼 수 있다.

이처럼 관리의 역할이 철저히 다수 피지배계층의 삶을 평안하게 하는

---

217) "人民皆思制治人方, 自其中, 共推天禀識量可安人民者, 尊爲君長"(위의 책, 卷十八, 選人門五, 別界選人).

218) "民是億兆, 官乃十百, 以利民安民之道, 設官分職, 非爲官長富貴之樂, 共奉祿養"(위의 책).

219) "苟得生靈, 安且利焉, 雖怨必擧, 若於生靈, 害且危焉, 雖恩不擧"(위의 책, 卷十四, 選人門一, 爲濟民事).

220) "古者上帝鬼神之建設國都, 立正長也, 非高爵, 厚其祿, 富貴佚而錯之也, 將以爲萬民興利除害, 富貴貧寡, 安危治亂也"(『墨子』, 尙同中篇).

데 있다고 보는 최한기는 관리선발 방법에서도 관 주도의 일률적인 과거제보다는 공의(公議), 즉 민의(民意)를 보다 많이 반영할 수 있는 추천제(推薦制 : 薦擧制)를 적극 활용할 것을 다음과 같이 요구했다.

사람을 선발하는 데에서 실제로 과거냐 선거냐 하는 형식적인 문제가 중요한 것이 아니라 오직 공의(公議)에 따라 발탁했느냐 하는 것이 중요한 것이다. 그러나 이 공의에 따르는 것으로 비교한다면 선거가 과거보다는 낫고, 지금까지 쌓인 폐단으로 본다면 선거의 폐단보다 과거의 폐단이 훨씬 많다. 이것은 대개 한 번에 선발하는 인원수가 적으면 사람을 정밀하게 살피는 것이 쉬운 반면 인원수가 많으면 그 헤아리는 것이 어렵기 때문이다.[221]

이와 함께 구체적 정책방안으로서 최한기는 시험에 의한 인재선발[科擧]의 횟수가 지나치게 많으면 할일 없는 관리만 양산하게 된다는 점을 지적하면서 3년에 1차례만 과거를 실시할 것을 주장했다.[222] 그리고 관직에 얽매이지 않는 정치자문기구로서의 국외선(國外選) 설치를 요구하기도 했다.[223] 또한 모든 관리들이 의식(衣食)에 대한 걱정 없이 오로지 자신이 맡은 임무를 청렴하게 수행할 수 있도록 봉록을 충분히 제공할 것[224]과, 업무수행의 공과에 따른 상벌기준의 조례화(條例化)[225] 등 구체적 사안을 제시하기도 했다.

둘째로, 최한기는 변화하는 국제환경에 적응하면서 서양문물의 적극적 수용을 통해 부국강병을 이룩할 정책적 필요성을 강력히 요청했다.

---

221) "選人之道, 實無限於科擧選擧, 而唯在從公議, 拔擢以公議參驗言之, 選擧勝於科擧, 以弊廈層疊言之, 科擧多而選擧少, 盖一番所選, 少則精而易察, 多則紛而難察"(『明南樓叢書』, 人政, 卷十五, 選人門二, 科擧選擧參用).
222) 위의 책, 科擧 참조.
223) 위의 책, 卷十八, 選人門五, 局外選賢俊 참조.
224) 위의 책, 卷二十二, 用人門三, 祿俸財用 참조.
225) 위의 책, 卷二十, 用人門一, 黜陟條例 참조.

그는 "지금부터는 서양의 모든 나라들과 통하지 않는 데가 없을 것이니 상업하는 선박은 교역할 것을 살펴 대비해야 하고, 병선(兵船)은 전쟁의 위험을 예방하는 준비가 있어야 할 것이다"[226]라고 하여 국제현실의 변화를 정확히 인식하는 태도를 보여주었다. 이러한 현실관을 바탕으로 최한기는 서구의 과학지식과 제도 등 장점들을 과감히 받아들여 국가발전의 토대로 삼을 것을 다음과 같이 요구했다.

바다에 선박이 두루 다니고 서적이 서로 번역되어 견문을 통한 서로의 이해가 확대되었다. 이러한 상황하에서 타국의 것 중에서 진실로 우리의 것보다 훌륭한 법제나 우수한 기용(器用)이나 좋은 토산물품 등이 있다면 국가의 발전을 위해서 당연히 수용하여 써야 한다. … 특히 그 중에서 측량학과 계산학, 윤기(輪機)와 풍차(風車), 선박 및 대포제조기술과 같은 것은 매우 실용적인 것들이다.[227]

이와 같은 제도·기술적 측면과 더불어 최한기는 "유학 중에서는 사회질서 유지에 필요한 윤리적인 것만을 취하고 귀신과 재앙에 관한 논의들은 버리며, 서양의 법 중에서는 역산(曆算)과 기설(氣說)을 취하고 괴이하고 속이는 것과 화복(禍福)에 관한 것은 제거하며, 불교 중에서는 허무적인 것을 실질적인 것으로 바꾸어 삼교(三敎)를 화합하여 하나가 되게 하고, 이를 바탕으로 옛것을 돌아보아 새롭게 개혁한다면 온 천하를 통해 행할 수 있는 교(敎)가 될 것이다"[228]라고 함으로써, 동아시아의 전

---

226) "從今以後, 西洋諸大洲, 無不通焉, 商舶有交易之覘, 兵船有陰雨之備"(위의 책, 神氣通, 卷一, 體通, 四海文字變通).

227) "海舶周遊, 書籍互譯, 耳目傳達, 法制之善, 器用之利, 土産之良, 苟有勝我者, 爲邦之道, 固宜取用, … 學之測量計算, 器之輪機風車, 船制礮式, 乃實用之尤者也"(위의 책, 推測錄, 卷六, 推物則事, 東西取捨).

228) "儒道中取倫綱仁義, 辨鬼神災祥, 西法中取曆算氣說, 祛怪誕禍福, 佛教中以其虛無, 換作實有, 和三歸一, 沿舊革新, 亶爲天下可行之教"(위의 책, 神氣通, 卷一, 體通, 天下教法就天人而質正).

통적인 유학과 불교, 그리고 서교(西敎)의 종교적 교리를 부정하면서 오직 객관성과 과학성 그리고 실증성과 실용성에 바탕을 둔 의식의 통합을 요구하기도 했다. 최한기가 비록 위의 예문에서 유학적 윤리관을 유지할 것을 주장했다 하더라도, 앞에서 살펴본 인성론, 우주론, 인식론, 그리고 대내외 질서관에서 보이듯이 그것은 차별질서를 근간으로 한 것이 아니라 다만 사회질서의 유지 차원에서 필요한 기본적인 인간관계의 덕목만을 의미하는 것이었다고 할 수 있다. 이렇게 볼 때 최한기의 사상이 이미 이전 개혁사상가들의 동도서기(東道西器)나 중체서용적(中體西用的) 입장에서 벗어나 보다 근본적인 정치·사회적 변혁을 지향하고 있었음을 알 수 있다.

이상에서 18세기 후반 이후 19세기 중엽까지의 이용후생적 실학사상가들의 개혁사상을 살펴보았다. 이러한 근세 후반기 한국 개혁사상의 두드러진 공통적 특징은 무엇보다 주자학적 통치질서관이 초래한 모순을 직시하고 이를 극복하여 부국안민(富國安民)을 이루려는 정치목표하에서, 대내적으로 욕구주체로서 사회 내 개인간의 본연적 동등성과 계층간의 기능적 동등성을 강조하고 대외적으로 국가간 독자성과 상대적 평등성을 논리적으로 입증하려는 것이었다. 그리고 그러한 사상전개에서 사상가들이 각기 보유한 독창성과 함께 동아시아 전통의 반유학적 정치사상인 묵가사상의 생산·평등관과 노장사상의 변천관, 개체관 및 상대관, 그리고 사물에 대한 객관적 이해 및 응용을 가능하게 한 서구과학지식의 수용이 중요한 사상적 토대를 형성했다고 볼 수 있다.

그러나 동시에 서구문물의 유입 이후 전개된 소위 근세 후기 한국의 개혁사상은 첫째, 혁신적 정치론에도 불구하고 봉건적 도덕질서 및 정치체제 자체의 변동을 요구하는 데에까지 이르지 못했고, 둘째, 사상가들 자신이 귀족 출신이었다는 점에서 피지배계층의 계몽 및 그들의 사회개혁을 위한 적극적 역할에 대한 인식 없이 주로 위로부터의 정책론적 개혁에 치중했으며, 셋째, 그에 따라 사회 내 광범위한 지지를 획득하지 못한 채 여전히 주자학적 차별질서관에 몰두하고 있던 보수세력의 저항을 극복할 수 있는 토대를 마련하지 못했다는 공통적인 한계를 가지고 있는 것이기도 했다.

제2절 근세 후반기 중국 개혁사상의 특성

17세기 중엽 한족 정권인 명의 뒤를 이어 중국대륙의 지배민족으로 등장한 만주족 정권인 청은 소수의 이민족이 다수의 한족을 지배해야 하는 체제적 불안감을 극복하기 위해 정권수립 초기부터 강력한 무력통치수단을 사용하면서 한족 지식인들의 저항을 저지하기 위한 사상적 통제 및 회유정책을 함께 실시하는 소위 '관맹상제(寬猛相濟)' 정책을 전개했다. 구체적으로 청조는 각 성(省)에 만주족으로 구성된 팔기군(八旗軍)을 파견하여 요충지를 수비하게 하는 주방제(駐防制)와 만주식 두발과 의복을 사용하게 하는 치발령(薙髮令)의 실시, 3대 세조(世祖: 順治, 1644-1662), 4대 성조(聖祖: 康熙, 1662-1722), 5대 세종(世宗: 雍正, 1723- 1735) 3대에 걸쳐 청조에 비판적인 한족 지식인들을 투옥 또는 살해했던 '문자옥(文字獄)', 그리고 결사(結社) 금지와 명대 사신들의 신권(神權)의 억제 등을 통해 무력적 강권지배를 전개했다. 동시에 회유책으로서 명의 유민(遺民)으로서 청에 귀의한 자를 관리로 등용하고, 과거제를 통해 한족 지식인들을 포섭했으며, 명 말의 가혹한 잡세를 폐지하기도 했다. 이와 함께 사상통제정책의 일환으로 한족 지식인들을 각종 편찬사업에 참여하게 함으로써 청조에 대한 저항의식을 회석시키려고 했다. 1690년의 대청회전(大淸會典), 1716년의 강희자전(康熙字典), 1735년의 명사찬수(明史纂修), 1764-1766년간의 대청율령(大淸律令) 및 대청일통지(大淸一

統志) 중수(重修), 그리고 1773-1782년간의 『사고전서(四庫全書)』 편찬 등은 그 대표적 예라고 할 수 있다.

이와 같은 청조의 관맹상제(寬猛相濟) 정책에 대한 한족의 저항 또한 청 초부터 격렬했다. 1657-1683년 동안의 정성공(鄭成功) 일가의 3대에 걸친 군사적 저항, 장군 오삼계(吳三桂)의 운남(雲南)에서의 반란(1673-1681) 등은 무력적 반청운동의 구체적 표현이었다.

한편 사상적인 측면에서의 저항운동도 활발히 진행되었다. 고염무(顧炎武, 1613-1682), 황종희(1610-1695), 왕부지(1619-1692) 등으로 대표되는 청 초의 한족 사상가들은 공통적으로 청조지배의 정당성을 부여할 수 있는 정주학의 이론(理論)을 부정하는 기론(氣論) 중심의 사상을 전개했다. 그들은 각기 욕구주체로서의 인간성을 규정함으로써 인간간 본연적 평등성을 전개할 수 있는 이론적 틀을 제공하기도 하고, 실사구시적 접근방법 및 학문의 실천성을 강조하기도 했다. 또한 정치권력의 정당성 문제를 적극적으로 제기하기도 하고 각종 제도개혁을 통한 사회개혁을 요청하는 등 청대 실학사조의 중요한 토대를 형성한 것으로 평가되고 있기는 하다.[229] 하지만 그들의 궁극적 사상목표는 어디까지나 이민족 지배의 정당성을 이론적으로 타파하면서 한족 지식인의 입장에서 한족이 당한 민족적 수난을 경세치용적(經世致用的) 방법으로 극복하는 데 있었다고 할 수 있다. 그리고 이러한 그들의 사상적 목표설정에는 중국적 특색의 민족모순을 바탕으로 한 전통적인 한족 중심의 화이질서관이 뿌리깊게 작용했고 볼 수 있다. 청 초 사상가들의 기론(氣論) 전개가 사회계층간의 기능적 동등성 및 국가간·민족간 개체성을 바탕으로 한 평등성의 주장으로 이어지지 못하는 동시에 이미 명 말에 흡수된 서양의 과학·기술사상이 청대에 이르러 이용후생적 부국안민책으로 활용되지

---

229) 辛冠潔,「明淸實學散論」, 原了圓·末中哲夫 共編,『日中實學史硏究』, 京都: 思文閣 出版, 1991, pp.243-244 참조.

못했다는 점230)은 이러한 근세 중국 개혁사상의 보편적 특성을 잘 나타내는 것이라고 할 수 있다.

이렇게 중국대륙에서의 민족간의 대립이 가져온 모순은 중국 근세 정치 및 사상의 중요한 특색을 형성하는 요인으로 작용했다. 다음에서 살펴볼 청대의 대표적 기(氣)사상가로 일컬어지는 대진(戴震, 1723-1777) 및 청 말 변법운동(變法運動)의 주도세력이었던 강유위(康有爲)와 양계초(梁啓超) 사상에 직접적으로 영향을 준 것으로 평가되는 공양학파(公洋學派) 공자진(龔自珍, 1772-1841)과 위원(魏源, 1794-1856)의 사상은 이와 같은 민족모순을 배경으로 형성·전개된 근세 중국 개혁사상의 특성을 뚜렷하게 보여주었다.

1. 대진의 개혁사상

대진231)이 활동했던 18세기 초·중엽은 청 초의 격렬한 민족대립이

---

230) 여기에는 물론 한국에서와 같이 청조의 서교 및 서학에 대한 강력한 탄압정책이 주요 원인이기도 했다. 즉 2대 강희제(康熙帝)의 적극적 지원에 힘입어 청 초에 활발히 전개되었던 천주교 포교 및 서학의 수용은 중국 전통의 조상숭배와 공자에 대한 제례를 천주교도들이 우상숭배로 규정한 전례문제를 계기로 3대 옹정제(雍正帝)에 이르러 탄압을 받게 되었다(裵永東, 『明末淸初思想』, 서울: 民音社, 1992, pp.366-369 및 조훈 편역, 『중국근현대사』, 서울: 역사교양사, 1999, pp.51-53 참조). 이후 약 2세기 동안 중국에서의 천주교 포교가 금지되었으며, 그 결과로서 서구 문물의 수용을 근간으로 하는 이용후생적 개혁사상의 발전 또한 정체되었다.

231) 대진(戴震, 1723-1777)의 자는 동원(東原)이며 청조 성립 이후 한족 지식인층의 반만(反滿)운동의 본거지이며 경제활동의 중심지였던 양자강 하류 안휘성 휴령(休寧) 출신이다. 소상인(小商人)의 가정에서 태어났으나 20세 이후 학문에 몰두하여 청대 대표적인 학자로 이름을 떨쳤다. 만년까지 벼슬을 하지 못하다가 51세(乾隆 38년) 때 청조가 한족 지식인 회유·통제정책의 일환으로 전개한 『사고전서(四庫全書)』 편찬사업에 참여하여 사고전서 찬수관(纂修官)이 되었고 53세(乾隆 40년)에 한림원 서길사(庶吉士)가 되었다. 정주이학(程朱理學)에 반대하는 기철학을 전개했으며, 중국 기철학의 집대성자로 평가(山井 湧, 『明淸思想史の硏究』, 東京: 東京大學出版會, 1980, p.362)되고 있다

청조의 지배권 확립으로 어느 정도 안정되었으나 여전히 청조의 한족 지식인층에 대한 사상적 통제정책이 전개되고 있던 시기였다. 앞서 언급한 대로 각종 편찬사업에 한족 지식인들을 동원함으로써 그들로 하여금 반만(反滿)의식을 고양시키는 사상전개를 하지 못하도록 차단하는 것이 청조의 주요한 목표였다. 특히 1773-1782년간의 『사고전서(四庫全書)』79,582권의 편찬은 이와 같은 사상통제정책의 핵심사업이었다. 이러한 청조의 노력은 한족 지식인들을 구체적인 정치·사회·경제적 현실문제보다는 사서육경(四書六經)의 본의(本意)를 규명하는 실증주의적 학문연구 방법에 몰두하도록 했고, 청조의 지배이념인 주자학적 통치이론에 대응하여 고증학(考證學)이 청대 한족의 대표적 사상조류로 자리잡게 하는 계기를 조성했다.

한편 18세기 중반에 이르러 청조는 정권수립 초기의 불안정성을 극복하여 정치·사회적 안정을 이룩할 수 있었다. 무력적 반만(反滿)운동을 진압하여 강력한 제왕권적 권위질서를 확립시키는 정치적 노력이 진행되었고, 상업적 농업과 산업도시의 발달이 두드러져 경제적 생산력의 향상을 통한 사회안정이 이루어졌다. 동시에 이러한 안정을 바탕으로 청조는 강희(康熙)-옹정(雍正)-건륭기(建隆期)에 걸쳐 영토확장 및 주변 국가들과의 조공관계 수립을 통해 자국의 세력을 급격히 확대시키기도 했다. 이러한 점은 단순한 영토확장 및 세력확대라는 차원을 넘어서 한족 중심의 화이질서관이 중국대륙 중심의 화이질서관으로 확대·전환되었음을 의미하는 것이었다. 즉 청대에 이르러 한족과 만주족이라는 적대적 민족모순에도 불구하고, 국가간 관계에서 중화주의적 질서관의 유지라는 점에서는 만주족 정부나 한족 지식인들 모두가 공통된 인식을 보유하게 되었음을 의미하는 것이었다.

(『戴震文集』, 臺北: 河洛圖書出版社, 1975, 附錄, 戴先生行狀 참조).

이상에서와 같은 시대적 배경하에서 청 초의 반청(反淸)을 표방한 한족 사상가들의 사상을 계승하여 청조지배의 정당성의 이론적 근거인 정주이학(程株理學)을 비판하는 기론(氣論)을 전개함으로써 청대 실학사조의 근간을 형성했던 것이 대진의 정치사상이었다.

1) 현실관과 정치목표

대진이 활동했던 18세기 중엽은 청조의 입장에서는 초기의 한족의 사상적·무력적 저항을 비교적 효율적으로 극복하여 대내적으로 안정을 이룩했던 시기였다. 그러나 청조는 이에 만족하지 않고 한편으로 한족 지식인들의 반만의식을 통제하기 위한 사상적 통제정책을 지속적으로 전개했다. 동시에 『주자전서(朱子全書)』, 『강희자전(康熙字典)』, 『성리대전(性理大典)』, 『성리정의(性理精義)』 등의 간행을 통해 청조 지배의 정당성과 그 배타적 권위를 합리화할 수 있는 사상·정책적 노력에 박차를 가하고 있었던 시기였다. 이와 같은 상황을 대진은 '이(理)를 가지고 사람을 죽이는〔以理殺人〕' 시대로 표현했다. 즉 그는 "소위 현재의 유학자들이 말하는 이(理)란 잔인하고 가혹한 관리들이 행하는 법(法)과 같다. 가혹한 관리들은 법으로써 사람을 죽이고 후세의 유학자들은 이(理)로써 사람을 죽이며 점차로 나아가 법마저 무시하고 이(理)만을 가지고 죽음을 논하니 구제할 방법이 없다"232)고 함으로써, 주자학적 통치질서를 구축하기 위해 청조지배의 당위성을 거부하면서 청조지배에 비판을 가하려는 한족 지식인들에 대해 가혹한 탄압이 자행되고 있던 당시의 시대상황을 강력히 비난했다. 대진에게 무엇보다 불합리한 현실의 모순은 제왕권적(帝王權的) 권위질서에 대한 무조건적인 복종을 강요하는 주자

---

232) "而其所謂理者, 同於酷吏之所謂法, 酷吏以法殺人, 後儒以理殺人, 浸浸乎舍法而論理死矣, 更無可救矣"(『戴震文集』, 卷九, 與某書).

학적 통치이론으로 말미암아 소수 만주족의 지배하에서 살아가는 다수 한족의 욕구분출이 철저히 억제되고 있다는 것이었다. 그가 "존귀한 자는 이(理)를 가지고 비천한 자를 책망하며 나이 많은 사람은 이(理)를 가지고 어린 사람을 꾸짖는다"[233]고 하여 사회통제의 수단으로 작용하고 있는 정주이학을 비판하는 한편, 정치의 본질이 다수 국민의 욕구충족에 있음을 지적한[234] 것과 군주의 임무가 다수 백성에게 진심을 다하는데 있다[235]고 한 것은 이를 잘 나타내는 것이라 하겠다.

그렇다고 해서 대진이 현실의 군신질서로 대변되는 차별적 신분질서를 부정한 것은 아니었다. 구체적으로 그는 "공자가 『논어』에서 말한 '상지와 하우는 불이(不移)'라는 것에서 '불이'란 '옮겨질 수 없다〔不可移〕'는 뜻이 아니다"[236]라고 함으로써 인간의 선천적 차별성을 부정하기도 했다.[237] 그러나 "하늘의 명을 부여받은 초기에 이미 존비(尊卑)가 정해졌다"[238]고 하여 인간 사이의 차별적 위계질서를 당위화하고, 철저한 유학적 입장에 따라 인의예지의 실천덕목을 제시함으로써[239] 귀천·

---

233) "尊者以理責卑, 長者以理責幼, 貴者以理責賤"(위의 책, 附錄, 孟子字義疏證, 卷上, 理).

234) "聖人治天下, 體民之情, 遂民之欲, 而王道備"(위의 책); "聖人之道, 使天下無不達之情, 求遂其欲而天下治, 古人之學在行事, 在通民之欲, 體民之情"(위의 책, 卷九, 與某書).

235) "其所謂欲, 乃帝王之所盡心於民, 其所謂理"(위의 책, 附錄, 孟子字義疏證, 卷下, 權).

236) "然曰上智, 曰下愚, 亦從乎不移, 是以命之也, 不移者, 非不可移也"(위의 책, 附錄, 原善, 卷下).

237) "又以禮義雖人皆可以知, 可以能, 聖人雖人之可積而致, 然必由於學, 弗學而能, 乃屬之性, 學而後能, 弗學雖可以而不能, 不得屬之性"(위의 책, 附錄, 孟子字義疏證, 卷中, 善).

238) "限於受命之初, 而尊卑遂定"(위의 책, 附錄, 答彭進士書).

239) "仁, 是以親親, 義, 是以尊賢, 禮, 是以有殺有等, 仁至, 則親親之道得, 義至, 則尊賢之道得, 禮至, 則於有殺有等, 各止其分而靡不得"(위의 책, 附錄, 原善, 卷上); "父子之倫, 恩之盡也, 昆弟之倫, 洽之盡也, 君臣之倫, 恩比於父子, 然而敬之盡也, 朋友之倫, 洽比於昆弟, 然而誼之盡也, 夫婦之倫, 恩若父子, 洽若昆弟, 敬若君臣, 誼若朋友, 然而

상하·존비의 차별을 적극 인정하는 태도를 취했다. 이와 함께 대진이 한편으로 "권력자〔在位者〕가 덕이 없어 기만을 일삼아 백성들을 해롭게 하면 백성 역시 서로 속이는 짓을 그치지 않는다. 권력자가 폭행과 잔학을 행사하고 경쟁적으로 자신의 힘만을 사용하려 한다면 백성 역시 교활하고 간사하게 된다. 권력자가 탐욕에 빠지면 백성은 근심과 괴로움으로 동요하여 안정될 수 없다. 이것은 백성의 본성이 그러해서가 아니라 단지 위정자가 탐욕스럽고 포학하여 백성들을 해쳤기 때문이다"[240] 라고 하여 한족에 대한 만주족 정권의 철저한 탄압정책이 초래한 모순을 비판하면서도, 다른 한편으로 군신간의 관계를 부자간 관계와 동일한 것으로 보아 공경을 다할 것을 요구한 것[241]은 당시 한족 지식인층이 가지고 있던 이중의 정치적 입장[242]을 잘 보여주는 것이었다.

이렇게 볼 때 결국 대진의 정치목표는 주자학적 통치이론의 강화를 통해 소수 이민족 지배를 확립·유지하려는 청조의 의도를 이론적으로 타파하는 한편, 신분적 차별질서를 유지하는 범위 내에서 만주족 정권하에서 저해받는 다수 한족의 이익추구권을 회복하는 데 있었다고 할 수 있다. 따라서 이러한 정치목표하에서 전개된 그의 인성론이 욕구주체로서 동등한 인간성을 규정하면서도 동시에 차별질서에의 순응을 인

辨之盡也"(위의 책, 卷下).

240) "在位者多凉德而善欺背, 以爲民害, 則民亦相欺而罔極矣, 在位者行暴虐而競强用力, 則民巧爲避而包遁, 在位者肆欺貪, 不異寇取, 則民愁苦而動搖不安定矣, 凡此, 非民性然也, 職由於貪暴以賊其民所致"(위의 책).

241) "君臣之倫, 恩比於父子, 然而敬之盡也"(위의 책).

242) 이중(二重)의 정치적 입장이란 한편으로 만주족의 무력통치 및 사상통제에 반발하면서도 다른 한편으로 과거(科擧)를 통해 청조의 관료가 되기를 원하는 이중적 태도를 의미한다. 대진 역시 사상적으로는 만주족 지배의 정당성과 그 정책에 반대하는 입장을 취하면서도 스스로 과거에 여러 번 응시했고, 말년에는 『사고전서(四庫全書)』 편찬에 중요한 역할을 담당했다. 대진으로 대표되는 18세기 중엽의 한족 사상가들은 바로 이러한 모순적 입장 속에서 자신의 사상을 전개했고, 따라서 사상 그 자체 역시 상호 모순적인 부분과 혁신성과 보수성이 혼합되어 있는 것이 특징이라고 할 수 있다.

간의 필연적인 본성으로 규정하는 것이 되는 것은 자명한 일이었다.

2) 정치목표 달성의 이론적 기초 : 인성론과 우주론

인성론과 관련하여 대진은 먼저 모든 인간은 태어나면서부터 욕(欲)과 정(情), 그리고 지(知)를 갖추고 있다[243]고 보았다. 그에 따르면 욕이란 인간이 하늘로부터 부여받아 음식으로 부양되는 혈기(血氣)에서 근원하며, 모든 인간이 자신의 감각기관을 가지고 경험하는 소리[聲]·색(色)·냄새[臭]·맛[味] 등 자연적인 것을 의미한다.[244] 또한 인간은 혈기에서 근원하는 이와 같은 욕과 함께 혈기가 갖추어진 이후에 생기는 심지(心知)에 의해서 삶[生]을 영위하고 죽음[死]을 두려워하며 이익[利]을 추구하고 해로움[害]을 회피하는 정(情)을 갖게 되는데,[245] 이러한 욕정(欲情)은 모든 인간 그리고 혈기를 가진 모든 사물이 보편적으로 지니고 있는 공통적 본성이라는 것[246]이 대진의 설명이다. 이러한 점만을 본다면 대진의 인성론은 삶의 유지와 이익추구의 욕구주체로서 인간간 그리고 인간과 사물 간의 본연적 동등성을 인정하는 것이라 할 수 있다.

그럼에도 불구하고, 비록 대진의 정치목표가 소수 만주족에 의해 침탈된 다수 한족의 삶의 유지와 이익추구권을 회복하는 것이었다 하더라도 한족 지식인의 일원으로서 전통적인 계층질서의 필요성을 적극적으로 인식하는 그로서는 인간을 무한정한 사욕 추구의 존재로 상정함으로써

---

243) "人生而後有欲有情有知三者, 血氣心知之自然也"(『戴震文集』, 附錄, 孟子字義疏證, 卷下, 才).

244) "人之血氣心知, 原於天地化者也, 有血氣, 則所資以養其血氣者, 聲色臭味也"(위의 책, 卷中, 性).

245) "有血氣, 夫然後有心知, 有心知, 於是有懷生畏死之情, 因而趨利避害"(위의 책, 附錄, 原善, 卷中).

246) "生養之道, 存乎欲者也, 感通之道, 存乎情者也, 二者自然之符, 天下之事舉矣"(위의 책, 卷上); "凡血氣之屬, 皆知懷生畏死, 因而趨利避害, 雖明暗不同, 不出乎懷生畏死者同也"(위의 책, 附錄, 孟子字義疏證, 卷中, 性).

위계질서 파괴의 위험성을 정당화할 수는 없는 것이었다. 이런 점에서 대진은 욕정이라는 인간본성의 자연적 요소와 함께 인간사회의 보편적 질서에의 순응을 인간본성의 필연적 요소로 규정했다. 즉 그는 인간을 포함한 만물이 하늘의 명에 따라 각기 자신만이 지니게 되는 고유한 형질적(形質的: 體質的) 특성을 재(才)라고 하면서[247] 인간에게 타물(他物)과 구별되는 재란 욕구의 한계를 자각하여[248] 시비(是非)와 미추(美醜)를 판단함으로써[249] 필연적으로 인간사회의 보편적 가치와 질서에 따르는 것이라고 했다. 대진은 이러한 필연적 요소를 인의예지라고 했다.[250] 그에게 인의예지란 근본적으로 사회 내 위계질서에의 순응을 의미하는 것으로서[251] 인간본성의 성선성을 보여주는 중요한 단서가 되는 것이었다.

이처럼 대진이 정욕이라는 자연적 요소와 인의예지라는 필연적 요소를 모두 인간의 본성에 포함시킨 것[252]은 한편으로 욕구의 적극적 인정이 당시 만주족 정권의 한족 피지배계층에 대한 탄압과 차별을 정당화시킬 수 있다는 인식에 기인한 것이라고도 볼 수 있다. 다음의 대진의 말은 이러한 그의 입장을 보여주는 것이다.

인간이 자신의 재(才)를 다하지 못하는 원인이 두 가지가 있는데, 그 하나는 사(私)이고 다른 하나는 폐(蔽)이다. 사(私)라는 것은 심(心)에서 생겨 그것에 빠지게 되는 것으로서 정치로 말하면 차별적 당파성이고 행위로 말하면 사특

---

247) "才者, 人與百物各如其性以爲形質, 而知能遂區以別焉"(위의 책, 卷下, 才).
248) "卽能知其限而不踰之爲善"(위의 책, 卷中, 性).
249) "惟人之知, 小之能盡美醜之極致, 大之能盡是非之極致"(위의 책, 卷下, 才).
250) "卽血氣心知能底於無失之爲善, 所謂仁義禮智"(위의 책, 卷中, 性).
251) "生生而條理者, 禮與義乎, 何爲禮, 條理之秩然有序, 其著也, 何爲義, 條理之截然不可亂, … 至貴者仁, 仁得則父子親, 禮得則親疎上下之分盡, 義得則百事正, 藏於智則天地萬物生爲量"(위의 책, 附錄, 原善, 卷上).
252) "由血氣之自然, 而審察之以知其必然, 是之謂理義, 自然之與必然, 非二事也"(위의 책, 附錄, 孟子字義疏證, 卷上, 理).

하고 간사한 것이며, 일[事]로 말하면 도리에서 벗어나는 것[悖]이고 기만적인 것이다. 사(私)라는 것은 결국 자기만을 위하는 것이다. 폐(蔽)라는 것은 심에서 생겨 어떤 것에 미혹되는 것으로서 정치로 말하면 차별적 편협성이고 행위로 말하면 기만적인 것이며, 일로 말하면 어리석은 것이다. 폐(蔽)란 결국 자기 스스로 속이는 것이다.253)

이와 같은 정치현실에 대한 적극적인 언급과 함께 대진이 "자신의 욕구뿐만 아니라 다른 사람의 욕구를 따라주는 것이 인(仁)이며, 자신의 욕구만을 추구하여 다른 사람의 삶을 돌아보지 않는 것은 불인(不仁)이다"254)라고 함으로써 피지배 한족의 입장에서 이익의 조화를 강조한 것도 같은 측면으로 이해할 수 있을 것이다.

그러나 여기서 대진이 의미하는 이익의 조화란 기본적으로 현실의 차별질서를 인정하는 범위 내에서만 가능한 것이었다는 점을 직시할 필요가 있다. 대진은 자신의 인성론을 통해 욕구주체로서의 동등한 인간성을 내포하는 혁신적 논의를 전개하면서도 현실의 군주권의 근거에 대한 어떠한 회의나 비판을 하지 않았다. 오히려 "만약 인간이 자신의 성(性)의 자연적인 것만을 추구한다면 쟁탈(爭奪)이 일어날 것이다. 따라서 예의로써 그 자연적인 본성을 제어하여 쟁탈을 없애야 한다"255)고 하여 자연적인 욕구충족의 본성을 필연적인 인의예지의 차별원리로 억제할 필요성을 강력히 제시하기도 했다. 또 인의예지의 획득이 오직 지속적인 학문을 통해서만 가능하다는 점을 역설하는256) 등 한족 지식인으로

---

253) "人之不盡其才, 患二, 曰私曰蔽, 私也者, 生於其心位溺, 發於政爲黨, 成於行爲慝, 見於事爲悖, 爲欺, 其究爲私己, 蔽也者, 其生於心也爲惑, 發於政爲偏, 成於行爲謬, 見於事爲鑿, 爲愚, 其究爲蔽之以己"(위의 책, 附錄, 原善, 卷下).
254) "欲遂其生, 亦遂人之生, 仁也, 欲遂其生, 至於戕人之生不顧者, 不仁也"(위의 책, 附錄, 孟子字義疏證, 卷上, 理).
255) "若順其性之自然, 則生爭奪, 以禮義爲制其性, 去爭奪也"(위의 책, 卷中, 性).
256) "又以禮義雖人皆可以知, 可以能, 聖人雖人之可積而致, 然必由於學"(위의 책).

서의 귀족 중심적 사고를 명확히 견지했다.257)

이렇게 볼 때 결국 대진의 인성론은 한족 피지배층의 입장에서 인간의 기본적 욕구추구를 자연적 본성으로 인정했다는 점에서 사상사적 가치를 가진 것으로 평가할 수 있을 것이다. 그러나 대진의 인성론이 궁극적으로 추구하는 것은 동등한 개체로서 인간욕구의 해방보다는 만주족 지배하에서 탄압받고 있는 다수 한족의 이익추구권 보유의 당위성을 역설하는 데 있었다. 그리고 무엇보다 전통적인 유학적 차별원리인 인의예지를 필연적 본성으로 규정했다는 점에서 귀족 중심의 봉건적 한계를 탈피하지 못한 것이라고 볼 수 있다.

대진 사상의 중요성은 우주론 속에서 보다 뚜렷이 나타난다. 인성론의 보수적 측면과는 달리, 그는 자신의 우주론을 통해 청조 지배의 당위성을 이론적으로 뒷받침해주는 주자학의 이일원론(理一元論)을 완전히 부정했다. 뿐만 아니라 반주자학 나아가 반유학의 단서가 될 수 있는 개체의 독자성을 강조하는 기능론적 이기론을 전개했다.

먼저 대진은 사물에 앞서 보편적 차별원리인 이(理: 太極)가 선재(先在)하여 인간을 포함한 모든 사물을 주재한다는 주자학의 존재론적 이론(理論)을 비판하고, 우주는 오직 음과 양, 생성과 소멸의 끊임없는 교체운동을 원리로 하고 있다고 주장함으로써, 근본적으로 자연의 운동원리를 우주의 본질로 파악하는 노장적 입장을 취했다. 그가 "후세의 유학자들이 음양을 태극이 생성한 양의(兩儀)라고 하여 음양의 근원을 태극에서 구한 것은 공자의 말이 아니다"258)라고 하여 공자를 인용, 주자학의 존재론적 태극론(太極論: 理論)을 비판하고, 동시에 "천도(天道)는 오직 음

---

257) 이것은 대진이 51세에 청조가 한족 지식인 회유·통제정책의 일환으로 전개한 『사고전서(四庫全書)』 편찬사업에 참여하여 사고전서 찬수관(纂修官)이 되었으며, 53세(乾隆 40년)에 한림원 서길사(庶吉士)가 되었던 그의 행적에서도 잘 나타나 있다.

258) "後世儒者, 以兩儀爲陰陽, 而求太極於陰陽之所由生, 豈孔子之言乎"(『戴震文集』, 附錄, 孟子字義疏證, 卷中, 天道).

양오행일 뿐이다"259)라고 함으로써 +와 −, 생성과 소멸의 교체운동만이 우주(자연)의 원리라는 점을 분명히 한 것은 이러한 대진의 입장을 잘 나타내는 것이라 하겠다.

대진은 이와 같은 음양·생멸의 변천운동을 기화(氣化)라고 하고,260) 이 기화에 의해서 인간 및 만물이 생성되고 활동한다는 점을 다음과 같이 표현했다. "무릇 산다는 것〔生〕은 천지의 기화가 통해 있다는 것이다. 음양오행의 끊임없는 운동이 곧 천지의 기화이다. 인간과 만물의 생(生)은 바로 이것에 근본을 두고 있다."261) 주자학은 본질적으로 현실의 제왕권(帝王權)을 불변화·영구화하려는 정치적 목적의 소산물이다. 대내적 차별질서를 강화하여 제왕권을 확립하기 위해서는 그 권력의 근거를 불변의 우주원리로 당위화하지 않을 수 없는 것이었다. 이를 위해서 차별의 형이상학적 존재원리인 이(理: 太極)를 인간 및 만물을 지배하는 보편적 존재로 규정하는 우주론을 전개했던 것이었다. 따라서 대진이 이러한 주자학적 우주론을 전면적으로 거부하고 변천·변화를 본질로 하는 자연의 운동원리〔氣化〕를 우주원리로 파악한 것은 무엇보다 청조 지배의 정당성을 부인하려는 정치적 사고의 결과로 보인다. 즉 만주족 지배에 저항할 수 있는 위험성을 가진 한족 지식인들을 사상통제와 회유로 저지하려는 청조의 의도에 대항해서, 변천·변화의 원리를 우주의 본질로 규정하여 정권변화의 필연성을 사상적으로 논증하려고 했던 것이었다고 할 수 있다.

대진 우주론의 혁신성은 이와 같은 자연의 운동원리에 의해 생성된 모든 개체가 본연적으로 평등한 동시에 각기 자신만의 고유한 독자적

---

259) "天道, 陰陽五行已矣"(위의 책, 性).
260) "道, 流行也, 氣化流行, 生生不息 是故爲之道"(위의 책, 天道).
261) "凡有生, 卽不隔天地之氣化, 陰陽五行之運而不已, 天地之氣化也, 人物生生本乎是"(위의 책, 性).

생존원리를 가지고 있다는 점에서 상대적으로 동등하다는 점을 밝힘으로써 인간 및 사물의 개체성을 뚜렷이 부각시켰다는 데 있다. 이에 대해 그는 먼저 "무릇 혈기를 가진 생물은 삶을 추구하고 죽음을 두려워하며 이익을 쫓고 해로움을 피하려 한다. 비록 그들 사이의 재질적(材質的) 명암(明暗)은 같지 않더라도 삶을 욕구하고 죽음을 두려워하는 것에서는 모든 만물이 동일하다"262)고 하여 인간을 포함한 만물이 삶의 욕구주체로서 본질적으로 동등한 개체임을 역설했다. 동시에 그는 개체간 평등성의 근거로서 인간과 사물 모두 자연에 의지해서 삶을 유지해간다는 점을 들고 이를 다음과 같이 표현했다.

식물로 말하면 그 잎〔葉〕이 바람과 햇볕과 비와 이슬을 받아 천기(天氣)와 통하고 그 뿌리〔根〕가 토양과 비옥(肥沃)을 접하여 지기(地氣)와 통한다. 동물로 말하면 호흡으로 천기와 통하고 음식으로 지기와 통한다. 따라서 자연계 내에서 인간과 사물은 일체라고 할 수 있다.263)

이렇게 인간과 사물은 자연계 내에서 자신의 삶을 영위한다는 점에서 동등한 개체이기는 하지만 각각의 삶의 방식, 즉 자존적(自存的) 특성은 다르다는 것이 대진의 설명이다. 즉 육지에서 살아가는 생물이 물에 들어가면 죽고, 물에서 사는 생물이 물에서 나오면 죽으며, 남쪽에 사는 것이 따뜻함에 익숙해져 추위를 견디지 못하고, 북쪽에서 사는 것이 추위에 익숙해져 더위를 이겨내지 못하는 것 등264)은 자연이 각 개체에게

---

262) "凡血氣之屬, 皆知懷生畏死, 因而趨利避害, 雖明暗不同, 不出乎懷生畏死者同也"(위의 책).

263) "以植物言, 葉受風日雨露以天氣通, 根接土壤肥沃以通地氣, 以動物言, 呼吸通天氣, 飮食通地氣, 人物於天地, 猶然合一體也"(위의 책, 附錄, 答彭進士書).

264) "然而生於陸者, 入水而死, 生於水者, 離水而死, 生於南者, 習於溫而不耐寒, 生於北者, 習於寒而不耐溫, 此資之以爲養者, 彼受之以害生"(위의 책, 附錄, 孟子字義疏證, 卷下, 道).

부여한 본성과 재(才)가 다르기 때문265)이라는 것이다. 이러한 본성과 형질(才)의 차이는 우열과 선악을 구분할 수 없는 자연적인 것이며,266) 따라서 인간을 포함한 각 개체간에는 상대적 평등성이 존재한다는 입장이다. 대진의 이와 같은 개체성의 인정은 그가 전통적인 유학적 인식론에서 벗어나 자연계 내에서 상대적으로 동등한 모든 개체가 조화롭게 각기 자신의 삶을 영위하는 것을 자연의 원리로 파악하는 노장적 인식론을 수용했음을 의미한다 할 것이다.

그렇다면 대진에게 이(理)란 어떤 개념인가? 주자학에서의 이가 사물에 선재(先在)하여 사물을 생성하는 생성원리인 동시에 모든 사물에 내재(內在)하여 그 사물을 주재하는 보편적 차별원리라면, 대진이 상정한 이(理)는 혈기를 가진 개체에서는 그 개체를 다른 개체와 구별해주는 독자적 생존원리이며, 사물에서는 그 사물이 가진 고유한 법칙, 즉 작용원리를 의미하는 것이라고 할 수 있다. 그가 "이(理)라는 것은 자세히 살펴 개체를 구별해주는 이름(名)으로 분리(分理)라고 한다"267)고 한 것이나, "나누어져 각 개체가 보유하게 되는 불변의 원리가 이(理)이다"268)라고 한 것은 개체의 독자성을 이(理)로 본 것이다. 또한 "사물로써 말하면 사물의 밖에 따로 어떤 이의(理義)가 있는 것이 아니다. 사물이 있으면 그 사물 내에 반드시 법칙이 있는 것이다"269)고 하고 동시에 "물(物)이란 실체와 실사(實事)를 이르는 것이고 칙(則)이란 순수하고 중정(中正)한 것

---

265) "性者, 分於陰陽五行以爲血氣心知, 品物區以別焉"(위의 책, 卷中, 性); "才者, 人與百物各如其性以爲形質, 而知能逐區以別焉"(위의 책, 卷下, 才).
266) 이 점에 대해 대진은 "성(性)이라는 것은 나는 것(飛)과 잠수(潛水)하는 것과 움직이는 것(動)과 뿌리를 내리는 것(植) 등을 이르는 것이며, 성선(性善)이라고 하는 것은 오직 인간의 성에 대해 말하는 것이다(性者, 飛潛動植之通名, 性善者, 論人之性也)"(위의 책, 卷中, 性)라고 하여 성선의 원리는 단지 인간에게만 한정된 것으로 보았다.
267) "理者, 察之而幾微必區以別之名也, 是故謂之分理"(위의 책, 卷上, 理).
268) "分之各有其不易之則, 名曰理"(위의 책).
269) "是故就事物焉, 非事物之外別有理義也, 有物必有則"(위의 책).

을 말하는 것이다"270)라고 한 것은 사물의 작용원리를 이(理)로 보는 대진의 입장을 나타내는 것이다.

이렇게 대진에게 이(理)란 개체의 독자성이며 물리(物理), 즉 사물의 이치(理致: 條理)를 뜻하는 것이다. 이러한 이(理)의 개념정의는 사상적인 측면에서 실증적이고 변천적이며 상대적이고 개체적인 입장에서 인간 간, 인간과 사물 간, 나아가 국가·민족간 독자성 인정에 바탕을 둔 평등성 논리와 자연에 대한 객관적 이해의 바탕이 될 수 있는 중요한 가치와 의미를 내포한 것이라고 평가할 수 있다.

그럼에도 불구하고 대진은 이와 같은 개체의 독자성 논리로 자연계 내 생물의 종류〔類〕를 구분하는 데 그쳤을 뿐 그것을 개별개체로서 인간사이의 상호 독자성 인정에 바탕을 둔 동등성 주장으로까지 확대시키지 못했다. 즉 그는 "천리(天理)라는 것은 자연이 부여한 분리(分理)이며 자연이 부여한 분리란 나의 정(情)으로써 다른 사람의 정을 살펴 상호간의 평등성을 잃지 않는 것을 의미하는 것이다"271)라고 하여 노장의 상대관의 입장에서 욕구주체로서 인간 상호간의 이익의 조화를 강조하기도 했다. 또한 "자연의 운동원리〔氣化〕에 의해 생성된 인간을 포함한 만물은 각각 종류별로 나뉘어 자신의 삶을 지속적으로 전개한다"272)고 하여 생물의 종류별 개체성을 인정하기도 했다. 그러면서도 같은 종류 속에서도 개별 개체가 각각의 특성을 보유할 수 있다는 점을 전혀 언급하지 않았다. 이것은 동일시기 한국의 홍대용이 개별 개인의 장점을 인정하고 그것을 적재적소에서 발휘할 수 있게 할 것을 정책대안으로 제시했던 것273)과는 대비되는 것이라 할 수 있다.

---

270) "物者, 指其實體實事之名, 則者, 稱其純粹中正之名"(위의 책).

271) "天理云者, 言乎自然之分理也, 自然之分理, 以我之情, 絜人之情, 而無不得其平是也"(위의 책).

272) "氣化生人生物以後, 各以類滋生久矣, 然類之區別"(위의 책, 卷中, 性).

273) "面中子弟, 八歲以上, 感聚而敎之, … 擧其最而以次升之, 至于大學, … 凡人品有高

이와 더불어 대진은 자신의 개체성 인정의 논리를 국가간·민족간 평등성을 주장하는 근거로도 활용하지 못했다. 그의 사상 속 어디에서도 국가간·민족간 평등성의 주장은 찾아볼 수 없으며 심지어 국가간 관계를 논의한 것도 찾아보기 어렵다. 이러한 점은 대진이 소수 만주족의 지배하에서도 여전히 전통적인 한족 중심의 화이질서관에 대해 어떠한 회의(懷疑)도 갖지 않았음을 보여주는 것이라고 판단된다. 한국과 일본에서 내재적 사상의 발전과 서구문물의 유입이라는 외적 환경에 근원하여 한족 또는 중국 중심의 세계관에 회의하고 그것을 극복하는 근본적인 인식의 변화를 이룩했던 것에 비해, 한족과 이민족 간의 투쟁·갈등의 역사를 가진 중국에서는 이민족의 지배나 서구문물의 유입 자체가 세계를 바라보는 인식 자체의 변화를 초래하지 못했던 것이라 하겠다.

이상과 같이 청 중기의 대표적 사상가로 평가되는 대진의 개혁사상은 18세기 중·후반 중국대륙의 정치 및 사회현실을 반영하여, 피지배 한족의 이익추구권을 보호하고 청조 지배의 당위성을 이론적으로 극복하려는 정치목표를 가진 것이라 할 수 있다. 대진의 사상에는 동등한 삶의 욕구주체로서 인간성을 설정하는 인성론, 변천·변화의 자연원리를 본질로 보는 우주론, 그리고 개체의 독자성과 사물에 대한 객관적 이해의 바탕이 될 수 있는 인식론 등 주자학 나아가 유학 자체의 논리를 부정하는 혁신적 내용이 포함되어 있는 것이 사실이다. 그러나 동시에 한족 지식인으로서 차별적 신분질서를 유지하려는 그의 정치적 의도로 말미암아 개별 인간으로까지 개체성의 확대가 이루어지지 않았고, 오히려 현실의 차별질서를 적극 인정하는 사상적 보수성을 보여주기도 했다. 또

下材有長短, 因其高下, 而舍短而用長, 則天下無全棄之才, 面中之教, 其志高而才多者, 升之於上而用於朝, 其質鈍而庸鄙者, 歸之於下而用於野, 其巧思而敏手者, 歸之於工, 其通利而好貨者, 歸之於賈問, 其好謀而有勇者, 歸之於武, 瞽者以卜, 宮者以閣, 以至於暗聾跛躄, 莫不各有所事"(『潛軒書』, 內集, 補遺, 林下經綸).

한 국가간·민족간 관계에 대한 어떠한 언급도 하지 못함으로써 한족 중심의 화이질서관을 고수하는 입장을 견지했다는 중요한 사상적 한계가 있었다. 마지막으로 시대적 상황에 바탕을 둔 당시 학문적 조류에 기인한 것이기는 하나, 대진이 현실개혁의 정책대안을 전혀 제시하지 못한 것은 같은 시기 한국과 일본의 개혁사상가들이 활발한 정책론을 전개했던 것과 대비되는 것이라 평가할 수 있다.

다음에서는 19세기 초·중반 중국의 대표적 정치사상조류이며, 19세기 후반 중국 개혁사상의 근간이 되었던 공양학파 공자진과 위원의 개혁사상을 검토함으로써 청 중기의 사상적 한계가 극복된 점은 무엇이고 지속된 것은 무엇인지를 규명해보기로 하겠다.

2. 공자진의 개혁사상

공자진[274]이 활동했던 19세기 초반은 청조가 통치이념 자체의 모순과 국내외적 도전에 직면하여 그 지배권의 한계성을 서서히 드러내던 혼란기였다.

18세기 중반 이후 중국 상품화폐경제의 급속한 성장은 전통적 봉건농

---

274) 공자진(龔自珍, 1772-1841)의 자는 슬인(瑟人), 호는 정암(定盦)으로서 역간(易簡)과 공조(鞏祚)라는 이명(異名)과 백정(伯定)이라는 이자(異字)를 가지고 있었다. 항주 동쪽의 마파(馬坡)에서 태어나 50세의 나이로 사망했다. 전통적인 관료가문 출신으로 관직 생활은 그다지 화려하지 않았다. 어려서 외조부인 단옥재(段玉裁)로부터 학문을 배웠고, 20대 후반부터는 위원 등과 함께 당시 금문경학(今文經學)의 대표자였던 유봉록(劉逢祿)으로부터 공양학을 배웠다. 위원에 따르면 공자진이 공양춘추(公羊春秋) 이외에도 정치현실 및 지리, 그리고 서방의 책에 관심이 많았다고 하며, 장지동(張之洞)은 공자진을 경학가·사학가·고문가(古文家)·경제가로 평가하기도 했다(『龔自珍全集』, 臺北: 河洛圖書出版社, 1975, 定盦先生年譜 참조). 그는 청대 중기의 현실회피적인 고증학을 비판하고 19세기 초 중국이 처한 현실을 경세치용적 처방으로 극복하고자 했던 공양학파의 대표적 사상가이며 19세기 말 강유위·양계초 중심의 중국개혁사상의 기틀을 제공한 사상가로 평가된다.

업경제의 해체를 가져와 미곡(米穀)의 상품화와 고리대금업자화한 지주계층 및 상인계층의 농민착취로 이어졌다. 여기에 중국사회 내의 급격한 인구증가와 인구이동으로 중국민의 대다수를 차지하고 있던 다수 피지배 농민계층의 유민화가 두드러졌다. 더욱이 이러한 상황을 틈탄 중간관리계층의 착취와 수탈 또한 농민들의 고통을 가중시키는 요인으로 작용했다. 이러한 모순적 현실에 대해 피지배계층들은 무력봉기로 저항했으며 1774년 산동에서의 청수교(淸水敎) 반란, 1786년 대만에서의 천지회(天地會) 회원 임상문(林爽文)의 반란, 1795년 귀주(貴州)·호남(湖南)·사천(四川)의 경계지역에서의 묘족(苗族)의 반란, 1796-1804년의 백련교도(白蓮敎徒)의 난, 그리고 1813년 궁성까지 기습당한 천리교(天理敎)의 난 등은 그 대표적인 것이었다.[275] 비록 이러한 피지배계층의 반란들이 반만(反滿)을 지향한 것은 아니었다 하더라도, 봉건질서가 초래한 모순을 반봉건적 무장투쟁으로 극복하려 했다는 점에서 청조의 권위질서 자체를 위협하는 것이었음에는 틀림없었다. 이와 같은 피지배계층의 반란을 청조는 막대한 군사비를 지출하여 진압했으나 그로 인해 18세기 중반까지의 재정적 안정이 파괴되었다. 이는 근본적인 문제해결 없는 일시적 탄압책에 불과했다는 점에서 청조 지배체제 자체에 대한 도전이 지속될 수밖에 없는 한계이기도 했다.

이와 더불어 19세기에 접어들면서 공격적으로 전개되었던 서구 열강들의 무역개방압력 또한 청조의 지배권을 위협하는 요인으로 작용하기 시작했다. 청은 전통적인 쇄국정책의 기조하에 1757년 이후 광동(廣東) 이외의 모든 항구를 폐쇄했다. 소위 광동체제로 불리는 18세기 후반의 무역체제하에서 청조는 1760년 외이방범조규(外夷防範條規)를 공포하여 서양인들에 대한 엄격한 규제를 실시했고,[276] 확대된 무역개방을 요구

---

275) 小島晋治·丸山松幸 著, 朴元熇 譯, 『中國近現代史』, 서울 : 지식산업사, 1992, pp.17-18 참조

하기 위해 파견된 서구사절단을 조공국(朝貢國)의 사신으로 간주하는 철저한 중화주의적 차별관을 유지했다.[277)

이러한 청의 쇄국주의적 무역정책에 대응하여 서구열강, 특히 영국은 자국의 산업자본가들의 요구와 중국으로부터의 차(茶)의 수입에 따른 무역적자를 만회하기 위해 19세기 초반 이후 보다 적극적인 무역개방정책을 실시하게 되었다. 그것은 한편으로는 중국에 대한 자유무역의 요구로 다른 한편으로는 대(對)중국 아편수출의 형태로 전개되었다. 특히 1830년대 이후 동인도회사의 무역독점권이 폐지되자 영국의 무역업자들은 영국정부의 묵인하에 적극적으로 중국에 대한 아편수출에 몰두하게 되었다. 이에 대해 청조는 철저한 아편 수입금지정책을 고수함으로써 양국 사이의 긴장상태가 고조되어갔다.

이와 같이 피지배 농민층의 봉건질서에 대한 도전, 아편수입에 따른 은(銀)의 과도한 해외유출로 인한 청조의 재정악화와 국내경제에의 충격, 그리고 무엇보다도 아편을 매개로 자유무역권을 확보하려는 서구열강의 의도에 직면하여 중화주의적 차별관을 바탕으로 전통적 쇄국정책을 고수하려는 청조의 입장이 첨예하게 대립하고 있었던 시기가 공자진의 활동시기였다. 이러한 상황하에서 봉건적 제도 개혁과 중화주의적 질서관의 고수를 통해 중국의 위기상황에 대응하려 했던 것이 공양학파[278) 공자진의 정치사상이었다.

---

276) 성황용, 『근대동양외교사』, 서울 : 명지사, 1992, pp.23-24 참조.

277) 1793년 조지 매카트니(George Macartney)와 1816년 로드 암허스트(Lord Amherst)가 무역개방을 위한 영국의 사절로 파견되었을 때, 청조가 삼궤구고(三跪九叩: 세 번 무릎 꿇고 아홉 번 머리를 수구려 조아리며 절하는 것)를 요구하여 이를 거부하고 돌아간 것은 그 대표적인 예이다.

278) 공양학파(公羊學派)란 청대 중기의 유가경서(儒家經書)에 대한 자구 해석에만 치우쳐 현실문제에 소극적이었던 훈고(訓古) 중심의 고증학을 비판하고, 경서에 함축되어 있는 의미 즉 미언대의(微言大義)를 파악하여 그것을 현실문제의 진단과 처방의 근간으로 삼으려고 했던 청 말의 사상적 조류를 일컫는다. 양계초에 따르면, 공양학파는 무진

1) 현실관과 정치목표

현실관과 관련하여 먼저 18세기 후반 이후 19세기 초까지 청조가 직면한 국내외적 위기를 공자진은 다음과 같이 표현했다. "지금의 중국은 여러 가지 혼란이 나타나 그 기상이 날이 갈수록 약해지고 황하(黃河)는 날이 갈수록 위태로워지고 있다. … 건륭(乾隆) 말년 이래로 사·농·공·상의 직분에 종사하지 못하고 들에서 풀로 연명하거나 사교(邪敎)에 빠지거나 살육을 당하거나 추위와 굶주림으로 죽는 사람이 10에 5, 6이나 되었다."[279]

공자진에게 이와 같은 청조 쇠퇴의 원인은 무엇보다 부익부 빈익빈 현상의 심화에 따른 사회적 불평등의 결과로서의 소수 부유층의 사치풍조와, 이와는 대조적인 피지배계층 특히 농민들의 생활파탄, 중간관리들의 부정부패와 가렴주구에 의한 착취와 수탈의 만연, 그리고 그것을 해결할 능력을 가진 인재의 부족 등의 모순과 이를 적극적으로 변화·개혁시키려는 청조의 의지와 노력이 철저히 결여된 것에 기인했다. 그가 "옛날부터 지금까지 고쳐지지 않는 법은 없었으며, 모이지 않는 세력도 변천하지 않는 사례와 바뀌지 않는 기풍도 없었다"[280]고 한 것이나, "일

(武進), 장존여(莊存與), 유봉록(劉逢祿)으로 이어지는 금문학파(今文學派)의 사상적 계보를 가지고 있으며 공자진과 위원에 이르러 경학을 정치문제와 밀접히 관련시킴으로써 일대를 풍미하게 되었다고 한다(梁啓超, 『淸代學術槪論』, 上海: 商務印書館, 1934, 第22章 참조). 청대 고증학의 발흥이 만주족 정권인 청조가 한족 지식인의 반만(反滿) 저항의식을 탄압·회유하려는 정치적 노력의 결과라면, 공자진과 위원으로 대표되는 공양학은 양계초의 표현대로 "청조의 정치권력이 쇠퇴해가는 현실〔今文學之健者, 必推龔魏, 龔魏之時, 淸政旣漸陵夷衰微矣〕"(위의 책)을 반영한 것이라고 할 수 있다. 정치사상으로서의 공양학의 대두는 이처럼 중국대륙 내의 정치현실의 변화에 바탕을 둔 것이었으며, 그들의 현실진단과 대처방식이 이후 중국의 양무운동과 변법자강운동의 사상적 토대가 되었다는 점에서 중요성이 있다.

279) "今中國生齒日益繁, 氣象日益陋, 黃河日益爲患. … 自乾隆年以來, 官吏士民, 狼顐狃踖, 不士不農不工不商之人, 十將五六, 又或饆菹草, 習或邪敎, 取誅戮, 或凍餒以死"(『龔自珍全集』, 第一輯, 西域置行省議).

조(一祖)의 법은 바뀌지 않는 것이 없으며 일반사람들의 논의는 시대적 흐름에 따르게 마련이니, 앞으로 태어날 사람들에게 개혁의 임무를 맡기는 것보다는 스스로 개혁하는 것이 낫다"281)고 한 것은 이와 같은 모순을 극복하기 위한 현실 변화와 개혁의 당위성을 적극 주장한 것이라고 할 수 있다.

공양학파의 대표자로서 공자진 사상의 특성은 이와 같은 개혁의 당위성을 자신이 설정한 역사의 필연적 법칙과 관련시켜 논의하는 데 있다. 즉 그는 공양학의 거란세(據亂世) - 승평세(升平世) - 태평세(太平世)라는 역사의 순환적 변천282)을 난세(亂世) - 쇠세(衰世) - 치세(治世)로 명칭변경하고,283) 이것을 청조 흥망의 변천과정을 분석하는 이론적 틀로 삼았다. 그에 따르면 현재의 청조는 겉으로는 치세와 유사하지만 재능 있는 재상과 재능 있는 관리와 재능 있는 장수와 재능 있는 선비와 재능 있는 농·공·상인과 심지어 재능 있는 도적조차 없는, 그리하여 군자도 소인도 모두 적은 쇠세에 접어들었고 그대로 방치할 경우 난세가 될 수밖에 없는 상황에 놓여 있다고 한다.284) 따라서 그에게 지속적인 변통을 통해 난세로의 진입을 막고 치세로 향하게 하며, 또한 그것을 오래 유지하는 것이 역사의 보편성 속에 나타난 필연의 과제이며 청조가 당면한 현실

---

280) "自古及今, 法無不改, 勢無不積, 事例無不變遷, 風氣無不移易"(위의 책, 第五輯, 上大學士書).

281) "一祖之法無不敝, 千夫之議無不靡, 與其贈來者以勁改革, 孰若自改革"(위의 책, 第一輯, 乙丙之際箸議第七).

282) "古者開國之年, 異姓未附, 據亂而作, 故外臣之未可以共天位也, 在人主則不暇, 在賓則當避疑忌, 是故箕子朝授武王書, 而夕投袂於東海之外, 易世而升平矣, 又易世而太平矣"(위의 책, 古史鉤沈論四).

283) "書契以降, 世有三等, 三等之世, 皆觀其才, 才之差, 治世爲一等, 亂世爲一等, 衰世爲一等"(위의 책, 乙丙之際箸議第九).

284) "衰世者, 文類治世, 名類治世, 聲音笑貌類治世也, … 似治世之不議, 左無才相, 右無才史, 閫無才將, 庠序無才士, 隴無才民, 廛無才工, 衢無才商, 抑巷無才偸, 市無才駔, 藪澤無才盜, 則非但鮮君子也, 抑小人甚鮮"(위의 책).

의 개혁과제인 것이었다.

그렇다면 공자진에게 구체적인 개혁의 방향과 방법, 그리고 그 주체는 누구인가? 이것이 공자진의 정치목표를 파악할 수 있는 중요한 단서라고 할 수 있다. 먼저 공자진은 무엇보다 빈부의 차이의 정도(程度)를 국가 또는 정권의 흥망성쇠를 가늠하는 중요한 요소로 보아 "(국가 쇠퇴의) 시작은 빈부가 서로 같지 않은 데에서 비롯된다. 빈부의 차이가 적던 것이 점차 커지면 결국 천하를 잃는 데까지 이른다"[285]고 했다. 따라서 개혁의 방향은 빈부의 차이를 최소화하는 데 그 목표를 두어야 하며, 그것은 빈부의 차이를 조장하는 모든 법적·인적·제도적 모순의 혁신을 통해서만 가능하다는 것이 공자진의 입장이다. 뒤의 정책론에서 보다 구체적으로 살펴보겠지만, 재화를 생산·유통시키는 상공업적 행위보다는 의식주 해결의 기본이 되는 농업을 중시할 것과 농업활동의 활성화를 위한 각종 제도적 장치를 마련할 것, 그리고 능력 있는 인재의 등용으로 부패한 관리들의 수탈과 착취를 막을 것 등은 공자진에게 빈부의 차이에서 비롯되는 각종 폐해를 해결할 수 있는 정책방안이었다. 이렇게만 본다면 공자진의 개혁론은 부익부 빈익빈의 현실하에서 고통받는 당시 피지배 농민층의 입장을 대변하여 그 대응방안을 마련하고자 했던 것으로 평가할 수도 있을 것이다.

그러나 공자진의 궁극적 정치목표는 결코 인간간 동등성을 바탕으로 한 피지배 민중계층의 생존권 및 이익권 확보에 있지 않았다. 그것은 그가 봉건질서에 반대하는 농민봉기를 경험하고도 개혁의 성공여부를 오직 봉건제왕의 의지에만 한정시킴으로써 결국 군주와 귀족계층을 중심으로 한 권력층에 의한 위로부터의 개혁에 초점을 맞추었다는 점과, 개혁의 방법 면에서도 급진적 개혁보다는 점진적 개혁의 당위성을 역설했

---

285) "其始, 不過貧富不相齊之爲之爾, 小不相齊, 漸至大相齊, 卽至喪天下"(위의 책, 平均篇).

다는 점에 잘 나타나 있다. 즉 공자진은 한편으로 "천하에 균등을 숭상하는 것보다 높은 것은 없다"[286]고 하여 경제적 빈부격차 해소의 중요성을 강조했다. 더 나아가 상하간 차별의 선천성을 강조하는 유학적 논의를 비판하면서 먼저 하(下)가 생기고 그 후에 점진적으로 하의 추대에 의해 상(上)이 생기게 되었다는 군주추대론[287]을 주장하기도 했다. 그러나 동시에 모든 것은 오직 왕심(王心)에 달려 있다[288]는 명제를 통해 철저한 위로부터의 개혁을 지향했고, 위로부터의 개혁이 어려울 경우에도 결코 급히 서둘러서는 안 된다[289]는 입장을 견지함으로써 피지배계층의 생존권투쟁과 이익권추구의 정당성을 제약하는 보수성을 보여주었다.

그럼에도 불구하고 위로부터의 개혁과 점진적 개혁을 주장하는 것이 동아시아 3국 개혁사상의 공통적 특징이라는 점을 감안할 때, 이것이 공자진 사상의 보수적 측면을 부각시켜주는 것이 될 수는 없을 것이다. 공자진 사상의 두드러진 보수성은 청조로 대표되는 중국 봉건질서의 대내외적 위기상황에도 불구하고 제왕권의 영속성을 강조하고, 이와 더불어 피지배 생산계층에 대한 자신이 속한 비생산 귀족계층의 우월성을 역설함으로써 궁극적으로 대내적 차별질서를 유지·강화하려는 데 있었다고 할 수 있다. 이 점은 다음과 같은 그의 말에 잘 나타나 있다.

천하에 잘못된 것을 바로 고쳐주는 것을 왕이라고 하고 왕을 보좌하는 것을 재상이라고 한다. … 문자를 받들어 법을 사민(士民)에게 베푸는 것을 태사(太士) 또는 경대부(卿大夫)라고 한다. … 조세를 바치는 것을 민(民)이라고 하고, 민에게 입법의 의미를 가르쳐주는 것을 사(士)라고 하며, 사로 하여금 조

---

286) "有天下者, 莫高於平之尙也"(위의 책).
287) "先有下, 而漸有上, 下上以推之"(위의 책, 農宗).
288) "上有五氣, 下有五行, 民有五醜, 物有五才, 消焉息焉, 淳焉決焉, 王心而已矣"(위의 책, 平均篇).
289) "上之繼福祿之盛音難矣哉, 龔子曰, 可以慮矣, 可以慮, 可以更, 不可以驟"(위의 책).

정의 법의 뜻을 경계할 수 있도록 하는 것을 유사(儒師)라고 한다. 또한 왕의 자손으로서 계통을 이어받아 왕이 된 것을 후왕(後王)이라고 하고, 후왕을 조세로서 받드는 것을 후왕의 민(民)이라고 하며, 이렇게 왕과 재상, 대부(大夫)와 민이 차별질서를 이루어나가는 것을 정치이며 도(道)라고 한다.[290]

이와 함께 "무릇 민(民)은 천자의 신하를 원망해야지 천자를 원망해서는 안 되며 천자의 간신을 원망해야지 천자의 법을 집행하는 대신(大臣)을 원망해서는 안 된다"[291]고 한 것 또한 제왕권의 영구화와 불가침성, 그리고 군민(君民)간의 차별성을 강조한 것이라고 할 수 있다. 여기에 "국가에 사대부가 많으면 조정의 문(文)이 반드시 준비될 수 있으며 그 사대부의 가문이 오래도록 지속되면 조정의 정(情)이 반드시 깊어진다. 호걸(豪傑)이 산에 들어가는 것은 왕의 책임이며 사(士)의 어려움을 풀어주는 것은 왕의 정(情)이다. 따라서 사(士)가 자신의 역할을 제대로 할 수 있게 하는 것은 곧 조정과 민(民)을 위해 반드시 필요한 것이며 궁극적으로 국가를 위한 일이 되는 것이다"[292]라고 한 것은 자신이 속한 귀족계층의 사회적 지위와 역할을 확보하려는 것이라고 볼 수 있을 것이다.

이렇게 볼 때 결국 공자진의 정치목표는 제왕권적 권위질서와 비생산적 귀족계층의 우월성을 유지하고 강화하는 범위 내에서 현실의 모순을

---

290) "與天下相見, 謂之王, 左王者, 謂之宰, 天下不可以口耳喩也, 戴之文字, 謂之法, 卽謂之書, 謂之禮, 其事謂之史職, 以其法戴之文字而宣之士民者, 謂之太士, 謂之卿大夫, 天下聽從其言語, 稱爲本朝, 奉租稅焉者, 謂之民, 民之識立法之意者, 謂之士, 士能推闡本朝之法意以相誠語者, 謂之師儒, 王之子孫大宗繼爲者, 謂之後王, 後王之世聽言, 語奉租稅者, 謂之後王之民, 王若宰, 若大夫, 若民相與以有成者, 謂之治, 謂之道"(위의 책, 乙丙之際塾議六).

291) "凡民不得仇天子, 得仇天子之大臣, 不得仇天子執法之大臣, 得仇天子之譖臣"(위의 책, 春秋決事比答問第五).

292) "入人國, 其士大夫多, 則朝廷之文必備矣, 其士大夫之家久, 則朝廷之情必深矣, 豪傑入山澤, 責人主之文也, 勞人怨士之顚頜, 缺人主之情也, 故士氣申則朝廷益尊, 士業世則朝廷益高, 士詩書則民聽益美, 其言如是, 是善戕國哉"(위의 책, 乙丙之際塾議第二十五).

위로부터의 점진적 개혁으로 해소해나가는 데 있었다고 할 수 있다. 이러한 점에서 그의 개혁론은 봉건질서 자체에 대한 본질적인 회의와 비판에서 비롯된 것이라고 볼 수 없으며, 이것은 그의 정치목표를 반영한 인성론과 우주론, 인식론을 통해서도 뚜렷이 나타나 있다.

2) 정치목표 달성의 이론적 기초

앞서 언급한 바와 같이 공자진은 현실개혁의 당위성을 공양학(公羊學)의 순환론적 역사관에서 도출해냈다. 그리고 그것의 정치목표는 봉건적 차별질서를 유지하는 범위 내에서 자신이 속한 지배계층의 주도로 현실을 점진적으로 개량시키는 것이었다. 이처럼 역사 순환의 필연성을 당위화하여 자신의 정치목표를 달성하려는 공자진이 인간을 인의예지의 차별원리를 내면에 선천적으로 보유하고 있는 존재로 규정할 수는 없었다. 다시 말해 인간이 인의예지를 본성으로 하고 있다면 현실의 법적·제도적·인적 개혁 여부에 의해 난세(亂世: 據亂世)로 쇠퇴할 수 있고 치세(治世: 太平世)를 오랫동안 유지할 수도 있다는 그의 순환론적 역사관이 그 의미를 상실하여 도덕론을 통한 본성회복을 강조하는 유학 본래의 복고주의적이고 과거지향적인 역사관으로의 회기를 당위화하는 것이 되는 것이다. 그러나 그렇다고 해서 인의예지의 차별원리를 인간이 궁극적으로 지향해야 할 선(善)의 요소로 규정하지 않을 수도 없는 것이 공자진의 입장이었다. 농민봉기로 대표되는 차별질서 파괴의 시도를 귀족 중심적 개량론으로 극복하려는 정치목표를 가진 그에게 제왕권적 권위질서와 반상간 차별질서의 유지는 인간이 반드시 추구해야 할 당위였기 때문이다.

이러한 점에서, 공자진은 인성론적 측면에서 인간본성의 성선성을 주장하는 논의들을 전면적으로 비판하고, 인간의 본성은 선악의 가능성을 모두 포함하고 있다는 주장을 견지함으로써 차별질서의 유지를 근간으로 하는 현실 개혁의 필연성을 논리적으로 입증하려 했다. 그가 "선과 악은 고유한 것이 아니며 인의(仁義)와 염치, 기만과 사악함, 잔인함 등 도 인간본성에 내재하고 있는 것은 아니다"²⁹³⁾라고 한 것은 비록 인간 이 선악의 혼합체는 아니더라도 선악의 가능성을 본성적으로 내포한 존 재라는 점을 밝힌 것이다. 이렇게 본다면 인간은 자신이 생활하는 외부 환경에 따라 선을 행할 수도 악을 행할 수도 있는 존재가 된다. "인간의 본성은 선도 아니고 불선(不善)도 아니다. 선이 아니라는 것[無善]은 걸 (桀)이 될 수도 있다는 것을 의미하며, 불선이 아니라는 것[無不善]은 요 (堯)가 될 수도 있다는 것을 뜻한다"²⁹⁴⁾라는 공자진의 말은 이 점을 나 타내는 것이라고 할 수 있다.

그렇다면 인간으로 하여금 선악을 행하게 하는 외부환경이란 구체적 으로 무엇을 의미하는가? 제왕권적 권위질서의 유지와 자신이 속한 사 족(士族)계층의 정치·사회적 역할의 중요성을 강조하려는 공자진에게 외부환경이란 먼저 피지배계층에 대한 제왕(帝王)의 시혜적 정책의 여부 이고, 두 번째는 제왕을 보좌하는 사대부 출신 관리들의 몰염치한 물욕 추구 여부이며, 세 번째는 사회 내 보편적 차별질서의 확립 여부였다. 구체적으로 첫 번째 문제에 관해서 그는 "역사상 수많은 왕의 인(仁)과 불인(不仁)의 차이는 세금이 과도한가 그렇지 않은가, 형벌이 가혹한가 그렇지 않는가, 부역이 무거운가 그렇지 않는가에 달려 있다"²⁹⁵⁾고 했 다. 두 번째 문제에 관해서는 "사(士)가 모두 염치를 알면 국가가 영원히 부끄러운 것이 없으며, 사(士)가 부끄러움을 모르면 곧 그것은 국가의 큰 부끄러움이 된다"²⁹⁶⁾고 하고, "재물을 얻어야만 자기의 임무에 충실하

293) "善非固有, 惡非固有, 仁義廉恥詐賊很忌非固有"(위의 책, 壬癸之際胎觀第七).
294) "龔氏之言性也, 則宗無善無不善而已矣, 善惡皆後起者, 夫無善也, 則可以爲桀矣, 無 不善也, 則可以爲堯也"(위의 책, 闡告子).
295) "史之百王, 仁不仁差, 大端有三, 視其賦, 視其形, 視其役而已矣"(위의 책, 第三輯, 升平分類讀史雅詩自序).

고 재물을 잃으면 임무를 태만히 한다면 이것은 곧 종〔廝僕〕과 같은 것이니 어찌 사대부라고 할 수 있는가?"[297)라고 했다. 마지막으로 세 번째 문제에 대해서는 "세 가지 큰 것은 임금〔君〕과 아버지〔父〕와 남편〔夫〕이고 세 가지 작은 것은 신하〔臣〕와 자식〔子〕과 아내〔婦〕이다"[298)라고 했다. 이렇게 볼 때 결국 첫 번째와 두 번째 문제는 제왕권에 의한 법적·제도적 차원의 개혁과 당시 권력층의 무능력 비판을 통해 자신과 같은 소외 사족층(士族層)의 역할확대를 욕구하는 공자진의 입장을 반영한 것이라고 할 수 있다. 세 번째 문제는 유학적 도덕론을 통해 차별질서를 보존하려는 그의 정치목표를 나타낸 것으로 보인다. 이렇게 공자진은 인성론적 측면에서 선악의 인간본성에의 내재를 부인하고 외부환경의 변화에 의해 선과 악이 결정되는 것임을 주장함으로써 역사관을 통해 도출했던 현실개혁의 당위성과 차별질서 유지의 중요성을 논증하려고 했던 것이라고 할 수 있다.

그러나 이러한 공자진의 논의 속에서 단순히 피지배계층에게만 일방적으로 차별질서에 순종할 것을 요구하기보다는 군주 및 사족 계층에게도 피지배계층의 욕구를 충족시켜주어야 할 책임이 있다는 점을 주지시킴으로써 욕구의 존재를 적극적으로 시인했다는 점을 간과할 수는 없을 것이다. 그가 "정(情)이란 사물에 관한 것으로서 일찍이 그것을 없애려고 했지만 없애는 것이 불가능하다는 것을 알고 그것을 너그럽게 대하려고 했다. 정을 너그럽게 대하다 보니 오히려 그것을 존중하게 되었다"[299)고 하여 인간의 정욕을 적극 인정하는 듯한 태도를 취한 것은 이

---

296) "士皆知有恥, 則國家永無恥矣, 士不知恥, 爲國之大恥"(위의 책, 第一輯, 明良論二).
297) "得財則勤於服役, 失財則怫然慍, 此誠廝僕之所爲, 不可以槪我士大夫"(위의 책, 明良論一).
298) "三大, 君父夫, 三細, 臣子婦"(위의 책, 春秋決事此答問第五).
299) "情之爲物也, 亦嘗有意乎조鋤之矣, 鋤之不能, 而反宥之, 宥之不已, 而反尊之"(위의 책, 第三輯, 長短言自序).

점을 보여주는 것이다. 그러면서도 공자진은 다른 한편으로 정이란 일체의 인식의 경계가 생기기 이전에, 그리고 일체의 애락(哀樂)과 일체의 언어가 만들어지기 이전에 생긴 자연스러운 것[300]이라는 노장적 입장을 표현하기도 했다. 이와 같은 논리적 모순은 물욕이나 색욕 그리고 남을 이기려는 승욕(勝欲) 등을 인정할 경우 결국 지배받지 않으려는 욕구, 즉 차별질서 파괴욕까지도 인정할 수밖에 없다는 그의 인식에 기초한 것으로 보인다. 따라서 그에게 피지배계층에게 허용되는 당위적 욕구란 오직 직접생산을 통한 의식주 충족의 욕구뿐이었으며, 그 밖에 인간으로서 가질 수 있는 다양한 욕구는 모두 악의 요소로 규정될 수밖에 없는 것이었다. 동시에 지배계층에게는 안정된 지배질서의 유지를 위해서라도 철저히 자신의 사익보다는 공익을 우선할 것을 요구했던 것이다.[301]

이상에서와 같이 공자진은 차별질서를 유지하는 범위 내에서의 변통(變通)을 통한 현실개혁이라는 자신의 정치목표를 합리화하기 위해 인간 본성의 무선악성(無善惡性)과 외부환경의 변화에 따른 선악표출(善惡表出)의 가능성을 제시했다. 또한 피지배계층에게는 기본적 의식주 충족욕구 이외의 모든 욕구추구권을 불인정하는 동시에 피지배계층의 의식주 충족 또한 군주의 의지에 달려있음을 밝힘으로써 제왕권의 절대화를 지향했고, 지배계층에게는 공익추구의 당위성을 역설함으로써 차별질서를 공고화하려 했다. 인성론에서 보이는 이러한 공자진의 입장은 다음에서 살펴볼 그의 우주론과 인식론을 통해 보다 체계화되었다.

치세-쇠세-난세의 순환론적 역사관을 바탕으로 군주에 의한 현실 개혁의 노력 여부에 의해 삼세(三世)의 변화 또는 지속이 가능하다는 점을 견지한 공자진에게 유일의 우주원리[理: 太極]가 만물을 생성하고 주재

---

300) "一切境未起時, 一切哀樂未中時, 一體言語未造時, 當彼之時, 亦嘗陰氣沈沈而來襲心"(위의 책, 第一輯, 宥情).
301) 위의 책, 論私 참조.

한다는 주자학의 절대적이고 고정적인 우주론은 그 자체가 모순으로 인식되었다. 특히 자연계의 현상을 근거로 사회적·개인적 현실의 길흉화복을 설명하는 유학 본래의 추리적인 우주론은 현실변화의 주체를 인간, 그 중에서도 군주로 인식하는 그에게는 받아들일 수 없는 것이었다. 이러한 입장에서 그는 "중인(衆人)을 주재하는 것은 도(道)도 아니고 태극도 아니며 바로 나(我)이다. 나의 빛이 일월(日月)을 만들고 나의 힘이 산천을 만들며 나의 변화가 들짐승과 날짐승과 벌레를 만들고 나의 이(理)가 문자와 언어를 만들고 나의 기(氣)가 천지를 만들며 나의 천지가 인간을 만들고 나의 분별(分別)이 윤리와 기강(紀綱)을 만든다"[302]고 하여 우주의 근원을 불변의 존재원리인 태극(太極: 理)으로 파악하는 주자학적 우주본체론을 비판했다. 또한 다음과 같이 자연계의 변화를 사회 또는 개인의 행(幸)·불행(不幸)과 연관시키려는 정통 유학의 논의를 부정하기도 했다.

　　이른바 해와 달과 별이 길흉을 보여준다는 것은 태양 주위를 햇무리가 감싸고 있거나 달무리가 고리모양을 이루거나 별이 이동하거나 혜성이 빛을 발하거나 해가 오색(五色)을 나타내거나 해와 달이 밝은 빛을 잃거나 해와 달이 서로 교체하여 보이지 않는 것 등을 말하는 것이다. … 이러한 것은 자연현상일 뿐 인간과 사회의 운명을 점칠 수 있는 근거가 되는 것은 아니다.[303]

이렇게 볼 때 결국 공자진의 우주론은 한편으로 생성론적 측면에서는 인간과 만물의 근원을 자연 그 자체로 파악하면서도, 변천·변화의 자연

---

302) "衆人之宰, 非道非極, 自名曰我, 我光造日月, 我力造山川, 我變造毛羽肖翹, 我理造文字言語, 我氣造天地, 我天地又造人, 我分別造倫紀"(위의 책, 壬癸之際胎觀第一).
303) "日月星之見吉凶, 殆爲日抱珥, 月暈成環玦, 星移徙, 慧孛, 日五色, 日月無精光, 日月不交而食謂之薄之類, 羣史所識, 有其占謹之書, 今也亡之, 古也有之, 繫辭所稱, 亦若是而已矣, 而豈謂日月食之可推步者哉"(위의 책, 乙丙之際塾議第十七).

의 원리가 인간사회를 규정할 수 없다는 점을 적극 주장하는 것이라고 할 수 있다. 이것은 비록 그가 첫 번째 예문에서 인간 및 만물을 생성하는 것을 '나〔我〕'라는 단일주체로 규정하고는 있지만, 문자와 언어 윤리와 기강이라는 것은 오직 인간사회에만 국한된 것이라는 점과, 두 번째 예문에서 자연현상과 인간사회 사이의 관련성을 철저히 부정했다는 점에 잘 나타나 있다.

공자진의 이러한 입장은 자연계에 대한 객관적 이해의 근거를 마련할 수 있는 사상적 중요성을 내포한 것이라고 볼 수도 있다. 그러나 보다 근본적으로는 자연계가 변천·변화의 속성을 지녔다는 점을 들어 인간사회의 변천·변화의 당위성을 입증하는 동시에 그러한 변천·변화에도 일정한 법칙성이 존재함을 들어[304] 자신의 삼세설(三世說)을 우주의 원리로서 합리화하려는 그의 사상적 의도를 반영한 것이라고 하겠다. 이 점은 그가 "만물은 총괄적으로 세 번의 변화를 가지는데 그 처음〔初〕은 중간〔中〕과 다르고 중간은 마지막〔終〕과 다르며 마지막은 처음과 다르지 않다"[305]고 하여 치세-쇠세-난세의 순환론적 역사관과 동일한 논리로서 삼변설(三變說)을 우주만물의 변화원리로 설정했던 것에 잘 드러난다.

그러나 이렇게 우주의 변화원리를 인간사회의 변화원리와 동일한 것으로 규정했다고 해서 자연적으로 현실의 변화가 이루어지는 것은 아니었다. 즉 자연계와는 달리 인간세계에서는 그 변화를 이끌 주체와 객체가 반드시 구별되어 존재해야 하는 것이었다. 공자진은 지(知)와 각(覺)을 구분하는 인식론의 전개를 통해 이를 다음과 같이 설명했다.

지(知)란 사물, 즉 대상의 측면에서 말한 것이고, 각(覺)이란 마음〔心〕의 측면에서 말한 것이다. 지(知)란 유형(有形)이고 각(覺)은 무형(無形)이며, 지는

---

304) "則此事亦有定數, 與日食等耳"(위의 책, 第五輯, 與陳博士箋).
305) "萬物之數括於三, 初異中, 中異終, 終不異初"(위의 책, 第一輯, 壬癸之際胎觀第五).

인간의 일과 관련된 것이고 각은 하늘의 일까지 겸한 것이다. 그리고 지는 성인과 범민(凡民)이 공유할 수 있는 것이나 각은 오직 성인만이 가질 수 있는 것이다.[306]

여기서 성인이란 물론 유학에서 말하는 공자를 포함한 성왕(聖王)들을 이르는 것이다. 그러나 공자진이 차별질서를 유지하는 범위 내에서 왕심(王心)에 의한 현실개혁의 당위성을 요구했다는 사실에 비추어볼 때, 결국 지(知)와 각(覺)의 구별은 인간사회 변화의 주체를 현실의 군주로 상정하고 피지배계층을 그러한 군주의 주체력에 종속되는 것으로 간주하여 제왕권적 권위질서를 유지하려고 했던 그의 정치목표를 보여주는 것이라 하겠다.

3) 국내 및 국제질서관

이처럼 인성론과 더불어 공자진의 우주론 및 인식론은 모두 사회변화의 당위성과 군주지배의 정당성을 확보하려는 노력의 일환으로 진행되었다. 자연계에 대한 객관적 이해의 토대를 마련할 수 있는 논리전개에도 불구하고, 그의 우주론과 인식론은 결국 개체성의 인정을 바탕으로 한 인간간, 사물간, 그리고 인간과 사물 간의 상대적 평등성이나 사물에 대한 자연과학적 이해에 집중하기보다는 그의 정치목표를 달성하기 위한 이론적 도구로 활용되었다. 봉건질서의 유지와 귀족 중심적 가치관을 가지고 있는 그에게 이것은 필연적 결과였다. 따라서 그의 국내질서관 및 국제질서관 역시 인간간 차별과 중국 중심의 화이질서관 유지라는 봉건적 한계를 벗어나지 못했음은 당연한 논리적 귀결이었다.

정치론 및 인성론에서도 언급했듯이 공자진은 민(民)을 사회변화의

---

306) "知, 就事而言也, 覺, 就心而言也, 知, 有形者也, 覺, 無形者也, 知者, 人事也, 覺, 兼天事言矣, 知者, 聖人可與凡民共之, 覺, 則先聖必俟後聖矣"(위의 책, 辯知覺).

주도세력으로 간주하지 않았다. 민은 다만 조세를 바치고 군주의 지배를 받으며 사회관계 속에서는 유학적 오륜질서(五倫秩序)를 실천해야 하는 존재에 불과했다. 그가 "신하가 군주에게 충성을 다하는 것은 스스로의 천성에서 비롯된 것이다"[307]라고 한 것이나, "세 가지 큰 것은 군주와 아버지와 남편이며 세 가지 작은 것은 신하와 자식과 아내이다"[308]라고 한 것 등은 공자진이 국내질서관의 측면에서 봉건적 차별관을 유지하고 있음을 보여주는 것이다. 개체성이 부각될 수 없는 그의 논리 속에 사·농·공·상 간의 기능적 평등론은 제시될 수 없었다. 그가 상공업의 발전보다는 오히려 농업 중심의 사고를 견지했다는 점은 시대에 역행한 봉건성을 보여준다 할 수 있다.

국제질서관의 측면에서도 공자진은 철저한 중화주의적 사고를 견지하여 19세기 초반 당시 변화하는 국제현실에 적절히 대응할 수 있는 논리를 제공하지 못했다. 그는 "사해(四海)의 국가 중에 청(淸)보다 큰 나라는 없으며 청은 고대의 요왕(堯王) 이래 소위 세계의 중심국가〔中國〕가 되었다"[309]고 하여 중국 중심의 세계관에서 벗어나지 못했다. 이와 함께 조선·유구(琉球)·월남(越南) 그리고 서양의 네덜란드 등을 정기적 조공국(朝貢國)으로, 영국·이태리·포르투갈 등 당시 서구의 열강들을 비정기적 조공국으로 규정하는[310] 자기중심적 무지를 보여주었다. 더욱이 그가 47세(道光 18년, 1838년) 때 당시 영국 상인에 의한 아편 밀매를 근절하기 위해 흠차대신(欽差大臣)으로 파견된 호광총독(湖廣總督) 임칙서(林則徐)에게 적극적으로 무력대응을 권고하는 편지를 보냈다는[311] 사실

---

307) "臣之於君也, 急公愛上, 出自天性, 不忍論施報"(위의 책, 明良論一).
308) "三大, 君父夫, 三細, 臣子婦"(위의 책, 春秋決事此答問第五).
309) "四海之國無算數, 莫大於我大淸, 大淸國, 堯以來所謂中國也"(위의 책, 西域置行省議).
310) "西洋諸國, 一曰博爾都嘉利亞, 一曰意達里亞, 一曰博爾都喝爾, 一曰英吉利, 自朝鮮以至琉球, 貢有額有期, 西洋諸國, 貢無定額, 無定期"(위의 책, 主客司述略).

은 그의 뿌리깊은 화이질서관을 보여주는 대표적 사례라 하겠다.

4) 현실개혁의 정책론

이상에서와 같이 공자진의 이론적 논리는 일부 혁신적인 반주자학적 논리를 함축하고 있음에도 불구하고, 새로운 인식의 변화를 수반하지 못한 봉건적 한계를 지닌 것이었다. 따라서 그의 정책론 또한 사회질서의 근본적 변화를 지향하는 철저한 개혁이 아닌 귀족 중심적 사회개량에 불과할 수밖에 없었다.

먼저 그는 당시 사회 내에 만연한 부익부 빈익빈 현상이 소수에 의한 토지집중과 상공업의 급속한 발전에 의한 농업의 침체에 있음을 들어 봉건적 혈통관계, 즉 대종(大宗: 長子) - 소종(小宗: 長子 이외의 남자) - 군종(羣宗: 형제 중에 가장 나이가 어린 사람)에 따른 차별적 토지분배를 주장했고,[312] 상업적 행위를 억제할 것을 요구했다.[313] 그러나 그의 토지분배론은 농민층의 빈곤으로 말미암아 봉건질서가 심각하게 도전받고 있는 현실을 반영하여 빈부의 조화를 꾀함으로써[314] 차별질서를 유지하려는 것이었지, 결코 항구적이고 지속적으로 모든 사람들에게 토지를 고루 분배할 것을 주장한 것은 아니었다. 또한 그의 상공업억제론 역시 상공업의 발달이 지속되고 있는 상황하에서 봉건적 농업사회로의 복귀를 꾀하는 시대역행적인 것이었다고 볼 수 있다. 이것은 이미 18세기 후반 이후 한국과 일본에서 상공업의 적극적 장려를 통한 부국책 마련의 필요성이 제시되고 있었던 것과는 대조적이라 할 수 있다.

---

311) "十一月, 侯官林文忠公(則徐)由湖廣總督入覲. 頒給欽差大臣關防, 馳往廣東查辦海口事件, 水師咸歸節制, 先生作序贈行, 極言戰守之策"(위의 책, 附錄, 定盦先生年譜).

312) 위의 책, 第一輯, 農宗 및 附圖一(大宗圖), 二(小宗圖), 三(羣宗圖) 참조.

313) "漢初最抑商買, 高祖禁買人不得衣絲, 乘車而孝悌力田有常科, 三老有常員, 以驅民於南畝"(위의 책, 對策).

314) "此貴乎操其本源, 與隨其時而劑調之"(위의 책).

다음으로 공자진은 국가쇠퇴의 원인이 부패하고 무능한 관리들의 행태에 있다는 점을 들어 인재등용 방법의 개혁을 요구했다. 그러나 그의 인재등용 방법의 개혁은 개체로서 인간이 고유하게 가지고 있는 기능을 국가발전을 위해 유용하게 사용하기 위한 것이라기보다는, 제도상의 변화를 통해 자신과 같은 사족계층이 보다 용이하게 정치에 참여할 수 있는 방법을 모색한 것에 불과했다. 공자진이 그 구체적인 방안으로 한림원 출신이 아니면 대학사(大學士)가 될 수 없다는 것을 지적한 것315)과 장기간을 필요로 하는 승급제도의 개혁을 통한 인사적체의 해소를 지적한 것316) 등은 이 점을 잘 보여주는 것이다.

　이 밖에도 공자진은 정부조직의 개편317)과 부역제도의 개선,318) 국가방위의 중요성319) 등을 정책대안으로 제시했으나, 실질적으로 봉건질서의 와해를 시인하고 이를 부국강병의 현실론으로 극복하고자 하는 적극성을 보여주지는 못했던 것으로 평가할 수 있다.

　이상에서 살펴본 바와 같이 아편전쟁 직전 중국의 대내외적 혼란기에 공양학의 삼세설(三世說)을 바탕으로 현실개혁의 필요성을 제시했던 공자진의 정치사상은 대내적으로는 제왕권적 권위질서 및 사회적 차별질서를 유지하면서 대외적으로는 중화주의적 질서관을 고수하는 범위 내에서 단지 군주권에 의한 위로부터의 개혁만을 지향한 봉건적인 것이었다. 그의 인성론 및 우주론, 그리고 인식론은 이러한 공자진의 정치목표를 당위화하기 위한 이론적 논의에 불과한 것이었다. 그가 현실 개혁의 당위성을 논증함으로써 당시 보수적 귀족층에 비해 혁신적 논리를 전개한 것은 사실이지만, 그것은 인간 그리고 우주에 대한 객관적 · 실증적

---

315) "非翰林出身, 例不得至大學士"(위의 책, 明良論三).
316) 위의 책 참조
317) 위의 책, 第五輯, 上大學士書 참조
318) 위의 책, 第一輯, 對策 참조
319) "而今日之要道, 曰疏, 曰防"(위의 책).

접근 및 세계에 대한 새로운 인식의 변화를 수반한 것이 아니었다고 평가할 수 있다. 19세기 초반 대표적 개혁론자로 평가되는 공자진의 사상이 내포한 이러한 보수성은 결국 변화하는 현실에 적절히 대응하지 못했던 당시 중국 지식인층의 입장을 보여주는 것이었다. 그리고 이 점이 그 후 서구열강의 급격한 중국침투와 내부혼란을 극복하지 못한 사상적 원인이었다고 평가할 수 있을 것이다.

3. 위원의 개혁사상

위원[320]의 사상적 활동시기는 19세기 초·중엽으로서 앞서 논의한 공자진의 시대배경과 상당부분 일치한다. 즉 18세기 말부터 19세기 초반까지의 중국의 정치·경제·사회적 상황은 농민반란으로 대표되는 피지배계층의 봉건질서에 대한 도전, 아편수입에 따른 은(銀)의 과도한 해외유출로 인한 청조의 재정악화와 국내경제에의 충격, 그리고 아편을 매개로 자유무역권을 확보하려는 서구열강의 의도와 이에 대한 청조의 중화주의적 차별관을 바탕으로 한 전통적 쇄국정책의 고수 등이 이 시기의 특징이었다.

그러나 공자진이 단순한 무역개방 압력이 아닌 서구열강의 대중국 무

---

320) 위원(魏源, 1794-1856)의 자는 묵심(默深)이며 호남성 소양(邵陽)의 금담(金潭) 사람이다. 15세 때 양명학을 공부했으나 20세 이후 공자진과 더불어 유봉록(劉逢祿)에게 공양학을 배워 공양학파의 대표자가 되었다고 한다. 공자진과 마찬가지로 관직생활은 그다지 화려하지 않았지만 1842년(道光 22년) 남경조약 체결과 더불어 서구열강의 무력침투가 가속화되자, 『성무기(聖武記)』, 『해국도지(海國圖志)』 등을 편찬하여 서양 군사기술의 도입과 서양정세의 파악을 통해 서구열강에 대적할 것을 주장하는 '용이제이(用夷制夷)·이이공이(以夷攻夷)·사이장기이제이(師夷長技以制夷)'론을 전개함으로써 19세기 후반 중국의 개혁·개방사상, 특히 중체서용적(中體西用的) 양무운동의 토대를 형성한 사상가로 평가되고 있다(『魏源集』, 臺北: 鼎文書局印行, 1975, 附錄, 邵陽魏府君事略 및 魏源傳 참조).

력침입을 경험하지 못하고 사망한 반면, 위원은 19세기 초반의 서구열강과 중국의 긴장관계가 전쟁으로 비화된 아편전쟁 및 그 이후 1860년대까지의 서구열강의 대중국 무력침탈과정을 직접 경험했다. 더욱이 1850년부터 1864년까지의 반봉건 · 반외세적 태평천국운동(太平天國運動)이 초래한 대내적 혼란을 체험했다는 중요한 시대적 차이점이 있었다. 구체적으로 19세기 중반 이후 중국은 서구열강과의 직접대결에서 연속 패배함으로써 강제적 문호개방을 경험했고 점차 서구열강의 이권침탈의 장(場)으로 전락해 가고 있었다. 즉 1840년의 아편전쟁의 패배로 1841년 서구(영국)와 최초의 불평등조약인 천비가조약(川鼻假條約) 및 광동협정(廣東協定)이 체결되었고, 1842년에는 남경조약이, 그리고 1843년에는 남경조약 추가조약이 체결되었다. 특히 남경조약 추가조약에는 영국 이외의 외국에 대해 영국과 동일한 외교적 · 경제적 권리를 부여한다는 최혜국(最惠國) 조항이 삽입되어 이를 근거로 1844년에는 미국 및 프랑스와 각각 망하조약(望廈條約)과 황포조약(黃埔條約)을 체결했다. 더욱이 중국은 1856년 애로우(Arrow)호 사건으로 인한 전투에서 또 다시 패배함으로써 당시 동아시아를 둘러싼 4대 강국이었던 영국 · 러시아 · 프랑스 · 미국과 1858년 천진조약(天津條約)을 체결했으며, 천진조약의 비준문제를 계기로 영 · 불 연합군의 북경 공격이 감행되어 1860년에는 북경조약이 체결되었다. 중국이 서구와 맺은 이러한 각종 조약들은 결국 서구열강의 중국 내 경제적 이익획득을 용이하게 하기 위한 것이었을 뿐만 아니라, 영토 · 정치 · 외교적으로 중국에게 커다란 손실을 준 불평등한 것이었다. 그럼에도 불구하고 청조는 이와 같은 과정을 중국 역사상 무수히 존재했던 이민족의 일시적 침입으로 인식하여 안일하게 대처했다. 중화주의적 세계관에 대한 일체의 회의나 비판 없이 오직 무력저항만을 고집함으로써 국가적 위기상황을 극복하는 데 근본적인 한계와 무기력을 노출시킨 것이다.

이러한 대외관계에서의 청조의 무능과 아편전쟁이 초래한 격심한 정
치·사회적 혼란 가운데 빈곤과 수탈에 고통받는 농민 및 유민들이 반
봉건·반외세의 기치를 내걸고 일으킨 것이 1850년에서 1864년까지의
태평천국운동이었다. 반유교주의적 태도를 표방하고 평등적 대내질서관
을 지향하면서도 대외관계에서는 중화주의적 우월주의를 고수한 태평
천국운동은 청조를 지탱하는 봉건적 차별질서에 대한 철저한 도전이었
다는 사실과 서구열강의 지원을 받았다는 점이 결국 서구열강이나 중국
민에게 청조의 대내적 통치능력의 한계를 더욱 극명하게 보여주는 것이
었다.

이와 같이 위원이 활동했던 19세기 초·중반은 18세기 말부터 진행되
어온 피지배계층의 빈곤 및 이에 따른 정부의 무능력으로 인한 봉건질
서의 와해현상이 두드러지고, 이와 함께 서구열강의 대중국 직접무력침
투가 본격화됨으로써 정치·경제·사회적 불안정이 가속화되던 시기였
다고 볼 수 있다. 이러한 상황하에서 공자진과 마찬가지로 유학적 차별
질서관을 유지하는 범위 내에서 위로부터의 점진적인 법적·제도적 개
혁을 주창하는 동시에 서구열강의 무력침투에 직면하여 서구의 군사 및
기물(器物) 지식의 수용을 통한 강병론을 제시하여 그 뒤 중체서용적(中
體西用的) 양무운동의 토대가 되었던 것이 위원의 사상이었다.

1) 현실관과 정치목표

위원은 당시 중국이 처한 혼란의 근원이 내우외환을 극복할 수 있는
각종 인적·법적·제도적 개혁의 미비에 있다고 보았다. 이 점에 관해
그는 "현재 재용(財用)이 부족하다는 것은 국가가 가난하다는 것이 아니
라 인재가 없다는 것을 이르는 것이다. 조정의 명령이 해외에서 이행되
지 않는다는 것은 국가가 약하다는 것이 아니라 그 명령이 국가 내에서
조차도 이행되고 있지 않다는 것을 말하려는 것이다"[321]라고 하여 유능

한 인재의 부족이 초래한 비효율적인 행정체계가 현실의 모순을 가져온 중요한 요인이라는 점을 지적했다. 이와 동시에 "천하에 수백 년 동안 지속되면서 폐단이 없는 법은 없으며 변하지 않는 법은 없다. 또한 폐단을 제거하지 않고 이익을 가져올 수 있는 법은 없는 것이며 고치지도 않으면서 변통할 수 있는 법은 없는 것이다"[322]라고 함으로써, 시세의 변화에 따라 변경되지 않고 폐단만을 일으키는 법 및 제도를 고수하는 것이 중국이 당면한 위기의 또 다른 요인이라는 점을 밝혔다. 이렇게 볼 때 결국 위원의 현실인식은 봉건질서의 와해에 직면한 상황에서도 현실위기의 근원을 봉건적 차별질서 자체에 두기보다는 표면적인 관리들의 무능력이나 법적·제도적 장치의 불합리성 내지는 불완정성에 두고 있는 것이라고 할 수 있다.

공양학파의 대표자로서 위원 또한 공자진과 마찬가지로 자신이 주장하는 개혁의 당위성을 역사의 변천과정에 대한 추리적 해석을 통해 입증하려고 했다. 즉 그는 "(역사적으로) 치세(治世)가 오래되면 안정에 익숙해지고 이러한 안정은 곧 즐거움을 가져온다. 그러나 즐거움은 혼란을 일으키며, 그러한 혼란이 오래되면 근심에 익숙해지고 근심은 걱정을 낳으며 걱정은 다시 치세를 가져온다"[323]는 순환론적 역사론을 통해 현재의 혼란과 우환을 개혁으로 극복하면 다시 치세가 될 수 있다고 주장했다. 그렇다고 해서 위원의 역사론이 복고주의적 순환론만을 지향하는 것은 아니었다. 그에 따르면 크게는 정치체제로부터 작게는 전제·세제·부역법·관리선발법·병제(兵制) 등 각종 법 및 제도에 이르기까지 비록 성왕(聖王)이라도 다시 마음대로 과거의 것으로 변경시킬 수는

---

321) "今夫財用不足, 國非貧, 人材不覯之謂貧, 令不行於海外, 國非羸, 令不行於境內之謂羸"(聖武記序, 위의 책, 附錄, 邵陽魏府君事略에서 재인용).

322) "天下無數百年不弊之法, 無窮極不變之法, 無不除弊而能興利之法, 無易簡而能變通之法"(위의 책, 籌鹺篇).

323) "治久習安, 安生樂, 樂生亂, 亂久習患, 患生憂, 憂生治"(위의 책, 默觚下, 治篇二).

없는 것이며, 오직 사람들〔人情〕이 불편하다고 느끼는 것만 과거의 것을 복귀시킬 수 있는 것이지 사람들이 모두 편하다고 생각하는 것은 결코 복귀시킬 수 없는 것이다.[324] 이런 점에서 위원의 개혁론은 복고적 개혁을 요구하기보다는 시세의 변화에 따라 혁신될 수 있는 개혁을 요구한 것으로 볼 수 있다.

그럼에도 불구하고 위원의 개혁요구는, 앞서 언급한 바와 같이 봉건체제 자체의 모순을 해결하기 위한 인식의 근본적 변화와 그에 따른 현실적 조치들을 강구하려는 것이 아니라 철저히 봉건적 차별질서를 유지하는 바탕 위에서 점진적인[325] 인적·법적·제도적 변화만을 지향한 것이었다. 이것은 그의 정치목표가 결코 보약제강(保弱制强)을 바탕으로 한 다수 피지배계층의 이익확보에 있지 않고 제왕권적 권위질서의 고수와 차별체제 내에서 자신이 속한 사대부 귀족계층의 역할을 증대시키는 데 있음을 보여주는 것이라 하겠다. 구체적으로 위원은 한편으로 "천자(天子)란 중인(衆人)들이 모아서 만든 것이다. 따라서 인간을 업신여기고 인간에게 오만하게 구는 것이 하늘을 업신여기고 하늘에게 오만하게 구는 것이 아니겠는가? 인간이 모이면 강해지고 흩어지면 약해지며 조용하게 만족하고 살면 번창하고 불만이 많으면 황폐해지며 인간이 등을 돌리면 망하고 만다. 그러므로 천자는 자신 스스로를 중인 중 한 명이라고 보고 천하(天下)는 천하의 천하로 보아야 하는 것이다"[326]라고 하여 군주가

---

324) "租庸調變而兩稅, 兩稅變而條編, 變古愈盡, 便民有甚, 雖聖王復作, 必不舍條編而復兩稅, 舍兩稅而復租庸調也, 鄕擧里選變而門望, 門望變而考試, 丁庸變而差役, 差役變而僱役, 雖聖王復作, 必不舍科擧而復選擧, 舍僱役而爲差役, 丘甲變而府兵, 府兵變而彍騎, 而營伍雖聖王復咋, 必不舍營伍而復爲屯田爲府兵也, 天下事, 人情所不便者變可復, 人情所羣便者變則不可復"(위의 책, 治篇五).

325) "雖然, 立能行之法, 禁能革之事, 而求治太速, 疾惡太嚴, 革弊太盡, 亦有澈而反之者矣"(위의 책, 治篇三).

326) "天子者, 衆人所積而成, 而侮慢人者, 非侮慢天乎, 人聚則强, 人散則尪, 人靜則昌, 人訟則荒, 人背則亡, 故天子者視爲衆人中之一人, 斯視天下爲天下之天下"(위의 책).

중인 중의 한 명일 뿐이라는 군주추대론을 제시하기도 했다. 또한 49명의 지혜를 합한 것이 요왕(堯王)이나 우왕(禹王) 등 소위 유가에서 말하는 성왕의 지혜보다 낫다고 하는 등[327] 제왕권의 절대성을 부인하는 혁신적인 태도를 보이기도 했다. 그러나 다른 한편으로 "성왕의 정치란 일의 공적(功績)으로 재앙과 혼란을 없애주고 도덕으로 일의 공적을 녹여주며 반역하는 자는 멸망시키고 불순(不順)하는 자는 추방시키는 것이다"[328]라고 하여 제왕권의 강력함을 부각시켜 제왕권적 권위질서에 대한 일체의 도전을 용납할 수 없다는 입장을 견지했다. 또한 봉건체제하에서나 군현체제(郡縣體制 : 中央執權體制)하에서 모두 변하지 않는 것은 오직 존왕(尊王)이라는 주장[329]을 통해 제왕권의 유지·강화를 욕구하는 입장을 명확히 했다.

이렇게 위원의 정치적 입장이 모순적인 것처럼 보이는 것은 그의 중요한 정치목표 중 하나가 바로 자신이 속한 귀족 사대부계층의 정치적 입장을 강화하는 데 있었기 때문이었다. 이를 위해 그는 먼저 모든 대응하는 것 중에는 반드시 주(主)가 되는 것과 보(輔)가 되는 것이 있는데 하늘과 땅이 존비(尊卑)로 나누어지는 것과 같이 인간사회에서도 신하는 반드시 임금의 명을 받들어야 하고 자식은 아버지의 명에 복종해야 하며 아내는 남편의 명에 순종해야 하는 것[330]이라고 하여 봉건적 차별질서 유지의 당위성을 주장했다. 또한 마음을 쓰는 사람〔勞心者〕은 육체노동〔勞力〕을 할 수 없으며 문학과 정사(政事)는 같은 근원에서 출발한 것

---

327) "合四十九人之智, 智于堯禹"(위의 책, 治篇一).
328) "是以聖王之治, 以事功銷禍亂, 以道德銷事功, 逆而泯之, 不順而放之"(위의 책, 治篇十四).
329) "封建之世喜分而惡合, 郡縣之世喜合而惡分, 二者皆所以尊王, 而治法本于治人"(위의 책, 治篇九).
330) "有對之中必一主一輔, 則對而不失爲獨, 乾尊坤卑, 天地定位, 萬物則而象之, 此尊無二上之誼焉, 是以君令臣必共, 父命子必宗, 夫唱婦必從"(위의 책, 默觚上, 學篇十一).

이므로,331) 사대부는 서민의 머리〔首〕로서332) 오직 정치와 언어와 문학을 담당해야 한다333)는 주장을 전개함으로써, 맹자와 동일한 논리334)를 가지고 귀족계층의 비생산성을 정당화하는 한편 자신이 속한 귀족계층의 역할과 지위를 명확히 하려고 했다. 이런 점을 볼 때 앞서 언급한 군주추대론이나 다수의 지혜가 성왕보다 나을 수 있다는 위원의 주장은 결국 피지배계층 모두를 염두에 둔 것이라기보다는 사족계층의 정치·사회적 발언권을 강화하기 위한 것이었다고 할 것이다.

위원의 이와 같은 제왕권의 절대성 확인과 유학적 차별질서의 유지, 그리고 자신이 속한 귀족계층의 이익확보라는 정치목표의 설정은 그의 개혁론의 본질이 결코 욕구주체로서 인간간 동등성의 전제하에 고통받는 다수 피지배계층의 생존권 및 이익추구권을 확보하여 궁극적으로 국가적 생산력의 발전을 이룩하는 데 있지 않았음을 나타내는 것이다. 이러한 위원 정치목표의 성격은 "천도(天道)는 모으는 것을 싫어하고 분산시키는 것을 좋아하며, 왕정(王政)은 균등한 것을 좋아하고 편중된 것을 싫어한다"335)고 하여 사회 내 부익부 빈익빈 현상의 타파를 요구하면서도, "부유한 토지소유자가 없으면 국가가 빈곤하고, 중간 정도의 토지를 가진 사람이 없으면 국가가 위태롭다"336)고 하고, 정책론적 측면에서 "검소함은 미덕으로서 사치를 금하는 것은 검소함을 숭상하는 것이지만 그것을 법률로써 규정하거나 부의 소유를 법으로 규제할 수는 없다"337)

---

331) "故勞心者不勞力, 尙武者不修文, 文學每短於政事, 政事多絀于文學"(위의 책).

332) "士者, 庶民之首也"(위의 책, 默觚下, 治篇十三).

333) "士大夫作而行之, 政事言語文學之職也"(위의 책, 默觚上, 學篇九).

334) "或勞心或勞力, 勞心者治人, 勞力者治於人, 治於人者食人, 治人者食於人, 天下之通義也"(『孟子』, 滕文公上).

335) "天道喜積而惡散, 王政喜均而惡偏"(『魏源集』, 默觚下, 治篇十四).

336) "故土無富戶則國貧, 土無中戶則國危"(위의 책).

337) "儉, 美德也, 禁奢崇儉, 美政也, 然可以勵上, 不可以律下, 可以訓貧, 不可以規富"(위의 책).

고 함으로써 오히려 당시 소수 부유층 및 대토지 소유 지주층의 부의 독점과 피지배계층의 빈곤을 정당화시키는 그의 주장에서도 잘 나타나 있다.

따라서 그의 인성론 및 우주론 그리고 인식론 또한 이와 같은 위원의 정치적 입장과 목표를 당위화하기 위한 이론적 논의에 불과한 것이었으며, 개체로서의 인간 및 사물의 독자성 및 평등성, 그리고 세계에 대한 근본적인 인식의 변화를 수반하지 못한 것이었다.

2) 정치목표 달성의 이론적 기초

먼저 인성론적 측면에서 위원은 인의예지의 차별원리가 인간의 본성 속에 내재에 있으며, 그것이 성선(性善)의 원리라는 유학의 인성론을 답습했다. 그는 이 점에 대해 "그 지나간 행적(行蹟: 軌轍)은 다르지만 도(道)가 함께 기르고 함께 행한 바는 크다. 같은 것은 요(堯)이고 걸(桀)이 아니라는 것이다. 성선과 타고난 천성〔秉彝〕은 두 가지 다른 것이 아니다"338)라고 하고, "같은 것은 인(仁)이요 다만 인을 좋아하느냐 불인(不仁)을 싫어하느냐로 구분될 뿐이다"339)라고 하여 인간이 차별원리를 준수하는 존재임을 분명히 했다. 위원은 또한 정(情)이란 성(性)이 발현되어 나타나는 것이라고 하면서 선(善)은 성의 과실(果實)이 나타난, 즉 정이 성에 바탕을 두고 충분히 발현된 것을 이르며 악(惡)이란 그 반대로 과실이 없이 가시〔荊棘〕만 있는 것을 말한다340)고 했다. 그가 "기품(氣稟)과 물욕은 모두 성(性)에 근본을 두고 있는 것이 아니다"341)라고 하고

---

338) "其軌轍不同者, 道之並育並行所以大, 其同是堯而非桀者, 性善秉彝之無二也"(위의 책, 默觚上, 學篇十一).

339) "同一爲仁也, 而有好仁惡不仁之分"(위의 책, 學篇一).

340) "性根于心, 萌芽于意, 枝分爲念, 鬱茂爲情, 則性之華也, 善其果實之熟, 惡其荊棘之歧乎"(위의 책, 學篇十三).

341) "氣稟物欲, 皆爲性分所本無"(위의 책, 學篇一).

"정욕이란 예의(禮儀)가 전혀 개입된 것이 아니다"342)라고 한 것으로 미루어, 위원에게 선이란 일체의 색욕·재화욕·승욕(勝欲) 등 물욕을 추구하지 않고343) 다만 성선의 원리인 인의예지의 선재원리(先在原理)를 바탕으로 한 차별질서에의 순응을 의미하는 것이었다. 그리고 악(惡)이란 비본성적 물욕추구로 인한 차별질서의 혼란이었다고 할 수 있다.

이렇게 철저히 인간의 욕구를 본성에서 제외시켰다는 점에서 위원의 인성론은 과욕론(寡欲論)이나 기질지성론(氣質之性論)을 통해 인간의 욕구를 부분적으로 시인했던 맹자나 주자의 인성론보다 훨씬 보수적인 것으로 볼 수 있다. 이는 그가 "과욕으로써 만족하고 무욕(無欲)을 잘못된 것이라고 하는 것을 어찌 옳다고 하겠는가"344)라고 하여 맹자의 과욕론을 비판하는 동시에 "기질지성(氣質之性)은 군자가 가지고 있는 본성이 아니다"345)라고 함으로써 주자학적 인성론까지도 전면적으로 부정한 것에 잘 드러나 있다.

이처럼 19세기라는 시대적 근대성에도 불구하고 위원이 이전의 학자들보다 더욱 보수적인 입장에서 인간의 물욕을 악의 근원으로 규정한 것은 피지배계층의 반봉건 투쟁이 가속화되던 당시 시대상황 속에서 물욕의 시인이 봉건질서의 와해를 정당화시키고 촉진시킬 수 있다는 정치적 판단 때문이었던 것으로 보인다. 이러한 점은 그가 "본성을 다하여 명(命)을 지극히 받드는 학문은 말로써 중인(中人)에게 밝힐 수 없는 것이며 정(情)이 성(性)으로 올바르게 복귀하는 것에 관한 학문은 중인 이하의 사람에게 말할 수도 없는 것이다"346)라고 한 데에서 알 수 있다.

---

342) "情欲無介乎儀容"(위의 책, 學篇六).
343) "忿起於好勝, 故好勇, 好鬪與貨, 色同病, 好卽欲也"(위의 책, 學篇四).
344) "彼以寡欲爲足, 無欲爲非者, 何足以臧乎"(위의 책).
345) "故氣質之性, 君子有不性者焉"(위의 책, 學篇十二).
346) "盡性至命之學, 不可以語中人明矣, 反情復性之學, 不可語中人以下不又明矣"(위의 책, 學篇四).

더욱이 그는 "정이 발현하여 예의에 이른다는 것은 오직 사서인(士庶人)에게 가르쳐 다스리는 데 필요한 것이지 결코 왕후대인(王侯大人) 등 지배계층에게 해당되는 것은 아니다"[347]라고 함으로써, 결국 차별질서 파괴로 인한 사회적 혼란의 원인이 중인 이하 피지배계층에게 있음을 분명하게 지적했다.

이와 같이 위원의 인성론은 봉건질서의 유지라는 자신의 정치목표를 반영하여 차별의 원리가 본성 속에 내재해 있다는 유학적 인성론을 적극 옹호함으로써 욕구주체로서의 인간간 평등성이나 개체성의 인정을 통한 상대적 동등성을 도출해내지 못하는 보수성을 보여주었다. 물론 그는 다른 한편으로 기술발전을 통한 국가적 생산력의 확대를 욕구한 나머지 "기예(技藝)도 도(道)로 나아갈 수 있고 신(神)과 통할 수 있기 때문에 중인(中人)이라도 상지(上智)가 될 수 있으며 … 따라서 인간은 스스로 조화를 이룰 수 있다"[348]고 하여 인간의 후천적 노력으로 선천적 차별을 변경시킬 수 있다는 점을 암시하는 혁신적 사고를 표출하기도 했다. 그러나 그것은 어디까지나 계층간 자연스러운 이동을 전제로 한 것이 아니라 단지 기술발전의 측면에서 기예를 담당하는 중인계층의 역할을 지적한 것에 불과한 것이었다. 오히려 그가 도덕론적 측면에서 이익[利]과 해로움[害]을 따지기보다는 무엇이 옳고[是] 무엇이 그른가[非]를 판단하는 것이 중요하다는 점을 지적[349]하는 동시에 차별원리의 현실적 실천덕목으로서 충과 효 그리고 순종(順從)을 제시한 것이나,[350] 인식론적 측면에서 다음과 같이 계층간 차별을 적극 부각시킨 것 등으

---

347) "然則發情止禮義者, 惟士庶人是治, 非王侯大人性命本源之學明矣"(위의 책).
348) "技可進乎道, 藝可通乎神, 中人可易爲上智, … 是故人能與造化相通, 則可自造自化"(위의 책, 學篇二).
349) "論是非不論利害, 有時或成是與利俱, 論利害不論是非, 有時或非與害俱"(위의 책).
350) "有對之中必一主一輔, 則對而不失爲獨, 乾尊坤卑, 天地定位, 萬物則而象之, 此尊無二上之誼焉, 是以君令臣必共, 父命子必宗, 夫唱婦必從"(위의 책, 學篇十一).

로 볼 때 그의 논의 속에 봉건적 차별질서에 대한 어떠한 회의나 비판이 수반되고 있지 않음을 알 수 있다.

> 크게 깨달음[大覺]은 해와 같고 밝게 깨달음[明覺]은 달과 같으며, 홀로 깨달음[獨覺]은 별과 같고 편협된 깨달음[偏覺]은 횃불과 같다. 또한 작은 깨달음[小覺]은 등잔불과 같고 우연한 깨달음[偶覺]은 번갯불과 같으며, 망령된 깨달음[妄覺]은 반딧불과 같다. 해는 성인(聖人)이고 달은 현인(賢人)이며 별은 군자(君子)이다. 그리고 횃불은 호걸(豪傑)이고 등잔불은 유학자이며, 번갯불은 상인(常人)이고 반딧불은 천한 사람이다.351)

다음으로 위원의 우주론은 변하지 않는 차별적 우주원리의 존재와 더불어 변역(變易)의 속성을 이론화함으로써 현실의 정치목표인 차별적 봉건질서를 유지하는 범위 내에서의 인적·법적·제도적 개혁의 필연성을 논증하는 데 집중되었다.

이와 관련하여 위원은 인간을 포함한 만물의 근원을 태허(太虛) 또는 신(神)이라는 형이상학적 존재로 파악했다. 위원에 따르면 이와 같은 태허 또는 신(神)이 변천·변화력의 주체인 기(氣)를 생성하고, 이러한 기의 운동작용, 즉 기화(氣化)에 의해 인간 및 만물이 생성되고 활동하는 것이다. 그는 이 점에 대해 "태허의 정기(精氣)가 유동(流動)하여 만물을 생성하며 따라서 태허는 만물의 근본[眞宅]이다"352)라고 했고, "신(神)이 움직이면 기(氣)가 움직이고 기가 움직이면 소리가 움직인다. 신으로써 기를 부르는 것은 어머니로써 자식을 부르는 것과 같아서 인위적으로 부르지 않아도 자연스럽게 오는 것이다"353)라고 표현했다. 그가 "하나

---

351) "大覺如日, 明覺如月, 獨覺如星, 偏覺如燎炬, 小覺如燈燭, 偶覺如電光, 妄覺如燐火, 日光, 聖也, 月, 賢也, 星, 君子也, 燎, 豪傑也, 燈, 儒生也, 電, 常人也, 燐, 小點也"(위의 책, 學篇五).
352) "太虛之精氣流動, 充盈于天地間, 必有入也"(위의 책, 學篇十四).

[一]가 변화를 낳고 변화가 무궁(無窮)함을 낳는다"354)고 했을 때 하나란 바로 존재의 근원으로서의 형이상학적 태허나 신을 의미하는 것이며, 무궁한 변화·변천이란 그러한 태허나 신에 의해 생성된 기의 속성을 뜻하는 것이라고 볼 수 있다.

그렇다면 실질적인 변화·변화력의 주체인 기의 본질은 무엇이고 기의 운동작용의 구체적 내용은 무엇인가? 위원에 따르면 기는 모이고 흩어지는 취산작용을 본질로 하고 있고, 그러한 취산작용에 의해 생성된 만물·만사는 끊임없이 변천·변화하며 상호 대립적이면서도 상호 보완적인 관계를 맺는다고 한다. 이에 대해 구체적으로 그는 먼저 "광명(光明)이 모이면 살고 흩어지면 죽으며, 깨어 있으면 낮이고 잠들어 있으면 밤이며, 그 빛을 온전히 보존하면 총명하고 빛을 잃어 어두우면 어리석다"355)라고 하여 기를 광명이라는 자연현상으로 구체화시켜 그 본질을 설명했다. 다음으로 만물의 변천성에 관해서는 "삼대(三代) 이상의 하늘과 땅은 오늘날의 하늘·땅과 다르며 인간과 사물 또한 오늘의 인간·사물과 같지 않다"356)고 했다. 또한 "비록 음양이나 한서(寒暑) 그리고 주야(晝夜)와 같이 서로 상반되는 것이라 하더라도 봄이 아니면 겨울이 있을 수 없고 사이(四夷)가 아니면 중국이라 할 수 없으며, 소인이 아니면 군자가 있을 수 없으므로 상반(相反)은 상성(相成)에 의해 이루어지는 것이라고 할 수 있다"357)고 함으로써, 기에 의해 생성된 만물·만사의 상호 대립성과 보완성을 표현했다.

---

353) "是以神動則氣動, 氣動則聲同, 以神召氣, 以母召子, 不疾而速, 不呼而至"(위의 책, 學篇五).
354) "一生變, 變生化, 化生無窮"(위의 책, 學篇十一).
355) "光明聚則生, 散則死, 寤則晝, 寐則夜, 全則哲, 昧則愚"(위의 책, 學篇五).
356) "三代以上, 天皆不同今日之天, 地皆不同今日之地, 人皆不同今日之人, 物皆不同今日之物"(위의 책, 默觚下, 治篇五).
357) "雖相反如陰陽寒暑晝夜, 而春非冬不生, 四夷非中國莫統, 小人非君子莫爲姘嬙, 相反適以相成也"(위의 책, 默觚上, 學篇十一).

이러한 위원의 설명을 볼 때, 그가 '기의 작용에 의해 생성된 만물·만사는 상호 대립적인 상반성을 가지면서 끊임없이 변천·변화한다'라는 명제를 상정하고 있다고 볼 수 있는가? 다시 말해 변천·변화의 속성이 만물·만사의 대립적 관계[예를 들어 군자-소인 관계나 사이(四夷) - 중국(中國) 관계 등]의 변천·변화까지도 가능한 것으로 전제하고 있는 것인가? 앞에서 언급한 것처럼 위원의 정치목표가 차별적 봉건질서를 유지하는 범위 내에서 인적·법적·제도적 개혁을 이루는 데 있었음을 상기한다면, 그가 의미하는 변천·변화란 단지 형세(形勢)의 변천·변화에 불과한 것이며 만물·만사의 대립적 상반관계의 변천·변화까지를 의미하는 것은 아니라는 점을 알 수 있다. 이 점에 대해 그는 "변하지 않는 것은 도(道)일 뿐이며 세(勢)는 나날이 변하여 다시 회복될 수 없다"[358]고 했다. 즉 차별원리 그 자체는 변할 수 없는 것이며 다만 치란(治亂)과 같은 형세의 변화만이 존재할 뿐이라는 점을 들어 현실의 보수적 개혁을 당위화하려고 했던 것이다. 위원이 "일음(一陰)·일양(一陽)은 하늘의 도이므로 성인이 항상 음을 억눌러 양을 도와주는 것이며, 일치(一治)·일란(一亂)도 하늘의 도이므로 반드시 성인이 바른 것으로 회복시켜 난을 다스리는 것이다"[359]라고 하여 형세의 변화 속에서도 결국 차별질서의 유지는 영원불멸할 것임을 거듭 밝힌 것에도 이러한 입장이 잘 나타나 있다.

이상에서와 같이 위원의 우주론은 기의 운동작용에 의한 변천·변화의 원리를 상정했음에도 불구하고, 결국 봉건질서의 유지라는 자신의 정치목표로 말미암아 차별원리의 불변성을 우주의 원리로 규정하는 한계를 보여주었다. 따라서 인성론과 마찬가지로 그의 우주론 또한 자연

---

358) "其不變者道而已, 勢則日變不可復者也"(위의 책, 默觚下, 治篇六).
359) "一陰一陽者天之道, 而聖人常扶陽以抑陰, 一治一亂者天之道, 而聖人必撥以反正"(위의 책, 默觚上, 學篇四).

계 내의 각 개체의 독자성에 바탕을 둔 상대적 동등성이나 자연에 대한 객관적 이해의 발판을 마련할 수 있는 논의가 결여된 것이었다고 평가할 수 있겠다. 특히 "천하 만물은 홀로 존재할 수 없고 반드시 상대적인 관계를 맺고 있다"[360]라는 만물의 상대성 인정에도 불구하고 그러한 상대성이 결국 동등한 개체간의 상호 이해나 상호 보완성 주장으로 발전하지 못하고 개체 상호간의 차별적 관계의 영속성만을 의미하는 것[361]에 한정된 것은 그의 우주론 및 인식론이 유학적 범주에 머물러 있음을 보여준다고 할 것이다. 이처럼 위원이 인간 및 우주에 대한 근본적 인식의 변화를 결여하고 있었으므로 그의 국내질서관 및 국제질서관도 사회 내 계층간 기능적 평등성이나 국가간 상대적 동등성을 인정하는 것이 될 수 없음은 자명한 것이었다.

3) 국내 및 국제질서관

국내질서관의 측면에서 위원은 비생산 지배귀족계층의 피지배 생산계층에 대한 우월성을 강조하는 데 논의를 집중했을 뿐 사·농·공·상의 기능적 동등성과 같은 근대적 사고를 표출하지 못했다. 즉 그는 "작록(爵祿)을 절제할 수 있는 자는 신하(臣下: 官吏)가 될 수 있고 비단[金帛]을 좋아하는 자는 부릴 수 있으며, 음식만을 원하는 자는 먹여 기를 수 있지만 장사(壯士)에게는 음식을 맡길 수 없고 호걸(豪傑)에게는 비단을 맡길 수 없으며, 군자는 작록(爵祿)에 연연할 수 없다. 따라서 붕우(朋友)와 군신(君臣)은 같은 계층[類] 끼리 친[親]해야 한다"[362]고 하여 생산계

---

360) "天下物無獨必有對"(위의 책, 學篇十一).

361) "有對之中必一主一輔, 則對而不失爲獨, 乾尊坤卑, 天地定位, 萬物則而象之, 此尊無二上之誼焉, 是以君令臣必共, 父命子必宗, 夫唱婦必從"(위의 책).

362) "爵祿羈之者可臣, 金帛咆之者可役, 飮食乾餒之者可畜, 壯士不可飮食致也, 豪傑不可金帛致也, 君子不可好爵祿縻也, 是以朋友君臣, 以類相親"(위의 책, 默觚下, 治篇八).

층과 비생산계층 사이의 계층간 차별을 당위화했다. 또한 "하민(下民)이 상(上)의 지배를 받는 것은 마치 초목(草木)이 사시(四時)의 지배를 받는 것과 같다"[363]고 함으로써 귀족지배의 정당성을 주장했다. 더욱이 그는 "사(士)가 서민(庶民)의 머리〔首〕이다"[364]라는 주장을 통해 농·공·상보다 근본적으로 우월한 입장에서 사(士)의 지위를 규정함으로써 자신이 속한 귀족계층의 사회 내 신분적 우월성을 강조하는 차별적 국내질서관을 견지했다.

국제질서관의 측면에서도 위원은 아편전쟁을 시작으로 서구열강의 무력침투가 가속화되는 상황하에서도 전통적인 중국 중심의 화이질서관에서 근본적으로 벗어나지 못하는 한계를 드러냈다. 그는 먼저 당시 중국이 서구열강의 침투에 무기력한 원인을 서양의 정세에 어두운 것에 있다고 판단하고 "이적(夷狄)의 일을 헤아리면 반드시 이적의 정세를 알 수 있고, 이적의 정세를 알면 반드시 이적의 형세를 알 수 있다"[365]는 인식하에 서양에 대한 객관적 이해의 필요성[366]을 제시했다. 이러한 점에서 당시 청조의 폐쇄적 대외정책과는 달리 위원이 비교적 현실주의적인 정책관을 가지고 있음을 알 수 있다. 그럼에도 불구하고 이와 같은 위원의 현실 타개책은 단지 중국이 이민족의 침입이라는 일시적인 형세의 변화에 의해 초래된 혼란을 극복하기 위한 방책에 불과하다는 인식을 바탕으로 한 것이었다. 따라서 그것은 중국이 현재 서양에 비해 부족한 점을 파악하여 서양의 장점을 가지고 서양을 공격하기 위한, 즉 이적(夷狄)으로써 이적을 공격하고 이적의 장기(長技)로써 이적을 제압하기 위한[367] 전략적 방법일 따름이었을 뿐, 중국 중심의 세계관에 대한 근본

---

363) "民之制于上, 猶草木之制于四時也"(위의 책, 治篇十四).

364) "士者, 庶民之首也"(위의 책, 治篇十二).

365) "籌夷事必之夷情, 知夷情必知夷形"(『海國圖志』(서울대학교 규장각 소장본), 卷二, 籌海篇三).

366) "以實事程實功, 以實功程實事"(위의 책, 原敍).

적인 인식의 변화를 수반한 것은 결코 아니었다. 이 점은 그가 "중국만
이 유일하게 스스로를 왕화(王化)의 나라라고 했으며 다른 나라들은 모
두 오랑캐〔蠻夷〕로 보았다"368)고 전제하고, 역사와 전통, 문물과 제도는
물론 인구와 영토, 육군력(陸軍力) 등에서 중국은 다른 어떤 나라보다도
우수하며, 다만 해군력(兵船과 武器 등)에서 서구 열강보다 뒤져 있는 것
이 현실의 패배를 가져온 것이라고 보았던369) 데에서 잘 드러나 있다.
따라서 서양의 선박제조법이나 무기기술 등을 수용해 해군력만 보완한
다면 중국이 충분히 서구를 물리칠 수 있다고 보았던 것이 위원의 입장
이었다. 이렇게 볼 때 결국 위원의 국제질서관 또한 중화주의적 세계관
의 고수를 지향하는 것이었다고 볼 수 있으며 중체서용적(中體西用的)
입장에서 기술 방면의 부분적 개방과 수용을 통해 중국의 당면 모순을
해결하려는 것이었다고 평가할 수 있을 것이다. 그의 중체서용적 태도
는 다음에서 살펴볼 정책론을 통해 보다 구체화되었다.

4) 중체서용(中體西用)의 정책론

위원 정책론의 내용은 크게 다음과 같은 세 가지 방향에서 전개되었
다고 할 수 있다. 그 하나는 부패하고 비효율적인 관리임용제도를 개선
하여 능력 있는 인재를 등용하여 쓸 것을 요구하는 용인책(用人策), 즉
인재등용책이었다. 이에 대해 위원은 먼저 "사람의 장단점을 모르고 장
점 중에 단점이 있다는 것과 단점 중에 장점이 있다는 것을 알지 못하면
사람을 쓸 수 없고 가르칠 수도 없다. 사람을 쓰는 사람은 그 사람의 장

---

367) "爲以夷攻夷而作, 爲以夷款夷而作, 爲師夷長技以制夷而作"(위의 책).
368) "故中國惟自謂王化之國, 而視外國皆同亦身蠻夷"(위의 책, 卷八十一, 夷情備采一,
澳門月報一).
369) "惟論及中國海上水師之船, 較之西洋各國之兵船, 則不但不能比較, 乃令人一見, 卽
起增恨之心"(위의 책).

점을 취하고 단점을 피하며 사람을 가르치는 사람은 그 사람의 장점을 길러주고 단점을 없애주어야 하는 것이다"370)라고 하여 인재등용에서 개방적 태도를 가질 것을 요구했다. 이와 함께 "인재라는 것은 구하면 나와서 뛰어나게 되고 버려두면 궤짝과 같이 쓸모없게 된다"371)고 함으로써 적극적으로 인재를 발굴할 필요성을 역설하기도 했다. 그러나 위원이 "사대부의 역할과 임무는 정치와 언어와 문학이다"372)라는 점을 분명히 한 것에서 알 수 있듯이, 그가 요구하는 인재의 발굴과 등용은 신분을 초월하여 장점을 가진 모든 사람을 고루 등용하자는 혁신적 개혁책이라기보다는 만주족 지배의 정치체제하에서 소외된 다수의 한족 지식인층을 염두에 둔 것으로 보인다. 이것은 그가 봉건제하에서는 군주나 제후가 사적으로 친족관계에 있는 사람을 등용하는 것이 자연스러운 것이었지만 중앙집권체제인 군현제하에서는 공적 관계를 바탕으로 이민족 또는 이국(異國)의 사람까지도 등용하는 것이 타당하다는 점을 지적하면서,373) "성왕(聖王)이 사대부를 구하는 것과 사대부가 도(道)를 구하는 것은 재야(在野)에만 한정되어서도 안 되고 성읍(城邑: 지배층 내부를 의미)에만 한정되어서도 안 된다"374)고 하여 인재발굴의 대상을 권력에서 소외된 한족 사족계층으로 확대할 필요성을 제시한 것에서 잘 알 수 있다.

위원 정책론의 두 번째 방향은 국가주도하에 국가적 생산력과 부의 확대를 확보할 수 있는 각종 경제개혁에 집중되었다. 특히 그는 농업생산력의 향상 및 상업적 이익의 보존과 그것의 극대화를 지원할 수 있는

---

370) "不知人之短, 不知人之長, 不知人長中之短, 不知人短中之長, 則不可以用人, 不可以教人"(『魏源集』, 默觚下, 治篇七).
371) "故人材者, 求之則愈出, 置之則愈匱"(위의 책, 治篇九).
372) "士大夫作而行之, 政事言語文學之職也"(위의 책, 默觚上, 學篇九).
373) 위의 책, 默觚下, 治篇九 참조.
374) "聖王求士與士之求道, 固不于野而于城邑也"(위의 책).

정책방안 마련에 주력했다. 먼저 농업생산력의 확대를 위해서는 관 주도의 수리시설과 재방(隄防)시설 그리고 교량(橋梁)에 대한 보완과 확충을 요구했으며,[375] 지형과 기후에 따라 파종 시기를 조절하고 곡물재배의 다양화를 통해 농업산출력을 증대시킬 방안을 제시하기도 했다.[376] 상업적 이익의 보존을 위해서는 "해운(海運)의 이익은 크게 세 가지로, 국가의 재정에 이롭고 민생에 이로우며 상인에게 이롭다"[377]고 하여 해상운송을 촉진시키고 미비점을 보완할 각종 제도적 장치의 개선을 요구했다.[378] 또한 소금〔鹺〕의 생산과 판매를 확대시키는 방안으로 세금의 경감과 시장가격의 평준화, 그리고 가공비용 및 운송비용의 경감을 위한 법적 장치의 개선[379] 등을 주창했다. 아편전쟁기 때 위원 경제·무역 정책의 핵심은 당시 성행했던 아편무역을 근절하고 중국산 차(茶)의 수출을 증대시키는 데 있었다. 이를 위해 그는 아편이 중국인에게 미치는 해로움이 크다는 점[380]과, 영국이 아편무역으로부터 얻는 이익이 중국인이 우려하는 것보다 훨씬 크다는 점[381]을 지적하면서, 중국이 아편을 금지시키는 것은 영국이 본토와의 직접무역을 금지하는 것과 같다[382]는 주장을 통해 아편무역금지의 정당성을 역설했다. 동시에 위원은 "무역 중에 이익을 주는 것은 화물(貨物)이고 이것은 세금을 통해 얻는 이익과 같다. 하지만 이러한 것들보다 더 큰 이익을 주는 것이 바로 차엽

---

375) 위의 책, 上陸制府論下河水利書; 再上陸制府論下河水利書; 湖北隄防議; 三江寶帶橋記 참조
376) 위의 책, 吳農備荒議上, 下 참조
377) "海運之利有三, 曰國計, 曰民生, 曰海商"(위의 책, 籌漕篇上).
378) 위의 책, 籌漕篇上, 下 참조
379) 위의 책, 籌鹺篇 참조
380) "人好食生阿片, 皆害人性命之物"(『海國圖志』, 卷八十一, 夷情備采一, 澳門月報三, 論禁煙).
381) "故英國受阿片之利益, 不少亦以此招中國人之忌"(위의 책).
382) "中國禁阿片, 猶如佛蘭西之波稔王, 禁英人不淮至本地貿易相同"(위의 책).

(茶葉)이다"383)라고 함으로써 차의 수출을 촉진할 수 있는 방안 마련이 현재 중국의 국가적 부의 확대를 위해 필수적인 정책대안임을 강력히 주장했다.

마지막으로 위원의 정책론은 당시 급속히 진행되고 있던 서구열강의 침투에 대응하여 이를 극복할 대안 마련에 초점이 맞추어졌다. 앞서 언급한 대로 위원은 서구열강의 개방압력과 경제적 이권침탈에 대응하기 위해서는 무엇보다 서양의 정세와 장점을 파악하는 것이 중요하다는 점을 지적했다. 그리고 이처럼 서양의 정세와 장점을 파악하기 위해서는 전통적인 쇄국정책에서 탈피하여 개국정책(開國政策)을 취할 수밖에 없다는 것이 위원의 입장이었다. 그러나 그의 개국론의 본질은 중국의 전통과 문화에 대한 우월성에서 벗어나 서양의 제도와 문물까지도 적극 수용하여 국가발전을 이룩하기 위한 개국론이 아니라, 단지 서양의 장점이 무엇인가를 파악하여 궁극적으로 서양을 무력으로 싸워 이기기 위한 수단적 차원에서의 개국론이었다. 이것은 그가 "오늘날 능히 행할 수 있는 것은 개국하여 병사의 위세를 가지고 승리를 얻는 것뿐이다"384)라고 한 데에 잘 나타나 있다. 따라서 그의 정책론의 핵심은 무엇보다 중국이 서양에 크게 뒤쳐져 있다고 인식한 해군력을 보완하기 위해 서양의 선박제조법과 무기제조법 및 그것의 사용법 등을 수용하여 발전시키는 방법을 제시하는 데 집중되었다.385) 그가 『해국도지(海國圖志)』를 통

---

383) "貿易中貨物之利於人, 并利於稅餉, 舍茶葉外斷無勝於此者"(위의 책, 澳門月報二, 論茶葉).

384) "當日所以能行者, 以開國得勝之兵威也"(위의 책, 澳門月報一).

385) 서양의 선박제작법과 무기기술을 수용하는 방법에 관한 구체적인 정책방안에서, 위원은 당시 아시아 국가들이 흔히 행하던 서양인의 초빙을 통한 기술이전을 선호하지 않았다. 그것은 서양인에만 의존할 경우 서양인이 중국을 무시하게 되고 실제로 전쟁에 사용할 수 있을 정도의 강력한 선박제조나 무기기술을 전수하지 않을 것이라는 판단 때문이었다. 따라서 서양의 기술을 수용하되 그것을 중국인이 빨리 습득하여 서양과 대등한 군사력을 갖추어야 한다는 것이 위원의 입장이었다(위의 책 참조). 이러한 점에서

해 서양의 기기(器機)에 대해 소개하고386) 서양의 총포(銃砲) 제작법 및 사용법, 그리고 망원경 제작법 등을 자세히 설명한387) 것은 그 예이다.

이외에도 위원은 "병사(兵士)란 부득이하게 사용하는 것이며, 따라서 공격을 말하는 것은 수비를 말하는 것과 같지 않다"388)는 인식하에 성곽을 방어할 필요성과 방법을 정책론으로 제시했고, 재용(財用)의 확충을 통한 군수물자의 확보방안389) 및 이민족 특히 묘족(苗族)의 반란을 토벌할 구체적인 실천방안390)을 내놓기도 했다.

이와 같은 위원의 정책론은 당시 내우외환의 상황하에서도 무능과 안이한 현실인식에 사로잡혀 있던 청조 지배세력과는 달리, 현실의 표면적인 문제점들을 적시하고 그것을 해결할 구체적 개혁방안을 제시했다는 점에서 높이 평가할 수 있다. 특히 그가 서양 무기와 기술의 우수성을 적극 인정한 것 자체가 세계정세의 변화를 현실적으로 수용한 것이라고 할 수 있다. 그러나 봉건질서의 와해와 서구열강의 침입이라는 객관적 현실변화에도 불구하고 유학적 차별관을 고수하는 범위 내에서 위로부터의 점진적인 인적·법적·제도적 개혁에만 치중함으로써 중국사회의 모순을 치유할 근본적인 대안을 제시하지 못했다는 점은 역시 위원 사상의 본질적 한계라 할 것이다.

이상에서 살펴본 근세 후기 중국 개혁사상으로서의 대진, 공자진 및 위원의 사상은 그들의 반주자학적인 보편적 사상경향에도 불구하고, 소수 만주족의 다수 한족에 대한 지배권 확립과 이에 대한 한족 지식인층의 뿌리깊은 저항의식의 존재라는 중국 고유의 정치·사회·역사적 상

위원의 강병론(强兵論)은 현실적인 측면이 있다고도 볼 수 있을 것이다.
386) 위의 책, 卷九十四, 西洋技藝雜述 참조
387) 위의 책, 卷九十一, 西洋自來火銃法 및 卷九十五, 西洋遠鏡作法 참조.
388) "兵者不得已而用之, 故言攻不如言守"(『魏源集』, 城守篇).
389) 위의 책, 軍儲篇一, 二, 三, 四 참조.
390) 위의 책, 坊苗篇 참조.

황과, 자신이 속한 귀족계층의 이익 반영 및 제왕권적 권위질서의 유지, 중화주의적 화이질서관의 지속이라는 정치목표로 말미암아 유학적 차별질서관에 대한 근본적인 회의와 비판을 결여한 것이었다고 볼 수 있다. 동일한 시기 한국과 일본의 개혁사상가들이 노장사상의 상대관(相對觀)과 묵학의 평등관 및 생산관, 그리고 서구문물의 과감한 수용을 바탕으로 욕구주체로서의 인간간 평등성과 개체간의 상대적 동등성 그리고 부국안민의 실용적 정책론을 제시한 것에 비해, 중국의 개혁사상가들은 인간 및 세계에 대한 인식의 변화를 수반하지 못하고 유학적 차별관의 고수를 전제로 한 인적·법적·제도적 개혁에만 치중했다는 점에서 그 한계가 뚜렷하다. 바로 이러한 점이 문호개방기 중국 개혁·개방사상의 특징을 형성한 것이라 할 수 있다.

제3절 근세 후반기 일본 개혁사상의 특성

앞 장에서 살펴본 바와 같이 1604년 성립된 도쿠가와 바쿠후(德川幕府)의 권력체제는 주자학적 정치질서관을 바탕으로 한 바쿠후 권력의 절대화와 대내적 차별질서의 강화노력에도 불구하고 17세기 말 이후 급격히 분출된 대내적 모순을 해결할 능력을 보여주지 못함으로써 체제위기에 봉착했다. 이와 같은 상황은 18세기 중·후반 이후 더욱 가속화되어 봉건질서의 와해현상이 두드러졌다. 즉 바쿠한체제(幕藩體制)라는 주자학적 차별질서관을 바탕으로 한 정치체제 자체의 모순에 대한 근본적 개혁 없이 단순히 피지배계층에 대한 제도적 수탈로 당면한 재정난을 타개하려는 바쿠후(幕府)의 노력은 상업화폐경제의 성장 및 농촌경제로의 침투, 거듭되는 전염병 및 대기근 등의 자연재해와 맞물려 피지배계층의 빈곤화·피폐화를 촉진시켰다. 특히 이러한 모순에 대한 저항으로서 생존권 확보측면에서 전개되었던 농민들의 폭동 및 반란[一揆]은 18세기 후반에 이르러 더욱 빈번해졌고 이에 대해 바쿠후는 억압정책으로 일관했다.

피지배계층의 이러한 봉건질서에 대한 도전과 아울러 정치권과 연계하여 바쿠후 권력의 정당성을 비판하고 텐노오(天皇)를 정점으로 한 새로운 권력질서의 당위성을 표방하는 사상적 움직임이 전개되기도 했다. 동시에 이를 저지하기 위한 바쿠후의 강력한 탄압으로 인해 호레키(寶曆)·메이와(明和) 사건391)이 발생하기도 하는 등 정치변혁의 조짐이 태동하기도 했다.

이와 함께 일본 근세 전반기와 구별되는 후반기의 주요한 특징이라면 무엇보다 18세기 중·후반 이후 유럽의 과학지식이 본격적으로 일본에 유입되기 시작했다는 점이다. 이미 1543년(天文 12년) 포르투갈인이 종자도(種子島)에 소총을 전해주고, 또한 1549년(天文 18년) 최초의 기독교 포교가 이루어진 역사를 가지고 있는 일본은 이후 약 100여 년에 걸쳐 주로 네덜란드 상인들과의 접촉을 통해 선진적 서구문물을 흡수했다. 비록 17세기 중반 이후 도쿠가와 바쿠후의 쇄국정책으로 인해 서양 상인들과의 직접교류가 제한되었기는 하지만 상업의 발달과 더불어 서구문물의 유입은 피할 수 없는 대세였다고 할 수 있다. 이러한 상황은 18세기 이후에도 지속되어 쇄국체제하에서 유일한 대외무역 항구였던 나

---

391) 호레키(寶曆) 사건이란 1758년(寶曆 8년) 의사로서 신도가(神道家) 출신의 타케우치 시키부(竹內武部)가 반막적(反幕的) 입장에서 천황의 궁정 신하들에게 천황의 정치적 임무를 강연한 것에 대해 바쿠후가 그를 체포하여 처벌했던 것을 말하며, 메이와(明和) 사건이란 1767년(明和 4년) 역시 의사로서 타케우치 시키부(竹內武部)와 교분이 있었던 야마가타 다이니(山縣大貳)와 낭인 출신의 후지이 우몬(藤井石門)이 바쿠후의 무능력을 비판하고 천황 중심의 통일국가 건설의 필요성을 주장했다는 이유로 바쿠후에 의해 사형을 당하고, 타케우치 시키부(竹內武部) 역시 이들과 관련되어 있다는 구실로서 유배 도중 사망했던 사건을 말한다(井上淸, 차광수 역, 『일본의 역사 (상)』, 서울: 大光書林, 1995, pp 403-404 참조).

가사키(長岐)를 통해 유럽의 발달된 천문학 및 지리학 등이 주로 기독교 선교사들과 서양 상인들을 통해 유입됨으로써 일본 사상가들이 세계에 대해 새롭게 인식할 수 있었다. 중국의 경우 명나라 말기에 선교사를 중심으로 서구의 과학지식이 한족 귀족계층 및 지식인들에게 큰 영향을 미쳤으나 명의 멸망과 이민족 정권인 청의 성립, 그리고 이에 따른 민족적 대립과 배타적 화이질서관의 고수 등으로 인해 서구문물의 과감한 수용을 통한 근대적 사상발전이 정체되었다. 한국의 경우에는 중화주의적 질서관의 고수로 인해 서구인들과의 직접 접촉이 불가능한 현실 속에서 주로 중국여행을 경험한 소수 귀족계층 출신 선각자에 의해 서구문물의 수용이 이루어짐으로써 사상의 대내적 전파라는 문제에서 근본적인 한계가 있었다. 이에 비해 일본의 경우에는 지리적 특성과 문화적 후진성, 상업활동을 담당하는 쵸닌(町人) 계층의 발흥, 그리고 사상적 개방성을 지닌 피지배계층 출신 사상가들의 적극적인 수용자세 등으로 인해 서구의 발달된 지식의 유입이 상대적으로 용이했다. 그 결과 세계관의 변화와 그것의 대내적 전파라는 면에서 한국·중국과는 근본적으로 차이를 가질 수밖에 없는 것이었다.

이러한 점을 배경으로 특히 18세기 후반에 이르러서는 그 동안 진행되어왔던 선교사와 상인 중심의 서구문물 수용 차원에서 벗어나 네덜란드어를 바탕으로 서양의 자연과학적 지식을 체계적으로 연구하는 학문분야로서의 난학(蘭學)이 나가사키(長岐)를 중심으로 성립되기에 이르렀다. 이와 같은 난학의 발전은 물론 일본에서 의학·생물학 등 자연과학적 분야의 발전을 촉진시키기도 했다. 그러나 무엇보다 그것이 전통적인 주자학 또는 유학의 당위적이고 추리적인 논의에서 탈피하여 인간·자연·우주에 대한 객관적이고 실증적인 접근을 가능하게 했다는 점과, 더 나아가 대내외적 차별질서관의 고수로 상징되는 현실정치의 모순을 직시하고 그것을 극복하기 위한 구체적인 정책대안을 제시하는 토대가 되었다는 점에서 중요한 정치사상적 의의를 지닌 것이었다.

다음에서는 동아시아 전통의 반유학적 정치사상의 영향 및 이전 개혁사상의 전통과 함께 서구의 근대적 과학지식의 적극적인 수용을 바탕으로 형성·전개되었던 근세 후반기 일본 개혁사상의 흐름과 그 특징들을 미우라 바이엔(三浦梅園, 1723-1789), 시바 코오칸(司馬江漢, 1748-1818), 그리고 와타나베 카잔(渡邊華山, 1793-1841)과 다카노 쵸에이(高野長英, 1804-1850)의 사상을 중심으로 규명해보기로 하겠다.

1. 미우라 바이엔의 개혁사상

미우라 바이엔[392]의 활동시기는 이처럼 바쿠한체제의 모순이 심화되는 한편 서양의 과학지식이 급속하게 유입되고, 특히 난학이 성립되어 난학자(蘭學者)들의 구체적인 활동이 전개되기 시작한 시기였다. 그가 1745년(延享 원년) 첫 번째 나가사키 여행을 통해 서양의 천문학적 지식을 담은 『천경혹문(天經或問)』이란 책을 얻게 되고, 1778년(安永 7년) 두

---

392) 미우라 바이엔(三浦梅園, 1723-1789)의 이름[名]은 진(晋)이고, 자는 안정(安貞 또는 安鼎)이며, 매원(梅園)·무사제주인(無事齊主人)·이자산인(二子山人)·연산(攣山) 등의 호가 있었다. 1723년(享保 8년)에 북구주(北九州)의 부영촌(富永村)에서 태어나 평생을 보낸 뒤 1789년(寬政 원년) 같은 곳에서 사망했다. 그의 가문은 대대로 의업(医業)에 종사했으며, 미우라 바이엔 또한 의사로서 비교적 유복한 생활을 했으나 흉작 등으로 고통받는 농민을 구제하기 위해 애썼던 부친의 영향을 받아 농민들의 생활향상에 적극적인 관심을 기울이기도 했다. 주자학적 인성론, 우주론, 인식론에서 탈피하여 반주자학적 기철학(氣哲學)에 전통적인 상업도시이며 당시 쇄국체제하에서의 유일한 대외무역 창구였던 나가사키(長崎)로의 두 번에 걸친 여행을 통해 습득한 서구의 과학지식을 접목시켜 자연 및 인간에 대한 객관적 이해를 목표로 한 독창적인 사상을 전개한 '일본 최고의 자연철학자 내지는 기철학자'로 평가(高橋正和, 『三浦梅園』, 東京: 明德出版社, 1981, p.10)되고 있다(田口正治, 「玄語」橋本に ついて, 『日本思想大系 41 - 三浦梅園』, 東京: 岩波書店, 1982, p.605 및 附録 三浦梅園 年譜 참조; 岩崎允胤, 『日本近世思想史說(下)』, 東京: 新日本出版社, 1997, p.197 참조).

번째 여행 4년 전인 1774년에 이미 나가사키에서 서양의 해부서(解剖書)를 번역한 『해체신서(解体新書)』가 간행된 것을 시작으로 각종 네덜란드어로 된 책들에 대한 번역활동이 활발히 진행되고 있었다는[393] 점을 감안할 때, 그의 사상에 서양과학지식의 영향이 매우 크게 미쳤음을 짐작할 수 있다. 이러한 경험을 바탕으로 전통적인 반주자학적 기철학과 노장적 상대관(相對觀)에 서양의 과학지식을 접목시켜 주자학 나아가 유학적 차별질서관에 대한 근본적인 회의와 비판을 가했던 인물이 미우라 바이엔이었다.

1) 현실관과 정치목표

현실관과 관련하여 미우라 바이엔은 먼저 "소수의 상인들이 모든 부를 소유하게 됨에 따라 지배권력의 반(半)을 소유하게 되었다. … 그들은 농공인들을 노예처럼 여기고 있다. 그들만 그런 것이 아니라 농공인들 역시 그들을 주군(主君)처럼 생각하고 있다"[394]고 하여 당시 소수 부호(富豪)들에 의한 부의 독점과 고리대금업 성행의 폐해를 지적했다. 미우라 바이엔은 이와 같은 부의 편중이 결과적으로 국가재정의 부족을 초래하여 농민에 대한 가혹한 세금 징수와 이에 따른 농민의 농업포기 및 유민화(遊民化)를 촉진시킨 것[395]이라고 보았다. 이와 함께 그는 제후를 중심으로 한 지배계층의 사치와 낭비행태를 강하게 비판하기도 했다.[396] 18세기 후반 일본의 상황이 바쿠후의 재정난 심화, 상업화폐경제

---

393) 山田慶兒, 「黒い言葉の空間 - 三浦梅園の自然哲學」, 『日本の名著 20 - 三浦梅園』, 東京 : 中央公論社, 1982, p.33 참조.

394) "商賈已ニ素封ノ富ヲ有スレバ千里控制ノ權半ハ已ニ其手ニ歸フ … 其心農工ヲ見ルコト奴隷ノ如シ唯彼見テ奴隷ノ如クスルノミナラズ農工モ亦彼ヲ仰グコト主君ノ如シ" (『價原』).

395) 위의 책 참조.

396) "今日諸侯費用朝覲ヲ主トス次ニ工事屬役ノ事アリ … 人久シク太平ノ化ニ浴シ安樂

의 성장 및 농촌경제로의 침투, 거듭되는 전염병 및 대기근 등으로 인한 피지배계층의 빈곤화·피폐화, 그리고 이에 따른 농민들의 폭동 및 반란〔一揆〕을 특징으로 한 것이었다는 점397)을 상기하면, 이와 같은 미우라 바이엔의 현실관은 비록 같은 시기 조선의 홍대용처럼 지배계층의 무위도식과 유학자들의 무능에 대한 직접적이고 신랄한 비판은 아니었다 하더라도 당시 일본이 당면한 문제를 직시하는 객관적인 것이었다고 볼 수 있다.

이와 같은 객관적 현실관을 바탕으로 미우라 바이엔은 먼저 정치〔政〕의 본질을 "같은 것을 같게 하는 것"398)으로, 그리고 교육〔教〕의 본질을 "같지 않은 것을 같지 않게 하는 것"399) 규정했다. 그에게 같은 것〔同〕이란 다수〔衆〕가 공통적으로 보유하고 있는 자신의 삶을 영위하려는 욕구이며,400) 같지 않은 것〔不齊〕이란 인간이 각기 특징적으로 가지고 있는 재능〔才〕을 의미하는 것401)이다. 따라서 정치를 담당하는 사람의 임무는 다수의 공통된 삶의 욕구를 충족시키는 것과 각자의 독자적인 재능을 발휘할 수 있게 하는 것을 균형적으로 조화시키는 데 있다는 것402)이 미우라 바이엔의 입장이었다.

그렇다면 인간이 이처럼 자신의 삶을 영위하고 각기 자신만의 재능을 가진 존재인데도 불구하고 정치라는 인위적인 요소가 필요한 이유는 무엇인가? 미우라 바이엔에 따르면, 그것은 첫째로 인간이 본질적으로 각자의 욕구만을 먼저 충족하려 하고 친소(親疏)와 내외(內外)를 구분할 수

二慣レ安ンジ奉養ノ道日ヲ追テ華靡ニ走ル"(위의 책).

397) Masao Maruyama, *Studies in the Intellectual History of Tokugawa Japan*, New Jersey : Princeton University Press, 1974, pp.251-252 참조.

398) "故政者, 同其同者"(『玄語』, 小冊, 人部, 設施).

399) "教者, 不齊其不齊者"(위의 책).

400) "通衆之所同思慾, 疏衆之所同歎惡, 則衆情悅, 拳之於政, 則勸懲漸化"(위의 책).

401) "雖同欲者, 才有長短, 故天地者, 同同者, 不齊不齊者, 於是乎能成物"(위의 책).

402) "政教者, 上人者之柄, 不可偏廢"(위의 책).

있는 분별력을 선천적으로 부여받은 존재로서 각자 자신만의 이익 또는 자기 집안만의 이익을 추구했을 경우 결국 서로가 서로를 해치는 결과를 초래할 수밖에 없기 때문이다.[403] 둘째로 인간은 각기 자신만의 특징적인 재능을 가지고 있지만 상호간 의존을 통해서만이 보다 나은 삶을 영위할 수 있는 존재이기 때문이다.[404] 인간의 궁극적 목적이 결국 자신의 삶을 안전하게 유지하면서 이익을 추구하는 데 있다면, 상호간의 조화와 협력을 통해 다수의 이익과 평화를 확보할 수 있는 효율적인 장치가 필요하고 그것이 곧 인간사회 내에서 군신질서로 대표되는 정치의 존재를 당위화해준다는 것이다.

이렇게 볼 때 미우라 바이엔에게 정치는 반드시 필요한 것이며 국가가 형성된 이상 군신간·군민간의 차별적 관계의 성립 또한 불가피한 것[405]으로 상정될 수밖에 없다. 그러나 그는 "덕(德)은 다수 피지배 민(民)을 편안하게 하는 것보다 큰 것이 없고 도(道)는 민을 어려움에서 구제하는 것보다 큰 것이 없다"[406]고 하여 다수 피지배계층의 안정과 이익이 최고의 가치임을 명확히 했는데, 이로 미루어볼 때 미우라 바이엔이 상정한 군신간·군민간의 차별적 관계는 피지배계층의 조화로운 삶의 영위를 위한 수단적 의미일 뿐 결코 현실 지배계층의 입장에서 제왕권적 권위질서와 대내적 차별질서를 당위화·영구화하려는 것이 아니었음이 분명하다. 이 점은 그가 "힘이 있는 사람은 스스로 의식(衣食)을 해결할 수 없기 때문에 민(民)으로부터 봉양을 받으며 힘이 없는 사람은 스스로를 보호할 수 없기 때문에 힘이 있는 군(君)에게 보호를 의존한다.

---

403) "人則有知而弁之者, 有思而慮之者, 於是, 親親昵內, 疏疏會外, 於是, 群醜忘其思弁, 各恣其情慾, 相奪相食, 多知多求, 勢不得不然則不能不敎法以矜式之也"(위의 책, 人道).

404) "而各能成其才, 依其成才, 乃還有各各之用"(위의 책, 設施).

405) "不得不建國於君臣"(위의 책, 人道).

406) "而德莫大於安衆, 道莫大於濟物"(위의 책, 天命).

따라서 군민(君民)관계는 서로를 도와주는 관계이다"407)라고 함으로써
국가 내에서의 군과 민의 기능적 조화와 협력을 강조한 데에서 알 수
있다, 또한 이는 "비록 직업에는 사·농·공·상이 있지만 위에는 오직
한 사람밖에 없으며 아래에는 억조(億兆)의 사람들이 있다"408)고 하여
군민관계를 제외한 사회내 계층간 차별질서를 근본적으로 부인한 것에
서도 잘 나타나 있다.

이와 더불어 미우라 바이엔은 다음과 같이 노장적 상대관을 원용하여
상하·존비의 선천적 차별이 우주의 원리라는 유학적 차별관을 부정하
고 자연계 내에서의 모든 개체는 상대적으로 평등하며, 다만 인간이 가
진 특수성에 기인하여 다수의 안정과 이익보호를 위해 불가피하게 인간
사회 내에서 지배-피지배관계가 성립된 것임을 우회적으로 역설하기도
했다.

나의 입장에서 땅을 보면 땅이 크고, 하늘의 입장에서 땅을 보면 땅이 작은
것이다. 또한 땅의 입장에서 나를 보면 나는 작고, 모기(蚊)와 같은 작은 곤
충의 입장에서 나를 보면 내가 큰 것이다. 이렇게 본다면 큰 것은 하늘로 끝
나지 않으며 작은 것은 곤충으로 끝나지 않는 것이니, 어찌 통색순역(通塞順
逆)과 강약대소(强弱大小)가 미리 정해진 것이겠는가. 따라서 회전하는 지구
의 입장에서 보면 왼쪽이 아닌 것이 없고 오른쪽이 아닌 것이 없으며, 상하의
입장에서 보면 높지 않은 것이 없고 비천하지 않은 것이 없는 것이다.409)

이처럼 상대적으로 평등한 자연계 내에서 인간이 상호간의 이익을 보

407) "有力不能自衣食, 恃奉於民, 無力不能自守禦, 依保於君, 君民通工, 相共奉保"(위의
     책, 人道.
408) "雖職有士農工賈, 而上自一人, 下至億兆"(위의 책).
409) "是故以我觀地, 地者大也, 以天觀地, 地者小也, 以地觀我, 我者小也, 以蚊蝱觀我,
     我者大也, 而大不至於天, 其小不盡於蚊蝱, 然則通塞順逆, 强弱小大, 奚以定之, 是以旋
     轉而觀之, 無所不左, 無所不右, 上下而觀之, 無所不高, 無所不卑"(위의 책, 言動).

존하고 편안하게 삶을 영위하기 위해 불가피하게 형성한 정치질서이기 때문에 현실의 군주는 반드시 다수의 편안함과 이익을 보호하는 자신의 직무를 수행해야 하며, 그렇지 않을 경우 그 지위를 상실할 수밖에 없다는 것이 미우라 바이엔의 입장이었다. 이런 점에서 그는 한편으로 민(民)이 군(君)의 가르침에 따르지 않을 경우 처벌을 받을 수밖에 없다는 점을 강조하면서, 민에 대한 군의 착취가 지속될 경우 군 또한 교체될 수밖에 없다는 점[410]을 분명히 했다. 동시에 그는 "인간사회는 스스로 상존하비(上尊下卑)의 존비(尊卑)관계를 활용하지만 하늘〔天境〕의 뜻은 원래 존비를 차별짓지 않는다. 인간들은 정말로 어리석어서 이러한 하늘의 뜻을 알지 못하고, 군(君)의 지위에 있는 사람은 스스로 오만하여 민(民)을 업신여기고 폭행과 잔학, 노략질을 일삼아서 결국 그 지위를 상실하고 만다"[411]고 하여 제왕권에 대한 무조건적인 복종을 강조하는 주자학적 논리에서 벗어나 피지배계층 중심의 폭군방벌론(暴君放伐論)을 암시하는 혁신적 논리를 제시하기도 했다.

이상에서와 같이 미우라 바이엔은 비록 안도 쇼에키와 같이 봉건질서 자체를 전면적으로 부정하지는 않았지만, 각기 욕구와 개체성을 보유한 상대적으로 동등한 인간들이 욕구의 충돌에 의한 불안정을 극복하고 개체성의 상호보완을 통한 이익획득을 위해 필요한 불가피한 조건으로서의 군신질서를 규정했다. 그리고 그러한 군신질서가 인간계에만 한정된 것이라는 점을 명확히 함으로써 제왕권의 절대성·신성성을 부정했다. 또한 다수의 안정과 이익을 확보해주지 못할 경우 군주의 지위를 상실할 수 있다는 주장을 통해 군주권의 영속성을 부인하기도 했다. 이러한

---

410) "故民職奉其君, 君職保其民, 而民格于君而不悛, 君取于民而不已, 下者則誅, 上者則移"(위의 책, 人道.

411) "人境自有用于尊卑, 上尊下卑, 天境本無意于尊卑, 交執其役, 苟愚而思不及天境, 自傲君位, 凌虐暴掠, 終失其尊"(위의 책).

점에서 미우라 바이엔은 차별질서를 확립·유지하려는 유학의 정치목표와는 달리 다수 피지배계층의 생활안정을 이루는 범위 내에서 인간간 그리고 계층간 조화를 통한 공동체적 발전을 정치목표로 설정한 것이었다고 볼 수 있겠다.

다음에서 살펴볼 그의 이론적 논의는 이와 같은 정치목표를 바탕으로 전개된 것이다. 그것은 노장적 인식론과 자연과학적 지식을 바탕으로 인간이 상대적으로 동등한 욕구주체이며 각기 자신만의 독자적 특성 즉 개체성을 보유하면서 상호보완을 통해 공동의 발전을 이루어나가는 존재라는 점을 밝히는 것이다. 이와 함께 그의 논의는 독자성을 지닌 모든 개체가 자연이 부여한 객관적 원리를 바탕으로 서로를 의지하며 삶을 영위하는 본질적 합일체라는 점과, 그러한 개체들간에는 상대적 평등성이 존재한다는 점을 이론적으로 규명하는 데 집중되었다.

2) 정치목표 달성의 이론적 기초

① 욕구주체로서의 인간간 동등성 논리

인성론에 있어서 먼저 미우라 바이엔은 인간을 자신의 삶을 유지하려는 기본적인 욕구와 함께 애증(愛憎)과 욕오(欲惡)의 정욕을 천성으로 부여받은 자연스러운 존재로 규정했다. 그가 "무릇 인간은 입지 않고 먹지 않으면 얼어죽거나 굶어죽기 마련이며 이것이 바로 인간의 천성인 것이다"[412]라고 하고, 또한 "천(天)이란 곧 자연을 말하는 것이다"[413]라고 한 것은 인간이 자연이 부여한 기본적 삶의 욕구주체임을 말한 것이다. 그리고 "좋아하고 싫어함으로써 정욕이 감응하는데 바로 이 좋아하고 싫어하는 것이 성(性)이다"[414]라고 하면서 "애증은 정(情)이고 욕오는 욕

---

412) "今夫人, 不衣食, 則凍餒不掉, 是氣也, 人之天性也"(위의 책, 給資).
413) "天則自然也"(위의 책).
414) "情慾以好惡感応, 好惡者, 性之自然也"(위의 책, 設施).

(欲)인데 이 두 가지가 합해져서 성(性)이 된다"[415]고 한 것은 인간의 정욕을 자연스러운 본성으로 파악하는 그의 입장을 표현한 것이라고 볼 수 있다. 이처럼 미우라 바이엔이 인간을 자연스러운 욕구의 주체로 인식한 것은 다수 피지배계층의 입장에서 인간이 본질적으로 동등한 존재라는 점이 바로 자연의 객관적 원리임을 강조하려는 것으로 보인다. 이 점은 그가 "군자라도 어찌 부귀를 싫어하고 빈천(貧賤)을 추구하며 편안함[安佚]을 거부하겠는가"[416]라고 하여 군자·소인의 구별 없이 인간이라면 모두 편안하게 자신의 삶을 영위하려고 하는 욕구를 지니고 있다는 것을 밝힘으로써 인간간 본질적 동등성을 명확히 한 데에서도 잘 드러나 있다.

그러나 미우라 바이엔에게 모든 인간은 이와 같이 각기 욕구추구를 통해 자신의 삶을 영위하려는 존재인 동시에 개별적·독립적으로는 올바른 삶을 살아갈 수 없는 불완전한 개체로 상정된다. 구체적으로 그에게 인간이 가지고 있는 불완전성의 근거는 크게 세 가지로 나누어진다. 그 첫째는 동류(同類)로서 인간이면 누구든지 동일한 욕구를 가지고 있기 때문에 인간간 욕구의 충돌로 인해 기본적 욕구인 삶의 유지가 위태로울 수 있다는 것이다. 그가 "무릇 인간의 정욕이란 자기만을 위한 것뿐이어서 자기만을 보호하는 데 힘쓰고 자기의 이익과 해로움을 계산하기만 한다. 이렇게 본다면 결국 내가 욕구하는 것은 남도 욕구하고 내가 계산하는[謀] 것은 남도 계산하는 것이 되어서 서로 원망하고 미워하며, 서로 빼앗고 서로 죽이게 되는 것이다"[417]라고 한 것은 욕구의 충돌이 야기하는 위험성을 표현한 것이라고 할 수 있다. 두 번째는 모든 인간이

---

415) "愛憎, 情也, 欲惡, 慾也, 合之爲性"(위의 책, 人道).
416) "君子豈惡富貴, 而就貧賤, 厭安佚"(위의 책, 天命).
417) "夫人之情慾, 呻呻焉鄕鄕焉, 守防之務, 利害之謀, 我之所欲, 人之所欲也, 我之所謀, 人之所謀也, 於是, 相怨相惡, 相奪相殺"(위의 책, 設施).

비록 자신의 고유한 재능을 가지고 태어났으나 그러한 한 가지 재능만으로는 완전한 삶을 영위할 수 없다는 것이다. 미우라 바이엔은 이를 다음과 같이 설명했다.

　인간의 욕구는 비록 같다고 하더라도 그 재능에는 장단(長短)이 있다. 따라서 천지(天地: 自然)는 같은 것을 같게 하고 다른 것을 다르게 하여 완전한 물(物)을 이루는 것이다. 예를 들어 금이나 철과 같이 날카로움과 둔탁함이 같지 않은 것도 서로 의존하면 곧 각각의 쓰임을 드러낼 수 있는 것이다.[418]

　내가 할 수 없는 것을 다른 사람으로 하여금 할 수 있게 한다면 그것은 곧 내가 할 수 있는 것이요, 내가 이를 수 없는 것을 다른 사람으로 하여금 이르게 한다면 그것은 곧 내가 이르는 것이 된다.[419]

　마지막으로 세 번째는 동류(同類)로서의 인간 자체가 자연계 내에서 타개체(他個體) 또는 타물(他物)에 의존하여 그것을 이용 내지 활용하지 않고는 살아갈 수 없는 존재로 태어났다는 것이다. 미우라 바이엔이 "인간은 신기(神氣: 타개체와 통할 수 있는 기)는 왕성하지만 본기(本氣: 태어나면서 생성된 신체적 능력)는 부족하다. 따라서 신기의 여유분으로 본기의 부족함을 보충할 수밖에 없다. 인간은 생활하기 위해서 물과 불의 조화에 의지하여 먹고 음식의 털과 가죽을 가공하여 입으며, 그래도 부족하여 궁실(宮室)을 만들고 성곽(城郭)을 운영하며 의약(醫藥)을 만들고 불침(鍼焫)을 사용하는 것이다"[420]라고 한 것은 인간의 신체적 능력의 한계에 기인한 타물 또는 타개체에의 의존성을 나타낸 것이다.

---

418) "雖同欲者, 才有長短, 故天地者, 同同者, 不齊不齊者, 於是乎能成物, 譬如金鐵不齊利鈍, 而各能成其才, 依其成才, 乃還有各各之用"(위의 책).

419) "己不能, 則使人能之, 己之能也, 己不達則使人達之, 己之達也"(위의 책, 天人).

420) "人者, 長乎神氣, 而不足乎本氣, 以神氣之有余, 補本氣之不足, 飲啄之養, 待水火之調而食, 羽毛之防, 仮布帛之工而補, 尚猶不足, 爲宮室, 營城郭, 爲醫藥, 用鍼焫"(위의 책, 人道).

따라서 인간은 이러한 세 가지 자신들이 가진 불완전성을 해소하고 자신의 욕구를 추구하는 과정 속에서 발생하는 갈등을 극복하기 위해서 정치질서를 만들고, 사회 내에서의 개별 인간의 재능의 편협성을 해소하기 위해 개체성의 상호보완을 이루며, 전체로서 인간이 가진 신체적 능력의 한계를 보충하기 위해서 자연의 대상물들을 이용 및 활용할 수밖에 없다. 인간으로 하여금 이와 같이 할 수 있게 하는 것은 인간이 정욕이라는 천성과 함께 의지(意智)를 갖추었기 때문이라는 것이 미우라 바이엔의 설명이다. 그에게 의(意)란 사유(思惟: 思慮) 즉 생각을 뜻하여 지(智)란 분별력을 의미하는 것으로 미우라 바이엔은 이 둘을 합하여 마음[心]이라고 했다.421) 이러한 의지에 의해 인간은 상호의지하며 자신들에게 필요한 것을 적절히 제작·운용하여 삶을 영위할 수 있다는 것이다.422)

인간이 이처럼 정욕과 의지를 갖춘 존재423)라면 미우라 바이엔에게 선악과 시비는 무엇으로 규정될 수 있는가? 우선 성악(性惡)의 문제를 놓고 볼 때, 정욕만을 성(性)으로 규정하고 의지는 마음에 갖추어져 있는 비(非)본성적인 것으로 파악했다는 점에서 그가 인간본성의 성선성(性善性) 또는 성악성(性惡性)을 주장하는 유학적 논의에서 탈피하여 인간을 선악을 판단할 수 없는 자연스러운 욕구주체로 파악하고 있음을 알 수 있다. 따라서 그에게 선악의 판단기준은 본성이 선하냐 악하냐 하는 것이 아니라, 욕구주체로서 인간의 의지와 행위가 같은 욕구를 가진 타인의 삶을 해치느냐 아니면 타인과의 조화 속에서 자신의 삶을 영위하느냐 하는 것에 달려 있는 것이라고 볼 수 있다. 그가 생존과 삶[活]을 아

---

421) "思惟, 意也, 分弁, 智也, 合之爲心"(위의 책).
422) "人者, 謀之於爲, 營之於成, 故不爲則息, 不成則敗"(위의 책, 天人); "故人焉者, 智能通物, 力能役物, … 人者, 有意而作"(위의 책); "如人之有意, 則有時作之, 有時廢之"(위의 책); "意智以思弁運爲"(위의 책, 設施).
423) "喜怒愛憎, 欲惡親疏, 酬酢聃陟, 分別思索, 機智変巧者, 人也"(위의 책, 天人).

름다운 일[美事]로, 타인의 삶을 해치는 것[殺]을 추한 일[醜事]로 규정
하면서[424] "선에 뜻을 두면 불선(不善)에 뜻을 두지 않는 것이고 죽임
[殺]에 뜻을 두면 삶[活]에 뜻을 두지 않는 것이다"[425]라고 한 것은 이
점을 나타내는 것이라 하겠다. 그에게 결국 타인의 삶을 해치지 않는 것
이 선이라는 규정은 인간이 자신의 정욕에 기초한 개별적 욕구만을 추
구해서는 안 되며 타인과 자신이 속한 공동체의 이익을 추구해야 한다
는 점을 강조한 것으로 보인다.

그러나 중요한 점은 그가 사익추구에 앞선 공익추구를 중요하게 여겼
다고 해서 공익에 희생되는 사익을 전제로 하여 차별질서를 강화하려는
유학적 공사관(公私觀)을 수용했다고 볼 수는 없다는 것이다. 앞에서 언
급한 것처럼 인간이 그 자체로 불완전한 존재로 상정되는 이상 공동체
의 유지는 불가피한 것이다. 따라서 미우라 바이엔에게 공익과 사익은
조화의 개념이지 결코 상반적인 개념이 될 수 없는 것이다. 더욱이 모든
인간이 자신의 삶을 유지하고 이익을 취하는 것을 존재목적으로 하고
있는 이상 공동체의 유지와 발전은 결국 개인의 이익이 될 수밖에 없다.
다만 개인의 지나친 욕구추구가 타인의 삶과 공동체의 이익을 훼손하는
경우 그것은 상호 의지하고 협력하면서 평화로운 삶을 영위해야 하는
존재인 인간의 본질에 위배되는 것이므로 악(惡)으로 규정될 수 있는 것
이다. 그가 인(仁)을 타인의 삶을 편안하게 하는 것으로, 의(義)를 자기
자신의 삶을 편안하게 하는 것으로 규정하면서,[426] 동시에 "같은 욕구
를 추구하는 것은 선이고 혼자만의 욕구를 추구하는 것은 악이며, 같은
생각을 가진 것은 정(正)이고 혼자만의 생각을 가진 것은 사(邪)이다. 따
라서 다수가 함께 하는 것에 힘쓰는 사람은 군자이고 자기 것만을 고집

---

424) "活者, 美事也, 殺者, 醜事也"(위의 책, 言動).
425) "有意于善, 則無意于不善, 有意于殺, 則無意于活"(위의 책, 天人).
426) "仁以安人, 義以安己"(위의 책, 設施).

하는 사람은 소인이다. 자기 혼자만의 것을 버리고 다수의 같은 것을 따르는 것에 노력하고 다수가 함께 하는 것을 버리고 자기의 것만을 따르는 것은 없애야 한다"[427]고 한 것도 이러한 맥락에서 이해할 수 있을 것이다.

다음으로 시비(是非)의 문제 역시 인간본성과 관련된 것이 아니라 인간행위의 당부(當否) 즉 사회와 자신을 위해 무엇이 타당하고 무엇이 그릇된 것인 것인가를 구별할 수 있는 지(智)와 관련되어 있다는 것[428]이 미우라 바이엔의 설명이다. 사회의 유지가 결국 개인의 이익이 된다는 관점을 유지하는 그로서는 사회유지에 필요한 제반요소들을 수용하고 거기에 따르는 것이 개별 인간의 안정되고 평화로운 삶을 유지시킬 수 있는 시(是)이며, 그와는 반대로 사회질서와 가치에 반(反)하는 것이 비(非)가 되는 것이다. 그렇다면 사회유지에 필요한 제반요소란 구체적으로 무엇을 의미하는가? 미우라 바이엔에게 그것은 지나친 사욕추구를 절제하는 것[429]과 다수 타인의 이익을 먼저 생각하는 것[430]이며 효제충신(孝悌忠信)의 봉건적 가치관을 유지하는 것[431]이다.

그가 이처럼 공동체적 질서유지에 필요한 요소들을 수용하고 거기에 순응하는 것을 시비의 기준으로 제시했다고 해서 그것이 곧 개인이익의 전적인 희생을 전제로 한 공동체의 유지나, 다수 피지배계층의 무조건적인 순응과 지배계층의 배타적 권력행사를 바탕으로 한 차별질서의 유

---

427) "同欲者善, 獨欲者惡, 同思者正, 獨思者邪, 故修衆之所同, 君子也, 荒己之所獨, 小人也, 舍己之所獨, 從衆之所同者, 勤也, 舍衆之所同, 從己之所獨者, 放也"(위의 책).

428) "由當否, 而分榮辱之智, 而以擇是非"(위의 책, 物部大小, 粲物).

429) "食色器貨, 淫則毒人, 寒熱風濕, 忤則毒人, 水火金石, 触則毒人, 諂侫偏戾, 親則毒人"(위의 책, 混物).

430) "夫情慾之私者, 所便于身也, 故自好之, 意智之公者, 所宜于人也, 故必律於佗, 惟以律於佗者, 自修以便於身者, 望衆則安焉"(위의 책, 人部, 設施).

431) "父子者, 家之君臣, 君臣者, 國之父子也, 而孝者, 事親之名也, 忠者, 事君之名也, 愛敬盡之, 天下和睦"(위의 책).

지를 목표로 한 것은 아니다. 이와는 대조적으로 인간의 불완전성을 극복하기 위한 방편으로서의 질서와 그러한 질서 내에서의 조화와 협력을 통한 공동발전을 이루는 것이 하늘이 부여한 인간의 본질적 요소라는 그의 입장에서 도출된 논리적 귀결이라고 할 수 있다. 이 점은 그가 효자(孝慈)·애경(愛敬)의 궁극적 목적이 집안과 국가의 불안정을 해소하는 데 있다[432]는 점을 밝히는 한편 "하늘이 부여한 공(功)을 탐하지 않으면 기만(欺瞞)이 있을 수 없고 하늘이 부여한 재물을 낭비하지 않으면 사치가 있을 수 없으며, 다른 사람의 공(功)을 훔치지 않고 다른 사람의 재물을 낭비하지 않으면 근검이라는 것이 있을 수 없다"[433]고 함으로써 공동체의 유지와 타인의 이익보호가 곧 자신의 이익이 된다는 점을 역설한 데에서도 잘 나타나 있다.

이상에서 살펴본 것처럼 미우라 바이엔의 인성론은 한편으로 삶의 욕구주체로서의 동등한 인간성을 상정하면서, 다른 한편으로 개별 개체로서 그리고 동류(同類)의 일개체(一個體)로서 인간이 가진 한계를 지적하는 것이었다. 이를 통해 평등한 욕구주체로서 개별 인간간의 독자적 기능성에 바탕을 둔 조화·협력 및 전체로서의 인간의 타물(他物)·타개체(他個體)에의 의존과 그것의 활용의 필연성을 인간의 본질로 파악한 것이었다고 할 수 있다. 비록 그가 안도 쇼에키와 같이 욕구주체로서의 평등한 인간성 상정을 완전한 봉건질서 타파의 근거로 발전시키지는 못했다 하더라도, 첫째로 1인의 군주와 평등한 다수의 민(民)으로 구성된 정치질서만을 인정하고 다수가 함께하는 욕구를 추구해야 할 필요성을 제시한 것으로 미루어 다수 피지배계층의 생존권 및 이익을 반영하려는

---

432) "父則家而君也, 君則國而父也, 故慈以愛子, 孝以敬父, 孝慈無不安之家, 愛敬無不安之國"(위의 책, 人道).

433) "不貪天功, 則莫所用欺, 不費天物, 則莫所用奢, 偸人功者, 莫所用勤, 費人物者, 莫所用儉"(위의 책).

입장을 취했고, 둘째로 이전 사상가들이 언급하지 못했던 개별 인간의 독자적 기능성 즉 개체성을 적극 부각시킬 수 있는 논지를 제공했으며, 셋째로 다음에서 보다 구체적으로 살펴보겠지만 인간 우위의 입장이 아니라 상대적 동등성과 자연과학적 지식에 의거 타물·타개체에의 의존 및 조화를 자연계 내에서의 인간의 삶과 발전의 근거로 제시했다는 점에서 매우 중요한 가치가 있다고 평가할 수 있다.

② 개체성의 부각과 자연에 대한 객관적 이해의 논리

우주론적 측면에서 미우라 바이엔은 우선 우주만물의 존재의 근원을 일원기(一元氣)로 파악하는 기론(氣論) 중심의 입장을 분명히 했다. 이러한 일원기를 그는 현(玄)이라고 했는데,[434] 미우라 바이엔은 이와 같은 일기(一氣)의 취산작용(聚散作用)에 의해 천지만물이 생화(生化)의 원리를 가지게 된다는 점을 다음과 같이 설명했다. "모이면〔聚〕 생(生)하고 흩어지면〔散〕 화(化)한다. 취산생화(聚散生化)는 일기(一氣)가 통(通)하는 바이다. 취산은 기(氣)이며 생화는 물(物)이다."[435] 이처럼 인간을 포함한 천지만물의 근원을 일원기로 규정했다는 점에서, 미우라 바이엔은 전통적으로 이일원론(理一元論)의 주자학에 반대하여 생성론상 기의 존재를 우주의 시원으로 파악하고, 그러한 기가 취산이라는 변천·변화의 속성을 지니고 있다는 점을 논증함으로써 현실변화의 필연성과 욕구주체로서의 개체간 동등성을 주장했던 동아시아 개혁사상가들의 기일원론(氣一元論)의 입장을 따르고 있다고 볼 수 있다.

그러나 미우라 바이엔 우주론의 사상적 독창성과 중요성은 단순히 일기(一氣)의 취산작용과 그러한 취산작용에 의해 생화(生化)되는 만물의 존재만을 설명하는 데 그치지 않는다. 즉 일기가 취산이라는 두 가지 상

---

434) "一元氣, 玄也"(위의 책, 例旨).

435) "聚生散化, 聚散生化者, 一氣之通也, 聚散, 氣也, 生化, 物也"(위의 책, 天冊 立部本神, 造化, 用).

반된 기능을 가지고 있고 그러한 상반된 두 기능의 합(合)이 바로 일기의 완전성을 담보해준다는 점〔一卽二 二卽一〕을 보편원리로 제시했다는 사실이다. 이와 함께 이러한 논리를 바탕으로 우주 내 모든 개체가 '상반상합(相反相合)·상의상성(相依相成)'의 작용원리를 근본으로 한다는 점을 규명함으로써 인간을 포함한 모든 개체의 독자성을 근거로 한 개체간의 기능적 동등성 및 조화의 당위성을 적극 부각시켰다는 데에 있다. 이에 대해 그는 먼저 모든 개체가 기(氣)와 물(物)이라는 두 가지 상반된 속성을 지닌 기능체의 결합을 본질로 한다는 점을 다음과 같이 밝혔다. "기가 모이면 물이 이루어지고〔結〕물이 해체되면〔解〕기가 흩어질〔散〕뿐이다. 취결(聚結)은 물의 생(生)과 관련되어 있고 산해(散解)는 물의 화(化)와 관련되어 있다. 따라서 천지와 만물은 모두 같은 물인 것이다."436) 그에게 기란 무상(無象)의 기능체로서 조화력 즉 변천·변화의 활동력을 본질적 속성으로 하며, 물이란 이미 이루어져〔已成〕체(體)를 가진 가시적인 기능체로서 정지·불변의 본질적 속성을 가진 것으로 상정된다.437) 기와 물이 이처럼 한 개체를 이루는 두 가지의 상반적 기능을 의미하는 것438)이기 때문에 한 개체〔一個體〕라면 모두 이와 같은 각자의 독자적 속성, 즉 개별영역을 가진 두 가지 상반된 기능체의 결합〔相反相合〕을 그 본질로 하고 있다는 것439)이 미우라 바이엔의 설명이다. 이런 점에서 우주(宇宙: 陰陽)가 기(氣)라면 천지는 물(物)이 되고,440) 천지의 합(合)인 일구(一球)441)로서 본다면 천(天)은 기적(氣的) 기능체이

---

436) "氣聚而物結, 物散而氣散焉, 聚結物生, 散解物化, 天地与万物, 同物而已"(위의 책).
437) "氣無象, 物有體"(위의 책).
438) "一氣亦有氣物, 大物亦有氣物, 而万物各有氣物"(위의 책, 例旨).
439) "活成物成, 乃二, 成活成物, 非二, 故有有無無, 是以沒露皆有, 雙雙相闕, 是以反合成全"(위의 책, 本宗, 陰陽).
440) "宇宙氣也, 天地物也"(위의 책, 天地, 三說四界).
441) "天地一球"(위의 책).

고 지(地)는 물적(物的) 기능체라고 할 수 있으며,442) 음양으로 본다면 음은 물적 기능을 담당하고 양은 기적(氣的) 기능을 담당한다443)는 것이다. 또한 인간을 포함한 자연계의 만물 역시 각각 한 개체이므로 기물(氣物)의 두 가지 기능을 가지고 있지 않을 수 없고 따라서 인간 및 만물로서 보면 성(性)과 체(體)가 각각 기물의 역할을 하는 것으로 볼 수 있다444)는 것이다.

미우라 바이엔에게 이러한 기물(氣物)이라는 두 가지 상반된 기능체는 각각의 영역을 가지고 일개체(一個體)를 이루는 독립적인 요소인 동시에 상호(相互)를 규정하는 의존적인 것으로 상정된다. 이 점에 대해 그는 "성(性)은 체(體)에 연유[由]하여 이루어지고 체(體)는 성(性)에 의해 형성된다"445)고 했다. 즉 개별적 기능체의 입장에서 보면 기는 기이고 물은 물이지만[氣者氣, 物者物], 일개체가 기물이라는 두 가지 기능체의 상호의존에 의해 이루어진 합일체라는 점에서 본다면 물 역시 기이고 기 역시 물이라고 할 수 있다[物亦氣, 氣亦物].446) 또한 이와 같은 기물이 서로를 규정한다는 측면에서 본다면 인간을 포함한 만물은 각기 다른 자신만의 고유한 기와 물, 즉 성(性)과 체(體)로 이루어진 독자적인 존재라는 것447)이다. 미우라 바이엔은 이와 같이 기와 물이 한 개체를 이루는 두 가지 기능이라는 점뿐만 아니라, 물에 따라 기가 달라지고 기에 따라

---

442) "於是天者氣也, 成本, 地者物也, 成根"(위의 책, 四界).

443) "陽則虛其體, 發其氣, 神機活動, 陰則實其體, 收其氣, 物體定立"(위의 책, 三說四界).

444) "性分其體, 一氣一物"(위의 책, 天冊 立部本神, 體用, 體); "性剖而體二也, 體合而性一也"(위의 책, 鬼神, 神).

445) "性由體而立, 體以性而成"(위의 책, 體用, 體).

446) "以粲立觀之, 氣自氣也, 物者物也, 以混成觀之, 物亦氣也, 氣亦物也"(위의 책, 本宗).

447) "而万生万活立, 各物各性體"(위의 책, 天冊 活部天神, 道德, 德); "夫物之散而爲各其氣亦各也, 氣物各別"(위의 책, 立部本神, 鬼神, 神).

물이 달라진다는 기물의 상호규정성을 제시함으로써 개체의 독자성을 부각시켰던 것이다.

그렇다면 이처럼 인간을 포함한 모든 개체가 각기 자신만의 고유한 독자성을 지닌 존재라는 점을 밝혀 개물(皆物)의 개체성 보유를 적극적으로 인정한 미우라 바이엔에게, 각 개체는 상호간에 어떠한 관계를 가지고 있으며 그러한 개체성이 동류(同類) 내의 개별개체의 수준으로까지 확대될 수 있는 것인가? 앞에서 언급한 것처럼 미우라 바이엔은 모든 개체가 무상(無象)의 것으로서 변천·변화의 활동력·조화력을 담당하는 기(氣)와, 체(體)를 가진 유상(有象)의 것으로서 불변·정지의 속성을 가진 물(物)이 합하여 이루어진 것으로 보았다. 그의 설명에 따르면 물(物) 즉 체(體)는 불변·정지를 본질로 하기 때문에 각 개체의 체는 서로 막혀 있고〔隔〕, 기(氣)는 변천·변화, 조화·활동을 담당하기 때문에 각 개체의 기(氣: 性)는 서로 통할 수 있는 것이다.[448] 여기서 체가 막혀 있다는 것은 각 개체가 각기 고유한 불변의 영역을 지니고 있다는 것을 의미하고, 기가 통한다는 것은 천지간의 만물이 서로를 의존하지 않고는 삶을 영위할 수 없음을 뜻하는 것이다.[449] 즉 인간을 포함한 자연계 모든 개체는 천지(天地: 自然)로부터 부여받은 자신만의 고유한 자질을 가지고 있으나[450] 각기 자연계의 일물(一物)에 불과하므로,[451] 천(天)과 지(地)의 조화에 의해 스스로 부족함이 없이 전체로서 완전한 물을 이뤄 자립자행(自立自行)할 수 있는 천지와는 달리, 그 자체가 불완전한 존재로서 타물(他物) 즉 타개체(他個體)와의 상호의존 없이는 삶을 영위할 수 없다.[452] 따라서 완전한 삶의 영위는 오직 각 개체가 각기 지니고 있는 활

---

448) "由體爲各, 而物物相隔, 由用爲反, 而氣氣相通"(위의 책, 活部本神, 道德, 德).

449) "分則隔焉, 隔焉則並立, 合則通焉, 通焉則相交, 於是, 體體相接, 氣氣相交, 體體並立, 迺物也, 氣氣相交, 迺事也"(위의 책, 事物.

450) "万物居天地, 莫不資天地者"(위의 책, 立部本神, 造化, 用).

451) "夫人者, 万物中之一物也"(위의 책, 例旨).

동력·조화력의 주체인 기(氣)의 상통작용(相通作用)을 통한 상호의존에 의해서만 가능하다는 것이다.[453]

그러나 이러한 기(氣)는 물(物: 體)과 서로를 규정하는 관계에 있다는 점에서 자연계 모든 개체가 모두 같은 기를 가지고 있다고는 할 수 없다. 즉 자연계의 개체를 크게 동물과 식물로 나누어보았을 때 동물은 스스로를 보호할 수 있는 본기(本氣)가 부족한 대신 외부의 타개체를 이용 또는 활용하여 자신의 삶을 영위하는 신기(神氣)를 가지고 있고, 식물은 스스로 보호하여 자족할 수 있는 본기를 가지고 있다는 것이다.[454] 동식물의 경우를 대변해서 본다면 결국 자연계 모든 개체는 각기 타개체가 부족하거나 없는 것을 가지고 있으면서 자신이 또한 부족하거나 없는 것을 타개체에서 얻음으로써 완전한 삶을 영위하는 존재라고 할 수 있다. 그리고 그러한 각 개체 사이에는 각각 독자성을 지닌 삶의 욕구주체라는 본연적 동등성과 함께 상의상성(相依相成)·상반상합(相反相合)하는 상대적 평등성의 관계가 성립되는 것이라 할 수 있다. 이러한 측면에서 미우라 바이엔이 "인간과 물(物) 모두 정욕과 의지를 가지고 있고 사유(思惟)와 분변(分弁)의 지혜를 갖추고 있다"[455]고 한 것은 개체간 본연적 동등성을 나타낸 것이라 할 수 있다. 또한 "스스로 편중된 것(자연계 각 개체)의 입장에서 보면 남〔他個體〕에게 없는 것이 나에게는 있지만, 스스

---

452) "夫物, 天地者大, 得万物而容之, 万物者小, 得大物而居之, 大物者, 自立自行, 小物者, 依立依行"(위의 책, 天冊, 活部天神, 事物); "一有万, 散居統, 一統者, 自給自資, 分散者, 彼此相依"(위의 책, 立部神本, 造化, 用).

453) "氣以相通, 而交不隔"(위의 책, 活部天神, 事物); "蓋物分則各依其偏, 偏待偏而始爲其全"(위의 책, 立部本神, 造化, 用).

454) "動植本同生, 竪立橫動, 沒露意爲, 故植, 著地竪立, 直當寒暑雨暘, 是其以長本氣也, 動離地橫行, 仮單窟飮哺, 是其以長神氣也, 長于此, 則短于彼, 二之勢也, 故植足于自護之本, 故保養任之於自然, 動乏於自護之本, 故保養仰之於營爲"(위의 책, 小冊, 物部大小, 粲物.

455) "人与物, 同具情慾意智, 而思惟分弁之智"(위의 책, 地冊, 沒部, 總論).

로 완전한 것(天地: 自然)의 입장에서 보면 저것〔彼〕에서 혼탁(混濁)한 것이 이것에는 선명하게〔粲〕 이루어져 있는 것이다"456)라고 한 것은 개체 간 기능적·상대적 동등성이 존재함을 밝힌 것이라고 하겠다.

무엇보다 중요한 점은 미우라 바이엔의 이와 같은 독자성을 바탕으로 한 개체간의 기능적·상대적 동등성 논의 속에서 개체성의 인정을 개인으로까지 확대시킬 수 있는 근거를 발견할 수 있다는 것이다. 즉 그가 비록 자신의 우주론 속에서 성체(性體)의 결합으로 이루어진 개체를 상정하고 동류(同類)로서의 인간과 타개체 간의 관계에 집중했다 하더라도, "물(物)의 입장에서 인간을 보면 인간은 일물(一物)이고, 타인의 입장에서 나〔我〕를 보면 나는 같은 것 중에 다른 것이다"457)라고 한 그의 언급을 통해 볼 때 미우라 바이엔은 전체로서의 인간뿐 아니라 개별 인간이 가지는 독자성 또한 적극 인정하고 있음을 알 수 있다. 이와 같은 개체성 부각의 논리는 같은 시기 한국의 홍대용이나 중국의 대진이 언급하지 못했던 것으로서 일본 기철학의 발전적 측면을 보여주는 것이다. 이와 같이 본질적으로 반주자학적 나아가 반유학적 입장에서 서구의 과학지식과 노장적 상대관(相對觀)을 원용하여 인간 및 만물의 개체성 및 개체간의 상대적 동등성을 자연의 원리로 논증한 미우라 바이엔은 다음의 이기론을 통해 그의 반유학적 입장을 보다 명확히 밝혔다.

이기론에 있어 미우라 바이엔은 이(理)의 존재론적 개념을 전면적으로 부정하고 그것을 '변천·변화, 조화·활동의 기능체인 기(氣)의 작용이 수반하는 객관적 원리'로 규정함으로써 기능론에 입각한 이론(理論)을 전개했다. 구체적으로 미우라 바이엔은 기(氣)를 물(物)과 함께 일개체(一個體)를 이루는 기능체로 인식한 것이다. 그리고 불변·고정의 속성을

---

456) "自偏者觀之, 無于彼者, 有于我焉, 自全者觀之, 混有于彼者, 粲立于此"(위의 책, 小冊, 物部大小, 混物).
457) "以物觀人, 人者, 各中之一物也, 以人觀我, 我者同中之各也"(위의 책, 人部, 設施).

가진 물과는 달리 기는 변천·조화의 활동력을 그 본질로 하고 있고, 이러한 기와 물이 서로를 규정하면서 일개체의 독자적 특성을 형성한다고 했다. 이처럼 기와 물이 서로를 규정하기 때문에 기의 무한(無限)·무궁(無窮)의 운동작용에 따라 물 또한 무수히 분산된다는 것이 그의 설명이다. 이렇게 기의 작용에 의해 물이 한없이 분산되는 과정 속에서 각각의 물은 자신만의 고유한 자존적(自存的) 원리를 가지게 되는데, 이것이 바로 미우라 바이엔이 상정하는 이(理)인 것이다. 미우라 바이엔은 이를 다음과 같이 설명하고 있다.

체(體)는 금(禽)과 수(獸), 초(艸)와 목(木)이 서로 유사하지만 금수류(禽獸類)와 초목류(草木類)는 각기 다른 형(形)으로서 무한히 분산된다. 이렇게 무한히 분산되는 것은 기(氣)에 의한 것이고 이(理)는 바로 거기에 소재(所在)를 두고 있다.[458)

성(性)이 다르면 물(物)이 다르고 물이 다르면 이(理)가 다르며 이가 다르면 형(形)이 다르다. 이런 점에서 각각의 기(氣)는 각각의 이(理)를 수반하고 각각의 이는 각각의 물을 형성하는 것이다.[459)

이것은 결국 이(理)가 기(氣)에 앞서 그것의 작용을 주관하는 불변의 단일한 존재가 아니라 각 개체마다 다를 수밖에 없는 고유한 기능체라는 점을 의미한다는 측면에서 개체의 독자성을 강조하는 그의 입장을 다시 한 번 부각시키는 논리라고 할 수 있다.

이와 같이 미우라 바이엔에게 이(理)는 자연계 각 개체의 독자성을 의미하는 것인 동시에 무생물적 사물에서는 그 사물이 가진 객관적 원리

---

458) "體則相似焉, 至爲禽爲獸, 爲艸爲木, 散爲万品, 則何以分爲, 形之爲異也, 從氣之布, 氣之所布, 乃理之所在"(위의 책, 地冊, 沒部, 形理).

459) "性異則物異, 物異則理異, 理異則形異, 各氣隨各理, 各理成各物"(위의 책, 機界之冊, 轉持, 入形理).

로 규정된다. 이 점을 그는 다음과 같이 표현하고 있다.

　기(氣)는 사물의 스스로 그러함[然]을 이루는 기능을 하고 이(理)는 사물의 스스로 그러함을 밝히는 기능을 한다. 대개 이(理)란 밝힐 수 있는 것이요 기(氣)는 이룰 수 있는 것이다. 따라서 인간이 만들면 이(理)를 먼저 하고 하늘[天]이 만들면 기(氣)를 먼저 하는 것이다. 예를 들어 배와 수레를 만들 때 먼저 만들어진 배와 수레를 가지고 그 배와 수레의 뜨고 구르는 원리[舟車之理]를 밝혀 다른 배와 수레를 만들어 이용하는 것이다.[460]

이(理)를 사물의 작용원리로 인식하는 이와 같은 미우라 바이엔의 태도는 개체의 독자성 부각과 함께 자연에 대한 객관적 이해와 그것을 통한 과학기술적 발전을 담보할 수 있는 중요한 사상적 근거라고 할 수 있다.

이와 관련하여 미우라 바이엔은 자연에 대한 객관적 이해의 필요성 및 방법을 제시했는데, 간단히 살펴보면 다음과 같다. 그는 먼저 "세상의 유가(儒家) 중에 체용(體用)을 논하는 자들은 시비(是非)가 선왕(先王)의 법과 말[法言]이라고 하고 심사(心思)를 논하는 자들은 시비(是非)가 부도씨(浮屠氏)의 사업이라고 한다. 그러나 오늘날 무릇 서학(西學)을 하는 사람들은 하늘에 대해 논하고 자신 스스로 그것을 쫓아 진실된 것을 얻는 바가 있다"[461]라고 하여 유학의 당위론적이며 비과학적인 사고의 모순과 서학(書學)이 가진 학문적 객관성과 우수성을 표현했다. 이러한 인식을 바탕으로 그는 시비(是非)라는 것은 조리(條理)의 소재(所在)라고

---

460) "氣爲事物之然, 理照事物之然, 蓋理者, 能照者也, 氣者, 能爲者也, 是以, 人造則理先, 天造則氣先, 譬如造舟車, 先舟而照舟之理, 以之造此, 果爲載乏之用, 先車而照車之理, 以之造此, 果爲轉持之用, 輕虛, 理當載而乏, 然爲載而乏者, 氣也, 直円, 理當轉而持, 然爲轉而持者, 氣也"(위의 책, 天冊, 活部天神, 道德, 德).

461) "世之儒家, 斥言體用者曰, 是非先王之法言, 斥說心思者曰, 是浮屠氏之事業, 今夫西學人, 則天下之譚天者, 舍己從之, 有所獲于眞也"(위의 책, 例旨).

했으며,462) 조리 즉 자연의 객관적 원리를 파악하기 위해서는 융통(融通)과 반관(反觀)이라는 인식방법이 무엇보다 중요하다는 점을 다음과 같이 강조했다.

어두운 것[暗]을 모르면 밝은 것[明]을 아는 것 또한 상세하지 않다. 어두운 것 중에서 밝은 것을 탐구하기 위해서는 반드시 그 어두운 바를 잊고 생각을 밝은 것에 통(通)하도록 해야 한다. 이와 마찬가지로 밝은 것을 모르면 어두운 것 또한 상세하지 않다. 밝은 것 중에 밝은 것을 막아 어두운 것에 통하고, 어두운 것 중에 어두운 것을 잊어 밝은 것에 통하는 것을 융통(融通)이라고 하며, 밝은 것 중에 생각을 어두운 것에 통하게 하여 그 어두운 것으로서 나[我]의 밝은 것을 능히 알고, 어두운 것 중에 생각을 밝은 것에 통하게 하여 그 밝은 것으로서 나의 어두운 것을 능히 아는 것을 반관(反觀)이라고 한다.463)

이와 같은 융통 · 반관의 인식방법과 함께 미우라 바이엔은 "실제로 측정하고 실제로 체험하는 것은 다를 수가 없는 것이다"464)고 함으로써 유학이 가진 주관적이고 추리적인 태도에서 벗어나 객관적이고 경험적인 태도를 바탕으로 한 사물의 원리추구의 필요성을 역설하기도 했다. 이러한 점은 미우라 바이엔 자신이 의사(醫師)의 직업을 가진 자연과학도였다는 점에도 기인한 것이기는 하지만, 당시 나가사키(長岐)를 통해 일본에 유입된 서구의 과학지식과 사물이해의 방법이 그의 사상 속에 적극 수용되고 있음을 보여주는 것이다.

---

462) "是非者, 條理之所在"(위의 책).
463) "不知暗, 則其知明亦不審矣, 暗中欲探明, 則須姑忘所晦者, 通思於明朗之中, 以知明也, 不知明, 則其之暗亦不審矣, 明中屛明而通暗, 暗中忘暗而通明, 謂之融通, 明中通思於暗, 以其暗, 能知我之所在之明, 暗中通思於明 以其明, 能知我之所在之暗, 謂之反觀"(위의 책, 小冊, 物部大小, 大物).
464) "而實測之所驗, 則不可異焉"(위의 책, 天冊, 活部天神, 天神).

이상에서와 같이 미우라 바이엔의 전(全)사상을 포괄한다고 할 우주론 및 인식론은 그 자체가 동아시아의 지배적인 유학적 우주론과 인식론이 가진 모순과 한계를 완전히 극복한 것이었다고 평가할 수 있다. 그리고 여기에는 동아시아 전통의 노장적 상대관과 서구의 과학지식이 중추적인 토대가 되었음은 이미 논의한 그의 사상 속에 뚜렷이 드러나 있다.

3) 국내 및 국제질서관

국내질서관의 측면에서 미우라 바이엔은 크게는 군(君)과 민(民), 작게는 사·농·공·상 간의 선천적 차별성을 주장하는 유학적 논리에 반대하여, 인간사회 내 각 개체 사이에는 본연적 동등성과 함께 독자성에 바탕을 둔 기능적 평등성이 존재한다고 보았다. 구체적으로 그는 군민(君民)관계를 서로를 의존하는 상보관계로 파악했고,[465] 사·농·공·상의 직업상의 차이에도 불구하고 욕구주체로서 모든 인간이 동등하다는 점[466]을 밝혔다. 이와 더불어 "이룸〔成〕에 힘씀에서는 서로 다른 점을 책망해서는 안 된다. 따라서 사·농·공·상은 마치 제자백가를 따르는 무리〔徒〕와 같아서 그 공(功)이 천지에 퍼지는 것이다"[467]라고 함으로써 개방적 입장에서 사·농·공·상 모두가 각각의 기능을 가지고 공동체적 발전을 이루는 동등한 주체라는 점을 명확히 했다.

다음으로 국제질서관의 측면에서 미우라 바이엔은 천문학적 지식과 노장적 상대관을 적극 원용하여 모든 국가가 자신의 고유한 독자성을 지닌 상대적으로 평등한 개체라는 점을 역설했다. 이를 통해 중국 중심

---

465) "有力不能自衣食, 恃奉於民, 無力不能自守禦, 依保於君, 君民通工, 相共奉保"(위의 책, 小冊, 人部, 人道).
466) "雖職有士農工賈, 而上自一人, 下至億兆"(위의 책).
467) "務成之而不咎其異, 故士農工賈, 至諸子百家曲藝之徒, 得其人, 則功肯天地"(위의 책, 設施).

의 세계관은 물론 자민족 중심적인 폐쇄적 사고를 벗어날 수 있는 토대를 제공했다. 이와 관련하여 미우라 바이엔은 다음과 같이 자연과학적 지식과 노장적 상대관을 바탕으로 지구내의 모든 국가가 상대적인 위치에서 평등한 개체임을 밝혔다.

대개 지구는 하나의 커다란 것이지만 배를 타고 노를 저어 탐구하면 크게는 두 개로 나뉘고 작게는 수없이 많은 국가들로 나뉘어 있다. 그 만국(万國)을 보면 비록 지혜와 기교는 다르더라도 신도(神道)를 이루지 않는 것은 없다.[468]

내가 남쪽에 있으면 북쪽이 변방이 되고 내가 북쪽에 있으면 남쪽이 변방이 되는 것이다.[469]

돌고 있는 하늘의 입장에서 보면 왼쪽도 없고 오른 쪽도 없는 것이며, 상하(上下)의 관점에서 보면 높은 곳도 없고 낮은 곳도 없는 것이다.[470]

물론 미우라 바이엔이 한국의 개혁사상들과는 달리 중국 중심적 세계관의 모순과 그것을 탈피할 필요성을 구체적으로 지적하지는 않았다. 그러나 그의 국제질서관은 신지식의 유입으로 이루어진 세계관의 확대를 계기로 단순히 동아시아적 질서관에 대한 회의와 비판을 넘어서 새로운 국가간 인식의 변화를 적극 반영할 수 있는 논의를 전개했다는 점에서 큰 가치가 있다고 평가할 수 있다.[471]

---

468) "蓋一大地球, 舟楫之所探, 大壤二, 小壤不知數焉, 其爲國也亦衆, 歷視其万國, 雖智技之巧弗同, 無不設神道者"(위의 책, 人道).

469) "故我南則北爲辺, 我北則南爲辺"(위의 책, 本宗).

470) "是以, 旋轉而觀之, 無所不左, 無所不右, 上下而觀之, 無所不高, 無所不卑"(위의 책, 小冊, 人部, 言動).

471) 그럼에도 불구하고 미우라 바이엔은 같은 시기 활동한 조선의 홍대용과는 달리 현실을 타파하기 위한 혁신적 개혁안을 제시하지는 못했다. 이는 양반계층의 실학적 지식인이었던 홍대용과 달리 미우라 바이엔이 중인계층의 의사(醫師)였다는 점과 세 차례의 여행을 제외하고 북구주(北九州)의 시골에서 은둔하며 일생을 학문연구에 몰두했다는 양자간 행적상의 차이(藤井專隨 編,「梅園先生年譜」,『三浦梅園』, 東京: 日本圖書セン

이상에서 살펴본 것처럼 미우라 바이엔의 정치사상은 기본적으로 다수 피지배계층 중심적 입장에서 욕구주체로서 인간간, 그리고 인간과 사물간의 평등성과 개체간의 기능적 동등성을 적극 부각시켰다는 측면에서 일본에서의 자유 · 평등론의 발전에 기여를 한 것이라고 볼 수 있다. 특히 그의 사물인식 방법과 자연에 대한 객관적 이해의 필요성 주장, 그리고 지역의 차원을 넘어서는 전지구적 차원으로의 인식의 확대는 이후 일본에서 전개된 국가간 인식의 근본적 변화의 시초가 되었다는 점에서 그 의미는 매우 크다고 할 것이다.

2. 시바 코오칸의 개혁사상

1) 시대배경

시바 코오칸[472)의 구체적 활동시기는 18세기 말부터 19세기 초에 이르는 기간이다. 이 시기는 바쿠한체제(幕藩體制)로 대표되는 일본의 봉건질서가 대내적 모순 심화와 서구와의 직접 접촉이라는 대외적 긴장상태에 직면해서 그 한계를 표면적으로 노출시킨 시기라고 할 수 있다. 즉

ター, 1979, pp.1-23 참조)에 기인한 것이라 하겠다.

472) 시바 코오칸(司馬江漢, 1748-1818)의 이름〔名〕은 준(峻), 자는 군옥(君獄)이며 강한(江漢) · 춘파루(春波樓) · 서양도인(西洋道人) · 불언(不言) · 무언(無言) · 도언(桃言) 등의 호가 있었다. 에도(江戶)의 쵸닌 집안에서 태어났으며 생의 대부분을 에도에서 활동했다. 16세부터 한학을 배웠으나 화가로서 1년여에 걸친 나가사키(長崎) 방문과 당시 난학의 대표적 인물들이었던 히라가 겐나이(平賀源內, 1728-1779), 마에노 료오타쿠(前野良澤, 1723-1803) 등과의 교류를 통해 난학을 중심으로 한 서양의 천문학 · 지리학 · 화법(畵法) 등을 습득한 뒤, 일생을 이러한 지식을 일반인 및 당시 한주(藩主)들에게 전파하고 그들을 계몽시키는 데 주력한 인물로 평가된다(芳賀徹, 「18世紀日本の知的戰士たち-啓蒙の畫家江漢」, 『日本の名著 22 - 杉田玄白 · 平賀源內 · 司馬江漢』, 東京: 中央公論社, 1971, pp.60-75 및 부록 연보 참조; 沼田次郎, 「司馬江漢と蘭學」, 『日本思想大系 64 - 洋學上』, 東京: 岩波書店, 1976, pp.649-672 참조).

대내적으로는 18세기 초반 이후 급속히 진행된 상품경제의 발달이 전통적인 토지 중심의 생산경제구조를 토대로 형성된 바쿠한체제의 질서자체를 지속적으로 위협하는 요인이 되었다. 구체적으로 상품경제의 발달이 가져온 사회적 부의 불평등 심화현상으로 인한 바쿠후(幕府)와 한(藩)들의 재정난과 무사계층 및 농민계층의 빈곤화, 그리고 소수 대상인층의 부의 독점이라는 사회적 모순이 지속되었다. 이와 함께 각 지방에서 발생한 기근·지진 등의 각종 자연재해 또한 이러한 불안을 더욱 부채질했다. 이와 같은 사회·경제적 불안정은 바쿠후 권력에 대한 직접적인 정치적 비판과 저항·도전을 야기하기도 했으며 호레키(寶曆)·메이와(明和) 사건으로 대표되는 정치권 내부로부터의 도전과 끊임없이 지속된 피지배계층의 저항운동, 즉 잇끼(一揆)는 그것의 결과였다.[473]

그러나 당시 일본이 당면하고 있던 대내적 위기상황의 근본원인은 단순히 생산구조의 변화나 자연재해 등으로 인한 사회·경제적 불안정으로만 설명될 수는 없는 것이었다. 그것은 다수 피지배계층의 사회·경제적 이익보다는 그들로부터의 착취와 수탈, 그리고 피지배계층의 희생을 전제로 유지되는 봉건질서 자체의 모순에 기인한 것이었다. 또한 이는 그러한 봉건체제를 강화·유지시키는 사상적 논거로서의 차별·불평등적 성격의 주자학적 정치질서관이 초래한 모순이었다.

그럼에도 불구하고 바쿠후 권력은 이전의 교오호(享保) 개혁에서 보여준 임시방편의 개혁안을 제시하는 정도의 대응으로 당면한 위기를 극복하고자 했다. 소위 칸세이(寬政) 개혁이라고 불리는 18세기 후반의 바쿠후에 의한 개혁은 경제적으로는 상업활동의 통제를 통한 농업경제로 복귀하고, 사회적으로는 사치의 근절과 검약을 강조하며, 정치적·사상적으로는 주자학 이외의 모든 사상들을 배척하고 통제함으로써(寬政 異學

---

473) 北島正元 編, 『政治史 II』, 東京 : 山川出版社, 1979, pp.263-289 참조.

의 禁) 봉건적 차별질서를 유지하려는 시대역행적인 것이었다.[474] 따라서 분카(文化, 1804-1817) 연간의 일시적 안정이라는 것도 결코 일본이 당면한 모순을 근본적으로 치유한 결과가 될 수 없었다. 19세기 초·중반 특히 1820년대 이후부터 메이지유신(明治維新)에 이르기까지의 일본의 대내적 위기상황은 이를 잘 보여주고 있다.

한편 18세기 후반과 19세기 초반은 이와 같은 대내적 모순심화와 더불어 18세기 초반 이후 쇄국체제를 유지해온 일본에게 대외적 긴장상태를 가져다 준 시기였다. 18세기 중반 이후 영국·프랑스 등의 서구제국들과 동아시아에 인접한 전통적 강국인 러시아는 동아시아 특히 중국으로의 세력확장과 경제적 이권획득에 주력하고 있었으며 일본도 예외일수는 없었다. 그리하여 18세기 후반부터는 러시아·영국과의 직접 접촉이 이루어졌으며, 1792년 러시아 사절단의 방일(訪日), 1797년 영국 군함의 북해도 출현, 1804년의 러시아 사절단의 나가사키 방문과 교역요청, 러시아인들의 1806년과 1807년의 쿠릴열도 및 사할린 침략, 1812년의 영국 선박의 나가사키에서의 함포 위협사건 등은 그 대표적인 예이다. 이러한 서양세력과의 직접 접촉은 나가사키를 통한 교역, 그것도 네덜란드 상인을 중심으로 한 교역만을 제한적으로 용인해왔던 바쿠후가 위기의식을 갖는 계기를 만들었다. 그러나 바쿠후의 대응은 쇄국체제를 강화하는 것만으로 표현되었다. 1805년 러시아 사절단의 교역요청을 거부하고 1825년에 이르러 이국선타불령(異國船打拂令)을 공포하여 쇄국양이(鎖國攘夷)를 추진한 것은 당시 바쿠후의 대응양식을 잘 보여주는 것이라고 하겠다.[475]

---

474) 위의 책, pp.289-325 참조

475) 당시 일본이 처한 대외환경에 대해서는 鹿島守之助, 『日本外交史』, 東京: 鹿島硏究所出版會, 1965, pp.13-26을 참조하기 바란다.

2) 대내외적 위기상황에 대한 사상·정책적 대응방식 개관

이상과 같은 당시 일본의 대내외적 위기상황에 대한 사상·정책적 대응방식은 오로지 바쿠후 권력의 유지·강화와 쇄국체제에 공헌했던 정통 주자학적 논의를 제외하고 크게 다음과 같은 세 가지의 형태를 띠었던 것으로 보인다.

그 하나는 국학(國學)의 계열로서 모토오리 노리나가(本居宣長, 1730-1801)와 히라타 아츠타네(平田篤胤, 1776-1843)로 대표된다. 이들은 물론 개별 사상가로서의 방법론적 주안점의 차이[476]를 보여주었다 하더라도 공통적으로 유교·불교 등 기존의 동아시아 전통사상을 배격하고 일본 전통의 신도오사상(神道思想)을 바탕으로 일본문화와 일본민족의 우월성을 주장함으로써[477] 일본 중심의 배타적·수구적 민족주의를 고취시키는 사상적 역할을 담당했다. 다른 한편 이들은 텐노오(天皇)-쇼오군(將軍)-다이묘오(大名)로 이어지는 권력의 위임관계와 대내적 신분의 차별을 신(神)의 뜻으로 파악하여 봉건질서의 유지와 강화를 시인하는 입장[478]을 취함으로써 주자학 또는 유학적 정치질서관을 답습하기도 했다. 이러한 점에서 18세기 후반과 19세기 초반의 국학(國學)사상가들의 위기에 대한 대응은 궁극적으로 대내적 차별질서를 유지하고 대외적으

---

476) 예를 들어 모토오리 노리나가는 주로 『고사기(古事記)』·『일본서기(日本書記)』 등 고전에 대한 문헌학적·언어학적 연구방법을 통해 자신의 사상을 전개했던 것에 비해, 히라타 아츠타네는 철저히 신도오사상을 축으로 하는 신학적 연구방법을 취했다고 할 수 있다. 이에 관해서는 守本順一郎, 『日本思想史の課題と方法』, 東京: 新日本出版社, 1975, pp.11-23 및 岩崎允胤, 「蘭學周邊の自由思想家-司馬江漢の場合」, 『日本近世思想史序說下』, 東京: 新日本出版社, 1997, pp.87-156을 참조하기 바란다.

477) 本居宣長, 『本居宣長全集』, 東京: 筑摩書房, 1968, 卷十七, 古事記傳, 三大考, p.297; 平田篤胤, 靈能眞柱, 卷上, 相良亨 譯, 『日本の名著 24 - 平田篤胤·佐藤信淵·鈴木雅之』, 東京: 中央公論社, 1972), p.160.

478) 本居宣長, 앞의 책, 第八卷, 玉くしげ, p.319; 平田篤胤, 玉襷, 卷二, 田原嗣郎 校注, 『日本思想大系 36 - 平田篤胤·伴信友·大國隆正』, 東京: 岩波書店, 1973, p.250.

로는 중국 중심의 세계관을 철저한 자민족 중심의 세계관으로 전환시켜 민족적 단결을 바탕으로 외세배격을 이루는 데 있었다고 하겠다.

두 번째의 사상적 대응은 양학(洋學)[479] 계열로서 히라가 겐나이(平賀源內, 1728-1779), 마에노 료오타쿠(前野良澤, 1723-1803), 스기타 겜바쿠(杉前玄白, 1733-1817) 등의 난학자(蘭學者)들과 이들과의 교류를 통해 습득한 서구의 지식과 서양에 대한 폭넓은 이해를 바탕으로 위기극복의 정책대안을 마련했던 혼다 토시아키(本多利明, 1744-1821)와 시바 코오칸(司馬江漢, 1748-1818) 등이 대표자들이다.[480] 이들은 1774년 네덜란드 해부서(解剖書)를 번역한『해체신서(解體新書)』의 발간을 계기로 네덜란드어의 습득과 서구의 자연과학·의학·군사학·역사·지리에 관한 지식을 연구하여 인간·자연(우주)·세계에 관한 새로운 인식의 틀을 마련

---

479) 본래 양학(洋學)이라고 하는 것은 에도 바쿠후(江戶幕府) 시대 유입·연구된 서양학술을 총칭하는 것으로서 여기에는 네덜란드뿐만 아니라 서양 선교사를 통해 유입된 서구의 학문 모두가 포함된다. 그러나 18세기 중반 이후 네덜란드 서적을 중심으로 한 서양학술연구가 당시 유일한 대외창구였던 나가사키(長崎)를 중심으로 전개됨으로써 양학은 곧 난학을 의미하는 것으로 인식되었다. 그리고 개항 이후에는 난학이 영국·프랑스계의 학문까지도 총괄적으로 포함하는 양학과 동일한 의미로 사용되었다(佐藤昌介,「洋學の思想的特質と封建批判論·海防論」,『日本思想大系 64 - 洋學上』, 東京: 岩波書店, 1976, p.609 참조).

480) 그러나 혼다 토시아키와 시바 코오칸이 비록 동일한 양학계열의 사상가이며 특히 혼다 토시아키가 시바 코오칸으로부터 자연과학적 지식을 직접 흡수했다는 점(本多利明, 西域物語, 上, 塚谷晃弘 校注,『日本思想大系 24 - 海保靑陵·本多利明』, 東京: 岩波書店, 1970, p.90)에서 양자간의 사상적 연계성을 알 수 있다 하더라도 이들의 국가개혁론 사이에 근본적인 차이가 존재하는 것 또한 사실이다. 가장 중요한 차이점은 혼다 토시아키의 경우 전통적인 일본 중심적 사고를 바탕으로 새로운 지식을 경쟁적 세계관으로 전환시켜 국가주도하의 철저한 위로부터의 개혁을 통한 위기극복을 요구했다는 데 있다. 일본 중심적 사고와 국가주도하의 위로부터의 개혁은 혼다 토시아키로 하여금 통일국가로서의 전제군주적 정치체제의 효율성(經世秘策, 卷上, 塚谷晃弘 校注, 위의 책, p.20)과 민족간·인종간·국가간 무한경쟁의 필요성(交易論, 發端, 塚谷晃弘 校注, 위의 책, p.166)을 적극 주장하도록 했으며, 그것이 결국 개체간 차별성을 인정하는 토대 위에서 진행되었다는 점에서 개체성의 상호존중을 통한 조화와 협력, 그리고 그러한 바탕 위에서의 공동체적 발전론을 제시한 시바 코오칸과는 다른 입장에 있었다고 할 수 있다.

하는 데 결정적인 기여를 했다. 동시에 이들은 신지식을 바탕으로 당시 일본사회의 후진성과 모순을 직시하고 바쿠후의 쇄국정책과는 달리 적극적인 개방정책을 통한 부국안민책(富國安民策)을 제시하는 등 활발한 활동을 전개했다. 양학계열의 사상가들이 단순히 학문적 차원의 연구를 넘어서 당시의 정치·경제·사회·외교적 제모순을 언급하고 이를 극복하기 위한 대안으로서의 반막적(反幕的) 사상481)과 혁신적 정책론을 전개했다는 점에서 당시로서는 가장 급진적인 형태의 사상이었다 할 수 있다. 이러한 양학계열 사상가들의 급진성이 그후 '만사(蠻社)의 옥(獄)'이라고 불리는 바쿠후의 난학자들에 대한 대탄압의 계기가 되었던 것이다. 그럼에도 불구하고 양학의 발전은 서구와의 직접 접촉이라는 객관적 상황과 더불어 당시 일본 지식인들에게 인간 및 자연 그리고 세계에 대한 인식의 확대를 가져오는 데 가장 중요한 공헌을 했고 이로 인해 그들이 다양한 형태의 개혁론 제시를 통한 위기극복의 대안을 마련할 수 있었다 하겠다.

18세기 후반부터 19세기 초반까지 일본이 처한 대내외적 위기에 대한 세 번째 사상적 대응양식은 카이오 세이료오(海保靑陵, 1755-1817)와 야마가타 반토(山片蟠桃, 1748-1821) 등으로 대표되는 자생적 개혁론482)이

---

481) 예외적으로 혼다 토시아키의 경우에는 바쿠한체제라는 분권적 정치체제의 비효율성을 지적하고 중앙집권적 정치체제의 필요성을 적극 주장했다. 그렇다고 해서 그가 다른 여타 양학계열 사상가들과 같이 반막(反幕: 反封建)을 추구하거나 히라타 아츠타네(平田篤胤) 이후의 국학계열 사상가들처럼 반막존황(反幕尊皇)을 지향한 것은 아니었고 오히려 바쿠후 권력을 정점으로 한 통일국가로의 정치체제의 재편을 요구했다. 즉 정치체제의 재편을 통해 바쿠후 권력을 강화시키는 것이 그의 사상의 논리적 결과였던 것이다 (이에 대해서는 經世秘策, 卷下, 塚谷晃弘 校注, 위의 책, pp.22, 25 참조).

482) 여기서 '자생적 개혁론'이라고 하는 것은 양학계열이나 국학계열의 학자들과의 직접적인 접촉, 또는 그들로부터의 사상적 영향을 거의 받지 않은 채 주로 전통사상의 독자적인 해석을 바탕으로 나름대로의 개혁방안을 제시한 것을 의미한다. 다만 카이오 세이료오의 경우 당시 난학의 대표자(桂天甫周)와 활발히 교류했다는 점으로 미루어 양학적(洋學的) 지식이 그의 사상에 어느 정도 영향을 미친 것으로 볼 수 있다. 그럼에도 불구

라고 할 수 있다. 카이오 세이료오의 예를 들면 그는 당시를 왕도(王道)가 의미가 없는 패도(覇道)의 시대 즉 단지 이익[通利]을 놓고 경쟁하는 시대483)로 파악하고, 바쿠한체제 내의 제한(諸藩)을 중심으로 한 재화의 생산과 이를 토대로 한 상업적 이윤획득484)을 통해 당면한 대내적 위기를 극복할 것을 요구했다. 이를 위해 그는 전통적인 유학적 입장에서 벗어나 시대의 변천에 따른 변화와 개혁의 필연성을 자연의 원리로 논증하고485) 사회 내 모든 계층이 절약하고 검소하게 살면서 생산활동과 상업적 이윤획득 과정에 참여할 것을 주장했다.486) 이처럼 카이로 세이료오는 양학적 지식(인성론 · 우주론 · 인식론 등)에 크게 영향을 받지 않고 노장 · 불교 등 전통사상을 자기의 독자적인 시각으로 재구성 · 혼합하여487) 정책목표의 토대로 삼음으로써 앞의 두 가지 대응양식과는 다른 방향성을 마련했던 것으로 보인다.

그럼에도 불구하고 이와 같은 위기에 대한 대응양식이 궁극적으로 봉건적 차별질서의 틀을 유지하는 범위 내에서 한(藩)들이 처해 있는 재정난을 타개하는 데 초점이 맞추어진 것이었다는 점에서 그 한계는 자명한 것이었다.488) 즉 그가 비록 사상내용에서 반유학적 전통사상의 영향을 많이 받았으며 특히 사회 내에서의 군신관계까지도 매매관계(賣買關係)로 파악하는489) 혁신성을 보여주었다 하더라도, 다수 피지배계층의

하고 카이오 세이료오의 사상내용에서는 양학계열의 학자들이 공통적으로 가지고 있었던 인간 · 자연(우주) · 세계에 대한 새로운 인식의 확대는 거의 보이고 있지 않은 것이 사실이다.

483) 海保青陵, 『海保青陵全集』, 東京: 八千代出版社, 1976, 養心談, pp.411, 419.
484) 위의 책, 稽古談, p.69.
485) 위의 책, 老子國字解, p.809.
486) 위의 책, 稽古談, pp.22-23.
487) 이 점은 특히 카이오 세이료오가 『노자국자해(老子國字解)』라는 책을 지어 노자의 『도덕경(道德經)』에 대한 비판적 주석을 통해 자신의 사상을 전개한 데에서 잘 나타나 있다.
488) 塚谷晃弘 校注, 앞의 책, p.322.

생존권 및 이익확보라는 정치목표를 설정하지 못했고 사상의 내용 면에서도 욕구주체로서의 인간간 동등성과 독자적인 특성과 기능을 보유한 개체간의 상대적·기능적 평등성을 주장하는 데에까지 이르지는 못했던 것이다. 그리하여 결국 아래로부터의 근본적인 해결책이 아닌 위로부터의 개량적·일시적인 방안을 제시하는 데 그쳤다. 이런 점에서 서구지식의 도입과 이에 따른 인식의 확대를 수반하지 못했던 당시의 '자생적 개혁론'은 개혁의 본질과 방향성에서 결코 철저한 대안이 될 수 없었던 것이었다.490)

이상에서와 같이 18세기 후반부터 19세기 초반까지 일본에서는 가장 보수적이고 폐쇄적인 국학계열(國學系列)로부터 가장 개방적이고 혁신적인 양학계열(洋學系列)에 이르기까지 당시의 대내외적 위기상황에 대한 다양한 사상적 대응방식이 존재했다. 이러한 각각의 대응방식에서 나타난 특성들이 향후 전개된 일본의 정치현실에 따른 사상적 대응의 토대가 되었다는 점에서 중요성이 있다. 다음에서 살펴볼 시바 코오칸의 국가개혁론은 이와 같은 사상적 대응방식 중 가장 혁신적인 것으로서 노장사상 및 기철학 등 동아시아 전통의 자유·평등적 인식론491)을 난학

---

489) 海保青陵, 『海保青陵全集』, 稽古談, p.8.

490) 이러한 측면은 야마가타 반토의 경우에도 동일하게 나타난다. 야마가타 반토 역시 적극적 개혁론을 통해 당시 센다이(仙台) 한(藩)의 재정난 타개에 크게 공헌했고, 인식론적 차원에서도 전통적인 유물론적 기철학을 중심으로 실증성과 과학성을 강조했다. 그럼에도 불구하고 사·농·공·상의 신분질서를 찬미하고 바쿠후의 쇄국정책을 지지하는 등 봉건적 보수성을 유지했다는 점에서(岩崎允胤, 앞의 책, p.239) 그의 개혁론은 결코 평등론에 기초한 혁신적 대안이 될 수는 없는 것이라 하겠다.

491) 시바 코오칸이 동아시아의 전통적인 기철학(氣哲學)과 노장적(老莊的) 인식론을 바탕으로 자신의 사상을 전개했다는 점은 일본 학자들의 연구결과에서도 지적되고 있는 사항이다. 일본 학자들은 시바 코오칸의 기철학에 대해서는 일본에서의 유물론적 경향의 전통으로서, 그리고 노장적 인식론에 대해서는 시바 코오칸의 사상에서 나타나는 허무주의적 경향의 근거로서 지적하고 있다(이에 대해서는 藤原遲, 「司馬江漢の思想－その實用主義と虛無主義」, 『日本近世思想の硏究』, 京都 : 法律文化史, 1971, pp.121-143; 村岡典嗣, 「市井の哲人司馬江漢」, 『司馬江漢の硏究』, 東京 : 八坂書房, 1994, pp.

(蘭學)이라는 신지식과 결합시켜 위기극복의 정책론으로 구체화한 것이었다.

3) 현실인식과 정치목표

시바 코오칸의 현실인식은 당시 일본이 처한 현실, 즉 다수 피지배 계층의 빈곤화와 국가적 부의 고갈이 비생산적 공리공담과 무위도식만을 일삼고 있는 유학자 및 승려들의 행태와, 일본의 과학적·기술적 후진성을 인식하지 못할 뿐더러 변화하는 세계정세 속에서 물산(財貨)의 부족을 타개할 방편을 마련하지 못하고 오직 쇄국정책만 고수하고 있는 바쿠후 권력의 무능함에 있다고 보는 것이었다.

이러한 인식을 바탕으로 시바 코오칸은 일본의 모순적 현실을 다음과 같은 세 가지 방면으로 비판했다. 그 첫 번째는 유교·불교 등 기존 전통사상의 허구성과 거기에 종사하는 사람들의 비생산적 행태였다. 그는 이에 대해 "석가와 공자가 실제로 세계를 일주(一周)하지 않았는데도 어떻게 자세한 것을 당연히 알고 있다고 할 수 있겠는가"[492]라고 하여 일본인의 인식에 영향력을 행사해온 석가와 공자로 대표되는 불교와 유학의 허구성을 비판했다. 또한 "명리(名利)를 버리고 몸을 숨겨 산 속에 은거하는 자가 있는데 이것은 국가를 좀먹는 벌레[虫]와 같은 것이다"[493]라는 극단적 표현을 동원하여 특히 승려들의 비생산성과 현실도피를 비

154-175; 岩崎允胤, 앞의 책, pp.320-351 등 참조). 그러나 필자는 제1장에서 밝힌 바 있듯이 특히 노장적 인식론의 본질이 인간의 본연적인 자유성과 개체간 상대적 평등성을 인정하는데 있는 것으로 파악하고 있다. 따라서 이 책에서 사용하는 '시바 코오칸의 노장적 인식론의 원용(援用)'이란 시바 코오칸 인식론의 비실용성 또는 비실재성을 의미하는 것이 아니라 시바 코오칸의 국가개혁론의 인식론적 토대가 인간을 포함한 개체의 본연적 자유성과 상대적 평등성을 강조하는 전통적인 노장적 인식론에 뿌리를 두고 있다는 점을 의미하는 것이다.

492) 『獨笑妄言』, 須弥山論說, 『司馬江漢全集』, 東京: 八坂書房, 1993, 第二卷, p.14.
493) 『獨笑妄言』, 悟道害己, 위의 책, 第二卷, p.22.

난했다.

　두 번째는 이와 관련하여 유학과 불교에 심취되어 인간의 삶과 국가의 발전에 진정으로 필요한 객관적이고 실증적이며 과학적인 것에 어둡고 또한 그것을 기피하는 일본사회의 전반적인 분위기였다. 시바 코오칸이 "우리 나라 사람들은 자연만물의 이(理)를 탐구하는 것〔窮理〕만을 좋아하고 천문(天文)·지리(地理) 같은 것은 좋아하지 않기 때문에 사고는 얕고 지식은 짧다"494)고 한 것이나, "지동설(地動說) 하나라도 제대로 알고 있는 일본인은 아직까지 두세 명에 불과하다"495)고 탄식한 것은 이 점을 보여준다.

　마지막 비판은 일본의 후진성(後進性)을 인식하지 못한 당시의 지배계층, 즉 바쿠후 권력의 무지(無知)와 시대착오적인 쇄국정책이었다. 구체적으로 시바 코오칸은 먼저 일본이 해양국가이면서도 항해술이 발전하지 못한 것을 서양인들이 비웃고 있다는 점496)과 기술발전이 유럽보다 훨씬 뒤쳐져 있다는 점497)을 지적했다. 또한 "오늘날 구라파의 국가들은 성리학(性理學: 朱子學이 아닌 자연과학적 지식을 의미)을 좋아하고 국왕이 비용을 마련하여 큰 선박을 제조하며 강걸(剛傑)한 자를 선발해서 국토에 대한 견문을 넓히고 있다"498)고 하여 서양의 현실을 소개하고, 궁극적으로 일본이 수십 년 동안 바쿠후의 쇄국정책 때문에 접촉할 수 있는 나라가 오직 네덜란드와 중국뿐이라는 점499)을 들어 바쿠후 권력의 무지와 쇄국정책을 우회적으로 비판했다.500)

---

494) 『春波樓筆記』, 江漢後悔記, 위의 책, 第二卷, p.53.
495) 『春波樓筆記』, 神と仏とを論ず, 위의 책, 第二卷, p.89.
496) 『春波樓筆記』, 神と仏とを論ず, 위의 책, 第二卷, p.79.
497) 『春波樓筆記』, 神と仏とを論ず, 위의 책, 第二卷, p.89.
498) 『和蘭通舶』, 卷一, 五大洲總說, 위의 책, 第三卷, p.158.
499) 『和蘭通舶』, 卷二, 위의 책, 第三卷, p.163.
500) 이와 같은 우회적 비판뿐 아니라 시바 코오칸은 1792년 러시아 사절단이 나가사키 (長崎)로 가는 도중 입항을 요구하자 개항장이 아니라는 이유로 입항을 거절한 백하번

이상과 같은 시바 코오칸의 현실인식은 당시의 시대상황을 비추어볼 때 위기의 원인을 정확히 직시하는 객관적인 것이었다. 이처럼 시바 코오칸이 객관적 현실인식을 가질 수 있었던 것은 우선적으로 당시 급속히 유입되고 있었던 신지식, 즉 의학·천문학·지리학 등 양학적(洋學的) 지식을 적극 수용한 결과였다. 신지식의 유입과 수용이 시바 코오칸으로 하여금 일본의 후진성과 낙후성을 객관적으로 파악할 수 있게 하는 근거가 된 것이었다. 그러나 동시에 그가 당시의 유학자는 물론 바쿠후 권력에 대해서도 직접적인 비판을 가했다는 것은 시바 코오칸의 정치목표가 결코 바쿠한체제 유지의 정당성을 뒷받침하거나 또는 바쿠후 권력의 정당성을 부정하고 텐노오(天皇) 중심의 절대군주체제를 옹호하는 귀족 중심적 또는 지배계층 중심적인 것이 아니었다는 사실을 보여주는 것이기도 하다. 그와는 대조적으로 시바 코오칸의 정치목표는 동등한 삶의 욕구주체로서 사회의 모든 구성요소가 각기 자신의 삶을 온전히 영위할 수 있도록 하고, 그것을 토대로 각기 자신의 독자성 및 능력을 발휘하여 공동체적 발전에 공헌하게 함으로써 궁극적으로 변화하는 국제정세 속에서 국가적 발전을 이룩해내는 것이었다.

이와 같은 시바 코오칸의 정치목표를 파악할 수 있는 근거는 계층간 평등성을 강조한 그의 논의에서부터 잘 드러나 있다. 먼저 시바 코오칸은 "귀하다고 하는 것은 천자(天子)·제후(諸侯)를 말하고 비천하다고 하는 것은 농부·상공을 말하는 것이다. 그러나 하늘(天)의 입장에서 보면 모두 동등한 인간이며 금수(禽獸)·어충(魚虫)이 아닌 것이다"501)라고 함으로써 인간의 본연적 동등성을 명확히 했다. 또한 다음과 같이 고통받

(白河藩) 번주(藩主)의 태도와 1805년 러시아 사절단의 통상요구를 거절한 바쿠후의 행태를 직접적으로 강하게 비판하기도 했다 (『春波樓筆記』, 神と仏とを論ず, 위의 책, 第二卷, pp.95-96 참조).

501) 『和蘭天説』, 위의 책, 第三卷, p.75.

는 다수 피지배계층의 생존권 보장의 필요성을 역설한 것도 그의 정치 목표의 성격을 뚜렷이 보여주는 것이라고 하겠다.

위에 있는 자가 먼저 사치를 그만두고 불필요한 비용을 줄이며 민(民)을 위하는 마음으로 농업을 번창하게 해주어야 한다. 그렇게 하면 아래에 있는 민의 생활이 윤택해질 것임은 자명하다. 의식주라도 만족시키려고 하는 사람들을 보고 도적이라고 착각해서는 안 된다.502)

이와 함께 시바 코오칸은 "업(業)이라고 하는 것은 사·농·공·상 모두, 다시 말해 귀한 자에게도 천한 자에게도 모두 동일하게 갖추어져 있는 것으로서 동물과 충어(虫魚)에 이르기까지 먹을 것[食物]을 구하러 다니는 것은 각자 자신의 업(業)을 위한 것이다"503)라고 하여 각각의 분업이 결국 자신의 삶을 유지하는 방편이라는 점을 강조했다. 더욱이 그는 개미[蟻]의 예를 들어, 개미에는 대·중·소의 세 종류가 있지만504) 조그만 것[小蟻]이라도 먹을 것을 획득하는 역량과 지혜에서는 큰 것[大蟻]보다 우수한 것이 있고505) 개미 사회에서는 서로의 협력과 조화에 의해 얻은 획득물은 일체의 사유(私有)가 아닌 전원의 공동소유가 되며, 이것이 바로 의(義)라는 글자가 의(蟻)라는 글자가 될 수 있는 것506)이라고 함으로써, 각기 자신의 독자적 능력을 토대로 조화와 협력에 의해 공동체의 발전을 이루고 그 결과를 공동소유·공동분배하는 것이 정치의 본질이라는 점을 분명히 했다.

사·농·공·상을 불문하고 모두 자신의 역할을 가지고 공동체적 생

---

502) 『春波樓筆記』, 貧福の論, 위의 책, 第二卷, pp.39-40.
503) 『獨笑妄言』, 須弥山論說, 위의 책, 第二卷, pp.15-16.
504) 『獨笑妄言』, 蟻道和尙談義, 위의 책, 第二卷, p.10.
505) 『獨笑妄言』, 蟻道和尙談義, 위의 책, 第二卷, p.11.
506) 『獨笑妄言』, 蟻道和尙談義, 위의 책, 第二卷, p.11.

산활동에 참여해야 하고 그 결과를 소수 지배층이 아닌 공동체 내 모든 구성원이 평등하게 함께 나누어 가져야 한다는 이러한 시바 코오칸의 논리는 그의 정치목표가 소수 지배계층이 아닌 다수 피지배계층의 이익과 배분적 공평을 바탕으로 한 공동체적 발전에 있음을 명확히 보여준다고 하겠다.

이렇게 볼 때 시바 코오칸에게 국가개혁의 주체는 소수의 지배권력이 아니라 사회의 분업을 이루는 본연적으로 동등한 구성원 전체가 되는 것이며, 개혁의 방향은 구성원 모두에게 이익이 공평하게 분배되어 결국 국가공동체 전체가 함께 발전하는 것이라고 볼 수 있다. 그런데 시바 코오칸이 이와 같은 정치목표와 개혁 방법론의 정당성을 제시하기 위해서는 기존의 인간·계층·국가·민족 등 개체간 차별을 필연적인 자연의 원리로 규정함으로써 차별질서의 확립과 유지에 공헌했던 유학적 전통에서 벗어나 개체간 관계의 평등성을 이론적으로 입증하는 것이 요구되었다. 다음에서 살펴볼 시바 코오칸 국가개혁론의 이론적 기초는 시바 코오칸 자신이 제시한 개혁의 목표를 달성하기 위한 이론적 논의로서, 전통적인 기철학과 노장적 상대관(相對觀)을 의학·지리학 등 당시 유입된 서구의 신지식과 결합시킨 것이다.

4) 국가개혁론의 이론적 기초

① 욕구주체로서의 인간간 동등성 논리

시바 코오칸이 자신의 정치목표를 달성하기 위해 전개한 첫 번째 이론적 논의는 욕구주체로서의 인간간 동등성 논리였다. 그는 인간이 삶의 욕구주체인 동시에 감각적 물욕(物欲)의 주체이며, 이러한 점에서 모든 인간은 사회 내 신분·직업의 차이에 관계없이 본질적으로 동등하다는 점을 밝힘으로써 인간간 평등성에 입각한 국가개혁의 당위성을 주장했다. 이를 위해 그는 먼저 "위로는 천자(天子)·장군(將軍)으로부터 아래로는 사(士)·농(農)·공(工)·상(商)·비인(非人: 賤民)·걸식(乞食: 乞人)에 이르기까지 모두 인간이다"[507]라는 명제를 통해 봉건사회에서 인간으로 간주되지 않는 천민과 걸인까지도 모두 같은 인간임을 주장하고, 이러한 인간은 먹지 않으면 하루도 살아갈 수 없으며 병이 없는 사람이라도 먹는 것을 중단하면 곧 죽을 수밖에 없는[508] 삶의 욕구주체라고 했다. 이와 동시에 시바 코오칸은 생물(生物)의 하나로서 인간은 외물(外物)을 지각하는 감각기관과 그것을 인지하는 뇌(腦)의 신경작용에 의해서 신분적 귀천에 관계없이 모두 다양한 욕구를 가질 수밖에 없다는 점을 다음과 같이 설명했다.

눈에 사물이 투영되고 귀에 소리가 울리며 신경이 그것에 따라 외계(外界)를 인지함으로써 물욕(物欲)·색욕(色欲)·음식욕(飮食欲)이 생겨난다. 모든 인간은 귀천을 불문하고 그러한 욕구 때문에 조용하게 가만히 있을 수 없게 된다. 그러나 이렇게 세 가지 욕망에 미혹된다고 하는 것은 바로 살아 있는 것의 본질이 된다.[509]

여기서 물욕·색욕·음식욕은 곧 물리적·생리적 욕구를 의미한다. 시바 코오칸이 "인간은 100세가 되어도 욕념(欲念)이라는 것은 조금도 없어지지 않는다"[510]고 한 것이나, 명리(名利)를 버리고 자연에 은둔한다는 것은 곧 자연스러운 인간의 본성에 반(反)하는 것[511]이라고 함으로써 심리적 욕구까지 적극 인정한 것을 본다면, 그는 가장 근대적인 의미

---

507) 『春波樓筆記』, 神と仏とを論ず, 위의 책, 第二卷, p.87.
508) 『獨笑妄言』, 悟道害己, 위의 책, 第二卷, p.23.
509) 『春波樓筆記, 江漢後悔記, 위의 책, 第二卷, p.54.
510) 『春波樓筆記』, 人間感, 위의 책, 第二卷, p.59.
511) 『獨笑妄言』, 名利一則, 위의 책, 第二卷, p.7.

로서의 인간의 다양한 욕구를 모두 설명하고 그것을 인간의 본성적인 것으로서 용인한 것이었다.

시바 코오칸의 이러한 욕구주체로서의 인간성 규정은, 욕구를 비본성적인 것으로 인식하고 인의예지의 차별원리만을 인간의 본질로 파악하는 유학이나 현실도피에 의해서 욕구를 인위적으로 억제 또는 근절할 것을 요구하는 불교의 허구성을 비판하고 현실사회 내에서의 적극적인 욕구 인정을 통해 다수 피지배계층의 생존권 및 이익추구권을 확보하려는 그의 정치목표를 반영한 것이기도 하다. 그러나 동시에 중요한 사실은, 그러한 논리를 입증하는 근거가 당시 네덜란드의 인체 해부서를 번역한 『해체신서(解体新書)』의 발간을 계기로 급속도로 확산되었던 서양의 의학적 지식이었다는 점이다. 즉 욕구주체로서의 인간성 규정은 이미 전통적인 반주자학적 기철학을 전개한 일본 개혁사상가들의 논의[512]에서도 두드러지게 나타나 인간의 본연적 평등성을 주창하는 논리로 표출되어왔지만, 그것을 시바 코오칸은 양학적(洋學的) 지식을 바탕으로 보다 과학적·실증적으로 규명했던 것이다. 이 점은 바로 난학의 유입과 더불어 전개된 인간에 대한 새로운 지식의 확대가 일본의 사상적 전통과 결합되는 모습을 보여주는 것이라고 하겠다.

---

512) 예를 들어 17세기 중·후반에 활동했던 야마가 소코(山鹿素行)는 "인간은 기(氣)를 통해서 형체를 부여받은 존재이기 때문에 욕구를 가지고 있다. 사지(四支)로서 움직이고 정지하는 것, 귀와 눈으로 보고 듣는 것, 희로애락을 느끼는 것, 먹고 마실 것을 찾고 남녀가 서로 좋아하는 것 등은 모두 자연적인 욕구이다"(『山鹿語類』, 卷二十三, 論義理, 論人必有情欲)라고 하여 인간을 욕구주체로 규정했다. 또한 석문심학(石門心學)의 창시자로 알려진 이시다 바이간(石田梅岩)도 "성인이라 하더라도 인심(人心: 欲求)이 발(發)하지 않을 수 없다"(『石田先生語錄』, 第八一)는 말로써 인간의 욕구를 자연적인 본성으로 긍정했다. 일본 기철학의 집대성자로 평가되는 18세기 중·후반의 미우라 바이엔(三浦梅園) 역시 "무릇 인간은 입지 않고 먹지 않으면 얼어죽거나 굶어죽기 마련이며 이것이 바로 인간의 천성인 것"(『玄語』, 小冊, 人部, 給資)이며 또한 "좋아하고 싫어함으로써 정욕이 감응하는데 바로 이 좋아하고 싫어하는 것이 성(性)"(위의 책, 設施)이라고 함으로써 삶의 욕구주체로서 인간성을 규정하는 인성론을 전개했다.

② 개체성의 인정과 부각의 논리

시바 코오칸 국가개혁론의 두 번째 이론적 토대로는 인간을 포함한 국가 · 민족 등 모든 개체의 독자적 능력과 생존방식을 인정하는 개체성의 인정과 부각의 논리를 들 수 있다. 이에 대해 시바 코오칸은 인간이 물리적 · 생리적 · 심리적 욕구를 가진 삶의 주체라는 점에서는 동일하지만 그럼에도 불구하고 모든 인간은 각기 자신만의 고유한 특성, 즉 개체성을 가지고 있다는 점에서 상이한 존재라는 점을 다음과 같이 설명했다.

> 이 지구상에는 도처에 인간이라고 하는 벌레〔虫〕가 살고 있고 그 수는 헤아릴 수 없을 정도로 많다. 각기 눈과 코 그리고 입이 있어서 모두 같은 것 같지만 실제로는 이것저것이 모두 달라서 그 생각하는 바도 같지 않다.[513]

시바 코오칸에게 이와 같은 개체성 인정과 부각의 논리는 특히 국제 질서관의 측면에서 민족간 · 지역간 · 국가간 동등성의 토대로서 보다 명확히 표현되고 있다. 구체적으로 시바 코오칸은 "우리 일본의 동쪽과 서쪽 주민의 기질(氣質)은 서로 다르다. 이렇게 일국(一國)이라도 각기 다른 점이 있는데 하물며 세계 각국의 국민성이 서로 다른 것은 당연한 것이다"[514]라고 함으로써 개체로서 지역 · 민족 · 국가에 거주하는 사람들의 독자적 특성이 존재한다는 점을 설명했다. 이와 더불어 그는 서양의 지리적 지식의 유입에 따른 확대된 세계관을 바탕으로 자신의 저서인 『화란천설(和蘭天說)』과 『화란통박(和蘭痛迫)』을 통해 세계 각 지역과 국가의 지리적 위치와 기후 · 풍토에 따른 삶의 방식의 상이성(相異性) 및 제도 · 문물의 차이점을 구체적으로 지적하기도 했다.

또한 시바 코오칸은 이러한 개체성의 인정논리를 바탕으로 자민족 중

---

513) 『獨笑妄言』, 獨笑妄言やくけん, 『司馬江漢全集』, 第二卷, p.4.
514) 『春波樓筆記』, 神と仏とを論ず, 위의 책, 第二卷, p.89.

심적 관점 또는 화이관(華夷觀)을 버리고, 지구상의 모든 국가와 민족을 동등체로 인식하는 평등적이고 개방적인 태도를 가질 것을 요구하기도 했다. 그가 러시아 사절단의 통상요구를 거절한 바쿠후의 태도를 비난하면서 러시아를 이적(夷狄)으로 간주하지 말 것과 러시아의 왕도 왕인 이상 일본의 왕과 다를 것이 없다는 주장을 한 것515)은 이러한 그의 인식을 반영한 것이라고 하겠다.

국가개혁론과 관련해서 볼 때, 이와 같은 시바 코오칸의 개체성 인정과 부각의 논리는 대내적으로는 신분과 계층을 초월한 개인적 재능활용의 바탕이 되며, 대외적으로는 쇄국체제를 고수하고 있는 일본의 상황에서 대외문물 특히 서구적 지식의 수용과 활용을 통한 국가발전의 필요성과 당위성을 논증하는 중요한 근거라고 할 수 있다. 동시에 그것은 앞서 살펴본 욕구주체로서의 인간간 동등성 논리와 함께 세계에 대한 지리적 지식을 중심으로 한 신지식의 유입이 전통적 인식론과 결합하여 국가개혁의 이론적 토대를 이루는 과정을 나타내주는 것이기도 하다.516)

---

515) 『春波樓筆記』, 神と仏とを論ず, 위의 책, 第二卷, p.96.

516) 시바 코오칸 이전 일본의 개혁사상에서의 개체성의 인정과 부각의 논리는 주로 이기론(理氣論)을 통해서 진행되었다. 그것은 이기론으로 대표되는 동아시아의 보편적인 논리구조를 사용하지 않고서는 유학적 이기론이 강조하는 몰개체성(沒個體性)과 차별성을 효율적으로 극복할 수 없었기 때문이다. 예를 들어 18세기 중·후반에 활동했던 미우라 바이엔의 경우만 보더라도 "성(性)이 다르면 물(物)이 다르고 물이 다르면 이(理)가 다르며 이가 다르면 형(形)이 다르다. 이런 점에서 각각의 기(氣)는 각각의 이(理)를 수반하고 각각의 이(理)는 각각의 물(物)을 형성하는 것이다"(『玄語』, 地冊, 沒部, 機界之冊, 轉持, 入形理)라고 하여 기(氣)의 변천·조화작용에 의해 무수히 형성되는 각 개체의 자존적 원리가 이(理)라는 점을 설명함으로써 개체성을 부각시켰다. 그러나 18세기 말 이후 급속히 유입된 양학적(洋學的) 지식은 최소한 양학계열 지식인들에게는 더 이상 이기론(구체적으로 理의 개념 및 理와 氣의 관계)을 통해 개체성을 부각시킬 필요가 없을 정도로 개체성의 인정을 자연스러운 것으로 만들었다. 세계 각국에 대한 지리적 지식의 확대가 민족·지역·국가 등 모든 개체가 각기 고유한 자신만의 특성을 가지고 있다는 점을 분명히 알 수 있게 했기 때문이다. 이런 점에서 시바 코오칸의 개체성 인정의 논리에 이기론이 언급되지 않고 대신 세계 각 국가와 지역의 특성에 대한 소개가 집중되고 있는 것은 당연하다고 할 수 있다.

③ 자연에 대한 객관적 이해의 논리와 상대관(相對觀)의 활용

　인간을 욕구주체로 규정하고, 인간을 포함한 모든 개체의 독자성을 인정하는 논리를 통해 평등성과 개체성에 기초한 국가개혁의 필요성을 제시한 시바 코오칸에게 인간 및 자연에 대한 객관적 이해는 일본에 팽배해 있는 비과학적·비현실적 인식을 타파할 수 있는 중요한 근거가 되는 것이었다. 이와 관련하여 시바 코오칸은 먼저 생성론적 측면에서 인간을 포함한 우주만물의 근원을 천지가 개벽할 때 생겨난[517] 수(水: 大地)와 화(火: 太陽)라는 두 가지 기(氣)의 운동작용, 즉 기의 조화작용으로 보는 명백한 기론(氣論) 중심의 입장을 견지했다.

　그는 이에 대해 "무릇 천지는 화(火)와 수(水)가 활동할 수 있도록 하는 것으로서 이러한 두 가지의 기(氣)가 허공 중에 가득 차 있어 삼라만상을 생성하고 거기에서 생물이 활동하게 되는 것이다"[518]라고 했다. 여기서 말하는 기(氣)란 조물자(造物者)로서[519] 눈에 보이지도 않고 귀에 들리지도 않으며 인간을 포함한 만물이 자신의 생활 속에서 뚜렷이 의식하고 감지하지 못하는 것[520]이라고 설명했다. 이와 더불어 그러한 기의 운동작용에 의해서 생물(生物: 生類)이 처음 생겨나게 되는 것을 기화(氣化)라고 했고 기화를 통해 생성된 생물이 남과 여, 암컷과 수컷의 교배에 의해 종족을 번식하는 것〔卵生〕을 생화(生化)라고 했다.[521] 마지막으로 시바 코오칸은 "무릇 천지간 만물은 인간도 초목도 모두 수(水)와 화(火)의 이기(二氣)로부터 생성되어 수화(水火)로 돌아가는 것이다"[522]라고 함으로써 인간을 포함한 모든 생물이 죽는 것을 기가 흩어져 다시

---

517) 『和蘭通舶』, 卷一, 天象地理, 『司馬江漢全集』, 第三卷, p.162.
518) 『獨笑妄言』, 獨笑妄言やくけん, 위의 책, 第二卷, p.4.
519) 『獨笑妄言』, 蟻道和尚談義, 위의 책, 第二卷, p.12.
520) 『獨笑妄言』, 天文悟話, 위의 책, 第二卷, p.20.
521) 『獨笑妄言』, 解体接話, 위의 책, 第二卷, p.24.
522) 『春波樓筆記』, 人間感, 위의 책, 第二卷, p.63.

본래의 화기(火氣)와 수기(水氣), 즉 자연의 처음 상태〔虛〕로 돌아가는 것으로 파악하는 기불멸론(氣不滅論)을 전개했다.

이처럼 시바 코오칸이 우주만물의 근원을 기(氣)의 운동작용으로, 그리고 생물의 생성과 소멸을 기의 취산작용(聚散作用)으로 파악한 것은, 차별원리 즉 이(理)의 선재(先在)를 부정하여 차별질서관의 모순을 극복하려는 정치적 목적을 달성하고 이와 함께 자연에 대한 객관적 이해의 바탕을 마련하려고 했던 전통적인 기론(氣論) 중심 개혁사상가들의 논의[523]와 맥을 같이한다고 할 수 있다. 그럼에도 불구하고 이전의 사상가들이 자연과학적 지식의 미비로 인해 구체적이고 실증적인 면이 대체로 결여되었고 그 인식의 폭 또한 협소했던 것에 비해 시바 코오칸은 양학적(洋學的) 지식 특히 서양의 의학 및 천문학적 지식을 바탕으로 실증적·객관적 태도를 유지할 수 있었고, 그 인식의 폭을 자연계를 넘어서 지구를 포함한 우주의 범위로까지 확대시킬 수 있었다. 그가 자신의 저서 『화란천설(和蘭天說)』을 통해 서양의 천문학적 지식을 적극 소개하고 이것을 동아시아 전통의 기철학과 결합시킨 것은 이 점을 잘 보여준다고 할 것이다.

이와 같이 시바 코오칸이 양학적 지식을 바탕으로 기철학을 접목시켜 인간 및 우주만물의 작용원리에 대한 객관적 접근을 시도했기 때문에, 그에게 동아시아 전통의 비과학적 신론(神論) 및 귀신관, 그리고 인간의 운명을 자연현상과 결합시켜 설명하는 모든 미신적 논의는 부정될 수밖

---

523) 예를 들어 일본의 대표적 혁신사상가로 평가되는 18세기 중반의 안도 쇼에키는 기일원론(氣一元論)의 입장에서 "인간을 포함한 모든 사물은 일기(一氣: 一眞)의 진퇴운동에 의해 생성된다"(『刊本 自然眞營道』, 卷一, 題号, 妙弁ノ論)고 했다. 또한 미우라 바이엔은 "모이면〔聚〕 생(生)하고 흩어지면〔散〕 화(化)한다. 취산생화(聚散生化)는 일기(一氣)가 통(通)하는 바이다. 취산은 기(氣)이며 생화는 물(物)이다"(『玄語』, 天冊, 立部 本神, 造化, 用)라고 하여 일기(一氣)의 취산작용(聚散作用)에 의해 천지만물이 생화(生化)의 원리를 가지게 된다는 점을 설명했다.

에 없는 것이었다. 구체적으로 그는 "무릇 인생의 길흉과 별〔星〕과는 아무 관련도 없다"[524]고 하여 미신을 부인했다. 더 나아가 "중국과 우리나라에서는 귀신의 존재를 논하는 사람들이 있는데 이것은 진실로 우론(愚論)에 지나지 않는다. 귀신이라고 하는 것은 단적으로 말하면 화(火)와 수(水)의 두 가지의 기(氣)가 활동하는 것을 이르는 것일 뿐이다"[525]라고 하여 동아시아 전통의 신관(神觀) 및 신도오사상을 바탕으로 한 조상신 숭배론을 유물적(唯物的) 기론(氣論)으로 대체시켰다. 이와 같은 시바 코오칸의 논리는 서구의 과학지식을 흡수하여 자연현상과 인간의 길흉화복을 연관시키는 유학 · 불교 · 신도오사상 등의 비과학적이고 비합리적인 측면을 극복하려 했던 그의 의도를 잘 나타내준다고 하겠다.

자연에 대한 객관적 이해의 논리와 관련하여 또 한 가지 지적할 수 있는 것은 시바 코오칸이 해부학 · 동물학 · 천문학 등 서양의 자연과학적 지식을 바탕으로 인간을 포함한 만물의 동등성을 주장했다는 점이다. 이에 대해 시바 코오칸은 "지구상의 수(水)와 토(土)로부터 생성된 모든 것은 각기 마음이 있고 또한 그 근골(筋骨) 조직이 모두 인간과 동일하다. 따라서 인간과 같이 음식을 먹음으로써 생명을 유지하고 욕정을 가지고 있다"[526]고 하여 삶의 욕구주체라는 점에서 인간과 타개체(他個體)가 동등하다는 점을 밝혔다. 동시에 "모든 생물은 아무리 미소(微小)한 것이라도 신경(神經)이 활동하고 의식이 있다"[527]고 하고, "아무리 작은 벌레라도 확실히 눈과 코와 귀와 팔다리와 마음〔心〕이 갖추어져 있어서 조금이라도 인간과 다른 것이 없는데 이것은 바로 궁리(窮理)의 결과로 밝혀진 것이다"[528]라고 함으로써, 서양의 자연과학적 지

---

524) 『春波樓筆記』, 貧福の論, 『司馬江漢全集』, 第二卷, p.43.
525) 『春波樓筆記』, 人間感, 위의 책, 第二卷, pp.71-72.
526) 『春波樓筆記』, 神と仏とを論ず, 위의 책, 第二卷, p.88.
527) 『獨笑妄言』, 解体接話, 위의 책, 第二卷, p.24.
528) 『獨笑妄言』, 獨笑妄言やくけん, 위의 책, 第二卷, p.4.

식과 기물(器物: 현미경 등)의 유입을 통해 모든 생물이 각기 자신의 감각기관과 신경기관, 그리고 의식을 소유하고 있다는 점에서도 동등하다는 점을 실증적·객관적으로 입증했다. 특히 그가 위의 예문에서 언급한 것처럼 이러한 인간과 타개체간의 동등성을 밝힌 것이 궁리의 결과라고 했을 때, 그가 상정하는 궁리는 결코 주자학에서와 같이 차별원리에 대한 사변적·추리적 접근을 의미하는 것이 아니라 객관적인 자연의 원리를 과학적으로 입증하는 것을 뜻하는 것529)이라고 할 수 있다. 이러한 점에서 시바 코오칸의 인간 및 자연에 대한 이해의 논리는 매우 혁신적이라고 평가할 수 있을 것이다.

그러나 시바 코오칸은 단지 인간과 타개체 간의 동등성을 입증하는 데 머무르지 않고 모든 개체가 각자의 독자적인 삶의 방식과 특성, 즉 자존성을 가지고 있다는 점에서 크기의 대소에 관계없이 상대적으로 평등하다는 점을 주장하기도 했다. 이를 위해 그는 "유사한 것이라도 실제로는 다르다"530)는 전제하에, 구체적으로 "복숭아나무에 사는 벌레를 도충(桃忠)이라고 하고 밤나무에 사는 벌레를 율충(栗虫)이라고 한다. 그리고 지구에 살고 있는 것을 인간(人間)이라고 한다"531)고 하여 같은 벌레라도 삶의 방식에서는 각기 서로 다른 개체성을 가지고 있다는 점을 밝혔다. 이와 더불어 노장적 상대관(相對觀)532)의 입장에서 대소(大小)는

---

529) 이와 관련하여 시바 코오칸은 서양의 자연과학적 지식이 일본의 주자학적 격물궁리 (格物窮理)의 허구성을 극복할 것이라는 점을 다음과 같이 역설적으로 피력했다. "저 나라는 서쪽에 있고 우리 나라는 동쪽에 있어서 서로가 서로를 모르고 지내왔다. 그러 나 지금 그들의 학문이 우리 나라에 미쳤으니 수천 년 이후에는 어찌 궁리격물(窮理格 物)이 그들에게 멸망당하지 않겠는가"(『和蘭天說』, 和蘭天說跋, 위의 책, 第三卷, p.77).
530) 『獨笑妄言』, 獨笑妄言やくけん, 위의 책, 第二卷, p.4.
531) 『獨笑妄言』, 蟻道和尙談義, 위의 책, 第二卷, p.13.
532) 일본 개혁사상가들의 평등성 주장의 기초가 되는 상대적 관점은 동아시아 전통의 노 장적 인식론의 영향으로 보인다. 노장(老莊)은 인간을 삶의 욕구주체이며 자연계 내에 서 자유롭게 자신의 독자적인 삶을 영위하는 방임의 존재로 인식했다〔"彼民有常性, 織 而衣, 耕而食, 是謂同德, 一而不黨命曰天放"(『莊子』, 馬蹄)〕. 그리고 "도(자연)의 입장

자신의 주관에 따라 결정되는 절대적인 것이 아니며 자연계 내에서는 영원히 큰 것도 영원히 작은 것도 없는 모두 상대적인 존재라는 점을 다음과 같이 분명히 했다.

인간은 스스로를 크다고 생각하고 개미〔蟻〕도 마찬가지로 자기를 크다고 생각한다. 뿔〔象牙〕만을 보고 처음에는 소〔牛〕가 작은 것을 아는 것 같아도 절대적으로 큰 것은 없다는 것을 모르는 것이다.533)

이와 같은 시바 코오칸이 제시한 상대관은 당시 일본사회에 팽배해 있던 절대적 · 고정적 관점에서 벗어나 인간 · 계층 · 민족 · 국가 등 모든 개체의 상대적 평등성을 강조하는 데 목적이 있었다고 할 수 있다. 비록 시바 코오칸이 이러한 상대관을 직접적으로 국가나 민족간 관계에 적용시키지는 않았으나, 이미 그의 인식 속에 지리적 지식을 통한 세계관의 확대가 두드러져 있었다는 점과 상대관의 활용이 시바 코오칸 이외의 개혁사상가들의 논의534)에서도 나타난다는 점을 감안하면 상대관을 통

─────────

에서 보면 사물에는 귀천이 없다. 사물이 자기 자신의 입장에서만 본다면 자신은 귀하게 여기고 다른 것은 천하게 여긴다. 그러나 귀천의 평가는 자기가 내리는 것이 아니다. 차별적인 입장에서 보면 작은 것에 비교해서 크다고 할 경우에 만물은 크지 않은 것이 없고 큰 것과 비교해서 작다고 할 경우에 만물은 작지 않은 것이 없다. 그리하여 천지가 싸라기만큼 작다는 것을 알고 짐승의 털이 산만큼 크다는 것을 안다면 대소(大小)의 차이가 서로 상대적이라는 것을 알 것이다〔以道觀之, 物無貴賤. 以物觀之, 自貴而相賤. 以俗觀之, 貴賤不在己. 以差觀之, 因其所大而大之, 則萬物莫不大, 因其所小而小之, 則萬物莫不小. 知天地之爲稊米也, 知豪末之爲丘山也, 則差數覩矣〕"(『莊子』, 秋水)라고 함으로써 자유성과 독자성을 보유한 개체간에는 차별이란 존재할 수 없고 상대적 평등의 관계만이 형성되어 있다는 점을 강조했다. 이와 관련하여 일본에서의 노장사상의 전통과 영향을 다룬 최근의 연구물로는 王廸,『日本における老莊思想の受用』, 東京: 國書刊行會, 2001을 들 수 있다.

533)『獨笑妄言』, 蟻道和尙談義,『司馬江漢全集』, 第二卷, p.11.

534) 상대적 인식론은 미우라 바이엔의 사상에서도 두드러지고 있다. 그는 "나의 입장에서 땅을 보면 땅이 크고, 하늘의 입장에서 땅을 보면 땅이 작은 것이다. 또한 땅의 입장에서 나를 보면 나는 작고 모기〔蚊〕와 같고, 작은 곤충의 입장에서 나를 보면 내가 큰

한 개체간 평등성 주장은 시바 코오칸에게 당연하게 받아들여졌을 것으로 보인다. 이러한 상대관의 활용은 국가개혁론의 측면에서 개체성 인정의 논리와 함께 평등성에 기초한 대외개방과 문물 수용의 근거라는 점에서 중요한 가치를 지니는 것으로 판단된다.

이상과 같이 시바 코오칸의 국가개혁론의 이론적 기초로서 욕구주체로서의 인간성 규정, 인간 및 국가·민족의 독자성 즉 개체성의 인정, 그리고 인간 및 자연에 대한 객관적 이해의 논리와 전통적 상대관의 활용 등을 논의해보았다. 결론적으로 그의 국가개혁론의 인식론적 본질은 개체간 관계의 평등성에 있다고 할 수 있다. 이러한 그의 인식론이 당시 급속히 유입되고 있었던 서구의 신지식을 통해 보다 공고화·구체화되었던 것으로 보인다. 다음에서는 이와 같은 이론적 기초에 토대를 둔 시바 코오칸 국가개혁의 구체적 정책대안을 특징적으로 살펴보기로 하겠다.

5) 국가개혁의 정책론

앞서 살펴본 바와 같이 대내적으로는 소외계층을 포함한 피지배계층 중심의 평등관·개체관을 유지하고 대외적으로는 서구문물의 우수성 및 서양에 대한 객관적 이해를 바탕으로 일본의 후진성과 새로운 국제질서의 재편을 인식하는 현실관·개방관을 가지고 있었던 시바 코오칸은 그의 정책론을 통해 이러한 인식을 다수 피지배계층의 생존권 보장과 국가적 생산력의 발전을 위한 정책대안으로서 구체화했다. 이것을 몇 가지 방향으로 나누어 살펴보면 다음과 같다.

첫째, 우선적으로 시바 코오칸은 빈곤층·소외층을 포함하여 고통받는 다수 피지배계층의 생존권 보호를 위한 정책의 필요성을 주장했다.

것이다. 이렇게 본다면 큰 것은 하늘로 끝나지 않으며 작은 것은 곤충으로 끝나지 않는 것이니 어찌 통색순역(通塞順逆)과 강약대소(强弱大小)가 미리 정해진 것이겠는가"(『호語』, 小冊, 人部, 言動)라고 하여 상대관에 기초한 평등론을 제시했다.

이를 위해 시바 코오칸은 유럽국가들에서 삼재(三災)란 질병과 병란(兵亂), 기근(饑饉)을 말하는 것535)이라고 하면서 일본에서도 이와 마찬가지의 입장에서 풍년이 들었을 때 곡식을 비축하여 흉년과 기근에 쌀값이 오르는 것을 막아야 한다는 정책대안을 제시했다.536) 이와 동시에 유럽의 예를 들어 의원·병원 등에서 사회적 빈곤층·소외층에게까지도 치료와 투약을 하고 간병인을 제공해야 한다는 혁신적 주장을 간접적으로 전개하기도 했다.537)

둘째, 시바 코오칸은 "그 국가에서는 아무리 재능이 있어도 농·상·공의 집안에 태어나면 비천한 신분이 되어 그러한 재능을 천하를 위해서 쓸 수 없고 제후·귀족의 집안에 태어나면 재능이 없어도 등용되었다"538)고 하여 일본의 과거 정권의 예를 들어 당시의 차별적 인재등용을 비판했다. 또한 "구라파 국가에서는 국민들 중에 재능이 있는 자는 왕에게 고하고 왕이 그 재능이 있는 바를 들어 그가 원하는 곳에서 일할 수 있도록 한다"539)고 함으로써 신분에 구애 없이 능력 있는 사람들을 등용하고 그들 개개인의 장점을 충분히 발휘할 수 있도록 하는 제도적 장치의 마련을 촉구했다. 이와 함께 유럽의 국가들은 군(郡)마다 학교를 세워 수천 명을 교육시킨다는 점과 교육 내용에서 천문(天文)·물리(物理) 등 자연과학적 지식이 중점이 된다는 점540)을 소개하여, 소수 귀족의 자제들만을 대상으로 주자학을 교육하는 당시의 교육제도를 비판하고 국민의 다수가 교육을 받을 수 있도록 하는 국민개육(國民皆育)과 실제생활 및 국가적 발전을 위해 도움이 될 수 있는 실용적이고 과학적인

535) 『和蘭通舶』, 卷一, 五大洲總說, 『司馬江漢全集』, 第三卷, p.155.
536) 『春波樓筆記』, 위의 책, 第二卷, pp.31-32 참조.
537) 『和蘭通舶』, 卷二, 위의 책, 第三卷, 참조.
538) 『春波樓筆記』, 神と仏とを論ず, 위의 책, 第二卷, p.78.
539) 『和蘭通舶』, 卷一, 五大洲總說, 위의 책, 第三卷, p.154.
540) 『和蘭通舶』, 卷一, 五大洲總說, 위의 책, 第三卷, p.155.

학문을 교육할 것을 주장하는 개방적이고 근대적인 교육론을 제창했다.

셋째, 시바 코오칸은 현실을 도피하여 무위도식하는 승려들의 행태를 비판하고,541) 제도적으로 출가하는 것을 승인하지 않는다면 승려의 수가 자연히 감소할 것이라는 점542)을 들어 종교인들의 비생산적 무위도식을 제도를 통해 막아야 한다고 주장했다. 그러나 그가 비록 승려의 경우만 언급했다 하더라도 "지금의 유학자들은 유학자들이 아니다. 자기 혼자도 제대로 처신하지 못하고 술만 많이 마시고 방탕을 일삼는다"543)고 한 것으로 미루어 유학에 종사하는 지식인들까지도 비생산적이라는 측면에서 비판의 대상으로 삼음을 알 수 있다.

넷째, 국가정책적 차원에서 시바 코오칸은 일본이 처한 물산(物産)의 부족을 타개하고 동시에 국가적 부의 획득을 위해 외국과의 교역에 힘쓸 것544)과 이를 위한 바탕으로서 서양의 역법(曆法), 항해술 및 선박제조기술 등의 흡수를 통해 일본의 학문적·기술적 후진성을 탈피할 것을 요구했다.545) 그리고 이러한 목표를 달성하기 위해서는 무엇보다 현실적인 입장에서 쇄국정책을 철회하고 적극적인 문호개방정책을 취할 것546)을 역설했다.

다섯째, 이 밖에도 시바 코오칸은 개항장인 나가사키(長崎)와 대도시(京都·江戶·奧羽 등) 사람들의 흡연습관과 그 폐해를 법으로 저지할 것을 요구했다.547) 또한 일본이 옛날부터 유학자를 중심으로 한자를 사용해왔는데 실제로 세계에서 한자를 사용하는 국가는 중국을 제외하고 일

---

541) 『獨笑妄言』, 悟道害己, 위의 책, 第二卷, p.22.
542) 『春波樓筆記』, 人間感, 위의 책, 第二卷, p.64.
543) 『春波樓筆記』, 神と仏とを論ず, 위의 책, 第二卷, p.99.
544) 『春波樓筆記』, 貧福の論, 위의 책, 第二卷, pp.38-39 참조.
545) 『和蘭通舶』, 卷二, 위의 책, 第三卷, p.164.
546) 『春波樓筆記』, 神と仏とを論ず, 위의 책, 第二卷, pp.95-96 참조.
547) 『春波樓筆記』, 西洋天地開闢, 위의 책, 第二卷, pp.108-109 참조.

본·고려·유구도(琉球島)의 3국에 불과하다는 점과 뜻글자인 한자를 사용하여 음(音)을 다는 것이 불합리하다는 점[548]을 들어 서양의 언어 및 세계 각국의 언어를 개방적으로 습득할 필요성을 우회적으로 주장하기도 했다. 서양언어와 문자의 습득 문제는 서양문물의 우수성을 보다 정확히 흡수하고 그것을 보다 많은 사람에게 전파·계몽할 목표를 가졌진 시바 코오칸에게 가장 기본적인 요소였다는 점에서 중요한 정책적 의미를 가진 것이었다.

이처럼 시바 코오칸의 정책론의 세부내용은 상업적 교역을 통한 국가적 부의 획득만을 가장 중요한 정책적 과제로 설정했던 여타의 개혁사상가들(예를 들어 혼다 토시아키나 카이오 세이료오 등)과는 다른 입장에서 다수 피지배계층의 생활과 직결되는 것을 많이 지적했고, 특히 아래로부터의 확고한 개혁의 토대구축을 위해 교육기회 및 시설의 확대, 언어·지식의 전파와 계몽 등의 필요성을 강조하는 것이었다. 이와 같은 시바 코오칸 정책론의 구체적 내용이 앞서 살펴본 그의 객관적 현실인식과 다수 피지배계층의 권익보호 및 국가공동체적 발전이라는 정치목표, 그리고 평등성에 기초한 개혁의 이론적 토대 위에서 전개되었다는 측면에서 당시로서는 가장 근본적이고 철저한 개혁론이었다고 평가할 수 있을 것이다.

18세기 후반부터 19세기 초반까지 시바 코오칸으로 대표되는 이와 같은 근대적 인식론과 개혁의 방향은 서구열강의 일본침투가 노골화되고 이에 대처하는 바쿠후의 무능력으로 인해 정치적 혼란이 가중되는 상황하에서, 바쿠후의 정책을 비판하고 나아가 일본사회의 봉건성을 극복하려는 정치목표를 제시함으로써, 바쿠후 권력으로부터 철저한 탄압을 받게 되었던 19세기 중반의 양학계열 사상가들에게 이어졌다. 그 대표자

---

548) 『和蘭天說』, 凡例, 위의 책, 第三卷, pp.34-35.

가 다음에서 살펴볼 와타나베 카잔과 다카노 쵸에이였다.

3. 와타나베 카잔과 다카노 쵸에이의 개혁사상549)

와타나베 카잔550)과 다카노 쵸에이551)의 공통적 활동시기는 텐포기

---

549) 와타나베 카잔과 다카노 쵸에이를 같이 다루려고 하는 것은 이들이 동시대에 활동하면서 상호간에 사상적 동맹관계를 형성했다는 점 때문이다. 또한 정통 난학자로서의 다카노 쵸에이의 지식이 양학계열의 사상가라고 할 수 있는 와타나베 카잔의 정치적 행위에 큰 영향을 미쳤다는 점과, 양자가 공통적으로 반봉건을 기치로 하여 당시 일본이 처한 대내외적 모순을 해결하려고 했다는 점도 중요한 이유이다. 그리고 마지막으로 와타나베 카잔과 다카노 쵸에이의 경우가 한국의 북학파 개혁사상가들이나 중국의 공양학파(公羊學派) 개혁사상가들과 대비될 수 있는 사상적 연계성과 공통점이 있다는 측면도 고려했다.

550) 와타나베 카잔(渡邊華山, 1793-1841)은 에도(江戶)의 무사 가문의 장자로 태어났다. 이름[名]은 정정(定靜), 일반적으로는 등(登)이라고 했다. 당시 무사들의 빈곤이 극심한 상황하에서 생계를 유지하기 위해 화업(畫業)을 내직(內職)으로 삼았으며, 이후 당대의 대표적인 화가로 이름을 떨쳤다. 1818년경 전원번(田原藩)이 처한 재정악화를 타개하기 위해 번정쇄신운동(藩政刷新運動)을 전개했으나 보수파의 반발로 실패했다. 그 후 1832년부터 다시 번정(藩政)에 참여하여 여러 가지 급진적인 개혁안을 제시하고 그것을 실시하려고 했으나 역시 수구파의 저항으로 실패하자 회의를 느끼고 퇴역했다. 1832년 한(藩)의 해안을 담당하는 임무를 겸직하게 된 것을 계기로 해안방비를 위해 난학(蘭學)을 연구하기 시작했으며, 당시의 대표적 난학자였던 다카노 쵸에이 등과 함께 난학 연구모임인 상치회(尙齒會)에 참가, 양학적(洋學的) 지식의 흡수와 전파에 주력했다. 1839년 바쿠후의 대외정책을 비판하는『신기론(愼機論)』등을 저술했다는 죄목으로 소위 '만사의 옥(蠻社の獄)'에 연루되어 다카노 쵸에이 등과 함께 투옥된 후 1841년 전원(田原)에서 자살했다. 19세기 중반 대표적인 양학계열 정치사상가로서 당시 일본이 처한 내우외환의 상황하에서 양학적 지식을 통해 습득한 국제정세에 대한 이해와 일본의 후진성에 대한 현실적 인식을 토대로 반봉건적 입장에서 바쿠후의 쇄국정책을 비판하고 보국안민의 혁신적 정책론을 제시한 인물로 평가된다(佐藤昌介,「渡辺崋山と高野長英」,『日本思想大系 55 - 渡辺崋山・高野長英・佐久間象山・横井小楠・橋本左內』, 東京 : 岩波書店, 1971, pp.607-664 및 부록 연표; 佐藤昌介,「經世家崋山と科學者長英」,『日本の名著 25』, 東京 : 中央公論社, 1972, pp.9-80 및 부록 연표 참조).

551) 다카노 쵸에이(高野長英, 1804-1850)는 오주(奧州)의 수택(水澤)에서 태어났다. 이름[名]은 양(讓)이고 가업인 의업(醫業)을 이어받아 의사가 되었다. 어려서부터 난학의 대

(天保期), 보다 구체적으로는 1830년대라고 할 수 있다. 물론 와타나베 카잔의 경우에는 이미 1810년대 후반부터 비교적 활발한 정치활동을 전개했고, 다카노 쵸에이의 경우에도 1840년대 말까지 저술 및 계몽활동을 펼쳤지만, 그들이 사상적 동맹관계를 형성하고 양학적 지식을 바탕으로 반막적(反幕的) 나아가 반봉건적 사상을 전개한 것은 1830년대의 10년간이라고 보는 것이 타당하다.[552]

이 시기는 국내적으로는 18세기 후반의 칸세이(寬政) 개혁 이후 분카(文化, 1804-1817) 연간의 일시적 안정이 결국 봉건체제 자체의 모순을 해결하지 못한 일시적인 강압정책의 결과였을 뿐이라는 점을 명확히 보여준 시기였다고 할 수 있다. 즉 칸세이 개혁이 추구했던 바쿠한(幕藩)의 재정악화를 막기 위한 상품경제로부터 자연경제로의 전환, 농민들의 토지이탈 억제정책, 그리고 바쿠후 권력의 강화를 위한 '이학의 금(異學の禁)' 등 시대역행적인 정책으로는 소수에 의한 부의 독점과 관리층의 수탈 및 기근 등 자연재해에 따른 피지배계층의 빈곤화와 이에 따른 바쿠

가 스키다 겜바쿠(杉前玄白, 1733-1817)의 문인이었던 양부(養父)의 영향을 받아 난학에 관심을 가지게 되었고, 19세부터 난학을 연구하기 시작하여 22세 때에는 나가사키(長崎)에 체류하고 있던 네덜란드인 시볼트(Siebold, シーボルト)로부터 직접 난학을 배웠다. 그 후 의사의 직업을 가지고 강연 및 번역·저술에 몰두하여 난학 보급에 주력했다. 1832년 와타나베 카잔 등과 함께 상치회(尚齒會)의 일원으로서 활약했으나 와타나베 카잔과 마찬가지로 당시의 바쿠후 정책을 적극 비판하는『몽물어(夢物語)』를 저술함으로써 '만사의 옥(蠻社の獄)'에 연루되어 투옥되었다. 이후 탈옥하여 잠행(潛行)하면서 활동하다가 체포된 후 1850년 자살했다. 정통 난학자로서 서양의 의학지식을 바탕으로 신지식의 보급에 힘썼으며 와타나베 카잔과 사상적 동맹관계를 형성하여 당시로서는 현실적이면서도 혁신적인 바쿠후 비판과 부국(富國)의 정책론을 전개한 인물로 평가된다(佐藤昌介, 앞의 책, 1971, pp.607-664 및 부록 연표; 佐藤昌介, 앞의 책, 1972, pp.9-80 및 부록 연표 참조).

552) 그럼에도 불구하고 바쿠후에 의한 양학계열(洋學系列) 지식인에 대한 일대 탄압이었던 소위 '만사의 옥(蠻社の獄, 1839)'이 발생한 직후 바쿠후가 다시 시대역행적 개혁인 텐포개혁(天保改革, 1841-1843)을 실시했다는 점과, 1840년 아편전쟁 이후 동아시아 국제환경이 더욱 급격히 변동했다는 점 등을 고려했을 때, 이들의 시대적 배경을 1840년대까지 확대시키는 것이 필요할 것으로 보인다.

후 및 한(藩)들의 재정궁핍을 저지할 수는 없었다. 더욱이 지배층의 사치 풍조가 만연한 상태[553]에서 피지배층에게만 절약과 검소를 강요하는 것은 그 자체가 모순이었다. 이러한 지배층의 무사안일과 현실유지적인 태도로 말미암아 바쿠한체제는 그 후 1833년 오우(奧羽)지방에서의 흉작과 기근, 1834년의 전국적인 기근, 1836년의 소위 텐포 대기근(天保大饑饉)이라고 하는 자연재해의 발생과 계속되는 흉작[554]에 따른 쌀값 폭등, 다수 피지배계층의 빈곤화의 가속, 그 결과로서의 전국적인 규모의 피지배계층들의 저항[555]이라는 체제 내부로부터의 위기상황에 직면할 수밖에 없었다.

이와 같은 대내적 위기상황과 더불어 이 시기는 대외적으로도 국가방위의 측면에서 위기감이 고조되던 시기였다. 즉 이미 18세기 말 이후 러시아와 영국을 중심으로 한 서구열강이 일본에 직접 접촉을 해온 것에

---

553) 예를 들어 11대 쇼오군은 첩 40명에 자녀 55명(남아 28명, 여아 27명)을 두었고 이 중 13명만이 성장했다고 하니(津田秀夫, 『日本の歷史 22 - 天保改革』, 東京: 小學館, 1975, p.23 참조), 당시 쇼오군을 위시한 지배층의 호사한 생활을 가히 짐작할 수 있다.

554) 구체적으로 평균작을 100%로 보았을 때 1836년(天保 7년) 당시 일본 각지의 작황은 오기내(五畿內) 45%, 동해도(東海道) 45%, 동북도(東北道) 45%, 관팔주(關八州) 30-40%, 오주(奧州) 28%, 우주(羽州) 40%, 북륙도(北陸道) 55%, 산음도(山陰道) 22%, 산양도(山陽道) 55%, 남해도(南海道) 55%, 서해도(西海道) 50% 등 평균 42.4%에 불과했다는 점(위의 책, p.215 도표 참조)을 볼 때 당시 전국적인 흉작이 얼마나 심각했는지를 알 수 있다.

555) 1833년 오우(奧羽)지방에 흉작이 발생한 것을 계기로 진경(津輕)과 에도(江戶)에서 빈민층이 봉기하여 부유층을 공격하는 일이 일어났고, 1835년에는 미농(美濃)에서의 잇끼(一揆) 및 추전번(秋田藩)에서의 부상(富商)공격이 발생했다. 특히 1836-1837년간에는 반란 및 폭동이 전국적인 규모로 확대되었는데, 바쿠후의 중요 군사거점 지역을 한때 마비시켰던 갑주(甲州)와 삼하(三河)에서의 폭동과, 쌀값의 폭등과 관리의 무능·수탈 그리고 관리들과 결탁한 특권상인에 의해 고통받는 피지배계층을 구하겠다는 구호하에 오시오 헤이하치로(大塩平八郎)를 중심으로 오사카(大坂)에서 일으킨 무장봉기 및 그것에 영향을 받은 비후(備後)의 삼원(三原)·장주번(長州藩)·월후(越後)의 백기(柏崎)·섭진능세군(攝津能勢郡) 등지에서의 폭동 및 습격사건은 그 대표적인 것이었다(위의 책, pp.215-230 및 保坂 智, 「內憂外患の危機感はいつから生まれたか」, 青木 美智男·保坂 智 編, 『爭点日本の歷史 - 近世編』, 東京: 新人物往來社, 1991, pp. 299-302 참조).

긴장한 바쿠후는 1825년 이국선타불령(異國船打拂令)을 공포하여 쇄국
정책을 유지할 것을 천명했다. 그럼에도 불구하고 이 시기 국제정세의
변화는 바쿠후로 하여금 서구열강의 침투에 대해 방어할 필요성을 느끼
지 않을 수 없도록 했다. 특히 1838년 나가사키의 네덜란드 상관장(商館
長)이 전달한 소식, 즉 영국의 선박이 곧 일본 표류민들의 송환을 구실
로 내항(來航)하여 통상요구를 할 것이라는 정보는 바쿠후로 하여금 대
내적 불안과 더불어 대외적 압박감을 가지게 하는 계기가 되었다.

중요한 것은 바쿠후가 이와 같은 대외적 압박감이 대내적 불안과 무
관하지 않다는 인식을 하고 있었다는 점이다. 구체적으로 당시 기근 등
자연재해와 국가적 부의 고갈에 대한 대책을 마련하지 못했던 바쿠후
및 지배층으로서는 대외적 압박에 대해서마저 무력함을 노출시킬 수는
없다는 인식을 했던 것으로 보인다. 이러한 측면에서 지속적으로 양학
적 지식을 연구·전파하면서 반봉건적 입장에서 바쿠후의 대내외정책을
비판하고 대외개방을 요구하는 양학계열 지식인들의 존재는 바쿠후로
하여금 자신의 무능력을 대내외에 공개하는 것과 다름없다고 인식하게
했다. 따라서 그들의 논의가 바쿠한체제 자체에 대한 도전으로 인식되
었을 여지가 충분히 있다고 보인다. 이것은 바쿠후 권력이 한편으로는
대내적으로 빈발하는 잇끼(一揆)를 무력으로 진압하고, 1839년 '만사의
옥(蠻社の獄)'을 통해 당시 활발한 활동을 전개하고 있던 다수의 난학자
(蘭學者) 및 양학계열 사상가들을 철저히 억압하면서, 다른 한편으로 대
외적 쇄국정책과 해안방위에 역점을 두었던 것에 잘 나타나 있다.

이처럼 바쿠후 권력은 당시의 대내외적 위기가 바쿠한체제 성립 후 지
속되어온 봉건적 차별질서 자체에 있다는 점을 인식하지 못하고, 또 다
시 강력한 탄압정책과 억압정책을 통해 이를 극복하려고 하는 구태의연
한 모습을 보여주었다. 바쿠후가 '만사의 옥(蠻社の獄)' 이후 1841-1843
년간 실시한 텐포(天保) 개혁의 내용은 난학의 탄압 강화, 도당(徒黨)을

금지하는 등의 피지배계층에 대한 억압 강화, 상공업 억제와 자연경제로의 인위적 회귀, 주자학적 차별질서관을 바탕으로 한 바쿠후 권력의 강화 등 이전의 개혁과 대등소이한 시대역행적인 것이었다. 이와 함께 1840년 아편전쟁 이래 중국대륙에 대한 서구열강의 이권침투가 가속화되고 있다는 상황에 직면하여 1825년의 이국선타불령을 철회하고 1842년 이국선타불금지령(異國船打拂禁止令)를 공포했다는 점은 바쿠후의 무능력을 표출한 것으로서, 이는 바쿠한체제라는 일본적 봉건질서의 와해를 촉진하는 계기가 될 뿐이었다.

이상에서와 같이 와타나베 카잔과 다카노 쵸에이가 활동했던 1830-1840년대는 대내외적으로 급격한 정치적 변동의 기운이 고조되던 시기였다. 이러한 상황하에서 냉철한 현실인식을 바탕으로 고통받는 다수 피지배계층의 생존권을 확보하고 변화하는 국제정세 속에서 국가적 독립과 발전을 이룩하려는 정치목표를 가지고 반봉건적 개혁사상을 전개했던 인물이 와타나베 카잔과 다카노 쵸에이였다.

1) 현실관과 정치목표

와타나베 카잔과 다카노 쵸에이는 공통적으로 당시 일본이 처한 대내외적 상황을 국가 존폐를 결정할 수 있을 정도의 급박한 위기로 인식하고 있었다. 그들이 제시한 위기의 내용은 대내적으로는 기근 등 자연재해로 인한 피지배계층의 빈곤과 피폐, 소수의 부의 독점으로 인한 극심한 사회·경제적 불평등 현상, 그리고 이에 따른 피지배계층의 반발이었다. 그리고 대외적으로는 국제정세의 변화에 대한 무지와 국제적 고립화에 따른 국가안보의 위협 및 국가적 경쟁력의 약화였다. 먼저 그들은 대내적 위기상황에 대해 "계이(癸巳: 天保 4년, 1833)년 이래 연속적으로 기근이 발생하여 도하(都下: 江戸)에서까지도 굶어죽는 사람이 생겼으니 지방의 실정은 상상하고도 남음이 있다"556)고 하고, "근년에 기근이 일어나 인심이 불안해지고, 부유한 사람은 더욱 부유해지는 반면 가난한 사람은 더욱 더 가난해지는 상황이 전개됨으로써 빈곤한 피지배계층들이 이곳저곳에서 소요(騷擾: 一揆: 暴動)를 일으키게 되었으니 세상이 참으로 근심스럽다"557)고 했다. 그리고 대외적 위기에 대해서는 "(현재의 일본은) 개구리[蛙]가 우물 안에 안주하여 작고 협소한 자신의 세계에 만족하는 것이나 뱁새[鷦]가 큰 새[大鳥]를 보고 비웃는 것과 같은 상황이다"558)라고 하면서 "서양인의 입장에서 보면 우리 나라는 거리에 버려져 있는 고기[肉]와 같을 것이다"559)라는 말로써 당시 일본이 처한 위기를 날카롭게 표현했다.

중요한 점은 와타나베 카잔과 다카노 쵸에이가 이와 같은 위기의 원인을 철저히 반(反)지배계층적 입장에서 파악했다는 사실이다. 즉 그들은 일본이 당면한 대내외적 상황이 근본적으로 바쿠후 권력의 무능과 편협성, 그리고 유학자들의 고루한 인식에 있다는 점을 분명히 했다. 구체적으로 그들은 먼저 세계는 항상 변화하고 있는 것이며,560) 천하의 흥망성쇠는 필연의 법칙으로서 영화(榮華)가 오래되면 반드시 쇠퇴하는 것561)이라는 변천관을 제시했다. 이에 따라 변화된 세계에 대한 내용으로서 현재 세계에서 가장 발달된 과학지식과 제도, 군사력을 가지고 있으며 가장 앞선 경제력과 정보력을 보유하여 세계의 패권을 차지하고 있는 것이 바로 서구열강이라는 점을 지적했다. 와타나베 카잔은 이에 대해 "서양인은 제외국(諸外國)의 정세를 살피고 지리를 탐구하며 유럽

---

556) 高野長英, 蠻社遭厄小記, 佐藤昌介 校注,『日本思想大系 55 - 渡辺崋山 · 高野長英 · 佐久間象山 · 横井小楠 · 橋本左內』, 東京: 岩波書店, 1971, p.190.
557) 高野長英, わすれかたみ(別名, 鳥の鳴音), 위의 책, p.179.
558) 渡辺崋山, 再稿西洋事情書, 위의 책, p.49.
559) 渡辺崋山, 愼機論, 위의 책, p.69.
560) 渡辺崋山, 鴃舌小記 · 鴃舌或問, 鴃舌或問 序, 위의 책, p.79.
561) 渡辺崋山, 愼機論, 위의 책, p.71.

국가들 상호간에 동맹을 결성하여 정보를 교환함으로써 세계를 자유롭게 지배·조종하고 있다"562)고 하고, 또한 "서양인은 세계를 하나로 보아 표면적으로 동인(同仁: 平等)의 원리를 선포하여 함부로 무력을 사용하지 않으면서도 전세계를 지배하고 있다"563)고 했다. 다카노 쵸에이 역시 "서양의 국가에서는 객관적으로 사물의 이치를 궁구(窮究)하기 위한 방법으로서 천문·지리·측량·역법·지도·기계 등에 이르기까지 전문분야를 나누고, 그것을 다시 보다 세밀한 분야로 나눔으로써 새로운 학문이 계속 발명되고 있다"564)고 하여 서양의 학문적 발전과 전 세계적 범위에서의 패권적 지위확보의 현상을 설명했다. 그러나 그들이 이러한 사실을 밝힌 것은 우선적으로 중국 중심의 세계관이나 일본 중심적인 차별질서관 또는 자국 중심적인 이적관(夷狄觀)을 탈피하여 세계에 대한 보다 객관적인 이해를 획득할 수 있는 인식전환의 필요성을 제시하기 위해서였다. 이런 점에서 와타나베 카잔은 노장적 인식론565)을 원용하여 일국(一國)만을 천하로 보아 거기에 안주하는 것과 같은 협소한 인식에서 벗어나 천하를 가지고 천하를 보는 인식의 중요성을 강조했다.566) 동시에 "고대의 이적(夷狄)은 고대의 이적이고 근대의 이적은 근대의 이적이다. 이와 같이 이적이라는 것은 양자간에 그 내용을 달리하는 것이므로 과거의 이적관(夷狄觀)을 가지고 오늘의 이적을 제어할 수는 없는 것이다"567)라고 함으로써 전통적인 동아시아적 화이질서관의 무의미성을 지적하기도 했다.568) 그렇다면 그들이 요구하는 인식전

---

562) 渡辺崋山, 外國事情書, 위의 책, p.31.
563) 渡辺崋山, 再稿西洋事情書, 위의 책, p.51.
564) 高野長英, 漢洋內景說, 阿知波五郎 外 譯,『日本の名著 25 - 渡辺崋山·高野長英』, 東京: 中央公論社, 1972, p.261.
565) "以身觀身, 以家觀家, 以鄕觀鄕, 以國觀國, 以天下觀天下"(『道德經』, 五十四章).
566) 渡辺崋山, 外國事情書, 佐藤昌介 校注, 앞의 책, p.22.
567) 渡辺崋山, 外國事情書, 위의 책, p.19.
568) 와타나베 카잔은 또한 이러한 입장에서 서양인의 말을 빌려 "서양에서는 어떤 나라

환의 목적은 무엇인가? 와타나베 카잔과 다카노 쵸에이에게 그것은 서양에 대한 맹목적인 동경(憧憬)이나 흠모(欽慕)가 아니라 일본의 후진성과 서양의 발전적 측면을 인식하고, 그러한 발전적 측면을 개방적으로 흡수함으로써 궁극적으로 다수 피지배계층의 생존권 및 이익추구권을 확보하는 데 있었다. 이는 평등한 개체로서의 개별 인간이 가진 능력을 발휘할 수 있게 하여 국가적 발전을 이룸으로써 서구열강의 위협에 주체적으로 대응할 수 있도록 하기 위한 것이었다.[569]

그럼에도 불구하고 현실의 일본은 이와는 반대로 여전히 유학적 차별질서관과 대외적 배타의식이 강하게 존재하는 사회였다. 그리고 그것의 구체적 형태가 바로 바쿠후 권력을 중심으로 한 지배계층의 철저한 쇄국정책과 평등성·개방성을 지향하는 난학(蘭學)의 탄압이었다. 이러한 측면에서 와타나베 카잔과 다카노 쵸에이로 대표되는 당시 양학계열 지식인들의 비판은 바쿠후의 정치행태와 바쿠후의 권력을 확고히 하기 위한 사상적 토대로서의 유학의 관념적이고 추리적인 속성에 집중될 수밖에 없는 것이었다. 먼저 바쿠후의 정치행태에 관해서 양자는 공통적으

(일본을 의미)와 같이 자국을 존귀하게 여기고 외국을 멸시하여 스스로 귀와 눈을 닫고 마치 우물 안 개구리와 같이 독선(獨善)에 빠지는 폐풍(弊風)은 없다"(渡辺崋山, 歔舌小記·歔舌或問, 歔舌或問, 위의 책, p.83)고 하여 일본의 현실을 우회적으로 표현하기도 했다.

569) 이 점은 와타나베 카잔과 다카노 쵸에이의 정치목표 및 정책론의 방향과 밀접한 관련이 있다. 와타나베 카잔이 그의 『격설혹문(歔舌或問)』에서 서양인의 말을 빌려 대내적으로는 일본에 걸식(乞食: 乞人)과 화재가 세계에서 가장 많다는 점(渡辺崋山, 위의 책, pp.87-88)을 지적하고, 『신기론(愼機論)』에서는 서양에서의 교육은 철저히 개인의 개성(個性)에 바탕을 두며 자신이 선택하는 학문과 직업에는 귀천의 차별이 없다는 점을 설명한 것(渡辺崋山, 愼機論, 위의 책, p.69), 그리고 다카노 쵸에이가 『만사조액소기(蠻社遭厄小記)』에서 당시의 일본이 국가안보의 핵심인 무비(武備)를 최우선 과제로 하지 않고 다만 자신의 욕구충족을 위한 사치에만 몰두하고 있다는 점을 비판하고(高野長英, 蠻社遭厄小記, 위의 책, p.200), 또한 『지피일조(知彼一助)』에서 쇄국정책을 폐지하고 개항하는 것이 풍요롭고 강한 국가가 될 수 있는 길임을 역설한 것(高野長英, 知彼一助, 卷一, 阿知波五郎 外 譯, 앞의 책, p.352) 등은 이들의 정치목표와 정책론의 방향성을 가늠해볼 수 있는 것이라고 할 수 있다.

로 정책론으로서의 쇄국(鎖國)과 난학 탄압, 그리고 인식론으로서의 차별관과 폐쇄관을 강력히 비판했다. 구체적으로 와타나베 카잔은 "서구열강을 이적(夷狄)이라고 경시하는 것은 망인(妄人: 盲人)이 뿔〔象〕의 일부만을 가지고 전체를 상상하는 것과 같다"[570]고 하여 서양에 대한 인식의 편협성을 비판했다. 또한 "우리 나라가 쇄국정책에 안주하고 있는 것은 매우 위험한 것으로서 진실로 기우(杞憂)에 지나지 않는 것이 아니다"[571]라고 함으로써 쇄국정책이 초래할 위험성을 자각하지 못하는 현실을 지적했다. 이와 같은 전반적인 사회적 분위기에 대한 평가와 함께 그는 바쿠후로 대표되는 당시의 지배층에 대해서는 비판의 강도를 훨씬 높여 "오늘날 지배자층이 그 직분을 다한다는 명목하에 옛날의 예를 따라 장군(將軍), 제후(諸侯), 사(士)라는 이름을 만들고 그들 사이의 경계를 형성하게 했으니, 이것은 활물세계(活物世界)를 사물(死物)로 다스리는 것과 같다고 하지 않을 수 없다"[572]고 하여 바쿠한체제라는 봉건적 위계질서의 고수가 현실모순의 근본원인이라는 점을 분명히 했다. 또한 다음과 같이 정책적 차원에서 행해지고 있는 난학 탄압에 대해서는 그 부당성과 함께 억압적 방법을 동원하여 계속 난학을 탄압할 경우 피지배계층이 각성하여 바쿠후 타도의 봉기를 일으킬 수 있다는 혁신적 주장을 전개하기도 했다.

양설(洋說)로부터 추측해보았을 때 국가에서 우려되는 것은 해외의 문제이다. 그럼에도 불구하고 강권(强權)을 발동하여 양설을 금지시킨다면 재야인(在野人)의 눈은 양설에 더욱 더 밝아질 것이고 위정자는 더욱 더 해외사정에 어두워질 수밖에 없다. 위〔上〕가 시세에 어둡고 아래〔下〕가 밝아진다면 위가 이것을 혐오하여 탄압을 가할수록 아래는 그것에 저항하여 폭동을 일으키게

---

570) 渡辺崋山, 再稿西洋事情書, 佐藤昌介 校注, 앞의 책, p.51.
571) 渡辺崋山, 再稿西洋事情書, 위의 책, p.49.
572) 渡辺崋山, 退役願書之稿, 위의 책, p.104.

될 것이며 그 장래는 대략적으로 예측될 수 있다.573)

 와타나베 카잔의 이와 같은 비판 및 주장은 당시 양학계열 지식인들
의 의식이 정권타도의 수준으로까지 진행되고 있음을 보여주는 것이다.
이는 또한 상대적으로 바쿠후 권력이 강권통치를 통하지 않고는 지위를
유지할 수 없을 정도로 약화되고 있었음을 보여주는 것이라고 하겠다.
 다카노 쵸에이 역시 "의로운 자는 재물이 없고 재물이 있는 자는 의롭
지 않으며, 기쁨(안일함)을 함께 하는 자는 많고 근심을 나누는 자는 적
은 것이 세간의 습성이다"574)라고 하고, 또한 "태평(太平)이 오래 지속
된 결과 배우는 것은 오직 음식・의복・거택(居宅) 등에 대한 사치뿐이
고 국가안위의 필수요소인 무비(武備)를 중요하게 생각하지 않는다. 가
끔 무비의 필요성을 제기하는 자가 있으면 제거시키거나 물러나게 하는
것이 지금의 세상이다"575)라고 함으로써, 오로지 개인적 부의 축적이나
사치만을 위하고 국가적 안위에는 무관심한 당시 지배층의 안이한 태도
를 비판했다. 이와 함께 바쿠후의 대외정책에 대해서도 "우리 나라에서
는 예를 들어 (교역을 원하는) 영국의 희망이 전달되었어도 그것을 허가
하지 않는다. 단지 영국을 해적으로 간주하여 만일 영국 선박이 일본 근
해에 접근하면 유무(有無)를 막론하고 공격하는 것〔打拂〕으로 되어 있다.
세계 중에 이렇게 외국의 선박을 취급하는 나라는 없다"576)고 하여 바
쿠후의 무지와 쇄국정책의 불합리성을 지적했다. 특히 자신 스스로가
난학자의 일원으로서 바쿠후의 난학 탄압에 대해서는 난학(蘭學: 蠻學)이
유용급무(有用急務)의 실학(實學)577)이며, 난학자들이 그것을 배우는 것

---

573) 渡辺崋山, 獄中書簡, 鈴木春山宛, 天保十年六月九日, 阿知波五郎 外 譯, 앞의 책,
　　 p.166.
574) 高野長英, わすれがたみ, 佐藤昌介 校注, 앞의 책, p.176.
575) 高野長英, 蠻社遭厄小記, 위의 책, p.200.
576) 高野長英, 戊戌夢物語, 위의 책, p.166.

은 난학의 이론이 사실에 근거하고 있고, 따라서 실제에 이롭게 쓰일 수 있기 때문인데 이들을 서양을 흠모하고 서양에 복종하는 인물들이라는 명목하에 탄압하는 것은 잘못이라는[578] 점을 들어 보다 강력한 비판의 입장을 견지했다.

이처럼 와타나베 카잔과 다카노 쵸에이는 피지배계층의 생존권조차도 해결하지 못하고 국가안위의 문제에 비현실적으로 대처하는 바쿠후 및 지배층의 무능과, 이것을 극복할 수 있는 대안으로서의 양학(洋學)의 수용과 개국정책으로의 전환을 거부하고 탄압하는 바쿠후 권력의 보수적 인식 및 정치행태를 직설적으로 비난했다. 특히 난학을 탄압하면 할수록 피지배계층들의 의식이 자각되어 결국 정권타도의 봉기로 나아갈 것이라는 경고는 당시 양학계열 지식인들이 가지고 있던 급진적 성격을 잘 나타내주는 것이라 하겠다.

다음으로 와타나베 카잔과 다카노 쵸에이는 이와 같은 바쿠후의 무능력과 폐쇄적 인식이 근본적으로 유학의 대내외적 차별질서관과 그것을 고집하는 유학자들에서 비롯되었다는 판단을 바탕으로 유학적 사고의 모순을 지적했다. 이에 대해 와타나베 카잔은 "당산(唐山: 中國)의 관념적이고 명확성이 없는 학풍(學風)의 영향을 받아 고상하고 내용이 없는 학문이 융성한 결과, 마침내 이성(理性)이 약화되어 마치 우물 안 개구리와 같은 협소한 견해에 빠져들게 되었다"[579]고 하여 유학의 관념적이고 추리적이며 당위적인 속성을 맹목적으로 추종해왔던 일본의 학문적 전통의 특징을 언급한 뒤, 이에 따라 정치를 담당하는 유신(儒臣)들의 시야도 협소하여 큰 것을 버리고 작은 것만을 취하고 있다[580]고 비판했다.

---

577) 高野長英, 蠻社遭厄小記, 위의 책, p.189.
578) 高野長英, わすれがたみ, 위의 책, p.182.
579) 渡辺崋山, 愼機論, 위의 책, p.72.
580) 渡辺崋山, 崋山口書, 阿知波五郎 外 譯, 앞의 책, p.191.

이와 함께 그는 "중국의 이적제어론(夷狄制御論)이나 우리 나라의 신풍설(神風說: 신도오사상을 바탕으로 한 일본우월주의)도 모두 신뢰할 만한 것이 없다"[581]고 함으로써 유학과 신도오사상의 대외적 차별관이 국가이익에 도움이 될 수 없는 것임을 분명히 했다.

다카노 쵸에이는 보다 학문적인 입장에서 유학과 난학을 대비시키면서 난학의 우수성과 바쿠후 및 보수적 유학자들의 난학 기피현상을 다음과 같이 표현했다.

최근에 난학이 어느 정도 개척되어 의학은 물론 천문·지리·병법·공기(工技)에 이르기까지 난학파로서 일가(一家)를 이룬 자가 생겨났다. 그 중에는 마음이 비뚤어져 사기꾼과 같은 사람도 있어서 그 때문에 난학을 증오하는 사람들이 있는 것 같다. 또한 그러한 경우가 아닌데도 불구하고 난학을 이단의 설로 취급하여 무비판적으로 멸시하고 아예 그것에 귀기울이지 않으며, 난학자들의 논의를 익살꾼의 이야기라고 생각하는 사람도 있다. 서양의 지리학은 만국의 치란(治亂)·흥폐(興廢)·인정(人情)·세태(世態)를 상세히 연구하는 학문으로 근래에는 학식이 있는 자들도 왕왕 난학에 경도되어 어떤 이는 유학에서 탈피하여 난학에 들어오기도 한다. 이와는 반대로 그러한 이유 때문에 난학을 증오하고 시기하는 사람도 있다.[582]

이상과 같은 와타나베 카잔과 다카노 쵸에이의 언급은 난학이 그 학문의 대상과 목표에서 유학적 원리에 반대하는 것이라는 점과 그러한 유학적 차별관을 극복할 수 있는 유일한 대안학문이라는 점을 명확하게 밝힌 것이라고 하겠다.

이러한 철저한 현실인식을 지니고 있었던 와타나베 카잔과 다카노 쵸에이였기에 그들의 정치목표는 결코 다수 피지배계층의 희생과 복종을

---

581) 渡辺崋山, 再稿西洋事情書, 佐藤昌介 校注, 앞의 책, p.50.
582) 高野長英, わすれがたみ, 위의 책, pp.173-174.

전제로 하는 유학적 차별질서 강화나 소수 지배계층의 기득권 수호에 있지 않았다. 그와는 반대로 인간의 자유성·평등성·독자성을 인정하는 토대 위에서 공동체적 발전을 이룩하는 것이 될 수밖에 없었다. 이는 무엇보다 다수 피지배계층의 삶을 풍요롭게 하고 독자성을 지닌 동등한 개체로서 개인이 가지고 있는 재능을 자유롭게 펼칠 수 있도록 하는 것을 정치의 본질로 인식하는 양자의 태도에 잘 나타나 있다. 다카노 쵸에이가 당시 세계에서 가장 강력한 국가로 인식되던 영국의 경우를 들어 공기(工技)를 연구하고 무술을 연마하며, 민(民)을 부강하게 하고, 국가를 강하게 만드는 것을 제일의 정치목표라고 한 것[583]과, 와타나베 카잔이 역시 서양의 예를 통해 인재양성을 정치의 기본으로 삼아야 하며 그러한 정치가 행해질 수 있기 위해서는 국민이 생활에 궁핍을 느끼지 않고 스스로 각자의 재능을 개발하여 그 역할을 다할 수 있도록 해야 한다는 점을 밝힌 것[584]은 이와 같은 그들의 인식을 반영한 것이다. 특히 와타나베 카잔이 서양에서는 국왕이라는 것은 하나의 직업명(職業名)에 불과하고, 교육과 연구를 위해 학교를 세우는 것이 정치의 근본이 되며, 이런 점에서 학교의 발전은 중국 등과는 비교가 되지 않는다고 한 것[585]으로 미루어, 이미 그들이 유학의 신분적 차별관을 완전히 벗어나 사회 내에서의 기능적·직업적 평등을 지향하고 있었음을 알 수 있다. 또한 교육의 중요성을 강조함으로써 그들의 정치목표가 국가 또는 소수 선각자 중심의 위로부터의 개혁이 아니라 국민의 자각과 개인적 능력의 극대화를 바탕으로 한 아래로부터의 개혁, 즉 진정한 의미의 개명진보(開明進步)를 욕구하고 있었다는 점도 파악할 수 있다.

이처럼 와타나베 카잔과 다카노 쵸에이로 대표되는 양학계열 사상가

---

583) 高野長英, 戊戌夢物語, 위의 책, p.162.
584) 渡辺崋山, 鴃舌小記·鴃說或問, 鴃說或問, 위의 책, p.83.
585) 渡辺崋山, 再稿西洋事情書, 위의 책, p.47.

들의 정치의 본질과 정치목표에 관한 논의는 비록 서양의 예를 들어 자신들의 주장을 간접적으로 표출한 것이기는 하지만, 대내적으로 피지배계층의 생존권 및 이익추구권을 확보하고 대외적으로 국가의 독립과 자존성을 확보하려고 했던 반주자학적 개혁사상의 전통이 반유학을 표방하는 단계로까지 발전된 것을 의미한다는 점에서 중요한 사상적 가치가 있다.

2) 정치목표 달성의 이론적 기초

와타나베 카잔과 다카노 쵸에이의 인성론과 우주론의 내용은 정치현실관이나 정책론에 비해 상대적으로 내용이 빈약하다. 그것은 이들이 바쿠후의 정치적 탄압이 가속화되는 상황 속에서 한편으로 양학적 지식의 피지배계층 전파와 계몽에 주력하고, 다른 한편으로 바쿠후의 인식과 대내외 정책을 비판하는 데 몰두할 수밖에 없었다는 사실에 기인하는 것이기도 하다. 이와 함께 양학적(洋學的) 지식의 수용으로 인간·자연·우주에 대해 객관적·실증적·과학적인 분석이 이미 이루어진 상황 하에서 서구의 과학지식을 적극적으로 소개하는 것 이외에 독자적인 인성론과 우주론을 전개할 필요성을 느끼지 못했을 것으로 생각된다. 그럼에도 불구하고 그들이 인간·자연·우주에 대한 서구의 지식을 소개하면서도 그 가운데 동아시아 전통의 반유학적 논의들을 인식의 틀로 삼고 있다는 점을 간과해서는 안 될 것이다. 다음에서는 이러한 측면을 중심으로 와타나베 카잔과 다카노 쵸에이의 인성론과 우주론을 간단히 살펴보고자 한다.

인성론에서 그들은 인간이 동등한 삶의 욕구주체이며 각기 고유한 독자성을 보유한 평등한 개체라는 점을 부각시켰다. 먼저 다카노 쵸에이는 "인간의 정(情)은 안락을 좋아하고 신고(辛苦)를 싫어하며 부귀를 좋아하고 빈천을 싫어한다"[586]고 하여 인간의 행복한 삶의 욕구를 적극 인정하는 입장을 취했다. 이와 함께 의사이며 난학자로서 그는 인간해부를 통해 형성된 서구의 실증적·과학적 의학지식을 바탕으로, 모든 인간은 응체(凝體)와 유체(流體), 그리고 활력(活力)과 신력(神力)이라는 이체(二體)·이력(二力)으로 이루어져 있다[587]고 했다. 구체적으로 응체란 물질이 응고하여 일체(一體)를 낳고 형태를 이루는 것으로서 인간의 제기제장(諸器諸臟)을 말하며, 유체란 유동전회(流動轉廻)하여 물(物)에 따라 이동하며 그 형(形)을 변화시키는 것으로서 인간에게는 혈액(血液)을 말한다고 했다. 그리고 활력이란 인간 신체의 제기제액(諸器諸液)을 영위·운동하게 하여 쇠탈부패(衰脫腐敗)를 막아주는 힘이며, 신력이란 정신으로부터 나온 힘으로서 통증과 한열(寒熱)을 알고 성색취미(聲色臭味)를 분별하며 사려호악(思慮好惡)의 정(情)을 발동시키는 주체라고 설명했다.[588] 이것을 간단히 표현하면 인간은 동일한 신체구조와 각기 스스로의 지각·감각능력, 그리고 호악(好惡)의 기호(嗜好)를 가진 동등한 삶의 욕구주체라는 것이다. 시바 코오칸의 경우와 마찬가지로 주자학 도입 이후 지속적으로 전개되어 온 반주자학적 내지는 반유학적 개혁사상가들의 인성론의 내용이 이들에 이르러 보다 과학적이고 실증적으로 입증되고 있는 것이다.

와타나베 카잔과 다카노 쵸에이는 삶의 욕구주체로서의 인간의 본연적 동등성만을 증명하는 데 머무르지 않고 모든 인간이 각기 자신만의 고유한 독자성, 즉 개체성을 지니고 있다는 점도 분명히 밝혔다. 다카노 쵸에이는 이 점에 대해 "비록 인간은 같은 구조를 가지고 있다는 점에서는 동일하지만, 그 형상에 대소(大小)·출몰(出沒)·횡사(橫斜)·곡직(曲直)의 차이가 있으면 그 조직집성(組織集成)에도 소밀(疏密)·유인(柔靭)·

高野長英, 知彼一助, 卷一, 阿知波五郎 外 譯, 앞의 책, p.355.

586) 高野長英, 知彼一助, 卷一, 阿知波五郎 外 譯, 앞의 책, p.355.
587) 高野長英, 西說医原樞要, 卷一, 佐藤昌介 校注, 앞의 책, p.221.
588) 高野長英, 西說医原樞要, 卷一, 위의 책.

446 근세 동아시아의 개혁사상

경연(硬軟)·이장(弛張)의 차이가 있다. 이것을 보았을 때 천만 인이 있으면 천만 인 모두가 각기 다르다는 것을 알 수 있다"[589]고 했다. 또한 인간이라면 누구든지 일강일약(一强一弱)이 있으며,[590] 특히 인간에 따라 천연두에 강한 성(性), 미독(黴毒: 性病)에 걸리지 않는 성, 매운 것과 썩은 것[葷辛]을 기피하는 성, 어육(魚肉)을 싫어하는 성 등 천태만상의 성이 있다[591]고 하는 등 주로 의학적인 지식을 바탕으로 인간성의 다양성을 입증했다. 그리고 와타나베 카잔은 서양의 교육이 오로지 인간이 각기 보유한 개성 즉 개체성(個體性)의 실현에 그 목적을 두고 있다는 점을 밝힘으로써 인간이 모두 자신만의 고유한 개체성을 가진 존재임을 분명히 했다.

와타나베 카잔과 다카노 쵸에이는 이러한 개체성을 가진 개별 인간들 사이에는 차별이란 있을 수 없으며 단지 기능적·상대적 동등성만이 존재한다고 보았다. 와타나베 카잔이 서양의 교육제도에서 인간이 자신의 개성에 따라 지망하는 학문과 직업에는 귀천의 차별이 없다는 점[592]과 서양에서는 국왕이라는 것도 하나의 직업명에 불과하다는 점[593]을 들어 인간 사이의 기능적 평등성을 밝힌 것은 그 예라 할 수 있다. 또한 다카노 쵸에이가 신체구조와 연령, 성별, 지역적 풍토 및 습성에 따라 인간은 각기 다른 속성을 가지게 되며, 따라서 이것[此]의 일반적 특징을 가지고 저것[彼]의 일반적 특징과 비교하면 각기 상호간에 고유한 특성을 가진 존재라는 점을 파악할 수 있다[594]고 한 것 역시 개체간 상대적 동등성을 인정하는 그들의 태도를 잘 보여주는 것이라 하겠다.

---

589) 高野長英, 西說医原樞要, 卷一, 위의 책, p.230.
590) 高野長英, 西說医原樞要, 卷一, 위의 책.
591) 高野長英, 西說医原樞要, 卷一, 위의 책, pp.232-233.
592) 渡辺崋山, 愼機論, 위의 책, p.69.
593) 渡辺崋山, 再稿西洋事情書, 위의 책, p.47.
594) 高野長英, 西說医原樞要, 卷一, 위의 책, p.230.

이처럼 와타나베 카잔과 다카노 쵸에이는 인성론에서 인간 사이의 본질적 동등성과 기능적·상대적 평등성이 존재한다는 것을 노장적 인식론과 양학적 지식을 바탕으로 규명했다. 이러한 측면은 다음에서 살펴볼 그들의 우주론에도 동일하게 나타나 있다.

먼저 생성론적 측면에서 와타나베 카잔과 다카노 쵸에이는 해부학을 비롯한 서구의 자연과학적 지식을 바탕으로 인간을 포함한 만물의 근원이 물질이라는 점과, 이러한 물질로 이루어진 모든 개체는 삶을 영위하는 기본구조가 본질적으로 동일하다는 점을 밝혔다. 와타나베 카잔이 "기(氣)라고 하는 것은 천지만물을 생성하는 단일한 주체이다"595)라고 한 것과, 다카노 쵸에이가 활물(活物)은 크게 동물과 식물로 구분된다고 하면서596) "동물과 식물을 비교·검토해보면 그 생육 및 영양의 기구(機構)는 대체로 동일하다"597)고 한 것은 이에 대한 설명이라고 할 것이다. 즉 물질에 의해 구성된 모든 개체는 각각이 자신의 삶을 유지하기 위해 필요한 기관과 조직을 보유한 동등한 삶의 욕구주체라는 점을 밝히고 있는 것이다.

그러나 인간을 포함한 모든 개체는 욕구주체라는 점에서는 동일하지만 그 형태에 따라서 각자 삶의 방식을 달리하는 개체성을 보유한 존재라는 것이 그들의 설명이다. 구체적으로 인간이 직립하여 두 발로 걷는 반면 짐승은 네 발을 사용한다거나,598) 동물에는 있는 지각·감각능력의 주체인 신력(神力)이 식물에는 없다거나,599) 지식·사고·판단력·기억력을 담당하는 영식(靈識)이라는 것이 인간에게만 있다거나600) 하는

---

595) 渡辺華山, 崋山書簡, 繪事御返事 二, 天保十一年十一月三日, 위의 책, p.151.
596) 高野長英, 西說医原樞要, 卷一, 위의 책, p.218.
597) 高野長英, 遠西水質論, 阿知波五郎 外 譯, 앞의 책, p.312.
598) 高野長英, 西說医原樞要, 佐燈昌介 校注, 앞의 책, p.230.
599) 高野長英, 西說医原樞要, 위의 책, p.231.
600) 高野長英, 西說医原樞要, 위의 책, p.219.

것은 개체간을 구별해주는 고유한 특성이 된다는 것이다. 중요한 점은 이러한 구별이 자연적으로 이루어진 것일 뿐 그것이 개체간에 강약·대소·귀천과 같은 절대적 차별의 근거가 될 수 없다는 것이다. 오히려 모든 개체는 각각의 독자적 특성과 영역을 가지면서도 그들 상호간에는 자연계의 조화를 유지시키는 주체로서의 기능적 평등성이 존재한다는 것이 와타나베 카잔과 다카노 쵸에이의 입장이다. 다카노 쵸에이가 인간이 직립활동을 함으로써 네 발을 사용하는 짐승들에 비해 위험과 피해가 많은 것은 자연의 원리에 위배되는 것이 아니라 하늘이 인간에게 부여한 자연스러운 것[601]이라는 주장을 통해 인간우위의 절대관을 부정한 것과, "자연계의 만물을 해부하는 것은 궁리(窮理)의 일단(一端)을 발견하여 자연계의 조화의 비밀을 연구하는 데 있다. 인체의 장기(臟器)를 예로 들면 그 중에 하나라도 무용(無用)한 것이 없으며 어떤 것이라도 쓰임이 있다"[602]고 한 것은 개체간의 기능적 평등성이 자연의 원리임을 과학적·실증적으로 입증한 것이라고 할 수 있다.

와타나베 카잔과 다카노 쵸에이는 이처럼 독자성을 바탕으로 한 동등한 개체간의 기능적 조화를 자연의 원리로 논증했다. 다음에서 살펴볼 그들의 국내 및 국제질서관은 이와 같은 동등성과 조화의 원리를 바탕으로 개체로서의 인간 및 계층, 그리고 국가·민족간 관계를 구체적으로 규정한 것이었다.

3) 국내 및 국제질서관

먼저 국내질서관의 측면에서 와타나베 카잔과 다카노 쵸에이는 앞서 살펴본 바와 같이 서양의 예를 들어 국왕이라는 것은 정치를 담당하는

---

601) 高野長英, 西說医原樞要, 위의 책, p.220.
602) 高野長英, 漢洋內景說, 阿知波五郎 外 譯, 앞의 책, p.263.

하나의 직업명에 불과하며 그 직업의 구체적 내용은 국민이 스스로 각자의 재능을 개발할 수 있도록 하는 데 있다고 했다. 또한 그러한 재능개발 즉 교육은 반드시 인간이 각기 가지고 있는 개성에 바탕을 두어야하며, 개성에 근거에서 개인이 지망한 학문과 직업에는 귀천의 차별이 있을 수 없다고 했다. 이렇게 볼 때 이들의 국내질서관이 철저히 신분적 차별을 부인하고 개체성과 평등성을 지향하고 있는 것임을 알 수 있다. 이와 더불어 와타나베 카잔이 서양에서는 각각의 독자성에 따라서 직업적 역할을 갖도록 하는 것 이외에 빈곤층을 위한 빈자원(貧者院)과 병원, 그리고 특히 여성들을 위한 여학원(女學院)을 운영하고 있음을 지적하면서,603) 하물며 죄인에 대해서도 양생(養生)을 가장 중요하게 생각하고 올바른 판결을 위해 노력하며 옥의(獄医)의 선택에서도 최선을 다한다는 점604)을 들어 인권문제까지도 거론한 것은 그들이 추구하는 개체성과 평등성의 범위가 동아시아의 전통적인 사·농·공·상의 범위를 넘어서 소외계층을 포함한 사회의 모든 구성원을 대상으로 했다는 점을 보여준다. 앞서 논의한 시바 코오칸 역시 걸인(乞人)까지도 포함하는 사회적 소외계층의 개체로서의 존엄성을 인정했다는 점을 상기한다면, 당시 양학 계열 지식인들이 국내질서관의 측면에서 가지고 있었던 사상적 진보성을 쉽게 이해할 수 있을 것이다.

그렇다면 세계적 범위에서 국가간·민족간 관계를 논의하는 국제질서관의 측면에서 와타나베 카잔과 다카노 쵸에이는 어떠한 입장을 취했는 가? 앞서 살펴본 바와 같이 바쿠후의 쇄국정책 및 중화주의적 또는 일본 중심적 화이질서관을 비판하면서 세계에 대한 새로운 인식과 이에 따른 구체적 실천방안으로서 개방정책을 공통적으로 요구했다는 점에서, 그들이 이미 동아시아 전통의 대외적 차별질서관에서 탈피하여 평

---

603) 渡辺崋山, 外國事情書, 佐藤昌介 校注, 앞의 책, p.25.
604) 渡辺崋山, 歙舌小記·歙舌或問, 歙舌或問, 위의 책, p.91.

등적 국제질서관을 추구하고 있었음을 알 수 있다. 그러나 동시에 이들이 당시 서구중심적 국제질서의 구축을 인정하고 있었다는 것 또한 사실이다. 그것은 와타나베 카잔과 다카노 쵸에이가 자신들의 논의 속에서 서구문명 및 서구민족의 우수성과 우월성을 지적하고, 상대적으로 비(非)서구지역의 후진성을 언급하고 있는 것에 잘 나타나 있다. 그럼에도 불구하고 이것이 와타나베 카잔과 다카노 쵸에이가 개체로서의 국가간·민족간 본질적 차별성을 용인하는 근거라고 보기는 어렵다. 그보다는 일본이 처한 대내외적 위기를 극복하여 민족 또는 국가의 독립성을 유지하기 위해서는 서구의 강력함을 인정하는 바탕 위에서 그들의 장점을 수용하려는 태도가 중요하다는 현실인식에 바탕을 두고 있다고 보는 것이 타당하다. 와타나베 카잔이 "세계의 5분의 4가 정치적·문화적〔政教〕으로 유럽의 지배를 받고 있는 것은 모두 서구열강들간의 우근분흥(憂勤憤興: 생존경쟁) 때문이다"605)라고 하고, 서양제국이 외국의 영토를 침탈하고 국경을 넓히며 세력을 확대시킨 것은 민족성이 짐승과 같다는 것만으로는 설명될 수 없고 그들이 각기 독립하여 스스로 세력의 확대를 꾀한 것의 필연적인 결과라는 점을 강조함으로써606) 서구의 공격적 태도를 비난하면서도 현실을 인정하는 입장을 보인 것은 이러한 그들의 인식을 반영하는 것이라고 하겠다. 개체간 독자성에 바탕을 둔 조화로운 발전은 무엇보다 자신이 속한 국가와 민족의 부강과 독립을 전제로 해야 한다는 이와 같은 와타나베 카잔과 다카노 쵸에이의 현실주의적 태도는 대외적 측면에서의 그들의 부국강병(富國强兵)의 정책론으로 구체화되었다.

이러한 측면에서 마지막으로 와타나베 카잔과 다카노 쵸에이의 개혁적 정책론의 특징과 내용을 간단히 살펴보면 다음과 같다.

---

605) 渡辺崋山, 歟舌小記·歟舌或問, 歟舌或問, 위의 책, p.88.
606) 渡辺崋山, 外國事情書, 위의 책, p.27.

4) 현실개혁의 실천론

현실개혁의 실천론과 관련하여 첫째, 와타나베 카잔과 다카노 쵸에이는 피지배계층의 생존·생활권을 신장하는 동시에 서구열강의 위협에 대처하여 국가적 독립을 유지하기 위한 정부차원의 현실적 대책 마련을 가장 중요한 정책과제로 삼았다. 그들은 이를 위해 대내적으로는 지배계층의 사치와 불필요한 비용을 줄여 이것을 국방비로 사용할 것을 주장했다. 또한 대외적으로는 쇄국정책을 포기하고 적극적인 대외개방정책을 전개함으로써 경제적인 측면에서 외국과의 교역을 통해 부(富)를 획득하고, 군사기술적 측면에서는 서구열강의 발달된 기술과 병제(兵制)를 수용하여 일본의 취약성을 보완할 것을 강력히 요구했다. 이에 대해 와타나베 카잔은 "서양제국에서는 마치 금과 보석을 소중하게 여기는 것처럼 인간을 귀중하게 생각한다. 그래서 인간에게 쓸모없는 일을 시키지 않으며 국왕·대신이라도 평시에는 아주 작은 숫자의 종자(從者)만을 데리고 다닌다. 이것은 또한 무용(無用)한 비용을 검약하는 취지이기도 하다"[607]고 하여 인간존중과 절약의 차원에서 지배계층이 인력과 비용을 함부로 낭비하지 말 것을 요구했다. 또한 다카노 쵸에이는 "인간의 정(情)은 안락을 좋아하고 신고(辛苦)를 싫어하며 부귀를 좋아하고 빈천(貧賤)을 싫어한다"[608]고 함으로써 모든 인간의 본성에 바탕을 둔 이익추구권을 확보할 수 있는 방안 마련의 필요성을 제시했다. 그들은 또한 적(敵)의 사정을 모르고는 국가방위의 대책을 세울 수가 없다[609]는 점과 일본이 군선(軍船)의 준비도 미비하고 대포도 없으며 해군을 보유하고 있지 않다[610]는 현실을 들어 이에 대한 대비책 마련의 시급성을 강조했다.

---

607) 渡辺崋山, 外國事情書, 위의 책.
608) 高野長英, 知彼一助, 阿知波五郎 外 譯, 앞의 책, p.355.
609) 渡辺崋山, 愼機論, 佐藤昌介 校注, 앞의 책, p.66.
610) 渡辺崋山, 外國事情書, 위의 책, p.29.

와타나베 카잔과 다카노 쵸에이는 이와 같은 문제제기에 그치지 않고 구체적 정책대안을 제시했다. 와타나베 카잔이 국방력의 강화를 위해 군사학교(軍事學校)를 개설해 놓고 있는 서양의 경우를 소개한 것[611]과, 다카노 쵸에이가 "국가를 부유하게 하고 국민을 풍요롭게 하는 중요한 방책이 바로 무역이다"[612]라고 하여, 특히 일본과 유사한 환경의 네덜란드의 경우를 들어 개방정책을 통한 국가간 교역의 중요성과 방법을 밝힌 것, 그리고 그가 자신의 『지피일조(知彼一助)』에서 영국과 프랑스의 병제(兵制) · 군비(軍費) · 군사력 등의 현황과 그것의 강점을 자세히 설명한 것[613]은 이와 같은 대안의 내용이라고 볼 수 있다.

둘째, 그들은 이러한 국방 · 무역 등 정부차원의 정책과 더불어 평등한 기능체로서 인간 개개인의 독자성을 인정하는 바탕 위에서 여성이나 빈곤층과 같은 소외계층까지도 포함하는 국민개육(國民皆育)의 교육정책을 통한 국민적 힘의 확보의 필요성을 인식하고 이를 뒷받침할 제도적 장치를 요구했다. 특히 와타나베 카잔은 서양의 발달된 교육제도를 비교적 자세히 소개하여 자신의 교육적 정책론의 방향을 제시했다. 구체적으로 그는 서양에서는 5-6세경부터 학교에 입학시켜 자신의 재능을 계발하고 이를 바탕으로 일정한 수준에 오를 때까지 학업을 지속하며 여기에 드는 학비는 정부가 부담한다고 하고, 새로운 연구가 완성될 때까지는 2-3대가 지나더라도 국가가 지속적으로 책임을 지어 생활에 어려움을 느끼지 않도록 한다[614]고 하여 인재양성과 학문연구, 신지식 계발에서 국가정책적 차원에서의 적극적 지원이 필요하다는 점을 역설했다. 이와 함께 서양에는 교학(敎學: 神學) · 정학(政學: 法學) · 의학(醫學) · 물

---

611) 渡辺崋山, 外國事情書, 위의 책, p.26.
612) 高野長英, 知彼一助, 卷一, 阿知波五郎 外 譯, 앞의 책, p.357.
613) 高野長英, 知彼一助, 卷一, 英國の最近の兵制および事情 · 形勢 및 フランス國現在の兵制および事情 · 形勢, 위의 책, pp.360-368 참조.
614) 渡辺崋山, 歐舌小記 · 歐舌或問, 歐舌或問, 佐藤昌介 校注, 앞의 책, p.83.

리학(物理學)의 4학(四學) 및 예학(藝學)을 교육하는 학교 이외에도 여학원(女學院)·빈자원(貧者院)·병원(病院)·유학원(幼學院) 등이 있다고 함으로써615) 교육대상의 폭을 사회의 모든 계층으로 확대시켜야 한다는 입장을 견지했다.

이와 같은 교육정책의 중요성 강조는 이미 시바 코오칸에게서도 명확히 드러났듯이 양학계열 사상가들이 개혁의 방법에서 단순히 국가적 차원에서의 서구의 군사기술이나 과학기술의 수용을 통한 소수에 의한 철저한 위로부터의 개혁을 지양하고, 보다 근본적인 차원에서 국민 모두가 교육기회를 얻어 지식을 습득·확충함으로써 이들이 정부의 개혁정책을 뒷받침할 수 있는 토대가 되어야 한다는, 즉 아래로부터의 개혁을 지향하고 있었음을 보여주는 것이라고 할 수 있다. 이 점은 동시대 서구 문물의 유입과 더불어 중국의 개혁사상이 가지고 있던 동도서기적(東道西器的) 또는 중체서용적(中體西用的) 인식에 바탕을 둔 개혁방법과는 본질적인 차이라고 볼 수 있을 것이다.

셋째, 이와 더불어 와타나베 카잔은 서구제국들이 정부의 주도하에 인쇄기관을 두고 인쇄물을 발행하여 국가간의 정보를 교환하고 세계에 대한 지식의 폭을 넓히고 있다는 점을 소개함으로써616) 계몽적 지식 전파와 공유의 필요성을 강조했다. 당시의 양학계열의 지식인들이 서구지식을 피지배계층에게 전파하기에 주력했다는 점과, 위의 교육정책론에서 살펴보았듯이 전국민의 지식확대를 요구했다는 점으로 미루어볼 때, 이러한 소개는 그들이 이미 대중계몽의 중요성을 인식하고 있었다는 점을 보여주는 것이라고 할 수 있다. 이러한 점에서 19세기 후반 문호개방기 일본 명육사(明六社)의 지식인들이 신문 등을 통해 개명진보(開明進步)의 당위성을 역설하여 국민의 자각과 참여를 이끌어내려고 했던 인식의 토

---

615) 渡辺崋山, 再稿西洋事情書, 위의 책, p.47.
616) 渡辺崋山, 外國事情書, 위의 책, p.28 참조.

대는 바로 이러한 19세기 중반 양학계열 지식인들의 입장과 그 맥을 같이한다고 할 것이다.

이상에서 살펴본 바와 같이 19세기 중반 와타나베 카잔과 다카노 쵸에이로 대표되는 양학계열 지식인들의 정치사상은 개혁의 목표와 내용 그리고 방법에서 이전의 개혁사상가들보다 훨씬 진전된 형태를 보여주었다. 즉 다수 피지배계층의 생존권 및 이익추구권을 보호하고 이를 바탕으로 국가의 독립과 발전을 정치목표로 삼은 것은 동일했다. 그러나 더욱 확대된 세계에 대한 새로운 인식을 토대로 당시 바쿠후의 쇄국정책과 유학적 차별질서관에 대한 근본적 비판을 수행했다는 점과, 단순히 서구의 과학·군사기술만의 수용이 아니라 교육제도로 대표되는 서구문명의 진정한 강점을 흡수하여 피지배계층의 계몽과 지식획득을 추구했다는 점에서 그 사상적 깊이와 철저성이 두드러졌다고 평가할 수 있다.

지금까지 서구문물의 유입 이후 전개된 근세 후반기 동아시아 3국에서 전개된 개혁사상의 특징을 내용을 중심으로 요약해서 비교해보면 다음과 같다.

첫째, 한국의 경우 18세기 후반 이후 19세기 중엽까지의 실학적 개혁사상가들의 공통적 특징은 주자학적 통치질서관이 초래한 모순을 직시하고 이를 극복하여 부국안민(富國安民)을 이루려는 정치목표하에서, 대내적으로 욕구주체로서 사회 내 개인간의 본연적 동등성과 계층간의 기능적 동등성을 강조하고, 대외적으로 국가간 독자성과 상대적 평등성을 논리적으로 입증하려는 것이었다. 그리고 그러한 사상전개에서 사상가들이 각기 보유한 독창성과 함께 동아시아 전통의 반유학적 정치사상인 묵가사상의 생산·평등관과 노장사상의 변천관, 개체관 및 상대관, 그리고 사물에 대한 객관적 이해 및 응용을 가능하게 한 서구 과학지식의 수용이 중요한 사상적 토대를 형성했다고 볼 수 있다. 그럼에도 불구하고 한국의 개혁사상은 공통적으로, 첫째로 혁신적 정치론에도 불구하고 봉건적 도덕질서 및 정치체제 자체의 변동을 요구하는 데까지 이르지 못했고, 둘째로 사상가들 자신이 귀족 출신이었다는 점에서 피지배계층의 계몽 및 그들의 사회개혁을 위한 적극적 역할에 대한 인식 없이 주로 위로부터의 정책론적 개혁에 치중했으며, 셋째로 그에 따라 사회 내 광범위한 지지를 획득하지 못한 채 여전히 주자학적 차별질서관에 몰두하고 있던 보수세력의 저항을 극복할 토대를 마련하지 못했다는 점에서 한계가 있는 것이기도 했다.

둘째, 중국의 경우 대진, 공자진 및 위원의 사상은 그것이 반주자학을 지향했다는 점과 당시 자국이 처한 대내외적 위기에 직면에서 집권층의 안일한 태도를 비판하고 나름대로의 개혁론을 전개했다는 점에서는 한국·일본의 개혁사상과 공통점이 있었다. 그러나 소수 만주족의 다수 한족에 대한 지배권 확립과 이에 대한 한족 지식인층의 뿌리깊은 저항의식의 존재라는 중국 고유의 정치·사회·역사적 상황과 자신이 속한 귀족계층의 이익반영 및 제왕권적 권위질서의 유지라는 정치목표로 말미암아 유학적 차별관에 대한 근본적인 회의와 비판을 결여한 보수성을 가진 사상이었다고 볼 수 있다. 특히 서구문물의 유입에도 인간 및 세계에 대한 어떠한 인식의 변화도 수반하지 못한 채 단지 유학적 차별관의 고수를 전제로 한 위로부터의 인적·법적·제도적 개혁에 치중했다는 점은 중국 사상가들이 추구한 개혁의 목적과 방법에 근본적인 한계가 있음을 보여주는 것이라고 할 수 있다. 다만 위원의 경우 『해국도지(海國圖志)』를 저술하여 당시 서구열강의 중국침략이 본격적으로 진행되는 시점에서 청조 지배층의 고립적이고 폐쇄적인 대외정책에서 벗어나 서구의 선박 및 무기제조기술을 수용할 것을 요구하는 등 세계에 대한 인식을 확대하는 계기를 마련한 것으로 평가할 수 있다. 그러나 그것 역시 한국·일본에서와 같이 노장적 상대관에 기초한 국가간 관계의 평등성을 지향하거나 또는 서구에 대한 자국의 상대적 후진성을 적극 인정하는 현실주의적 입장에서 도출된 것이 아니라, 중국 중심의 질서관을 유지하는 바탕 위에서 서구의 군사적·기술적 측면만을 흡수하여 서구열강을 물리치겠다는 중체서용적(中體西用的)·동도서기적(東道西器的) 태도에 기인한 것이었다는 점에서 근본적인 세계관의 변화였다고 할 수는 없는 것이었다.

셋째, 일본의 경우 이미 통치질서관으로서의 주자학이 도입된 이후 주자학의 차별관에 반대하여 피지배계층의 이익을 반영하려는 반주자학적인 사상의 흐름이 존재했다는 것과, 특히 서구문물의 유입 이후 변화된 정치현실과 세계관의 확대에 의해 사상적 내용 면에서 유학의 차별관 자체에 대한 회의 및 비판이 이루어졌다는 점에서는 한국과 동일했다. 또한 그러한 회의 및 비판적 인식의 근거가 동아시아의 전통적인 반유학적 정치사상인 노장사상의 인식론에 기초한 것이라는 점도 한국의 후기 개혁사상가들과 공통점이 있었다. 그러나 개혁의 목표·내용·범위·방법 면에서 일본의 개혁사상가들은 중국은 물론 한국의 개혁사상가들과는 근본적인 차이점이 있었다. 특히 서구에 대한 해박한 지식과 이해를 바탕으로 전개되었던 현실주의적이고 혁신적인 정책론과 정치권력 자체에 대한 철저한 비판, 그리고 피지배계층에 대한 계몽과 교육을 통한 아래로부터의 개혁의 토대 마련 주장 등은 이미 그들이 봉건질서의 틀을 완전히 탈피하고 있었음을 보여주는 것이었다. 이와 같은 일본 개혁사상의 특징은 바쿠한체제(幕藩體制)라는 일본적 봉건질서 자체가 가지고 있는 분권적 특성과 바쿠후 권력의 정당성 면에서의 취약성, 그리고 사상적 다양성의 존재로 인한 주자학적 통치질서관의 상대적 약화 등에 기인한 것이기도 하다. 또한 서구지식 특히 난학(蘭學)을 직접 접촉할 수 있었던 지리적 환경, 정치권력으로부터 비교적 자유로운 입장에서 사상연구에 몰두할 수 있었던 사회적 환경, 그리고 봉건질서의 모순을 직접 경험할 수 있었던 사상가들의 신분적 다양성 등도 그것의 중요한 원인이 되었던 것으로 볼 수 있다.

　결론적으로 서구열강에 의한 강제적 문호개방과 이권침탈이 이루어지기 직전 서구문물의 동아시아 유입이라는 보편적 상황하에서 전개되었던 한국·중국·일본의 근세 후기 개혁사상은 19세기 말 문호개방 이후 3국에서 진행되었던 개혁·개방사상의 방향성과 본질을 가늠하는 토대가 된다는 점에서 중요성이 있다고 하겠다. 특히 동아시아라는 보편성 속에서 한국·중국·일본이라는 특수성에 따라 형성된 이와 같은 개혁사상의 공통점과 차이점은 19세기 후반 이후 3국의 발전정도와 향후 미래를 결정하는 근본적 요인이었다고 평가할 수 있을 것이다.

맺음말

　근세 동아시아 3국(한국·중국·일본) 개혁사상의 내용을 비교·분석하여 동아시아적 보편성과 각국의 특수성을 밝히려는 것이 이 책의 목적이었다. 한국·중국·일본은 유학적 정치이념의 지배하에 묵학과 노장사상 등 전통적인 반유학적 정치사상의 영향을 받았다는 공통적인 배경을 지니고 있다. 이와 함께 근세에 이르러 주자학적 유학의 정치질서관을 통치이념으로 수용했다는 보편적 특성을 가지고 있다. 주자학적 통치이념은 군주권의 절대화론과 사(士)·농(農)·공(工)·상(商) 간 차별질서 강화론을 통해 대내적 안정을 이룩하는 데 사상·정책적 노력을 집중했다.

　그러나 개체간 차별과 위계를 근간으로 하는 주자학적 정치질서관은 소수 지배층의 권력독점과 이에 따른 피지배계층의 고통, 사회·경제적 불평등, 계서적(階序的) 신분질서의 와해, 국가안위의 위기 등에 직면하여 본질적 한계를 노출하지 않을 수 없었다. 근세 동아시아 3국에서의 개혁사상은 이와 같은 주자학적 정치질서관의 모순과 한계에 대한 회의와 비판에서 출발했다. 따라서 그것의 정치목표는 불합리한 현실을 타파하여 다수 피지배계층 중심의 평등질서관을 구축하는 것이었고, 사상적 지향성은 초기의 반(反)주자학적 경향에서 점차 반(反)유학을 표방하는 것이 될 수밖에 없었다.

　동아시아 3국 개혁사상의 반주자학적 내지는 반유학적 경향은 이론적 측면에서 동아시아 전통의 반유학적 정치사상의 인식론을 수용하는 것으로 나타났다. 주자학 내지는 유학 자체의 차별·위계적 특성에 반대할 수 있는 이론적 근거를 찾기 위한 노력의 결과였다. 이와 함께 사상가들 자신의 독창성도 적극 발휘되었다. 기존 사상을 재구성하는 동시에 시대적 변화에 부응하는 혁신적이고 독창적인 논리들이 제시되었다. 한국·중국·일본의 개혁사상가들은 이와 같은 이론적 논의를 토대로 현실개혁의 구체적 실천대안을 제시했다.

이상이 근세 동아시아 3국 개혁사상의 보편적 특징이라고 할 수 있다. 이러한 보편성과 함께 한국·중국·일본은 각 국의 특수한 정치·경제·사회적 환경을 배경으로 개혁사상의 전개와 발전에 있어 상이한 모습을 보여주었다. 한국의 경우에 개혁사상의 형성과 전개는 이론적 투철함과 강한 현실 개혁성의 특징을 가지고 있었다. 중국과는 달리 단일 민족을 배경으로 하고, 일본에 비해 주자학적 정치이념을 장기간 유지한 한국은 주자학적 정치질서관의 정도가 상대적으로 강했다. 따라서 주자학적 정치질서관에 대한 도전은 강한 정치투쟁을 유발할 수밖에 없었고, 그에 따라 개혁사상가들의 이론은 보다 세밀하고 정교하지 않으면 안 되었다. 아울러 현실 개혁의 실천 대안은 폭넓고 근본적이며 구체적인 것이어야 했다.

중국의 경우에는 이민족 왕조로의 정권교체가 개혁사상의 성격을 가늠하는 중요한 요소로 작용했다. 다수 한족(漢族)이 소수 만주족의 지배를 받는 민족모순은 중국의 개혁사상가들이 피지배계층의 생존권 및 이익확보와 국가발전보다는 만주족 지배의 정당성을 부인하는 사상적 논리를 제시하는 데 주력하게 했다. 이와 함께 만주족 지배하에서 정치적으로 소외된 한족 지식인계층의 정치적 입장을 대변하게 했다. 이에 따라 강한 현실 비판과 반주자학적 사상경향에도 불구하고 차별·위계질서의 근본적 변화보다는 법적·제도적 개량을 지향하는 보수적 특징을 보여주었다.

일본의 경우에는 단일민족의 유지는 한국의 경우와 같았으나 바쿠한 체제라는 일본적 봉건체제의 유지, 주자학적 정치질서관의 상대적 미약, 문화적 후진성에 의한 학문적 개방성, 급속하고 광범위한 계층 분화라는 측면에서 차이가 있었다. 이와 같은 일본의 특성은 개혁사상 자체의 이론적 미숙과 실천 대안의 협소함에도 불구하고 정치권력 자체의 정당성에 대한 비판과 개혁론의 전파라는 측면에서 유리한 조건을 창출했다. 이와 함께 근세 후반기 서구문물의 직접 수용과 계몽이 가능했던 것도 일본 개혁사상의 내용과 성격을 특징짓는 중요한 요소로 작용했다.

이렇듯 근세 동아시아 3국의 개혁사상은 보편성과 특수성을 지니며 전개·발전했다. 필자는 이 책을 통해 인적(人的) 연계가 거의 없는 한국·중국·일본의 사상가들이 유사한 시기에 유사한 개혁론을 제시한 배경과 그 내용을 정치사상적으로 규명하고자 했다. 또한 그러한 유사성이 동일한 정치사상적 전통과 현실변화의 문제의식에서 도출된 것이었음을 보여주고자 했다. 그리하여 서구와는 다른 동아시아적 자유·평등론의 발전과정을 밝히고자 했으며, 이와 함께 각국 개혁사상의 차이점을 통해 보편성 속에서의 특수성을 부각시켜 독자들이 한국·중국·일본을 비교해서 이해할 수 있기를 기대했다. 마지막으로 동아시아의 개혁사상을 통해 오늘 우리가 처한 현실과 미래를 조명해보려고 했다.

오늘날 '개혁'이라는 단어는 우리에게 매우 친숙하다. 정치가는 정치가대로, 학자는 학자대로, 언론은 언론대로, 시민단체는 시민단체대로, 그리고 일반 국민들은 국민들대로 각기 자기가 처한 현실을 바탕으로 개혁에 대해 고민하고 있는 것으로 보인다. 어느 누구도 개혁의 당위성에 반대하지 않는다. 다만 개혁의 주체, 방법, 방향과 내용에서 차이를 보일 뿐이다. 과거나 지금이나 개혁을 둘러싼 논쟁이 지속되는 것도 바로 이러한 '차이'에서 비롯된 것이라고 할 수 있다. 그러나 그 차이는 단순히 차이로 끝나지 않는다. 그것은 갈등의 주요한 원인이고 경우에 따라서는 심각한 계층간 투쟁이 될 수도 있다. 왜냐하면 누가 어떻게 무엇을 목적으로 어떤 것을 개혁하느냐 하는 문제는 곧 그것을 주장하는 사람들의 사상(인간관·사회관·국가관·세계관 등)이 바탕을 이루고 있기 때문이다. 필자는 이 책을 통해 올바른 개혁이란 일체의 차별과 불평등이 없이 국민 대다수의 이익과 국가발전을 목표로 국민이 스스로 참여하는 철저하고 점진적인 것이 되어야 함을 밝히고자 했다. 시대적 배경의 차이를 고려한다면 이 책에서 다루어진 근세 동아시아의 개혁사상가들이 지향한 개혁 역시 이와 유사하다. 사상이 과거의 것만이 아니라 오늘을 이해하고 내일을 모색할 수 있는 것도 이러한 가치 때문이다.

참고문헌

I. 1차 문헌

加藤周一 編. 1972, 『日本の名著 18 - 富永仲基・石田梅岩』, 東京: 中央公論社.

康有爲. 1987, 『康有爲全集』, 上海: 上海古籍出版社.

龔自珍. 1975, 『龔自珍全集』, 臺北: 河洛圖書出版社.

金谷 治 校注. 1975, 『日本思想大系 28 - 藤原惺窩・林羅山』, 東京: 岩波書店.

金都鍊 譯註. 1990, 『論語』, 서울: 玄音社.

金時習. 1973, 『梅月堂全集』, 서울: 成均館大學校 大東文化研究院.

金時俊. 1997, 『大學・中庸』, 서울: 惠園出版社.

金學主 譯解. 1993, 『墨子』, 서울: 明文堂.

金學主 譯. 1983, 『莊子』, 서울: 乙酉文化社.

金赫濟 校閱. 1976, 『孟子集註』, 서울: 明文堂.

盧台俊 譯解. 1984, 『道德經』, 서울: 弘新文化社.

譚嗣同. 1980, 『譚嗣同全集』, 上海: 中華書局.

戴 震. 1975, 『戴震文集』, 臺北: 河洛圖書出版社.

尾藤正英 校注. 1977, 『日本思想大系 45 - 安藤昌益・佐藤信淵』. 東京: 岩波書店.

范善均 譯解. 1997, 『孟子』, 서울: 惠園出版社.

朴世堂. 1979, 『西溪全書』, 서울: 太學社.

朴齊家. 1974, 『貞蕤集 附北學議』, 서울: 國史編纂委員會.

朴趾源. 1974, 『燕巖集』, 서울: 景仁文化社.

_____. 1997, 『燕巖先生文集』, 서울: 景仁文化社.

福澤諭吉. 1926, 『福澤全集』, 東京: 國民圖書株式會社.

本居宣長. 1968, 『本居宣長全集』, 東京: 筑摩書房.

司馬江漢. 1993, 『司馬江漢全集』, 東京: 八坂書房.

山鹿素行. 1941, 『山鹿素行全集』, 東京: 岩波書店.

_____. 1979,『山鹿素行』, 東京: 日本圖書センター.

相上 亨 譯. 1972,『日本の名著 24 - 平田篤胤・佐藤信淵・鈴木雅之』, 東京: 中央公論社.

守本順一郎 校注. 1970,『日本思想大系 32 - 山鹿素行』, 東京: 岩波書店.

三浦梅園. 1971,『梅園全集』, 東京: 名著刊行會.

三浦梅園. 1979,『三浦梅園』, 東京: 日本圖書センター.

徐敬德. 1985,『花潭集』, 서울: 驪江出版社.

石田梅岩. 1965,『石田梅岩全集』, 東京: 石田心學會.

沼田次郎 校注. 1976,『日本思想大系 64 - 洋學上』, 東京: 岩波書店.

阿知波五郎 外 譯. 1972,『日本の名著 25 - 渡辺崋山・高野長英』, 東京: 中央公論社.

安藤昌益. 1983,『安藤昌益全集』, 東京: 農山漁村文化協會.

岸本芳雄. 1965,『本居宣長・平田篤胤集』, 東京: 玉川大學出版部.

野口武彦 編. 1971,『日本の名著 19 - 安藤昌益』, 東京: 中央公論社.

梁啓超. 1934,『淸代學術槪論』, 上海: 商務印書館.

魏 源. 1975,『魏源集』, 臺北: 鼎文書局.

_____.『海國圖志』, 平慶: 汪固道署, 光緖 2年(1876, 서울대학교 奎章閣 소장).

王夫之. 1972,『船山遺書全集』, 台北: 中國船山學會・自由出版社.

王守仁. 1913,『王文成公全書』, 上海: 中華圖書館.

李民樹 譯解. 1997,『莊子』, 서울: 惠園出版社.

李 珥. 1958,『栗谷全書』, 서울: 成均館大學校 大東文化硏究院.

李 贄. 1985,『焚書/續焚書』, 台北: 漢京文化事業有限公司.

_____. 1974,『藏書』, 北京: 中華書局.

_____. 1974,『續藏書』, 北京: 中華書局.

_____. 1978,『墨子批選』, 台北: 中國子學名著集成編印基金會.

_____. 1978,『明燈道古錄』, 台北: 中國子學名著集成編印基金會.

李 滉. 1971,『退溪全書』, 서울: 成均館大學校 大東文化硏究院.

林羅山. 1979,『林羅山文集』, 東京: 京都史蹟會.

紫田 實 校注. 1971,『日本思想大系 42 - 石門心學』, 東京: 岩波書店.

張之洞. 1970,『勸學篇』, 臺北: 藝文印書館.

國史編纂委員會 編. 1986,『朝鮮王朝實錄』, 서울: 國史編纂委會.

荻生徂徠. 1937,『(校註) 政談』, 東京: 雄山閣.

錢 穆. 1938,『中國近三百年學術史』, 台北: 商務印書館.

田原嗣郎 校注. 1973,『日本思想大系 36 - 平田篤胤・伴信友・大國隆正』, 東京:

岩波書店.

田原嗣郎 篇. 1971,『日本の名著 12 - 山鹿素行』, 東京: 中央公論社.

田口正治 外. 1982,『日本思想大系 41 - 三浦梅園』, 東京: 岩波書店.

鄭道傳. 1974,『三峯集』, 서울: 國史編纂委員會.

丁若鏞. 1960,『丁茶山全書』, 서울: 文獻編纂委員會.

_____. 1970,『與猶堂全書』, 서울: 景仁文化社.

朱　熹. 1977,『朱子大全』, 서울: 景文社.

_____. 1982,『朱子語類』, 臺北: 中華書局.

佐藤昌介 校注. 1971,『日本思想大系 55 - 渡辺崋山・高野長英・佐久間象山・横
　　井小楠・橋本左內』, 東京: 岩波書店.

村上敏治 校註. 1965,『吉田松陰・山鹿素行集』, 東京: 玉天大學出版部, 1965.

塚谷晃弘 校注. 1970,『日本思想大系 24 - 海保靑陵・本多利明』, 東京: 岩波書.

崔漢綺. 1971,『明南樓叢書』, 서울: 景仁文化社.

_____. 1986,『明南樓全書』, 서울: 驪江出版社.

韓相甲 譯. 1982,『論語・中庸』, 서울: 三省出版社.

海保靑陵. 1976,『海保靑陵全集』, 東京: 八千代出版社.

黃炳垕 撰, 王政堯 點校. 1993,『黃宗羲年譜』, 北京: 中華書局.

黃宗羲. 1992,『黃宗羲全集』, 杭州: 浙江古籍出版社.

胡　廣 等. 1989,『性理大全』, 濟南: 山東友誼書社.

洪大容. 1972,『湛軒書』, 서울: 景仁文化社.

II. 2차 문헌

1. 단행본

岡田武彦 外. 1972,『日本の陽明學 (下)』, 東京: 明德出版社.

姜在彦. 1988,『韓國近代史研究』, 서울: 청아출판사.

具本明. 1982,『中國思想의 源流體系』, 서울: 대왕사.

高橋正和. 1981,『三浦梅園』, 東京: 明德出版社.

橋尾四郎. 1983,『三浦梅園の教育思想研究』, 東京: 吉川弘文館.

권오영. 1999,『崔漢綺의 學問과 思想 研究』, 서울: 集文堂.

금장태. 1987,『韓國實學思想研究』, 서울: 集文堂.

古田紹欽・今井 淳 編. 1979,『石田梅岩の思想』, 東京: ぺりかん社.

金吉煥. 1981, 『韓國陽明學研究』, 서울: 一志社.

김만규. 1982, 『朝鮮朝의 政治思想研究』, 인천: 인하대학교 출판부.

_____. 1999, 『한국의 정치사상』, 서울: 현문사.

김한식. 1979, 『實學의 政治思想』, 서울: 一志社.

김태영. 1998, 『실학의 국가개혁론』, 서울: 서울대학교 출판부.

김태준. 1987, 『洪大容 評傳』, 서울: 民音社.

農山漁村文化協會 編. 1993, 『安藤昌益: 日本·中國共同研究』, 東京: 農山漁村文化協會.

藤原 暹. 1982, 『日本生活思想史序說』, 東京: ぺりかん社.

勞思光, 鄭仁在 譯. 1992, 『中國哲學史(明淸篇)』, 서울: 탐구당.

柳町達也 外. 1972, 『日本の陽明學 (上)』, 東京: 明德出版社.

鹿島守之助. 1965, 『日本外交史』, 東京: 鹿島研究所出版會.

木村卯之. 1942, 『山鹿素行研究』, 京都: 丁子屋書店.

尾藤正英. 1975, 『日本歷史 9 - 近世1』, 東京: 岩波書店.

閔斗基 編. 1980, 『日本의 歷史』, 서울: 知識産業社.

박충석. 1982, 『韓國政治思想史』, 서울: 三英社.

_____ · 유근호. 1982, 『조선조의 정치사상』, 서울: 평화출판사.

裴永東. 1992, 『明末淸初思想』, 서울: 民音社.

北島正元 編. 1979, 『政治史 II』, 東京: 山川出版社.

山鹿光世. 1981, 『山鹿素行』, 東京: 原書房.

山田慶兒. 1988, 『黑い言葉の空間 - 三浦梅園の自然哲學』, 東京: 中央公論社.

山井 湧. 1980, 『明淸思想史の研究』, 東京: 東京大學出版會.

森田芳雄. 1991, 『儉約齊家論のすすめ』, 東京: 河出書房新社.

三宅正彦 編. 2001, 『安藤昌益の思想史的研究』, 東京: 岩田書院.

蕭公權. 1978, 『中國政治思想史』, 台北: 華岡出版有限公司.

小島晋治 · 丸山松幸 著, 朴元熇 譯. 1992, 『中國近現代史』, 서울: 지식산업사.

小川晴久, 하우봉 역. 1995, 『한국실학과 일본』, 서울: 한울아카데미.

小川晴久. 1989, 『三浦梅園の世界』, 東京: 花伝社.

石田一良 編. 1980, 『体系日本史叢書 23 - 思想史II』, 東京: 山川出版社.

石川 謙. 1968, 『石田梅岩と『都鄙問答』』, 東京: 岩波書店.

성황용. 1992, 『근대동양외교사』, 서울: 명지사.

守本順一郎. 1975, 『日本思想史の課題と方法』, 東京: 新日本出版社.

守本順一郎. 김석근 · 이근우 역. 1989, 『일본사상사』, 서울: 이론과실천.

寺島莊二. 1941, 『山鹿素行』, 東京: 敎材社.

시마다 겐지(島田虔次), 김석근·이근우 역. 1986,『주자학과 양명학』, 서울: 도서출판 까치.

寺尾五郎. 1992,『論考安藤昌益』, 東京: 農山漁村文化協會.

신용하. 1997,『朝鮮後期 實學派의 社會思想研究』, 서울: 지식산업사.

阿部吉雄. 1975,『日本朱子學と朝鮮』, 東京: 東京大學出版會.

_____, 김석근 역. 1998,『퇴계와 일본유학』, 서울: 도서출판 전통과현대.

_____ 編. 1975,『日本の朱子學』, 東京: 明德出版社.

岩崎允胤. 1977,『日本近世思想史序說』, 東京: 新日本出版社.

岩內誠一. 1934,『教育家としての石田梅岩』, 京都: 立命館出版部.

楊國榮, 김형찬 외 역. 1994,『양명학』, 서울: 예문서원.

劉明鍾. 1983,『韓國의 陽明學』, 서울: 同和出版公社.

劉長輝. 1998,『山鹿素行:「聖學」とその展開』, 東京: ぺりかん社.

柔咸之·林翹翹. 1986,『中國近代政治思想史』, 北京: 中國人民大學出版社.

陸寶千 等. 1990,『中國歷代思想家』, 臺北: 商務印書館.

韋政通. 1996,『中國哲學思想批判』, 臺北: 水牛出版社.

윤사순. 1987,『한국의 성리학과 실학』, 서울: 열음글밭.

尹絲淳 編. 1990,『정약용』, 서울: 고려대학교 출판부.

源 了圓. 1972,『德川合理思想の系譜』, 東京: 中央公論社.

_____. 1973,『德川思想小史』, 東京: 中央公論社.

_____. 1989,『近世初期實學思想の研究』, 東京: 創文社.

_____·末中哲夫 共編. 1991,『日中實學史研究』, 京都: 思文閣出版.

_____ 著, 박규태·이용수 역. 2000,『도쿠가와 시대의 철학사상』, 서울: 예문서원.

李相佰. 1965,『韓國史 - 近世後期篇』, 서울: 乙酉文化社.

李元淳. 1986,『朝鮮西學史研究』, 서울: 一志社.

李 贄, 增井經夫 譯. 1969,『焚書: 明代異端の書』, 東京: 平凡社.

柴田 實. 1962,『石田梅岩』, 東京: 吉川弘文館.

조 훈 편역. 1999,『중국근현대사』, 서울: 역사교양사.

주칠성. 1996,『실학파의 철학사상』, 서울: 예문서원.

竹內 誠. 1989,『大系日本の歷史 10 - 江戸と大坂』, 東京: 小學館.

中山廣司. 1988,『山鹿素行の研究』, 京都: 神道史學會.

中野好夫. 1986,『司馬江漢考I』, 東京: 新潮社.

佐々木杜太郎. 1978,『山鹿素行』, 東京: 明德出版社.

田口正治. 1978,『三浦梅園の研究』, 東京: 創文社.

田中佩刀 外. 1972,『日本の陽明學 (中)』, 東京: 明德出版社.

井上清, 차광수 譯. 1995,『일본의 역사 (상)』, 서울: 大光書林.

鄭寅普. 1955,『詹園國學散藁』, 서울: 文敎社.

陣敼應・辛冠詰・葛榮晉 編. 1989,『明淸實學思潮史』, 臺北: 齊魯書社.

津田秀夫. 1975,『日本の歷史 22 - 天保改革』, 東京: 小學館.

靑木美智男・保坂 智 編. 1991,『爭点日本の歷史 - 近世編』, 東京: 新人物往來社.

村瀨裕也. 1984,『戴震の哲學』, 東京: 日中出版.

최연식. 2003,『창업과 수성의 정치사상』, 서울: 집문당.

최영진 외. 2000,『조선말 실학자 최한기의 철학과 사상』, 서울: 철학과현실사.

풍우란, 박성규 역. 1999,『중국철학사』, 서울: 도서출판 까치.

한국사상사연구회. 1996,『실학의 철학』, 서울: 예문서원.

韓永愚. 1999,『鄭道傳思想의 硏究』, 서울: 서울대학교 출판부.

和田耕作. 1989,『安藤昌益の思想』, 東京: 甲陽書房.

_____. 1993,『安藤昌益と三浦梅園』, 東京: 申陽書房.

丸山眞男. 1952,『日本政治思想史硏究』, 東京: 東京大學出版會.

黃公偉. 1972,『宋明淸理學體系論史』, 台北: 幼獅文化事業公司.

Bellah, Robert N. *Tokugawa Religion,* Glencoe, Illinois : The Free Press.

Masao Maruyama, trans. by Miliso Hane. 1974, *Studies in the Intellectual History of Tokugawa Japan*, Princeton : Princeton University Press.

Nosco, Peter. Confucianism and Tokugawa Culture. 1984, *Princeton*, New Jersey : Princeton University Press.

Wm. Theodore de Bary. 1988, *East Asian Civilizations : A Dialogue in Five Stages*, Cambridge, Massachusetts : Harvard University Press.

2. 논문

葛榮晉. 1998, 「중국실학연구의 몇 가지 문제」, 홍원식 외.『實學思想과 近代性』, 서울: 예문서원.

姜萬吉. 1986, 「丁若鏞時代의 經濟事情」,『丁茶山과 그 時代』, 서울: 民音社.

고재욱. 1991, 「戴震의 사회사상 연구」,『泰東古典硏究』제7집.

김만규. 1978, 「西溪 朴世堂의 政治思想」,『東方學志』.

_____. 1981, 「理氣論의 政治的 照明」,『제4회 한국정치학회・재북미한국인정치학회 합동학술대회 논문집』.

김세서리아. 1993, 「李贄의 平等思想」,『首善論集』18.

김송희. 1991, 「朴世堂 〈南華經註解〉《逍遙遊》編 考察」, 『中國學研究』 제7집.

김용흠. 1996, 「朝鮮後期 老・少論 分黨의 思想 基盤」, 『學林』 제17집.

김정호. 2000, 「담헌 홍대용과 혜강 최한기의 국가발전방법론 비교연구」, 『정치・정보 연구』 제3권 3호.

_____. 2000, 「연암 박지원의 개혁사상에 대한 재조명」, 『韓國政治外交史論叢』 제22집 2호.

_____. 2001, 「후기실학사상 국가발전론의 이론적 토대」, 『韓國政治學會報』 제35집 2호.

_____. 2001, 「신체제의 성립과 정치사상의 역할」, 『韓國政治外交史論叢』 제23집 1호.

_____. 2002, 「18세기 후반 동아시아 3국 기사상(氣思想)의 정치사상적 의의와 특성 비교」, 『韓國政治學會報』 제36집 3호.

_____. 2002, 「신지식의 유입과 국가개혁의 정치사상」, 『國際政治論叢』 제42집 4호.

_____. 2003, 「근세 한・일 사회변혁론의 정치사상적 특성: 박세당과 안도 쇼에키를 중심으로」, 『韓國政治學會報』 제37집 2호.

_____. 2003, 「근세 초기 한일 반주자학적 개혁론의 정치사상적 특성 비교」, 『21세기 정치학회보』 제13집 1호.

_____. 2003, 「군주권의 존재근거론을 통해 본 한・일 개혁정치사상의 특성 비교」, 『韓國政治外交史論叢』 제24집 3호.

김정희. 1995, 「李贄의 내면세계: 儒・佛・心學의 수용을 중심으로」, 『石堂論叢』 21.

김준석. 1998, 「17세기의 새로운 賦稅觀과 士大夫生業論」, 『歷史學報』 제158집.

_____. 1998, 「西溪 朴世堂의 爲民意識과 治者觀」, 『東方學志』 제100집.

김태웅. 1994, 「서구자본주의의 침투와 위기의식 고양」, 『한국사 10』, 서울: 한길사.

김혜경. 2001, 「李卓吾의 인식세계」, 『中國語文學誌』 제10집.

김한식. 1985, 「19세기 한국정치사상에 나타난 個體性 논리」, 『한국정치학회 제6회 합동학술대회논문집』.

_____. 1987, 「실학사상에 대한 현대적 조명」, 『朝鮮朝 政治思想研究』, 서울: 평민사.

_____. 1995, 「조선조 유학 정치이념에 대한 재조명」, 『韓國政治學會報』 제29집 3호.

_____. 2000, 「혜강사상에 나타난 근대성 논리의 구조」, 『韓國政治學會報』 제34

집 4호.

南成勳. 1980,「黃宗羲 政治思想 研究의 몇 가지 問題點」,『全北史學』第4輯.

屠承先. 1993,「安藤昌益の哲學と中國の傳統思想」,『安藤昌益: 日本・中國共同研究』, 東京: 農山漁村文化協會.

藤原 遲. 1971,「司馬江漢の思想-その實用主義と虛無主義」,『日本近世思想の研究』, 京都: 法律文化史.

尾藤正英. 1977,「安藤昌益研究の現狀と展望」,『日本思想大系 45 - 安藤昌益・佐藤信淵』, 東京: 岩波書店.

박규태. 1998,「안도 쇼에키(安藤昌益, 1703-1762)의 상대주의적 사유」,『종교와문화』제4호.

박문현. 1999,「安藤昌益의 인간관」,『東義論集』제30집.

芳賀 徹. 1971,「18世紀日本の知的戰士たち - 啓蒙の畵家江漢」,『日本の名著 22 - 杉田玄白・平賀源內・司馬江漢』, 東京: 中央公論社.

保坂 智. 1991,「內憂外患の危機感はいつから生まれたか」, 青木美智男・保坂 智編,『爭点日本の歴史 - 近世編』, 東京: 新人物往來社.

부남철. 1991,「朝鮮 前期 君主權 維持를 위한 理念政策」,『韓國政治學會報』제25집 1호.

_____. 1996,「조선 유학자가 佛敎와 天主敎를 배척한 정치적 이유: 鄭道傳과 李恒老의 사례를 중심으로」,『韓國政治學會報』제30집 1호.

_____. 2000,「한국정치사상에 있어 정치와 종교: 조선 성리학자의 불교・천주교 등 종교에 대한 정치적 평가와 비판」,『韓國政治學會報』제34집 3호.

山田慶兒. 1982,「黑い言葉の空間 - 三浦梅園の自然哲學」,『日本の名著 20 - 三浦梅園』, 東京: 中央公論社, 1982.

相上 亨. 1972,「日本の思想史における平田篤胤」,『日本の名著 24 - 平田篤胤・佐藤信淵・鈴木雅之』, 東京: 中央公論社.

_____. 1979,「石田梅岩の思想」, 吉田紹欽 編,『石田梅岩の思想』, 東京: 石門心學會.

沼田次郎. 1976,「司馬江漢と蘭學」,『日本思想大系 64 - 洋學上』, 東京: 岩波書店.

守本順一郎. 1970,「山鹿素行における思想の歴史的性格」,『日本思想大系 32 - 山鹿素行』, 東京: 岩波書店.

辛冠潔. 1991,「明淸實學散論」, 原了圓・末中哲夫 共編,『日中實學史研究』, 京都: 思文閣出版.

신용철. 2002,「16세기 이탁오(李卓吾)의 진보적 역사관」,『한국사학사학보』 6.

안병걸. 1993,「朴世堂의 獨自的 經傳解釋과 그의 現實認識」,『大東文化研究』제

28집.

岩崎允胤. 1997,「蘭學周邊の自由思想家 – 司馬江漢の場合」,『日本近世思想史序說下』, 東京: 新日本出版社.

吳金成. 1989,「明末・清初의 社會變化」,『講座中國史 IV』, 서울: 지식산업사.

劉明種. 1987,「東原 戴震의 氣化哲學」,『石堂論叢』 제12집.

이운구. 1993,「安藤昌益의 諸子批判과 農家意識」,『大東文化研究』 제28집.

이재하. 1996,「李贄의『藏書』연구 I」,『石堂論叢』 제23집.

이혜경. 1990,「戴震의 氣一元的 倫理論」,『哲學論叢』 제18집.

이해준. 1994,「조선 후기 향촌사회구조의 변동」,『한국사 9』, 서울: 한길사.

이희재. 1994,「朴世堂 思想 研究: 脫朱子學의 입장에서」, 원광대학교 대학원 박사학위 논문.

_____. 1997,「박세당의 老莊철학론」,『哲學研究』 제59집.

張 備. 1993,「安藤昌益と莊子の哲學について」,『安藤昌益: 日本・中國共同研究』, 東京: 農山漁村文化協會.

佐藤昌介. 1976,「洋學の思想的特質と封建批判論・海防論」,『日本思想大系 64 – 洋學上』, 東京: 岩波書店.

田口正治. 1982,「玄語」橋本について」,『日本思想大系 41 – 三浦梅園』, 東京: 岩波書店, 1982.

정윤재. 1999,「'자아준거적 정치학'과 한국정치사상 연구: 문제해결적 접근의 탐색」,『한국정치사상의 비교연구』, 경기: 한국정신문화연구원.

정인재. 1986,「이지의 心性論: 童心說을 中心으로」,『東亞文化』 24.

村岡典嗣. 1994,「市井の哲人司馬江漢」,『司馬江漢の研究』, 東京: 八坂書房.

塚谷晃弘. 1983,「經濟思想における日本的特性」,『講座日本思想 2 – 知性』, 東京: 東京大學出版會.

최완기. 1994,「붕당정치의 전개와 정국의 변화」,『한국사 9』, 서울: 한길사.

최일범. 1994,「朴世堂의 有無論」,『道敎學研究』 13.

洪淳鎬. 1993,「개항전의 대외관계」,『한국외교사 I』, 서울: 집문당.